GESTÃO DE OPERAÇÕES

A ENGENHARIA DE PRODUÇÃO
A SERVIÇO DA MODERNIZAÇÃO DA EMPRESA

Blucher

Coordenador
José Celso Contador

Autores
Professores do Departamento de Engenharia de Produção
da Escola Politécnica da USP
e da Fundação Carlos Alberto Vanzolini

GESTÃO DE OPERAÇÕES

A ENGENHARIA DE PRODUÇÃO
A SERVIÇO DA MODERNIZAÇÃO DA EMPRESA

PRODUÇÃO INDUSTRIAL • CONSTRUÇÃO CIVIL
COMPETITIVIDADE • MERCADO

3.ª edição

Gestão de operações: a engenharia de produção a serviço da modernização de empresa

© 2010 Fundação Carlos Alberto Vanzolini

3ª edição – 2010

2ª reimpressão – 2017

Editora Edgard Blücher Ltda.

Blucher

Rua Pedroso Alvarenga, 1245, 4º andar
04531-934 – São Paulo – SP – Brasil
Tel.: 55 11 3078-5366
contato@blucher.com.br
www.blucher.com.br

Segundo o Novo Acordo Ortográfico, conforme 5. ed. do *Vocabulário Ortográfico da Língua Portuguesa*, Academia Brasileira de Letras, março de 2009.

É proibida a reprodução total ou parcial por quaisquer meios sem autorização escrita da editora.

Todos os direitos reservados pela Editora Edgard Blücher Ltda.

FICHA CATALOGRÁFICA

Gestão de operações: a engenharia de produção a serviço da modernização da empresa / coordenador José Celso Contador – 3ª ed. – São Paulo: Blucher – 2010.

Vários autores

Conteúdo: Produção industrial – Construção civil – Competitividade – Mercado

Páginda de rosto: Fundação Vanzolini

ISBN 978-85-212-0524-1

1. Administração de empresas 2. Empresas - Reorganização 3. Engenharia de produção I. Contador, José Celso. II Título: A engenharia de produção a serviço da modernização da empresa.

10.01110   CDD-658.503

Índice para catálogo sistemático:

1. Gestão de operações: Engenharia de produção: Administração de empresas   658.503

APRESENTAÇÃO

O êxito da empresa moderna, de qualquer natureza e finalidade, lucrativa ou não, depende do êxito de suas operações: operações de fabricação ou construção, operações financeiras, de marketing, de vendas, de distribuição, logísticas, de manutenção, de desenvolvimento de produto... E o êxito de suas operações depende fundamentalmente da estratégia e da forma de gestão.

A gestão de operações, que sempre foi importante, assume singular magnitude no mundo atual, em que a competição empresarial torna-se a cada dia mais acirrada. E é grande o potencial dos ensinamentos da Engenharia de Produção para bem orientar as decisões e as operações em todos os níveis hierárquicos da empresa.

Almejando, pois, divulgar esses ensinamentos, o Departamento de Engenharia de Produção da Escola Politécnica da Universidade de São Paulo decidiu publicar o presente livro. Com esta publicação, que contou com o patrocínio da Fundação Vanzolini, o Departamento de Engenharia de Produção atinge mais um de seus objetivos: o de contribuir para a disseminação dos conhecimentos da Engenharia de Produção.

O livro dirige-se basicamente a dois tipos de leitor:

- estudantes de Engenharia, Administração e Economia, para disciplinas como Microeconomia, Teoria da Administração, Organização ou Administração Industrial, Organização ou Administração da Produção, Planejamento e Controle da Produção, Gestão de Operações e outras do gênero; e
- profissionais, geralmente engenheiros e administradores de empresas, ocupantes de ou aspirantes a cargo de chefia operacional, principalmente na área industrial.

Como trata de uma variada gama de assuntos, o livro poderá atender bem às nuanças de cada professor, dando-lhe a liberdade de ministrar os que forem mais importantes e significativos para cada particular disciplina, até porque nenhum requisito especial é necessário para seu entendimento, que exige apenas conhecimentos elementares de matemática e estatística.

Optou-se pela elaboração de um livro no qual se expusessem os principais conceitos das mais diversas áreas da Engenharia de Produção relacionadas com a gestão de operações. Por serem muitas as áreas, foi necessário limitar a profundidade do tratamento de cada tema, para que o livro não ficasse excessivamente volumoso. Trata-se, portanto, de um livro conceitual, que não se aprofunda em detalhes, mas apresenta muitas técnicas, o que o distingue da maioria dos livros de administração.

A Engenharia de Produção nasceu voltada para as operações do piso de fábrica, mas estendeu-se rapidamente a outras áreas. Hoje, além dos conhecimentos específicos aplicáveis à área produtiva, há conhecimentos da Engenharia de Produção aplicáveis indistintamente a todas as áreas da empresa e conhecimentos aplicáveis a problemas específicos de determinadas áreas. Assim, para a definição do conteúdo do livro, foram identificados os conhecimentos necessários a cada área para proporcionar maior grau de competitividade à empresa, do que resultou o quadro a seguir:

Conhecimentos da Engenharia de Produção utilizados pelas diversas áreas da empresa com a finalidade de aumentar-lhe a competitividade		
aplicáveis a todas as áreas	aplicáveis à produção	aplicáveis às áreas
• Características da empresa moderna • Engenharia econômica • Tecnologia da informação	• Produtividade • Qualidade • Organização da produção • Planejamento e controle • Estratégia de operações	• Financeira • De apoio à produção • Voltadas ao mercado

Esse quadro facilitou a organização do livro: cada coluna corresponde a uma parte, cada item a uma seção. Além dessas três partes há uma parte especial, com duas seções, dedicadas a dois temas de grande importância: construção civil e competitividade. Assim, as quatro partes se desdobram em treze seções, que se dividem, por sua vez, no total de 39 capítulos.

Entretanto, é fundamental não esquecer que a empresa é um sistema, e como tal deve ser entendida. Em outras palavras, suas atividades e problemas são inter-relacionados, e às vezes difíceis de serem segregados de acordo com os tópicos apresentados num livro. Por outro lado, para clareza da exposição é necessário separar tais atividades e problemas por assunto correlato. Daí que, apesar do seccionamento em capítulos, é imperioso adotar o enfoque sistêmico, bem abordado no primeiro capítulo.

Por essa razão, reuniram-se na primeira seção, "Empresa moderna", alguns temas necessários para dar ao leitor uma visão abrangente e compreensiva sobre como deve ser a empresa dos dias atuais, cuja leitura irá nortear o entendimento e o cenário para as propostas das outras seções.

Os ensinamentos do livro aplicam-se a qualquer tipo de empresa: industrial, comercial, agrícola ou de serviços; qualquer que seja seu porte. A obra dá, entretanto, especial atenção à empresa industrial, não apenas por ser esta a mais complexa das organizações, mas também por razões históricas, ligadas ao surgimento da Engenharia de Produção.

Os capítulos têm certa autonomia, pois tratam temas diversificados de forma integrada. Portanto, podem ser lidos em qualquer ordem, observadas as seguintes exceções:

1. a primeira seção deve ser lida antes das demais – por apresentar uma visão integrada da empresa, ela é útil para o entendimento dos capítulos setorizados;
2. o Capítulo 6 – "Substituição e reposição de equipamentos" – deve ser precedido obrigatoriamente do estudo do Capítulo 5 – "Engenharia econômica" – cujos conhecimentos de matemática financeira utiliza;

3. os cinco Capítulos da Seção 4 – "Produtividade" – estão numa sequência lógica, razão pela qual se recomenda seu estudo nessa ordem; e

4. o Capítulo 25 – "Administração financeira" – utiliza os conhecimentos de contabilidade geral, expostos no Capítulo 24, e deve portanto ser estudado após este.

Os autores são professores – a maioria da USP – e focalizam temas sobre os quais têm profundo conhecimento e larga experiência, tanto didática quanto em consultoria. Empenharam-se em manter o foco sobre o que há de mais importante e atual com relação ao objeto de cada capítulo. Para consolidar o aprendizado, propuseram questões para reflexão e exercícios e, para possibilitar o necessário e desejado aprofundamento do assunto, esmeraram-se na preparação da bibliografia e na recomendação de leituras adicionais.

O Departamento de Engenharia de Produção e a Fundação Vanzolini, bem como todos os autores e colaboradores, esperam que este livro seja didático e útil, tanto para alunos quanto para profissionais que atuam na empresa.

São Paulo, março de 2010
José Celso Contador
Coordenação

PREFÁCIO

Este livro é uma velha aspiração do Departamento de Engenharia de Produção da Escola Politécnica da USP. Já houve tentativas anteriores de produzi-lo, sem sucesso. Sua falta continuou, durante bastante tempo, sendo uma lacuna da qual se ressentiam os professores do Departamento, especialmente aqueles que ministravam disciplinas envolvendo tópicos variados, ligados à Administração Geral e da Produção.

O lançamento, agora concretizado, da almejada obra tem sua gênese na criação, pela Fundação Carlos Alberto Vanzolini, de uma política editorial, com a qual visa apoiar o lançamento de títulos de interesse no campo da Engenharia de Produção. Com isso, diversas edições foram concretizadas, e agora chegou a vez do livro que congrega o esforço de grande parte dos professores do Departamento e da Fundação.

Louve-se o trabalho de coordenação – e também autoria – do prof. dr. José Celso Contador, sem o qual, por certo, esta nova tentativa teria o mesmo desfecho das anteriores. Sua paciência, competência e comprometimento foram de capital importância para o êxito deste desafiador projeto.

Pedro Luiz de Oliveira Costa Neto
Diretor Presidente
da Fundação Carlos Alberto Vanzolini

ÍNDICE GERAL

Os autores	....	XV
Conteúdo	....	XXI
Homenagem	....	XXXIX

Aula Magna — Engenharia de produção e administração industrial.... 1
Ruy Aguiar da Silva Leme

1. PARTE EMPRESA TODA

Seção 1 EMPRESA MODERNA

Capítulo 1   Correntes do pensamento administrativo 13
Márcia Terra da Silva

Capítulo 2   A empresa moderna 28
Márcia Terra da Silva

Capítulo 3   Campos e armas da competição 34
José Celso Contador

Capítulo 4   Gerenciamento por processos 50
Roberto Gilioli Rotondaro

Seção 2 ENGENHARIA ECONÔMICA

Capítulo 5   Engenharia econômica 57
Claus Leon Warschauer

Capítulo 6   Substituição e reposição de equipamento 76
Oswaldo Fadigas Fontes Torres

Seção 3 TECNOLOGIA DA INFORMAÇÃO

Capítulo 7   Tecnologia de informação 85
Mauro M. Spinola
Marcelo S. P. Pessôa

Capítulo 8   Informações para a empresa 94
João S. Furtado

2. PARTE PRODUÇÃO

Seção 4 PRODUTIVIDADE

Capítulo 9   Produtividade 105
José Celso Contador

Capítulo 10 Estudo de Tempos 121
Paulino G. Francischini

Capítulo 11 Projeto de métodos.. 131
Paulino G. Francischini

Capítulo 12 Arranjo físico 139
Paulino G. Francischini
Alexandre Fegyveres (colaborador)

Capítulo 13 Ergonomia.. 148
Fausto L. Mascia
Laerte I. Sznelwar

Seção 5 QUALIDADE

Capítulo 14 Qualidade: conceitos e abordagens 158
Gregório Bouer

Capítulo 15 Controle estatístico de processo..................................... 169
Alberto Wunderler Ramos

Seção 6 ORGANIZAÇÃO DA PRODUÇÃO

Capítulo 16 As formas japonesas de gerenciamento da produção
e de organização do trabalho 181
João Amato Neto

Capítulo 17 Organização do trabalho na produção – A abordagem
sociotécnica 193
Afonso Fleury
Fernando Belcorso da Silva (colaborador)

Seção 7 PLANEJAMENTO E CONTROLE

Capítulo 18 Gestão de estoque.. 202
Luis Fernando Pinto de Abreu

Capítulo 19 Programação e controle da produção para a indústria
intermitente.. 210
José Celso Contador
José Luiz Contador

Capítulo 20 Gerenciamento de projetos com PERT e CPM................. 232
José Luiz Contador

Capítulo 21 Sistemas de planejamento e controle da produção 260
Henrique Corrêa
Irineu Gianesi

Seção 8 ESTRATÉGIA DE OPERAÇÕES

Capítulo 22 Estratégia de operações 282
Henrique Corrêa
Irineu Gianesi

Capítulo 23 Produção limpa 289
João S. Furtado
Marcelo de C. Furtado

3. PARTE ÁREAS ESPECÍFICAS

Seção 9 ÁREA FINANCEIRA

Capítulo 24 Introdução à contabilidade geral 303
Marcelo Schmeck de Paula Pessôa

Capítulo 25 Administração financeira 329
José Woiler

Capítulo 26 Custos industriais 337
Nilton Nunes Toledo

Seção 10 ÁREAS DE APOIO À PRODUÇÃO

Capítulo 27 Movimentação e armazenagem de materiais 352
Floriano do Amaral Gurgel

Capítulo 28 Gestão da manutenção 365
José Carlos Vaz

Seção 11 ÁREAS VOLTADAS PARA O MERCADO

Capítulo 29 Desenvolvimento do produto 376
Floriano do Amaral Gurgel

Capítulo 30 Marketing industrial 388
Celso Cláudio de Hildebrand e Grisi

Capítulo 31 Gestão da logística 403
Antonio Galvão N. Novaes
Antonio Carlos Alvarenga

Capítulo 32 Serviços 417
Irineu Gianesi
Henrique Corrêa

4. PARTE ESPECIAL

Seção 12 CONSTRUÇÃO CIVIL

Capítulo 33 Produtividade na construção civil 431
Sérgio P. Kehl

Capítulo 34 Engenharia e análise de valor na manufatura
e na construção civil 447
Nelson Haguiara

Capítulo 35 *Lean construction* – O caminho para a excelência
operacional na construção civil 456
Antonio Sergio Itri Conte

Seção 13 EMPRESA COMPETITIVA

Capítulo 36 Planejamento e gestão estratégica................................... 469
Antonio Cantizani Filho

Capítulo 37 A formação de preços e a administração da produção..... 490
Reinaldo Pacheco da Costa

Capítulo 38 Qualidade total: estratégias, planos e implementação...... 500
Gregório Bouer

Capítulo 39 Metaqualidade 522
Sérgio P. Kehl

Notas.. 536

OS AUTORES

Afonso Fleury – Capítulo 17

Professor titular da Escola Politécnica da USP, chefe do departamento de Engenharia de Produção (1991-1993 e 1995-1997) e membro da diretoria da Fundação Vanzolini (1985-1991). Consultor de empresas em áreas ligadas à Engenharia de Produção e autor de livros e artigos sobre temas correlatos.

Alberto Wunderler Ramos – Capítulo 15

Mestre e doutor em Engenharia de Produção. Professor da Escola Politécnica e da Fundação Vanzolini, da USP. Consultor de empresas.

Alexandre Fegyveres – Capítulo 12 (colaborador)

Engenheiro de Produção, com especialização em arranjo físico.

Antonio Cantizani Fiho – Capítulo 36

Engenheiro Naval (Epusp, 1965), M.Sc. Industrial Engineering (Stanford, 1972), doutor e professor do Departamento de Engenharia de Produção da Escola Politécnica da USP desde 1994. Exerceu cargos na Copersucar (1984-1988), no IPT (1970-1984) e no Bradesco (1966-1970). Consultor em gestão estratégica e economia da tecnologia desde 1989.

Antonio Carlos Alvarenga – Capítulo 31

Engenheiro de Produção e pós-graduado (Epusp). Foi professor de Logística da Fundação Getulio Vargas e de Pesquisa Operacional da Fundação Álvares Penteado. É professor de Logística da Fundação Vanzolini e da Faculdade de Economia e Administração da USP. Consultor em logística.

Antonio Galvão N. Novaes – Capítulo 31

Engenheiro Naval (Epusp), mestre em Transportes Marítimos (MIT) e doutor em Pesquisa Operacional (Epusp). Professor titular da Escola Politécnica da USP até 1991 e da Universidade Federal de Santa Catarina. Consultor de empresas e órgãos públicos. Autor de oito livros.

Antonio Sergio Itri Conte – Capítulo 35

Engenheiro Civil e mestrando em Engenharia de Produção (Epusp), com pós-graduação em Administração de Empresas (FGV). Diretor do Idort, conselheiro do Instituto de Engenharia e diretor da Logical Systems Consultoria.

Celso Cláudio H. Grisi – Capítulo 30

Professor doutor da Faculdade de Economia e Administração da USP e da Escola de Administração de Empresas de São Paulo, da FGV. Diretor da Fractal – Forma, Acaso e Dimensão. Consultor de Empresas.

Claus Leon Warschauer – Capítulo 5

Engenheiro Civil e doutor em Engenharia (Epusp), M.Sc. (Universidade da Califórnia, Berkeley, USA). Professor da Escola Politécncia da USP, ex-professor da Escola de Administração de Empresas (FGV) e da Faculdade de Economia e Administração da USP. Consultor de várias empresas.

Fausto L. Mascia – Capítulo 13

Engenheiro Mecânico (Univ. Federal de Uberlândia), mestre em Engenharia de Produção (Universidade de Santa Catarina) e doutor em Ergonomia (École Pratique des Hautes Études, Paris). Professor do Departamento de Engenharia de Produção da Escola Politécnica da USP.

Fernando Belcorso da Silva – Capítulo 17

Engenheiro de Produção e mestrando (Epusp). Consultor (colaborador) na área de logística.

Floriano do Amaral Gurgel – Capítulos 27 e 29

Engenheiro e mestre em Engenharia de Produção (Epusp). Professor do Departamento de Engenharia de Produção da Escola Politécnica e da Fundação Vanzolini, da USP. Mais de 35 anos de experiência industrial.

Gregório Bouer – Capítulos 14 e 38

Professor assistente da Escola Politécnica da USP e diretor geral da *TQS Engenharia de Produção*, firma de consultoria em São Paulo especializada em produtividade e qualidade.

Henrique Luiz Corrêa – Capítulos 21, 22 e 32

PhD em Operations Management. Professor da Fundação Vanzolini, da USP. Diretor da Gianesi, Corrêa & Associados.

Irineu G. N. Gianesi – Capítulos 21, 22 e 32

Mestre em Engenharia de Produção. Professor da Escola Politécnica e da Fundação Vanzolini, da USP. Diretor da Gianesi Corrêa & Associados.

OS AUTORES

João Amato Neto – Capítulo 16

Engenheiro de Produção (EESC/USP), mestre em Administração de Empresas (FGV) e doutor em Engenharia de Produção. Professor titular do Departamento de Engenharia de Produção da Escola Politécnica da USP. Consultor de empresas em qualidade e produtividade, com 18 anos de experiência profissional.

João S. Furtado – Capítulos 8 e 23

Biólogo, doutor e livre-docente. Professor visitante do Departamento de Engenharia de Produção da Escola Politécnica da USP. Foi pesquisador científico e diretor, no Instituto de Botânica, Secretaria do Meio Ambiente do Estado de São Paulo, diretor de associações científicas e consultor de órgãos governamentais para programas e projetos de inovação tecnológica e sistema de informação técnico-científica.

José Carlos Vaz – Capítulo 28

Engenheiro Mecânico (ITA), Engenheiro de Manutenção Industrial e Metroviária pós-graduado em Administração de Empresas e mestre em Engenharia. Professor da Escola Politécnica e da Fundação Vanzolini, da USP. Consultor da Ductor Implantação de Projetos S.A.

José Celso Contador – Capítulos 3, 9 e 19

Engenheiro Mecânico (Epusp, 1964) e doutor em Engenharia (Epusp, 1973). Professor livre-docente em Organização Industrial (Unesp, 1993), professor da USP (1965-1977) e da Unesp (1974-1995). Consultor de empresas, principalmente industriais, com 146 serviços realizados.

José Luiz Contador – Capítulos 19 e 20

Engenheiro (Unesp, 1974), mestre e doutor em Engenharia (ITA). Professor da Unesp. Consultor de empresas.

José Woiler – Capítulo 25

Engenheiro e mestre em Engenharia de Produção (Epusp), M.Sc. em Engineering Management (Stanford University). Professor do Departamento de Engenharia de Produção da Escola Politécnica da USP. Consultor e empresário.

Laerte I. Sznelwar – Capítulo 13

Médico, com especialização em Medicina do Trabalho (Unicamp), especialização, mestrado e doutorado em Ergonomia (Conservatoire National des Arts et Métiers). Ph.D. no Laboratoire de Psychologie du Travail et de l'action du CNAM-Psychodynamique du Travail. Professor do Departamento de Engenharia de Produção da Escola Politécnica da USP.

Luís Fernando Pinto de Abreu – Capítulo 18

Engenheiro de Produção, mestre em Engenharia de Produção (Epusp). Professor do Departamento de Engenharia de Produção da Escola Politécnica da USP e da Escola de Administração de Empresas de São Paulo (FGV).

Marcelo de C. Furtado – Capítulo 23

Engenheiro Químico. Coordenador internacional de *Toxic Trade*, Greenpeace, Washington-DC, EUA.

Marcelo Schmeck de Paula Pessôa – Capítulos 7 e 24

Engenheiro Eletrônico (Epusp, 1972), mestre e doutor em Engenharia Elétrica (Epusp). Professor do Departamento de Engenharia de Produção da USP. Consultor em automação industrial, informática e qualidade de *software*. Coordenador do eLabSoft onde atua como pesquisador.

Márcia Terra da Silva – Capítulos 1 e 2

Engenheira de Produção, com mestrado em Administração de Empresas e doutorado em Engenharia de Produção. Especializada em organização de empresas de serviços.

Mauro M. Spinola – Capítulo 7

Engenheiro Eletrônico (ITA), mestre em Computação Aplicada (Inpe) e doutor em Engenharia (EP-USP). Professor do Departamento de Engenharia de Produção da Escola Politécnica da USP.

Nelson Haguiara – Capítulo 34

Químico, com extensão em Administração. Professor da Fundação Vanzolini e membro da equipe coordenadora do curso de administração de materiais (FIA/FEA/USP). Foi gerente de materiais da Ford do Brasil e chefe da Divisão de Materiais da CTB-Telesp. Consultor de empresas.

Nilton Nunes Toledo – Capítulo 26

Engenheiro Mecânico de Produção, mestre em Engenharia Mecânica e doutor em Engenharia de Produção (Epusp). Professor do Departamento de Engenharia de Produção da Escola Politécnica, da Faculdade de Economia e Administração e da Fundação Vanzolini, da USP. Ocupou várias diretorias industriais e é Diretor de Planejamento da Companhia Paulista de Obras e Serviços do Estado de São Paulo.

Oswaldo Fadigas Fontes Torres – Capítulo 6

Professor Emérito do Departamento de Engenharia de Produção da Escola Politécnica da USP.

Paulino G. Francischini – Capítulos 10, 11 e 12

Doutor (Epusp) e consultor em produtividade (Fundação Vanzolini), com especialização em Estudo de Tempos e Métodos, Arranjo Físico, Estoques, TPM e sistemas de garantia da qualidade.

Reinaldo Pacheco da Costa – Capítulo 37

Engenheiro Mecânico (PUCRGS, 1975), M.Sc. em Projetos Industriais e de Transportes (Coppe/UFRJ, 1983) e doutorado em Engenharia de Produção (Epusp). Professor do Departamento de Engenharia de Produção (Epusp). Consultor de empresas.

Roberto Gilioli Rotondaro – Capítulo 4

Professor doutor do Departamento de Engenharia de Produção da Escola Politécnica da USP e auditor líder para ISO 9000, da Fundação Vanzolini. Coordenador do curso de especialização da Engenharia de Produção da Epusp MBA Gestão de Operações Produtos e Serviços.

Ruy Aguiar da Silva Leme – Aula Magna

Engenheiro Civil (Epusp). Fundador Departamento de Engenharia de Produção e da Fundação Vanzolini, de cujo conselho curador é presidente. Foi professor catedrático da Escola Politécnica e da Faculdade de Economia e Administração da USP, da qual foi também diretor, e presidente do Banco Central.

Sérgio Penna Kehl – Capítulos 33 e 39

Engenheiro Civil (Epusp, 1950). Foi professor da Escola Politécnica e da Faculdade de Economia e Administração, da USP (1957-1995). Foi diretor industrial de planejamento dos grupos Nadir Figueiredo e Villares, e de operações industriais da Sharp (1958/1981). Como consultor ou diretor, atuou em cerca de 400 projetos de consultoria (1951/1996).

CONTEÚDO

Aula Magna – Engenharia de produção e administração industrial

1	Conceito de Engenharia de Produção	1
	1.1 O *spectrum* da tecnologia	1
	1.2 Cientistas, engenheiros e técnicos	2
	1.3 O desenvolvimento industrial	3
	1.4 Evolução da engenharia no processo de industrialização	3
2	As fronteiras da Engenharia de Produção	4
	2.1 Engenharia de Produção, de produto, de processo e economia industrial	4
	2.2 Engenharia de Produção e Engenharia de Sistemas	6
3	Administração industrial	6
	3.1 Conceito de administração	6
	3.2 Comportamento do indivíduo, isolado e integrado em comunidade	7
	3.3 Funções do administrador	8
4	Engenharia de Produção e administração industrial	9

1. PARTE – EMPRESA TODA

SEÇÃO 1 – EMPRESA MODERNA

Capítulo 1 – Correntes do pensamento administrativo 13

1.1	Abordagem clássica	13
	1.1.1 Taylor	13
	1.1.2 Fayol	14
	1.1.3 Ford	17
1.2	Abordagem de relações humanas	18
	1.2.1 A experiência de Hawthorne	19
	1.2.2 Herzberg e McGregor	21
1.3	Abordagem sistêmica	22
	1.3.1 Crítica às abordagens anteriores	22
	1.3.2 A era dos sistemas	24
	1.3.3 Propriedades de um sistema	24
	1.3.4 Resumo	26

Capítulo 2 – A empresa moderna.			28
2.1	A empresa competitiva		28
2.2	As dimensões organizacionais		29
2.3	Quadros de referência		31
Capítulo 3 – Campos e armas da competição			34
3.1	Conceito e explicitação dos campos da competição		34
	3.1.1	Conceito de campo e de arma da competição	34
	3.1.2	Os 15 campos da competição	35
3.2	Competição em preço		35
	3.2.1	Aspectos conceituais	35
	3.2.2	Nova realidade de mercado	36
	3.2.3	Guerra de preço	36
	3.2.4	Prêmio e promoção	37
	3.2.5	Custo de produção	38
3.3	Competição em produto		38
	3.3.1	Competição em projeto do produto	38
	3.3.2	Competição em qualidade do produto	38
	3.3.3	Competição em variedade de modelos	39
	3.3.4	Competição em novos produtos ou modelos	39
3.4	Competição em prazo		39
	3.4.1	Competição em prazo de cotação e de negociação	39
	3.4.2	Competição em prazo de entrega	40
	3.4.3	Competição em prazo de pagamento	40
3.5	Competição em assistência técnica		41
	3.5.1	Competição em assessoramento tecnológico antes da venda	41
	3.5.2	Competição em atendimento durante a venda	41
	3.5.3	Competição em assistência técnica no pos-venda	42
3.6	Competição em imagem		42
	3.6.1	Competição em imagem do produto, da marca e da empresa	42
	3.6.2	Competição em imagem preservacionista	43
3.7	Armas da competição		43
	3.7.1	O pentasilo armado da competitividade	43
	3.7.2	Produtividade	44
	3.7.3	Qualidade no processo	44
	3.7.4	Tecnologias	45
	3.7.5	Estoque reduzido	46
	3.7.6	Pessoal capacitado e participativo	47
	3.7.7	Armas para competir em cada campo	48
Capítulo 4 – Gerenciamento por processos			50
4.1	Introdução		50
4.2	Definindo processos		52
4.3	Conceitos aplicados na análise dos processos		52
4.4	Metodologia operacional de gerenciamento por processos		54

SEÇÃO 2 – ENGENHARIA ECONÔMICA

Capítulo 5 – Engenharia econômica 57

- 5.1 Matemática Financeira 57
  - 5.1.1 Juros – definição 57
  - 5.1.2 Juros simples e juro compostos 57
  - 5.1.3 Cálculo dos juros 57
  - 5.1.4 Exemplo 58
  - 5.1.5 Juro contínuo ou capitalização instantânea 58
  - 5.1.6 Taxa de juro nominal e efetiva 58
  - 5.1.7 Cálculo do montante para a fração de período 59
  - 5.1.8 Exercícios 59
  - 5.1.9 Valor datado, equivalência de dois valores datados ... 59
  - 5.1.10 Propriedade fundamental da equivalência entre capitais 59
  - 5.1.11 Capitalização 60
  - 5.1.12 Amortização – Tabela Price 61
  - 5.1.13 Exercícios 61
  - 5.1.14 Valor presente de um título da dívida pública 62
  - 5.1.15 Valor presente de uma série infinita de pagamentos iguais a R .. 63
  - 5.1.16 Taxa de juros e inflação 63
  - 5.1.17 Exercícios 63
  - 5.1.18 Cálculo aproximado das prestações periódicas 64
- 5.2 Critérios para decisão entre alternativas 64
  - 5.2.1 Método do valor presente (PV) 64
  - 5.2.2 Método do lucro anual ou do custo anual equivalente (PMT) 65
  - 5.2.3 Método da taxa interna de rendimento (IRR) 65
  - 5.2.4 Exemplo de aplicação dos três métodos 66
- 5.3 Depreciação 67
  - 5.3.1 Conceitos 67
  - 5.3.2 Causas da depreciação 68
  - 5.3.3 Necessidade de estudo da depreciação 68
  - 5.3.4 Exemplos de cálculo de depreciação 68
- 5.4 Aplicação dos critérios de decisão na substituição de equipamentos 70
  - 5.4.1 Métodos para estudar a substituição de equipamentos 70
  - 5.4.2 Método da taxa de rendimento 71
  - 5.4.3 Método do custo anual ou do custo da unidade produzida 72
  - 5.4.4 Método do valor presente (exato) 73
- 5.5 Exercícios 73

Capítulo 6 – Substituição e reposição de equipamento 76

- 6.1 Vida útil e vida econômica 76
- 6.2 Equipamento de eficiência decrescente 76
  - 6.2.1 Baixa sem substituição 77
  - 6.2.2 Baixa com substituição por equipamento do mesmo tipo 78
  - 6.2.3 Baixa com substituição por equipamento mais eficiente 79
- 6.3 Equipamento de eficiência constante 81
- 6.4 Exercícios 83

SEÇÃO 3 – TECNOLOGIA DA INFORMAÇÃO

Capítulo 7 – Tecnologia de informação 85

    7.1   Introdução 85

    7.2   O que é informação? 86

    7.3   O que é sistema de informação? 86

    7.4   Informação e organização 86

    7.5   Engenharia de software, engenharia de informação e tecnologia de informação 88
- 7.5.1 Engenharia de software 88
- 7.5.2 Engenharia de informação 88
- 7.5.3 Tecnologia de informação 88

    7.6   Método para desenvolvimento e implantação 89
- 7.6.1 Fase 1: planejamento estratégico da empresa 90
- 7.6.2 Fase 2: planejamento estratégico de informação 90
- 7.6.3 Fase 3: Análise da área de negócios 90
- 7.6.4 Fase 4: Projeto do sistema 90
- 7.6.5 Fase 5: Construção do sistema 90
- 7.6.6 Fase 6: Implantação do sistema 90
- 7.6.7 Fase 7: Manutenção do sistema 90

    7.7   Automação do processo de desenvolvimento: ferramentas case 91

    7.8   Integração: a palavra-chave 91

Capítulo 8 – Informações para a empresa 94

    8.1   Resumo 94

    8.2   Globalização da informação 94

    8.3   Situação no Brasil 96

    8.4   Abordagens 96
- 8.4.1 Definição do perfil de interesse 96
- 8.4.2 Organização e informação 97
- 8.4.3 Conhecimento e informação 97

    8.5   Indicadores de conteúdo 98

    8.6   Fontes e estratégias de busca 99

2. PARTE – PRODUÇÃO

SEÇÃO 4 – PRODUTIVIDADE

Capítulo 9 – Produtividade 105

    9.1   Introdução 105

    9.2   Conceituação de produtividade 105
- 9.2.1 Definição de produção e de produtividade 105
- 9.2.2 Produtividade da operação 106
- 9.2.3 Produtividade da fábrica 107

	9.2.4	Prodútividade da empresa	107
	9.2.5	Produtividade da nação	108
	9.2.6	Meios para aumentar a produtividade	108
	9.2.7	Esforço produtivo	109
9.3	Produtividade e custo		110
9.4	Produtividade e qualidade		111
	9.4.1	Conceitos fundamentais do binômio qualidade-produtividade	111
	9.4.2	O desastroso conceito de custo da qualidade	112
9.5	Produtividade estratégica		112
9.6	Importância e benefícios advindos do aumento da produtividade		113
	9.6.1	Importância do aumento da produtividade	113
	9.6.2	Benefícios advindos do aumento da produtividade	114
9.7	Aumento da produtividade e desemprego		115
	9.7.1	Situação até a década de 1980	115
	9.7.2	Nova realidade: globalização da economia e desemprego generalisado	116
	9.7.3	Perspectivas de solução	118

Capítulo 10 – Estudo de tempos 121

10.1	Introdução		121
10.2	Estrutura do estudo de tempos		122
10.3	Técnicas de determinação do tempo padrão		122
	10.3.1	Cronometragem	123
	10.3.2	Amostragem do trabalho	124
	10.3.3	Tempos predeterminados	124
10.4	Técnicas de registro analítico		125
	10.4.1	Análise de prioridades	125
	10.4.2	Fluxo do processo	126
	10.4.3	Gráficos de atividade	127

Capítulo 11 – Projeto de métodos 131

11.1	Introdução		131
11.2	Ergonomia		131
	11.2.1	Conceitos iniciais	131
	11.2.2	Tabelas de dados antropométricos	132
	11.2.3	Fadiga	132
11.3	Princípios de economia de movimentos		132
	11.3.1	Recomendações	132
	11.3.2	Princípios relativos ao uso do corpo humano	134
	11.3.3	Princípios relativos à disposição do local de trabalho	136
	11.3.4	Princípios relativos ao projeto de ferramentas e de equipamento	137
11.4	Automação dos postos de trabalho		137

Capítulo 12 – Arranjo físico 139

- 12.1 Introdução 139
- 12.2 Tipos de arranjo físico 139
  - 12.2.1 Arranjo físico posicional 139
  - 12.2.2 Arranjo físico funcional 139
  - 12.2.3 Arranjo físico linear 140
  - 12.2.4 Arranjo físico celular 141
- 12.3 Projeto de arranjo físico 143
  - 12.3.1 Arranjo físico posicional 143
  - 12.3.2 Planejamento de arranjo físico posicional 143
  - 12.3.3 Arranjo físico celular 146

Capítulo 13 – Ergonomia 148

- 13.1 Origens da ergonomia – Algumas referências históricas 148
- 13.2 Diferentes abordagens da ergonomia 149
- 13.3 Objetivos e campos de aplicação da ergonomia 149
- 13.4 Conceitos básicos da ergonomia 150
  - 13.4.1 Diversidade e variabilidade dos indivíduos e das situações 150
  - 13.4.2 Diferenças entre tarefa e atividade 150
  - 13.4.3 As estratégias operativas 151
- 13.5 Conhecimentos científicos sobre o homem 151
  - 13.5.1 A população 151
  - 13.5.2 Antropometria 151
- 13.6 O ambiente físico do trabalho 152
  - 13.6.1 Alguns efeitos sobre o homem 152
  - 13.6.2 O ruído 152
  - 13.6.3 O ambielte térmico 152
  - 13.6.4 A iluminação 153
- 13.7 O trabalho 153
  - 13.7.1 O trabalho físico 154
  - 13.7.2 O trabalho mental 154
- 13.8 Um método para estudar o trabalho 155
  - 13.8.1 Orientações gerais do método 155
  - 13.8.2 Técnicas de investigação 155
  - 13.8.3 Validação dos resultados e apresentação de propostas de melhorias 156
- 13.9 A ergonomia em processos de concepção 156
- 13.10 Discussão final 156

SEÇÃO 5 – QUALIDADE

Capítulo 14 – Qualidade: conceitos e abordagens 158

- 14.1 A evolução do conceito da qualidade 158
  - 14.1.1 Introdução 158

	14.1.2	O enriquecimento do conceito da qualidade	159
	14.1.3	Enriquecimento: foco e instrumentos	159
14.2	Os pioneiros da qualidade		160
14.3	Destaques na prática da qualidade		161
	14.3.1	Níveis de atuação	161
	14.3.2	Fatores de sucesso na prática da qualidade	163
14.4	Abordagens para a qualidade		164
	14.4.1	Abordagem japonesa	164
	14.4.2	Abordagem ocidental	165

Capítulo 15 – Controle estatístico do processo ... 169

15.1	Breve histórico do Controle de Processo		169
15.2	Fundamentos do CEP		169
	15.2.1	Causas de variação	170
	15.2.2	Ação local e ação no sistema	170
	15.2.3	Vantagens na utilização do CEP	171
15.3	Cartas de Controle		172
	15.3.1	Fundamentos	172
	15.3.2	Construção da carta de controle	173
	15.3.3	Um exemplo de cartas de controle – Médias e Amplitudes (x-barra e R)	174
	15.3.4	Outras carta de controle	175
	15.3.5	Estudos de capacidade	176
15.4	Outras Ferramentas do CEP		176
	15.4.1	Histograma	176
	15.4.2	Diagrama de causa e efeito (Ishikawa)	177
	15.4.3	Diagrama de Pareto	177
	15.4.4	Gráfico linear	178
	15.4.5	Diagrama de dispersão	178
15.5	Conclusão		179

SEÇÃO 6 – ORGANIZAÇÃO DA PRODUÇÃO

Capítulo 16 – As formas japonesas de gerenciamento da produção e de organização do trabalho ... 181

16.1	Introdução		182
16.2	Panorama social, político e econômico do Japão no período pós-guerra.		182
16.3	As formas japonesas de gerenciamento: elementos básicos		183
	16.3.1	Emprego vitalício	183
	16.3.2	Sistema de salários seniores	183
	16.3.3	Sindicalismo corporativo	184
	16.3.4	Recrutamento e promoção	184
	16.3.5	Processo decisório em grupo e coletivismo	185
	16.3.6	Círculos de controle de qualidade (CCQ)	185
	16.3.7	Carreira	186
	16.3.8	Kaizen	187

16.3.9 *Just-in-time* (JIT) e *kanban* 187
16.3.10 A utilização do conceito "5S" (*housekeeping*) 188
16.3.11 Manutenção produtiva total (TPM – *Total Productive Maintenance*) 188
16.3.12 *Poka-yoke* 189
16.3.13 *Keiretsu* e os sistemas de subcontratação no Japão 189

16.4 Considerações finais.. 190

Capítulo 17 – Organização do trabalho na produção – A abordagem sociotécnica.... 193

17.1 Por que todos precisamos entender como se "organiza o trabalho" 193

17.2 O modelo taylorista-fordista 194

17.3 As razões da difusão do modelo taylorista-fordista................................. 196

17.4 A abordagem sóciotécnica do trabalho.. 197

17.5 O "modelo japonês" de organização do trabalho.................................... 198

17.6 Organização do trabalho nas empresas brasileiras 199

17.7 Conclusões... 201

SEÇÃO 7 – PLANEJAMENTO E CONTROLE

Capítulo 18 – Gestão de estoque 202

18.1 Introdução 202

18.2 Funções do estoque 202
18.2.1 Estoque em processo.. 202
18.2.2 Estoque cíclico.. 202
18.2.3 Estoque sazonal 203
18.2.4 Estoque de segurança... 203
18.2.5 Estoque de componentes intermediários................................. 203

18.3 Classificação dos sistemas de estoque.. 203
18.3.1 Sistema de estoque puro 204
18.3.2 Sistema de produção–estoque.. 204
18.3.3 Sistema de produção–distribuição–estoque............................ 204

18.4 Custos relacionados a estoques 204
18.4.1 Custo de obtenção 204
18.4.2 Custo associado à existência do estoque 204
18.4.3 Custo associado à falta de estoque... 205

18.5 Modelo do lote econômico 205

18.6 Modelos de estoque... 206
18.6.1 Política de estoque mínimo 206
18.6.2 Política de reposição periódica.. 208
18.6.3 Política de estoque (S, s) 208

Capítulo 19 – Programação e controle da produção para indústria intermitente..... 210

19.1 Conceitos 210
19.1.1 Conceitos sobre PCP 210
19.1.2 O processo de decisão no planejamento da produção............. 211
19.1.3 Tipos de indústria 212

19.2	Origens da programação e controle da produção		213
	19.2.1 Surgimento da necessidade de coordenação		213
	19.2.2 Os gráficos de Gantt		214
19.3	Plano de produção		215
	19.3.1 Elaboração do plano de produção		215
	19.3.2 Cálculo da carga de trabalho		216
	19.3.3 Aplicação da pesquisa operacional na elaboração do plano de produção		217
19.4	Programação da produção e emissão de ordens		218
	19.4.1 Conceitos		218
	19.4.2 A programação da produção pelos gráficos de Gantt		218
	19.4.3 Emissão de ordens		221
19.5	Liberação da produção		223
19.6	Controle da produção		223
	19.6.1 Conceito de controle		223
	19.6.2 Controle da produção		224
	19.6.3 Controle da produção pelos gráficos de Gantt		225
19.7	*Kanban*		225
	19.7.1 Conceito		225
	19.7.2 Funcionamento do sistema *kanban*		225
	19.7.3 Organização do sistema *kanban*		227
	19.7.4 Característica e aplicação do *kanban*		228

Capítulo 20 – Gerenciamento de projetos com PERT e CPM ... 232

20.1	Gerenciamento de projetos		232
	20.1.1 O conceito de gerenciamento de projetos		232
	20.1.2 As técnicas de caminho crítico		232
20.2	Planejamento da execução do projeto		234
	20.2.1 Definição das atividades do projeto e relação de dependência		234
	20.2.2 Construção da rede de eventos do projeto		234
	20.2.3 Construção da rede de atividades do projeto		235
20.3	Programação das atividades do projeto		235
	20.3.1 Objetivos da programação		235
	20.3.2 O fator tempo no projeto		236
	20.3.3 Programação com a rede de eventos		237
	20.3.4 Programação com a rede de atividades		242
	20.3.5 Análise gerencial da programação		244
	20.3.6 Probabilidade de se cumprir prazos		245
	20.3.7 Acompanhamento e revisão do projeto		246
20.4	Programação das atividades do projeto – O fator custo		246
	20.4.1 O fator custo no projeto		246
	20.4.2 Solução do problema de balanceamento entre duração e custo do projeto		249
	20.4.3 O algoritmo de Contador		250
	20.4.4 Aplicação do algoritmo a situações particulares		255
	20.4.5 Considerações sobre o algoritmo proposto		256

Capítulo 21 – Sistemas de planejamento e controle da produção 260

    21.1 Conceitos iniciais de planejamento e controle da produção 260
          21.1.1 O que são sistemas de PCP 260

    21.2 Funções básicas de um sistema de PCP 261
          21.2.1 O que se espera de um sistema de PCP 261

    21.3 A abordagem hierárquica dos sistemas de PCP 261

    21.4 Sistemas MRPII/ERP 265
          21.4.1 Objetivos 265
          21.4.2 O MRP – *Material Requirements Planning* 266
          21.4.3 Do MRP ao MRPII 268
          21.4.4 O MRPII 268
          21.4.5 Do MRPII ao ERP 270

    21.5 Sistemas de PCP, que consideram capacidade finita 270
          21.5.1 Introdução 270
          21.5.2 Características e objetivos dos sistemas de PCP que consideram capacidade finita 271
          21.5.3 Fatores por trás do surgimento dos sistemas de PCP que consideram capacidade finita 272

    21.6 O sistema JIT – *just-in-time* 273
          21.6.1 Introdução 273
          21.6.2 Por que surgem os estoques? 273
          21.6.3 Objetivos do JIT 274
          21.6.4 *Kanban* 275
          21.6.5 Filosofia e pressupostos por trás do JIT 277
          21.6.6 Limitações do JIT 278

    21.7 Implantação de sistemas de PCP 279
          21.7.1 Empenho organizacional 279
          21.7.2 Educação e treinamento 279
          21.7.3 Gerenciamento adequado de implantação 280

SEÇÃO 8 – ESTRATÉGIA DE OPERAÇÕES

Capítulo 22 – Estratégia de operações 282

    22.1 O elo faltante na estratégia corporativa 282

    22.2 Por que desenvolver e implantar uma estratégia de operações? 284

    22.3 Objetivos estratégicos da produção 285

    22.4 Critérios competitivos qualificadores e ganhadores de pedidos 286

    22.5 O conceito de foco na produção 287

Capítulo 23 – Produção limpa 289

    23.1 Motivações 289

    23.2 Conceitos e princípios de produção limpa 291
          23.2.1 Sistema global de produção 292

		23.2.2	Princípio da precaução (*melhor estar seguro do que arrependido*)	292
		23.2.3	Princípio da prevenção (*é mais barato prevenir do que remediar*)	293
		23.2.4	Princípio da integração (*visão holística do sistema*)	293
		23.2.5	Princípio do controle democrático	293
	23.3	Implantação de produção limpa		294
	23.4	Produção limpa no Brasil e tendências de mercado		294

3. PARTE – ÁREAS ESPECÍFICAS
SEÇÃO 9 – ÁREA FINANCEIRA

Capítulo 24 – Introdução à contabilidade geral	303
24.1 Introdução	303
24.1.1 Plano de contas	304
24.1.2 Ativo	305
24.1.3 Passivo e patrimônio líquido	306
24.2 O método das partidas dobradas	306
24.2.1 O razão	307
24.2.2 Os lançamentos	307
24.2.3 Mais lançamentos	308
24.2.4 O balancete de verificação	310
24.2.5 Despesas e receitas	311
24.2.6 Contas de ajuste e balancete de verificação	314
24.2.7 Fechamento das contas de despesas e de receitas ...	315
24.2.8 Operações com mercadorias	316
24.2.9 Demonstração de resultado	318
24.2.10 Balanço	318
24.3 Considerações finais	319
Capítulo 25 – Administração financeira	329
25.1 Introdução	329
25.2 Análise de índices	330
25.3 Principais índices	330
25.3.1 Índices de liquidez	330
25.3.2 Índices de rentabilidade	332
25.3.3 Índices de eficiência operacional	333
25.3.4 Índices de endividamento	334
25.4 Conclusão	335
Capítulo 26 – Custos industriais	337
26.1 Custos industriais	337
26.1.1 Definição de custos	337
26.1.2 Necessidade de custos	337
26.1.3 Finalidade dos custos	338

XXXII GESTÃO DE OPERAÇÕES

26.2 Classificação dos custos 338
26.3 Fatores do custo 340
    26.3.1 Custo de material direto 340
    26.3.2 Custo da mão de obra direta 341
    26.3.3 Custos dos gastos gerais de fabricação 341
26.4 Sistemas de custeio 341
    26.4.1 Custeio por absorção 341
    26.4.2 Custeio direto 342
    26.4.3 Custeio padrão 343
    26.4.4 Custeio baseado em atividades (*ou custeio ABC – activity based costing*) 343
26.5 Análise dos custos 345
    26.5.1 Análise do ponto de equilíbrio 345
    26.5.2 Margem de contribuição 346

SEÇÃO 10 – ÁREAS DE APOIO À PRODUÇÃO

Capítulo 27 – Movimentação e armazenagem de materiais 352

27.1 Administração de fluxos de materiais 352
    27.1.1 Organização modal 352
    27.1.2 Pontos importantes 352
    27.1.3 Tipos de armazém 353
    27.1.4 Ocupação volumétrica e acessibilidade 354
    27.1.5 Instrumentos de administração 356
    27.1.6 Ordem resolvida 356
27.2 Modulação, produto e distribuição 356
27.3 Seleção de equipamentos de movimentação 357
    27.3.1 Classificação dos equipamentos de movimentação 357
    27.3.2 Áreas básicas de logística e alocação dos equipamentos 358
    27.3.3 Alternativas de utilização e de aquisição de equipamentos 359
27.4 Embalagem 359
    27.4.1 Tipos de embalagem 359
    27.4.2 Funções da embalagem 360
    27.4.3 Subembalagem e superembalagem 360
    27.4.4 Embalagem de comercialização 361
    27.4.5 Vantagem competitiva da embalagem 361
27.5 Integração da embalagem com o produto 362
    27.5.1 Proteção pela embalagem 362
    27.5.2 Aceleração da gravidade 362

Capítulo 28 – Gestão da manutenção 365

28.1 Introdução 365
28.2 O relacionamento entre os sistemas de produção e de manutenção 365
28.3 Elementos do tempo de interrupção da produção e do tempo de reparo 367
28.4 Fatores relacionados com a manutenção e que afetam a produtividade . 369
28.5 Dinâmica do sistema de manutenção em busca do aumento de produtividade 370

28.6	Classificação básica dos serviços de manutenção		370
	28.6.1 Manutenção corretiva		370
	28.6.2 Manutenção preventiva		370
	28.6.3 Manutenção preditiva		373
	28.6.4 Manutenção produtiva total		373
28.7	Conclusão		373

SEÇÃO 11 – ÁREAS VOLTADAS PARA O MERCADO

Capítulo 29 – Desenvolvimento do produto 376

29.1	Relacionamento de usuário com o produto		376
	29.1.1 Informação e acionamento		376
	29.1.2 Erros de acionamento		377
	29.1.3 Sentido esperado		377
	29.1.4 Funções e sensibilidade		378
29.2	Desenvolvimento do produto		378
	29.2.1 Projeto em parceria ou engenharia simultânea		378
	29.2.2 DPM – Desenho para a manufatura		378
	29.2.3 Sequência de tarefas		380
	29.2.4 Desenho para a qualidade		381
	29.2.5 Desenvolvimento dos desenhos de engenharia		382
	29.2.6 Resolução do processo		383
	29.2.7 AFP – Análise de falhas potenciais		384

Capítulo 30 – Marketing industrial 388

30.1	O esquecimento do marketing industrial em passado recente		388
30.2	A globalização da economia e a ressurreição do marketing industrial		389
	30.2.1 A unificação da infraestrutura produtiva e do desenvolvimento tecnológico		389
	30.2.2 A integração dos mercados		389
	30.2.3 Tendência à concentração do capital internacional		390
30.3	Marketing industrial: conceito, características e principais funções		391
	30.3.1 O conceito de marketing industrial		391
	30.3.2 Características discriminatórias em relação ao marketing de bens de consumo		392
	30.3.3 As funções exercidas pelo marketing industrial		395
30.4	As atividades de marketing industrial no novo contexto de produção e distribuição		399
30.5	Conclusão		401

Capítulo 31 – Gestão da logística 403

31.1	Desenhando a rede logística		403
	31.1.1 A rede logística		403
	31.1.2 Completando e racionalizando a rede logística		404
31.2	O subsistema de transporte		405
	31.2.1 Modalidades de transporte		405

		31.2.2 Medida de rendimento	407
		31.2.3 Planejando o subsistema de transporte	408
		31.2.4 Custos de transporte	409
	31.3	Depósitos e armazéns..	410
		31.3.1 Funções do depósito ou armazém...	410
		31.3.2 O depósito visto como um sistema...	411
		31.3.3 Parâmetros relacionados com o manuseio da carga	412
	31.4	Armazenagem de produtos	412
		31.4.1 Espaço físico para armazenagem	413
		31.4.2 Arranjo dos diversos produtos no armazém	414
		31.4.3 Formas de movimentação..	414
		31.4.4 Formas de armazenagem..	415

Capítulo 32 – Serviços.. 417

	32.1	A importância dos serviços	417
		32.1.1 A importância dos serviços na economia	417
		32.1.2 Os serviços como diferencial competitivo em empresas de manufatura..	418
		32.1.3 Os serviços como atividades internas de apoio em uma empresa	418
	32.2	As especificidades dos serviços em relação à manufatura.....................	420
		32.2.1 Conceitos gerais...	420
		32.2.2 Os serviços são intangíveis	421
		32.2.3 A presença e a participação do cliente no processo..................	421
		32.2.4 O grau de contato com o cliente afeta a gestão de operações de serviço	422
		32.2.5 A produção e o consumo de serviços são simultâneos	422
	32.3	A avaliação da qualidade do serviço pelo cliente	424

4. PARTE – ESPECIAL
SEÇÃO 12 – CONSTRUÇÃO CIVIL

Capítulo 33 – Produtividade na construção civil... 431

	33.1	Introdução	431
	33.2	A natureza da obra civil	432
	33.3	O projeto...	433
		33.3.1 Problemas com a informação técnica......................................	433
		33.3.2 Diretrizes para melhorar a informação técnica........................	434
		33.3.3 Diretrizes projetuais para aumentar a produtividade................	435
	33.4	O processo..	437
		33.4.1 Diretrizes para a escolha do processo......................................	437
		33.4.2 Exemplos para comparação entre processos............................	439
	33.5	O canteiro...	440
		33.5.1 Problemas com o canteiro de obras	440
		33.5.2 Diretrizes conceituais para o projeto do canteiro......................	443

Capítulo 34 – Engenharia e análise do valor na manufatura e na construção civil		447
34.1	Regeneração celular da organização..	447
34.2	Engenharia e análise do valor – EAV	448
	34.2.1 Origem, definição e objetivo	448
	34.2.2 Função..	449
	34.2.3 Plano de trabalho – ARQ-EVS	451
	34.2.4 Fatores que determinam o maior valor	453
	34.2.5 Razões da ocorrência de baixos valores.......................................	453
34.3	Por que adotar a ARQ-EVS na construção civil	453
	34.3.1 Diagnóstico de problemas no campo...	453
34.4	Aspectos éticos..	454
34.5	Conclusão	454
Capítulo 35 – *Lean construction* – O caminho para a excelência operacional na construção civil..		456
35.1	A *lean construction* como base para modelos de gestão da produção na construção civil	456
35.2	A organização do trabalho no contexto da *Lean Construction*	460
35.3	Um modelo integrado para a gestão de obras	462
	35.3.1 O planejamento como vantagem competitiva	462
	35.3.2 Definição do modelo de planejamento e acompanhamento de obras...	463
	35.3.3 Cálculo dos Indicadores de Desempenho Operacional (KPI – *Key Productivity Indicators*)	464
	35.3.4 Replanejamento e reprogramação de atividades	465
35.4	Conclusões	466

SEÇÃO 13 – EMPRESA COMPETITIVA

Capítulo 36 – Planejamento e gestão estratégica		469
36.1	Introdução	469
36.2	Definição de negócios..	469
36.3	Competitividade das nações	471
36.4	Competitividade das empresas	473
36.5	Ciclo de vida dos produtos e dos negócios..	474
36.6	Escolha da estratégia competitiva básica...	477
36.7	O processo da inovação tecnológica	478
36.8	O fluxo básico da gestão estratégica...	479
36.9	Estratégia	482
36.10	A missão da empresa...	484

Capítulo 37 – A formação dos preços e a administração da produção ... 490

- 37.1 Introdução ... 490
- 37.2 A teoria econômica ... 491
- 37.3 A análise de mercado ... 492
- 37.4 As estruturas de mercado ... 494
- 37.5 A função custos ... 496
- 37.6 A administração da produção e os custos ... 497
- 37.7 Conclusões ... 498

Capítulo 38 – Qualidadade total: estratégias, planos e implementação ... 500

- 38.1 Qualidade Competitiva: TQM ... 500
- 38.2 As estratégias empresariais e a qualidade ... 500
  - 38.2.1 Importância das estratégias de qualidade ... 500
  - 38.2.2 Principais estratégias da qualidade ... 502
  - 38.2.3 Estratégias e planos da qualidade ... 503
- 38.3 Um modelo de referência ... 506
  - 38.3.1 O modelo europeu ... 506
  - 38.3.2 Fases de desenvolvimento ... 507
  - 38.3.3 Conceitos e valores ... 507
  - 38.3.4 Gerenciamento da qualidade ... 509
  - 38.3.5 Processos fundamentais ... 509
  - 38.3.6 Matriz de referência ... 511
- 38.4 Modelo de implementação de Shiba ... 512
  - 38.4.1 Modelo original ... 512
  - 38.4.2 Modelo de implementação modificado ... 512
- 38.5 Glossário ... 514

Capítulo 39 – Metaqualidadade ... 522

- 39.1 Introdução ... 522
- 39.2 Os desvios ... 522
  - 39.2.1 As dimensões dos problemas mudaram a sua natureza ... 522
  - 39.2.2 Agora, os riscos à sobrevivência têm dimensões planetárias ... 523
- 39.3 O trabalho ... 524
  - 39.3.1 É preciso forjar uma nova cultura ... 524
  - 39.3.2 Nossa cultura é modelada sem cessar ... 524
  - 39.3.3 A força transformadora está o trabalho organizado ... 525
- 39.4 As políticas ... 525
  - 39.4.1 Empresas são conjuntos de pessoas, e agem como pessoas ... 525
  - 39.4.2 Empresas não têm políticas; as pessoas é que têm políticas ... 526
  - 39.4.3 Políticas são muitas vezes confundidas com estratégias ... 526
- 39.5 A metaqualidade ... 527
  - 39.5.1 Existe um conflito íntimo em cada um de nós ... 527
  - 39.5.2 Há pelo menos quatro prejudicados pelo conflito ... 527
  - 39.5.3 Só a volta da permuta justa garantirá a qualidade da vida ... 528

	39.5.4	Homen de bem! Uni-vos!..	528
	39.5.5	O interesse de todos se confunde com o interesse de cada um..	529
39.6	Os caminhos		529
	39.6.1	Antes de partir, é necessário traçar o rumo............................	529
	39.6.2	Um exemplo objetivo ajuda a transformar a teoria em prática ...	530
39.7	As propostas...		531
	39.7.1	Para alcaçar o medíocre, vise o possível; para alcançar o possível, vise o impossível	531

Notas 536
    Capítulo 1 – Correntes do pensamento administativo 536
    Capítulo 2 – A empresa moderna.. 536
    Capítulo 3 – Campos e armas da competição.................................... 536
    Capítulo 4 – Gerenciamento do processos 537
    Capítulo 5 – Engenharia Econômica... 537
    Capítulo 7 – Tecnologia da informação.. 537
    Capítulo 9 – Produtividade 538
    Capítulo 10 – Estudo de tempos 538
    Capítulo 11 – Projeto de métodos.. 538
    Capítulo 12 – Arranjo físico 538
    Capítulo 16 – As formas de gerenciamento da produção e de orgaização do trabalho 539
    Capítulo 19 – Programação e controle da produção para indústria intermitente 539
    Capítulo 21 – Sistemas de planejamento e controle da produção 539
    Capítulo 22 – Estratégia de operações 539
    Capítulo 24 – Introdução à contabilidade geral................................. 539
    Capítulo 25 – Administração financeira... 540
    Capítulo 27 – Movimentação e armaenagem de materiais 540
    Capítulo 30 – Marketing industrial 540
    Capítulo 31 – Gestão da logística.. 540
    Capítulo 32 – Serviços.. 540
    Capítulo 34 – Engenharia e análise do valor na manufatura e na construção civil 541
    Capítulo 36 – Planejamento e gestão estratégica.............................. 541
    Capítulo 37 – A formação dos preços e a administração da produção 542
    Capítulo 38 – Qualidade total: estratégias, planos e implementação 543
    Capítulo 39 – Metaqualidade... 543

HOMENAGEM

Este livro, resultado de uma produção conjunta dos professores do Departamento de Engenharia de Produção da Escola Politécnica, vem atender a uma nova demanda em termos da formação profissional de engenheiros, demanda esta definida pelos contornos da profunda reorganização socioeconômica deste final de século.

O novo perfil profissional do engenheiro alia à indispensável competência técnica o entendimento da dinâmica de organizações complexas, o desenvolvimento das qualidades de liderança, comunicação e trabalho em grupo, além da capacidade de contínua aprendizagem e inovação.

Na Escola Politécnica esse perfil vem sendo gradualmente desenvolvido e aperfeiçoado, há vários anos, pelo Departamento de Engenharia de Produção. Este projeto foi concebido por um engenheiro, detentor de extraordinárias qualidades como estrategista, que não apenas soube compreender o cenário brasileiro da década de 1960 como antever as mudanças que estariam por vir.

Sua visão de mundo, seu entendimento da problemática econômica e tecnológica do País, sua capacidade de construir um projeto institucional, sua imensa cultura e seu profundo conhecimento técnico definiram um perfil profissional que se tornou modelo a ser perseguido por todos.

A ele, professor Ruy Aguiar da Silva Leme, dedicamos este livro.

Os autores

AULA MAGNA

ENGENHARA DE PRODUÇÃO E ADMINISTRAÇÃO INDUSTRIAL

Ruy Aguiar da Silva Leme

Palestra proferida na I Semana da Engenharia de Produção, outubro de 1965.

1 CONCEITO DE ENGENHARIA DE PRODUÇÃO

1.1 O *spectrum* da tecnologia

Comemos, vestimo-nos, moramos, viajamos, divertimo-nos, de uma forma diferente da de nossos antepassados. De um modo geral, as necessidades humanas estão, hoje em dia, mais bem satisfeitas do que há um século. Essa melhoria resulta, em última análise, da incorporação à nossa vida diária dos resultados de descobertas e invenções, na forma de novos produtos, que consumimos ou utilizamos.

Desde o aparecimento de uma nova ideia até sua efetiva utilização em nossa vida diária, existe uma longa história, que denominaremos, por razões explicadas a seguir, de *spectrum* da tecnologia.

Inicia-se com a descoberta de um novo conhecimento sobre o universo, sobre as leis que o regem. Essa descoberta ter-se-á muitas vezes originado de estudos visando apenas a natural satisfação da curiosidade humana de ampliar cada vez mais seu entendimento do meio que nos cerca. É a fase da pesquisa pura: por exemplo, a descoberta de uma combinação sintética de hidrogênio e carbono que não visava, de início, nenhuma aplicação prática, mas que veio a tê-la, muito mais tarde, na fabricação do nylon.

Segue-se a fase da pesquisa aplicada, em que os conhecimentos adquiridos na fase anterior são aperfeiçoados, com o objetivo de sua aplicação. Assim, as citadas moléculas sintéticas de hidrogênio e carbono apresentavam cadeia longa, como as das fibras têxteis naturais, mas careciam de certas propriedades, como flexibilidade, que deveriam adquirir a fim de poder substituir essas fibras.

Descoberto o nylon, foi este logo empregado em diversos produtos que, comparados com os fabricados a partir de fibras naturais, apresentavam vantagens e desvantagens. Era preciso aperfeiçoar esses produtos, desenvolver suas qualidades no sentido de se adaptarem melhor às satisfações das necessidades humanas, bem como serem de produção mais econômica. Essa é a fase do desenvolvimento do produto. Assim, por exemplo, as redes de pesca de nylon, se bem que mais duráveis e menos visíveis para os peixes do que as de algodão, apresentavam o inconveniente de os fios correrem nas malhas. A eliminação desse inconveniente desenvolveu o produto, tomando-o de maior valor.

Segue-se a fase de projeto, em que são definidos exatamente todos os atributos que deve ter o produto. Assim, no caso da rede de nylon, são estabelecidas as dimensões das malhas, a espessura e a resistência dos fios etc.

A transformação em realidade do que foi projetado – a produção – é a fase seguinte no *spectrum* da tecnologia, que termina com a utilização do produto.

Resumindo, temos que esse *spectrum* é formado pela sucessão das seguintes fases: pesquisa pura, pesquisa aplicada, desenvolvimento do produto, projeto, produção e utilização. A denominação *spectrum* indica que as diversas fases se interpenetram sem limites nítidos, analogamente ao que acontece com o *spectrum* luminoso, onde as cores se sucedem gradualmente.

Essas fases admitem variantes que, contudo, diferem das já citadas, antes pelo nome que pelo conteúdo intrínseco. Assim, em vez de produção, podemos ter construção. A primeira se aplica no caso de séries (produção de rádios, automóveis, alimentos), a última, no caso de unidades isoladas (construção de navios, pontes, casas, ou barragens). Em ambos os casos, produção e construção, temos a transformação em realidade daquilo que foi projetado.

Também, em vez de utilização, podemos ter consumo. A primeira expressão aplica-se aos denominados "bens duráveis" que, como as geladeiras ou os tratores, não se destroem ao satisfazer necessidades; o último aplica-se aos denominados "bens não duráveis" que, como o alimento ou o cigarro, desaparecem no seu emprego final.

O *spectrum* admite ainda outras variantes, quando substituímos a palavra "produto" por "processo". Assim, temos desenvolvimento e projeto de processos, tais como solda ou usinagem que, na fase seguinte, são empregados na produção. A diferença básica entre essas variantes está em que, no caso do produto, a sucessão de fases pretende dar a melhor solução ao problema de "o que produzir", ao passo que, no caso do processo, respondemos à pergunta "como produzir".

A esse respeito, a produção (ou construção) é uma fase integrativa e única, onde se reúnem as respostas às perguntas: o que produzir (projeto do produto) e como produzir (projeto do processo).

A cada fase do *spectrum* corresponde um campo de atividade produtiva.

1.2 Cientistas, engenheiros e técnicos

Nesses diferentes campos, trabalham, entre outros, cientistas, engenheiros e técnicos. Na distribuição de atribuições entre essas diversas categorias profissionais, também entra o conceito de *spectrum*, pois as atribuições específicas se interpenetram em zonas de interferência.

O trabalho do cientista exerce-se nas primeiras fases, na pesquisa pura e aplicada. O trabalho do engenheiro, nas últimas fases, no projeto, na produção, na construção e na utilização de equipamentos. No desenvolvimento, os dois trabalhos se superpõem.

Existem técnicos trabalhando em todas as fases: nas primeiras, subordinados a cientistas; nas últimas, sob a direção de engenheiros. A porcentagem representada pelos técnicos no número total de profissionais qualificados é que cresce no *spectrum*, quando nos deslocamos da pesquisa em direção à utilização final.

É complexa a distinção entre, de um lado, o trabalho do técnico e, do outro, o do engenheiro ou cientista. Podemos dizer que, para o primeiro, as habilidades manuais são mais importantes e que, para os últimos, predomina a necessidade de aptidões intelectuais. Para os técnicos, o conhecimento necessário já se acha, em geral, mais rotinizado, podendo ser adquirido mais facilmente pelo treinamento. Para os cientistas e engenheiros, são mais frequentes as situações novas, mais bem enfrentadas com a bagagem adquirida pela educação.

No trabalho dos engenheiros e cientistas predomina o exercício de decisões, enquanto, no do técnico, temos mais a execução do que já foi decidido. Os cientistas e engenheiros são, em geral, supervisores; os técnicos, em geral, supervisionados.

A dificuldade de definir os campos específicos de atribuições desses diversos profissionais é demonstrada pela substituição, nas indústrias em evolução, de técnicos por engenheiros, em posições ocupadas tradicionalmente pelos primeiros.

1.3 O desenvolvimento industrial

No processo do desenvolvimento econômico de um país temos, normalmente, um decréscimo relativo do setor primário de produção (agricultura, pecuária, indústria extrativa) e um crescimento do setor secundário (indústria de transformação). Este último setor cresce quantitativamente e qualitativamente, ampliando sua função. Encarando o desenvolvimento industrial sob esse último prisma, de crescimento qualitativo e ampliação de funções, podemos distinguir três etapas: países de economia primária, países em etapa de transição e países industrialmente maduros, conforme a respectiva participação no *spectrum* da tecnologia dos bens industriais.

Na primeira etapa de todo esse *spectrum*, só existem no país as fases de construção, de utilização e de consumo. As demais fases, de produção, de projeto, de desenvolvimento e de pesquisa, são executadas no estrangeiro. Os bens produzidos em massa são importados em sua forma acabada. As construções que não podem ser importadas são, muitas vezes, executadas na base de projetos realizados fora do país.

Na etapa de transição, temos a progressiva substituição da importação pela execução local. Essa substituição se inicia pela produção, segue pelo projeto, pelo desenvolvimento, e termina pela pesquisa. Inicialmente, a importação de produtos acabados é substituída pela produção local, ainda na base de projetos estrangeiros. Os projetos para as construções passam a ser realizados no próprio país. Em seguida, o mesmo acontece com os projetos para a produção, importando-se apenas o desenvolvimento do produto na forma de patentes e de *know-how*.

Na terceira etapa, a de economia industrialmente madura, existem, dentro do país, todas as fases, desde a pesquisa pura até a utilização final. Continua-se ainda importando produção, projeto, desenvolvimento ou pesquisa, mas por razões diferentes daquelas existentes em um país subdesenvolvido. Sendo o país tecnologicamente autossuficiente, a escolha da importação, em vez da execução local, deriva das vantagens oferecidas pelo mecanismo de trocas propiciado pelo comércio internacional. Prefere-se concentração em pesquisa, desenvolvimento, projeto e produção de certos bens, e importação de outros já na forma acabada. O mesmo não acontece nos países em estágio de economia primária, em que a opção entre a execução local e a importação não se oferece, pois não existe preparo suficiente para executar internamente as fases mais difíceis do *spectrum*.

Na Figura 1 estão representadas, no eixo das ordenadas, as diferentes fases do *spectrum* da tecnologia e, no eixo das abcissas, as diferentes etapas do desenvolvimento industrial. A progressiva substituição da importação pela execução local está representada pela curva ABCD.

1.4 Evolução da engenharia no processo de industrialização

A progressiva substituição da importação pela execução local, nas diferentes fases do *spectrum*, exerce profunda influência sobre todas as atividades de um país em processo de industrialização, em particular no exercício da Engenharia.

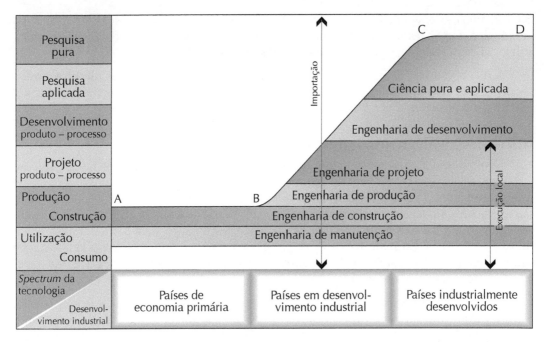

Figura 1 *Spectrum* da tecnologia, desenvolvimento industrial e evolução da engenharia.

Em um país de economia primária, temos apenas a engenharia de construção e a de manutenção. Barragens, estradas e pontes, que não podem ser importadas, são construídas no próprio país. Os engenheiros ferroviários ou eletrotécnicos praticam, nessa fase, apenas engenharia de manutenção, encarregados de conservar em operação equipamentos projetados e produzidos em outras nações, cujos serviços de transporte ou de geração de energia não podem ser importados.

Durante o desenvolvimento industrial, surgem novas formas de engenharia, como a de produção, a de projeto e, finalmente, a de desenvolvimento, todas presentes em um país industrialmente desenvolvido.

Na Figura 1, sob a curva ABCD, estão representadas as diversas formas de engenharia presentes em um país, nas diferentes etapas de seu desenvolvimento industrial.

2 AS FRONTEIRAS DA ENGENHARIA DE PRODUÇÃO

2.1 Engenharia de produção, de produto, de processo e economia industrial

Juntando os conceitos já apresentados de *spectrum* da tecnologia e da delimitação de atribuições entre o técnico e o engenheiro, temos, se bem que de uma forma imprecisa, um conceito de Engenharia de Produção. A própria noção de *spectrum* também mostra a impossibilidade de se estabelecer, para esse campo de atividade, limites nítidos, imutáveis no tempo.

Contudo, um exame das atribuições que normalmente são exercidas, ou podem ser exercidas, pelos engenheiros de produção, auxilia a precisar o conceito.

Na Tabela 1, temos os problemas da produção classificados em duas grandes categorias. Uma primeira classificação decorre da resposta às perguntas: o que, como, quando, quanto, com que e onde produzir. Uma segunda classificação corresponde à fase: planejamento, execução ou controle da produção. Entre parênteses, estão indicados, por números, os campos de atividade do engenheiro de produção, do engenheiro de produto, do engenheiro de processo e do economista industrial.

Tabela 1 Campos de atividade dentro da produção

Problemas da produção	Planejamento	Execução	Controle
O que	a) Fixação de linha de produtos[2][4] b) Desenvolvimento, Projeto e especificação do produto[2]	Supervisão da produção[1]	de qualidade[1]
Como	a) Desenvolvimento e projeto dos processos[3] b) Roteiro de fabricação: Estudo dos métodos; Fixação dos tempos[1]		de eficiência[1]
Quando e quanto	a) Fixação da capacidade da indústria e programação de prazo longo[4] b) Programação de prazo curto: Agenda, carga de máquinas, preparação e liberação de ordens[1]		de prazos e quantidades[1]
Com que	a) Planejamento financeiro b) Planejamento de pessoal c) Planejamento de materiais[1] d) Planejamento de equipamentos		de custos[1]
Onde	a) Localização da indústria[4] b) Projeto do edifício c) *Layout* do equipamento[1]		

[1]Engenharia de produção, [2]Engenharia do produto, [3]Engenharia do processo, [4]Economia industrial

Examinando essa tabela, verificamos que:

1. a atividade do engenheiro de produto se concentra na fase de planejamento, em resposta à pergunta "o que produzir";
2. a atividade do engenheiro de processo se concentra na fase de planejamento, em resposta à pergunta "como produzir"; e
3. a atividade do economista industrial se exerce no planejamento geral, assessorando na tomada das grandes decisões, tais como a localização da indústria, a fixação da capacidade da mesma, a seleção da linha de produtos.

A supervisão e o controle, quando entregues a engenheiros, constituem campo de trabalho do engenheiro de produção. Muitas vezes, conforme a indústria, essas atividades são atribuídas a técnicos, cabendo aos engenheiros apenas desenvolver e projetar sistemas de supervisão e controle, que serão depois entregues a elementos de menor qualificação profissional.

Parte da tarefa de planejamento é também de responsabilidade do engenheiro de produção, principalmente o planejamento detalhado e diário que antecede imediatamente a fase de execução.

2.2 Engenharia de produção e engenharia de sistemas

Há um outro campo de ação do engenheiro de produção. Normalmente, esse profissional não necessita dirigir pessoalmente um departamento de custos, de controle de qualidade ou de programação da produção. A sua tarefa consistirá em projetar e implantar um sistema que permita que as citadas atividades sejam executadas de uma forma rotineira, mas adequada, por elementos menos qualificados.

O sistema deverá ser revisto toda vez que se alterarem as condições relevantes. Assim sendo, convirá entregar ao engenheiro de produção apenas posições de comando em setores muito dinâmicos, em que são frequentes as mudanças de condições, não permitindo estudos detalhados de rotinas que possam ser aplicadas por terceiros.

Dentro da concepção que acabamos de expor, existe um grande paralelismo entre os engenheiros de produto, processo e produção. Aos três cabe a tarefa de desenvolvimento e de projeto. O primeiro desenvolve e projeta o produto; o segundo, o processo; o último, o sistema. Na produção integram-se os três projetos: o do produto: respondendo a "o que fazer"; o do processo, respondendo a "como fazer"; e o do sistema, indicando as formas de programação, supervisão e controle. A analogia não é total, pois a introdução de um novo produto ou de um novo processo pode ser feita sem contato direto entre os projetistas do produto ou do processo e os técnicos encarregados da produção, o que não acontece com os sistemas, onde a implantação exige, muitas vezes, que o engenheiro de produção assuma diretamente o comando do setor.

De fato, é muito mais fácil introduzir uma alteração no processo ou no produto do que nos sistemas e na forma de executar as tarefas. Os sistemas existentes, a serem substituídos, já terão determinado a formação de hábitos, condicionando um *modus vivendi* cuja alteração, como é natural, encontra resistências.

Essa é também a explicação do racional ter substituído o tradicional, inicialmente no produto e no processo, para, só a partir da obra de Taylor, atingir a própria forma de executar as tarefas.

Esse é também o motivo de a engenharia ser mais recente no campo da produção do que no do produto ou do processo. A substituição do tradicional pelo racional não enfrentou barreiras psicológicas nos dois últimos campos, o que permitiu a sua rápida aceitação.

Essa última concepção de engenheiro de produção, como projetista de sistemas, coincide com a definição de *Industrial Engineering* dada pelo American Institute of Industrial Engineers:

> A Engenharia Industrial ocupa-se de projeto, melhoria e instalação de sistemas integrados de homens, máquinas e equipamentos, baseando-se em conhecimentos especializados de ciências matemáticas, físicas e sociais, em conjunto com os princípios e métodos de análise e de projeto peculiares à Engenharia, com o fim de especificar, predizer e avaliar os resultados a serem obtidos daqueles sistemas.

3 ADMINISTRAÇÃO INDUSTRIAL

3.1 Conceito de administração

Passemos ao segundo tópico de nossa exposição, a Administração Industrial.

Quando duas ou mais pessoas se associam para realizar uma tarefa, a fim de atingir um objetivo, estabelece-se uma comunidade (*community*, em inglês). Caracteriza-se, pois, a comunidade, por reunir mais do que uma pessoa, com um objetivo comum, cuja execução exige o trabalho coordenado dos elementos do grupo.

Administrar é conseguir resultados mediante o emprego do esforço de uma comunidade de pessoas. Os conceitos de administração e de comunidade são, pois, associados, sendo necessário compreender bem o último, para entender o primeiro.

São comunidades, os conjuntos de elementos que trabalham em uma indústria, em uma escola ou em um hospital. São também comunidades os subconjuntos de elementos que trabalham em um departamento, seção ou unidade de uma indústria. De fato, em todos os exemplos citados, temos as características que definem a comunidade: multiplicidade de elementos e objetivo comum que, para ser atingido, necessita do trabalho dos elementos componentes. Os objetivos das comunidades-partes (departamento, seção ou unidade) são componentes do objetivo da comunidade-todo – a indústria. Assim, uma indústria existe para atender às necessidades de uma população consumidora, dentro de uma gama de produtos. Este objetivo global será decomposto em objetivos parciais, como a produção de cada produto, a colocação dos produtos no mercado, a gestão dos recursos financeiros etc., sendo constituídos departamentos, seções ou unidades encarregadas de realizar os objetivos parciais, resultantes da decomposição do objetivo global. Aliás, essa decomposição constitui a própria essência da departamentalização de uma indústria.

Nessas condições, em uma indústria, encontramos administração em diferentes níveis, desde o presidente, para o qual a comunidade administrada coincide com todos os elementos que trabalham na indústria, até os mestres ou encarregados de unidades, cujas comunidades incluem apenas seus subordinados. Presidentes, diretores, chefes de departamento e chefes de seção, são, pois, administradores industriais.

A administração industrial não difere, nos seus fundamentos, da administração escolar, hospitalar ou pública. As funções do administrador, que descreveremos em seguida, são as mesmas em qualquer desses casos. O que caracteriza a administração industrial é o objetivo da comunidade administrada, que poderá ser, no caso de departamentos ou seções de uma indústria, a produção de um produto, a colocação dos produtos no mercado, a gestão dos recursos financeiros, o suprimento de matérias-primas, a manutenção dos equipamentos. O objetivo poderá ser ainda o objetivo global da indústria, no qual se integram os objetivos parciais citados.

O problema fundamental da administração é o da coordenação dos esforços individuais dos componentes da comunidade, para que seja atingido o objetivo comum. As funções do administrador decorrem da necessidade de resolver esse problema. Dessa forma, para analisar essas funções, é interessante, preliminarmente, compararmos o comportamento do indivíduo isolado ao do indivíduo integrado em uma comunidade.

3.2 Comportamento do indivíduo, isolado e integrado em comunidade

Toda vez que um indivíduo procura realizar uma tarefa, de uma forma racional, a fim de atingir certo objetivo, é possível distinguir três etapas no seu comportamento:

a) o planejamento;
b) a execução; e
c) o controle.

No planejamento, o indivíduo verifica, inicialmente, as alternativas existentes para atingir o objetivo que tem em vista. Em segundo lugar, prevê as consequências da escolha de cada alternativa. Finalmente, comparando essas consequências, seleciona a alternativa que julga mais satisfatória.

Na execução, o indivíduo realiza as ações determinadas pela alternativa escolhida. Na última etapa, o controle, considera inicialmente o que foi planejado, em seguida o que foi executado, confronta o planejado com o executado e, caso estes não coincidam, toma providências.

No caso de indivíduos reunidos em grupos, realizando tarefas destinadas a atingir um objetivo comum, isto é, nas comunidades, cada elemento do grupo planeja, executa e controla as suas tarefas. A diferença entre o comportamento do indivíduo que trabalha isoladamente e daquele que se integra em uma comunidade, está na distribuição das funções de planejamento e controle. Enquanto o indivíduo que trabalha isoladamente planeja e controla integralmente sua atividade, no trabalho em grupo, parte do planejamento e do controle é retirado do indivíduo, passando para o administrador. Estas duas funções são distribuídas entre os diferentes níveis hierárquicos da empresa, desde a presidência, até os mestres e os operários.

Nessa distribuição reside boa parte da coordenação das atividades individuais. Cabe à alta administração o planejamento geral da empresa, em suas diversas modalidades. Fazem parte desse planejamento geral a escolha da linha de produtos, a fixação da capacidade produtiva da empresa dentro de cada linha, o estabelecimento da política de pessoal, a programação dos investimentos, a escolha da forma de distribuição do produto. Esse planejamento, por outro lado, fixa os objetivos que servirão de base aos planos particulares, de responsabilidade da administração média. Caberá a esta detalhar os planos gerais, por exemplo, fixar os atributos de cada produto dentro da linha estabelecida no planejamento geral, programar a quantidade de cada produto a ser produzida dentro de cada mês etc.

De um modo geral, podemos dizer que a distribuição da função do planejamento entre os diversos níveis hierárquicos da empresa se faz reduzindo a extensão e aumentando o detalhamento dos planos, quando se passa de um nível superior para um nível inferior. Os planos elaborados pelo nível superior abrangem campo muito mais extenso do que os de responsabilidade do nível inferior, sendo, por essa razão, menos detalhados. A coordenação é obtida pelo fato de um plano geral fixar os objetivos de todos os planos particulares que o detalharão.

O controle também perde em extensão e ganha em detalhamento, quando passamos de um nível superior para um inferior da escala hierárquica. Nos níveis hierárquicos inferiores, são controlados todos os atributos do produto: o custo, a quantidade produzida, a data da produção, a qualidade, a eficiência das operações etc. O mestre precisa controlar a hora em que termina cada operação, a quantidade de peças refugadas, o aproveitamento de cada matéria-prima. Subindo na escala hierárquica, os controles passam a ser de natureza mais global e, em consequência, menos detalhada. O diretor industrial deverá controlar, por exemplo, a semana em que conjuntos estarão montados, a eficiência global da operação industrial, o nível geral de qualidade etc. Em nível mais elevado ainda, o da presidência, o controle será feito pela verificação do resultado final de toda a operação industrial, comercial e financeira.

3.3 Funções do administrador

A coordenação dos esforços dos elementos que compõem uma comunidade é parcialmente obtida retirando-se dos indivíduos parte do planejamento e do controle, e entregando ao administrador. Apenas a execução fica integralmente entregue ao indivíduo. Aliás, o administrador, no exercício de suas funções específicas, não executa. São seus deveres:

planejar; organizar; designar; dirigir e controlar.

Já tratamos da primeira e da última função. Examinemos as demais.

Organizar é distribuir as tarefas definidas no planejamento como necessárias para atingir o objetivo, em grupos homogêneos, que possam ser executadas por um mesmo indivíduo, ou que possam definir uma subcomunidade dentro da comunidade. Designar é atribuir cada grupo de tarefas a cada um dos subordinados. Estes podem ser também administradores, no caso em que o grupo de tarefas é entregue a uma subcomunidade.

Dirigir, finalmente, é comandar os subordinados na realização das tarefas a eles atribuídas.

Pelo exercício dessas cinco funções, consegue o administrador coordenar os esforços dos seus subordinados, atingindo os resultados definidos pelo objetivo comum da comunidade. Daí a definição de administração: conseguir resultados através do emprego do esforço de uma comunidade de pessoas.

4 ENGENHARIA DE PRODUÇÃO E ADMINISTRAÇÃO INDUSTRIAL

Administrar é, antes de tudo, uma arte. Deriva de capacidades inatas, aperfeiçoa-se com a experiência e com a instrução. Esta última pode melhorar as qualidades administrativas de uma pessoa, mas não supre habilidades que derivam de sua própria personalidade, algumas herdadas, outras adquiridas no decorrer de toda a vida, desde a infância até o exercício de uma carreira profissional.

A Engenharia de Produção é uma técnica, no sentido de que incorpora os conhecimentos desenvolvidos na pesquisa científica para a solução de problemas práticos.

O engenheiro de produção é sempre um administrador, pois seu trabalho, pela própria natureza, implica a direção de uma equipe. Essa vinculação com a administração existe em todos os campos da Engenharia, pois, normalmente, todo engenheiro tem subordinados.

As relações entre o administrador industrial e o engenheiro de produção são muito mais profundas do que essa simples vinculação. O último é importante colaborador do primeiro. Para discutirmos a natureza dessa colaboração, façamos uma analogia.

Uma comunidade de pessoas pode ser assemelhada a uma máquina. Obter os melhores resultados dessa máquina é a responsabilidade do administrador. Este, em particular o administrador industrial, pode obter valiosa colaboração do engenheiro de produção que, no exercício de suas atribuições, ao projetar sistemas, ao estabelecer métodos de planejamento, de supervisão e controle, está contribuindo para o projeto da máquina que, em nossa analogia, representa a comunidade administrada. A construção da máquina se dá na designação, na implantação dos sistemas e procedimentos projetados. A operação da máquina corresponde à direção.

Os economistas, os psicólogos industriais, os formados em escolas de administração de empresas, são outros profissionais que podem colaborar com os administradores no projeto da máquina citada em nossa analogia, especialmente nos setores de venda, de pessoal e de finanças. Contudo, a colaboração do engenheiro de produção se destaca sobre a dos demais em dois setores:

a) na administração industrial, em que predominam os problemas de produção; e
b) na aplicação dos métodos quantitativos na denominada "pesquisa operacional".

As razões do primeiro destaque são óbvias. As do segundo serão consideradas a seguir.

Os engenheiros de produção têm, normalmente, pela sua própria formação profissional, mais facilidade do que economistas ou diplomados em administração, no tratamento de problemas matemáticos. A pesquisa operacional, que procura solucionar os problemas administrativos pelo emprego de estatística, cálculo de probabilidades, teoria dos jogos, programação linear, teoria dos grafos, álgebra simbólica etc., necessita, para ser aplicada, de uma desenvoltura matemática bastante grande. Por essa razão, nos Estados Unidos esse campo está, em boa parte, entregue a engenheiros industriais.

Referências bibliograficas

KOONTZ, H.; O'DONNEL, C. *Princípios de administração*. São Paulo: Livraria Pioneira Editora, 1962.

ROSS, T. G.; FARR, D. E. Higher management contrais. 2. ed. In: MAYNARD, H. B., *Industrial engineering handbook*. London: Pitman, 1963.

URWICK, L. Development of industrial engineering. In: MAYNARD, H. B., *Industrial engineering handbook*. London: Pitman, 1963.

PRIMEIRA PARTE

EMPRESA TODA

SEÇÃO 1 – EMPRESA MODERNA

Capítulo 1	Correntes do pensamento administrativo......................	13
	Márcia Terra da Silva	
Capítulo 2	A empresa moderna	28
	Márcia Terra da Silva	
Capítulo 3	Campos e armas da competição	34
	José Celso Contador	
Capítulo 4	Gerenciamento por processos	50
	Roberto Gilioli Rotondaro	

SEÇÃO 2 – ENGENHARIA ECONÔMICA

Capítulo 5	Engenharia econômica	57
	Claus Leon Warschauer	
Capítulo 6	Substituição e reposição de equipamento	76
	Oswaldo Fadigas Fontes Torres	

SEÇÃO 3 – TECNOLOGIA DA INFORMAÇÃO

Capítulo 7	Tecnologia da informação	85
	Mauro M. Spinola	
	Marcelo S. P. Pessôa	
Capítulo 8	Informações para a empresa..	94
	João S. Furtado	

CAPÍTULO 1

CORRENTES DO PENSAMENTO ADMINISTRATIVO

Márcia Terra da Silva

A administração de empresas tem passado por vários estágios em que um elemento ou outro da empresa é considerado mais relevante e estudado com maior ênfase. Dessa forma, cada linha de estudo trouxe contribuições à administração que hoje encontramos nas empresas modernas, merecendo nossa atenção sobre a forma como se desenvolveu a teoria. Além disso, entender o contexto em que se desenvolveram essas teorias é importante para identificarmos fatores que influenciam a aplicação de uma ou outra forma administrativa.

Este capítulo pretende resumir as características das teorias de administração e apresentar os teóricos que mais contribuíram para seu desenvolvimento. Não pretende esgotar o assunto, apenas fornecer a base para o entendimento do que pode ser usado hoje nas empresas.

1.1 ABORDAGEM CLÁSSICA

Os principais nomes da administração clássica estão ligados a empresas do início do século XX: Taylor, nos Estados Unidos, Fayol, na França, e Ford, também nos Estados Unidos. Pode-se entender a abordagem clássica por meio dos trabalhos desses profissionais, que focalizam, sob diferentes ângulos, a administração das empresas: Taylor organizou o trabalho do chão de fábrica; Ford organizou a produção – desde a aquisição de insumos até a forma pela qual estes seriam montados – e Fayol estruturou a empresa, pensando nos diversos departamentos necessários para que a produção funcionasse de acordo com o previsto, e em princípios gerais de administração, como os papéis da chefia na empresa. A análise da burocracia como estrutura de poder, por Max Weber e outros autores, completa o quadro para melhor entender as características e princípios da abordagem clássica.

1.1.1 Taylor

Nos Estados Unidos, Taylor, preocupado com a produtividade das empresas, iniciava um movimento de racionalização da produção que se espalhou pelo mundo levando seu nome, o taylorismo. De acordo com sua visão, as empresas careciam de uma *administração científica*, que levasse em conta métodos de planejamento do trabalho realizados por administradores e engenheiros profissionais, não pelo operador no chão de fábrica. O trabalho de Taylor está fundamentado em algumas ideias básicas[1]:

- **Administrar cientificamente**. Para Taylor, a divisão de atribuições entre quem produz e quem planeja o trabalho permite que haja um planejamento científico. Em suas palavras:

À gerência é atribuída a função de reunir os conhecimentos tradicionais que no passado possuíram os trabalhadores e então classificá-los, tabulá-los, reduzi-los a normas, leis ou fórmulas, grandemente úteis ao operário para a execução do seu trabalho diário[2].

- **Racionalização da produção.** Ainda segundo Taylor, existe uma maneira ótima de produzir, e cabe ao planejador descobri-la. O processo de produção é estudado e os tempos mortos, como o tempo de espera de materiais, a duplicação de tarefas ou as tarefas que não adicionam valor são eliminados; a mesma lógica é aplicada para o estudo da tarefa de uma pessoa: os movimentos são analisados, eliminando-se movimentos inúteis, de espera ou duplicados. Define-se assim o método de produção com detalhes, que deve ser seguido pelo operário:
    - **Estudo de tempos.** Com o método perfeitamente definido, os técnicos tinham condições de determinar o tempo de execução de uma tarefa. Os tempos determinados dessa forma tornaram-se a base para a otimização de processos, mediante a identificação de gargalos de produção e o balanceamento de linhas.
    - **Divisão do trabalho.** Sempre que possível, o trabalho é dividido, permitindo que o treinamento do operador seja rápido, e que este, pela repetição da tarefa, consiga altos índices de produtividade. Dessa forma, o operador é especializado em tarefas simples, rápidas e de grande repetitividade.
    - **Especialização.** Complementar ao princípio da divisão do trabalho, a especialização compreende a dedicação a uma única tarefa ou função. Segundo Taylor, o operário aprende mais rapidamente a maneira como seu trabalho deve ser executado e, pela repetição dos movimentos, adquire habilidade na execução dos movimentos necessários.
    - **Pagamento por peças.** A administração científica prevê a motivação do funcionário mediante incentivo monetário. Com o pagamento por peças, quanto mais rápido produz, mais o operador ganha. Partindo do pressuposto de que todos desejam maximizar seus ganhos, Taylor conclui que o aumento de produtividade é buscado tanto pelo patrão quanto pelo operário.

A teoria de Taylor, chamada por ele de Administração Científica, aborda aspectos principalmente da dimensão técnica, com os estudos de racionalização do trabalho. A visão do ser humano que Taylor imprime à sua teoria foi muito criticada posteriormente, como sendo de um *homo economicus*, isto é, as pessoas estariam interessadas apenas em maximizar seus ganhos – é uma visão limitada do ser humano que não compreende outros aspectos, sociais ou de desenvolvimento pessoal.

1.1.2 Fayol

Na mesma época em que Taylor, nos Estados Unidos, defendia a administração científica, Fayol administrava uma grande empresa metalúrgica na França e introduzia sistematização de critérios administrativos, enfatizando a dimensão **estrutura** da organização. Os bons resultados alcançados na sua administração levaram-no a propor uma série de princípios para a administração de empresas, alguns dos quais ainda podem ser vistos em prática em organizações de hoje[3].

Fayol define o ato de administrar a partir de cinco **funções básicas**: prever, organizar, comandar, coordenar e controlar. Este entendimento da administração pode ser observado ainda hoje na estrutura de manuais de administração.

Prever, para Fayol, se aproxima do planejar, pois engloba não só a visão do futuro, mas também a ação antecipada: "Prever, aqui, significa ao mesmo tempo calcular o futuro e prepará-lo; é, desde logo, agir" (Fayol, 1976, p. 58).

Organizar consiste em definir a estrutura social da empresa e prover suas necessidades materiais, de modo que o pessoal seja capaz de cumprir todas as operações básicas para o seu funcionamento. Em outras palavras, o administrador deve identificar as tarefas necessárias, dividi-las e designar os responsáveis para cada uma delas, assim como alocar os recursos necessários para sua execução. Ao organizar as tarefas, o administrador estará definindo cargos, e, ao alocar as pessoas na estrutura dos cargos resultantes, o administrador define a estrutura do organismo social, isto é, quem está subordinado a quem, quem tem o poder de arbitrar decisões e quem deve obediência a quem.

Comandar é necessário, na visão de Fayol, para conseguir que a organização social funcione da maneira prevista. O termo militar empregado traduz a visão de obediência e disciplina que Fayol enxerga como necessárias para o bom desempenho da empresa.

Coordenar é estabelecer a harmonia entre todos os atos de uma empresa, de maneira a facilitar o seu funcionamento e seu êxito. Coordenar as várias atividades é tanto mais necessário na medida em que cada qual conhece apenas a sua função. Assim, cabe ao nível hierárquico mais alto providenciar para que as várias atividades tenham a mesma direção. Coordenar compreende não só sincronizar as atividades, mas providenciar para que os recursos sejam bem distribuídos, isto é, na medida em que recursos são escassos, é necessário que se atente para não privilegiar alguma atividade em detrimento de outra.

Controlar consiste em verificar se tudo corre em conformidade com o programa adotado (programa é usado no sentido de planejamento), com os princípios estabelecidos e com as ordens transmitidas.

A visão de Fayol sobre a administração representa bastante bem a visão clássica e pode ser mais bem entendida por meio dos 14 princípios universais que, segundo ele, devem servir como diretriz para o administrador (ver quadro, a seguir).

Esses princípios dão margem a algumas considerações quanto às características da administração de Fayol, que bem se aplicam à administração clássica:

Especialização: os princípios de divisão do trabalho, unidade de comando, unidade de direção, centralização e estabilidade do pessoal reforçam a especialização:

> "[a divisão do trabalho] não se aplica somente às tarefas técnicas, senão a todos os trabalhos, sem exceção, que põem em movimento um número mais ou menos grande de pessoas e que delas exigem diferentes classes de aptidões. Tende, em consequência, à especialização das funções e à separação dos poderes." O operário que faz todos os dias a mesma peça e o chefe que trata constantemente dos mesmos negócios adquirem mais habilidade, mais segurança e mais precisão e, consequentemente, aumentam seu rendimento. (Fayol, 1976, p. 34-35).

Assim, a divisão do trabalho visa a especialização das pessoas em um assunto ou operação. A unidade de comando e de direção acentuam a especialização, na medida em que estes princípios levam à reunião das funções com o mesmo objetivo sob as ordens de um mesmo chefe. O grupo assim formado é coeso e especializado naquela atividade.

1. **divisão do trabalho**: (princípio também presente na administração científica) o trabalho deve ser dividido para facilitar o treinamento e ganhar eficiência na execução das tarefas.
2. **autoridade e responsabilidade**: o poder de decisão associado ao cargo corresponde à responsabilidade pelo andamento da função.
3. **disciplina**: obediência a regras e ordens; inspirada na estrutura militar.
4. **unidade de comando**: cada funcionário deve ter um único chefe.
5. **unidade de direção**: os cargos devem ser agrupados por objetivos, de maneira que tarefas com mesmo objetivo se subordinem a um mesmo cargo, tendo o mesmo planejamento e controle: um só chefe e um só programa para um conjunto de operações que visam ao mesmo objetivo.
6. **subordinação do interesse individual ao interesse geral**: Fayol pressupõe que as pessoas devem agir dessa maneira, para o bem da empresa.
7. **remuneração do pessoal**: para ele, a remuneração deve ser justa para que a empresa funcione.
8. **centralização**: as decisões devem ser centralizadas em quem tem autoridade sobre o assunto.
9. **hierarquia**: a comunicação deve obedecer a cadeia de superiores/subordinados.
10. **ordem**: reflete a visão de Fayol, na qual a eficiência está ligada à ausência de distúrbios, seja na ordem material (disposição das coisas) seja na ordem social (posicionamento das pessoas de acordo com uma estrutura preestabelecida).
11. **equidade**: a empresa deve garantir tratamento semelhante para as pessoas.
12. **estabilidade do pessoal**: manter o pessoal sempre que possível nas mesmas funções.
13. **iniciativa**: exige-se para os gerentes.
14. **união do pessoal**: refere-se ao envolvimento das pessoas com a empresa.

Em contrapartida, ao pessoal assim organizado falta a visão de conjunto, e a noção de equipe se restringe ao grupo que executa uma tarefa comum. Daí decorrem as situações de conflito entre setores de uma empresa, cada um preocupado em atingir suas metas mesmo causando prejuízo a outros setores e ao conjunto da empresa como um todo.

Autoridade e responsabilidade: Fayol diferencia a autoridade pessoal da autoridade inerente ao cargo, que chama de autoridade estatutária. Também frisa a responsabilidade como contrapartida da autoridade, isto é, ao exercício do poder deve corresponder a recompensa ou penalidade, dependendo das medidas tomadas. A contrapartida da responsabilidade é um dos princípios mais importantes do modelo, relacionando-se ao sentimento de justiça necessário na administração, como frisa Fayol.

O modelo organizacional proposto por Fayol foi muito bem recebido pelos administradores da época; seus princípios resumem as características básicas da forma administrativa buscada no início do século, que em conjunto representam a linha de pensamento vigente na época. O sociólogo Max Weber buscou entender essa forma administrativa como um modelo de organização da sociedade, ao qual chamou **Burocracia**.

Para Weber, a forma organizacional das empresas do início do século XX reflete a estrutura social da época; em outras palavras, as críticas reservadas a essa forma organizacional transpõem os limites da fábrica e atingem toda a organização social. Nessa linha de pensamento, duas características da burocracia devem ser salientadas: a **impessoalidade** – a importância da pessoa reside no seu cargo e não no que a pessoa é –; e a **formalidade** – tudo deve ser formalizado para ser considerado pela burocracia.

1.1.3 Ford

Ao organizar a produção de carros de sua fábrica, Henry Ford contribuiu de forma definitiva para a abordagem clássica da administração e para a chamada **produção em massa**[4].

As principais modificações introduzidas por Ford na organização da produção podem ser resumidas como:

Padronização do produto final: o carro Ford modelo T virou símbolo de padronização da produção, por ser o primeiro veículo projetado a partir dessa concepção. Como dizia Ford, "pode-se ter o Ford T da cor que se queira, desde que seja preto".

Intercambiabilidade das peças: a falta de padronização das peças, situação comum antes da fábrica de Ford, implicava a necessidade de longo tempo para ajuste e encaixe durante a montagem do veículo. Além de significar mais tempo de montagem, por causa dos ajustes, a indústria necessitava contratar pessoal qualificado, capaz de realizar delicadas operações nas peças até que encaixassem umas nas outras. Para atingir a intercambiabilidade de peças, Ford trabalhava com um mesmo sistema de medida em toda a fábrica, o que foi uma inovação significativa, além de contar com avanços tecnológicos nas máquinas ferramenta, que permitiam maior precisão de fabricação.

Por outro lado, a intercambiabilidade das peças permitia a Ford simplificar o trabalho de montagem, que passou a não mais exigir pessoas qualificadas. Uma vez caindo a barreira da necessidade de operações sofisticadas, Ford insistia em trabalhos cada vez mais simples que exigiam trabalhadores cada vez menos qualificados.

Linha de montagem: esteira transportadora que leva o produto até o operador, evitando que ele precise locomover-se entre uma operação e outra. A linha de montagem não só economiza tempo de locomoção do operador, mas também organiza a produção, evitando que as pessoas se cruzem e se choquem; o transporte das peças é mais rápido do que a locomoção do operador; e, o mais importante, a velocidade da correia transportadora regula o ritmo de toda a linha de montagem, fazendo com que todos apresentem um ritmo de trabalho semelhante.

A organização da produção descrita tem como ponto central a eliminação de tempos mortos, ou que não acrescentam valor ao produto: entre outras modificações, Ford eliminou os tempos de ajuste das peças, de preparo das máquinas e de locomoção dos operadores entre vários postos, para realizar as sucessivas etapas do trabalho.

A organização do trabalho proposta por Ford não apresentava muitas diferenças em relação à proposta por Taylor, a não ser pelo **grau de especialização** e pela introdução da **linha de montagem como um mediador entre os vários postos de produção**: a correia que leva o produto de um posto de trabalho a outro evita o contato entre os operadores e padroniza a eficiência individual, ao manter o ritmo de todos constante e igual ao da correia, decidido à revelia dos operadores. Elimina-se, dessa forma, a necessidade e a possibilidade de interação entre indivíduos, a ponto de permitir o convívio, nas linhas de montagem, de pessoas que sequer falavam a mesma língua.

As principais características da organização fordista do trabalho são:

- **divisão do trabalho**: na linha de montagem, cada operador era responsável por uma operação pequena, simples, que se completava com o trabalho de vários outros operadores, cada qual com operações igualmente simples;
- **desconhecimento do processo global**: cada operador detinha o conhecimento da sua operação e de nada mais; muitas vezes não sabia a que se destinava a peça por ele fabricada;
- **intercambiabilidade de operadores**: trabalho simplificado e desqualificado não exigia nenhum tipo de conhecimento para ser realizado, nem experiência anterior, nem instrução e tampouco treinamento; dessa forma, qualquer operador era facilmente substituído;
- **a velocidade de produção garantida pela linha de montagem**: mais importante do que aumentar o ritmo de todos, a linha de montagem propicia uma velocidade única para todos os operadores, o que torna o controle do trabalho mais fácil de ser realizado pela supervisão;
- **aparecimento de trabalhadores indiretos**: para fixar os operadores de linha de montagem nos seus postos, trabalhando unicamente numa operação, foram criadas várias outras funções: para limpeza do local de trabalho, para providenciar insumos para a linha de montagem, para coordenação entre as operações e outras.

As inovações organizacionais de Ford só se tornaram possíveis pelas inovações tecnológicas da época, como as máquinas ferramenta capazes de trabalhar metais preendurecidos. Sem essas máquinas, não teria sido possível exigir a padronização das peças de maneira que elas fossem intercambiáveis.

A padronização da produção não só diminuiu os custos dos veículos produzidos como induziu a um conceito diferente, na medida em que quanto mais se produzia, menos custava cada unidade: custos fixos, como o do projeto do carro e dos equipamentos projetados unicamente para a fabricação deste, são rateados por toda a produção. A economia de escala conseguida só foi possível, na época, por conta da produção em massa – como bem explica Womack – como resultado da especialização de trabalhadores, processos e máquinas, assim como da padronização das peças e dos produtos.

1.2 ABORDAGEM DE RELAÇÕES HUMANAS

Os contornos da abordagem de relações humanas não são tão claros quanto os da administração clássica. Vários autores concordam que na década de 1920 se inicia uma preocupação humanista na administração, com o uso da psicologia industrial para compreender o comportamento organizacional; essa disciplina recebeu posteriormente a influência de outras áreas de conhecimento, como a sociologia, a economia e a antropologia, resultando em conceitos teóricos diferentes para formar a Escola Comportamental.

As duas abordagens são apresentadas aqui como fazendo parte de um mesmo grupo, para enfatizar o que têm em comum: o foco no homem e seu grupo social e os temas de motivação, liderança, comunicação e comportamento na organização.

A origem dessa abordagem pode ser relacionada com a experiência de Hawthorne, conduzida por Mayo, que ajuda a entender seu pensamento central. Vinte anos depois de iniciada a experiência de Hawthorne, Simon aproveita as ideias centrais do movimento mas adiciona conceitos sobre conflito e comportamento em grupos.

A seguir, são resumidas as ideias de teóricos dessa área de acordo com Mayo, Herzberg e McGregor[5].

1.2.1 A experiência de Hawthorne

Em 1927 inicia-se, numa fábrica da Western Electric situada no bairro de Hawthorne, em Chicago, uma experiência conduzida pela equipe de Elton Mayo, professor da Harvard School of Business Administration, que posteriormente seria tida como o início da abordagem de relações humanas. A Western Electric fabricava equipamentos telefônicos, e a pesquisa foi realizada em um departamento de montagem de relés, no qual o trabalho havia sido dividido em operações simples e repetitivas, executadas basicamente por moças.

Num estudo anterior, Mayo baseara-se na orientação de Taylor e de Gilbreth para tratar da eficiência de pessoas no trabalho como estando vinculada à fadiga e a deficiências do ambiente físico, além do processo de produção propriamente dito. Essa análise procurava relacionar a produtividade individual com a iluminação do local de trabalho e partia do conceito de trabalho como sendo uma atividade isolada, na qual o comportamento do ser humano estaria de acordo com os mesmos princípios do funcionamento de uma máquina.

Nessa primeira experiência, os pesquisadores viram emergir um espírito de grupo que influenciou positivamente a produtividade, fazendo com que a pesquisa não chegasse aos resultados esperados.

A experiência seguinte, de Hawthorne, foi longa e composta de várias etapas. Nas primeiras etapas os pesquisadores pretendiam verificar a correlação entre a intensidade da iluminação e a eficiência das operadoras. Depararam, no entanto, novamente com o que chamaram de fatores psicológicos: as operadoras reagiam à experiência de acordo com o que supunham que os pesquisadores pretendiam, aumentando o ritmo de produção com o aumento da iluminação e diminuindo quando achavam que a iluminação diminuíra, mesmo que esta não tivesse realmente sido alterada (quando os pesquisadores trocaram uma lâmpada por outra de igual potência, as operadoras alteraram sua produção). Ao constatarem a existência de outras variáveis, que não estavam sendo controladas e que exerciam influência direta sobre a produtividade, os pesquisadores iniciaram novas fases da experiência com o intuito de isolar e controlar os fatores psicológicos.

Nas fases seguintes, o grupo de operadoras pesquisadas foi isolado das outras trabalhadoras e incluíram-se outros fatores na pesquisa: mudança de horários e intervalos de descanso para estudar a fadiga como um fator físico relevante.

Mais uma vez, as mudanças introduzidas nos horários de trabalho e pausas para descanso provocavam aumento de produção; no entanto, ao se retirarem as mudanças, voltando aos horários de trabalho anteriores à experiência, a produtividade continuava alta, inclusive superior à média da pesquisa.

As conclusões da pesquisa salientaram a importância de fatores psicológicos e sociais para a produtividade da empresa, inaugurando uma nova fase da teoria da administração.

As ideias centrais dessa abordagem podem ser resumidas como:

1. A ênfase principal dessa abordagem recai sobre a organização informal, isto é, o conjunto de relações interpessoais não regulamentadas na empresa que correm

paralelamente à organização formal. Segundo Mayo, o nível de produção é resultante da integração social.

2. Os grupos informais constituem regras sociais às quais o indivíduo se submete, muitas vezes em detrimento das normas oficiais da empresa. É o caso dos operários que "amarram" a produção para não ferir a quota de produção estabelecida e imposta pelo grupo informal. Em Hawthorne, "a qualquer desvio das normas grupais, o indivíduo sofria punições sociais ou morais dos colegas, no sentido de se ajustar aos padrões do grupo" (Chiavenato, 1979, p. 138).

Esses princípios da abordagem de relações humanas baseiam-se no pressuposto de que a natureza humana segue um modelo que pode ser descrito como "homo social".

Segundo Motta (1981), três são as principais características desse modelo:

a) o homem é apresentado como um ser cujo comportamento não pode ser reduzido a esquemas simples e mecanicistas;

b) o homem é, a um só tempo, condicionado pelo sistema social e pelas demandas de ordem biológica; e

c) em que pesem as diferenças individuais, todo homem tem necessidade de segurança, afeto, aprovação social, prestígio e autorrealização.

Esse modelo foi trabalhado por vários pesquisadores da área, em especial por Maslow, que defende que as necessidades dos seres humanos são hierarquizadas da seguinte forma:

1. necessidades fisiológicas;
2. necessidade de segurança;
3. necessidade de participação;
4. necessidade de autoestima; e
5. necessidade de autorrealização.

Para Maslow, há uma hierarquia nessas necessidades, de maneira que as de ordem superior só se manifestam quando as de ordem inferior estão satisfeitas. As duas primeiras classes de necessidades humanas (fisiológicas e de segurança) são básicas e, enquanto não estão satisfeitas, o ser humano não se motivaria pelas seguintes, ligadas à vida social da pessoa.

A escala de necessidades de Maslow tem sido muito criticada, por diversas razões, principalmente porque a motivação para o trabalho não pode ser dissociada do processo de trabalho. E Maslow analisa a motivação do ser humano independentemente do contexto e do conteúdo da tarefa.

Por mais que Maslow tenha relativizado a aplicação universal da sua teoria, a hierarquia de necessidades prevê um comportamento homogêneo para o ser humano. Pesquisas posteriores mostraram que, além das diferenças individuais, o interesse do ser humano é construído socialmente, podendo ser considerado um elemento da cultura a que pertence. Dessa forma, culturas diferentes teriam diferentes posturas frente ao trabalho, podendo ser consideradas motivadas por fatores diferentes.

1.2.2 Herzberg e McGregor

Herzberg também estudou a questão da motivação dos trabalhadores, chegando à conclusão de que os fatores que influíam na satisfação profissional eram desligados e distintos dos fatores que conduziam à insatisfação (Herzberg, 1973). Em outras palavras, dos vários fatores que influenciam a satisfação do trabalhador, alguns provocam reações iradas e contrárias à empresa, mas quando são controlados não provocam o interesse da pessoa, apenas aplacam a sua ira: o contrário da insatisfação é **nenhuma insatisfação**. Por outro lado, alguns fatores, quando presentes, trazem o interesse da pessoa pelo trabalho; quando ausentes não provocam ira, apenas uma situação de **nenhuma satisfação**.

Os fatores da primeira classe foram chamados de higiênicos, numa referência à saúde pública e à medicina preventiva. Esses fatores são preventivos, isto é, servem para prevenir a insatisfação no trabalho, e se relacionam com o meio ambiente, sendo extrínsecos à tarefa. São eles: condições de trabalho, relações interpessoais, relações com os superiores, política da empresa e outros.

Os fatores da segunda classe foram chamados de motivadores, e são responsáveis pela satisfação dos operadores com o trabalho. São fatores intrínsecos à tarefa, como a responsabilidade e a realização inerentes ao trabalho.

Herzberg lança uma luz sobre o conteúdo do trabalho para torná-lo motivador, iniciando uma ponte entre o indivíduo (e sua motivação) e a organização, suas regras e a tarefa prevista. Apesar de o indivíduo ainda ser o foco da sua teoria, ele está agora vinculado à organização, o que é essencial para se entender por que o trabalho é visto como tão desinteressante.

McGregor, da mesma forma, estuda a administração como responsável por moldar comportamento administrativo. McGregor descreve dois modelos de administração que chamou de Teoria X e Teoria Y.

A Teoria X (na verdade a Escola de Administração Científica) parte da convicção de que o homem médio é indolente, falta-lhe ambição, não gosta de responsabilidade, prefere ser dirigido, é indiferente às necessidades da organização e resistente à mudança. Com tal concepção do ser humano, é natural que as empresas julguem que a administração deve dirigir os esforços do pessoal, motivando-o, controlando suas ações, modificando seu comportamento, tendo em vista as necessidades da organização. Resumindo, acreditam que administrar consiste em "fazer fazer".

A essa teoria, McGregor contrapõe a Teoria Y, segundo a qual:

1. A administração é responsável pelos elementos produtivos da empresa – dinheiro, materiais, equipamentos e pessoas – para que esta atinja seus fins econômicos.

2. As pessoas não são passivas nem resistentes às necessidades da organização, elas se tornam assim por experiências passadas.

3. A motivação e o potencial para o desenvolvimento estão presentes nas pessoas. Não é a administração que os faz aparecer. É responsabilidade da administração fazer com que as pessoas reconheçam e desenvolvam essas características humanas por si próprias.

4. A tarefa principal da administração é oferecer condições orgânicas e métodos de operação em que as pessoas possam atingir melhor seus próprios fins, orientando seus próprios esforços em direção aos objetivos da organização (McGregor, p. 17-18).

As principais críticas à abordagem de relações humanas dizem respeito à forma ingênua pela qual ela é apresentada, acreditando que o enfoque no ser humano pode resolver problemas estruturais da organização. No entanto, desde Mayo, essa abordagem contribui para a teoria da administração ao questionar a administração científica e mostrar que o lado humano da organização também deve ser considerado para que as empresas possam evoluir.

1.3 ABORDAGEM SISTÊMICA

Uma terceira abordagem, a sistêmica, que ganhou força a partir da década de 1960, foi muito bem apresentada por Russel L. Ackoff (1976) e será resumida a seguir. Para entender melhor as características da abordagem sistêmica, é importante conhecer antes a crítica feita tanto à abordagem clássica quanto à de relações humanas pelos teóricos de sistemas.

1.3.1 Crítica às abordagens anteriores

Ackoff relaciona a forma de pensar em geral, e em particular as teorias administrativas, da primeira metade do século XX com eras econômicas. Assim, tanto a abordagem clássica como a sistêmica podem ser enquadradas na Era da Máquina. A forma de pensar da era da máquina é **analítica** e baseada nas doutrinas do **reducionismo** e do **mecanicismo**.

A doutrina do reducionismo afirma que todos os objetos e todos os fenômenos assim como suas propriedades e também nossas experiências e conhecimento a respeito deles – são compostos de elementos menores, partes indivisíveis. Por exemplo, a física, área de conhecimento que durante a era da máquina ocupava lugar de destaque entre as ciências, afirma que todas as coisas são compostas de partículas indivisíveis de matéria chamadas **átomos**. A exemplo da física, as outras ciências procuraram os elementos formadores das matérias estudadas: a biologia detectou a existência da célula, menor elemento vivo; a química fala em substâncias elementares, e assim por diante.

O **pensamento analítico** é um complemento natural para a doutrina do reducionismo. É o processo segundo o qual, para se entender ou explicar alguma coisa, esta deve ser dividida em partes menores, que, uma vez entendidas, tornam possível o entendimento do todo. O comportamento do todo é explicado pelo comportamento das partes. A temperatura do corpo, por exemplo, pode ser explicada como uma função da velocidade das partículas de matéria das quais ele é composto.

A **análise** também é central na solução de problemas. Para solucionar problemas é preciso subdividi-los em problemas menores, que recebem soluções particulares. Supõe-se que uma vez solucionados os problemas menores estará solucionado o maior. Um exemplo dessa maneira de pensar é a crença de que, na administração de uma empresa, a solução dos problemas de suprimentos, produção, distribuição, marketing e finanças – de maneira independente e isolada – garantirá certamente o êxito global da empresa (conforme a tese defendida por Fayol).

Paralelamente ao reducionismo e ao pensamento analítico, na era da máquina entendia-se que a interação entre objetos ou entre fenômenos poderia ser reduzida a uma relação fundamental, a de **causa e efeito**. Diz-se que uma coisa é causa de outra, seu efeito, se a primeira for tanto necessária quanto suficiente para a outra. Um efeito não poderia ocorrer sem sua causa e terá de ocorrer se sua causa acontecer. Por exemplo, se a divulgação de um novo produto é considerada necessária e suficiente para que este seja um sucesso de vendas, então a ação do marketing é considerada a causa e as vendas o efeito. Na medida em que a causa é considerada suficiente para ocorrer o efeito, não se considera mais nada para explicar o efeito, a não ser a causa. Dessa maneira, a relação de causa e efeito é estudada à parte de seu ambiente, como se fosse um sistema fechado, isto é, um sistema que não interage com o seu ambiente. Leis (como a lei da gravidade) são formuladas de maneira a excluir a ação do ambiente (é a ideia do vácuo) e são testadas em laboratórios criados especialmente para excluir a ação do ambiente sobre o fenômeno em estudo.

As leis formuladas com esses critérios não admitem exceção. Efeitos são completamente determinados por suas causas. Consistente com as características da era da máquina, a visão do mundo era **determinística**: tudo o que ocorre é sempre determinado por alguma coisa que o precedeu. Do mesmo jeito que se explicavam os fenômenos naturais com essa maneira de pensar, tentou-se aplicar a mesma lógica para os homens individualmente e para a sociedade. Essa visão foi chamada de **mecanicismo**.

A visão mecanicista não leva em conta conceitos teleológicos – funções, metas, propósitos, escolha e vontade própria – para explicar fenômenos naturais. Esses conceitos são considerados ilusórios ou desnecessários na ciência.

No limite, o conjunto formado por reducionismo, pensamento causal e determinismo, leva a uma concepção do universo como uma máquina. Como se o mundo fosse formado por relógios, hermeticamente fechados e lacrados, independentes do ambiente, um mecanismo cujo comportamento é determinado completamente pela sua própria estrutura e pelas leis causais que se aplicam a ele.

A produção em massa

Pensava-se que as máquinas eram redutíveis a três elementos básicos: o eixo e a roda, a alavanca e o plano inclinado. O trabalho também era analisado e reduzido aos seus elementos mais simples. Por exemplo: se na montagem de uma peça for necessária a colocação de um parafuso, esta tarefa pode ser subdividida em seus microelementos de trabalho: alcançar o parafuso, pegar o parafuso, segurá-lo; levá-lo até o ponto de encaixe, posicioná-lo etc. Esse processo de análise ficou conhecido como **Estudo do Trabalho** (o primeiro sistema de operações elementares recebeu o nome de Therbligs e foi desenvolvido por Gilbreth, um dos discípulos de Taylor). Sempre que tecnologicamente possível, foram desenvolvidas máquinas para realizar essas tarefas elementares, enquanto aos homens se destinavam aquelas tarefas que não puderam ser mecanizadas. Homens e máquinas eram organizados em redes de processamento, cujo clímax era a produção em massa e a linha de montagem. O trabalho humano foi se tornando repetitivo e monótono, uma ocupação em que não se usavam discernimento, criatividade nem outras características do ser humano[6]. Com a mecanização (substituição do homem pela máquina, como fonte de trabalho físico), o homem deixou de executar todas as tarefas necessárias para produzir um artigo; na verdade, ele passou a efetuar operações simples, que constituíam apenas uma pequena parte do processo de produção. Com isso, o trabalho individual tornou-se desprovido de significado e o trabalhador deixou de saber a finalidade de seu esforço.

Como consequência, quanto mais as máquinas são utilizadas como substitutas do homem, tanto mais os homens se comportam como máquinas. A ironia da revolução industrial é que a mecanização desumanizou o trabalho do homem. Afinal, não é de surpreender que uma sociedade que imagina o mundo como uma máquina trate o homem da mesma forma.

Dessas primeiras tentativas de melhorar o desempenho das empresas mediante o aumento da produtividade física do trabalho humano surgiu uma atividade na indústria que se ampliou, englobando outras atividades relacionadas com o desempenho da empresa, como o planejamento e controle do uso de máquinas, materiais e informações, isto é, o conjunto de insumos da empresa. O profissional que atua nessa área é o engenheiro de produção.

1.3.2 A era dos sistemas

A década de 1940 marcou o início da transição da era da máquina para a era dos sistemas. Na verdade, não se descartou o conhecimento acumulado até então, apenas mudou-se o enfoque. A visão de mundo tornou-se mais abrangente, o "todo" da era das máquinas passou a ser "parte" na era dos sistemas. O reducionismo foi substituído pelo **expansionismo**; o modo analítico e mecanicista de pensar foi complementado e em parte substituído pelo modo **sintético** e **teleológico** de pensar.

O **expansionismo** parte do pressuposto de que cada objeto ou fenômeno faz parte de um todo maior, que deve ser considerado antes da procura das partes de um particular objeto ou fenômeno em estudo. Não se nega a existência das partes, apenas se muda a direção do olhar: a preocupação é com o **sistema** maior do qual o objeto ou fenômeno particular é parte.

Um sistema é um conjunto de dois ou mais elementos **interrelacionados**. O corpo humano, por exemplo, é um conjunto de órgãos. A sociedade é um conjunto de pessoas.

Para o enfoque sistêmico não faz sentido analisar as partes do corpo humano separadamente, pois um órgão interfere no funcionamento do outro e no funcionamento do corpo em geral. Também para a sociedade, não é possível analisar os indivíduos separadamente e ter uma ideia da sociedade em geral, pois as pessoas se interrelacionam. Dessa forma, na era dos sistemas, não se procura uma parte elementar, mas um todo que se compõe de várias partes.

1.3.3 Propriedades de um sistema

Os elementos de um conjunto e o conjunto de elementos que formam um sistema têm as seguintes propriedades:

1. As propriedades ou o comportamento de cada elemento do conjunto têm algum efeito nas propriedades ou no comportamento do conjunto.

2. As propriedades e o comportamento de cada elemento, e a maneira como eles afetam o todo, dependem das propriedades e do comportamento de pelo menos um outro elemento do conjunto. Dessa maneira, nenhuma parte tem um efeito independente sobre o todo, e cada parte afeta o funcionamento de, pelo menos, mais uma parte.

3. Qualquer subgrupo de elementos do conjunto satisfaz às propriedades 1 e 2: cada um tem um efeito sobre o todo que é afetado pelo funcionamento de pelo menos mais um subgrupo. Portanto, as partes de um sistema não podem ser organizadas em subgrupos independentes.

Como consequência, um sistema tem características e comportamentos que as partes ou subgrupos não podem ter isoladamente. Isso significa que **um sistema é mais que a soma de suas partes**.

Por outro lado, as potencialidades de um elemento pertencente a um sistema são aumentadas ou diminuídas, e são por ele afetadas.

Estruturalmente, pode-se falar de partes de um sistema como se ele fosse divisível, mas, funcionalmente, o sistema forma um todo indivisível, já que algumas de suas características específicas se perderão se qualquer de suas partes for separada. As partes de um sistema podem ser sistemas menores e todo sistema faz parte de um sistema maior.

Já vimos que o expansionismo substituiu o reducionismo na era dos sistemas. A **síntese** é a maneira de entender eventos e objetos dessa era, da mesma forma que a análise fazia parte da era das máquinas. A síntese estuda um objeto ou fenômeno verificando o sistema no qual ele se insere e qual o papel que ele desempenha nesse sistema. Por exemplo, para administrar um departamento de uma empresa, é preciso saber que papel ele desempenha e qual sua importância para a empresa. Depois que estiverem claros seus objetivos, é possível questionar as partes, redefini-las e organizá-las.

A síntese aplicada à solução de problemas, como é o caso do exemplo acima, foi chamada de **enfoque sistêmico**. Nesse caso, a solução do problema não foi alcançada mediante sua subdivisão em problemas menores, mas pelo estudo do problema maior do qual ele faz parte. Dessa forma, o problema estudado pode adquirir relevância maior ou menor, significado diferente e solução diferente. É fácil visualizar isso numa empresa em que cada departamento deseja maximizar seu desempenho, esquecendo que faz parte de uma empresa com vários departamentos: a produção vai procurar produzir o máximo, com o menor custo e a melhor qualidade; vendas vai tentar vender o máximo, por um bom preço (não tão alto que prejudique as vendas, mas elevado o suficiente para produzir um bom lucro). No entanto, nem sempre o mix de produtos que maximiza as vendas pode ser produzido a um baixo custo: os lotes podem ser muito pequenos, o mix pode não permitir um bom aproveitamento das máquinas, pode gerar uma flutuação de produção muito grande, com picos acima da capacidade instalada e vales de capacidade ociosa etc. Dependerá da estratégia da empresa balancear as vantagens e desvantagens de cada um dos departamentos (levando em consideração inclusive aspectos legais, financeiros, de relações industriais e outros) para fixar o padrão que deve ser atingido em cada um deles.

Quando consideramos o funcionamento das partes tendo em vista o resultado do todo, verificamos que o adequado entrosamento das partes é tão importante para o todo quanto o bom funcionamento de cada uma. Além disso, o desempenho de um sistema depende também de seu relacionamento com o **ambiente** – o sistema maior do qual ele faz parte. O desempenho de um automóvel, por exemplo: se quisermos saber quantos quilômetros por litro faz certo carro, veremos que na cidade seu consumo é mais elevado. No caso, a cidade, com seus semáforos, trânsito intenso e baixos limites de velocidade constitui o ambiente que influencia o desempenho do carro. Na estrada, num ambiente diferente, esse mesmo carro será mais econômico.

Uma das características mencionadas da era das máquinas foi o uso da relação causa e efeito como explicação da maioria dos fenômenos. Na era dos sistemas é utilizado uma relação de outro tipo, chamada **produtor–produto**. Um produtor é considerado necessário mas não suficiente para gerar um produto. Dessa forma, outros aspectos, muitas vezes não controláveis, são levados em conta para estudar a produção. Estudos baseados na relação produtor–produto permitem levar em consideração o comportamento autodeterminado e o comportamento voltado para objetivos.

Os dispositivos de autocontrole desenvolvidos de 1950 para cá, chegando até ao conceito de inteligência artificial, partiram todos do conceito de **teleologia**: o estudo do comportamento autodeterminado ou voltado para um objetivo.

A visão mecanicista preocupa-se basicamente com a causa, nunca com o efeito. A visão teleológica procura explicar o comportamento pelo produtor, produto ou propósito não atingido.

As doutrinas do expansionismo e da teleologia e o modo sintético de pensar são produtores e produtos da abordagem sistêmica. Mas essa revolução está baseada também em três tecnologias que permitiram a aplicação de conceitos novos:

a) a **comunicação** ou **transmissão de símbolos**. Nascida com a invenção do telégrafo na primeira metade do século XIX, seguida pela do telefone em 1876 (Bell) e do telégrafo sem fio, em 1895 (Marconi). Como símbolos não são matéria, sua movimentação no espaço não constitui trabalho físico.

b) a **observação** e **registro de dados**, por meio de mecanismos que **geram** e **guardam símbolos**. Exemplos de tais mecanismos são o termômetro, o odômetro, o velocímetro e o voltímetro. O radar e o sonar são instrumentos eletrônicos que fazem parte dessa categoria de mecanismos de observação. A observação de símbolos, como a comunicação, também não é trabalho físico.

c) a **geração de informações e instruções** por meio de mecanismos que podem realizar **processamento lógico de símbolos**. O computador, como instrumento capaz de realizar processamento de dados (produção de informação) e tomada de decisões (produção de instruções), está nessa categoria, desde os primeiros que apareceram em 1940 até os últimos modelos de hoje.

As tecnologias para geração, armazenamento, transmissão e manipulação de símbolos tornaram possível a mecanização do trabalho mental, ou **automação**.

Enquanto o cerne da primeira revolução industrial foi a mecanização do trabalho físico, a revolução pós-industrial (ou segunda revolução industrial) está centrada na automação, ou mecanização, do trabalho mental.

1.3.4 Resumo

Para Ackoff, a intensa crise que vivemos é sintoma da transição de uma era para outra: da era da máquina para a era dos sistemas. Comparando com a última transição de eras vivida pela humanidade, a revolução industrial, ele define essa transição como revolução pós-industrial. A comparação das duas eras e das duas revoluções nos será muito útil para entender melhor as características da época em que vivemos, especialmente no que diz respeito à base tecnológica dos produtos consumidos e das máquinas utilizadas.

Questões para reflexão

Discuta e responda, já de uma forma sistêmica:

1. Qual a importância das correntes do pensamento administrativo para o conjunto de conceitos que você já adquiriu?
2. Qual a relevância dessa teoria para o futuro profissional que você espera?
3. Verifique agora se você entendeu cada conceito mencionado aqui, seu significado e seu papel na teoria. Dê maior atenção aos conceitos:
   a) tecnologia de processo;
   b) produção em massa;
   c) divisão do trabalho;
   d) motivação;
   e) análise e síntese;
   f) reducionismo e expansionismo;
   g) causa e efeito e produtor-produto.
4. Comente a frase "Para ter êxito na solução de problemas, devemos achar a solução certa para o problema certo. Falhamos mais frequentemente por acharmos a solução do problema errado do que por não acharmos a solução do problema certo."

Referências bibliográficas

ACKOFF, R. *Redesigning the future*. New York: John Wiley, 1976.

CHANLAT, J. F. *O Indivíduo na organização*. São Paulo: Atlas, 1994. v. 1 e 2.

CHIAVENATO, I. *Teoria geral da administração*. São Paulo: McGraw-Hill, 1979.

FAYOL, H. *Administração geral e industrial*. São Paulo: Atlas, 1976.

FLEURY, A. C. C.; VARGAS, N. *Organização do trabalho*: São Paulo: Atlas, 1983.

FLEURY, M. T. L.; FISCHER, R. M. *Cultura e poder nas organizações.* São Paulo: Atlas, 1990.

HERZBERG, F. O conceito da higiene como motivação e os problemas do potencial humano de trabalho. In: HAMPTON, D. Conceitos de comportamento na administração. São Paulo: EPU – Editora Pedagógica e Universitária, 1973.

McGREGOR, D. O lado humano da empresa. In: HAMPTON, D. *Conceitos de comportamento na administração*. São Paulo: EPU – Editora Pedagógica e Universitária, 1973.

MOTTA, F. C. P. *Teoria geral da administração*. São Paulo: Pioneira, 1981.

TAYLOR, F. *Princípios de administração científica*. São Paulo: Atlas, 1966.

WOMACK et al. *The machine that changed the world*. New York: First Harper Perennial, 1991.

CAPÍTULO 2

A EMPRESA MODERNA

Márcia Terra da Silva

2.1 A EMPRESA COMPETITIVA

O que se espera da empresa competitiva? Pensando a longo prazo, algumas querem crescer, outras esperam sobreviver ao longo do tempo.

O desempenho das empresas, para atingir seus objetivos a longo prazo, depende de uma série de características de atuação, tais como flexibilidade, agilidade, produtividade e qualidade.

Uma empresa **flexível** molda seu produto ou serviço ao gosto do cliente, oferecendo o que ele quer – oferecendo uma gama de produtos diferentes para o cliente escolher ou produzindo a partir de especificações solicitadas pelo próprio cliente (produção sob encomenda).

É sabido que o ambiente das empresas muda rapidamente hoje em dia. As inovações tecnológicas e mudanças sociais acontecem num ritmo mais acelerado hoje do que no passado, e a tendência é para que as mudanças aconteçam cada vez mais rapidamente. Uma empresa ágil é aquela que consegue adaptar-se às mudanças de seu ambiente social, político e tecnológico ou mesmo puxar essas mudanças, criando as situações mais favoráveis para ela.

A **produtividade** está intrinsecamente ligada ao lucro que a empresa irá conseguir da sua operação. A empresa com alto índice de produtividade terá custos de produção mais baixos, podendo, ou oferecer produtos a preços mais baixos que os de seus competidores, ou trabalhar com maiores margens de lucro.

De qualquer maneira, ganhos de produtividade resultam para a empresa em maior folga para investimento, sendo em geral considerados fundamentais para a consecução de seus objetivos. No entanto, a questão da produtividade deve sempre estar subordinada aos objetivos a longo prazo da empresa, e, nesse sentido, a qualidade é um elemento importante a ser considerado, entendendo-se **qualidade** como a capacidade de oferecer ao cliente produtos que ele deseja, no tempo, da maneira e no preço aceitáveis por ele.

Como balancear os vários elementos que resultam numa empresa mais competitiva? Como preparar a empresa para ser ágil e produtiva? Como sair do discurso de que "o cliente é o ativo mais importante da empresa" e efetivamente aplicar conceitos de qualidade?

Neste capítulo, abordaremos as **dimensões** nas quais as empresas se posicionam para organizar seu processo produtivo, tendo como objetivo as qualificações de agilidade, flexibilidade, produtividade e qualidade. As dimensões são:

- a estrutura organizacional;

- os indivíduos e suas percepções dos papéis a eles destinados; e
- a cultura da empresa;

Em seguida, comparamos diferentes **quadros de referência** para tratar problemas nas organizações, quais sejam:

- **racional**, que enfatiza as dimensões estratégia, estrutura e tecnologia;
- de **relações humanas**, que enfatiza indivíduos e seus papéis;
- **simbólico**, que procura entender o êxito e o fracasso da empresa relacionado à cultura organizacional; e
- **político**, que estuda as relações de poder internas à empresa.

2.2 AS DIMENSÕES ORGANIZACIONAIS

Adotou-se aqui modelo semelhante ao utilizado pelo programa conduzido pelo MIT: *The Management in the 1990's Research Program* como um pano de fundo para as suas diversas pesquisas. Com esse modelo, deseja-se entender e explicar as organizações, as decisões tomadas pela gerência e suas consequências sobre os resultados da empresa, e não defender que uma empresa deva tomar uma ou outra forma.

De acordo com esse modelo, pode-se considerar que as organizações variam em diversos eixos, chamados dimensões organizacionais, que se relacionam uns com os outros e com o ambiente da empresa, conforme se vê na Figura 1. As dimensões segundo as quais a empresa se posiciona são:

A **estratégia** da empresa é a forma pela qual ela entende o mercado e se posiciona frente a ele. A definição da missão da empresa, o segmento de mercado que se quer atingir, as estratégias de diferenciação, são algumas das decisões estratégicas mais bem detalhadas na última seção deste livro.

Tecnologia é o corpo de conhecimento com o qual a empresa conta para a produção. A tecnologia transparece nas decisões de investimentos em máquinas e equipamentos e na capacitação das pessoas para operar essas máquinas, para fazer a manutenção ou para modificá-las, quando necessário. É o conhecimento relacionado às máquinas e à sua operação, ao processo produtivo como um todo, ao produto fabricado.

Trabalharemos mais detalhadamente nesta seção sobre a **estrutura**, os **indivíduos e seus papéis** e os **processos gerenciais**, abrangendo a distribuição de tarefas e recursos entre os vários indivíduos da empresa, quando e como essas pessoas devem comunicar-se, as relações de poder formal entre elas e o processo de tomada de decisão.

O posicionamento em um eixo organizacional direciona ou limita os outros posicionamentos. Por exemplo: a escolha estratégica direciona as escolhas de tecnologia e de estrutura. Pode-se dizer que a estratégia, a estrutura e a tecnologia definem uma capacidade potencial de desempenho da empresa, ao definir o segmento de mercado que quer alcançar, o tipo de tecnologia na qual vai investir e a flexibilidade e agilidade que sua estrutura pretende ter. Ao mesmo tempo, os limites para a redefinição de sua estratégia são dados pelo nível tecnológico anterior, pela capacidade de mudança organizacional e pela capacidade individual de desempenho de novos papéis.

A cultura organizacional, representada no modelo por uma elipse, preenche o espaço dessa elipse, banhando os elementos organizacionais citados. A cultura organizacional pode ser entendida como o conjunto de concepções e valores partilhados pelos participantes da vida da empresa, tão tidos como certos[1] que não são explicitados e tornam-se invisíveis, embora guiem as decisões nas várias áreas da empresa. Empresas com culturas fortes transmitem a impressão de que todos se comportam como se houvesse uma diretriz única, como se todos estivessem conscientes da maneira mais adequada para aquela empresa, como se houvesse um maestro invisível conduzindo a orquestra. Dessa forma, a cultura se reflete nos vários elementos organizacionais, pois a tomada de decisão parte de uma visão da realidade, de uma visão do que é ameaça e de quais são os objetivos da empresa.

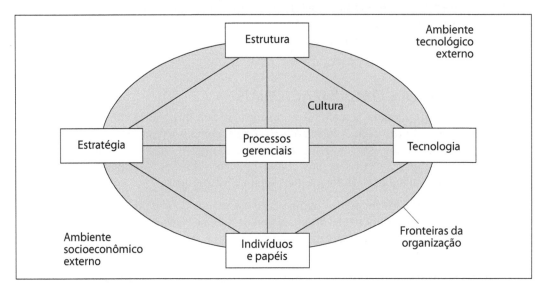

Figura 1 A partir de *The management in the 1990's research program* – MIT, 1989.

Deve ficar claro que o ponto principal desse modelo é o fato de que todos os elementos se relacionam e há uma influência mútua entre eles. Além disso, o ambiente externo modifica as condições de cada um dos elementos e influencia a operação da empresa.

O relacionamento entre os diversos elementos da organização é questão já bastante discutida desde a Teoria da Contingência, na década de 1960. Mais recentemente, Heskett[2] analisa especificamente empresas de serviços e relaciona a administração de recursos humanos à estratégia operacional, mostrando que as empresas se organizam de forma diferente dependendo de serem de Serviço em Massa, de Serviços Profissionais, Fábrica de Serviços ou de Serviços Tecnológicos. As formas de administração de recursos humanos são comparadas quanto a suas funções de recrutamento e seleção, treinamento, designação de tarefas, recompensas e metas. Para Serviço em Massa, por exemplo, o autor recomenda que as empresas realizem seleção, treinamento e recompensa com base nas habilidades humanas e não técnicas.

Da mesma forma que a estratégia demanda características da administração de recursos humanos e da organização do sistema, conforme explicado pelo exemplo de Heskett, acima, os demais elementos do modelo (Figura 1) também influenciam uns aos outros e aos resultados gerais da empresa.

As possibilidades de análise e ação sobre a estrutura, a cultura e o poder na empresa são limitadas pelo seu ambiente e suas condições internas. Um fator limitante, mencionado com menor frequência, é a capacidade dos administradores para entender e atuar sobre diversidade de dimensões, sendo que cada uma delas exige do indivíduo conhecimentos e habilidades diferentes.

2.3 QUADROS DE REFERÊNCIA

A forma pela qual o administrador entende a situação e intervém nela vai depender do **quadro de referência** que usa, isto é, das dimensões que enfatiza e das ferramentas que prefere para lidar com problemas da empresa e tomar decisões no seu dia a dia. Estes quadros de referência podem ser resumidos como:

1. **Racional**: O quadro de referência racional enfatiza elementos formais da organização tais como a estrutura, a estratégia e a tecnologia. Para compreendê-los melhor, lança mão de técnicas de descrição e sistematização de processos e informações, como fluxogramas, ciclo de serviço e outros. É essencial para melhorar os processos do ponto de vista da qualidade ou da produtividade, para a racionalização do sistema, para se adequar às demandas do ambiente ou para melhorar a eficácia da empresa.

No entanto, por não levar em conta aspectos subjetivos como as relações de poder, as crenças e valores dos envolvidos e as relações interpessoais, esse enfoque corre o perigo de não entender a empresa em suas várias dimensões – comportamental, simbólica e política – e pode estar analisando uma organização fictícia, que só existe no papel, mas que não se reflete nas decisões tomadas nem nas ações dos envolvidos.

2. **Comportamental**: Esse quadro de referência enfatiza as pessoas e as relações entre elas ou com a empresa. Essa abordagem procura ajustar melhor os papéis organizacionais às pessoas que os desempenham, levando em conta suas necessidades e habilidades, de um lado, e, de outro, a estrutura de cargos e as necessidades organizacionais.

Essa abordagem carece das ferramentas da abordagem racional, que permitem entender o sentido dos papéis e da estrutura, e das abordagens política e simbólica, que contextualizam as relações interpessoais naquele grupo.

A ênfase nessa abordagem pode levar a crer que os problemas da empresa se originam no relacionamento entre as pessoas, o que não é verdade. Mesmo nos casos em que pode ser identificado um problema de relacionamento, isso não significa que aí resida a origem do problema, que pode ser de caráter estrutural, tecnológico etc. Portanto, é necessário complementar o uso desse quadro de referência com outros.

Administradores que partem dessa abordagem conhecem as teorias de motivação desenvolvidas por teóricos da abordagem de relações humanas, mas provavelmente já não as usam da mesma maneira. Sua preocupação é identificar como os funcionários se comprometem com os objetivos da empresa, sem pressupor que motivação possa ter uma fórmula generalizável.

3. **Simbólica ou cultural**: Grupos de pessoas têm uma cultura expressa por símbolos, heróis, histórias e mitos. No caso de empresas, os administradores podem usar esses símbolos para entender melhor a organização e, a partir daí, tomar as decisões que levam em conta a cultura da empresa.

A cultura organizacional pode ser definida como o conjunto partilhado de valores e crenças que se expressam por meio do comportamento, de artefatos e de ritos de um grupo. Os teóricos de cultura procuram o significado de cada ação ou palavra não na racionalidade da empresa, mas na linguagem da cultura organizacional. Dessa forma, questões muitas vezes obscuras, decisões erradas ou resistência a técnicas aparentemente irrefutáveis podem ser entendidas e explicadas de acordo com uma lógica diferente, de maneira que a empresa descubra um modo de agir coerente com sua cultura e adequado à sua estratégia.

Apesar de fornecer informações importantes para a gestão da empresa, a análise da cultura é sempre a análise de uma abstração da realidade, e não da situação real, devendo ser complementada por análises de acordo com o quadro de referência racional e política. Racional, para identificar objetivamente causas e consequências das decisões a respeito do processo de produção. Política, porque a cultura de uma organização privilegia alguns setores da empresa e sua análise não pode ser dissociada do entendimento das relações de poder.

4. **Política**: O relacionamento entre as pessoas é permeado por relações de poder e este estará sempre em jogo durante a vida de uma empresa. O poder estará sendo disputado concomitantemente com a administração da empresa, a cada decisão quanto a distribuição de recursos, por ocasião de negociações, ou na escolha das táticas para atingir determinado objetivo. Sempre que uma decisão atender melhor aos interesses de um grupo do que aos de outro, haverá campo para conflito, alianças e barganhas.

Mais uma vez convém ressaltar que, embora a abordagem política seja relevante para entender a organização, ela não prescinde das outras formas de abordagem, sendo necessário contextualizar a disputa pelo poder das empresas dentro de um processo de produção (abordagem racional), focalizando as relações entre participantes e organização (abordagem comportamental) e entendendo os significados de cada ação para a cultura da empresa (abordagem simbólica).

Cada um desses quadros de referência tem por trás um conjunto de teorias a respeito do funcionamento das organizações e da maneira pela qual os administradores podem extrair delas os melhores resultados. A rápida apresentação aqui feita serve para indicar um caminho aos que quiserem aprofundar-se no assunto.

Na prática, os administradores enfrentam todos os dias problemas que podem ser encarados com o auxílio de qualquer um desses quadros de referência. Espera-se que esses profissionais sejam suficientemente flexíveis para utilizar aquele que é mais adequado, ou ainda que analisem a situação sob diferentes ângulos e tenham consciência das reações que sua decisão irá provocar nos diversos campos.

Questões para reflexão

1. Como se relacionam tecnologia e estratégia em uma empresa? Dê exemplos.
2. Compare organizações suas conhecidas quanto às dimensões do modelo:
   a) a escola em que você estuda;
   b) a lanchonete que você frequenta;
3. Explique com sua palavras o que você acha que é:
   cultura organizacional;
   estrutura;
   processos gerenciais.
4. Compare os quadros de referência com o modelo da Figura 1. Que elementos do modelo interessam primordialmente a cada um dos quadros de referência?
5. Imagine o seguinte cenário:
   Um cliente vai ao banco efetuar uma remessa de dinheiro para o exterior. É informado de que já fazia cinco minutos que o serviço de câmbio encerrara o expediente. Ele ia sair, aborrecido, quando percebe que há clientes no setor. Indaga a respeito e é informado, por outro cliente, de que o horário de atendimento para

remessas não é o mesmo que o do serviço de câmbio e que se estenderá ainda por duas horas.

Aliviado, pega uma senha e dispõe-se a esperar. Depois de 15 minutos, pergunta a um funcionário qual a razão de tanta demora. O funcionário é muito gentil, mas não sabe responder. Minutos depois o cliente descobre que o único funcionário capaz de preencher a papelada teve de ausentar-se por meia hora.

Após 45 minutos de espera, o cliente procura a gerência do banco para verificar se existe alguma forma de efetuar a operação. O gerente lamenta muito, mas nada pode fazer: o único funcionário capaz de preencher a papelada ainda está ausente.

Chega o funcionário competente, retira de sua gaveta um formulário já preenchido, pede para o cliente assiná-lo e em 30 segundos conclui a operação. O cliente sai furioso.

Analise o cenário a partir de cada um dos quadros de referência.

Referências bibliográficas

ACKOFF, R. *Redesigning the future*. New York: John Wiley, 1976.

BOLMAN, L.; DEAL, T. *Reframing organizations*. San Francisco: Jossey Bass Publishers, 1991.

CHANLAT, J. F. *O indivíduo na organização*. São Paulo: Atlas, 1994. v. 1 e 2.

CHIAVENATO, I. *Teoria geral da administração*. São Paulo: McGraw-Hill do Brasil, 1979.

FLEURY, A. C. C.; VARGAS, N. *Organização do trabalho*. São Paulo: Atlas, 1983.

FLEURY, M. T. L.; FISCHER, R. M. *Cultura e poder nas organizações*. São Paulo: Atlas, 1990.

HESKETT, J.; SASSER, E.; HART, C. *Service breakthrough*. The Free Press, New York: 1990.

HERZBERG, F. O conceito da higiene como motivação e os problemas do potencial humano de trabalho. In: HAMPTON, D. *Conceitos de comportamennto na administração*. São Paulo: EPU – Editora Pedagógica e Universitária, 1973.

McGREGOR, D. O lado humano da empresa. In: HAMPTON, D. *Conceitos de comportamento na administração*. São Paulo: EPU – Editora Pedagógica e Universitária, 1973.

MIT. *The management in the 1990's*. 1989.

MOTTA, F. C. P. *Teoria geral da administração*. São Paulo: Pioneira, 1981.

SCHEIN, E. *Organizational culture and leadership*. San Francisco: Jossey Bass, 1986.

TAYLOR, F. *Princípios de administração científica*. São Paulo: Atlas, 1966.

WOMACK et al. *The machine that changed the world*. New York: First Harper Perennial, 1991.

CAPÍTULO 3

CAMPOS E ARMAS DA COMPETIÇÃO

José Celso Contador

Este é um resumo das principais ideias contidas no terceiro capítulo do livro *Modelo para aumentar a competitividade industrial – A transição para a gestão participativa*, do mesmo autor (Blucher, 1996).

3.1 CONCEITO E EXPLICITAÇÃO DOS CAMPOS DA COMPETIÇÃO

3.1.1 Conceito de campo e de arma da competição

A propósito das estratégias competitivas, é comum ouvir-se ou ler-se: "Esta empresa compete em preço; aquela, em marketing". "A empresa tal compete em qualidade de produto; a outra, em produtividade". "A primeira tem grande variedade de modelos, mas a segunda tem grande rapidez de fabricação".

Com essas expressões, pretende-se caracterizar um atributo competitivo de uma empresa. Mas, analisando-as, é possível perceber que seus atributos são de natureza diferente.

Uns atributos interessam ao comprador: preço, qualidade do produto e variedade de modelos, para ficar restrito ao exemplo. Outros não, como marketing, produtividade, rapidez de fabricação.

Enfocando por esse prisma, diferenciamos campos da competição de armas da competição.

Outros autores não se detêm nessa diferenciação. Abordam, isso sim, conceituações amplas de estratégia, metodologias e técnicas, mas só de passagem, ou por meio de exemplos, tocam no que nós batizamos campos e armas.

> Conceitualmente, campo da competição refere-se a um atributo que interessa ao comprador, como qualidade e preço do produto. Arma da competição é um meio que a empresa utiliza para alcançar vantagem competitiva em um campo, como produtividade, qualidade no processo, domínio de tecnologia.

As armas não interessam ao consumidor. Em nada adianta saber se a empresa opera com alta ou com baixa produtividade (muitos não sabem nem o que é produtividade); interessa, sim, o preço do produto. O comprador não toma conhecimento do índice de rejeição; interessa-se, sim, pela qualidade do produto que adquire.

Os autores, mesmo os mais consagrados, não discernem o que é campo e o que é arma. Tratam-nos indistintamente como estratégias. Ora, sendo estratégia um meio para se atingir um objetivo e sendo os objetivos hierarquizados, acaba-se tendo que "uma estratégia é um meio para alcançar outra estratégia", o que causa dubiedade. Para eles, só como exemplo, produtividade e competição em preço são estratégias; para nós, produtividade é uma arma para se concorrer no campo da competição em preço. Nossa concepção elimina a ambiguidade e, por isso, entendemo-la como uma contribuição significativa.

É importante, para a empresa, distinguir os meios dos fins, pois uma mesma arma serve para competir em mais de um campo, e para competir em um campo são necessárias várias armas. Assim, qualidade no processo – uma arma – é necessária, quer a empresa deseje competir em preço, quer em qualidade do produto. Se a empresa desejar competir em variedade de produtos – um campo – precisa de várias armas: troca rápida de ferramentas, qualidade no processo, qualidade nas matérias-primas e componentes, produtividade, flexibilidade na manufatura. Como a empresa é um sistema com forte interação entre todos seus fatores, os campos e as armas podem confundir-se. Como clareza de raciocínio é um elemento facilitador em qualquer área, julgamos relevante estabelecer a nítida diferença entre campo e arma.

3.1.2 Os 15 campos da competição

Identificamos 15 diferentes campos genéricos de competição, que podem ser agregados em cinco grupos, como segue:

1º) Competição em preço
   1. em preço
   2. em guerra de preço
   3. em promoção

2º) Competição em produto
   4. em projeto
   5. em qualidade
   6. em variedade de modelos
   7. em novos modelos

3º) Competição em prazo
   8. de cotação e negociação

   9. de entrega
   10. de pagamento

4º) Competição em assistência
   11. antes da venda
   12. durante a venda
   13. após a venda

5º) Competição em imagem
   14. imagem do produto, da marca e da empresa
   15. imagem preservacionista

Apesar de termos restringido os campos e as armas à indústria brasileira de manufatura, eles são suficientemente genéricos para serem adaptados, por especialistas, a outras indústrias[1] com relativa facilidade.

3.2 COMPETIÇÃO EM PREÇO

3.2.1 Aspectos conceituais

A empresa pode competir em preço do produto. É uma das mais antigas e das mais estudadas formas de competição.

Sua lógica, de acordo com a teoria microeconômica, reside no fato de que: 1) o preço mais baixo habilita a empresa a conquistar uma participação dominante no mercado, e 2) o volume de vendas resultante permite a redução dos custos unitários, devido às economias de escala. Dessa forma, a empresa será capaz de maximizar tanto seu volume de vendas quanto seu lucro. Três hipóteses lhe são subjacentes: os produtos ou serviços oferecidos não são diferenciados; o cliente procura reduzir o custo de suas compras, como único critério em sua decisão; e concorrência perfeita, em que os consumidores conhecem todos os ofertantes. Minimizando seus custos, a empresa pode vender a preços iguais ou inferiores aos dos concorrentes e otimizar sua participação de mercado. Portanto, competir em preço é uma estratégia de participação de mercado ou de posição de mercado, como afirmou Ansoff (1988).

A teoria da estratégia empresarial possui outra lógica, pois enfoca a concorrência. "Na fixação de preços orientada para a concorrência – diz Geraldo Luciano de Toledo – a empresa age principalmente de acordo com o que seus concorrentes estão cobrando, sem manter uma relação rígida entre os preços e seus custos. Seus próprios custos ou a demanda podem ou não mudar, mas ela mantém ou altera seus preços quando os concorrentes modificarem os seus".

Michael Porter afirma em *Estratégia competitiva*: "O líder em custo não pode, contudo, ignorar as bases da diferenciação, pois, se seu produto não é considerado comparável ao da concorrência ou aceitável pelos compradores, será forçado a reduzir o preço bem abaixo do dos concorrentes para aumentar as vendas, o que pode anular os benefícios de sua posição no mercado. Em outras palavras, o líder em custo deve obter paridade ou proximidade em diferenciação com relação aos concorrentes; caso contrário, não será um competidor acima da média, apesar da vantagem que possui em custo".

3.2.2 Nova realidade de mercado

Há fortes indícios de que a era do consumismo acabou. Hoje, o consumidor pensa duas vezes antes de comprar, compara preço e substitui produtos pelos mais baratos, caracterizando a infidelidade às marcas.

Pesquisa realizada pelo Instituto InterScience, entrevistando três mil consumidores na Grande São Paulo, detectou que "em quatro de cinco categorias de produtos, o preço é apontado como o fator decisivo na compra". E conclui: "As empresas que se cuidem. O consumidor não está hesitando em trair sua marca preferida com a primeira oferta de um concorrente. Por isso, as empresas estão altamente vulneráveis ao fenômeno de infidelidade às marcas, porque hoje uma diferença de 10% altera a decisão de escolha entre uma marca e outra". Várias outras pesquisas evidenciam que essa mudança de comportamento do consumidor também está ocorrendo nos Estados Unidos e na Europa.

Essa modificação comportamental significativa enfatiza a necessidade de as empresas brasileiras darem uma importância ainda maior à competição em preço.

Se a empresa decidir competir exclusivamente em preço de produto, precisa descobrir como reduzir drasticamente seus custos, digamos em 30% no mínimo, como o Japão, a China e a Coreia fizeram. Reduzir seus preços em 10% não lhe dará competitividade. Entretanto, se o produto apresentar aspectos diferenciados que satisfaçam o consumidor, uma redução de preços de 10% a 15% já lhe dará competitividade.

3.2.3 Guerra de preço

Michael Porter observa: "A lógica da estratégia de custo geralmente exige que a empresa seja "a" líder em custo e não uma dentre várias disputando essa posição. Quando existe mais de uma empresa aspirando a liderança em custo, de um modo geral a rivalidade entre elas é acirrada, porque cada ponto percentual de parcela de mercado é considerado crucial. A menos que uma empresa, obtendo a liderança em custo, possa "persuadir" as outras a abandonarem suas estratégias de custo, as consequências para a rentabilidade de todo o seu ramo de negócio poderão ser desastrosas".

A esse respeito, Kenichi Ohmae dá um exemplo interessante, que desvenda o comportamento típico da indústria japonesa. "Assim que o toca-discos a laser chegou ao mercado, a demanda explodiu. Os japoneses, em vez de procurarem diferenciar seus produtos, partiram para uma guerra de preços, reduzindo-os para aproximadamente um quinto do que as empresas americanas e europeias iriam cobrar. A Philips estava tentando manter os preços altos, mas os japoneses começaram a derrubá-los. As empresas ocidentais queriam fazer dinheiro; o instinto japonês levava suas empresas a abocanhar uma fatia de mercado a qualquer custo. O motivo desse tipo de resposta é óbvio: os japoneses continuam a praticar o método que deu certo no passado, quando o jogo era baixar o preço para entrar no mercado".

Varig, Vasp e Transbrasil travaram, em 1991, a "guerra aérea". Os preços dos bilhetes aéreos foram caindo até quase se igualarem aos dos rodoviários: para longas distâncias, os aéreos custavam apenas 10% a 15% a mais do que os rodoviários. Além disto, a Vasp passou a oferecer, na compra de suas passagens, serviços de reserva em hotel e aluguel em locadoras de veículos, com descontos superiores a 20% nas empresas conveniadas, o que provocou um profundo descontentamento nas operadoras turísticas, pois os clientes passaram a comprar bilhetes diretamente da Vasp. Para evitar que a política de promoções se transformasse numa concorrência predatória, o presidente da Transbrasil convidou os presidentes das outras duas empresas para um entendimento. Em reuniões no Rio de Janeiro, nas instalações da Boeing em Seattle (EUA) e durante uma pescaria em Vancouver, Canadá, a paz começou a voltar lentamente aos ares, com uma redivisão do mercado, não obstante as companhias aéreas continuarem dando descontos, subsidiando juros nas compras de bilhetes a prazo e oferecendo promoções. Mais tarde, Vasp e Transbrasil fizeram acordo para operar em conjunto diversas rotas com o objetivo de reduzir a ociosidade naquelas de baixa demanda e eliminar o conflito de horário de vôos. Depois de alguns meses de guerra, as três companhias aéreas aparentemente formaram um cartel, que suscitou investigação do governo. A guerra de preços e de promoções de 1991, aliada à queda da taxa de ocupação dos vôos decorrente da recessão econômica, levou as empresas a uma difícil situação financeira que foi sendo paulatinamente superada por meio de severos programas de redução de despesas, incluindo demissão de pessoal, num processo que durou vários anos, comprovando que uma guerra de preços compromete todo o ramo de negócio.

3.2.4 Prêmio e promoção

A empresa pode competir na oferta de prêmios e na realização de promoções. É uma variante da competição em preço, em que a empresa oferece algumas vantagens ao comprador sem alterar seu preço de venda.

A "guerra das margarinas" pela televisão, no final de 1991, é um exemplo. A Gessy Lever, que a partir de 2001 foi rebatizada de Unilever, promoveu um sorteio semanal de 15 casas entre os que enviassem uma tampa da embalagem de uma das suas cinco marcas – Doriana, Claybon, Alpina, Delicata e Sabor & Saúde. Em menos de 24 horas, a Sanbra, respondeu: ampliou sua promoção com sorteio de pensões e casas aos compradores da Delícia Cremosa. Outra forte razão para o empenho desses dois fabricantes, que reinaram sozinhos até 1989, foi a entrada da Sadia e da Ceval no mercado.

3.2.5 Custo de produção

Competir em custo de produção é diferente de competir em preço do produto. Não obstante as armas serem as mesmas, o objetivo é outro. Na verdade, pela nossa concepção, competir em custo é uma arma e não um campo de competição.

Na competição em preço, a empresa visa maior participação de mercado pela autolimitação dos valores cobrados pelos seus produtos. Na competição em custo de produção, a empresa não parte para uma guerra de preços com a concorrência, reduzindo-os; mas objetiva aumentar sua margem operacional pela manutenção de preço paritário com o da concorrência e pela redução de seus custos operacionais. A capitalização da empresa, obtida pela maior margem, permite-lhe novos investimentos, quer em equipamentos, quer em novos produtos ou mesmo na diferenciação dos produtos atuais; ou permite-lhe, simplesmente, usufruir maiores lucros. Competir em custo de produção significa ter maior saúde financeira que os concorrentes.

3.3 COMPETIÇÃO EM PRODUTO

3.3.1 Competição em projeto do produto

A empresa pode competir em projeto do produto, ou seja, pelas características e funções de seu desempenho e pela sua aparência exterior, inclusive de sua embalagem.

Henry Ford, já no início do século, preocupava-se com o projeto do produto. "O ciclo de produção", escrevia, "começa no consumidor. O produto deve ser projetado para ajustar-se às necessidades do maior número possível de compradores tanto em qualidade quanto em preço" (Contador, 1968).

Kenichi Ohmae dá especial atenção ao projeto do produto. "As estratégias devem ser definidas em função do cliente, devem criar valor para o cliente". Para mostrar como fazê-lo, exemplifica com o caso da cafeteira. "Em vez de procurar projetar uma semelhante à da General Electric ou à da Philips, que fosse melhor e mais barata, os projetistas japoneses fizeram a seguinte pergunta: "Por que alguém toma café?" A resposta veio: "Sabor". Como ninguém sabia o que afetava o sabor, pesquisaram todas as possíveis variáveis e descobriram duas mais importantes, água e tamanho dos grãos de pó. Conclusão: a cafeteira precisa ter embutidos um descloretador de água e um moedor. Assim, bastará ao comprador colocar água e o café em grão, e a máquina fará o resto".

O produto deve ser projetado sob as luzes da Engenharia do Valor, a qual, segundo Lawrence Miles, focaliza o estudo do produto em termos de suas funções e não de peças ou componentes. E a equipe de projeto deve ser estruturada segundo o conceito da *Concurrent Engineering*[2], pelo qual, especialistas de vários ramos trabalham simultaneamente com os projetistas, analisando o desempenho do projeto, a facilidade de fabricação e de manutenção, seu custo e sua qualidade.

3.3.2 Competição em qualidade do produto

A empresa pode competir em qualidade do produto.

É uma das estratégias mais valorizadas atualmente e decorre das crescentes conscientização e exigência do comprador, tendências verificadas em muitos países.

A indústria japonesa só conseguiu tornar-se potência mundial porque elevou a qualidade do produto à prioridade máxima. No pós-guerra, seus produtos eram de péssima qualidade. Mas, os industriais japoneses tiveram a humildade e o bom-senso de escutar Edwards Deming e a capacidade de absorver seus ensinamentos.

Deming insistia na ideia do melhoramento contínuo mostrando o ciclo de Shewhart: pesquisa – projeto – produção – venda, e enfatizando que, a cada giro completo, a qualidade iria melhorando. De tanto apresentá-lo, esse ciclo passou a ser denominado pelos japoneses de ciclo de Deming.

3.3.3 Competição em variedade de modelos

A empresa pode competir em variedade de modelos do mesmo produto.

Essa estratégia já foi utilizada no passado, mas vinha sendo abandonada em prol da maior automação das fábricas ou em prol da redução dos custos – procurava-se aumentar o volume produzido do mesmo modelo para diminuir custos. Hoje, o lema é diversificar e produzir poucas unidades de cada modelo para girar rapidamente o estoque.

A diversificação de produtos precisa ser cotejada com o aumento aceitável de custo. Todos que pensam primeiro em custo adotam a simplificação, ou seja, a redução da variedade.

Para competir em variedade de modelos, a empresa precisa ter flexibilidade para mudar de produto, que é uma estratégia muito valorizada atualmente. Na Europa, por exemplo, foram construídas fábricas muito automatizadas com o objetivo de diminuir custos. Mas seus principais executivos reconheceram que erraram, pois a fábrica ficou sem flexibilidade para mudar de produto. Essa é uma exigência atual do mercado que está sendo atendida pelos japoneses.

3.3.4 Competição em novos produtos ou modelos

A empresa pode competir no lançamento de novos produtos.

É uma outra forma de diversificação, um pouco diferente da abordada na seção anterior, pois diz respeito a novos produtos, enquanto a anterior, à variedade de modelos do mesmo produto.

A frequência de lançamento de novos modelos é o indicador. Na segunda metade da década de 1980, a indústria automobilística lançava em média um modelo novo a cada 27 meses no Japão; a cada 45 meses nos Estados Unidos; a cada 52 meses na Europa; e a cada 138 meses (onze anos e meio) no Brasil.

As empresas líderes no ramo de confecção lançam atualmente de oito a 12 coleções por ano, contra as duas tradicionais até poucos anos, a de inverno e a de verão. Hoje, em uma semana desenha-se uma coleção, com estilistas em vários países trabalhando simultaneamente e trocando desenhos e informações por fax ou por computador, de Paris a Nova York, de Londres a Milão. Definidos os tecidos, as tecelagens asiáticas atendem a encomenda em uma semana, entregando os tecidos quase sempre na cor branca. As roupas são confeccionadas e enviadas às lojas, que as tingem nas cores da moda daquela semana. O que demorava seis meses, agora é feito em um!

3.4 COMPETIÇÃO EM PRAZO

3.4.1 Competição em prazo de cotação e de negociação

A empresa pode competir em prazo de cotação e de negociação para o fornecimento de produtos ou serviços.

A cotação de preço, de condições de pagamento e de prazo de entrega é, depois do convite para o fornecimento de produto ou de serviço, o primeiro passo de uma negociação. E a rapidez com que ela é feita sempre impressiona bem o cliente.

O convite para o fornecimento de um produto ou serviço é um indício da confiança técnica e comercial que o cliente em potencial possui na empresa fornecedora. Essa confiança é fruto de negócios anteriores ou de recomendações recebidas. Portanto, nesse momento, a empresa fornecedora goza de uma imagem prestigiosa junto ao cliente em potencial. A rapidez na entrega da cotação torna-se, por decorrência, um elemento importante na consolidação da imagem favorável da fornecedora para o cliente. Por essa razão, o prazo de cotação constitui-se num campo da competição.

Em suma, prioridade dada ao cliente, postura de auxílio para resolver seu problema, capacidade técnica da fornecedora, preço e prazo de entrega são elementos importantes da competição.

3.4.2 Competição em prazo de entrega

A empresa pode competir em prazo de entrega, que é um campo cuja importância cresce à medida que os clientes reduzem seus estoques e desejam operar *just-in-time*. Como a tendência mundial é trabalhar com estoques cada vez menores, o que implica diminuir o intervalo entre entregas, a confiança no prazo de entrega negociado torna-se essencial.

O prazo de entrega comporta duas variáveis, a oferta do prazo e o cumprimento do prazo negociado. Oferecer um prazo de entrega menor do que o do concorrente é um ponto forte de venda. Mas, se a empresa compromete-se a entregar antes que o concorrente, precisa cumpri-lo. Se o concorrente cumpre seus prazos em, digamos, 90% das vezes, a empresa precisa pelo menos igualar-se a ele.

Os lojistas da Rua Santa Ifigênia em São Paulo, reduto de produtos eletroeletrônicos, já não mantêm estoque para 30 dias, e sim para dois dias. Na falta do produto, dão prazo de entrega de dois dias ao cliente, pois a indústria comprometeu-se a abastecê-los num prazo de 24 horas. Estão operando neste esquema a Gradiente, a Philco e a CCE.

Esse é um exemplo que ilustra muito bem a atual situação brasileira. Com raras exceções, todas as cadeias de venda no varejo já estão atuando segundo os princípios do *just-in-time*, representados por expressões do tipo mínimo estoque, lotes pequenos, entrega rápida. E pressionam as empresas industriais a atendê-las nesse regime; e estas, pelo seu lado, pressionam seus fornecedores. Pelo que se observa hoje, acreditamos que em poucos anos grande parte da indústria brasileira estará operando *just-in-time*.

3.4.3 Competição em prazo de pagamento

A empresa pode competir em condições de pagamento, campo quase tão valioso quanto o de preço.

Para o comprador, não raras vezes é importante um prazo mais dilatado de pagamento ou um parcelamento no valor da fatura ou um financiamento pelo mercado financeiro; mesmo com juro. É importante porque ele pode estar precisando do produto e não dispor de dinheiro no momento; ou porque o produto proporcionará receita capaz de gerar um fluxo de caixa mais satisfatório, mesmo com preço onerado por juro.

Exemplos marcantes da importância das condições de pagamento são encontrados nas vendas pelo crediário (em que o juro é escorchante) e nos consórcios (em que o preço final do produto é de uma incerteza aterrorizante). Mesmo com esses sérios inconvenientes, essas duas formas de aquisição são usadas com enorme frequência – mais da metade da produção da indústria automobilística brasileira é vendida por meio dos consórcios.

3.5 COMPETIÇÃO EM ASSISTÊNCIA TÉCNICA

3.5.1 Competição em assessoramento tecnológico antes da venda

A empresa pode competir em assessoramento tecnológico, destinado a ajudar o cliente a especificar corretamente um produto, componente ou serviço.

Nesse caso, o cliente quase sempre é uma empresa. A ofertante precisa ter um corpo técnico de venda, cujos membros denomina eufemisticamente de assessores técnicos, nunca de vendedores. Efetivamente, assumem a postura própria de assessor, auxiliando o cliente em potencial na especificação; mas, realmente, o objetivo é vender o produto ou serviço de sua empresa, como não poderia ser de outra forma.

3.5.2 Competição em atendimento durante a venda

A empresa pode competir em atendimento durante a venda. É uma das formas de granjear a simpatia e conquistar clientes.

Preocupar-se prioritariamente com o cliente representa, para Karl Albrecht, consultor norte-americano de grandes corporações, uma nova propensão estratégica: "No passado, a tendência era desenvolver estratégias de marketing direcionadas aos concorrentes, isto é, sobre como derrotá-los. Penso que, no futuro, nossas estratégias de marketing serão muito mais voltadas ao cliente, ou seja, como criar um sistema para oferecer-lhe qualidade e serviços a um preço justo".

Afirmando que estamos vivendo na Era dos Serviços, Karl Albrecht defende a otimização da prestação de serviços como a única saída para as empresas prosperarem nas economias modernas, afirmando que já não basta um bom produto para agradar o cliente. E dá um exemplo aplicável a qualquer poderoso e sólido banco: "O número de clientes novos equivale ao número de contas-correntes encerradas no mês, mantendo mais ou menos estável a quantidade de correntistas. O banco investe todos os meses uma fortuna em marketing com a finalidade de ganhar novos clientes. Com certeza, o ônus seria bem menor e o resultado bem maior se o banco investisse na qualidade dos serviços". E faz três recomendações:

1. O funcionário que tem contato direto com o cliente é tão importante quanto o presidente da empresa;
2. Se o presidente não estiver atendendo um cliente, sua função é atender alguém que o esteja fazendo; e
3. O modo como os funcionários se sentem será o modo como os clientes se sentirão" (Mendonça).

Para melhorar o atendimento ao cliente, as empresas estão ampliando sua rede de distribuição por meio de investimentos diretos ou por meio de parcerias tipo franquia ou por meio de outras empresas; cuidam inclusive do treinamento dos funcionários das empresas parceiras. Uma rede de distribuição, com postos de venda convenientemente localizados e facilidade de acesso, é fator importante no atendimento ao cliente.

Outras estão vendendo diretamente no varejo, num processo de verticalização. Essa tendência está sendo vigorosa a ponto de inspirar a construção de *outlet-centers* centros de vendas, mais despojados do que os *shopping centers* tradicionais, destinados exclusivamente para lojas da própria fábrica.

Muitas estão implantando ou ampliando o chamado serviço de atendimento ao consumidor, com a finalidade de escutar suas reclamações e resolver os problemas relativos ao produto, estreitar os laços com o cliente e obter informações que realimentem alterações no projeto e no processo.

A empresa precisa considerar, para a competição nos diversos campos, a existência do Código de Defesa do Consumidor, em vigor desde início de 1991, que lhe impõe uma série de obrigações. E considerar que o consumidor, além de conhecer o Código, está mais exigente.

3.5.3 Competição em assistência técnica no pós-venda

A empresa pode competir em assistência técnica após a venda, campo que está sendo bastante valorizado atualmente.

A política liberalizante provocou uma onda de importação por parte das maiores empresas comerciais. Os produtos de consumo encontraram um mercado ávido em alguns setores. Entre os produtos que chegaram para ficar, na avaliação dos importadores, estão tênis, massas, brinquedos, CDs, telefones, vegetais e frutas em conserva, derivados de tomate, laticínios e bebidas. Os duráveis, nem tanto. Por que, se seus preços são compatíveis com os similares nacionais? Pelo receio do comprador em não encontrar peças de reposição e nem pessoas habilitadas em prover-lhe conserto quando e se necessário.

Veículos importados, por exemplo, precisam ser tropicalizados, ou seja, adaptados às nossas condições: o sistema de arrefecimento do motor deve ser alterado em função da maior temperatura ambiente; a regulagem do motor necessita ser harmonizada à nossa gasolina cuja octanagem é diferente; a suspensão carece de reforço devido às condições precárias das pistas de rolamento; a gasolina corrói e entope os bicos injetores e inutiliza o catalisador. Sem um serviço de assistência técnica adequado, as adaptações, as revisões periódicas e o conserto trazem enormes dificuldades ao proprietário.

3.6 COMPETICÃO EM IMAGEM

3.6.1 Competição em imagem do produto, da marca e da empresa

A empresa pode competir em imagem, tanto do produto, como da marca, quanto da empresa.

O cliente valoriza a marca quando ela lhe dá prestígio ou quando deseja qualidade assegurada. Possuir um relógio Vacheron-Constantin ou uma caneta Mont Blanc o valoriza socialmente, e ele está disposto a pagar um sobrepreço por isso. Consumir um produto da Nestlé lhe dá segurança quanto à sua saúde, e ele está disposto a pagar um sobrepreço por isso.

As empresas conhecem muito bem esse comportamento e investem pesado na formação e manutenção de sua imagem. Quando estrategicamente têm um produto de menor qualidade, procuram desvinculá-lo da sua marca.

Um exemplo da preocupação em preservar a imagem foi dado pela Toyota, logo após o lançamento de seu modelo Lexus nos Estados Unidos, na investida ao difícil e exclusivo mercado de luxo, então dominado principalmente pelas alemãs Mercedes-Benz e BMW e pela inglesa Jaguar, além do americano Cadillac, na época, líder do setor. Quando surgiram defeitos logo após o lançamento, a Toyota agiu de forma surpreendente: as revendedoras apanhavam à tarde o carro na casa do proprietário, resolviam os problemas à noite e o devolviam na manhã seguinte, com o tanque de combustível cheio e um presente no porta-luvas. Sua imagem melhorou em vez de ficar denegrida.

3.6.2 Competição em imagem preservacionista

A empresa pode competir em preservação ambiental, com produtos ou com processos que não agridam o meio ambiente.

É um campo cuja importância está crescendo muito rapidamente devido às campanhas de conscientização sobre a urgência em preservar-se o meio ambiente. O efeito estufa, a destruição da camada de ozônio e o desmatamento das florestas, entre os países desenvolvidos; a chaminé enfumaçada, o escapamento dos veículos e a poluição das águas, entre os países em desenvolvimento, são motivos de generalizada e crescente preocupação.

Sendo um campo recente, abre enormes possibilidades para a empresa que resolver nele competir, pois o consumidor atual o valoriza sobremaneira. Aquela que negligenciá-lo correrá sério risco de ser alijada do mercado.

Empresas, não só as industriais, do mundo desenvolvido têm usado o "apelo ecológico" como uma das armas da competição. Realizam seus projetos ambientalistas e imediatamente soltam *press-releases* e chamadas publicitárias. Grandes redes comerciais e de serviços (como as de *fast-food*) anunciam a substituição de embalagens descartáveis de clorofluorcarbonetos por embalagens biodegradáveis feitas com material reciclado. Dessa forma, resolvem três problemas sensíveis ao consumidor: além de biodegradáveis, as embalagens diminuem o desmatamento por serem feitas com papel reciclado e não comprometem a camada de ozônio pelo desprendimento do CFC.

O administrador da poderosa Agência de Proteção Ambiental dos Estados Unidos, William Reily, um ativista ecológico, é otimista: "A proteção ambiental tem enormes chances de dar certo também porque os processos industriais mais eficientes são os mais limpos. É mais barato reciclar do que produzir a partir de matérias-primas". (O Capítulo 23 aborda os principais aspectos da Produção Limpa).

Como disse Erling Lorentzen, expresidente e fundador da Aracruz Celulose, "a excelência ambiental tornou-se um fator de competição entre empresas e produtos, influenciando o próprio sucesso do negócio. Proteger o meio ambiente significa, acima de tudo, proteger o próprio negócio".

3.7 ARMAS DA COMPETIÇÃO

3.7.1 O pentastilo armado da competitividade

Edwards Deming (Walton) expôs, no Japão do início da década de 1950, os conceitos do binômio Qualidade-Produtividade. Os japoneses erigiram sobre ele sua indústria. E o mundo agora o adota.

Qualidade e produtividade, as duas armas fundamentais, dependem de uma grande quantidade de fatores. Três deles são tão importantes e de uso tão geral que, para chamar a atenção, é conveniente elevá-los da categoria de fator para a de armas – são eles: tecnologia, estoque reduzido e pessoal capacitado, motivado e participativo. Essas cinco armas equivalem, pois, figurativamente, às cinco colunas do pórtico que sustenta a competitividade: o pentastilo da competitividade.

O pentastilo representa as cinco armas de uso generalizado. Todas as empresas para serem competitivas precisam, em maior ou menor grau dependendo do campo da competição escolhido, operar com produtividade, com qualidade no processo, com tecnologia e com estoques reduzidos e possuir pessoal capacitado e participativo.

Outras armas, obviamente, são necessárias, mas essas cinco são as mais gerais porque atuam diretamente sobre o custo. E o custo é importante não só para as empresas que pretendem competir em preço, como também para as que concorrem num dos campos da diferenciação pois, como afirma Michael Porter, uma empresa diferenciada deve possuir **paridade ou proximidade** de custos em relação a seus concorrentes para não perder a vantagem adquirida.

> PENTASTILO DA COMPETITIVIDADE
> produtividade
> qualidade no processo
> tecnologias
> estoque reduzido
> pessoal capacitado e participativo

3.7.2 Produtividade

Produtividade, uma das mais potentes armas da competição dos dias atuais, é medida em três níveis, conceituados no Capítulo 9: da operação, da empresa e da nação. A produtividade da operação é a relação entre a quantidade produzida e os recursos a ela aplicados; a da empresa é a relação entre o faturamento e os custos totais; e a da nação, a relação entre o Produto Nacional ou Interno e a população.

Redução de custos é o grande motivador da busca de maior produtividade, tanto para a operação como para toda a empresa. Sem dúvida é um forte motivo. Só ele já bastaria para justificar o enorme esforço necessário para aumentá-la.

Mas há ainda outro motivo para justificar o empenho pela produtividade alta. Como bem observou Zaccarelli (1990), a análise das empresas bem-sucedidas, notadamente as japonesas, permite concluir que há forte correlação entre produtividade e outras vantagens competitivas, aqui denominadas armas. As empresas altamente produtivas têm alta qualidade no processo, recebem insumos de boa qualidade, trabalham com estoque reduzido, possuem rapidez na manufatura, desfrutam de flexibilidade para trocar de produtos, são ágeis para lançar novos produtos. Ou seja, há forte correlação entre produtividade e competitividade.

Em outras palavras, a empresa só será competitiva em qualquer dos 15 campos identificados se possuir alta produtividade. Mesmo que aparentemente não seja muito clara a relação entre ela e o campo.

Concordamos com Vicente Falconi Campos quando afirma: "No Brasil, os ganhos de produtividade serão superiores a 100%. Estou absolutamente convencido disto baseado no que tenho observado em empresas brasileiras. No dia em que os sindicatos descobrirem essa potencialidade dos ganhos de produtividade, passarão a exigir que a administração das empresas assuma o seu papel e utilize metodologias que permitam melhorar a produtividade. Estarão assim atuando na causa (produtividade) e não no efeito (salário)".

3.7.3 Qualidade no processo

Qualidade no processo é outra arma potente, sem a qual a empresa industrial dos dias correntes terá muitas dificuldades para sobreviver.

Na evolução do conceito de qualidade ao longo do tempo é possível identificar quatro fases (Varga):

1. fase da reação – em que a qualidade só evolui em função da reclamação do cliente;
2. fase da correção – em que a qualidade depende da inspeção orientada ao produto;
3. fase da prevenção – em que a ênfase é a qualidade no processo de fabricação;
4. fase da melhoria contínua – em que a ênfase é a tecnologia em qualidade.

Edwards Deming (é mesmo impossível tratar de qualidade sem citar seu nome), em *Out of crisis*, destruiu o conceito tradicional de "custo da qualidade" demonstrando que o melhoramento contínuo da qualidade é a chave para o sucesso industrial. Mostrou a reação em cadeia, que é a essência do binômio Qualidade–Produtividade: melhorando a qualidade, consegue-se diminuir os custos (devido a menos retrabalhos, menos erros, menores atrasos e obstáculos, e melhor uso do tempo–máquina e dos insumos), o que aumenta a produtividade. Daí conquistam-se mercados, pois a qualidade é melhor e o preço menor, mantém-se no negócio e amplia-se o mercado de trabalho.

O ponto central das técnicas de controle da qualidade, conforme o exposto no Capítulo 14, reside nos gráficos de controle estatístico de processo de Shewhart, que foram disseminados pelo mundo por meio do *Quality control handbook* de Juran (1951). No Brasil, o *Curso de estatística* de Ruy Leme (1963) teve papel muito importante.

Em resumo: "É ao setor da produção, e não ao do controle da qualidade, que deve caber a responsabilidade fundamental pela qualidade dos produtos; e todos dentro da empresa, inclusive sua direção mais alta, precisam participar da melhoria da qualidade, projeto por projeto" (Schonberger).

3.7.4 Tecnologias

Grande parte das armas são armas de combate, como produtividade, qualidade no processo, Engenharia e Análise do Valor, rapidez na manufatura, agilidade para lançar novos produtos etc. Tecnologia não é arma de combate, mas sim de apoio a estas.

Referimo-nos a tecnologias, no plural, para enfatizar que são das mais diversas espécies: tecnologia de materiais, de produto, de processo, de máquinas operatrizes, de protótipo, de embalagem, de sistemas de informação, de treinamento de pessoal, de transporte, de movimentação e armazenamento de materiais, de manutenção, de marketing, de venda, de assistência técnica, de assessoramento tecnológico etc.

O objetivo aqui é apenas o de chamar a atenção sobre a importância do desenvolvimento tecnológico para a obtenção de vantagem competitiva. Pois, como diz Michael Porter: "a tecnologia desempenha um papel muito importante, alterando a estrutura do próprio ramo de negócio, criando novos ramos e até extinguindo a vantagem competitiva adquirida por empresas fortes". E nós já afirmamos que a tecnologia deixou para trás as antigas vantagens competitivas como mão de obra, matéria-prima e energia baratas (Contador, 1991b).

"O desenvolvimento tecnológico que uma empresa realiza só será convertido em vantagem competitiva: 1) se esse desenvolvimento conseguir reduzir o custo ou aumentar a diferenciação; 2) se a liderança tecnológica da empresa for sustentável; 3) se o pioneirismo tecnológico representar uma vantagem competitiva mesmo depois de desaparecer a liderança tecnológica; 4) se o desenvolvimento tecnológico aprimorar a estrutura geral do ramo de negócio, mesmo que seja copiado" (Porter, 1985).

Relativamente à área fabril, convém observar que a tecnologia só estará efetivamente absorvida pela empresa quando estiver no chão de fábrica. Antes disso, ela é etérea, está na cabeça de pessoas ou no papel. Por essa razão, é fundamental para a empresa dispor de um corpo técnico próprio e capacitado, que conheça profundamente sua realidade interna em termos de suas fraquezas, suas forças e suas potencialidades, e que tenha competência para transformar a tecnologia em realidade.

3.7.5 Estoque reduzido

A manutenção do inventário acarreta diversas despesas operacionais, como juros, espaço de armazenamento, obsolescência, movimentação de material, pessoal ligado à administração de materiais etc. Goldratt & Fox estimam essas despesas em 25% do valor do inventário para a maioria das empresas industriais norte-americanas. Portanto, a redução dos estoques diminuirá a despesa operacional.

Além desse benefício direto, a redução de estoques traz vantagens indiretas muito importantes, tais como as apresentadas por Schonberger, Contador (1991a) e Goldratt & Fox:

1. diminuir o refugo, pois o defeito é logo descoberto, ainda enquanto o processo está em operação;
2. diminuir a necessidade de horas-extras para concluir as operações finais, devido à "síndrome do final do mês", que faz com que metade da produção mensal seja expedida nos últimos dias do mês;
3. evitar a aquisição de equipamentos destinados às operações finais, devido à "síndrome do final do mês";
4. minimizar os efeitos indesejáveis das oscilações dos pedidos de clientes, pois, devido à produção mais rápida, o espaço de tempo para a introdução de uma modificação perturbadora fica diminuto;
5. aumentar a responsabilidade do operário, pois algumas peças defeituosas num lote pequeno podem parar a produção da operação seguinte;
6. motivar o operário devido à rapidez do resultado de seu esforço (princípio do reforço psicológico de Skinner);
7. diminuir a mão de obra indireta, pois reduz o volume a contar, inventariar, controlar e contabilizar;
8. diminuir a necessidade de área destinada à estocagem e de equipamentos de movimentação e armazenamento de materiais; e
9. forçar o afloramento de problemas que costumam ficar escondidos atrás de estoques excessivos.

A redução do estoque de insumos depende da política dos fornecedores. A redução do estoque de material em processo e de produtos acabados depende da própria empresa; e é função fundamentalmente da diminuição do lote de fabricação e do tempo de fabricação (*lead time*), coisas que não são fáceis, como comentado a seguir[3].

O primeiro fator, diminuição do lote de fabricação, implica o aumento do número de preparações de máquinas, o que aumenta o custo de preparação e o tempo de máquina parada à disposição da preparação, que, por sua vez, diminui a capacidade produtiva. Portanto, a redução do tamanho do lote de fabricação vai tornando-se viável à medida que se consegue ir diminuindo o tempo de preparação, o que exige muito esforço.

Entretanto, é possível parcelar o lote em sublotes, o que permite a superposição de operações: enquanto um sublote está sendo processado numa operação, outro está na operação seguinte, e outro na subsequente. Esse parcelamento não implica o aumento do número de preparações, pois, uma vez preparada, a máquina processa sem interrupção um sublote após outro até completar o lote.

O segundo fator, diminuição do tempo de fabricação ou aumento da velocidade de manufatura, é função da forma como é programada a produção, do tamanho do lote, do processo produtivo, do relacionamento com fornecedor e cliente, da eficiência dos meios de movimentação de materiais, da qualidade e da produtividade do processo. Assim como a diminuição do lote de fabricação, também não é tarefa fácil.

Diminuir estoques é muito importante e, como se vê, muito difícil também. Devido à sua importância e dificuldade, tem crescido o uso do nível de estoque como parâmetro de medida da produtividade total da fábrica. Alguns, como Goldratt & Fox, já chegam a considerar o controle do nível de estoque mais relevante do que o controle de custos, e que a "nova vantagem competitiva está no inventário baixo".

3.7.6 Pessoal capacitado e participativo

Os japoneses dizem que o importante é investir em qualidade e produtividade; mas, no fundo, o que eles fizeram foi investir nas pessoas.

Estudos comprovam que há correlação positiva muito forte entre competitividade e formação escolar do pessoal. A tabela seguinte compara o setor de informática com a indústria de transformação em relação à qualificação da força de trabalho. Enquanto na primeira, 77% do pessoal têm no mínimo o segundo grau, na indústria de transformação esse número é 40%. E ninguém discorda de que o nível de competitividade das empresas de informática é bem maior do que o das indústrias de transformação.

Qualificação da força de trabalho (%)				
Instrução	superior	1.º grau	primária	nenhuma
Empresas de informática	4,8	52,3	22,9	0,0
Indústria de transformação	4,6	35,4	48,6	11,4

A classe empresarial brasileira reconhece a importância da qualificação do pessoal, pois quase 80% dos industriais julgam a "ampliação do treinamento de recursos humanos" uma opção para adequarem suas empresas à competição decorrente da política de liberalização. É o que mostra a pesquisa Abertura Comercial e Estratégia Tecnológica: A Visão dos Líderes Industriais Brasileiros (Franco).

A empresa brasileira precisa não só de competência técnica, mas precisa também de competência gerencial. Veja a observação de Jacques Marcovitch: "As empresas que conseguem se manter competitivas nos mercados interno e externo têm em comum uma postura inovadora: são dirigidas por executivos de mentalidade expansionista e, principalmente, dispostos a correr riscos".

Quanto à administração participativa, é importante mencionar que a análise das empresas bem-sucedidas demonstra que é essencial para o sucesso haver engajamento, empenho e até comprometimento[4].

"Os empresários precisam cuidar melhor do seu pessoal, imitando ou inspirando-se, por exemplo, no modelo bem-sucedido japonês, que introduziu o conceito da empresa grande família, atuando de forma unida e responsável. Quem entende de negócios sabe que o maior ativo de uma empresa é o seu pessoal trabalhando de forma motivada e unida" (Holland).

3.7.7 Armas para competir em cada campo

O planejamento estratégico deve tomar cinco decisões fundamentais: definir a empresa que se deseja ter; selecionar os produtos com os quais a empresa irá concorrer; escolher os mercados onde irá atuar; eleger os campos da competição; e assinalar as armas a utilizar. Dessas cinco decisões, as quatro primeiras são complexas; mas a quinta é simples, pois decorre do campo eleito: para cada campo, existem algumas armas mais adequadas. Aqui reside a seletividade da nossa concepção e uma de suas grandes vantagens: as dezenas de armas disponíveis ficam reduzidas a algumas, ou seja, para a empresa tornar-se competitiva no campo escolhido, basta adquirir alta efetividade em apenas algumas armas e não em todas.

Foge do escopo deste capítulo abordar as armas necessárias a cada um dos quinze campos da competição. Entretanto, o capítulo 4 do livro *Modelo para aumentar a competitividade industrial – a transição para a gestão participativa* apresenta, discute e explica, para cada um dos campos, as armas mais adequadas.

Trabalho prático

Elabore um questionário e entreviste um dirigente de empresa, preferencialmente de empresa industrial, expondo os conceitos deste capítulo e investigando em quais campos a empresa compete, quais armas utiliza e o plano que possui para aumentar seu grau de competitividade. Apresente os resultados em forma de relatório contendo a descrição da empresa em termos de produto, mercado, quantidade de funcionários e operários, faturamento e outros aspectos importantes, e contendo ainda o questionário, o cargo ocupado pelo entrevistado e as observações e conclusões da entrevista.

Leitura recomendada

CONTADOR, J. C. *Modelo para aumentar a competitividade industrial*: a transição para a gestão participativa. São Paulo: Edgard Blücher, 1996.

PORTER, M. E. *Estratégia competitiva*. Rio de Janeiro: Campus, 1989.

Referências bibliográficas

ANSOFF, H. I. *The new corporate strategy*. New York: John Wiley & Sons, 1988.

_____. *A nova estratégia empresarial*. São Paulo: Atlas, 1990.

CAMPOS, V. F. *Gerência da qualidade total*. Belo Horizonte: Escola de Engenharia da Universidade de Minas Gerais, 1989.

CONTADOR, J. C. *Correntes filosóficas da organização racional do trabalho*. São Carlos: Escola de Engenharia da USP, 1968.

_____. *Técnicas japonesas aplicadas à realidade brasileira*. Guaratinguetá: Faculdade de Engenharia UNESP, 1991a. p. 130 (Mimeógrafo).

_____. Planejamento estratégico para a competição dos anos 90. *Revista Produção* (ABEPRO), Rio de Janeiro. v. 1, n. 2, p. 107-109, mar. 1991b.

_____. *Modelo para aumentar a competitividade industrial*: a transição para a gestão participativa. São Paulo: Edgard Blücher, 1996.

DEMING, W. E. *Out of crisis*. Cambridge: Massachusetts Institute of Technology, 1986.

FRANCO, C. Metade das indústrias crê que não pode vencer importados. *Folha de S. Paulo*, São Paulo, 17 maio 1991.

GOLDRATT, E. M.; FOX, R. E. *A corrida pela vantagem competitiva*. São Paulo: Imam, 1989.

HOLLAND, C. B. Os grandes desafios para os negócios do país na década atual. *Gazeta Mercantil*, São Paulo, nov. 1991.

JURAN, J. M. *Quality control handbook*. New York: McGraw-Hill, 1951.

LEME, R. A. S. *Curso de estatística – elementos*. Rio de Janeiro: Livro Técnico, 1963.

MENDONÇA, F. Empresas entram na era dos serviços. *Gazeta Mercantil*, São Paulo, abr. 1992.

OHMAE, K. *The borderless world*: power and strategy in the interlinked economy. New York: Harper Collins Publishers, 1990.

_____. *O mundo sem fronteiras*. São Paulo: Makron Books, 1991.

PORTER, M. E. *Competitive strategy*. NewYork: The Free Press, 1980.

_____. *Competitive advantage*. New York: The Free Press, 1985.

_____. *Estratégia competitiva*. Rio de Janeiro: Campus, 1989.

_____. *Vantagem competitiva*. Rio de Janeiro: Campus, 1989.

SCHONBERGER, R. J. *Técnicas industriais japonesas*. São Paulo: Pioneira, 1984.

VARGA, C. Produtividade na indústria. In: Instituto de Engenharia de São Paulo, ENCONTRO NACIONAL PELA MELHORIA DA PRODUTIVIDADE, Anhembi, São Paulo, ago. 1990.

WALTON, M. *O método Deming de administração*. Rio de Janeiro: Marques-Saraiva, 1989.

ZACCARELLI, S. B. *Administração estratégica da produção*. São Paulo: Atlas, 1990.

CAPÍTULO 4

GERENCIAMENTO POR PROCESSOS

Roberto Gilioli Rotondaro

O cliente vê o fornecedor como um conjunto de processos interligados, que tem como finalidade a produção de um bem ou serviço que ele necessita. As empresas por sua vez são organizadas segundo um modelo de departamentalização que tem objetivos próprios de melhoria. Essa diferença de pontos de vista tem levado muitas empresas ao insucesso. O gerenciamento por processos é uma metodologia que avalia continuamente o desempenho dos processos-chave do negócio com a visão do cliente. Há um amplo envolvimento de todos os integrantes da organização, levando a uma maior satisfação no trabalho, que por sua vez gera um produto que atende melhor às necessidades do cliente.

4.1 INTRODUÇÃO

O modelo de gerenciamento que as empresas têm utilizado para administrar seus negócios tem como base a estrutura "funcional departamentalizada" que pode ser representada conforme a Figura 1(a). Essa estrutura tem sido adotada por várias décadas nos mais diferentes ramos de negócios e apresenta algumas características que são consideradas como vantagens:

- é fácil atribuir, localizar e cobrar responsabilidades, pois a divisão de tarefas é cristalina;
- cada função tem tarefas bem definidas sobre "quem tem de fazer o que";
- o número de chefes tende a ser reduzido;
- favorece a especialização e a competência nas técnicas específicas da função; e
- as decisões são hierarquizadas.

Para administrar os papéis, até 1980, era comum a existência de um departamento de organização e métodos que, com a ajuda da informática, corria atrás dos processos tentando de todas as formas enquadrá-los numa camisa de força. Os sistemas eram elaborados por especialistas com pouca participação dos usuários, criando conflitos.

Todavia, nos anos 1990, as empresas brasileiras começaram a sofrer perdas em competitividade apesar de estarem bem organizadas conforme o modelo funcional. Os fatores que causaram essa perda de competitividade aconteceram fora da empresa, no seu mercado de atuação, a saber:

- abertura de mercados, levando a economia à globalização;
- forte tendência à normatização, tendo como base a Norma ISO 9000;
- eliminação dos mecanismos de proteção do mercado interno;
- consumidores conscientes e defendidos;
- necessidade de rapidez nas mudanças; e
- o desenvolvimento da informática.

Em consequência, três forças poderosas passaram a dominar o mercado e, portanto, as condições que determinam a produtividade e a competitividade das empresas:

- o cliente: determinando o que quer comprar, com uma autonomia crescente;
- o concorrente: elevando o padrão de concorrência do mercado; e
- a mudança: acionada pela informática, atingindo uma rapidez nunca vista.

Um exemplo é útil para ilustrar como os resultados esperados pelos gerentes são diferentes dos resultados reais, para uma empresa organizada funcionalmente e operando em um ambiente atual de mercado. A empresa "ParQual" ganhou um pedido para fornecimento de parafusos tipo ABX para uma montadora, com um prazo de entrega muito inferior ao que habitualmente estabelece. O prazo baixo foi uma cláusula importante, pois todos seus concorrentes ofereceram a mesma condição. A ordem de fabricação foi colocada no sistema com uma nota específica quanto ao prazo especial, e foi feita uma reunião a respeito com os principais gerentes. Durante o processo, verificaram-se os seguintes contratempos:

No **setor de compras**: A principal meta do setor de compras para o ano é de reduzir o custo de aquisição de matérias-primas em 25%. Para atingir essa meta, o gerente negociou algumas condições especiais de fornecimento com as empresas fornecedoras, estipulando que o prazo contratual não poderia ser alterado. Dessa forma, não foi possível adquirir as matérias-primas do pedido do parafuso ABX no tempo necessário.

No **setor industrial**: As metas anuais de maximizar a produção e reduzir custos determinaram que alguns fluxos de produção fossem estabelecidos, o que tornou o processo menos flexível a mudanças. Só é possível acelerar a produção em detrimento da qualidade.

No **setor de logística**: Os produtos, após manufatura e controle de qualidade, são enviados para um almoxarifado central, seguindo posteriormente para os clientes. Isso causa um aumento no tempo de entrega.

Resultado: O prazo não foi cumprido.

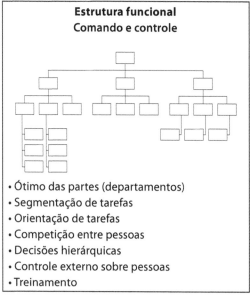

Figura 1(a)   **Figura 1(b)**

A estrutura funcional departamentalizada pode levar aos seguintes problemas:

- frequentemente a eficiência dos setores é conseguida pelo sacrifício da eficiência da empresa como um todo;
- trabalhos que requerem a cooperação e coordenação de diferentes departamentos dentro de uma empresa são frequentemente fonte de problemas;
- mesmo quando um trabalho tem impacto significativo no resultado da empresa, não existe um responsável direto por ele, pois a hierarquia deve ser obedecida;
- apelar para a qualidade na estrutura funcional pode frequentemente não dar certo. Se todos fizerem suas tarefas com qualidade, ainda assim haverá muitas tarefas a serem feitas, o que irá gerar um fluxo complexo, lento e propício ao erro.

Organizar uma empresa em torno de funções, trabalhos em torno de tarefas, num mundo competitivo como o atual não é mais adequado[1].

Para conseguir as melhorias de 50% a 100% que Davemport[2] indica como necessárias para a sobrevivência das empresas, é necessário que as atividades empresariais sejam vistas não em termos de funções, departamentos ou produtos, mas em termos de processos-chave.

4.2 DEFININDO PROCESSOS

Processo é:

- uma sequência organizada de atividades, que transforma as entradas dos fornecedores em saídas para os clientes, com um valor agregado gerado pela unidade; e
- um conjunto de causas que gera um ou mais efeitos.

A geração de um produto ou serviço para um cliente é realizada pela cadeia de um ou mais processos interligados. Existe toda uma relação de clientes e fornecedores internos, mas o objetivo final é a produção do produto ou serviço para o cliente final. Toda análise e decisão dos problemas que ocorrerem nas interfaces cliente–fornecedor interno devem ser resolvidas com a visão do cliente final.

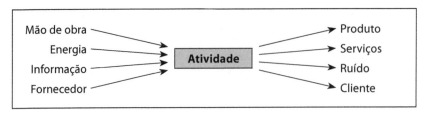

Figura 2 Visão esquemática de um processo.

4.3 CONCEITOS APLICADOS NA ANÁLISE DOS PROCESSOS

Como a perspectiva de um processo implica uma visão horizontal do negócio, que envolve toda a organização, começando nos insumos e terminando no uso dos produtos ou serviços pelo cliente, todo processo projetado corretamente tem a voz e a perspectiva do cliente perfeitamente embutidas em todas as fases de execução.

Dessa forma, a seleção dos processos a serem analisados deve seguir as etapas:

- utilizar a visão do cliente, partindo de objetivos estratégicos de referência: missão da empresa, plano estratégico, cenários;

- identificar os fatores-chave que permitem a realização dos objetivos (visão interna): a partir do fluxograma geral, determinar os fatores importantes para a realização do objetivo; e

- selecionar os processos prioritários, sempre com a visão do cliente final.

Após a seleção do processo, a análise para a mudança pode ocorrer de muitas maneiras, dependendo da empresa ou do negócio que se pretende melhorar. Todavia, algumas características são comuns a esse tipo de trabalho[3]:

- combinar tarefas: uma pessoa cuida de vários passos do processo;

- o operador toma decisões: não necessita consultar seu chefe hierárquico;

- os passos do processo devem ser efetuados na ordem natural – as funções não são rígidas;

- processos com muitas versões: as exigências dos clientes determinam a necessidade de flexibilidade na forma de realizar o processo;

- reduzir controles e inspeções: controles não adicionam valor para o cliente final, todavia podem reduzir o sacrifício da organização e do cliente;

- operações podem ser centralizadas ou descentralizadas: conforme a tarefa a ser realizada, é possível trabalhar de formas diferentes;

- indicadores são estabelecidos: medir os resultados das atividades de melhoria é fundamental para o êxito; os indicadores de eficácia mostram como as necessidades do cliente são atendidas e os indicadores de eficiência mostram como o processo está sendo realizado;

- fixar a melhoria e a tecnologia: a formatização e a alteração dos procedimentos efetuadas sempre que ocorrerem as modificações;

- melhoria contínua: o processo nunca termina; as melhorias de ruptura provenientes de melhorias no processo devem ser combinadas com as melhorias contínuas provenientes de uma *Kaizen* (ver Figura 3); e

- utilizar as ferramentas da informática observando algumas regras[4].

A informática é a ferramenta essencial para a viabilização de um gerenciamento por processos que dá certo. Todavia, a pergunta que o gerente deve fazer para si mesmo é: "Como posso utilizar essa tecnologia de modo a poder fazer coisas que não estou fazendo agora?" Para responder a essa pergunta é necessário, primeiro, considerar algumas das possibilidades que a tecnologia da informação nos traz:

1. a informação pode aparecer simultaneamente em quase todos os lugares em que você precisar dela;

2. um generalista faz o trabalho de um especialista;

3. com a disponibilização da informação, a decisão pode ser tomada em níveis hierárquicos mais baixos;

4. o contato com o cliente torna-se mais ágil, podendo deixar de ser feito diretamente por pessoas;

5. as coisas mostram a você onde elas estão; e

6. planos são revisados instantaneamente.

Todavia é bom lembrar que a informática não resolve todos os problemas. O gerenciamento e as pessoas compõem os elementos básicos.

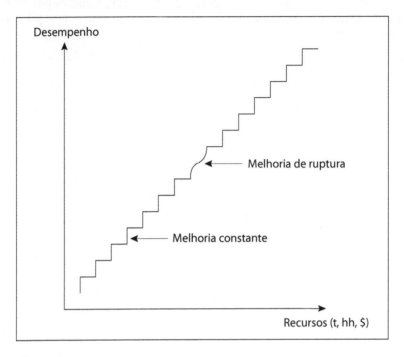

Figura 3

4.4 METODOLOGIA OPERACIONAL DE GERENCIAMENTO POR PROCESSOS

1. Identificação do processo

    - Baseado na estratégia da empresa e nas necessidades do cliente, identifique o processo a ser melhorado.

    Defina o processo com uma frase simples: verbo + objeto.
    Exemplos: compra de insumos; emissão de notas fiscais; usinagem de eixos.

2. Definição do responsável pelo processo

    - Estabeleça responsabilidade pela análise e melhoria do processo.
    - Estabeleça uma equipe, quando necessário.

    Exemplo: equipes multifuncionais.

3. Definição das fronteiras do processo

    - Defina os fornecedores: materiais, informações, serviços, energia, mão de obra.
    - Defina os clientes: produtos e serviços gerados para quem?

4. Desenho do fluxograma do processo

    - Identifique cada subprocesso ou células, definindo as fronteiras entre cliente e fornecedor.

5. Estabelecimento de indicadores
    - Indicadores de eficácia: Quais os valores e sacrifícios para o cliente?
    - Indicadores de eficiência: Quais parâmetros das atividades são importantes?
6. Análise das células unitárias
    - A atividade da célula acrescenta valor para o cliente final? Reduz o sacrifício do cliente final?
    Se a resposta for não, a atividade deve ser suprimida.
    - As informações podem vir a ser disponíveis?
    - As decisões podem ser tomadas em níveis mais baixos?
    Realizar a atividade em nível mais baixo.
    Realizar a atividade no passo seguinte.
    - A atividade pode ser realizada simultaneamente com outras atividades?
    Trabalhar as atividades em paralelo.
7. Verificação dos indicadores
    - Após a implantação das modificações, verifique se os indicadores mostram que o resultado do processo melhorou para a empresa e para o cliente.
8. Normatização
    - Fixe as modificações alterando os procedimentos ou estabelecendo novos procedimentos.
9. Melhoria constante
    - Analise novamente o processo.
    - Estabeleça na empresa uma filosofia *Kaizen*.

Existe uma lógica no gerenciamento por processos que aponta para uma interação entre pessoas, tecnologia e estratégia. Pessoas trabalhando em equipes com autonomia de decisão, liderando processos. Uma tecnologia de informação adequada. Uma estratégia que una o valor entregue aos cliente, a satisfação das pessoas e a remuneração do capital (ver Figura 4).

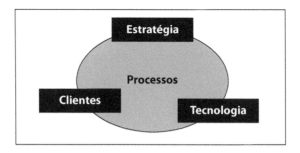

Figura 4

Questões para reflexão

1. A empresa que adota o "gerenciamento funcional" tem menores possibilidades de competir no mercado hoje?

2. O conceito de "processo" pode ser aplicado para qualquer tipo de atividade industrial?

3. Toda atividade que não gera valor para o cliente final deve ser eliminada? Como considerar o sacrifício que essa eliminação acarreta para o cliente?

4. A adoção de conceito de "melhoria constante", por si só, não é suficiente para o aumento da competitividade da empresa? Como a melhoria de ruptura atua nesse caso?

5. A adoção do gerenciamento por processos pela empresa proporciona a seus colaboradores maior satisfação no trabalho?

Referências bibliograáficas

CARR, D. K. et al. *Redesenhando o processo de negócio*: ponto de ruptura. Rio de Janeiro: Qualitymark, 1994.

GITLOW, H. S. *Planejando a qualidade e a produtividade*. Rio de Janeiro: Qualitymark, 1993.

GONÇALVES, J. E. L.; DREYFUSS, C. *Reengenharia da empresa*: passando a limpo. São Paulo: Atlas, 1995.

HAMMER, M.; CHAMPY, J. *Reengenharia*: revolucionando a empresa em função dos clientes, da concorrência e da grandes mudanças da gerência. Rio de Janeiro: Campus, 1994.

HARRINGTON, H. J. *Business process improvement*: the breakthrough strategy for total quality, productivity and competitiveness. New York: Mc Graw-Hill, 1991.

MELAN, E. *Process management*: methods for improving products and service. New York: McGraw-Hill, 1993.

SLATER, R. *Integrated process management*: a quality model. New York: McGraw-Hill, 1991.

CAPÍTULO 5

ENGENHARIA ECONÔMICA

Claus Leon Warschauer

5.1 MATEMÁTICA FINANCEIRA

Inicialmente, apresentaremos os elementos principais da matemática financeira. Após a exposição da matemática financeira, incluímos dois tópicos de fundamental importância para a Engenharia de Produção: o da depreciação de equipamentos e o de sua substituição.

5.1.1 Juros – definição

Chama-se juro o pagamento devido pela utilização de um capital (o "aluguel" do capital). Sejam:

C = o capital empregado, também chamado "principal"; ($PV = present\ value$)

i = taxa de juro, expressa em decimal, como porcentagem do capital por unidade de tempo (12% = 0,12);

t = tempo durante o qual o capital ficará empregado;

n = o número de períodos de tempo em que o capital ficará empregado;

M = o montante, que é a soma do capital mais o juro ($FV = future\ value$)

5.1.2 Juros simples e juros compostos

O juro é chamado simples quando ao fim de cada período é calculado apenas sobre o capital.

O juro é chamado composto quando ao fim de cada período é calculado sobre o capital mais o juro devido pelos períodos anteriores, isto é, o juro é calculado sobre o montante do período anterior.

5.1.3 Cálculo dos juros

a) Juro simples $\quad J = Cit$
   Montante com juros simples $\quad M = C + J = C(1 + it)$

b) Juro Composto:
   após o 1º período: $\quad M_1 = C(1 + i)$
   após o 2º período: $\quad M_2 = M_1(1 + i) = C(1 + i)^2$
   após o n-ésimo período: $\quad M_n = C(1 + i)^n$ ou $FV = PV(1 + i)^n$

onde n é número de períodos de capitalização durante o tempo considerado. Observar que a taxa i deve estar na mesma unidade que n (% ao mês e meses, ou % ao ano e anos etc.)

5.1.4 Exemplo

Calcular o montante de um capital de 50.000, aplicado a 12% ao ano, durante 3 anos, aplicando:

1. juro simples;
2. juros compostos, capitalizados anualmente;
3. juros compostos, capitalizados mensalmente;
4. juros compostos, capitalizados diariamente.

Solução:

1. juros simples	$M = 50.000 \times (1 + 0{,}12 \times 3)$	$= 68.000{,}00$
2. juros compostos, capitalização anual	$M = 50.000 \times (1 + 0{,}12)^3$	$= 70.246{,}40$
3. juros compostos, capitalização mensal	$M = 50.000 \times (1 + 0{,}01)^{36}$	$= 71.538{,}44$
4. juros compostos, capitalização diária	$M = 50.000 \times (1 + 0{,}12/360)^{360 \times 3}$	$= 71.662{,}17$

Nota: Essa transformação da taxa anual em taxa mensal ou diária é chamada "transformação linear" e é a mais usada.

5.1.5 Juro contínuo ou capitalização instantânea

Se houver k capitalizações por ano, temos:

$$M = C(i + i/k)^{nk}$$

onde

n = número de anos
i = taxa anual
k = número de capitalizações por ano: $k = 1$, capitalização anual
$k = 12$, capitalização mensal
$k = 360$, capitalização diária

Nota-se, portanto, que o valor do montante depende não só do capital, da taxa de juros e do tempo, mas também do período de capitalização (número de vezes que o montante é capitalizado por ano).

Obteremos a capitalização instantânea calculando o limite de M para $k \to \infty$.

$$\lim_{k \to \infty} M = \lim_{k \to \infty} C(1 + i/k)^{nk} = Ce^{in}$$

onde $e = 2{,}71828$ base dos logaritmos neperianos.

5.1.6 Taxa de juro nominal e efetiva

Quando o período de capitalização é diferente de um ano, a taxa de juro é dita nominal. A taxa de juro efetiva é a taxa que produz o mesmo juro se a capitalização for anual.

Exemplo: 100.000 aplicados à taxa de 12% ao ano (nominal), capitalizados mensalmente produzem:

$$100.000 \, (1 + 0{,}12/12)^{12} = 112.682$$

A taxa efetiva é, portanto, 12,682% a.a.

5.1.7 Cálculo do montante para a fração de período

Antes do advento das calculadoras financeiras, calculava-se o montante correspondente ao número inteiro de períodos e, a seguir, somava-se o juro simples correspondente à fração de período restante, juro este calculado sobre o montante (essa é a prática comercial americana, incorporada na máquina HP-12C, com o **c** ("cezinho") desligado).

O juro calculado por esse procedimento, que chamaremos de "juro misto", favorece o "banqueiro".

Exemplo: Calcular o montante de R$ 6.200 em 5 anos e 8 meses, a 5% a.a., capitalizado semestralmente.

Solução: Nesse caso há 11 períodos de capitalização e mais 2 meses. Portanto temos:

$$11 \text{ semestres: } M_{11} = 6.200 \times (1 + 0{,}05/2)^{11} = 8.134{,}94$$
$$2 \text{ meses: } j = (8.134{,}94 \times 0{,}05/12) \times 2 = 67{,}79$$
$$\text{Total: } \dots\dots\dots\dots\dots\dots\dots\dots\dots = 8.202{,}73$$

Enquanto o valor total "correto" seria: $M = 6.200 \times (1 + 0{,}025)^{11{,}333} = 8.202{,}17$

5.1.8 Exercícios

1. Calcule o montante de um capital de 50.000 aplicado durante 3 anos à taxa de 12% ao ano capitalizado continuamente.

   Solução: $M = 50.000 \times e^{0{,}12 \times 3} = 71.666{,}45$

   Compare com os resultados numéricos obtidos no exemplo visto em 5.1.4, em que calculamos o mesmo montante a juros simples, e a juros compostos com capitalização anual, mensal e diária.

2. Qual a taxa de capitalização contínua que é equivalente à taxa nominal de 6% ao ano?

   Solução: Duas taxas são ditas equivalentes quando, sendo aplicadas sobre o mesmo capital durante o mesmo período de tempo, produzem o mesmo montante.

   Seja r a taxa contínua procurada:

   $C(1 + i)^n = Ce^{rn} \therefore 1 + i = e^r$
   $\therefore r = \log_e (1 + i) = \log_e 1{,}06 = 0{,}05827$
   $r = 5{,}827\%$ a.a.

5.1.9 Valor datado, equivalência de dois valores datados

Valor datado ou capital datado é um valor associado a uma data (data do seu vencimento, aplicação ou efetivação). A rigor, todos os valores devem ser datados. Não há sentido em especificar um valor, sem especificar a data em que é devido.

Vários capitais são ditos equivalentes quando os seus valores, transferidos para a mesma data, com uma mesma taxa e mesmo período de capitalização, são iguais. Assim, os valores datados: 50.000 em 10/3/66 e 70.246,40 em 10/3/69 são equivalentes à taxa anual de 12%, juro composto capitalizado anualmente (ver exemplo em 5.1.4).

5.1.10 Propriedade fundamental da equivalência entre capitais

Teorema: A equivalência entre capitais (aplicados a juro composto e com o mesmo período de capitalização) goza da propriedade transitiva.

Hipótese: O capital A (data n_1) é equivalente ao capital B (data n_2) e B é equivalente a C (data n_3).

```
       n₁          n₂                    n₃
       ├───────────┼─────────────────────┤
       A           B                     C
```

Tese: A é equivalente a C.

Demonstração: Com efeito, se A é equivalente a B, por definição teremos:

$$B = A(1 + i)^{n_2 - n_1} \quad (1)$$

Analogamente, se B é equivalente a C, teremos

$$C = B(1 + i)^{n_3 - n_2} \quad (2)$$

e substituindo em (2) o valor B obtido em (1), obtemos:

$$C = A(1 + i)^{n_3 - n_2 + n_2 - n_1} = A(1 + i)^{n_3 - n_1}$$

e essa última igualdade indica que A é equivalente a C (c.q.d).

Essa propriedade não se verifica quando o cálculo é feito com juros simples, como se poderá verificar facilmente.

5.1.11 Capitalização

Capitalização é o montante de uma série de n pagamentos periódicos, de igual valor (R). Admitindo que cada pagamento é feito no fim do respectivo período, para calcular o valor desse montante, transportaremos os valores de cada pagamento para o fim do último período. O montante será a soma assim obtida:

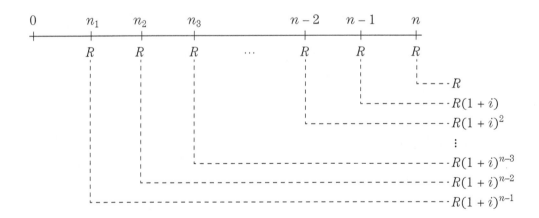

$$FV = M = R + R(1 + i) + R(1 + i)^2 + \cdots + R(1 + i)^{n-1} \quad (3)$$

O montante é, portanto, a soma dos n termos de uma progressão geométrica, cujo primeiro termo é R e cuja razão é $(1 + i)$. Aplicando a fórmula da soma dos termos de uma P.G. obtemos:

$$FV = M = R \frac{(1+i)^n - 1}{i} \quad (4)$$

Alguns autores chamam de FAC (Fator de Acumulação de Capital) a expressão $[(1 + i)^n - 1]/i$, cujos valores estão tabelados em alguns livros de matemática financeira.

5.1.12 Amortização – Tabela Price

É o valor atual C ou PV de uma série de n pagamentos périódicos de valor igual a R, pagos no final de cada período.

Para calcular esse valor, basta transportar para a data inicial o valor de M ou FV anteriormente obtido em (4), dividindo-o por $(1 + i)^n$, obtendo-se C ou PV:

$$C = PV = R\frac{i(1+i)^n - 1}{i(1+i)^n} \tag{5}$$

A expressão $[(1 + i)^n - 1]/i(1 + i)^n$ é usualmente denominada FVA (Fator de Valor Atual), e seus valores também se encontram tabelados.

É comum dizer-se que uma série de pagamentos periódicos iguais "amortiza" uma dívida cujo valor atual (no início do 1º período) é PV; e que uma série de pagamentos periódicos iguais é "capitalizada" formando o valor FV (no fim do último período).

A tabela dos valores $(1 + i)^n i/[(1 + i)^n - 1]$ tomou o nome de *Tabela Price* e é muito usada para o cálculo do valor da prestação R ou PMT (*Payment*) que amortiza uma dívida cujo valor inicial é PV. Basta multiplicar o valor da dívida, PV, a ser amortizado, por $i(1 + i)^n/[(1 + i)^n - 1]$ para obter o valor de cada prestação periódica.

5.1.13 Exercícios

1. Calcule o valor da prestação periódica que amortiza uma dívida de 1.000 em 5 pagamentos anuais, à taxa de 10% a.a. Calcule também, para cada ano, o valor da dívida remanescente, os juros pagos no ano e a amortização da dívida naquele ano.

   Solução:

   $R = 1.000 \times 0,1 \times (1 + 0,10)^5 \div [(1 + 0,10)^5 - 1] = 263,8$ ou aproximadamente 264.

Ano	A Dívida no início	B = Ai Juro	C Prestação	D = C - B Amortização	E = A - D Dívida no fim
1	1.000	100	264	164	863
2	836	84	264	180	656
3	656	66	264	198	458
4	458	46	264	218	218
5	240	24	264	240	240
		320	1.320	1.000	–

Verificamos pois que a dívida será amortizada por 5 parcelas iguais de 264. Cada parcela se decompõe em duas partes desiguais, que variam de ano para ano: uma parte corresponde ao juro sobre o saldo devedor existente no ano considerado e a outra à "amortização" propriamente dita da dívida.

2. Deseja-se vender um terreno por 10.000 à vista ou por y a prazo, sendo 40% de entrada e os restantes 60% em 24 prestações mensais calculadas à taxa de 1% ao mês. Qual o valor de y, considerando que se deseja uma remuneração de 5% ao mês para fazer face aos juros e à inflação?

Solução:

Será recebido $0,4\,y$ de entrada e $0,6\,y$ em prestações calculadas, levando em conta a taxa de 1% ao mês. O valor de cada uma dessas 24 prestações será:

$$R = 0,6y \times [0,01(1 + 0,01)^{24}] \div [(1 + 0,01)^{24} - 1] = 0,6y \times 0,04707$$

O valor presente de todas as prestações, levando em conta a taxa de 5% ao mês, desejada pelo empresário, é:

$$PV = R\,[(1 + 0,05)^{24} - 1] \div [0,05(1 + 0,05)^{24}] = R \times 13,799$$

$$10.000 = 0,4y + 0,6y \times 0,04747 \times 13,799$$

$$10.000 = 0,4y + 0,38971y = 0,78971y \therefore y = 10.000 \div 0,7891 \therefore y = 12.662,85,$$

isto é, o preço do terreno a prazo é 12.662,85.

Verificação:

Entrada: $0,4 \times 12.662,85 = 5.065,14$

Cada prestação mensal: $0,6 \times 12.662,85 \times 0,04707 = 357,62$

Valor atual das 24 prestações (à taxa de 5%/mês): $357,62 \times 13,799 = 4.934,86$

Entrada + (valor atual das 24 prestações): $5.065,14 + 4.934,86 = 10.000,00$

5.1.14 Valor presente de um título da dívida pública

Valor presente de um título da dívida pública, cujo valor nominal é N, tempo de maturação t anos, e que paga anualmente juro j% sobre o valor nominal. Consideremos a taxa de juros do mercado como sendo igual a i.

O valor presente da importância N que será paga em t anos, considerando a taxa de mercado i é:

$$C_1 = \frac{N}{(1+i)^n}$$

A cada ano, o título paga uma renda igual a Nj. O valor presente desses pagamentos periódicos é:

$$C_2 = Nj\frac{(1+i)^n - 1}{i(1+i)^n}$$

Logo o valor atual do título é

$$C = \frac{N}{(1+i)^n} + Nj\frac{(1+i)^n - 1}{i(1+i)^n}$$

Nota: O valor da taxa de mercado i depende da oferta e procura de capitais e do risco envolvido no empreendimento, podendo englobar ou não, conforme o caso, a taxa de inflação. A escolha criteriosa da taxa é muito importante para que tenha sentido qualquer fórmula apresentada.

5.1.15 Valor presente de uma série infinita de pagamentos iguais a R

$$PV = R\frac{(1+i)^n - 1}{i(1+i)^n}$$

Dividindo numerador e denominador por $(1+i)^n$ e passando ao limite para $n \to \infty$

$$C = \lim_{n\to\infty} R\frac{1-(1+i)^n}{i} = \frac{R}{i}$$

Exemplo: O valor presente de uma série infinita de pagamentos mensais iguais a 5.000, considerando a taxa de mercado de 1% ao mês é:

$$5.000 \div 0,01 = 500.000$$

5.1.16 Taxa de juros e inflação

Se a taxa de juros real que se deseja for i e a taxa de inflação no período for I, um capital C deverá ser multiplicado por $(1+I)^n$ para conservar estritamente o seu valor, e por $(1+i)^n$ para render juros; portanto

$$M = C(1+I)^n (1+i)^n$$

Exemplo: Se $I = 5\%$ ao mês e $i = 1\%$ ao mês, a taxa total será:

$$(1 + 0,05) \times (1 + 0,01) = 1,0605$$

isto é, 6,05% ao mês (e não apenas 6%).

5.1.17 Exercícios

1. Uma empresa deve pagar 8.000 no fim de 8 anos, já estando incluídos os juros de 6% a.a., e 15.000 no fim de 6 anos, já incluídos os juros de 4% a.a. Qual o débito hoje? Quanto deve depositar em um banco que paga 7% a.a. para saldar seu débito em 3 anos?

   Solução:

   Débito hoje: $8.000 \times (1 + 0,06)^{-8}$ = 5.019
   $15.000 \times (1 + 0,06)^{-6}$ = 11.854

   Resposta 1:   O débito hoje é de = 16.873

   Débito daqui a três anos: $8.000 \times (1 + 0,06)^{-5}$ = 5.978
   $15.000 \times (1 + 0,04)^{-3}$ = 13.335
   Valor total do débito daqui a três anos = 19.313

   Resposta 2:   Deve depositar hoje $19.313 \div (1 + 0,07)^{-3}$ = 15.765

2. Qual a indenização devida a um acidentado de 35 anos de idade, prevendo-se que teria ainda 15 anos de vida, com os seguintes rendimentos (usar $i = 12\%$ a.a.):

   1 a 5 anos: 11.000 por ano
   6 a 10 anos: 9.000 por ano
   11 a 15 anos: 7.000 por ano

Solução: Transportando as 3 séries de 5 pagamentos para a data inicial, temos:

$$x = 11.000 \times [(1,12)^5 - 1] \div [0,12 \times (1,12)^5] +$$
$$+ 9.000 \times \{[(1,12)^5 - 1] \div [0,12 \times (1,12)^5]\} \div (1,12)^5 +$$
$$+ 7.000 \times \{[(1,12)^5 - 1] \div [0,12 \times (1,12)^5]\} \div (1,12)^{10}$$

Resposta: O valor da indenização devida é 66.180,05.

5.1.18 Cálculo aproximado das prestações periódicas

Em vez de usar a fórmula exata, apresentada em 5.1.12:

$$R = Ci \frac{(1+i)^n}{(1+i)^n - 1}$$

pode-se fazer o seguinte cálculo aproximado: a prestação deve compor-se de duas parcelas

a) a amortização propriamente dita do capital: C/n

b) o juro sobre a dívida média. Essa dívida, no início do primeiro período é C e no último período é C/n. Seu valor médio será $1/2(C + C/n)$, e o juro sobre esse valor médio será $1/2\, i(C + C/n) = 1/2\, Ci(n + 1)/n$.

O valor aproximado da prestação periódica será, portanto:

$$R' = \frac{C}{n} + \frac{Ci(n+1)}{2n} = 200 + 72 = 272 \quad \binom{\text{em vez do valor}}{\text{correto, 263,8}}$$

5.2 CRITÉRIOS PARA DECISÃO ENTRE ALTERNATIVAS

Chama-se Projeto de Investimento, a aplicação de uma ou mais parcelas de capital, visando um retorno (maior) em uma ou mais parcelas futuras.

Chama-se Projeto de Financiamento, a captação de uma ou mais parcelas de capital, visando o seu pagamento (menor) em uma ou mais parcelas futuras.

É claro que o mesmo projeto é de investimento para quem aplica ou empresta o capital e de financiamento para quem toma emprestado esse capital.

Os projetos de investimento ou de financiamento são chamados "convencionais", quando em seu fluxo de caixa ocorre apenas uma mudança de sinal. Estes têm uma e só uma taxa interna de retorno (IRR) real e positiva.

Os projetos "não convencionais" são os projetos cujo fluxo de caixa tem duas ou mais mudanças de sinal. Esses projetos podem ter mais de uma taxa interna de retorno, real e positiva.

Os três métodos clássicos para avaliação de projetos são:

1. o Método do Valor Presente (lucro ou custo) (*PV*)
2. o Método do Lucro Anual ou do Custo Anual Equivalente (PMT) (*Payment*)
3. o Método da Taxa Interna de Rendimentos (IRR)

5.2.1 Método do valor presente (PV)

O Método do Valor Presente transporta todas as receitas (+) e todos os custos (−) para a data zero. Esse transporte é feito com a "taxa de mercado" ou a "taxa mínima de atratividade". A taxa mínima de atratividade é a taxa com que pode ser aplicado o capital se o projeto de investimento não for realizado, e a taxa de mercado é o custo do capital para obter o financiamento.

Se os recebimentos ou os custos forem $C_{F0}, C_{F1}, C_{F2} \ldots C_{Fn}$, nas datas 0, 1, 2, ... n, o valor presente será

$$PV = C_{F0} + C_{F1}/(1 + i) + C_{F2}/(1 + i)^2 + \ldots + C_{F0}/(1 + i)^n$$

Para efetuar essa somatória devemos estabelecer uma convenção de sinais. Se atribuirmos o sinal (+) para os recebimentos (entradas) em caixa e (–) para os pagamentos (saídas de caixa), e se o *PV* resultar positivo, o valor presente dos recebimentos é maior que o valor presente dos pagamentos, para a taxa de mercado adotada. É lucro para o investidor. Para o tomador do financiamento, o *PV* pode ser negativo, isto é, um custo que ele espera suplantar com os lucros obtidos em outras receitas produzidas pelo projeto.

5.2.2 Método do lucro anual ou do custo anual equivalente (PMT)

O Método do Lucro Anual ou Custo Anual Equivalente (PMT) transforma todos os pagamentos e recebimentos de capital em uma série de pagamentos iguais equivalentes, adotando uma determinada taxa de mercado e uma determinada convenção de sinais. Se a série for positiva, o projeto apresenta lucro. Se a série for negativa, o projeto apresenta um custo.

Na avaliação de Projetos de Investimentos pelos dois métodos acima, o valor presente ou a série de pagamentos periódicos deve ser positivo (lucro) com a taxa de mercado adotada, para que o projeto seja considerado vantajoso. Se houver comparação de vários projetos, o melhor será o que apresentar maior valor positivo (maior lucro).

Esses mesmos projetos, do ponto de vista do tomador de empréstimo, são projetos de financiamento e darão valor presente – ou série de pagamentos – negativo (custo). Para que sejam vantajosos do ponto de vista do tomador do empréstimo, esses pagamentos (custos) somados com as receitas previstas pelo projeto (trazidas para valor presente ou transformadas em série de pagamentos periódicos iguais) devem dar valores positivos (lucro) com a taxa de mercado adotada. Se houver várias alternativas, será mais vantajosa aquela que der maior lucro (em valor presente ou em série de pagamentos periódicos iguais).

5.2.3 Método da taxa interna de rendimento (IRR)

O Método da Taxa Interna de Rendimento TIR ou IRR (Taxa Interna de Retorno ou *Internal Rate of Return*), quando aplicado corretamente a projetos convencionais de investimento ou financiamento, calcula a taxa de juros que torna iguais a soma dos valores presentes de todas as entradas e a soma dos valores presentes de todas as saídas (ou torna nulo o valor presente de todas as entradas consideradas positivas, somadas com os valores presentes de todas as saídas consideradas negativas).

O projeto é considerado vantajoso quando essa taxa é maior que a taxa de juros do mercado (caso contrário, é melhor não executar o projeto e aplicar o dinheiro no mercado). Havendo vários projetos, geralmente o melhor é considerado aquele que apresenta a maior taxa interna.

Em caso de várias alternativas mutuamente exclusivas, nem sempre a melhor alternativa é a que apresenta a maior taxa interna de retorno, conforme veremos adiante (um carrinho de pipoca poderá ter alta rentabilidade em relação ao pequeno capital empatado, mas um caminhão, mesmo tendo menor rentabilidade em relação ao capital empatado, pode ser preferível por dar maior lucro).

5.2.4 Exemplo de aplicação dos três métodos

Comparar pelos três métodos os projetos A e B (todos os valores são em R$) usando sucessivamente as taxas de mercado 8% a.a., 12% a.a. e 16% a.a.

Projeto	Investimento	Renda anual	Vida	Valor residual	IRR
A	100	20	10 anos	0	15,1% a.a.
B	160	30	20 anos	0	13,43% a.a.

a) Método da Taxa Interna (IRR – *Internal Rate of Return*)

Os IRR são obtidos calculando-se os valores de i que satisfazem, as equações:

$$20 = 100[i(1+i)^{10}] \div [(1+i)^{10} - 1] \quad \text{(Projeto A)}$$
$$30 = 160[i(1+i)^{10}] \div [(1+i)^{10} - 1] \quad \text{(Projeto B)}$$

b) Método do Valor Presente dos Projetos A e B em função da taxa de mercado

Os valores presentes são obtidos das equações:

$$VP_{(A)} = 20[(1+i)^{10} - 1]/i(1+i)^{10} - 100 \quad \text{(Projeto A)}$$
$$VP_{(B)} = 30[(1+i)^{10} - 1]/i(1+i)^{10} - 160 \quad \text{(Projeto B)}$$

	$VP_{(A)}$	$VP_{(B)}$
8%	R$ 34,20	R$ 41,30
10%	R$ 22,89	R$ 24,34
12%	R$ 13,00	R$ 9,51
14%	R$ 4,32	R$ (3,52)
16%	R$ (3,34)	R$ (15,00)

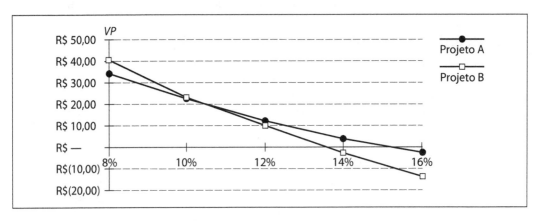

c) Método do Lucro Anual

Os lucros anuais são obtidos das equações:

$$L_A = 20 - 100\, i(1+i)^{10}/[(1+i)^{10} - 1] \quad \text{(Projeto A)}$$
$$L_B = 30 - 160\, i(1+i)^{10}/[(1+i)^{10} - 1] \quad \text{(Projeto B)}$$

	L_A	L_B		L_A	L_B
8%	R$ 5,10	R$ 6,16	13%	R$ 1,57	R$ 0,51
9%	R$ 4,42	R$ 5,07	14%	R$ 0,83	R$ (0,67)
10%	R$ 3,73	R$ 3,96	15%	R$ 0,07	R$ (1,88)
11%	R$ 3,02	R$ 2,83	16%	R$ (0,69)	R$ (3,10)
12%	R$ 2,50	R$ 1,68			

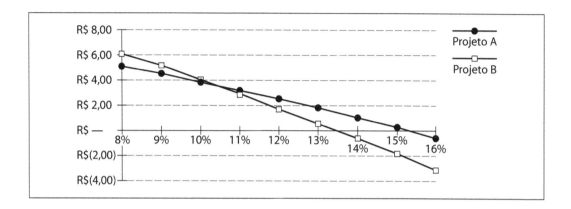

Verifica-se, portanto, que os lucros anuais diminuem com o aumento da taxa de mercado (custo de capital).

5.3 DEPRECIAÇÃO

5.3.1 Conceitos

Depreciação é a perda de valor de um equipamento devido a: desgaste, obsolescência ou inadequação.

A empresa recebe matéria-prima, mão de obra e equipamento (entradas) e fornece produtos (saídas).

Há algumas entradas que estão diretamente relacionadas com certas saídas (custos diretos) como matéria-prima, mão de obra direta etc.

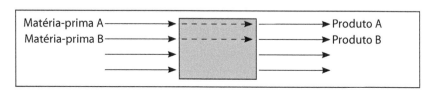

Há outras entradas que se distribuem pelos diversos produtos (custos indiretos), como mão de obra indireta, impostos, despesas gerais etc. Seu rateio é feito pela contabilidade de custos.

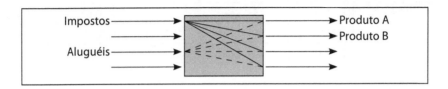

Há ainda outra classe de entradas que devem ser distribuídas em saídas que vão ocorrendo durante vários períodos posteriores.

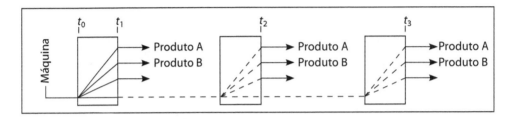

Os equipamentos se enquadram nessa classe. A distribuição da entrada de equipamento, nas diversas saídas (produtos), ao longo do tempo, é feita pela "depreciação". Não há nenhuma fórmula exata para o cálculo da depreciação. Há diversos critérios, todos eles mais ou menos justificáveis, mas arbitrários.

5.3.2 Causas da depreciação

Perda de valor decorrente de:

Desgaste: provocado pelo uso do equipamento, decréscimo da vida útil.

Obsolescência: aparecimento de técnicas novas

Inadequação: aparecimento de produtos novos, ou perda de mercado do produto fabricado pelo equipamento.

5.3.3 Necessidade de estudo da depreciação

O estudo da depreciação é necessário para:

a) cálculo do custo da produção, para auxiliar na fixação do preço de venda e para efeito de apuração do lucro real da empresa;

b) cálculo do custo da produção para efeito fiscal: imposto de renda;

c) planejamento financeiro: criação de fundo de reserva para cobrir a reposição;

d) avaliação do valor atual de equipamento em cada instante, que poderá ser utilizado para efeito de seguro, de fixação do valor em caso de venda, ou fusão da empresa com outras, inventário para efeito de herança etc.

Atualmente, o imposto de renda aceita depreciação de 10% ao ano sobre os equipamentos fixos e de 20% ao ano sobre equipamentos móveis (automóveis, caminhões, tratores etc.).[1]

5.3.4 Exemplos de cálculo de depreciação

Sejam $V_0 = 100$, vida útil = 5 anos e valor residual = 20.

Com esses dados, calculemos a depreciação e o valor do equipamento em cada ano, por vários métodos:

1. Pelo **método linear**, a depreciação anual será

$$D = (V_0 - V_n)/n = (100 - 20)/5 = 16$$

e os valores anuais resultantes serão: 100; 84; 68; 52; 36; 20.

2. Pelo **método exponencial**, a fórmula:

$$V_j = V_0(1-a)^j$$

dá o valor do equipamento no ano j. No 5.º ano teremos:

$$20 = 100\,(1-a)^5,$$

o que permite calcular o valor de $(1-a)$:

$$1 - a = \sqrt[n]{\frac{V_n}{V_0}} = \sqrt[5]{\frac{20}{100}} = 0{,}72478$$

e os valores anuais V_j serão: 100; 72,48; 52,53; 38,07; 27,59; 20,00.

3. Pelo **método da soma dos dígitos**, a depreciação no ano k é dada pela fórmula:

$$D_k = \frac{n-k+1}{\Sigma k}(V_0 = V_n)$$

Teremos então:

$$D_1 = [(5-1+1) \div 15] \times (V_0 - V_n) = (5 \div 15) \times (100 - 20) = 26{,}66$$
$$D_2 = (4 \div 15) \times 80 = 21{,}33$$
$$D_3 = (3 \div 15) \times 80 = 16{,}00$$
$$D^4 = (2 \div 15) \times 80 = 10{,}66$$
$$D_5 = (1 \div 15) \times 80 = 5{,}33$$

e os valores anuais serão: 100; 73,33; 52,00; 36,00; 25,33; 20,00.

4. Pelo **método de Gillette**, as depreciações são fixadas de modo que a soma da depreciação com o custo operacional seja constante ao longo da vida do equipamento.

Se os custos operacionais nos cinco primeiros anos forem:

$$C_1 = 1; \quad C_2 = 3; \quad C_3 = 6; \quad C_4 = 10 \quad \text{e} \quad C_5 = 15;$$

teremos:

Custo operacional total = $C_1 + C_2 + C_3 + C_4 + C_5 = 35$

Depreciação total + custo operacional total = 35 + 80 = 115

Custo anual constante = 115 ÷ 5 = 23

Para que o custo anual seja constante e igual a 23, as depreciações anuais deverão ser: 22, 20, 17, 13 e 8.

A tabela abaixo resume as depreciações e os valores anuais desses quatro métodos:

Depreciações anuais				Valores contábeis anuais			
Linear	Exponencial	Soma dos dígitos	Gillette	Linear	Exponencial	Soma dos dígitos	Gillette
16	27,522	26,66	22	100	100,00	100,00	100
16	19,950	21,34	20	84	72,48	73,34	78
16	14,450	16,00	17	68	52,53	52,00	58
16	10,480	10,67	13	52	38,08	36,00	41
16	7,590	5,33	8	36	27,60	25,33	28
				20	20,00	20,00	20

5.4 APLICAÇÃO DOS CRITÉRIOS DE DECISÃO NA SUBSTITUIÇÃO DE EQUIPAMENTOS

A substituição de equipamentos no momento oportuno é uma decisão muito importante para o empresário. A longo prazo, uma política errada de substituição de equipamentos pode levar a empresa à falência.

5.4.1 Métodos para estudar a substituição de equipamentos

Há três métodos para auxiliar na decisão a respeito da substituição de equipamentos:

a) **Método da taxa de rendimento**, que diz qual a alternativa que conduz à melhor taxa interna de retorno de renda em relação ao capital investido.

b) **Método do valor presente**, que calcula os valores presentes dos rendimentos futuros de cada uma das alternativas para efeito de comparação, preferindo-se aquela que tem maior valor presente.

c) **Método do custo anual** ou **do custo da produção**, que calcula o custo unitário da produção ou o custo anual de cada alternativa, preferindo-se a alternativa que conduz ao menor custo.

Vamos estudar os três métodos por meio do seguinte exemplo.

Exemplo:

Uma empresa produz um dos seus produtos em um torno revólver, comprado há 12 anos por um custo instalado de 210.000. O torno foi depreciado na base de 15 anos de vida e valor residual 15.000. Portanto, o valor contábil do torno nos livros da empresa é, no momento, 54.000, se bem que possa ser vendido por 62.500.

Um vendedor sugeriu a aquisição de uma máquina nova, mais rápida, por 350.000 (inclusive instalação). O vendedor demonstrou que a máquina nova operará economicamente por 10 anos, prevendo-se que depois desse tempo valerá 35.000.

Para o estudo da situação, colheram-se as seguintes informações adicionais:

A máquina velha poderá trabalhar ainda durante 10 anos, após os quais poderá ser vendida por 10.000. Ela gasta 4,1 horas para fazer 100 peças, enquanto a nova gastará apenas 3 horas para a mesma produção. A mão de obra direta em qualquer máquina custará 80 por hora. São vendidas 50.000 peças por ano em qualquer caso. As máquinas ocuparão o mesmo espaço e gastam a mesma energia. O trabalho indireto é o mesmo para ambas, exceto a manutenção, que custará 2.500 por ano a mais para a máquina velha que para a nova.

Verificar qual a melhor alternativa, sabendo-se que a empresa aplica à taxa de juro de 10% (taxa mínima de atratividade).

Solução:

Inicialmente convém lembrar que não interessa mais o custo inicial do torno velho (210.000) nem o seu valor contábil atual (54.000), embora os contadores insistam em levar em conta esses valores. Sabemos que "águas passadas não movem moinhos...".

Custo anual (em R$) do equipamento velho:

Depreciação linear:	(62.500 – 10.000) ÷ 10 =	5.250
Custo do trabalho:	[(50.000 × 4,1) + 100] × 80 =	164.000
Manutenção (a mais):	=	2.500
	Total =	171.750

Custo anual (em R$) do equipamento novo:

Depreciação linear:	(350.000 – 35.000) ÷ 10 =	31.500
Custo do trabalho:	[(50.000 × 3) + 100] × 80 =	120.000
	Total =	151.500

Economia anual (em R$) com a substituição: 171.750 – 151.500 = 20.250

5.4.2 Método da taxa de rendimento

1. Método aproximado para cálculo da taxa de rendimento

$$\text{Taxa de rendimento} = \text{Rendimento/Investimento} = \text{Economia anual/Investimento médio}$$

Se a taxa de rendimento da substituição do equipamento for maior que 10%, substitui-se o torno velho pelo novo. Caso contrário, não.

No método aproximado consideramos o investimento "médio" durante os 10 anos:

Investimento médio =

$$[(350.000 - 62.500) + (35.000 - 10.000)] \div 2 = 156.250$$

Custo anual do antigo – custo anual do novo = economia anual com a troca =

$$171.750 - 151.500 = 20.250$$

Taxa de rendimento:

$$20.250 \div 156.250 = 13,7\%$$

(> 10%, logo deve comprar).

2. Método "exato" para cálculo da taxa de rendimentos

O investimento inicial é:
$$350.000 - 62.500 = 287.500$$

A economia anual proporcionada pelo investimento é:

• mão de obra anual do equipamento velho	164.000
• – mão de obra anual do equipamento novo	– 120.000
• + manutenção do equipamento velho (a mais que no novo)	+ 2.500
• = economia anual com a troca	46.500

Nota: Não consideramos a depreciação no custo, ou melhor, na diferença do custo entre os dois equipamentos pois esta é levada em conta na "amortização" do investimento.

Qual a taxa de rendimento (IRR) de um investimento de 287.500 que rende 46.500 por ano durante 10 anos?

$$287.500 = 46.500 \, [(1 + i)^{10} - 1)]/i(1 + i)^{10},$$

permite obter o valor de i, com o auxílio de uma calculadora financeira.

Fazendo:

$PV = -287.500$ (saída);
$PMT = +6.500$ (entrada) e $n = 10$;

encontramos $i = 9,9\%$ a.a. (< 10%, indicando que há ligeira desvantagem com a substituição).

Neste cálculo não levamos em conta o valor residual (35.000), o que explica em parte a taxa 9,9% a.a., menor que a taxa 13,7% encontrada em 4.2.1.

Para levar em conta também o valor residual, devemos fazer:

$$287.500 = 46.500 \, [(1 + i)^{10} - 1)]/i(1 + i)^{10} + 35.000/(1 + i)^{10},$$

e então obteremos $i = 10,9\%$ a.a.

5.4.3 Método do custo anual ou do custo da unidade produzida

1 Método *aproximado* para cálculo do custo anual

Considera depreciação "linear" e juro "médio".

a) Custo anual da máquina nova (em R$):

1. depreciação: $[(350.000 - 35.000)] \div 10 =$ 31.500
2. juros sobre investimento médio: $0,10 \times [(350.000 + 35.000)] \div 2 =$ 19.250
3. custo do trabalho: $[(50.000 \times 3) \div 100] \times 80 =$ 120.000
   Total = 170.750

b) Custo anual da máquina velha (em R$):

1. depreciação: $[(62.500 - 10.000)] \div 10 =$ 5.250
2. juros sobre investimento médio: $0,10 \times [(62.500 + 10.000)] \div 2 =$ 3.625
3. custo do trabalho: $[(50.000 \times 4,1) \div 100] \times 80 =$ 164.000
4. manutenção (a mais): = 2.500
   Total = 175.375

2 Método *exato* para cálculo do custo anual

Considera "amortização" e juro sobre valor residual.

a) Custo anual da máquina nova (em R$):

1. amortização de 315.000 (350.000 – 35.000), em 10 anos, a 10% a.a., pela Tabela Price:
   $315.000 \times [0,10 \times (1 + 0,10)^{10}] \div [(1 + 0,10)^{10} - 1)] =$ 51.265
2. juros (apenas sobre o valor residual, pois os juros sobre o capital já estão incluídos na amortização): $35.000 \times 0,10 =$ 3.500
3. custo do trabalho: $[(50.000 \times 3) \div 100] \times 80 =$ 120.000
   Total = 174.765

b) Custo anual da máquina velha (em R$):

1. amortização de 52.000 (62.500 − 10.000), em 10 anos, a 10% a.a., pela Tabela Price:
$$52.500 \times [0,10 \times (1 + 0,10)^{10}] \div [(1 + 0,10)^{10} - 1)] = 8.544$$
2. juros sobre o valor residual: $ 10.000 \times 0,10 = 1.000$
3. custo do trabalho: $ [(50.000 \times 4,1) \div 100] \times 80 = 164.000$
4. manutenção (a mais) $ = 2.500$

$$\text{Total} = 176.044$$

Conclusão: Pequena vantagem para a máquina nova[2].

5.4.4 Método do valor presente (exato)

Neste caso colocamos em um gráfico as vantagens de cada alternativa, nas suas respectivas datas, e depois transportamos todos os valores para a data inicial, verificando de quem é a "vantagem" total nessa data.

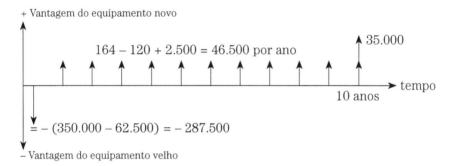

Trazendo para a data inicial:

$$\times [0,10 \times (1 + 0,10)^{10}] \div [(1 + 0,10)^{10} - 1)]$$

1. 46.500 por ano, durante 10 anos, à taxa $i = 10\%$:
$$46.500 \times [(1 + 0,10)^{10} - 1)] \div [0,10 \times (1 + 0,10)^{10}] = 285.722$$

2. 35.000 ao final de 10 anos valem hoje:
$$35.000 \times (1 + 0,10)^{-10} = 13.494$$

usando a convenção de sinais:
(+) = vantagem do novo,
(−) = vantagem do velho, temos:

$$+ 285.722 + 13.494 - 287.500 = + 11.716$$

Portanto, o equipamento novo deve ser adquirido (pois o resultado foi positivo).

5.5 EXERCÍCIOS

1. Desconto Bancário: Calcular o líquido recebido pelo desconto de uma duplicata de 100.000,00, descontada à taxa de $i_{\text{sant}} = 6{,}2\%$ a.m. (i_{sant} = juro simples antecipado) pelo prazo de 72 dias = 72 ÷ 30 = 2,4 meses). Calcular também a taxa mensal efetiva (i_{mef} = juro mensal efetivo) e a taxa anual efetiva (i_{aef} = juro anual efetivo).

   Respostas: 85.120,00; $i_{\text{mef}} = 6{,}94328\%$ am; $i_{\text{aef}} = 123{,}7906\%$ a.a.

2. Calcular a taxa mensal de desconto bancário, que denominamos i_{sant} (juro simples antecipado), para 49 dias e que corresponde à taxa mensal efetiva (i_{mef}) de 7% a.m., ou seja, 125,2192% aa.

Solução:
$$100\,(1 - i_{sant} \cdot n)\,(1 + i_{mef})^n = 100,$$
onde n = número de meses = 49/30 = 1,6333.

Resposta: i_{sant} = 6,4055% a.m.

3. Calcular a taxa mensal de desconto bancário (i_{sant} = juro simples antecipado) que corresponde à taxa anual efetiva i_{aef} de 140% a.a. no prazo de 69 dias.

Solução: $100\,(1 - i_{sant} \cdot n)\,(1 + i_{aef})^m = 100$, expressão na qual (fazendo D = dias = 69) temos: n = meses = $D/30$ = 69/30 e m = anos = $D/360$ = 69/360.

Resposta: i_{sant} = 6,7163% a.m.

4. Idem, para as seguintes taxas e prazos (i_{aef} e D, respectivamente): 110% a.a. e 43 dias; 90% a.a. e 58 dias; 155% a.a. e 97 dias; 100% a.a. 17 dias.

Resposta: i_{sant} = 5,916% a.m.; 5,081 % a.m.; 6,895% a.m.; 5,683% a.m.

5. Qual a prestação que amortiza a dívida de 2.000,00 em 48 meses com taxa mensal de 5,2% e carência de 6 meses? (6 meses anteriores aos 48 meses de amortização).

Resposta: 154,5305.

6. Uma loja vende um artigo à vista por 100.000,00 ou em 24 prestações de 10.139,43, sem entrada. Qual a taxa de juros mensal?

Resposta: 8,8 % a.m.

7. Uma loja vende um artigo em três prestações mensais sem acréscimo (a primeira. no ato), ou à vista com 15% de desconto; qual o juro mensal e anual?

Resposta: 18,8% a.m.; 691,5% a.a.

8. Idem, mas com a primeira prestação vencendo em 30 dias, ou seja, sem entrada.

Resposta: 8,58% a.m.; 168,68% a.a. (compare com o problema anterior).

9. Uma dívida de 12.000,00 é amortizada em cinco prestações mensais de 2.393,37 e mais uma prestação de 2.885,55 no fim do sexto mês (Balão). Qual a taxa de juros?

Resposta: IRR = 6,3 %.

10. Qual o valor trimestral, em reais, que devo depositar durante 40 trimestres na poupança, que rende 1,47% ao trimestre (i = 1,47% a.t.), para poder retirar R$ 500 no fim do 20º trimestre, mais R$ 500 no fim do 30.º trimestre e mais R$ 500 no fim do 40.º trimestre?

Resposta: R$32,41578.

11. No exercício anterior, calcular o saldo que fica naquela poupança após cada uma das três retiradas (o último deve ser zero!)

Resposta: 247,36; 132,68; 0,00

12. Calcular:

a) a prestação em R$ que amortiza uma dívida de R$ 3.000 em 120 meses, com taxa de 0,75% a.m.;
b) o valor da dívida após 50 meses e o valor amortizado; e
c) o total de juros pagos.

Respostas:

a) PMT= R$ 38,002734;

b) Após 50 meses de pagamento, a dívida é o *PV* dos 70 pagamentos que ainda faltam, que é igual a R$ 2.063,724;

c) O total de juros pagos é o total pago menos o total já amortizado:
50 × 38,002734 − (3.000 − 2.064,724) = 963,8607.

13. Um trabalhador ficou incapacitado para o trabalho por acidente. Qual a indenização justa, considerando que ele tinha ainda uma vida média de trabalho de 180 meses, ao longo dos quais era de se esperar que ganhasse 5 salários mínimos durante 60 meses, 6 S.M. durante 60 meses e 7 S.M. durante os últimos 60 meses? (Aplicar juros de 0,5% a.m.)

    Resposta: 258,63 + 230,09 + 199,01 = 687,73

14. Um objeto é vendido segundo dois planos:

    Plano A: Entrada 5.000,00 + 24 prestações mensais de 1.269,47; Plano B: Entrada 8.000,00 + 12 prestações mensais de 1.515,58. Calcular o valor à vista e a taxa de juros empregada.
    Sugestão: Experimente várias taxas de juros, de modo a igualar o PV de cada plano. Para convergência mais rápida, obtidos dois PV, para duas taxas quaisquer, interpole para obter a taxa a ser experimentada a seguir.

    Resposta: Valor à vista: 20.500,00; taxa de juros: 6,3% a.m.

15. Um artigo vale 10.000 à vista. Pretendo adquiri-lo com uma entrada de 3.000, um pagamento de 2.000, 60 dias após a entrada, mais 24 prestações mensais iguais (após os 60 dias). Qual o valor dessas prestações, com o juro de 5,2% a.m.?

    Resposta: 424,6249

Refrências bibliográficas

ERLICH, P. J. *Avaliação e seleção de projetos de investimentos*. São Paulo: Atlas, 1979.

FARO, C. de. *Elementos de engenharia econômica*. São Paulo: Atlas, 1979.

FLEISCHER, G. *Teoria de aplicação do capital*. São Paulo: Edgard Blücher, 1973.

MATHIAS, W. F.; GOMES, J. M. *Matemática financeira*. São Paulo: Atlas, 1984.

VIEIRA SOBRINHO, J. D. *Matemática financeira*. São Paulo: Atlas, 1982.

CAPÍTULO 6

SUBSTITUIÇÃO E REPOSIÇÃO DE EQUIPAMENTO

Oswaldo Fadigas Fontes Torres

6.1 VIDA ÚTIL E VIDA ECONÔMICA

Definimos vida útil de um equipamento como sendo o período de tempo em que ele continua desempenhando satisfatoriamente as suas funções. A vida útil depende do projeto do equipamento, da operação adequada, da manutenção etc.

Devemos distinguir dois tipos de equipamento:

a) de eficiência decrescente e vida útil previsível;
b) de eficiência constante e vida útil imprevisível.

No primeiro caso, com o passar do tempo o equipamento vai se desgastando pelo uso e os custos de manutenção vão aumentando, ao passo que o seu valor de venda no mercado vai diminuindo. Chegamos então a uma situação em que não é economicamente interessante continuar usando o equipamento, e, embora ele ainda tenha um desempenho adequado, devemos dar-lhe baixa, isto é, cessar sua operação. Dizemos que ele atingiu o fim da sua vida econômica. Problemas desse tipo serão designados como problemas de substituição.

No segundo caso, o equipamento mantém sua eficiência até que falha repentinamente, de modo imprevisível e aleatório. Como essa falha pode causar prejuízo, pode ser economicamente interessante substitui-lo antes que falhe (manutenção preventiva). Problemas desse tipo serão designados como problemas de reposição.

6.2 EQUIPAMENTO DE EFICIÊNCIA DECRESCENTE

O problema da determinação da vida econômica é uma aplicação da comparação de alternativas de durações diferentes, da engenharia econômica. Podemos distinguir três situações:

a) baixa pura e simples, sem substituição;
b) baixa com substituição por equipamento semelhante, de igual eficiência;
c) baixa com substituição por equipamento mais eficiente.

É importante observar que as despesas anteriores à nossa decisão, não podendo ser influenciadas por esta, não precisam ser incluídas no cálculo, pois são idênticas para todas as alternativas. Apenas as despesas atuais e futuras é que devem ser consideradas. Suporemos, como é usual em engenharia econômica, que todas as despesas e receitas – e também as decisões a respeito da substituição do equipamento – sejam concentradas nos fins de período e que o critério seja o do benefício máximo, o que, com receita igual, seja equivalente ao mínimo do custo. Tambem não levaremos em conta a influência do imposto de renda.

6.2.1 Baixa sem substituição

No caso de produtos que estão sujeitos a rápido obsoletismo, ou cuja matéria-prima está-se esgotando, podemos decidir suspender a produção e vender o equipamento, sem substituí-lo.

Tabela 1		
Ano	Receita líquida (R$)	Valor residual no fim do ano (R$)
1	20.000	25.000
2	15.000	20.000
3	9.000	12.000

Exemplo: Uma linha de fabricação de carroças vem experimentando uma redução de vendas e custos crescentes de manutenção, prevendo-se, para os próximos três anos, as receitas líquidas e os valores residuais do equipamento mostrados na Tabela 1.

Sabendo-se que hoje o valor residual é R$ 30.000, e que a taxa de mercado é 12% ao ano, quando deverá ser encerrada a produção?

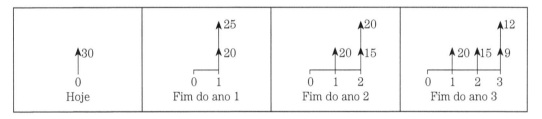

Figura 1 Fluxos de caixa (em milhares de reais).

Na Figura 1 temos os quatro diagramas de fluxo de caixa, correspondentes a cada possível data de baixa.

Como somente é possível comparar alternativas de igual duração, devemos introduzir hipóteses que permitam igualar os horizontes. Nesse caso, suporemos que as receitas no final de cada alternativa são investidas, à taxa de mercado, até o final do terceiro ano (horizonte comum), o que não altera o valor atual de cada alternativa. Podemos, portanto usar o valor atual VA para as comparações, sem explicitar esse investimento feito para igualar as durações. Temos:

$$VA(\text{hoje}) = 30.000$$
$$VA(1) = 20.000 \div (1,12) + 25.000 \div (1,12) = 40.179$$
$$VA(2) = 20.000 \div (1,12) + 15.000 \div (1,12)^2 + 20.000 \div (1,12)^2 = 45.759$$
$$VA(3) = 44.762$$

Vemos que a melhor alternativa é dar baixa ao final do segundo ano.

Os cálculos podem ser facilmente sistematizados numa planilha eletrônica, como mostra a Tabela 2.

Tabela 2				
Período	0	1	2	3
$(1+i)^t$	1,0000	1,1200	1,2544	1,4049
Receita líquida	0	20.000	15.000	9.000
Valor residual	30.000	25.000	20.000	12.000
VA receita	0	17.857	11.958	6.406
VA valor residual	30.000	22.321	15.944	8.541
Valor atual	30.000	40.179	45.759	44.762

6.2.2 Baixa com substituição por equipamento do mesmo tipo

Nesse caso suporemos que o novo equipamento tem custos de aquisição e de manutenção iguais aos do atual, o mesmo rendimento e o mesmo valor de mercado. Para igualar os horizontes, vamos supor que cada alternativa é repetida o número de vezes necessário. Agora são os benefícios anuais equivalentes que não se alteram com a repetição e podemos usá-los diretamente como base de comparação, sem explicitar as repetições necessárias para igualar as durações.

Exemplo 1: Um automóvel novo, da marca Z, custa R$ 20.000. Estima-se que os valores de mercado e os custos de manutenção sejam os da Tabela 3.

Tabela 3				
Anos de uso	1	22	3	4
Valor de mercado	17.000	15.000	13.000	10.000
Custo de manutenção	800	1.200	1.700	2.300

Supondo que a taxa de juros é 12%, com que intervalo o carro deve ser substituído por outro novo, do mesmo modelo? A Figura 2 mostra os fluxos de caixa correspondentes.

Como a receita é a mesma em cada caso, o benefício anual máximo corresponde ao mínimo custo anual equivalente CAE:

$CAE(1) = \{[-20.000 \times (1,12) - 800 + 17.000] \times 0,12\} \div (1,12^1 - 1) = -6.200$
$CAE(2) = \qquad\qquad\qquad\qquad\qquad\qquad\qquad\qquad\qquad = -5.747$
$CAE(3) = \qquad\qquad\qquad\qquad\qquad\qquad\qquad\qquad\qquad = -5.674$
$CAE(4) = \qquad\qquad\qquad\qquad\qquad\qquad\qquad\qquad\qquad = -5.922$

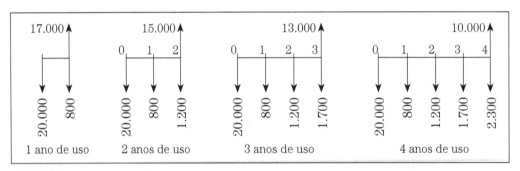

Figura 2

O menor custo anual equivalente é o do terceiro ano, indicando que a vida econômica do automóvel Z é de três anos.

Como no caso anterior, os cálculos podem ser facilmente automatizados numa planilha eletrônica (Tabela 4).

Tabela 4						
Período	0	1	2	3	4
$(1 + i)^t$	1,0000	1,1200	1,2544	1,4049	1,5735
Valor de mercado		17.000	15.000	13.000	10.000
Custo de manutenção		–800	–1.200	–1.700	–2.300
VA receita		15.179	11.958	9.253	6.355
VA valor residual		–714	–957	–1.210	–1.462
Valor Atual	– 20.000	–5.536	–9.713	–13.628	–17.987
CAE		–6.200	–5.747	–5.674	–5.922

Exemplo 2: Admitindo-se a possibilidade de comprar o carro Z usado, pelo preço de mercado mais R$ 500, qual seria a melhor política?

Com a planilha acima podemos facilmente avaliar as diversas alternativas, cujos custos anuais equivalentes CAE estão resumidos na Tabela 5.

Tabela 5				
Compra\Venda	1 ano	2 anos	3 anos	4 anos
0	–6.200	–5.747	–5.674	–5.922
1 ano		–5.800	–5.658	–6.015
2 anos			–6.060	–6.437
3 anos				–7.420

Concluímos que a melhor política é comprar o carro com um ano de uso e usá-lo por dois anos (isto é, vendê-lo quando tiver três anos). Notemos que, como as diferenças de custo são pequenas, outras considerações podem levar, na prática, a decisões diferentes.

6.2.3 Baixa com substituição por equipamento mais eficiente

Neste tipo de problema suporemos que existem dois equipamentos que competem entre si. Usando uma linguagem tomada do boxe, o equipamento atual é denominado defendente e o outro desafiante. A existência do desafiante implica a existência de progresso tecnológico (às vezes acelerado, como no caso da evolução dos computadores).

Dada a incerteza quanto ao futuro, a única decisão apropriada é decidir se devemos substituir já o defendente ou mantê-lo por mais um período. Não teria sentido concluir hoje que o defendente deverá ser substituído pelo desafiante daqui a n anos, visto que estamos trabalhando com previsões e o futuro é incerto. No fim do próximo período o problema deve ser retomado, com informações atualizadas e, provavelmente, com novo desafiante.

Tabela 6 Máquina atual (defendente)

Ano	1	2	3	4	5	6	7
Custos	190	550	950	1.200	1.500	1.700	2.000
Valor de venda	0	0	0	1.200	900	800	500

Exemplo: Uma máquina foi comprada há três anos por R$ 3.000, com a intenção de ser usada por sete anos. Nesses três anos os custos de operação e manutenção foram os da Tabela 6, na qual também se indicam os custos previstos para os próximos quatro anos e o valor de mercado da máquina usada.

Tabela 7 Máquina nova (desafiante)

Ano	1	2	3	4	5	6	7
Custos	50	90	250	450	600	1.000	1.200
Valor de venda	3.000	2.000	1.500	1.000	900	850	800

Uma máquina mais eficiente está disponível hoje, ao custo de R$ 4.000, com vida prevista também de sete anos. A Tabela 7 mostra a previsão dos custos de operação e manutenção, bem como do preço de venda da máquina usada no mercado. Com uma taxa de juros de 12% ao ano, devemos substituir a máquina?

Notemos inicialmente que, como já foi visto no início desta seção, são irrelevantes os dados do passado, referentes aos três primeiros anos de uso da máquina atual. Devemos considerar apenas os dados do quarto ao sétimo ano – que passam agora a ser do primeiro ao quarto – tomando-se o atual valor de mercado como o custo de aquisição da máquina.

Os custos anuais equivalentes das duas máquinas estão calculados nas planilhas das Tabelas 8 e 9, a seguir.

Como os custos anuais equivalentes da desafiante são menores que os da defendente, devemos substituir a máquina.

Pelos dados da Tabela 9, a nova máquina teria uma vida econômica de seis anos, mas, como já dissemos acima, isso não tem sentido, nesse caso, pois novo desafiante poderá levar à decisão de substituí-la antes desse prazo.

Tabela 8 Máquina atual (defendente)

Período	0	1	2	3	4
$(1+i)^t$	1,0000	1,1200	1,2544	1,4049	1,5735
Valor de mercado	1.200	900	800	500	500
Custo de manutenção		−1.200	−1.500	−1.700	−2.000
VA valor de mercado		804	638	356	318
VA manutenção		−1.071	−1.196	−1.210	−1.271
Valor Atual	−1.200	−1.468	−2.829	−4.321	−5.631
Custo anual equivalente		−1.644	−1.674	−1.799	−1.854

Tabela 9 Máquina nova (desafiante)								
Período	0	1	2	3	4	5	6	7
$(1+i)^t$	1,0000	1,1200	1,2544	1,4049	1,5735	1,7623	1,9738	2,2107
Valor de mercado	4.000	3.000	2.000	1.500	1.000	900	8500	800
Custo manutenção		−50	−90	−250	−450	−600	−1.000	−1.200
VA valor de mercado		2.679	1.594	1.068	636	511	431	362
VA custo de manut.		−45	−72	−178	−286	−340	−507	−543
Valor Atual	−4.000	−1.366	−2.522	−3.227	−3.945	−4.410	−4.997	−5.608
CAE		−1.530	−1.492	−1.343	−1.299	−1.223	−1.215	−1.229

Na vida real a decisão é frequentemente baseada no critério do tempo de retorno do capital investido, que a engenharia econômica considera um critério aproximado, pois não leva em conta a atualização dos valores nem os benefícios que o equipamento pode produzir depois de recuperado o capital investido.

No exemplo acima teríamos as economias de custo acumuladas da Tabela 10.

Tabela 10				
Período	1	2	3	4
Custo defendente	1.200	1.500	1.700	2.000
Cuto desafiante	40	90	250	450
Diferença de custo	1.150	1.410	1.450	1.550
Diferença de custo acumulada	1.150	2.560	4.010	5.560

Como a desafiante custa R$ 4.000, as diferenças de custo acumuladas indicam que, sem atualização dos valores, a máquina "pagar-se-ia" em três anos.

6.3 EQUIPAMENTO DE EFICIÊNCIA CONSTANTE

Nesse caso temos um grande número de unidades idênticas, que falham aleatoriamente e devem ser repostas, com um custo total CTOT formado por duas parcelas: o custo unitário CUN da unidade e o custo CTROC da troca. Este custo CTROC inclui a preparação da troca (deslocamento do equipamento necessário) e também o custo da perda de produção pela indisponibilidade temporária do equipamento. Caso CTROC seja grande, comparado com CUN, pode ser economicamente interessante fazer a reposição em grupo, repondo periodicamente todas as unidades, independentemente do seu estado, com a vantagem de podermos programar a troca para um instante oportuno, com eventual redução de CTROC.

Como a ordem de grandeza dos valores e dos horizontes de tempo na reposição é normalmente bem menor que nos casos de substituição tratados anteriormente, geralmente não se faz a atualização dos valores.

Tratando-se de falhas aleatórias, a primeira providência é determinar a distribuição estatística das falhas, a curva de sobrevivência, a vida média das unidades e o número esperado de reposições por período, para podermos estimar os custos de cada política.

Exemplo: Uma empresa de transportes tem registros dos estouros de pneumáticos, em função dos quilômetros rodados. Uma troca programada de pneu custa R$ 350, já incluído o custo do pneu. Um estouro causa atraso da viagem e exige socorro de emergência, o que tem um custo de R$ 500. Além disso, a carcaça do pneu fica destruída, com um prejuízo adicional de R$ 100. A troca imprevista custa, portanto, R$ 950. Qual a política de custo mínimo para a troca de pneus?

Na Tabela 11 estão os dados da empresa a respeito de 1.000 pneus, bem como o cálculo da probabilidade de estouro, da probabilidade de sobrevivência, e da vida média do pneu.

Tabela 11

Quilômetros rodados	Estouros	Sobreviventes	Probab. estouro (P_{est})	Probab. sobrev.	Ponto médio ($P_{méd}$)	(P_{est}) × ($P_{méd}$)
0	0	1.000	0,000	1,000		
0 – 10	50	950	0,050	0,950	5	0,25
10 – 20	100	850	0,100	0,850	15	1,50
20 – 30	250	600	0,250	0,600	25	6,25
30 – 40	400	200	0,400	0,200	35	14,00
40 – 50	200	0	0,200	0,000	45	9,00
					Média	31,00

Se apenas trocarmos os pneus estourados, teremos em média um estouro a cada 31.000 Km, o que dá um custo médio de 950/31 = 30,65 reais /mil km/pneu.

Para avaliar as políticas de troca programada temos de calcular o número médio de substituições, levando em conta os estouros dos pneus originais, os dos pneus trocados, os destes etc. Por exemplo, numa política de trocar os pneus ao atingirem 20.000 km, teríamos de considerar os que estouram na faixa de 0 a 10.000, os que estouram na faixa de 10.000 a 20.000, e os substituídos na faixa de 0 a 10.000 que estouram nos 10.000 km seguintes.

Os cálculos são mostrados na planilha da Tabela 12, juntamente com a avaliação dos custos. Para facilitar o cálculo dos pneus estourados consideramos 10.000 pneus, visto que todos os valores são proporcionais, mas os custos são os de um pneu/mil km.

Tabela 12

Faixa (mil km)		0 – 10	10 – 20	20 – 30	30 – 40	50 – 50
Probabilidade de estouro		0,050	0,100	0,250	0,400	0,200
	Originais	500	1.000	2.500	4.000	2.000
	Trocados em 10		25	50	125	200
	Trocados em 20			50	100	250
	Trocados em 30				125	250
	Trocados em 40					200
	Total na faixa	500	1.025	2.600	4.350	2.900
	Total acumulado	500	1.525	4.125	8.475	11.375
Custo (por 1.000 km)		39,75	24,74	24,73	28,88	28,61

Como vemos, a política de mínimo custo corresponde a trocar os pneus por pneus novos, independentemente do seu estado, a cada 30.000 km rodados pelo veículo, com um custo médio de R$ 24,73/mil km/pneu, e com uma economia de R$ 5,92/mil km/pneu sobre a troca sem programação.

6.4 EXERCÍCIOS

1. Uma empresa de mineração prevê que suas jazidas se esgotarão em quatro anos. No ano passado a receita líquida foi de R$ 18 milhões, prevendo-se uma queda de 4 milhões em cada um dos próximos quatro anos. O valor de mercado das instalações é hoje R$ 17 milhões, estimando-se que diminua 1,5 milhões a cada ano. Quando a empresa deverá cessar a exploração?

    Resposta: No fim do terceiro ano.

2. Uma máquina, fabricada por encomenda, custou R$ 10.000 e, sendo muito especializada, tem valor de mercado, como sucata, de R$ 500, com qualquer idade. Calcula-se que sua vida útil é 10 anos, e que os custos anuais de operação serão de R$ 2.000 nos dois primeiros anos e aumentarão R$ 600 por ano daí em diante. Qual a vida econômica dessa máquina?

    Resposta: Sete anos.

3. Uma empresa recebeu uma proposta para substituir a máquina atual, com quatro anos de uso, por um novo modelo. A máquina atual vale R$ 1.000, devendo seu valor diminuir R$ 100 por ano. Os custos de operação são estimados em R$ 8.000 no próximo ano, com um acréscimo de R$ 200 por ano. A nova máquina custa R$ 10.000 e deve depreciar no mercado 15% por ano. O custo de operação deve ser de R$ 6.000 no primeiro ano e aumentar R$ 150 por ano. Supondo uma taxa de juros do mercado de 12% ao ano, qual deve ser a decisão da empresa?

    Resposta: Manter a máquina atual.

4. Uma tecelagem tem centenas de teares automáticos, que eventualmente param de tecer por falha de uma determinada peça. Trocar a peça quebrada custa R$ 250, em virtude do custo da produção perdida. Uma troca programada pode ser feita quando a tecelagem está parada (fins de semana, por exemplo) e custa R$ 50. A estatística de quebras está na tabela abaixo.

Tempo (horas)	0 – 500	500 – 1.000	1.000 – 1.500	1.500 – 2.000	2.000 – 2.500
Falhas	10	15	20	35	20

    Qual a política de troca programada de mínimo custo?

    Resposta: Trocar todas as peças a cada 1.000 horas.

Referências

A substituição de equipamentos é tratada nos livros de engenharia econômica e de análise de investimentos já mencionados no capítulo anterior.

A reposição de equipamentos é geralmente tratada nos livros de pesquisa operacional mais antigos, pois os modernos não costumam mais mencionar o assunto. A referência clássica é:

CHURCHMAN, C. W.; ACKOFT, R. L.; ARNOFF, E. L. *Introduction to operations research*. New York: John Wiley & Sons, Inc., 1957.

Também se encontram bons exemplos em:

CHAMBLIN, J. E.; STEVENS Jr., G. T. *Pesquisa operacional*: uma abordagem básica. São Paulo: Atlas, 1979.

CAPÍTULO 7

TECNOLOGIA DE INFORMAÇÃO

Mauro de Mesquita Spinola
Marcelo S. de Paula Pessôa

7.1 INTRODUÇÃO

A informação exerce um papel cada vez mais importante nas organizações. Aparece como elemento integrador e alimentador das suas diversas atividades, desde os níveis mais altos de decisão até as tarefas cotidianas e repetitivas. Quando os diretores determinam novos caminhos para sua empresa, por exemplo, baseiam-se em informações tais como o seu desempenho externo e interno, sua estrutura atual, as tendências de mercado etc. Por outro lado, suas decisões tornam-se também informações que deverão fluir e se desdobrar através da empresa, seja habilitando novas decisões gerenciais, seja determinando novas atividades, métodos e procedimentos de trabalho.

Nessa mesma empresa o setor de compras gera ou recebe informações, como necessidades de compras, orçamentos recebidos, cadastro de fornecedores etc. Se a empresa for fabril, as atividades de engenharia e de produção também se baseiam em informações sobre o produto e o processo de fabricação. Um montador realiza seu trabalho de acordo com informações contidas nas instruções de montagem. Um projetista, por sua vez, desenvolve os projetos a partir de uma especificação técnica e documenta o seu trabalho para que outros possam utilizá-lo.

É crescente a tendência de automação da informação, sobretudo devido ao grande desenvolvimento dos computadores e a contínua queda de seu custo. Cada vez mais se utilizam as mídias eletrônicas, em substituição ao papel, e anexam-se sistemas inteligentes que permitem filtrar e interpretar diversas informações, além de gerar, muitas vezes, as ações pré-programadas.

Apesar do papel preponderante da informação, e da contribuição cada vez maior da informática, ainda persistem alguns desafios para que os Sistemas de Informação sejam a mola propulsora das organizações modernas. São eles:

- consolidar métodos e tecnologias para uma maior **automação e integração da informação**, que permitam às empresas criar um fluxo ágil e consistente, dinamizando, dessa forma, seus diversos processos;

- aperfeiçoar (e aplicar!) os métodos e técnicas para o **gerenciamento da informação**, capacitando-o a estabelecer claramente as demandas de novos sistemas, construí-los, implantá-los e mantê-los; e

- avaliar e levar em consideração os **impactos dos Sistemas de Informação sobre a estrutura formal das organizações** (e vice-versa).

Trataremos desses assuntos no decorrer deste texto. Para iniciar, no entanto, definimos alguns termos relevantes.

7.2 O QUE É INFORMAÇÃO?

Para compreendermos o conceitos e os métodos relacionados com a Tecnologia de Informação é fundamental fixarmos o conceito de informação, salientando a diferença entre **dado** e **informação**:

> A informação não se limita a dados coletados: na verdade, informação são dados coletados, organizados, ordenados, aos quais são atribuídos significado e contexto.[1]

> Informação são dados colocados num contexto significativo e útil e comunicados para um destinatário que os utilizam para tomar decisões.[2]

Essas definições evidenciam o papel fundamental das pessoas que recebem, interpretam e usam a informação. Um conjunto de dados pode ter significado para umas (por exemplo, os analistas de sistemas) e não ter para outras (por exemplo, quem realmente utilizaria a informação). Ao se projetar uma estrutura e um ciclo de informação para uma organização, é necessário considerar:

- **quem** é o usuário que recebe a informação: a informação é tanto mais relevante e significativa para determinado usuário quanto mais orientada a suas específicas necessidades e características;

- **quando** o usuário necessita receber a informação: um dia ou mesmo alguns minutos de atraso podem reduzir drasticamente o valor da informação (por exemplo: se o setor de planejamento de produção de uma fábrica não receber o número de solicitações de fabricação do dia poderá atrasar toda a produção); e

- **em que contexto** o usuário recebe e usa a informação.

Dado o conceito de informação, cabe apresentar os Sistemas de Informação.

7.3 O QUE É SISTEMA DE INFORMAÇÃO?

A necessidade de uma visão abrangente da estrutura e da dinâmica de informação das organizações – que permita satisfazer tanto as necessidades globais quanto as específicas e tanto as estratégicas quanto as táticas e operacionais – determina a importância de uma abordagem sistêmica para a informação. Não é suficiente "olhar apenas uma das partes, ou apenas por um ângulo do problema": um **Sistema de Informação (SI)** cria um ambiente integrado e consistente, capaz de tratar e fornecer as informações necessárias a todos os usuários.

Enrico Polloni define Sistema de Informação da seguinte forma: "Sistema de Informação é qualquer sistema usado para prover informações (incluindo seu processamento), qualquer que seja sua utilização..."[3]

No âmbito de uma organização, Polloni define também **Sistema de Informação Gerencial (SIG)**: "Sistema de Informação Gerencial é o Sistema de Informação que engloba todos os componentes da organização e todos os seus níveis de decisão..."[4]

Essas definições evidenciam a estreita relação entre sistema de informação e a organização. Apresentamos a seguir alguns aspectos dessa relação.

7.4 INFORMAÇÃO E ORGANIZAÇÃO

A informação é uma ferramenta poderosa para uma organização, pois por meio dela pode-se ter um domínio dos diversos parâmetros que regem a sua dinâmica. As características próprias da organização, por outro lado, determinam os caminhos a adotar na análise de informações e no desenvolvimento de um sistema de informação. Existe, portanto, uma interdependência entre informação e organização.

Quando uma organização decide alterar sua estrutura (visando, por exemplo, reduzir sua verticalidade) os velhos sistemas de informação já implantados sofrem grande impacto porque não retratam mais a realidade e as novas necessidades de informação. Se não forem remodelados, podem prejudicar e possivelmente até inviabilizar a mudança estrutural. Se forem vistos como importante ferramenta impulsionadora do processo de mudança, podem ser replanejados e aperfeiçoados (ou totalmente alterados) de acordo com os novos paradigmas da organização.

É fundamental ressaltar também a outra face da moeda: a implantação de novos sistemas de informação requer mudanças organizacionais. A informação tem se mostrado cada vez mais uma ferramenta de alto valor estratégico para qualquer empresa, e a implantação de um novo sistema de informação, adequado às novas necessidades de flexibilidade e agilidade que o mercado exige a realização das mudanças estruturais necessárias na organização.

Richard Walton cita alguns sintomas comuns que evidenciam uma má coordenação da relação entre sistemas de informação e a organização. Todos têm forte relação com as pessoas, um componente-chave[5]:

- **os empregados ignoram o sistema**: ocorre quando o sistema não resolve as necessidades de determinados grupos de usuários ou quando não são desenvolvidos mecanismos organizacionais (treinamento, remodelamento de funções e responsabilidades etc.) para assegurar o uso do sistema;
- **baixo moral entre os empregados**: pode ocorrer com aqueles que desenvolveram larga experiência na execução de funções que sofrem mudanças (ou até desaparecem) com a implantação de um novo sistema; e
- **resultados desapontadores no uso do sistema**, comparados com os esperados quando foi feito o planejamento do sistema.

Para que esses e outros problemas não ocorram, devem ser considerados, no desenvolvimento de qualquer Sistema de Informação, os fatores organizacionais-chave. John Burch propõe os seguintes fatores[6]:

1. **natureza da organização**: as necessidades de informação variam de acordo com o tipo de atividade da empresa;
2. **categorias de organização** (funcionais, divisionais e matriciais): a maior ou menor centralização do gerenciamento estabelece parâmetros para modelamento das informações;
3. **tamanho da organização**: quanto maior a organização, maiores e mais complexas são as necessidades de informação;
4. **estrutura da organização** (conglomerados, organizações multinacionais, franquias etc.): as responsabilidades e as formas de comunicação se alteram de acordo com a estrutura, alterando consequentemente as necessidades de informação; e
5. **estilo gerencial** (peso maior ou menor no planejamento, por exemplo): as informações relevantes são determinadas pelo estilo de gestão da organização.

O estudo detalhado desses fatores, combinados com a análise das necessidades de informação na organização, estabelecem uma base sólida para a definição do Sistema de Informações e das mudanças organizacionais necessárias.

7.5 ENGENHARIA DE SOFTWARE, ENGENHARIA DE INFORMAÇÃO E TECNOLOGIA DE INFORMAÇÃO

Nos itens anteriores evidenciamos a abrangência dos Sistemas de Informação numa organização. Muitas vezes desconsideram-se os fatores organizacionais, reduzindo o desenvolvimento de sistemas de informação apenas aos aspectos de projeto de software, que constituem a **Engenharia de Software**. Duas novas disciplinas têm se desenvolvido nos últimos anos visando abranger a empresa como um todo: a **Engenharia de Informação** e a **Tecnologia de Informação**. Apresentamos aqui as três áreas, para diferenciar suas contribuições.

7.5.1 Engenharia de software

O projeto de software é estudado pela Engenharia de Software, que pode ser assim definida: "O estabelecimento e uso de sólidos princípios de engenharia para que se possa obter economicamente um software que seja confiável e que funcione eficientemente em máquinas reais.[7]"

A principal contribuição da engenharia de software consiste no estabelecimento de uma disciplina de trabalho voltada para o desenvolvimento de software de alta qualidade. Estabelece métodos (como fazer), ferramentas (apoio automatizado ou semiautomatizado aos métodos, aqui incluídas as ferramentas Case apresentadas adiante) e procedimentos (sequência de aplicação dos métodos, produtos a serem entregues, controles etc.). O ciclo de vida de software (ou seja, as fases e atividades do desenvolvimento) também é estudado pela engenharia de software.

7.5.2 Engenharia de informação

A necessidade de desenvolver sistemas de informação cada vez mais abrangentes e complexos no âmbito das organizações determinou o desenvolvimento da Engenharia de Informação (EI), que não enfoca um projeto em particular e está assim apresentada por James Martin, um de seus iniciadores:

> A aplicação de um conjunto interligado de técnicas formais para planejamento, análise, projeto e construção de Sistemas de Informação em toda uma empresa ou em um dos principais setores dela.[8]

A EI engloba a empresa de forma global. Todas as necessidades de informação são estudadas, a partir de um planejamento estratégico de informações.

Martin mostra que a grande complexidade das empresas – que gera uma demanda de sistemas de informação também complexos – faz com que haja necessidade de ferramentas automatizadas de apoio às diversas atividades da EI, como as ferramentas Case integradas. Essas atividades e sua automação são discutidas no próximo item, mais adiante.

7.5.3 Tecnologia de informação

A Tecnologia de Informação (TI), por sua vez, reúne as contribuições da Tecnologia e da Administração para estabelecer uma estratégia integrada (negócios + organização + tecnologia), projetar e instalar Sistemas de Informação e as coerentes mudanças organizacionais.[9] Pode ser definida como: a utilização adequada das ferramentas de informática, comunicação e automação juntamente com as técnicas de organização e gestão alinhadas com a estratégia de negócios com o objetivo de aumentar a competitividade da empresa.

Além de envolver a empresa globalmente, como na EI, a TI estabelece um caminho para sincronizar a implantação de novas tecnologias e das mudanças na estrutura e nas atividades da organização. Richard Walton propõe o "triângulo estratégico" que a TI deve abranger, envolvendo as seguintes áreas estratégicas:

- negócios
- organização
- tecnologia de informação.

Figura 1 Triângulo estratégico.[10]

7.6 MÉTODO PARA DESENVOVIMENTO E IMPLANTAÇÃO

A Tabela 1 mostra as principais fases para desenvolvimento e implantação de um SI numa organização. Segue-se seu detalhamento:[11][12]

Tabela 1 Fases do processo de desenvolvimento e implantação de sistemas de informação	
1	Planejamento estratégico da empresa
2	Planejamento estratégico de informação
3	Análise da área de negócio
4	Projeto do sistema
5	Construção do sistema
6	Implantação do sistema
7	Manutenção do sistema

7.6.1 Fase 1: Planejamento estratégico da empresa

A alta administração define a missão da empresa (seu propósito mais amplo) e os seus **objetivos estratégicos** de longo prazo. Esses objetivos são desdobrados para as áreas funcionais da empresa. Um maior detalhamento, no plano tático, define as metas de cada área funcional, ou seja, resultados quantificados que se espera atingir para cada um dos objetivos. O detalhamento dessas metas define os desafios a serem buscados pelos colaboradores no plano operacional.

Para que os objetivos, metas e **desafios** estabelecidos sejam alcançados, há alguns fatores imperiosos, sem os quais não é possível atingi-los. São os **fatores críticos de sucesso**, que também devem ser explicitamente enunciados.

7.6.2 Fase 2: Planejamento estratégico de informação

Os analistas baseiam-se no planejamento estratégico e estabelecem, em comum acordo com a alta administração, as diretrizes para o uso estratégico da **informação** e da **tecnologia** (como podem contribuir para atingir os objetivos da empresa). Desenvolvem-se diagramas que representam a estrutura da empresa, seus objetivos e as informações necessárias.

São também definidas prioridades no desenvolvimento de sistemas.

7.6.3 Fase 3: Análise da área de negócios

Define e modela os **processos** necessários para operar uma área específica de negócios, como esses processos se inter-relacionam e que dados são necessários. É desenvolvido separadamente em cada área. Nessa atividade define-se **o que é** e **o que faz** o sistema.

A **prototipação** pode ser utilizada. Trata-se da criação de um modelo do sistema que será implementado. Serve para que os usuários avaliem as decisões já tomadas e contribuam para seu detalhamento.

7.6.4 Fase 4: Projeto do sistema

Define uma solução conceitual para o sistema a ser implementado, ou seja, como será o sistema em termos de arquitetura, dados e procedimentos. A solução final é fruto de um processo de refinamentos sucessivos de cada um desses elementos.

Nessa atividade exerce um papel preponderante a **modelagem dos dados**, que é a base para toda a estruturação dos serviços do sistema.

7.6.5 Fase 5: Construção do sistema

Implementa o sistema em linguagem de computador para que possa ser colocado em operação.

7.6.6 Fase 6: Implantação do sistema

Reúne os diversos componentes do sistema (equipamentos, software, pessoas) de maneira gradual e sistemática, estabelecendo passos seguros para a sua integral operação no ambiente do usuário. A implantação final é fruto de um planejamento realizado antecipadamente, no início das atividades de desenvolvimento do SI.

7.6.7 Fase 7: Manutenção do sistema

A manutenção reúne todas as atividades relacionadas a mudanças no SI. As principais causas de mudanças são:

- correção de erros;
- adaptação (a novos ambientes operacionais ou devidas a mudanças em legislação, em critérios corporativos ou ainda na estrutura organizacional); e
- aperfeiçoamento do sistema (inclusão de novas funções, mudança de interfaces etc.).

7.7 AUTOMAÇÃO DO PROCESSO DE DESENVOLVIMENTO: FERRAMENTAS CASE

A automação do processo de desenvolvimento de SI é uma necessidade. Já existem hoje várias ferramentas automatizadas que auxiliam a execução das atividades de diversas fases.

As ferramentas Case (*Computer-Aided Software Engineering* – Engenharia de Software Auxiliada por Computador) permitem desenvolver as atividades de análise e projeto com auxílio computadorizado, com a vantagem de poder criar um ambiente integrado de informações que se desdobra durante todo o projeto. Clive Finkelstein define essas ferramentas da seguinte forma:

> *Computer-aided software engineering* (Case) é um termo genérico que se refere à automação do desenvolvimento de software. Segue todos os estágios do ciclo de vida do desenvolvimento de software. É baseado numa metodologia rigorosa, com ferramentas de software para automatizar a aplicação dessa metodologia pelos desenvolvedores e usuários.[13]

Entre as ferramentas automatizadas modernas encontram-se os geradores automáticos e as linguagens de quarta geração. Os **geradores automáticos de código** permitem reduzir o trabalho da fase de construção do sistema, pois geram o código dos programas a partir das definições da análise e projeto. As **linguagens de quarta geração** permitem reduzir a carga de programação tradicional pois boa parte do código é gerada a partir de definições de alto nível.

7.8 INTEGRAÇÃO: A PALAVRA-CHAVE

A presença cada vez maior da Tecnologia de Informação nas empresas tem se dado por razões estratégicas fundamentais: a competitividade crescente leva à necessidade de maior domínio sobre os parâmetros que estão em jogo, maior flexibilidade para adaptar-se a novas condições do mercado e maior capacidade de absorção de novas técnicas e tecnologias. Nesse contexto de crescimento, uma palavra é chave: **integração**. Pouco efeito se obtém na implantação de novos sistemas se não forem planejados e desenvolvidos considerando, desde o início, as necessidades de integração. Numa empresa em que as informações e sistemas referentes a atividades cotidianas e rotineiras não estejam interligados aos sistemas de gestão, por exemplo, ou em que as diversas tecnologias não trabalhem integrada e cooperativamente, pode-se afirmar que não está sendo utilizada a maior contribuição da TI.

Exercícios e questões para reflexão

1. Sobre novas tecnologias

    Faça uma pesquisa em jornais e revistas especializadas para levantar os principais desenvolvimentos recentes em relação aos seguintes itens, anotando, para cada um, as aplicações mais recentes:

- computadores pessoais, servidores e computadores de grande porte;
- sistemas operacionais;
- ambientes de desenvolvimento;
- ferramentas Case;
- gerenciadores de bancos de dados;
- sistemas para automação fabril, comercial e bancária;
- sistemas CAE/CAD/CAM;
- sistemas para planejamento, programação e controle da produção;
- sistemas para simulação;
- sistemas para programação de fluxo de trabalho (*workflow*);
- EIS – *Executive Information Systems*;
- Internet/intranet;
- aplicativos para uso pessoal (processadores de texto, planilhas eletrônicas etc.).

2. **Sobre integração de informações**

   Muitas empresas estão se informatizando sem, contudo, realizar um projeto integrado de informações. Escolha uma empresa (ou setor) e desenvolva uma análise dos seus sistemas informatizados, de forma a:

   a) identificar as interfaces entre sistemas que necessitam ser aperfeiçoadas;
   b) identificar algumas mudanças organizacionais que necessitariam ser implementadas;
   c) levantar os problemas causados pelas deficiências encontradas;

   Discuta com o professor, com colegas e com colaboradores da empresa as alternativas de melhoria e elabore um relatório sobre os principais resultados.

3. **Sobre segurança dos sistemas de informação**

   Pesquise e faça um resumo do desenvolvimento atual referente a segurança de sistemas de informação abordando:

   - a tecnologia disponível (ferramentas, protocolos etc.);
   - os aspectos legais (leis, normas etc.).

Referências bibliográficas

BURCH, J. G.; GRUDNITSKI, G. *Information systems: theory and practice*. 5. ed. New York: John Wiley & Sons, 1989.

FELICIANO NETO, A.; FURLAN, J. D.; HIGA, W. *Engenharia de informação: metodologia, técnicas e ferramentas*. 2. ed. São Paulo: Makron, McGrawHill, 1988.

FINKELSTEIN, C. *An introduction to information engineering*: from strategic planning to information systems. New York: Addison-Wesley, 1989.

FURLAN, J. D. *Como elaborar e implementar planejamento estratégico de sistemas de informação*. São Paulo: Makron/McGraw-Hill, 1991.

MARTIN, J. *Information engineering*: a trilogy. Englewood Cliffs: Prentice-Hall, 1989. 3 v.

McGEE, J.; PRUSAK, L. *Gerenciamento estratégico da informação*: aumente a competitividade e a eficiência de sua empresa utilizando a informação como uma ferrramenta estratégica. Tradução Astrid Beatriz de Figueiredo. Rio de Janeiro: Campus, 1994. (Série Gerenciamento de Informação).

POLLONI, E. G. F.; CAUTELA, A. L. ; BERNARDO, V. *Management Information Systems*: a estratégia da informação. São Paulo: Thema, 1993.

PRESSMAN, R. S. *Engenharia de software*. Tradução José Carlos B. Santos. São Paulo: Makron Books, 1995.

WALTON, R. E. *Tecnologia de informação*: o uso de TI pelas empresas que obtêm vantagem competitiva. Tradução E. L. Riccio. São Paulo: Atlas, 1993.

CAPÍTULO 8

INFORMAÇÕES PARA A EMPRESA

João S. Furtado

8.1 RESUMO

Pequenas e médias empresas (PMEs) podem ter acesso a acervos de informações que, antes, estavam disponíveis apenas para as grandes organizações. Dezenas de bibliotecas, nacionais e estrangeiras, centenas de milhares de empresas, organizações governamentais e não governamentais, mais de 10 milhões de endereços pessoais fazem parte de fantástica rede de comunicação – a **Internet**. Muitas dezenas de milhões de documentos e crescente número de bases e bancos de dados cobrem atividades humanas sequer imaginadas, acessadas nos escritórios, laboratórios, oficinas e residências.

Os custos dos serviços oferecidos por provedores, de infraestrutura de equipamentos e de comunicação tornaram-se suportáveis. Entretanto, qualquer organização, independentemente de sua missão e natureza jurídica – como a PME – precisa **criar cultura institucional** para geração e uso de informação e **contar com recursos humanos**.

Acesso e uso de informações não dependem apenas de habilidades para operar equipamentos (hardware), programas (software) e ferramentas de busca e acesso (**browsers**). O texto a seguir enfoca aspectos conceituais e estratégias para identificar fontes, reconhecer a forma e identificar o conteúdo das informações obtidas. Os comentários sobre a evolução do status da informação e a situação no Brasil indicam que as organizações precisam capacitar-se para poder usar os recursos disponíveis.

8.2 GLOBALIZAÇÃO DA INFORMAÇÃO

A informação – que já foi considerada fator de produção – é reconhecida como o recurso mais importante para a tomada de decisões, no complexo ecossistema do homem econômico. Até a década de 1960, a informação estava catalogada e armazenada em museus, bibliotecas e outros **depósitos de publicações**, sob a forma de coleções de livros, revistas, jornais e textos impressos. Os **centros de documentação**, **centros de informação** e as **bases de conhecimentos** surgiram na década de 1960, juntamente com as **bases e bancos de dados**.

A década de 1970 foi marcada pelo incremento do acesso on-line, por linha telefônica discada, apesar dos elevados custos de comunicação. No Brasil, o preço da hora de acesso on-line era de US$ 100. Nos Estados Unidos, o preço para recuperação on-line de aproximadamente 100 títulos em química, para posterior revisão off-line, e seleção de dez títulos mais relevantes – varia entre US$ 8,00 (Merck Index, TSCA Chemical Substances), US$ 30,00 (Chemical Abstracts), US$ 45,00 (Chemical Business Newsbase), até US$ 140,00 (Beilsten Chem. Tox).

As décadas de 1980 e 1990 são caracterizadas pela democratização e globalização das informações. Os custos de acesso e transferência foram substancialmente reduzidos, pela expansão do uso de microcomputadores pessoais e dos recursos de teleprocessamento.

Justificativas de atrasos e fracassos científicos, tecnológicos e industriais já não podem ser atribuídos à falta de grandes bibliotecas locais, dotadas de coleções completas de publicações.

- Tecnologias de CD-ROM e multimídia, com atualização permanente, revolucionaram o acesso individual a bases de dados off-line, cobrindo vasta área de conhecimento e técnicas.

- Fronteiras e distâncias são rompidas pela Internet. A **navegação** no ciberespaço está cada vez mais fácil e veloz, graças a programas de conexão, recursos de busca e modems de alta velocidade.

- Em poucas horas de busca, pode-se ter acesso a centenas de documentos por meio de conexões (links) automáticas, envolvendo cadeia interligada de locais (sites) nas mais distantes partes do mundo. Todos querem estar presentes no ciberespaço. Bibliotecas, centros acadêmicos, institutos de pesquisa, empresas, organizações governamentais e não governamentais ou mesmo indivíduos estão mantendo suas páginas (homepage) permanentemente na Net.

- A comunidade acadêmica já usa, em geral gratuitamente, importantes fontes internacionais e permuta informações com outros interessados. Formulários de busca (**query search**), correspondência eletrônica (e-mail), conversação (Chat), grupos de discussão (newsgroups), notícias (**newsnet** ou **usenet**) e teleconferência foram oferecidos por centenas de prestadores de serviços (provedores) comerciais.

- Subredes especializadas, dentro da Internet, permitem o acesso e a troca de informações entre pessoas com interesses afins. Qualquer indivíduo ou empresa já pode manter seu endereço eletrônico permanentemente ativo, no ciberespaço. Negócios passaram a ser feitos por intermédio da rede de computadores mundiais. Fenômenos e acontecimentos são acessados em tempo real.

- Equipamentos e programas para uso em microcomputadores estimulam as organizações de médio porte acima para criarem suas próprias intranets, envolvendo funcionários e fornecedores, clientes, consumidores. Extranets já estão conectando diferentes intranets de concorrentes e outros agentes importantes.

- Novas tecnologias de comunicação surgem a cada instante. Busca e acesso estão cada vez mais fáceis. Televisores acoplados a modems (final de 1996) reduzem custos de acesso. Já é possível acessar informações em qualquer parte da terra, graças a telefones celulares por satélites (1996), acoplados a notebooks a bateria.

Consequentemente, o tráfego de comunicação, já intenso, ficará sobrecarregado, em virtude do crescimento e diversificação dos perfis de interesse, da explosiva proliferação de dados e da contínua geração de novas informações. A informação produzida deverá ser rapidamente consumida e renovada, uma vez que a obsolescência será quase imediata.

Ao contrário do que aconteceu no passado, os novos eventos deverão reduzir o fosso (*gap*) tecnológico entre países industrialmente desenvolvidos e não desenvolvidos. Os benefícios irão depender, entretanto, dos investimentos em infraestrutura de comunicações e, acima de tudo, em **educação e treinamento de pessoal**. Sem recursos humanos qualificados, será difícil reduzir a poluição causada por dados irrelevantes, não pertinentes e dispensáveis; evitar o desperdício de tempo, dinheiro e impedir a ocupação indesejável dos meios de comunicação.

8.3 SITUAÇÃO NO BRASIL

As barreiras e deficiências do sistema local de informação científica e tecnológica foram identificadas (Aguiar, 1991; Allen, 1979; Furtado, 1981, 1982, 1991; Whitehall, 1979), mas não solucionadas.

A infraestrutura da rede física e a capacitação de recursos humanos são deficientes. O segmento acadêmico dispõe de melhores condições para acompanhar os avanços mundiais: os recursos humanos estão mais bem preparados, e o acesso à comunicação é gratuito e ilimitado. As grandes empresas, especialmente as filiais das corporações transnacionais, conseguem superar, com facilidade, as barreiras técnicas e econômicas.

Todavia, o quadro não é favorável às PMEs:

- continuarão pagando caro para acesso on-line internacional, especialmente quando se tratar da informação tecnológica, comercial e de propriedade industrial;
- as bibliotecas acadêmicas locais não estão acostumadas a atender, regularmente, a consultas de empresas;
- os **núcleos de informação tecnológica**, criados com verbas públicas para oferecer apoio ao setor produtivo, dificilmente resolverão os problemas para PMEs.

Os problemas começam pelo fato de a PME ter dificuldades para identificar suas próprias necessidades informacionais. Os serviços locais de informação são passivos, não promovem, nem divulgam os produtos disponíveis. Não há pessoal treinado para resolver problemas, por meio de informação objetiva, relevante e bem elaborada. Falta continuidade nos programas, estratégias políticas e administrativas.

A situação no Brasil indica que o próprio interessado terá de se capacitar para: identificar o espectro de informações de que necessita; localizar fontes, por meio de instrumentos de busca; acessar, avaliar a qualidade, interpretar o conteúdo dos documentos e usar – de maneira objetiva – as informações obtidas.

8.4 ABORDAGENS

Respostas às questões "**por que** e **o que fazer**" e "**como, onde** e **quando fazer**" dependem de informações com pertinência, qualidade, atualidade e mérito. Para isso, são necessárias três abordagens complementares:

a) definição do perfil de interesse a respeito do assunto ou problema;

b) entendimento das relações entre missão das organizações e informações geradas;

c) interpretação da natureza, da forma e do conteúdo das informações.

8.4.1 Definição do perfil de interesse

O primeiro passo consiste em eleger os **descritores** ou **termos de referência**, em relação a determinado assunto, projeto ou problema. Para tanto, será preciso conhecer linguagem, jargões, termos específicos e expressões de uso corrente no segmento ou área de interesse; entender o significado de atividades como Pesquisa Científica, Pesquisa e Desenvolvimento, Estudo de Viabilidade, Projeto Básico, Projeto de Design, Projeto de Produção, Marketing e Comercialização e reconhecer os tipos de informações requeridas para cada tipo de atividade. O perfil de interesse é representado por **vocabulário apropriado**, correlacionado aos tipos de atividades que envolvem o tema, assunto ou problema a ser abordado.

8.4.2 Organização e informação

A seleção dos **descritores** ou **termos de referência** é fator de sucesso na busca e seleção de informações, em consultas a arquivos tradicionais em papel (catalogação documentária, bibliografias), ou a meios eletrônicos (bases de dados em CD-ROMs e consulta on-line). Para isso, é importante saber que organizações com diferentes missões geram informações com diferentes forma e conteúdo.

As **organizações acadêmicas** (universidades e institutos de pesquisa) são de natureza flexível, e nelas prevalecem o pensamento livre e a livre escolha de atividades e forma de manifestação. A organização acadêmica universitária valoriza as informações resultantes de **Ciência e Tecnologia**, com pequeno ou nenhum interesse em Serviços Técnico Científicos. Os institutos de pesquisa, mantidos com recursos públicos, identificam-se bastante aos núcleos universitários.

A comunidade científica que atua em **ciência básica** valoriza (i) a informação aceita, reconhecida e validada pelos pares (principalmente no plano internacional) e (ii) o grau de utilização da informação gerada, traduzido pelo **índice de citação** de artigos publicados. Nas **ciências aplicadas**, são valorizadas, adicionalmente, (iii) patentes geradas, (iv) tecnologias transferidas e (v) a prestação de serviços. Raramente a organização acadêmica valoriza (vi) a imagem institucional e (vii) a liderança conquistada.

As **organizações privadas** (empresas, fundações, associações e outras formas jurídicas) têm objetivos e finalidades políticas, econômicas e sociais bem setorizadas e explícitas. Os objetivos, hierarquias e níveis de comandos são mais bem definidos, com vistas ao desempenho da organização no ambiente ou mercado. Os institutos de pesquisa, sob a natureza jurídica de **empresas**, porém mantidos com orçamentos públicos, estão mais identificados com as organizações acadêmicas.

Para decisões de negócios, a **organização privada** precisa utilizar complexa malha de informações, abrangendo aspectos técnico-científicos, administrativos, mercadológicos, econômicos, legais, ambientais e políticos.

8.4.3 Conhecimento e informação

As informações geradas pelas organizações fazem parte do **conhecimento cultural, científico-tecnológico** e **conjuntural**. Conceitualmente, o **conhecimento** representa a herança cognitiva (memória) do homem, expresso por meio de ideias, noção ou saber a respeito de determinado assunto. O **conhecimento** é criado por meio de duas ferramentas: (i) **processos mentais** – caracterizados pelo raciocínio, indução e dedução – e (ii) **técnicas** – definidas como a arte ou habilidade para lidar com coisas ou problemas, combinando recursos intelectuais e materiais, a fim de gerar bens culturais, materiais ou ambos.

O **conhecimento popular** resulta do bom-senso, senso comum ou empirismo, de natureza valorativa, reflexivo, assistemático, falível e inexato. A **informação empírica** traduz a experiência popular, sem base científica, contendo, porém, recomendações e procedimentos de ordem prática, palpites, percepção, crença popular, especulação, tentativas e erros, resultados ao acaso e práticas baseadas no bom-senso.

O **conhecimento científico** deve ser real (embora incerto), racional, sistemático, verificável, quase exato, explicativo, preciso (apesar de falível), cumulativo, aberto e útil. As **informações científicas** devem resultar da **pesquisa científica**, baseada no uso de **técnicas** e da **metodologia científica**, a qual envolve a **observação** e, em geral, a **experimentação**. A informação científica dever permitir a comprovação e reprodutibilidade dos fatos e fenômenos observados.

O **conhecimento tecnológico** representa o acervo de informações sobre a arte de produzir, em escala industrial, produtos, sistemas ou serviços com valores econômicos ou sociais tangíveis.

Qualquer que seja o tipo de conhecimento, a **informação** consiste na emissão de juízos de valor, a partir de dados organizados e tratados. A informação é denominada **formal** quando representa (i) o juízo **verbalmente codificado** e **formalmente publicado** ou (ii o juízo **fisicamente codificado** e incorporado em máquinas, equipamentos, instalações, plantas industriais, laboratórios e outra formas materiais. A informação **informal** expressa o juízo verbalmente codificado, porém não publicado, representado pela memória do autor, textos inéditos, apresentações em reuniões e eventos, ideias e informações em arquivos.

A informação é denominada **primária** quando representa o juízo original, divulgado pela primeira vez, por iniciativa e sob a responsabilidade do próprio autor. Será **secundária** quando se tratar de citação de informação primária, feita pelo próprio autor ou por terceiros; ou **terciária**, se consistir de coletânea de informações primárias e secundárias, organizadas em catálogos, dicionários, índices e outras obras de referência.

8.5 INDICADORES DE CONTEÚDO

Os conceitos anteriores são úteis para interpretação da natureza, procedência, forma e conteúdo das informações geradas nos diferentes setores socioeconômicos.

Informação científica

Deve ser, necessariamente, formal e primária ou, excepcionalmente, secundária. Sua análise e avaliação devem ser baseadas nos **filtros de qualidade**, representados pela tradição do gerador (cientista), da organização a que pertence e dos critérios de aceitação do veículo de disseminação (editores, revisores e normas de procedimentos), agências de fomento e outros elementos da comunidade.

Os **indicadores de conteúdo** são representados, por exemplo, por: inovação do conhecimento, argumentação (doutrinação), efetividade, atualidade, relevância, criatividade, complexidade, complementaridade a outros conhecimentos e profundidade do tratamento.

Informação tecnológica

Poderá ser formal ou informal, primária, secundária ou terciária, resultando de amplo espectro de atividades. **Pesquisa e Desenvolvimento** – também denominada **desenvolvimento experimental** – representa o conjunto de atividades estruturadas e sistematizadas a partir de conhecimentos empíricos e científicos acumulados e do uso de técnicas para concepção e criação de produto, serviço ou sistema novo ou modificado, para serem utilizados em escala industrial. Estão incluídos, nessa categoria, as etapas de piloto e protótipo. O objetivo da Pesquisa e Desenvolvimento é a geração de **tecnologia central** ou **medular** ou de **tecnologia periférica** ou **auxiliar**, para as ações complementares e interações (sinergia).

A **engenharia** (*engineering*) consiste na aplicação dos conhecimentos gerados pela Pesquisa e Desenvolvimento, envolvendo planejamento, design, construção, gestão de procedimentos, de recursos e de utilidades.

Os **serviços técnico-científicos** abrangem inúmeras habilidades técnicas para difusão de ciência e tecnologia, sistemas de informações; testes e ensaios, no laboratório e em campo; padronização, normalização e metrologia; controle de qualidade; patentes e licenças; engenharia de projeto; coleções; assistência técnica; ensino e treinamento; gestão científica e tecnológica.

Informação mercadológica

Não menos importantes são as informações envolvendo posições mercadológicas de produtos, bens e serviços; crenças, necessidades e expectativas dos consumidores em relação ao produto ou serviço; concorrência; aspectos políticos; possibilidades de expansão do mercado e de novas empresas; pontos fortes e oportunidades de interação.

Informação institucional

A empresa precisa avaliar sua efetividade, envolvendo informações sobre: impacto social de seus produtos e processos na sociedade; treinamento oferecido a seus trabalhadores; cumprimento de cronogramas e outros eventos relacionados a inovação; controle de custos e prazos; qualidade da engenharia; imagem e liderança da organização, inclusive a opinião da concorrência.

Informação política

As atividades das empresas estão fortemente atreladas a condutas governamentais, nos níveis internacional, federal, estadual e municipal. Daí a necessidade de dispor de informações sobre políticas, modelos, incentivos, demandas e tendências, especialmente em assuntos ou no segmento de negócios.

Outras informações

Além das informações citadas, deve ser mencionado que é necessário dispor de informações atualizadas a respeito **da legislação, da propriedade industrial** e **dos impactos sociais** e **ambientais** decorrentes da atividade da empresa.

8.6 FONTES E ESTRATÉGIAS DE BUSCA

Não há linearidade absoluta entre a informação científica e a tecnológica: 70% das novas tecnologias derivam do mercado (Ribault, Martinet e Lebidois, 1995). Para assuntos ou problemas em **engenharia**, deve haver maior interesse para informações tecnológicas, técnicas, socioeconômico-financeiras, políticas, legais e ambientais. A procura por informações científicas deve ser objetiva e orientada, preferencialmente, para resultados de pesquisa científica com função educacional e operacional.

Os **levantamentos bibliográficos** são normalmente encontrados em bibliotecas técnicas de universidades e institutos de pesquisa. A busca é feita por meio de catálogos em papel. Bibliotecas mais desenvolvidas dispõem de levantamentos em CD-ROMs e busca on-line. Importantes bibliotecas nacionais constituem a Rebae – Rede de Bibliotecas da Área de Engenharia, em articulação com o Istec – *The Ibero-American Science and Technology Education Consortium*. Estão disponíveis mais de 80 bases em CD-ROM e o fornecimento de cópias de documentos via Internet.

O acesso on-line é feito por meio de protocolos de comunicação via Telnet (protocolo especial de comunicação) ou – via Internet – por interfaces WWW (*World Wide Web*). Os pedidos de cópias devem ser feitos por correio eletrônico (e-mail).

A busca é feita a partir de **termos de referência** ou **palavras-chave**. Para o uso na Internet, há poderosas ferramentas de busca de uso gratuito, chamadas *search engines*, *search sites*, *Web indexes* ou *Web directories*.

Em certos casos, a busca é feita a partir de termos individuais. Em outros, são usadas combinações contendo as opções AND, NOR, OR, ou "curingas" como ^, ?, *, por exemplo.

Alguns *engines* entendem frases inteiras e reconhecem nomes próprios. Outros recomendam correlacionar as palavras pelo sínal + ou manter as expressões entre parênteses.

O site www.wp.com/resch/search apresenta comentários sobre 72 *engines* disponíveis na Internet.

Principais recursos de busca Internacionais
AltaVista Search – www.altavista.digital.com
Clearinghouse – www.clearinghouse.net
Excite – www.excite.com
HotBot – www.hotbot.com
Infoseek – www.infoseek.com
Lycos – www.lycos.com
Magellan – www.mckinley.com
Superseek – w3.superseek.com/superseek
Webcrawler – www.webcrawler.com
World Wide Web Worm – wwww.cs.colorado.edu/wwww
Yahoo – www.yahoo.com

White Pages
Bigfoot – www.bigfoot.com
Switchboard – www.switchboard.com
Four11 – www.four11.com
internet@ddress.finder – www.iaf.net

Brasil
ACHEI – www.achei.net
ARGOS – www.argos.com.br
CADÊ? – www.com.br
YAIH? – www.ci.mp.br

O IBICT (Instituto Brasileiro de Informação em Ciência e Tecnologia) oferece serviço de buscas em publicações brasileiras e fornece informações sobre bibliotecas, sites, programas e outras referências, inclusive (www.ibict.br/ictnet). Instruções para levantamento bibliográfico tradicional e via eletrônica estão disponíveis em www.ujba.br/npgadm/ kitpes.htm.

Bibliotecas on-line
Internacionais

    Library of Congress – www.z39.50/gateway
        CSEUUNM – Telnet Login: fibrary.unm.edu -jerome.cs.unm.edu www.unm.edu
          Outras – procurar com os *search engines* e os serviços de White Pages

Brasil conexão Telnet

      UFRGS – Telnet Login: sabibib
      PUC-RS – Telnet Login: guest
    UNICAMP-BAE – Telnet Login turin.unicamp.br- www.unicamp.br/BC.old/BC.html
      USP-SIBi – Telnet server.usp.br Login: dedalus - www.usp.br/sibi/sibi.html
Fundação Bibl. Nacional – Telnet Login: fbncons
  IBICT - Biblioteca – Telnet Login: antares
Bibl. Reg. de Medicina – Login: bireme

As diferentes áreas de conhecimento estão organizando diretórios e catálogos compreensivos, contendo os endereços eletrônicos especializados e mais importantes, onde poderão ser encontradas as informações adequadas aos perfis de interesse.

É preciso iniciar a busca por meio dos programas de navegação e utilizar as oportunidades de conexão (links) para conhecer os sites mais interessantes. A partir disso, participar dos grupos de discussões (newsgroups) e manter contatos com pessoas interessadas, pelo correio eletrônico (e-mail). O interessado irá encontrar, certamente, subredes para divulgação de textos e endereços no assunto, setor ou segmento, como os já existentes para diversos temas (www.winet.net; e-mail: greendisk@ig.apc.org).

Questões para reflexão

1. A condição mais importante para busca e seleção de informações consiste em identificar os termos de referência ou palavras-chaves a respeito do assunto ou problema em questão. Onde procurar tais vocábulos?

2. No contexto atual, as questões referentes às matérias-primas, produtos acabados e os processos de fabricação estão intimamente relacionadas a informações que fazem parte do conhecimento empírico, científico, tecnológico e conjuntural. Relacione os tipos de informações a serem procuradas e identifique alguns indicadores de conteúdo que permitam avaliar a natureza e qualidade das informações que serão obtidas.

3. O atendimento oferecido por bibliotecas acadêmicas aos usuários costumeiros é relativamente facilitado, uma vez que os perfis de interesse foram caracterizados por seus professores e orientadores. Além disso, os catálogos bibliográficos, índices de referência e bases em CD-ROMs estão estruturados com base na linguagem e vocábulos específicos para as diferentes áreas do saber e de atividades técnico, econômicas e sociais. Mais ainda, as bibliotecas e centros de informação nem sempre dominam o espectro transdisciplinar das atividades da organização ou empresa interessada. Que estratégias devem ser adotadas para compatibilizar a linguagem do usuário interessado e o prestador de serviços?

4. O uso de ferramentas de procura na Internet (*search engines*, *query searches* etc.) trazem, com frequência, referências, títulos de documentos, nomes de sites sem qualquer interesse ou relação com os termos utilizados para a busca. Relacione as medidas, procedimentos e alternativas para sintonizar a busca.

5. Há notável distância entre o discurso e a efetiva prática envolvendo a afirmação de que "a informação é importante ferramenta para as atividades da organização". Que medidas serão necessárias para a criação de cultura institucional para seleção e uso da informação?

6. Que critérios devem ser adotados para avaliar a qualidade da informação obtida?

Referências bibliográficas

AGUIAR, A. C. Informação e atividades de desenvolvimento científico, tecnológico e industrial: tipologia proposta com base em análise funcional. *Ciência da Informação*, Rio de Janeiro, v. 20, n. 1, p. 7-15, 1991.

ALLEN, T. J. *Managing theflow oftechnology*. Cambridge: The MIT Press, 1979. 319 p.

FURTADO, J. S. Conceitos e tipologias em ciência e tecnologia e sua influência na publicação de informações. *Ciência da Informação*, Brasília, v. 10, n. 1, p. 13-18, 1981.

_____. Informação e organização. *Ciência da Informação*, Brasília, 27-33, 1982.

_____. Informação técnico-econômica: mais importante do que nunca. *Ciência da Informação*, Rio de Janeiro, v. 20, n. 1, p. 20-22, 1991.

RIBAULT, J.-M.; MARTINET, B.; LEBIDOIS, D. *A gestão das tecnologias*. Tradução Magda B. de Figueiredo. Lisboa: Publ. Dom Quixote, 1995. 296 p.

WHITEHALL, T. Information needs, task analysis and information inputs to tasks. *Ciência da Informação*, Rio de Janeiro, v. 8, n. 2, p. 113-119, 1979.

SEGUNDA PARTE

PRODUÇÃO

Seção 4	**PRODUTIVIDADE**		
	Capítulo 9	Produtividade .... *José Celso Contador*	105
	Capítulo 10	Estudo de Tempos .... *Paulino G. Francischini*	121
	Capítulo 11	Projeto de métodos .... *Paulino G. Francischini*	131
	Capítulo 12	Arranjo físico .... *Paulino G. Francischini* *Alexandre Fegyveres* (colaborador)	139
	Capítulo 13	Ergonomia .... *Fausto L. Mascia* *Laerte I. Sznelwar*	148
Seção 5	**QUALIDADE**		
	Capítulo 14	Qualidade: conceitos e abordagens .... *Gregório Bouer*	158
	Capítulo 15	Controle estatístico de processo .... *Alberto Wunderler Ramos*	169
Seção 6	**ORGANIZAÇÃO DA PRODUÇÃO**		
	Capítulo 16	As formas japonesas de gerenciamento da produção e de organização do trabalho .... *João Amato Neto*	181
	Capítulo 17	Organização do trabalho na produção – A abordagem sociotécnica .... *Afonso Fleury* *Fernando Belcorso da Silva* (colaborador)	193
Seção 7	**PLANEJAMENTO E CONTROLE**		
	Capítulo 18	Gestão de estoque .... *Luis Fernando Pinto de Abreu*	202
	Capítulo 19	Programação e controle da produção para a indústria intermitente .... *José Celso Contador* *José Luiz Contador*	210
	Capítulo 20	Gerenciamento de projetos com PERT e CPM .... *José Luiz Contador*	232

	Capítulo 21	Sistemas de planejamento e controle da produção .... *Henrique Corrêa* *Irineu Gianesi*	260
Seção 8	**ESTRATÉGIA DE OPERAÇÕES**		
	Capítulo 22	Estratégia de operações .... *Henrique Corrêa* *Irineu Gianesi*	282
	Capítulo 23	Produção limpa .... *João S. Furtado* *Marcelo de C. Furtado*	289

CAPÍTULO 9

PRODUTIVIDADE

José Celso Contador

9.1 INTRODUÇÃO

Este livro, na sua essência, cuida de mostrar como aumentar a produtividade. Nada mais natural, portanto, que começar esta seção conceituando-a.

Como se verá, produtividade é um dos conceitos mais importantes dos anos atuais. Junto com qualidade, forma o binômio responsável pelo que há de mais eficaz para dar competitividade à empresa. Sobre esse binômio, o Japão erigiu todo seu enorme sucesso industrial a partir da década de 1950.

A produtividade é medida em quatro níveis:

1. da operação;
2. da fábrica;
3. da empresa; e
4. da nação.

9.2 CONCEITUAÇÃO DE PRODUTIVIDADE

9.2.1 Definição de produção e de produtividade

1. **Produção** é o processo de obtenção de qualquer elemento considerado como objetivo da empresa, chamado produto (peças, automóveis, geladeiras, projetos, planos, artigos redigidos, livros publicados, ideias para uma campanha de *marketing* etc.). É a aplicação de recursos produtivos com alguma forma de administração.
2. **Medida da produção**: quantidade de produto produzida numa unidade de tempo, como peças/hora, toneladas/hora, automóveis/ano etc.

    Na definição de produção, aparecem duas palavras que merecem ser precisadas: recursos produtivos e administração.

3. **Recursos produtivos** são os meios utilizados na produção, como máquinas, equipamentos, materiais, mão de obra, terra, ideias, capital, energia etc.
4. **Administração** é a canalização dos esforços e dos recursos produtivos para que os objetivos da empresa sejam atingidos eficiente e eficazmente.

Agora é possível definir produtividade:

5. **Produtividade** é a capacidade de produzir ou o estado em que se dá a produção.

6. **A produtividade é medida** pela relação entre os resultados da produção efetivada e os recursos produtivos aplicados a ela (ou produção/recursos) como peças/hora-máquina, toneladas produzidas/homem-hora, quilogramas fundidos/quilowatt-hora, toneladas de soja/hectare (onde ano está implícito por corresponder à safra), etc. A produtividade é medida para cada recurso isoladamente, para que seja possível avaliar o comportamento e o desempenho de cada um.

Reafirmação das unidades de medida. Existe uma frequente imprecisão de linguagem relativa às unidades de medida, tanto de produção como de produtividade, que merece esclarecimento. Parece que algumas pessoas, inclusive jornalistas, julgam elegante afirmar, por exemplo, "a produção da indústria automobilística brasileira aproxima-se da marca de dois milhões de veículos-ano", quando o correto é veículos por ano (veículos/ano), caracterizando que ano vai para o denominador. É comum também a afirmação de que "a produtividade é de 18 automóveis por homem por ano", quando o correto é 18 automóveis por homem-ano (18 automóveis/homem-ano), ou seja, é homem multiplicando ano. Essas imprecisões podem ser admissíveis para leigos, mas não para engenheiros, até porque podem induzir a erros nos cálculos.

9.2.2 Produtividade da operação

7. **Operação** é o nome dado ao trabalho do operário ou da máquina, como torneamento de uma peça ou assentamento de tijolos.

Uma forma didática de definir produtividade da operação é por meio de um exemplo, como o mostrado no Quadro 1.

Quadro 1 Cálculo de produção e de produtividade		
Situação	Produção	Produtividade
1. Um operário, trabalhando em uma máquina, produz, em uma hora, 10 peças	10 peças/hora	10 peças/homem-hora 10 peças/hora-máquina
2. Dois operários, trabalhando em duas máquinas, produzem, em 1 hora, 20 peças	20 peças/hora	10 peças/homem-hora 10 peças/hora-máquina
3. Melhorando o método de trabalho, um homem opera duas máquinas e produz, em 1 hora, 20 peças	20 peças/hora	20 peças/homem-hora 10 peças/hora-máquina

Duas conclusões importantes ressaltam da análise do quadro acima:

a) para aumentar a produção, basta aumentar os recursos produtivos – comparando as duas primeiras situações do quadro, verifica-se que, na segunda, um aumento dos recursos acarretou um aumento proporcional da produção; e

b) já o aumento da produtividade demanda outros tipos de mudança, como, por exemplo, na terceira situação, em que o aperfeiçoamento do método de trabalho permitiu obter a mesma produção da segunda situação, mas com redução de mão de obra, o que aumentou sua produtividade.

Este livro não cuidará de mostrar como aumentar a produção, porque para isso – de acordo com a primeira conclusão – basta aumentar os recursos produtivos, o que exige capital. Entretanto, aumentar a produtividade é tarefa das mais difíceis (se fosse fácil, ela não seria tão importante, porque todos os concorrentes poderiam alcançar índices elevados de produtividade, e ela não se teria constituído em vantagem competitiva de tamanha importância). Este livro dedica-se, isso sim, a focalizar a forma de aumentar a produtividade.

É conveniente definir eficiência, pois é frequente a confusão entre o seu conceito e o de produtividade.

8. **Eficiência**, para os propósitos deste livro, é a relação percentual entre a produção realmente realizada e a produção padrão (aquela que deveria ter sido realizada). Eficiência é também a relação percentual entre o tempo padrão (o tempo que deveria ter sido consumido, como se verá no próximo capítulo desta seção) e o tempo realmente consumido. Por exemplo: o padrão de produção de um produto é 60 peças por hora (portanto, seu tempo padrão é 1 minuto por peça); a produção real foi de 48 peças por hora (portanto, 1,25 minutos por peça); daí, a eficiência da produção foi de:

$$\frac{48 \text{ peças}}{60 \text{ peças}} = \frac{1 \text{ minuto}}{1{,}25 \text{ minutos}} = 80\%$$

9.2.3 Produtividade da fábrica

9. **Produtividade da fábrica** é a relação entre o resultado da produção e o total de cada recurso produtivo aplicado.

A produtividade é medida para cada recurso isoladamente, para ser possível avaliar o comportamento e o desempenho de cada um. O recurso mais usual é a quantidade de operários. Como as máquinas são de tipos muito diversificados, raramente são utilizadas na medida da produtividade. Como exemplo pode-se citar que a produtividade da indústria brasileira de fundição é de 20 toneladas por homem-ano e a das montadoras de automóveis é de 18 unidades por homem-ano

O conceito de produtividade da fábrica agrega também variáveis que estão fora da operação, como o aproveitamento dos materiais (medido pelos índices de rejeição, de sucata, de retalho, de retrabalho), a administração dos estoques (de matéria-prima, componente, material em processamento, produto), a movimentação de materiais etc. Numa fundição, por exemplo, a produtividade do material é medida pela relação **peças boas produzidas** (em unidades ou em peso) por **tonelada de matéria-prima**. Numa fábrica de alumínio primário, a produtividade da energia elétrica, que é o principal insumo, é medida em **quilogramas de alumínio/quilowatt-hora**.

9.2.4 Produtividade da empresa

10. **Produtividade da empresa** é a relação entre o faturamento e os custos respectivos.

Segundo Vicente Falconi Campos, "a definição de produtividade como o quociente entre o faturamento e os custos tem a grande vantagem de, além de incluir todos os fatores internos da empresa (taxa de consumo de materiais, taxa de consumo de energia, taxa de utilização de informação etc.), inclui o cliente como fator decisivo de produtividade. Se o cliente não quiser comprar, por maior que seja a eficiência da empresa, a produtividade cairá. A definição de produtividade como **taxa de valor agregado** serve para qualquer instituição: empresa manufatureira, empresa de serviços, hospitais, hotéis, prefeituras etc." (Campos, 1989).

$$\text{Taxa do valor agregado} = \frac{\text{Faturamento (\$)}}{\text{Custos (\$)}} = \text{Produtividade}$$

A vantagem de aferir a produtividade dessa forma é obter uma medida global, e apenas uma, do desempenho da empresa como um todo. Caso fosse utilizada a tradicional relação produção/recursos, haveria uma medida de produtividade para cada recurso. O uso de valores financeiros para quantificar a relação produção/recursos permite somar recursos díspares como homens de diversas especializações, máquinas diferentes, materiais auxiliares, matéria-prima etc., propiciando assim uma única medida para a produtividade global da empresa.

"A melhoria da Taxa de Valor Agregado é conseguida por meio do gerenciamento da redução de custos e do aumento do faturamento por meio de maior qualidade, enobrecimento do produto, maior produção, novos produtos etc. Se a abordagem da questão da produtividade for feita por essa ótica, os ganhos de produtividade serão de 50% a 100% como têm relatado as empresas bem-sucedidas. No Brasil, os ganhos de produtividade serão muito superiores a 100%; estou absolutamente convencido disso baseado no que tenho observado em empresas brasileiras. No dia em que os sindicatos descobrirem isso, passarão a exigir que a administração das empresas assuma o seu papel e utilize metodologias que permitam melhorar a produtividade; estarão assim atuando na causa (produtividade) e não no efeito (salário)."(Campos, 1989).

O conceito de produtividade da empresa agrega também variáveis externas à fábrica propriamente dita, como a logística de distribuição de produtos, a qualidade do projeto (o valor que o comprador atribui ao produto), a eficiência das áreas de *marketing*, vendas, finanças, pessoal, manutenção etc.

9.2.5 Produtividade da nação

11. **Produtividade da nação** é a renda *per capita*. O único meio de aumentar a renda *per capita* de uma nação é aumentar a produtividade da população economicamente ativa. Isso porque ambas têm a mesma expressão matemática: produção realizada por um homem em uma unidade de tempo. Veja-se:

$$\text{Produtividade} = \frac{\text{Quantidade produzida}}{\text{Homen-hora}}$$

$$\text{Renda } per\ capita = \frac{\text{Produção do país (\$)}}{\text{População-ano}} = \frac{\text{Produto interno (PIB)}}{\text{População}}$$

Ou seja, a renda *per capita* só aumentará se a média da produtividade de toda a população aumentar (estão implícitas duas hipóteses: a produção total – o produto, na linguagem econômica – precisa aumentar, e não haverá medidas drásticas para reduzir o denominador). Por essa razão, é dever de todos os patriotas procurar aumentar a produtividade do trabalho, obtendo assim o crescimento da renda *per capita* do país, o que reverterá em melhores condições de vida para a população.

9.2.6 Meios para aumentar a produtividade

O aumento da produtividade pode ser conseguido: **via capital e/ou via trabalho**.

Pela via do capital, o aumento da produtividade ocorre graças à aquisição de máquinas e equipamentos mais produtivos. Uma central de usinagem comandada por controle numérico, por exemplo, substitui diversas máquinas operatrizes e diversos operários.

Pela via do trabalho, o aumento da produtividade é alcançado por meio de técnicas de estudo de métodos de trabalho, que conseguem fazer com que o operário produza mais eficientemente, fatigando-se menos. A palavra trabalho é aqui empregada em sentido lato, não havendo especificação para sua extensão: um trabalho pode ser uma simples operação, como pode ser a construção de um navio.

12. **Estudo de métodos de trabalho**[1] é o ramo do conhecimento humano relacionado com a determinação científica da melhor maneira de se trabalhar, tendo por objetivo – principal, mas não único – aumentar a produtividade.

Tal objetivo do estudo de métodos de trabalho é alcançado principalmente pela:

a) eliminação de todas atividades desnecessárias ou não essenciais ao trabalho;

b) aumento da eficiência do trabalho;

c) eliminação da duplicidade de trabalho;

d) simplificação ao máximo do trabalho;

e) redução das paralisações (tempo de espera) das máquinas, equipamentos e mão de obra;

f) diminuição dos riscos de acidentes e da fadiga no desempenho do trabalho; e

g) eliminação dos desperdícios (de energia, de tempo, de material etc.).

9.2.7 Esforço produtivo

13. **Esforço produtivo** é a quantidade de recursos necessária para a produção de uma unidade de produção.

14. O **esforço produtivo é medido** pela relação entre os recursos produtivos e os resultados da produção, ou recursos/produção, como horas-máquina/peça, homens-hora/tonelada produzida etc.

Nota-se que o **esforço produtivo** é o **inverso da produtividade**.

É fácil concluir que não é possível somar produtividades, pois os denominadores têm significados diferentes. Por outro lado, é possível, para determinado produto, somar o esforço produtivo das diversas operações necessárias à sua fabricação, pois seu denominador é sempre o mesmo (uma unidade de produção ou de produto). É exatamente nesse ponto que reside a importância do esforço produtivo.

Exemplo – Supondo que sejam necessárias três operações, cada uma executada por um homem, para dar o acabamento em uma peça fundida: rebarbação grossa, feita com talhadeira portátil pneumática; esmerilhação, feita com fresadora portátil pneumática; e lixação, feita com politriz portátil pneumática, e que seja conhecido o tempo padrão de cada operação, calcula-se a produção, a produtividade e o esforço produtivo, conforme Quadro 2, a seguir:

Quadro 2 Cálculo do esforço produtivo				
Operação	Tempo unitário minutos/peça	Produção peças/hora	Produtividade peças/homem-hora	Esforço produtivo homens-minutos/peça
Rebarbação	3	20	20	3
Esmerilhação	1	60	60	1
Lixação	2	30	30	2

Pelo Quadro 2, é fácil concluir que:

- nem a produção, nem a produtividade são somáveis; e
- o tempo unitário e o esforço produtivo são somáveis, desde que os recursos utilizados sejam equivalentes.

Note-se que as três operações numa peça são feitas em 6 minutos, consumindo 6 homens-minuto/peça. Supondo que seja necessário produzir 1.000 peças, o esforço produtivo será de 6.000 homens-minuto ou 100 homens-hora.

O esforço produtivo é útil para:

- calcular a carga de trabalho necessária a uma dada produção (como no exemplo);
- calcular o custo de produção, principalmente daquelas operações que utilizam recursos produtivos de mesmo custo unitário.

9.3 PRODUTIVIDADE E CUSTO

15. **O aumento da produtividade diminui o custo**.

Como produtividade é igual a produção/recursos, uma maior produtividade significa que se produz mais, com os mesmos recursos, ou que uma mesma produção é feita com menos recursos. Portanto, em qualquer situação, o custo unitário do produto diminui. Ver exemplo a seguir.

A generalização desse exemplo permite concluir que **a relação entre os custos é inversamente proporcional à relação entre as produtividades**, ou seja, quando se aumenta a produtividade, o custo diminui, e o custo aumenta quando a produtividade cai.

Exemplo – Supondo que o custo horário de um operário seja $ 10,00 e que houve um aumento de 25% na produtividade, passando de 5 peças/homem-hora para 6,25 peças/homem-hora, e denominando:

c_h = custo horário do operário = $ 10,00/homem-hora = $ 10,00/Hh;

p_1 = produtividade anterior = 5,00 peças/homem-hora = 5,00 peças/Hh;

p_2 = produtividade atual = 6,25 peças/Hh;

c_1 = custo anterior da produção da peça; e

c_2 = custo atual da produção da peça,

$$c_1 = \frac{\$10,00/Hh}{5 \text{ peças/Hh}} = \$2,00/\text{peça}$$

$$c_2 = \frac{\$10,00/Hh}{6,25 \text{ peças/Hh}} = \$1,60/\text{peça}$$

variação de custo = $\dfrac{c_2 - c_1}{c_1} = \dfrac{1,60 - 2,00}{2,00} = -0,20 = -20\%$

Conclusão: um aumento de 25% na produtividade reduziu o custo em 20%.

Convém chamar a atenção do principiante: tanto a produção como a produtividade podem ser expressas em fração de unidade, uma vez que a hora pode completar-se durante o processo de fabricação de uma unidade. No exemplo, têm-se 6,25 peças/Hh, o que é correto, não devendo ser aproximado para número inteiro de unidades.

Do exemplo, pode-se generalizar:

a) custo unitário do produto da operação = $c_1 = c_h/p_i$

b) variação (de produtividade, de custo, de produção etc.) =

$$\frac{\text{Situação nova} - \text{Situação anterior}}{\text{Situação anterior}}$$

c) variação de produtividade =

$$\frac{p_2 - p_1}{p_1} = \frac{p_2}{p_1} - 1$$

d) variação de custo =

$$\frac{c_2 - c_1}{c_2} = \frac{c_2}{c_1} - 1 = \frac{c_h/p_2}{c_h/p_1} - 1 = \frac{p_1}{p_2} - 1$$

De d), obtém-se que:

$$\frac{c_2}{c_1} = \frac{p_1}{p_2}$$

9.4 PRODUTIVIDADE E QUALIDADE

Edwards Deming, estatístico e consultor norte-americano, foi o responsável pela introdução, em 1950, no Japão, do conceito do binômio **qualidade e produtividade**. Naquela época, os produtos japoneses (pasmem!) eram de péssima qualidade. Nas inúmeras palestras que fez no início da década de 1950, a convite da *Japanese Union of Science and Engeneering* e com o apoio do Comando Supremo das Potências Aliadas, Deming exortava, tanto os empresários como os engenheiros e técnicos, a aumentar a qualidade dos produtos para que fosse possível exportá-los a fim de que, com as divisas advindas da exportação, o Japão pudesse importar bens, matérias-primas e até comida. Os trechos destacados, a seguir, são excertos do seu livro *Out of the crisis*.

9.4.1 Conceitos fundamentais do binômio qualidade-produtividade

Reza o folclore que, nos Estados Unidos, qualidade e produtividade são incompatíveis, que não se pode ter ambas. Um gerente de fábrica lhe dirá que é uma coisa ou outra. Pela sua experiência, se forçar a qualidade, a produtividade diminui; se forçar a produtividade, a qualidade sofre. Raciocinará assim enquanto não souber o que é qualidade nem como alcançá-la.

Pergunta: "Porque a produtividade aumenta à medida que a qualidade melhora?"

Resposta: "Menos retrabalho. Não há tanto desperdício."

A melhoria da qualidade transfere o desperdício em homens-hora e tempo-máquina para a fabricação de um bom produto e uma melhor prestação de serviços. O resultado é uma reação em cadeia: custos mais baixos, melhor posição competitiva, pessoas mais felizes no trabalho, empregos e mais empregos (Deming, 1989).

Feigenbaum estima que entre 25% e 40% dos custos de fabricação da maioria dos produtos norte-americanos correspondem ao desperdício de esforço humano, de tempo-máquina e de uso não produtivo dos diversos recursos.

Segundo Deming, a seguinte reação em cadeia, que ele denominou **o despertar do Japão**, impregnou-se como um modo de vida japonês e apareceu nos quadros-negros de todas as reuniões de alta gerência desde 1950:

9.4.2 O desastroso conceito de custo da qualidade

Uma explicação clara sobre a relação entre qualidade e produtividade foi dada por meu amigo Dr. Yoshikasu Tsuda, da Universidade Rykkio, de Tóquio, que, em carta remetida de São Francisco em 23 de março de 1980, escreveu-me o seguinte:

> Acabo de passar um ano no hemisfério norte, viajando por 23 países, onde visitei inúmeras fábricas e conversei com muitos industriais. Na Europa e nos Estados Unidos, os industriais estão atualmente muito interessadas no custo da qualidade e em sistemas de auditoria de qualidade. No Japão, porém, continuamos a cultivar grande interesse pela melhoria da qualidade, empregando os métodos que você nos ensinou... Ao melhorarmos a qualidade, também melhoramos a produtividade, como você nos disse, em 1950, que aconteceria.

Com isto, o Dr. Tsuda afirma que a indústria ocidental se satisfaz em melhorar a qualidade até o ponto em que os resultados financeiros perceptíveis comecem a lançar dúvida sobre o benefício econômico de melhorias ulteriores[2]. Como perguntou alguém: "Até onde podemos reduzir a qualidade sem perder clientes?" Essa pergunta demonstra uma incompreensão descomunal, uma falta de entendimento típica da gerência nos Estados Unidos. Os japoneses, ao contrário, vão em frente no aprimoramento do processo, sem se importar com números. Dessa forma, aumentam a produtividade, diminuem custos e conquistam mercados. As empresas que buscam a qualidade têm conseguido também elevados índices de produtividade. Esse fato tem sido de difícil entendimento para o empresário cujo controle da qualidade é baseado em **inspeção**, pois, nesse caso, quanto mais severa for a inspeção, maior a segregação de produtos defeituosos e melhor será a qualidade, mas menor a produtividade. Como o controle da qualidade no conceito de Qualidade Total é **centrado no processo**, que é gerenciado com o objetivo de não produzir defeitos, resulta que quanto melhor for a qualidade, maior será a produtividade" (Deming, 1989).

16. **Qualidade Total** é um sistema de gestão da empresa orientado pela filosofia do melhoramento contínuo dos processos e dos recursos produtivos, que redundará no aperfeiçoamento dos produtos e serviços, objetivando a satisfação de todos os envolvidos na cadeia produtiva: consumidor, cliente, acionista, empregado fornecedor e vizinho. Esse sistema é constituído por princípios, valores, ferramentas (recursos), técnicas (forma de utilizar as ferramentas) e comportamento de pessoas, e precisa integrar a cultura da organização.

9.5 PRODUTIVIDADE ESTRATÉGICA

Produtividade, devido à visão taylorista, sempre esteve associada à redução do custo da mão de obra e da máquina (já que a pressão sindical praticamente impede a redução de custo baseada na redução dos salários). As empresas industriais foram, no decorrer do século passado, aumentando a produtividade da operação e da fábrica. Muitos ramos da indústria de manufatura conseguiram, pelo aumento progressivo da produtividade, reduzir o custo da mão de obra a valores inferiores a 10% do custo total. Nas montadoras automobilísticas, por exemplo, o custo da mão de obra era inferior a 5% do custo total; ora, um aumento de 10% na produtividade fabril (que exige tempo e dinheiro – dois anos de intenso esforço dos técnicos em estudo de métodos e aquisição de novas máquinas e equipamentos) reduz a insignificante fração de 0,5% no custo total. Parecia, portanto, esgotado o interesse pelo aumento da produtividade, para as empresas de capital intensivo, com o objetivo de reduzir custo. Para os ramos de mão de obra intensiva, como fundição, nos quais os custos do trabalho são elevados, ainda há ganhos a obter via aumento da produtividade da operação. A Associação Brasileira das Indústrias de Fundição (Abifa), por exemplo, ao constatar que a produtividade brasileira estava estabilizada havia dez anos no patamar de 20 toneladas por homem-ano, enquanto que na Alemanha esse número era de 46 e no Japão, 77, fixou como objetivo atingir 40 toneladas por homem-ano até o final da década de 1990.

Na verdade, o que está praticamente esgotado nas empresas de capital intensivo é o aumento da produtividade da fábrica **objetivando reduzir custo**. Mas, para a empresa como um todo, a potencialidade dos ganhos de produtividade na indústria brasileira é enorme. O comportamento das montadoras automobilísticas brasileiras serve para ilustrar: o setor multiplicou por dez seu tamanho nos últimos 40 anos. As l6 montadoras instaladas no país, com 26 fábricas em oito estados, produzem mais de três milhões de unidades contra pouco mais de 350 mil em 1969.

Entretanto, observou Zaccarelli, a análise das empresas bem-sucedidas, notadamente as japonesas, permite concluir que há forte correlação entre produtividade e outras vantagens competitivas. As empresas altamente produtivas têm alta qualidade no processo, recebem insumos de boa qualidade, trabalham com estoque reduzido, têm rapidez na manufatura, desfrutam de flexibilidade para trocar de produtos, são ágeis para lançar novos produtos. Ou seja, operar em alta produtividade é condição para a empresa obter vantagens competitivas em prazo de entrega, em variedade de modelos, em novos modelos etc. É a **produtividade estratégica**. Há pois forte correlação entre produtividade e competitividade. Em outras palavras, uma das condições essenciais para a empresa tomar-se competitiva é ter alta produtividade.[3]

17. **Produtividade estratégica** é a capacitação somente daqueles recursos produtivos que confiram vantagem competitiva à empresa. Significa a concentração de esforços para aumentar rápida e expressivamente a produtividade desses recursos.[4]

9.6. IMPORTÂNCIA E BENEFÍCIOS ADVINDOS DO AUMENTO DA PRODUTIVIDADE

9.6.1 Importância do aumento da produtividade

A produtividade é a chave do sucesso da empresa moderna.

Esse nosso ponto de vista coincide totalmente com o de Michael Porter, provavelmente a maior autoridade mundial em competitividade, que afirma categoricamente: "O único conceito significativo de competitividade nacional é o de produtividade, entendida esta como o valor da produção realizada por unidade de trabalho ou de capital. Como o principal objetivo de um país é proporcionar um elevado padrão de vida para seu povo, obtê-lo depende da produtividade com a qual o trabalho e o capital nacionais são empregados". (Porter, 1990).

Produtividade é a arma mais geral de todas porque precisa sempre ser utilizada. Se a empresa for competir em preço do produto, não há dúvida, ela é a arma mais adequada porque só com o seu aumento é possível reduzir custo. Se a empresa for competir em qualquer outro campo pertencente à **diferenciação**, o custo do produto diferenciado não pode estar muito distante daquele do produto não diferenciado, pois, caso contrário, seu mercado fica muito restrito.

Redução de custos é, portanto, o grande motivador da busca de maior produtividade. Sem dúvida, é um forte motivo. Só ele já bastaria para justificar o enorme esforço necessário para aumentá-la. Mas há ainda as vantagens comentadas na Seção 9.5 "Produtividade estratégica".

9.6.2 Benefícios advindos do aumento da produtividade

O primeiro benefício é a redução dos preços dos produtos. Em 1990 no Brasil, um televisor de 14 polegadas custava mais de US$ 500; cinco anos depois, menos de US$ 350, graças ao enorme aumento de produtividade e ao aumento de escala de produção provocado pelo Plano Real na indústria eletrônica. Henry Ford, um dos maiores empresários da história, pioneiramente estabeleceu o aumento de produtividade como um dos seus três princípios, e o preço de seu legendário Ford T caiu de US$ 850 em 1909 para US$ 310 em 1926, apesar dos inúmeros melhoramentos tecnológicos (entre outros a quase total eliminação de madeira na carroceria e a partida automática) e apesar de estar pagando salários, em média, quatro vezes maiores e comprando materiais pelo dobro do preço. Ou seja, para a grande maioria dos produtos industriais, **o aumento da produtividade vem em proveito dos consumidores**.

O segundo benefício a ser comentado é a redução da jornada de trabalho e o aumento do tempo de lazer. No Brasil do início do século XX, trabalhava-se de dez a 12 horas por dia, seis dias por semana, e muitas vezes até ao meio-dia do domingo; na década de 1940, a jornada de trabalho industrial foi estabelecida em 48 horas semanais; na década de 1950, surgiu nas atividades de serviço e comércio a "semana inglesa", com trabalho até o meio-dia de sábado; em 1988, a jornada industrial foi reduzida de 48 horas para 44 horas e para 36 horas nas empresas que operam no regime de turno de revezamento. Na Alemanha, a jornada semanal não passa de 36 horas em muitas empresas industriais, sendo que, em 1996, a Volkswagen A. G. firmou acordo com seus operários limitando-a em 28,8 horas. Como o aumento da produtividade está num processo bastante acelerado, com o homem produzindo cada vez mais em menos tempo, num ritmo não possível de ser acompanhado pela demanda, a tendência mundial é o homem trabalhar menos tempo e aumentar suas horas de lazer (daí a razão de a indústria do turismo e do entretenimento ser a de maior crescimento).

O terceiro benefício do aumento da produtividade é a geração de emprego na indústria de bens de capital; empregos necessários para a fabricação de máquinas e equipamentos encomendados pelas empresas em processo de modernização, processo esse impulsionado exatamente pela corrida em busca de maior produtividade para dar competitividade à empresa (assunto tratado no Capítulo 3, Campos e armas da competição).

O quarto benefício é o aumento do lucro das empresas, e o quinto – mas não o último – é o aumento da renda *per capita*, já comentado, que, em média, favorece toda a sociedade.

9.7 AUMENTO DA PRODUTIVIDADE E DESEMPREGO

9.7.1 Situação até a década de 1980

A pergunta que fatalmente ocorre quando se objetiva aumentar a produtividade é: não haverá desemprego?

A pergunta tem razão de ser porque um rápido aumento de produtividade, que não possa ser acompanhado por equivalente aumento de produção, gera quase sempre demissão de operários e/ou funcionários.

Entretanto, se a economia do país está em expansão, o mercado se encarrega de absorver aqueles que foram demitidos, não caracterizando uma situação de desemprego. Ou seja, em pouco tempo, o recém-demitido encontra nova colocação. Essa situação é a normal, tanto que a legislação trabalhista garante benefícios no ato da demissão, de forma a proporcionar o mesmo nível de rendimento por determinado tempo.

Por outro lado, se a economia do país está em recessão, o demitido tem alta probabilidade de se transformar num desempregado.

Portanto, a resposta à pergunta inicial é: Não. **O aumento da produtividade não gera desemprego. O desemprego é causado pela recessão econômica.**

O passado comprova essa afirmação. Se considerarmos os últimos 250 anos, desde a Revolução Industrial, constataremos que o aumento da produtividade, em todos os setores da economia, tem sido estupendo. Se o aumento de produtividade gerasse desemprego, hoje quase toda a população dos países desenvolvidos e emergentes estaria desempregada. Deve-se considerar também que um crescimento excessivo da população dificulta a criação de empregos para todos.

Entre 1960 e 1970, a produtividade, medida pela relação [valor da produção industrial/pessoal ocupado], cresceu 90% na região metropolitana de São Paulo, formada por 37 municípios que abrigam mais de um décimo dos brasileiros (em São Bernardo do Campo cresceu 91%). Se o aumento da produtividade gerasse desemprego, metade da população industrial de 1960 estaria desempregada em 1970. E isso não ocorreu; ao contrário, as empresas industriais da região metropolitana de São Paulo importavam mão de obra não industrial e a transformavam, por meio de treinamento, em mão de obra industrial. Isso porque o aumento de produção exigia o aumento dos recursos produtivos, e o resultado foi o crescimento econômico da região.

Esse fenômeno é explicado historicamente pelo seguinte ciclo econômico:

---

aumento da produtividade { → desemprego momentâneo
→ diminuição do custo do produto → diminuição no preço de venda →
→ maior consumo → maior produção → maior emprego

Como o aumento da produtividade sempre acarreta diminuição do custo, há quase sempre diminuição no preço de venda do produto, o que possibilita maior consumo. Para atender a esse consumo maior, a empresa tem que aumentar a produção, o que gera empregos (aumento de recursos produtivos).

O desemprego, portanto, está diretamente ligado ao **nível da atividade econômica**; a recessão econômica é sua principal causa.

9.7.2 Nova realidade: globalização da economia e desemprego generalizado

O aumento da produtividade causado pelo processo de globalização da economia

Na década de 1980, uma nova realidade de mercado impôs uma intensificação sem precedente do aumento da produtividade industrial e a consequente intensificação, também sem precedente, do desemprego, que assola todos os países industrializados. A natureza do problema continua a mesma de sempre, mas potencializada.

Essa nova realidade teve início, por influência principalmente de Deming e de Juran, no Japão de 1950. Como consequência dos programas de qualidade e produtividade, as empresas industriais japonesas começaram a melhorar rapidamente a qualidade de seus produtos e reduzir o preço de venda já que seus custos diminuíram sensivelmente com o aumento da produtividade). E fizeram isso com enorme empenho e determinação tendo por objetivo ganhar participação de mercado nos Estados Unidos e na Europa. Assim, sem que o mundo industrializado se desse conta na época, os japoneses foram-se solidificando no mercado internacional.

A reação ocidental só se verificou no início dos anos 1980. Para recuperar os mercados perdidos, as empresas tiveram de partir para rigorosos programas de aumento de produtividade e de redução de custos em todas as áreas.

Programas gerenciais, genericamente denominados da qualidade e baseados principalmente nas técnicas japonesas, foram implantados nas empresas em todo o mundo. Com a aquisição de modernas máquinas e de equipamentos cada vez mais produtivos, a produtividade fabril aumentou muito.

Na área administrativa, como resposta à necessidade de redução de custos, surgiu, no final da década de 1980, a Reengenharia[5], que se pauta por uma profunda e revolucionária alteração nos processos administrativos. E a produtividade administrativa também aumentou muito.

Por outro lado, como a capacidade da sociedade para adquirir bens é limitada, a produção industrial não conseguiu crescer a taxas tão elevadas como as do aumento da produtividade.

Por decorrência, a quantidade de recursos humanos foi drasticamente reduzida.

Ou seja, houve demissão em massa, que, nesse processo, transformou-se em desemprego. Consequência: todos países industrializados enfrentaram descomunal problema de desemprego.

Esse é o processo de **globalização da economia**. As grandes empresas industriais, com o instinto da sobrevivência suplantando o objetivo do lucro, forçaram, por intermédio da diplomacia de seus governos nos organismos internacionais, a abertura comercial nos países emergentes e o afrouxamento das barreiras alfandegárias nos países industrializados, e passaram a operar global e agressivamente. A disputa passou a ser acirrada, pois todas procuraram aumentar a qualidade, reduzir o preço de venda (exceto quando formam um cartel) e agradar o consumidor, fazendo o jogo das empresas do Sudeste Asiático (Japão e os Tigres Asiáticos: Coreia do Sul, Taiwan, Hong Kong e Cingapura). Resultado: **milhões de consumidores beneficiados e milhares de pessoas desempregadas e angustiadas pela tensão neurotizante das incertezas.**

O Brasil no processo de globalização da economia

O Brasil entrou nesse processo em 1990 com a política liberalizante do governo Collor. Os consumidores brasileiros foram beneficiados por produtos importados, de melhor qualidade e preço, em relação a muitos dos nacionais, como bebidas, alimentos, calçados, roupas, televisores, toca-discos, automóveis etc.

A concorrência externa fez com que todos os setores industriais deixassem a acomodação decorrente de décadas de política protecionista, quando a reserva de mercado e o imposto restringiam a importação, para correr atrás da modernização, que se traduz em maior produtividade e melhor produto e serviço. Graças a programas de qualidade e produtividade, tanto na área fabril como na administrativa, a produtividade da indústria brasileira cresceu impressionantes 42% no quinquênio 1991-1995 (média de 5,3% ao ano). No setor automobilístico, as montadoras, entre 1990 e 1995, aumentaram em 78% a produção com um quadro de pessoal 14% menor, o que corresponde a um aumento de produtividade de 107%.

Em consequência desse aumento de produtividade e da modernização das fábricas, das recessões intermitentes da década de 1980 e a do governo Collor (de 1990 a 1992, quando o PIB caiu 11% e foram extintos 1,2 milhão de empregos formais), da alta inflação que antecedeu o Plano Real, da competição dos produtos importados em certas indústrias como a de calçados, brinquedos, confecções e têxtil, o desemprego industrial brasileiro assumiu proporções nunca vistas, com 2,5 milhões de pessoas sem emprego fixo.

O desemprego tecnológico e o recessivo

É importante distinguir dois tipos de desemprego: o tecnológico e o recessivo. O desemprego tecnológico é o resultante do processo de modernização das empresas, no qual o posto de trabalho é extinto em carácter praticamente definitivo. O desemprego recessivo é o resultante do baixo ou nenhum crescimento econômico, no qual o posto de trabalho é recriado quando a recessão é substituída pelo crescimento econômico.

Numa recessão, caem o emprego e o salário médio em quase todos os setores da economia, o que não acontece no caso do desemprego tecnológico, quando as demissões são setorizadas, verificando-se, por exemplo, só em alguns setores industriais ou no sistema bancário, e há aumento dos rendimentos do trabalho para os que estão empregados.

Programas de ajuste para redução de custos e de despesas necessários à redução dos preços, com consequente redução de pessoal, ocorreram em quase todos os setores da economia brasileira, além do industrial: no de obras públicas; no financeiro, que extinguiu 221.600 postos de trabalho, ou um quarto dos existentes; no estatal, quer das empresas quer da própria administração pública direta; e até no doméstico, no qual, devido à perda de renda da classe média, foram fechadas, só no Estado de São Paulo, durante 1995, 730 mil vagas de empregadas domésticas, correspondentes a 30% da força de trabalho.

Resultado do processo de ajuste nos diversos setores da nossa economia, em 2008: 92,4 milhões de pessoas ocupadas. Muitos ou mudam de ramo, ou abrem seu próprio negócio ou vão para o setor informal da economia, que já abriga cerca de 38 milhões de pessoas (aproximadamente 40% do total da população).

Há que se considerar, ainda, para agravar o problema do emprego, que o Brasil precisa criar todos os anos cerca de 1,7 milhão de vagas para os jovens acima dos 16 anos de idade que ingressam pela primeira vez no mercado de trabalho.

O setor rural e o de serviços

Processo semelhante ao industrial ocorreu no início do século XX na agropecuária. A mecanização no campo provocou enorme aumento da produtividade e houve o conhecido êxodo rural, com os trabalhadores mudando-se para a cidade e encontrando emprego nas fábricas. Só para se ter uma ideia, no Brasil, até 1950, mais da metade da população vivia no campo; em 1995, apenas 20%, o que representa um aumento superior a 150% na produtividade. Como esse processo continuará, ainda que em ritmo mais lento, mais pessoas virão para a cidade, ocupando vagas de trabalho não qualificado que poderiam ser ocupadas pelo desempregado industrial desesperado.

Assim como a indústria acolheu o excedente de mão de obra rural, tinha-se esperança de que o setor de serviços acolhesse o excedente de mão de obra industrial, o que entretanto não ocorreu na proporção necessária. O comércio já iniciou seu processo de informatização, e grande parte das vendas é feita por meio de catálogos eletrônicos, para entrega a domicílio, sem contato pessoal do comprador com o vendedor, o que reduz a quantidade de postos de trabalho. Cabe pois à indústria do lazer, que é a mais promissora, a algumas outras atividades e ao inchado setor informal, que ocupa 37% da população economicamente ativa, a responsabilidade de absorver o excedente de mão de obra rural, industrial, comercial, bancária e estatal.

9.7.3 Perspectivas de solução

A causa e a solução para o desemprego atual

Na Seção 9.7.1 concluiu-se que a causa do desemprego é a recessão econômica. A potencialização provocada pela globalização da economia altera essa conclusão para: **a causa do desemprego é o baixo crescimento econômico**.

No caso brasileiro, para eliminar o desemprego é necessário **um crescimento anual da economia superior a 5% ou 7%** (conforme o autor da estimativa) **de forma sustentada, durante vários anos**. O que não é fácil, mas é factível por sermos um país em construção e não uma economia de reposição como a dos países europeus.

Enfoques para a solução do desemprego

Márcio Pochmann, da Unicamp, organiza as propostas mundiais para resolver o desemprego em duas vertentes. De um lado, a norte-americana, fundamentada na confiança de que o crescimento econômico é o grande gerador de empregos, procura estabelecer um mercado de trabalho cada vez mais flexível, em que as vagas são mais precárias e os salários menores. Do outro, a vertente europeia, fundamentada na responsabilidade do Estado em manter e até aumentar o auxílio aos desempregados, continua regulamentando o mercado, e a quantidade de postos de trabalho diminui, mas os empregos sobreviventes ganham maior qualidade.

O governo brasileiro está numa linha intermediária, pela qual procura adotar medidas setoriais de aumento de produção e de emprego enquanto o crescimento econômico não chega a níveis superiores a 7%.

A solução para o crescimento econômico é intrincada e difícil, porque depende do balanceamento de diversas variáveis interdependentes: poupança interna, taxa de juros, taxa de câmbio, déficit fiscal, dívidas interna e externa etc.; e depende também da vontade política do governo, da capacidade técnica da equipe econômica e do comportamento da economia dos outros países. Quando houver uma conjugação favorável de todos esse fatores, a economia de um país poderá crescer.

Com um quadro macroeconômico favorável ao crescimento econômico, o clima de confiança no Brasil se restabelecerá e os investimentos produtivos privados, nacionais e estrangeiros, virão em montante significativo, como já estão começando a vir. Daí, a construção de fábricas e a ampliação da produção gerarão emprego industrial.

Entretanto, a expectativa de que o aumento da produção decorrente do crescimento econômico criará vagas para quase todos, como ocorria até 1980, hoje está mais distante. O aumento da produção está sendo suportado, de um lado e graças às novas técnicas gerenciais, pelo aumento da produtividade da mão de obra; por outro, por investimentos em máquinas e equipamentos que requerem cada vez menos pessoal. Para se ter ideia da magnitude dessa afirmação, basta citar que na média da indústria paulista, segundo a Fiesp, em 1991 uma vaga era criada a cada US$ 76 mil de investimento; em 1996, essa taxa cresceu para uma vaga a cada US$ 135 mil (na montadora de automóveis, essa taxa foi de US$ 310 mil). Ou seja, em relação a uma unidade de investimento, cada vez menos empregos são criados quando uma fábrica ou um aumento de produção é inaugurado.

Medidas setoriais

O governo deveria, entre outras medidas, reduzir os entraves burocráticos à atividade empresarial; reduzir os impostos de exportação até onde permitem os acordos internacionais dos quais é signatário; desonerar os lucros reinvestidos no setor produtivo; estimular os investimentos privados em infraestrutura, como nas rodovias, nas ferrovias, nos portos e aeroportos, nas telecomunicações, na energia elétrica, que se constituem em gargalos ao escoamento e ao aumento da produção; incentivar a indústria da pesca e a construção civil, que são grandes geradoras de emprego; ampliar os programas de educação, formação, treinamento e reciclagem destinados inclusive aos desempregados, para também introduzi-los em novas tecnologias, em parceria com a iniciativa privada; mudar a legislação trabalhista, tirando dela aqueles direitos e deveres que desencorajam a contratação de pessoal, além de outras medidas.

O fato de o Brasil dispor de vasta classe trabalhadora de baixo salário pode dar-lhe vantagem competitiva em certos setores, desde que operem com elevada produtividade (sempre se afirmou que, no Brasil, o salário é baixo, mas a mão de obra, cara, por sua baixa produtividade). Assim, nossa política industrial deveria **incentivar as indústrias de mão de obra intensiva**, como a de calçado, de mobiliário, de fundição e outros setores metalmecânicos, a de brinquedos, de confecção, a têxtil, a de artefatos de plástico, de cerâmica, cutelaria e outras, de maneira a dar-lhes condições de disputarem o mercado internacional com empresas de outros países e defenderem-se, no mercado interno, dos produtos importados. Como nos países desenvolvidos as citadas indústrias estão se tornando, ou já se tornaram, inviáveis, devido ao alto salário, as perspectivas de um substancial crescimento de nossas exportações dos produtos dessas indústrias são realizáveis.

O crescimento industrial dependerá, entre outros fatores, da capacidade das empresas brasileiras de vencerem a concorrência com as estrangeiras, quer no mercado interno quer no externo. Portanto, é fundamental dispor de produtos com qualidade e preço baixo, para o que a produtividade é essencial. Em outras palavras, a mesma produtividade que fez rarear o emprego será um componente importante para salvar o emprego industrial, pois é uma das alavancas do crescimento econômico.

O setor de lazer – envolvendo entretenimento, turismo, esporte, cultura, preservação da saúde etc. – por ser o de maior crescimento no mundo, é o que mais empregos está gerando. A potencialidade de crescimento do turismo no Brasil é imensa. Só para se ter uma ideia, o país que mais recepciona turistas estrangeiros, a França, recebe 79,3 milhões por ano; o Brasil, 5,1 milhões; mais que a Argentina (4,7 milhões). Representa, pois, uma grande esperança para a geração de empregos.

Há finalmente a considerar que, inexoravelmente, um dia a jornada de trabalho será reduzida. A análise do passado permite concluir que a tendência será o homem trabalhar cada vez menos, já que produz cada vez mais, como comentado na seção 9.6.2. Se a redução da jornada de trabalho atingir os trabalhadores de todos os setores econômicos, o que significa um novo pacto social, resolverá o problema do desemprego e será um benefício para toda a sociedade, decorrente do aumento da produtividade. Os metalúrgicos, para quem só o crescimento econômico é insuficiente para resolver o problema do desemprego, pleiteiam a redução de 44 para 40 horas semanais, justificando-a pela criação de três milhões de postos de trabalho. Entretanto, se essa redução for tomada exclusivamente para beneficiar os desempregados, é medida injusta para os demais consumidores, uma vez que estes teriam de arcar com um aumento de 10% no custo da mão de obra, que seria embutido no preço dos bens.

Conclusões

Se as medidas setoriais preconizadas não surtirem efeito, **um novo e ainda desconhecido modelo de desenvolvimento econômico**, mais socialmente justo e com novas formas de solidariedade e de distribuição de renda, deverá substituir o atual.

É necessário ter presente que, se muitos estão sofrendo as agruras do desemprego, a sociedade como um todo é beneficiada pelo aumento de produtividade, sob a forma de produtos mais baratos e de melhor qualidade. Essa é a grande justificativa moral para o aumento da produtividade, pois é regida pela irrefutável lógica de mercado ou, como afirmam alguns, por princípio democrático, pelo qual o benefício da maioria: toda a população, justifica o prejuízo temporário da minoria: os desempregados.

Finalmente um apelo. Cabe a todos, em especial ao leitor, que é ou será parte da elite brasileira responsável pelos destinos do nosso país, refletir sobre as possibilidades de conciliação entre os fatores aqui abordados (globalização da economia, aumento da produtividade, competição empresarial, consumismo, desemprego, escassez de recursos para investimentos públicos e privados, distribuição de renda etc.), ou seja, refletir sobre a possibilidade de conciliação entre desenvolvimento econômico e bem estar-social.

Trabalho prático para reflexão

Faça, durante pelo menos um mês, uma pesquisa nos jornais com a finalidade de identificar as vantagens e desvantagens do aumento da produtividade, inclusive seus reflexos no emprego. No relatório da pesquisa, além de sua análise e conclusão, apresente a sinopse das matérias consultadas, mencionando o jornal, o título e o autor.

Referências bibliográficas

BETING, J. Do (des)emprego. *O Estado de S. Paulo*, São Paulo, 13-17 mar. 1996.

CAMPOS, V. F. *Gerência da qualidade total*. Belo Horizonte: Escola de Engenharia da Universidade de Minas Gerais, 1989.

CONTADOR, J. C. *Modelo para aumentar a competitividade industrial*. São Paulo: Edgard Blücher, 1996.

DEMING, W. Ed. *Out of crisis*. Cambrigde: Massachusetts Institute of Technology, 1989.

GOLDRATT, M. E.; FOX E. R. *A corrida pela vantagem competitiva*. São Paulo: Imam, 1989.

PORTER, M. E. *Vantagem competitiva*. Rio de Janeiro: Campus, 1989.

ZACCARELLI, S. B. *Administração estratégica da produção*. São Paulo: Atlas, 1990.

CAPÍTULO 10

ESTUDO DE TEMPOS

Paulino G. Francischini

10.1 INTRODUÇÃO

O estudo de movimentos e de tempos é definido como o estudo metódico dos sistemas de trabalho com o objetivo de projetar o melhor método de trabalho, geralmente o de menor custo, padronizar esse método de trabalho e determinar o tempo gasto por uma pessoa qualificada e devidamente treinada, trabalhando em um ritmo normal, para executar uma operação específica[1].

As primeiras aplicações do estudo de tempos datam do final do século XIX, com as contribuições de Frederick Taylor na Midvale Steel Company para a determinação do tempo necessário ao desempenho dos vários tipos de trabalho e a maneira correta de realizá-los. Anos mais tarde, Taylor condensava seu trabalho em um livro denominado *Princípios de Administração Científica* no qual argumenta, por meio dos seus três princípios, a racionalização dos trabalhos realizados em uma unidade industrial.

O primeiro princípio básico da Administração Científica mostrava que o desconhecimento do processo produtivo por parte da administração é a raiz dos problemas de controle. Sua proposta é fazer uma análise científica do trabalho por meio do estudo dos movimentos elementares de cada operário, identificando os úteis e eliminando os inúteis para aumentar a produtividade. Além disso, eliminava a iniciativa dos operários na escolha do melhor método, e os administradores passavam a definir e impor o método com o respectivo tempo padrão.

O segundo princípio mostra que se o trabalho for estudado, analisado e simplificado, ou seja, dominado, pela administração, o operário adequado pode ser escolhido mais facilmente. Não haveria necessidade de homens excepcionais, apenas requerendo treinamento e habilidades específicas.

No terceiro princípio, Taylor mostra que o planejamento e o controle do trabalho executado são funções da gerência e não mais do contramestre. A gerência deve, por sua vez, apoiar-se em especialistas, organizar departamentos específicos para esse fim, utilizando, como elemento central da programação da produção, as Ordens de Produção (OP) ou Ordens de Fabricação (OF).

Atribui-se a Henry Ford a concepção e a implantação das linhas de montagem em que, em última instância, aprofunda-se a proposta taylorista reduzindo ao mínimo os movimentos necessários e promovendo a economia das tarefas mentais por parte dos operadores. Surge então a discussão sobre a dicotomia entre o tempo *alocado*, obtido por meio da análise da tarefa e estipulado um tempo adequado à sua realização, e tempo *imposto* pelo ritmo da linha de montagem, que poderia ser dissociado da capacidade de trabalho do operário. O que o fordismo buscava era obter vantagens econômicas no aproveitamento da mão de obra.

10.2 ESTRUTURA DO ESTUDO DE TEMPOS

O estudo de tempos obedece a uma estrutura, iniciando-se do geral para o detalhado. Analisa-se, em primeiro lugar, o processo produtivo como um todo, procurando-se localizar as prioridades para a elaboração do detalhamento. Graficamente, essa visão geral pode ser vista na figura abaixo:

A partir do desenho do processo produtivo geral, divide-se em atividades ou operações, que serão objeto de estudo para maximizar o aproveitamento da máquina ou da mão de obra empregada. Graficamente, temos:

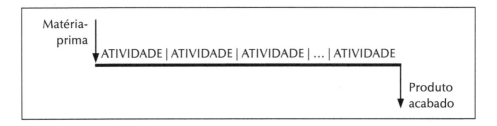

O passo seguinte é dividir cada atividade em elementos, visando principalmente aqueles que são os movimentos dos operários.

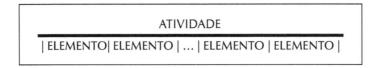

O objetivo desse estudo é a determinação do **tempo normal** e do **tempo padrão** na realização de uma dada tarefa. Podemos definir o **tempo normal** como sendo o tempo necessário para que uma pessoa qualificada e devidamente treinada, trabalhando em um ritmo normal, realize uma tarefa específica. **Tempo padrão** é o tempo normal acrescido das tolerâncias pertinentes à aquela tarefa específica.

10.3 TÉCNICAS DE DETERMINAÇÃO DO TEMPO PADRÃO

Cronometragem e amostragem de trabalho são as técnicas de **observação direta** do trabalho mais utilizadas. Tempos predeterminados pertencem à categoria de **medida indireta** do trabalho.

10.3.1 Cronometragem

Para a execução da cronometragem, são necessários um cronômetro centesimal, prancheta e folha de observações. O procedimento pode ser resumido nos seguintes passos[2].

a) obter informações sobre a operação e o operador em estudo
b) dividir a operação em elementos e registrar a descrição completa do método
c) observar e registrar o tempo gasto pelo operador
d) determinar o número de ciclos a serem cronometrados
e) avaliar o ritmo do operador
f) verificar se foi cronometrado um número suficiente de ciclos
g) determinar as tolerâncias
h) determinar o tempo padrão para as operações.

A divisão da operação em elementos é necessária para uma melhor descrição do método e para ajudar na análise dos elementos produtivos e na eliminação dos improdutivos. Deve-se preferir o método de leitura contínua do cronômetro, ou seja, não zerar o cronômetro a cada leitura de tempo, e calcular o tempo de cada elemento por diferença entre os cronometrados. Os tempos obtidos por leitura contínua são registrados na linha R, e os tempos de cada elemento calculados por diferença são registrados na linha T.

Operação: _____ Data: _____
Operador: _____ Exper.: _____

Elementos		1	2	3	4	5	6	7	8	9	T
1. Pegar a peça e colocar no gabarito	T	.12	.12	.14	.12						.12
	R	.12	.84	.56	.28						
2. Fixar a peça no gabarito	T	.15	.17	.15	.17						.16
	R	.27	.01	.71	.45						
3. Soldar a peça	T	.25	.22	.23	.22						.23
	R	.52	.23	.94	.67						
4. Retirar a peça do gabarito	T	.20	.19	.22	.20						.21
	R	.72	.42	.16	.87						
Tempo observado											.72

Nessa figura, o tempo do elemento 2 (fixar a peça no gabarito) é obtido pela diferença: .27 – .12 = .15 min. O tempo observado (TO) da operação é obtido pela soma dos tempos dos elementos: .12 + .16 + .23 + .21 = .72 min.

Para a determinação do número de ciclos que é necessário cronometrar de cada elemento, considerando um erro relativo de 5% e procedimento com 95% de confiança, utiliza-se a fórmula:

$$N' = \left(\frac{40\sqrt{N\Sigma X^2 - (\Sigma X)^2}}{\Sigma X} \right)^2$$

A determinação do tempo normal leva em consideração o Fator de Ritmo (FR). A estimativa do *FR* pode ser feita mediante comparação das observações feitas com vários operadores realizando a mesma tarefa, mas muitas vezes segue critérios qualitativos.

Assim:

$FR = 100\%$ – ritmo normal;
$FR > 100\%$ – ritmo acima do normal;
$FR < 100\%$ – ritmo abaixo do normal.

Então:

Tempo Normal = $TN = TO \times FR$

O tempo normal é o tempo necessário para que um operador qualificado e treinado execute a operação, trabalhando em ritmo normal. Mas devem-se prever interrupções durante a execução do trabalho, que são chamadas tolerâncias. Acrescentando-se as tolerâncias devido às necessidades pessoais, à recuperação da fadiga, e às esperas, encontramos o tempo padrão por meio da fórmula

Tempo Padrão = $TP = TN \times 100/(100 - TOL\%)$

onde: TOL% = total da soma das tolerâncias: pessoal, fadiga e espera.

10.3.2 Amostragem do Trabalho

A técnica da amostragem do trabalho é utilizada para determinação da relação entre tempos produtivos e improdutivos, entre tempo de atividade e tempo de espera etc. Sua utilidade principal é para observação geral de um grande número de tarefas e operadores. Seu custo é baixo pois requer um número reduzido de analistas.

O registro da amostragem deve refletir o estado no momento da observação, de tal modo que deve-se seguir algumas regras básicas:

a) definir o objeto de observação e os estados possíveis (trabalhando × descansando, produtivo × improdutivo etc.);

b) as observações devem ser adequadamente espaçadas e feitas em momentos escolhidos aleatoriamente;

c) o percurso do analista pela fábrica, para as observações, deve ser variável.

Após a realização de algumas observações, calcula-se a estimativa do número necessário de observações a serem realizadas. Considerando um erro relativo de 5%, temos:

$$N' = \frac{4(1-p)}{0,0025p}$$

onde p é a proporção de ocorrência da atividade, em relação ao número total de observações.

Se $N > N'$, então a amostra observada é suficiente

10.3.3 Tempos predeterminados

O sistema MTM (*Methods-Time Measurement*) de tempos sintéticos é utilizado desde 1948, e fundamenta-se em compor uma tarefa a partir de elementos, associando a cada movimento um tempo sintético determinado pela natureza e pelas condições de execução do movimento.

A unidade de tempo utilizada nas tabelas de MTM é o centésimo milésimo de hora (0,00001 h), sendo que a unidade de medida de tempo (UMT ou TMU) é igual a 0,00006 h. O tempo sintético (tempo normal) de cada movimento foi determinado a partir de filmagens e varia de acordo com a distância, tipo de movimento, origem, destino etc.

Os movimentos elementares podem ser divididos nas seguintes classes:

 a) alcançar
 b) movimentar
 c) girar e aplicar pressão
 d) agarrar
 e) posicionar
 f) soltar
 g) desmontar
 h) tempos de movimentação dos olhos e tempo de focalização
 i) movimentos de corpo, perna e pé.

Barnes[3] apresenta as tabelas completas para a consulta dos analistas que aplicam esse tipo de método.

10.4 TÉCNICAS DE REGISTRO ANALÍTICO

Cada fase do estudo de tempos necessita de ferramentas apropriadas para que sua análise seja eficaz. Essas ferramentas, denominadas técnicas de registro analítico, são divididas em quatro grandes grupos:

- análise de prioridades
- fluxo do processo
- gráficos de atividades
- gráfico de operações

10.4.1 Análise de prioridades

O principal instrumento de análise de prioridades para o estudo de tempos é a Curva ABC. Essa técnica, segundo Pareto, evidencia que **há poucos itens essenciais e muitos triviais**, e baseia-se em colocar em ordem decrescente de importância, segundo algum critério, os itens estudados, classificando-os em três grandes grupos:

Itens A: menos de 20% dos itens mais de 60% do valor total

Itens C: mais de 60% dos itens
 menos do que 20% do valor total

Itens B: itens de importância intermediária

No exemplo a seguir, o critério de importância adotado é a quantidade de homens-hora empregada em cada um dos processos de uma fábrica.

Processo	HH/dia	HH acumulado	% acumulado
Montagem mecânica	2.080	2.080	33,7
Estocagem	1.203	3.283	53,3
Movimentação	758	4.041	65,6
Tratamento térmico	382	4.423	71,8
Preparação	212	4.635	75,2
Montagem elétrica	188	4.823	78,3
Corte	182	5.005	81,2
Recebimento	120	5.125	83,1
Inspeção	114	5.239	85,0
Torneamento	100	5.339	86,6
Dobra	89	5.428	88,1
Solda	72	5.500	89,2
Frezagem	65	5.565	90,3
Montagem pneumática	55	5.620	91,2
Forjaria	42	5.662	91,9
...	...	...	...
Total	6.163		

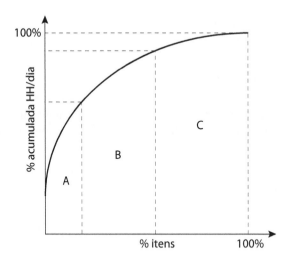

10.4.2 Fluxo do processo

O registro analítico dos fluxos do processo mostra a sequência das tarefas realizadas em determinado processo, buscando-se a otimização em termos de transporte de materiais entre uma atividade e outra, ou dos tempos de cada uma delas. Utiliza-se a seguinte simbologia para facilitar sua visualização e análise

Símbolo	Descrição
○	Operação
⇨	Transporte
□	Inspeção
▽	Armazenamento
D	Espera

Um exemplo de gráfico do fluxo do processo pode ser visto na figura abaixo:

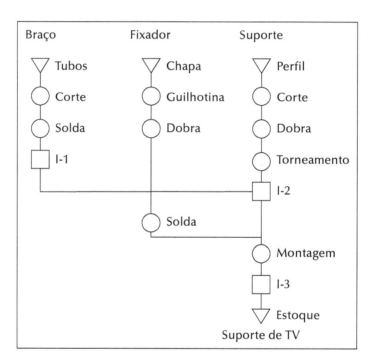

10.4.3 Gráficos de atividade

Os gráficos de atividade são utilizados para o detalhamento de uma atividade do processo produtivo visando a otimização dos recursos empregados em sua realização. Podem ser de três tipos:

- gráficos de atividades simples
- gráficos de atividades múltiplas
- gráfico homem-máquina

1 Gráfico de atividade simples

No gráfico de atividade simples, a unidade de análise é um homem ou uma máquina. A estrutura desse tipo de gráfico utiliza uma escala temporal no lado esquerdo, a descrição da tarefa realizada naquele intervalo de tempo e uma hachura padronizada para facilitar a visualização:

▫ tempo produtivo

▪ tempo improdutivo

Um exemplo de gráfico de atividade simples encontra-se na figura abaixo:

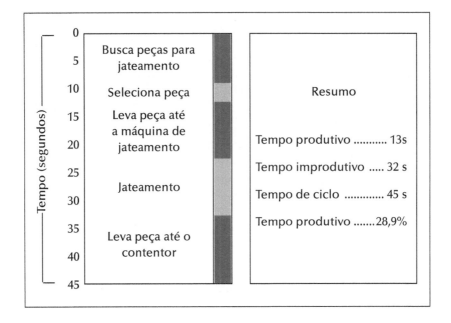

2 Gráfico de atividades múltiplas

Os gráficos de atividades múltiplas são utilizados para análise do trabalho simultâneo de dois ou mais homens, duas ou mais máquinas, ou homens e máquinas. Nesse último caso, o gráfico recebe o nome especial de gráfico homem-máquina. A figura a seguir mostra um exemplo de aplicação de um gráfico de atividades para a análise dos postos de trabalho de uma linha de montagem.

3 Gráfico homem-máquina

Este tipo de gráfico é um caso especial de gráfico de atividade múltipla, no qual se procura analisar, em um mesmo diagrama, os tempos do homem e da máquina. No exemplo da página a seguir observamos a operação de uma máquina CNC.

ESTUDO DE TEMPOS

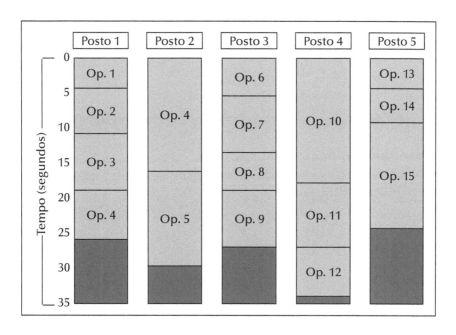

GRÁFICO HOMEM-MÁQUINA			
Operação:			
Máquina:			
Operador:			
Data:			
Operador	Tempo	Máquina	Tempo
Carrega a máquina	30		30
Liga a máquina	10	Máquina operando	30
Espera	40		
Descarrega a máquina	40		70
Coloca etiqueta	10		
Coloca na prateleira	20		

RESUMO		
Item	Operador	Máquina
Tempo produtivo	110	50
Tempo improdutivo	40	100
Tempo de ciclo	150	150
% Tempo produtivo	73,3	33,3

Exercícios

1. Quais são as vantagens da amostragem de trabalho sobre a cronometragem?
2. Defina tempo observado, tempo normal e tempo padrão.
3. O que são tempos produtivos e tempos improdutivos?
4. Qual é a relação entre estudo de tempos e incentivos salariais?

Referências bibliográficas

BARNES, R. M. *Estudo de movimentos e de tempos*: projeto e medida do trabalho. São Paulo: Edgard Blücher, 1977.

RIGGS, I. L. *Administração da produção*: planejamento, análise e controle, uma abordagem sistêmica. São Paulo: Atlas, 1976.

CAPÍTULO 11

PROJETO DE MÉTODOS

Paulino G. Francischini

11.1 INTRODUÇÃO

O projeto de métodos tem como objetivo encontrar a mais eficiente combinação entre homens, máquinas, equipamentos e materiais no ambiente de trabalho[1], ou seja, a obtenção do resultado produtivo máximo com o mínimo de fadiga para o operador. As primeiras tentativas nesse sentido datam do início do século XX, quando Gilbreth analisou as tarefas realizadas por operários de construção civil. Utilizando-se de uma filmadora, ele verificou que diversos movimentos realizados pelos pedreiros, além de desnecessários, levavam a uma fadiga maior. Baseado na análise dos dados obtidos, Gilbreth propôs melhorias no método, que aumentaram sobremaneira a produtividade da tarefa.

Posteriormente, Barnes consolidou as observações de Gilbreth e desenvolveu os Princípios de Economia de Movimentos que têm sido utilizados com sucesso por mais de 50 anos, sendo sua aplicabilidade ainda atual, em empresas em que a utilização da mão de obra é intensa.

Para que um projeto de método seja eficiente, é necessário considerar alguns fundamentos de ergonomia, de forma que as capacidades e limitações do homem não sejam ultrapassadas na execução de determinada tarefa. Evidentemente, a aplicação do projeto de método deverá ser feita onde os benefícios trazidos pelo estudo superem os custos. Como regra geral, é recomendado para tarefas repetitivas, de ciclos curtos e com intensa utilização de mão de obra.

11.2 ERGONOMIA

11.2.1 Conceitos iniciais

O objetivo da ergonomia é o estudo da "adaptação do trabalho ao homem. O objeto central do estudo é o ser humano, suas habilidades, capacidades e limitações"[2]. O ser humano possui características sensoriais, perceptivas, mentais e físicas que atuam como restrições ou vantagens na relação homem-máquina. Entre essas vantagens do homem sobre a máquina está a capacidade de improvisação, de exercer julgamento, de raciocinar indutivamente, de desenvolver conceitos e de criar métodos[3]. Entre as restrições, estão a limitação da força empregada, a fadiga causada pelo trabalho repetitivo, a demora na reação a estímulos, a precisão e a velocidade dos seus movimentos.

Para a realização de uma dada tarefa, verifica-se a existência de um ciclo básico de controle que consiste em:

- percepção: recebimento da informação;
- decisão: determinação da ação a ser tomada com base na informação recebida;
- ação: execução resultante da ação tomada.

Desse modo, "o projetista de máquinas, equipamentos, métodos de trabalho e ambiente de trabalho terá de possuir conhecimento das funções do ser humano, dimensões de seu corpo, suas limitações e as condições nas quais age mais eficientemente. Projetando qualquer processo ou operação, é sempre necessário verificar quais atividades devem ser realizadas pelo homem e quais pela máquina[4]. Dois instrumentos básicos podem auxiliar na elaboração de projetos de métodos adequados do ponto de vista ergonômico: tabelas de dados antropométricos e normas para a redução da fadiga.

11.2.2 Tabelas de dados antropométricos

As tabelas de dados antropométricos (ver página seguinte) são obtidas por meio de exaustiva pesquisa sobre a população a ser submetida à realização de determinada tarefa. Verificam-se diferenças significativas entre os dados obtidos em diferentes países e mesmo entre regiões de um mesmo país.

Esses dados devem ser utilizados para o projeto correto dos postos de trabalho, adequando a postura, evitando deslocamentos e esforços desnecessários e consequentes lesões no operador.

11.2.3 Fadiga

Do ponto de vista da indústria, a fadiga se manifesta sob três formas[5]:

- sensação de cansaço, comumente associada a longos períodos de trabalho
- mudanças fisiológicas resultantes do trabalho: redução da capacidade de ação dos nervos e músculos, devido a alterações químicas no organismo e efeitos do meio físico no operário
- diminuição da capacidade de execução do trabalho.

A fadiga resultante de certo nível de atividade dependerá de alguns fatores que, se colocados em parâmetros adequados, resultarão no aumento da produtividade do operador, sem expô-lo a excessos nem sujeitá-lo a lesões:

- horas de trabalho: jornada diária e horas semanais;
- períodos de descanso: o número e a duração dos períodos de descanso dependem da tarefa realizada, podendo ser determinados por tentativas. É preferível um maior número e durações mais curtas;
- condições ambientais: iluminação, temperatura, ventilação e ruído; e
- o próprio trabalho: utilização de princípios de economia de movimentos.

11.3 PRINCÍPIOS DE ECONOMIA DE MOVIMENTOS

11.3.1 Recomendações

Segundo Barnes[6], ao se projetar um método de trabalho, a tarefa deverá ser organizada de tal maneira que o operador:

- receba somente a informação essencial, por meio do canal sensor apropriado, no tempo e lugar necessários; permitindo-lhe reagir do melhor modo possível;
- tome o menor número de decisões possível;

PROJETO DE MÉTODOS

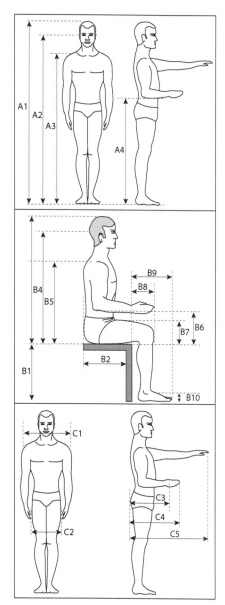

TABELA ANTROPOMÉTRICA População brasileira Trabalhadores de linha de montagem			
Distâncias	Média	5%	50%	95%
A1 – Altura em pé	159,6	149,0	159,0	173,0
A2 – Olho-chão	148,6	139,0	148,0	161,5
A3 – Ombro-chão	133,9	124,0	133,0	146,5
A4 – Cotovelo-chão	100,6	93,0	100,0	109,5
B1 – Assento-pé	42,6	37,5	42,0	48,5
B2 – Costas à parte anterior das pernas	46,1	41,5	46,0	51,0
B3 – Assento-cabeça	82,3	76,5	82,0	89,0
B4 – Assento-olhos	71,1	66,0	71,0	77,0
B5 – Assento-ombros	57,3	52,5	57,0	63,0
B6 – Assento-cotovelo	22,0	18,5	22,0	26,0
B7 – Assento-altura das coxas	13,3	11,5	13,0	15,5
B8 – Coxa ao extremo do joelho	11,1	9,0	11,0	13,0
B9 – Comprimento do pé	24,9	23,0	25,0	28,0
B10 – Largura do pé	9,0	8,0	9,0	10,5
C1 – Largura dos ombros	40,0	36,0	40,0	45,0
C2 – Largura dos quadris	33,5	29,5	33,5	38,0
C3 – Cotovelo ao extremo da mão aberta	42,4	38,5	42,0	47,0
C4 – Cotovelo ao extremo da mão fechada	35,5	32,0	35,5	39,0
C5 – Comprimento do braço	73,3	65,5	73,0	82,0

Fonte: Fundacentro. Ergonomia na empresa.

- interprete e decida o mais automaticamente possível;
- realize a tarefa no menor tempo possível, com maior facilidade e satisfação;
- utilize o menor número de membros do corpo possível;
- execute o menor número de movimentos possível;
- minimize o comprimento de seus movimentos, o mais possível; e
- minimize o desgaste de energia e tensão fisiológica, o mais possível

Os princípios de economia de movimentos[7] são divididos em três campos: uso do corpo humano, disposição do local de trabalho e projeto das ferramentas e do equipamento. Esses princípios não são de natureza específica, requerendo do projetista uma criatividade na sua aplicação para uma dada tarefa. Têm sido empregados com sucesso desde a década de 1940 e sistematicamente aperfeiçoados para melhorar a eficiência e reduzir a fadiga em trabalhos manuais.

11.3.2 Princípios relativos ao uso do corpo humano

Estes princípios procuram induzir o projetista a utilizar movimentos mais apropriados às características fisiológicas dos membros do corpo humano. Basicamente, esses movimentos devem ser suaves, curtos, simétricos e contínuos, evitando desgastes com tensionamento de músculos e controle de movimentos desnecessários. Os principais princípios são:

a) Os movimentos dos braços devem ser curtos, parabólicos e simultâneos, executados em direções opostas e simétricas.

Basicamente, procura-se buscar que os movimentos dos braços, principalmente para alcançar ou largar peças, não requeiram controle desnecessário do operador.

Os movimentos parabólicos são mais precisos e mais rápidos, requerendo menor controle, tal como a necessidade de fixação da visão no destino a ser alcançado ou na trajetória dos membros. Devem ser evitados, portanto, movimentos em linha reta e movimentos restritos, que requeiram a atenção do operador durante sua realização.

Também requerem menor controle os movimentos simétricos e simultâneos dos braços, além de garantir que os dois membros permaneçam ativos. Movimentos realizados em uma única direção requerem tensionamento maior em um dos braços além de exigir desvio de postura do operador.

b) Os movimentos executados devem causar o menor gasto de energia do operador.

Devem-se projetar movimentos suaves e contínuos do antebraço, com uma trajetória que permita o menor uso dos músculos do braço, evitando seu tensionamento desnecessário e consequente fadiga. O comprimento da trajetória dos braços até o seu destino deve ser o menor possível, evitando-se, na medida do possível, o esticamento total do membro e, principalmente, o dobramento lateral do tronco.

Do mesmo modo, as peças alcançadas nos alimentadores devem ser trazidas para a área de operação evitando-se elevá-las acima da bancada, preferindo "escorregá-las" pela sua superfície. Assim, evita-se desgaste desnecessário de energia do operador com a elevação do braço e da peça alcançada.

Caso o número de peças a serem alcançadas seja elevado e seja impossível dispô-las na superfície da bancada e dentro do alcance do antebraço, deve-se preferir movimentos para alcançar peças elevando-se o e tensionando pouco o braço. Ou seja, utilizar alimentadores de peças em dois níveis de altura, mas próximos ao local da operação.

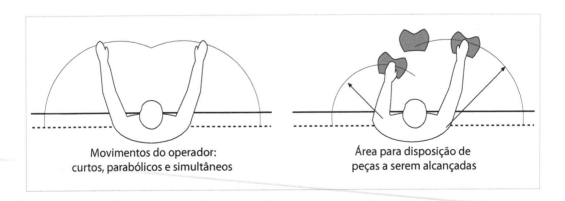

Movimentos do operador:
curtos, parabólicos e simultâneos

Área para disposição de
peças a serem alcançadas

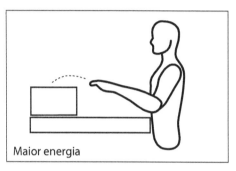 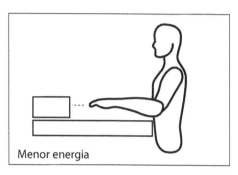

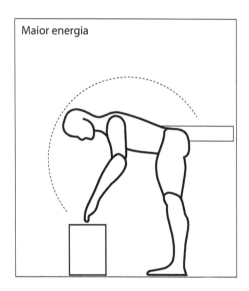 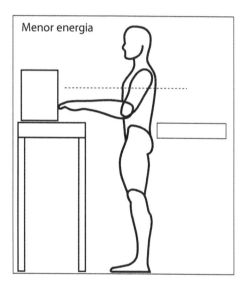

c) O movimento dos olhos durante a operação deverá ser o menor possível, reduzindo-se a fixação da visão.

O movimento dos olhos é uma causa considerável de fadiga e deve ser evitado no projeto de métodos. Basicamente, as mãos não devem esperar pela fixação da visão para realizar sua tarefa de agarrar, soltar, montar etc., e, na medida do possível, deve valer-se apenas do sentido do tato.

No caso de incompatibilidade, deve-se preferir aumentar o movimento dos braços e diminuir o movimento dos olhos para a fixação da visão. Desse modo, as tarefas que necessitem de fixação da visão devem ser dispostas o mais próximo possível da região central da bancada de trabalho.

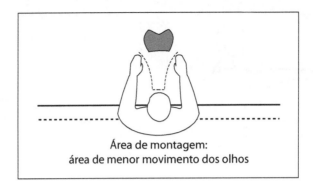

Área de montagem:
área de menor movimento dos olhos

11.3.3 Princípios relativos à disposição do local de trabalho

O local de trabalho deve estar de acordo com as normas básicas de ergonomia, de modo que permita a redução das causas de fadiga do operador. Deve-se promover também a limpeza do local de trabalho e a presença apenas de materiais e ferramentas essenciais à realização da tarefa.

a) Ferramentas, materiais e controles devem ter um lugar definido, fixo e perto do local de uso, dispostos de maneira que permita a melhor sequência de movimentos.

Os princípios de economia de movimentos com relação ao uso do corpo humano devem ser aplicados também aos movimentos para a utilização de ferramentas e controles necessários à realização da tarefa.

Um tempo considerável pode ser despendido pelo operador para procurar e selecionar ferramentas espalhadas aleatoriamente pela bancada de trabalho.

b) Utilizar caixas alimentadoras de peças pela força da gravidade, colocando-as o mais próximo possível do local de uso. A peça processada deve ser movimentada também pela força da gravidade.

A utilização de alimentadores pela força da gravidade reduz em até 30% o tempo de selecionar e agarrar uma peça, principalmente em relação a depósitos tipo caixa, além de permitir menor gasto de energia do operador para a realização do movimento.

Ao agarrar uma peça em uma caixa, o operador executa, necessariamente, um movimento de elevação do braço, em que desperdiça tempo e energia. Os alimentadores por gravidade permitem que a peça seja "escorregada" pela superfície da bancada.

c) O local de trabalho deve ter iluminação adequada, e a altura da bancada e da cadeira devem permitir boa postura do operador

A percepção visual do operador influi diretamente na produtividade de um posto de trabalho. A má iluminação implica tempo adicional de localização de objetos pequenos e fadiga pelo esforço adicional de acuidade visual. A disposição da bancada e da cadeira devem permitir que o operador possa trabalhar em pé ou sentado, indiferentemente.

A má postura do operador implicará esforço constante na coluna vertebral que, por ser repetitivo, poderá levar a uma lesão, além de causar fadiga e consequente tempo adicional de recuperação do operador.

11.3.4 Princípios relativos ao projeto de ferramentas e de equipamento

Basicamente este princípio mostra que as mãos devem ser aliviadas de todo o trabalho que possa ser executado mais convenientemente por um dispositivo, um gabarito, ou um mecanismo acionado a pedal[8].

As mãos são consideradas elementos "nobres" na execução de qualquer sequência de operações, de tal forma que seus movimentos não podem ser desperdiçados em operações que possam ser executadas:

- pelo pé ou pela perna, como o acionamento de alavancas;
- por um dispositivo tipo morsa, que substitua o movimento de "segurar em uma posição fixa" feito por uma das mãos;
- por gabaritos que eliminem o movimento de "posicionar" peças em local fixo, eliminando os ajustes no posicionamento feito pelas mão e a atenção do operador na realização da tarefa
- por dispositivos que auxiliem os movimentos de montagem e desmontagem de conjuntos, substituindo a ação das mão e aliviando a atenção do operador na realização da tarefa.

11.4 Automação dos postos de trabalho

A automação dos postos de trabalho deve ser considerada como uma alternativa para o aumento da produtividade. No entanto, alguns elementos devem ser considerados para que não ocorram implantações sem a garantia de atingir a viabilidade econômica do empreendimento.

a) Prefira soluções baseadas em princípios do LCA (*Low Cost Automation*)

A opção pela implantação de manipuladores programáveis ou robôs nos postos de trabalho deve ser a última a ser considerada. Soluções baseadas em circuitos pneumáticos simples, de acionamento de garras, devem ser preferidas a complexos sistemas de manipulação automatizada.

No ciclo carregamento–acionamento–descarregamento de uma máquina em um posto de trabalho, o carregamento é o mais complexo exigindo um maior número de elementos controlados, enquanto o acionamento e o descarregamento exigem menor controle de movimentos. Isso mostra que o carregamento pode ser feito por um operador, enquanto os demais (acionamento e descarregamento) poderiam ser feitos por um manipulador de baixo custo. Aliviado de parte dos elementos do ciclo, o operador pode cuidar de um maior número de máquinas.

b) Não automatize tarefas improdutivas

Segundo Monden[9], a solução de automação da movimentação de materiais em uma empresa, mediante a implantação de uma esteira rolante, na verdade, esconde a falta de adequação do arranjo físico do sistema produtivo. Os tempos de transporte em uma fábrica são improdutivos e, portanto, devem ser eliminados ou, pelo menos, reduzidos ao máximo.

O mesmo princípio aplica-se em um posto de trabalho que se dedica a retrabalhar peças que foram malfeitas na primeira vez. Não se trata de tentar automatizar para reduzir o tempo de retrabalho, mas de descobrir suas causas e eliminar a tarefa.

Exercícios

1. Qual a relação entre Estudo de Tempos e Projetos de Métodos?
2. Por que as cadeiras de um posto de trabalho devem ser projetadas de modo a permitir a regulagem de sua altura?
3. Projete um método melhorado para as seguintes tarefas
    - pedreiro construindo uma parede
    - jardineiro plantando uma árvore
    - encanador colocando a instalação hidráulica de um banheiro.

Referências bibliográficas

BARNES, R. M. *Estudo de movimentos e de tempos*: projeto e medida do trabalho. São Paulo: Edgard Blücher, 1977.

MONDEN, Y. *Sistema Toyota de Produção*. São Paulo: Imam, 1986.

RIGGS, J. L. *Administração da produção*: planejamento, análise e controle, uma abordagem sistêmica. São Paulo: Atlas, 1976.

SERRANO, R. C. *Ergonomia na empresa*. São Paulo: Fundacentro, 1993.

CAPÍTULO 12

ARRANJO FÍSICO

Paulino G. Francischini
Alexandre Fegyveres

12.1 INTRODUÇÃO

Arranjo Físico é definido como a disposição de máquinas, equipamentos e serviços de suporte em uma determinada área com o objetivo de minimizar o volume de transporte de materiais no fluxo produtivo de uma fábrica. Para o projeto do arranjo físico deve-se levar em consideração[1]:

a) Produto a ser fabricado;

b) Quantidades a serem produzidas;

c) Roteiros de produção: sequência de operações utilizadas;

d) Serviços de suporte: funções auxiliares que devem suprir o fluxo em questão;

e) Tempo: quando devem ser produzidas, tempo dispendido e frequência.

12.2 TIPOS DE ARRANJO FÍSICO

12.2.1 Arranjo físico posicional

Esse tipo de arranjo físico caracteriza-se por:

a) Produto fabricado de grandes dimensões;

b) Poucas unidades fabricadas;

c) Produto fica fixo e os recursos produtivos dirigem-se a ele;

d) Equipamentos de alta flexibilidade.

Exemplos: construção civil, construção naval.

12.2.2 Arranjo físico funcional

Esse é o tipo mais comum de arranjo físico utilizado nas empresas industriais. Suas características são:

a) Máquinas e equipamentos ficam fixos e o produto se movimenta;

b) Produtos e roteiros são muito variados;

c) Utilizado em sistemas de produção intermitente;

d) Máquinas e equipamentos agrupados por função (soldagem, montagem, usinagem etc);

e) Equipamentos de média flexibilidade;
f) Programação e controle da produção complexo;
g) Problemas de qualidade são detectados após a produção do lote inteiro;
h) Formação de filas de lotes nas máquinas (ver Figura 1).

Exemplos: Marcenarias, confeções etc.

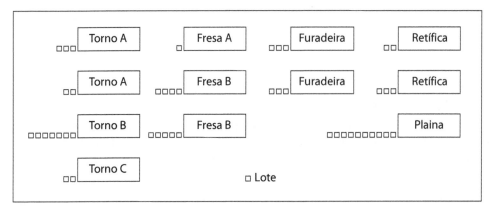

Figura 1 Arranjo físico funcional.

12.2.3 Arranjo físico linear

Este tipo de arranjo físico é pouco utilizado, pois exige grandes investimentos em máquinas e equipamentos. Suas características são:

a) Produto fabricado em grandes quantidades;
b) Produtos semelhantes entre si;
c) Equipamentos dedicados;
d) Utilizado em sistemas de produção contínuos;
e) Programação e controle da produção mais simplificado;
f) Exige balanceamento da linha de produção;
g) Equipamentos dispostos de acordo com a sequência de operações. Exemplo: Montadoras de automóveis, petroquímicas etc.

Exemplos: Montadoras de automóveis, petroquímicas etc.

Figura 2 Arranjo físico linear.

12.2.4 Arranjo físico celular

O objetivo desse tipo de arranjo físico é montar minifábricas dentro da fábrica para diferentes **famílias** de produtos. Famílias são grupos de produtos com características semelhantes, tais como: semelhança geométrica, semelhança de processo etc. As características são:

a) Lotes de tamanho médio;

b) Produtos e roteiros variados;

c) Agrupamento – geralmente em forma de "U" – das máquinas e equipamentos necessários para a produção da família

d) Utilização de operários polivalentes, ou seja, capazes de exercer diversas funções;

e) Ajusta-se ao *Just-in-time*.

Uma célula constitui um agrupamento de máquinas dedicadas a uma família de produtos com roteiros de produção semelhantes, isto é, que necessitam das operações das mesmas máquinas na mesma sequência de processamento. Essas máquinas são então distribuídas em forma de "U" na sequência preferencial da família.

Nas células, o agrupamento das máquinas diminui as filas intermediárias, e as peças processadas fluem continuamente – uma a uma ou em pequenos grupos – de uma operação para a seguinte. Assim sendo, o montante de tempo entre o início da primeira e o fim da última operação coincide aproximadamente com o total de processamento e manuseio de uma peça, eliminando ao máximo os componentes do tempo de ciclo que não agregam valor, como pode ser visto no quadro a seguir:

Componentes do tempo de ciclo	Agregação de valor ao produto
Tempos de processamento	sim
Tempos de espera	não
Tempos de movimentação	não
Tempos de inspeção	não

Um esquema de célula de manufatura e seu fluxo de materiais pode ser visualizado a seguir:

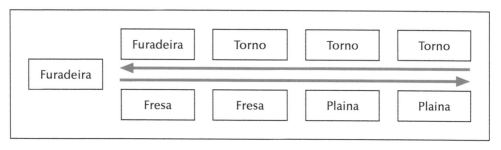

Figura 3 Arranjo físico celular em "U".

Além da redução do tempo de ciclo, o arranjo físico das máquinas em células permite a redução da área, tornando o espaço fabril menos saturado e disponível para futura expansão da capacidade.

Com a organização do trabalho em grupos executa-se um lote por vez, controla-se a qualidade na fonte e elimina-se o retrabalho, permitindo que cada lote deixe de concorrer com os demais lotes pelos recursos produtivos. Cada membro do grupo preocupa-se em realizar corretamente suas operações, de modo a não prejudicar a operação seguinte, e consequentemente o fluxo de produção da célula. Estabelece-se o conceito de fornecedores e clientes internos na célula, o fornecedor realizando as operações de acordo com as requisições necessárias para que o cliente possa executar as suas operações com a melhor qualidade possível.

Torna-se fundamental, para o controle de qualidade na fonte, monitorar o desempenho das máquinas e realizar intervenções de caráter preventivo contra desregulagens e quebras.

As células possuem uma característica de mutabilidade, isto é, podem ser alteradas a intervalos adequados, tornando-se minifábricas de novos produtos de acordo com a época e a demanda, e, se for preciso, podem voltar a fabricar os produtos originais com a mesma facilidade com que mudaram de produto. Para facilitar a mutabilidade das células, sua grande vantagem em relação às linhas, em termos de flexibilização, as máquinas devem ser leves e de fácil remanejamento.

Uma outra grande vantagem das células de manufatura é a de permitirem um controle de produção mais simples e eficaz, devido a um fluxo de material mais organizado. Colabora para a eficácia do controle de produção uma supervisão mais objetiva e racional, pois as células dão aos seus supervisores uma visão clara de seus processos por meio de sua delimitação física e abrangência operacional, ambas ocorrendo simultaneamente.

Em fábricas com processos de usinagem, quando as máquinas estão dispostas segundo um arranjo funcional, existe um operador por máquina. Resulta daí uma alta utilização das máquinas, mas uma utilização incipiente do tempo do operador, por ter pouco a realizar enquanto a máquina está processando.

Com as células, as máquinas podem ser dispostas de modo a permitir aos operadores controlar várias delas ao mesmo tempo, sobretudo aquelas com longos tempos de processamento. Nesses casos, o número de máquinas operadas por uma pessoa aumentaria drasticamente, conforme a ilustração a seguir:

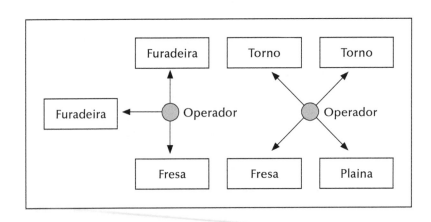

Outro grande benefício do sistema celular reside no treinamento dos operários para executarem dinamicamente operações em múltiplos processos na célula, despertando neles maior satisfação com seu trabalho e aprimorando suas habilidades, possibilitando, se necessário, sua transferência para outras células com processos semelhantes.

12.3 PROJETO DE ARRANJO FÍSICO

12.3.1 Arranjo físico posicional

O projeto do arranjo físico posicional baseia-se em colocar os recursos produtivos em uma posição, o mais próximo possível do local em que serão utilizados. Uma vez que o recurso produtivo é que se movimenta, a priorização na disposição dos subprocessos em torno do produto a ser fabricado deve levar em consideração:

a) O volume de material transportado até o local de aplicação.

b) As dimensões da unidade de movimentação.

c) O método de transporte.

d) A quantidade de percursos até o local de aplicação.

e) A origem e o destino do material transportado.

f) O acesso ao local de aplicação.

g) A disponibilidade de equipamentos adequados para a movimentação.

Assim, a disposição das máquinas e equipamentos em um arranjo físico posicional está ligada à movimentação de materiais e aos acessos ao local de aplicação. Deve-se ressaltar que a distância até o local de aplicação varia no decorrer do processo produtivo, como é o caso de lajes em um edifício, ou setores de um navio que estão sendo construídos.

12.3.2 Planejamento de arranjo físico posicional

Muther[2] sistematizou um método de planejamento de arranjo físico, chamado SLP (*Systematic Layout Planning*). A base desse método está na priorização dos fluxos de materiais entre os diversos setores da empresa, de modo a minimizar a distância percorrida pelos materiais que são movimentados em grandes quantidades. No entanto, são também necessárias algumas avaliações de conveniência de proximidade ou distanciamento entre setores, por razões legais, de segurança, de barulho etc.

Os oito passos para o SLP são:

a) Levantamento do fluxo de processo e das quantidades transportadas entre setores produtivos, serviços de suporte etc.

b) Elaboração do diagrama **De–Para**, baseado no fluxo de materiais obtido no item a. Esse diagrama compila as quantidades movimentadas de um setor produtivo para outro. A quantidade colocada em cada célula do diagrama De–Para deve ser aquela que melhor reflete o fluxo de materiais entre os dois setores. Por exemplo: quantidade de peças/ano, ton./ano etc. Outras vezes, podemos usar o conceito de intensidade de fluxo, que reflete a dificuldade de movimentação entre dois setores. Por exemplo: intensidade de fluxo é o resultado da multiplicação do volume anual pelo tamanho do item e pelo cuidado necessário para sua movimentação. Esses dois últimos itens apresentam escalas arbitrárias desenvolvidas para cada caso.

De \ Para	Setor 1	Setor 2	Setor 3	Setor 4	Setor 5	Setor ...
Setor 1		26	232	631	734	...
Setor 2				400	120	...
Setor 3	192			12	80	...
Setor 4			22		168	...
Setor 5		376	165	44		...
Setor ...	...	...	...	...	...	

Figura 4 Diagrama De–Para.

c) Diagrama de intensidade de fluxo. Trata-se de uma ferramenta que auxilia visualizar as intensidades de fluxo mais importantes e possibilitar sua classificação, seguindo uma ordem de prioridade. A classificação de conveniência de proximidade deve ser feita, para cada par de atividades, entre cinco possibilidades:

A) Absolutamente necessário;

E) Especialmente importante;

L) Importante;

O) Pouco importante;

U) Desprezível.

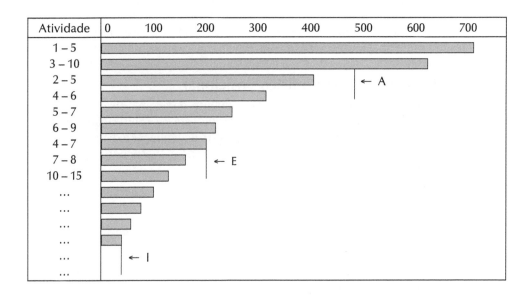

d) Carta de interligações preferenciais. A consideração do fluxo de materiais, isoladamente, não é a melhor base para o planejamento das instalações. Os serviços de suporte, que não têm, como o processo produtivo, um fluxo de materiais considerável, podem ter prioridade quanto à sua localização. Uma maneira de contornar este problema é a **Carta de interligações preferenciais** desenvolvida por Muther[3]. As relações de conveniência são dadas quantificadas, utilizando-se da mesma escala exposta no item c.

e) Diagrama de inter-relações: Este diagrama resulta da combinação dos itens c e d, e nele se visualizam as intensidades de fluxo e as conveniências de proximidade. Cada par de atividades é ligado por linhas, com a seguinte simbologia:

Classificação	N.º de linhas	Descrição
A	4	Absolutamente necessário
E	3	Muito importante
I	2	Importante
O	1	Pouco importante
U	-	Desprezível
X	∧∧	Indesejável
XX	∧∧∧	Extremamente indesejável

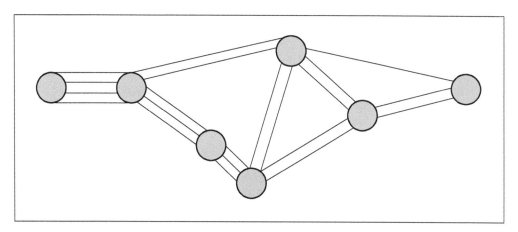

Figura 5 Diagrama de inter-relações.

f) Cálculo de necessidades de espaço. A necessidade de espaço é função do tamanho das máquinas existentes e a serem adquiridas dentro do horizonte de planejamento considerado. Devem ser levadas em consideração projeções de aumento de capacidade entre cinco e dez anos para possibilitar o cálculo do espaço necessário para futuras expansões. A disposição das máquinas pode ser feita por meio de *templates*, ou seja, uma projeção esquemática da área ocupada pela máquina. *Softwares* específicos auxiliarão o projetista a planejar o arranjo físico em um vídeo. Muitas vezes, a disposição de *templates* recortados em cartolina sobre a planta da fábrica pode ser uma solução emergencial.

g) Diagrama de inter-relações entre espaços. A superposição das áreas necessárias para cada atividade sobre o diagrama de inter-relações resulta no diagrama de inter-relações entre espaços. Este diagrama tem por finalidade auxiliar na análise de proximidade entre os diversos setores, levando em consideração o tamanho da área necessária e a prioridade de proximidade entre as diversas áreas.

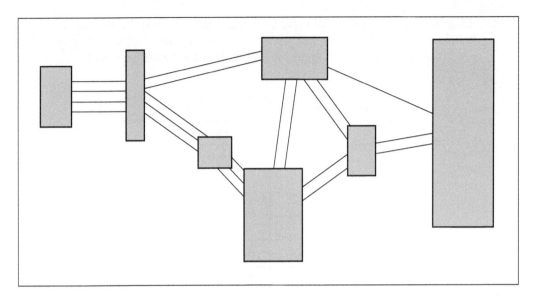

Figura 6 Diagrama de inter-relações entre espaços.

h) Elaboração das alternativas: Haverá diversas maneiras de arranjarem-se as áreas calculadas em função de sua conveniência de proximidade entre os setores envolvidos. Assim, é conveniente a elaboração de diversas alternativas para que se possa escolher qual a melhor entre elas. Ao se agrupar as áreas, deve-se levar em consideração o espaço disponível para a disposição das máquinas ou, no caso de plantas a serem construídas, uma forma adequada do galpão.

12.3.3 Arranjo físico celular

Para formar as famílias de peças, emprega-se a chamada tecnologia de grupo. O conceito de tecnologia de grupo se aplica na produção de lotes pequenos e médios. Agrupam-se as peças em famílias, de acordo com certos atributos, e então se desenvolve o planejamento de todo o sistema produtivo para cada família. "Cada família de peças pode ser então considerada uma peça composta com os atributos de todas as peças do grupo"[4]. Justifica-se o emprego da tecnologia de grupo em tipos de produção que apresentem grande variedade na linha de produtos, grande número de peças e volumes que não justifiquem equipamentos dedicados. Utilizando-se técnicas de engenharia de fabricação semelhantes às empregadas na produção em série, conseguiram-se benefícios significativos, tais como:

a) Racionalização dos projetos e dos processos.
b) Simplificação do planejamento e controle da produção.
c) Redução dos ciclos de fabricação.
d) Redução do material em processo.
e) Confiabilidade nos prazos de entrega.

A tecnologia de grupo analisa, relaciona e arranja as peças de um espectro e os processos produtivos mais relevantes, de acordo com similaridades de projeto e de fabricação. A tecnologia de grupo envolve um sistema de classificação e codificação abrangente, envolvendo peças (forma), operações e equipamentos. Aplica-se a tecnologia de grupo não só nas células de manufatura, mas também em projetos de produtos, na padronização e recorrência do projeto assim como na especificação de materiais e no planejamento da fabricação. Essa ferramenta permite ainda a simplificação do planejamento e programação da produção.

Uma ferramenta de tecnologia de grupo menos precisa, porém bem mais ágil e também de grande eficácia, é a matriz de processos, que relaciona os produtos às operações, para posterior análise visual e agrupamento das peças em famílias. Essa ferramenta pode ser observada na figura a seguir:

Peças	Máquinas							
	Fresa	Torno	Mandril	Plaina	Retífica	Furadeira	...	...
1	x	x	x	x	x	x		
2	x	x			x			
3		x	x	x	x			
4		x		x	x	x		

Figura 7 Matriz de processos.

Normalmente, os funcionários mais antigos da fábrica conhecem bem os fluxos principais dos processos e discutir tais fluxos com eles, em conjunto com a análise da matriz de processos, é uma maneira mais simples e rápida de começar a desenvolver células numa manufatura.

Exercícios

1. Quais são os tipos de arranjo físico? Quais as vantagens e desvantagens de cada um deles?
2. Descreva quais são as ferramentas utilizadas no planejamento do *layout* funcional.
3. Por que uma célula de manufatura é chamada de "minifábrica" dentro da fábrica?
4. O sistema SLP apresenta uma solução única para um *layout*? Por quê?
5. O que é tecnologia de grupo?

Referências bibliográficas

CONTADOR, J. C. *Modelo para aumentar a competitividade industrial*. São Paulo: Edgard Blücher, 1996.

HARMON, R. L.; PETERSON, L. D. *Reinventando a fábrica*. Rio de Janeiro: Campus, 1991.

LUBBEN, R. T. *Just-in-time*: uma estratégia avançada de produção. São Paulo: McGraw-Hill, 1989.

MONDEN, Y. *Sistema Toyota de Produção*. São Paulo: Imam, 1986.

MUTHER, R. *Planejamento do Lay-out*: sistema SLP. São Paulo: Blucher, 1978.

ROSA, C. E. *Célula de produção*. São Paulo: Senai, 1996.

SILVEIRA, L. C. J. *A nova revolução industrial*. Porto Alegre: Sagra, 1993.

SLACK, N. *Vantagem competitiva em manufatura*. São Paulo: Atlas, 1993.

CAPÍTULO 13

ERGONOMIA

Fausto Leopoldo Mascia
Laerte Idal Sznelwar

13.1 ORIGENS DA ERGONOMIA – ALGUMAS REFERÊNCIAS HISTÓRICAS

Estabelecer as origens de uma disciplina é sempre arbitrário. O seu reconhecimento social, por meio da prática, e o seu reconhecimento institucional, por meio da criação de centros de ensino e pesquisa, são quase sempre o resultado de um longo período de desenvolvimento. No entanto, uma breve e não exaustiva reconstituição histórica pode ser interessante para a compreensão da prática atual em ergonomia.

A aplicação de conhecimentos parciais e empíricos aos problemas do trabalho é muito antiga e pode-se dizer que ela se inicia com a criação das primeiras ferramentas, nos primórdios da história da humanidade. As suas formas e dimensões eram definidas em função dos materiais a serem trabalhados (madeira, pedra, ferro etc.) dos resultados esperados (grau de acabamento, força a ser exercida) e das características dos homens que as utilizavam (dimensão das mãos, potência muscular, controle da utilização etc.).

Nos séculos XVII e XVIII, medidas e observações sistemáticas envolvendo o trabalho foram sendo feitas de uma forma isolada. Podem ser citados Vauban e Belidor, que se preocuparam em medir a carga física de trabalho. Físicos e fisiologistas também realizaram estudos sobre o homem em atividade, tentando compreender o seu funcionamento. Leonardo da Vinci, Lavoisier, Coulomb, Tissot e Villermé são alguns dos que se dedicaram ao assunto.

Ainda no século XVII, Ramazzini, considerado o criador da medicina do trabalho, estuda as consequências do trabalho para a saúde (problemas oculares, de postura, de manuseio de cargas pesadas, entre outros). No século XIX, Chaveau enuncia as primeiras leis do dispêndio energético no trabalho muscular, e Marey desenvolve técnicas de medida e de registro para o estudo dos movimentos.

No século XX, Taylor propõe um método "científico" para gestão das fábricas, que passou a ser conhecido como Organização Científica do Trabalho. Como objetivo, Taylor visava a obtenção do rendimento máximo do homem no trabalho. Na realidade, o homem que Taylor estudou resumia-se a seus gestos e movimentos, não sendo reconhecida a importância da atividade mental no trabalho. De acordo com Taylor, uma vez aprendida a tarefa a ser realizada, o homem funcionaria como a engrenagem de uma máquina, e seu comportamento programado deveria ser invariável e constante, mesmo com a experiência, a idade, com os constrangimentos externos e as mudanças no seu estado interno.

Ainda no início do século XX, Jules Amar apresenta as bases da ergonomia do trabalho físico, pesquisando os problemas da fadiga e os efeitos do ambiente, como temperatura, ruído e iluminação. Sua obra *O motor humano* é um marco para a ergonomia.

Mais tarde, durante a Segunda Grande Guerra Mundial, foram empregados conhecimentos científicos e tecnológicos para a construção de dispositivos complexos de guerra, como submarinos, tanques, aviões, radares etc. Houve também o objetivo de adaptar tais dispositivos às características e limitações do homem, buscando um melhor desempenho, menor fadiga e redução dos acidentes. Surge assim o que passou a ser chamado de Engenharia Humana. Fala-se pela primeira vez na adaptação da máquina ao homem.

Com o fim da Segunda Grande Guerra Mundial, procurou-se aplicar no campo industrial os conhecimentos até então desenvolvidos, tendo por objetivos melhorar as condições de vida dos trabalhadores e alcançar um maior nível de produtividade. Em 1949 é criada na Inglaterra a Ergonomic Research Society, uma associação de fisiologistas, psicólogos e engenheiros. É nessa ocasião que o inglês Murell retoma o termo ergonomia (do grego *ergon*: trabalho e *nomos*: lei), utilizado pela primeira vez pelo polonês Jastrzebowski em 1857, e que etimologicamente significa "ciência do trabalho".

13.2 DIFERENTES ABORDAGENS DA ERGONOMIA

A partir de então, estudos e pesquisas em ergonomia foram se desenvolvendo e, atualmente, podemos distinguir duas grandes correntes não excludentes, mas complementares.

A primeira, atualmente dominante em países anglo-saxônicos e no Japão, desenvolve-se na continuidade da ideia clássica de sistemas homem-máquina, na qual a ergonomia privilegia a interface entre os componentes materiais e os fatores humanos. Essa corrente leva em conta as características gerais do homem, para que máquinas e dispositivos técnicos sejam mais bem adaptados aos operadores. Os ergonomistas que adotam essa linha têm estudado particularmente as características antropométricas dos indivíduos, as características ligadas ao esforço físico, as influências do ambiente físico, as características psicofisiológicas, as características dos ritmos circadianos, os efeitos do envelhecimento, em particular os efeitos fisiológicos e psicofisiológicos etc. As pesquisas desenvolvidas recorrem mais frequentemente a métodos experimentais em laboratório.

A segunda corrente surge na França e na Bélgica nos anos 1950. Seus precursores deixam os laboratórios e preconizam a análise do trabalho em campo, buscando conhecê-lo em situação real. Essa abordagem enfatiza a dinâmica da atividade humana no trabalho. A preocupação com uma ferramenta ou um dispositivo específico de maneira isolada, como por exemplo a cadeira ou um terminal de computador, perde o seu sentido. Nela, o trabalho é analisado como um processo no qual interagem o operador, capaz de iniciativas e reações, e seu ambiente técnico, este também evolutivo e influenciável.

13.3 OBJETIVOS E CAMPOS DE APLICAÇÃO DA ERGONOMIA

De acordo com Daniellou e Nael (1995), a melhoria das condições de trabalho e o projeto de dispositivos técnicos adaptados às características do homem, com base em critérios ergonômicos, têm um duplo objetivo.

O primeiro refere-se ao conforto e à saúde dos operadores. Trata-se de evitar os riscos de acidentes e de doenças ligadas ao trabalho e de procurar diminuir, tanto quanto possível, todas as fontes de fadiga, sejam elas associadas ao metabolismo do corpo humano (trabalho em turnos, trabalho em altas temperaturas), à força muscular e das articulações, ou às exigências cognitivas do trabalho (tratamento de informação, resolução de problemas).

O segundo objetivo da ergonomia visa a eficácia na utilização de um produto ou na operação de um sistema de produção, que pode ser comprometida por exigências inadequadas ou excessivas das funções humanas.

A aplicação da ergonomia no projeto de produtos de massa busca torná-los compatíveis com a diversidade de usuários potenciais. Tal aplicação torna-se mais abrangente se considerarmos, além dos usuários diretos dos produtos, os seus usuários indiretos e a diversidade de situações de sua utilização. Assim, a ergonomia pode ainda ser aplicada levando em conta o transporte, a montagem, a instalação e a colocação em serviço, a manutenção. Ela também pode ser aplicada visando a manufaturabilidade dos produtos, ou seja, a sua facilidade de fabricação, considerando as condições de sua produção industrial, desde a fase de projeto.

Na concepção de sistemas de produção (sistemas industriais, sistemas de serviço, e sistemas de produção agrícola), a ergonomia pode trazer contribuições – desde a fase inicial do projeto – a questões como: distribuição espacial e ambientes de trabalho; meios materiais de produção (máquinas, equipamentos, ferramentas etc.); meios imateriais, por exemplo, programas para informatização; organização do trabalho; programas de formação de operadores ou de usuários.

Alguns projetos se enquadram nas duas situações. É o caso, por exemplo, de projetos feitos sob encomenda (máquinas, equipamentos de sala de controle, cabinas de controle de trens, aviões, metrô etc.).

13.4 CONCEITOS BÁSICOS DA ERGONOMIA

13.4.1 Diversidade e variabilidade dos indivíduos e das situações

Em um projeto de produto ou de um sistema de produção, quando existe a preocupação com o trabalho humano, frequentemente é a imagem do homem médio que é tomada como referência. No entanto, a realidade é outra. Diversidade e variabilidade constituem a regra, tanto dos seres humanos quanto dos processos de produção.

Assim, em ergonomia, é fundamental considerar a diversidade das características físicas dos homens, tais como as características antropométricas (dimensões dos segmentos corporais), destros e canhotos, pessoas que têm dificuldades de visão e de identificação de cores, problemas de acuidade visual, problemas que tendem a aumentar de acordo com a idade e outras deficiências específicas. Verifica-se ainda a diversidade relativa à experiência e à formação. As dificuldades de operação de uma máquina serão diferentes para um aprendiz e para um operador experiente. Além disso, existe a variabilidade do estado do operador de acordo com as horas do dia e da noite (ritmos biológicos), do ritmo do trabalho, da fadiga etc. (Queinnec, 1985). As características culturais também constituem um outro fator de diversidade (Wisner, 1985).

Portanto, ao se conceber um produto ou um sistema de produção, é indispensável conhecer as características da população em que ele será utilizado.

Da mesma forma, é importante identificar, desde o início do projeto, a **diversidade de situações e a variabilidade das condições de utilização**.

13.4.2 Diferenças entre tarefa e atividade

O termo **tarefa** envolve tudo o que define o trabalho de cada um, numa dada estrutura. Assim, os objetivos a serem alcançados, as instruções, os procedimentos impostos em condições determinadas ou estabelecidas, tais como meios técnicos (ferramentas, máquinas), divisão das tarefas, condições temporais (horários, duração, ritmos), condições sociais (qualificação, salários), ambiente físico de trabalho (iluminação, ruído, temperatura, vibração), constituem a tarefa.

Em oposição à tarefa, que representa um quadro formalizado pela estrutura, está a **atividade**, ou seja o trabalho real das pessoas. Ela consiste na utilização do corpo e da inteligência para realizar as tarefas. A atividade comporta diferentes aspectos, como a busca de informações, a tomada de decisões, a ação sobre comandos, a adoção de posturas diversas, a execução de esforços, os deslocamentos e as comunicações com outras pessoas. Efetivamente, é ela que permite a realização da produção.

Um argumento que muitos utilizam para explicar a defasagem entre tarefa e atividade, ou seja, se o operador não realiza seu trabalho da maneira como foi prescrito, é porque a tarefa foi mal concebida. O papel da ergonomia seria então o de indicar as recomendações necessárias a uma concepção adaptada ao funcionamento do homem.

13.4.3 As estratégias operativas

Os fundamentos da organização "clássica" da produção e do trabalho têm como pressupostos a não variabilidade dos elementos que compõem um sistema de trabalho: homem, máquinas e materiais. A discussão que acabamos de apresentar mostra o contrário. A variabilidade e a imprevisibilidade são fatores que não podem ser ignorados num sistema de produção. Mesmo em situações de trabalho quando é possível estabelecer um nível de prescrição extremamente elevado, como é o caso das linhas de montagem, a atividade dos operadores se distingue das instruções previstas e formalizadas. Daí, então, os operadores lançarem mão de estratégias, que se concretizam em ações, para fazer frente as variabilidades, os incidentes, as panes (Daniellou, Laville, Teiger, 1982). É o caso, por exemplo, de uma situação em que o operador se vê forçado a adotar um ritmo mais intenso de trabalho, ganhando dessa forma um certo tempo, para se precaver das paradas não previstas da máquina que ele opera.

Assim como é falso imaginar que os problemas de interface produto-usuário possam ser remediados com informações ou prescrições em manuais de utilização, uma concepção de produtos, ferramentas e do trabalhos, que permita diferentes modos de utilização e permita variar o modo operatório pode trazer melhorias para situações que venham a representar perigo ou desconforto para o usuário ou operador.

13.5 CONHECIMENTOS CIENTÍFICOS SOBRE O HOMEM

13.5.1 A população

Considerar a população de usuários potenciais é de extrema importância na concepção de um produto ou de um sistema de produção, seja em um projeto específico (sala de aula para crianças), seja em projetos nos quais se procura abranger uma população tão vasta quanto possível (banco de automóveis). No caso de projeto do produto, é necessário levantar as características particulares da população alvo. No caso de sistema de produção, não se deve limitar às características da população envolvida no momento do desenvolvimento do projeto (por exemplo de um novo setor de montagem). Nesse caso, corre-se o risco de criar um processo de seleção no qual pessoas de estaturas extremas ficarão impedidas de ocupar o posto de trabalho. A mesma questão se coloca, se for levada em consideração apenas a dispersão da população atual. É preferível utilizar dados relativos a uma população geral, em que estão presentes possíveis usuários e trabalhadores.

13.5.2 Antropometria

A utilização de dados antropométricos baseada no "homem médio" para o projeto de um dispositivo é um erro que pode levar a graves consequências. A adaptação das dimensões de um equipamento deve considerar o maior espectro possível de dimensões relativas a diferentes percentis: mínimo, médio e grande. Vários bancos de dados referentes as medidas antropométricas são disponíveis. No entanto, é necessário ainda que se leve em conta alguns fatores não incluídos em normas, como por exemplo o volume corporal, não incluído nas medidas de segmentos corporais. Os dados em geral se referem a pessoas nuas, sendo necessário considerar os calçados, as roupas, capacetes, luvas etc.

13.6 O AMBIENTE FÍSICO DO TRABALHO

13.6.1 Alguns efeitos sobre o homem

O ambiente físico do trabalho (som, iluminação, temperatura, vibrações) tem importância em ergonomia na medida em que os seus componentes fazem parte do contexto da atividade de trabalho. Eles podem gerar incômodo ou desconforto, causar sofrimentos, doenças ou, ao contrário, dar sensação de conforto e facilitar a realização do trabalho, constituindo-se num dos meios de sua eficácia.

13.6.2 O ruído

A audição sofre um processo de envelhecimento natural ao longo do tempo, afetando inicialmente a percepção dos sons agudos. A partir de 1.000 Hz, as variações no limiar da audição, por causa da idade são consideráveis. Esse processo não chega a ter efeitos no diálogo comum durante a vida ativa, contudo pode dificultar a percepção de sinais no trabalho. Já os efeitos da surdez profissional são muito mais significativos e podem gerar incômodos na conversação normal.

Os problemas auditivos se manifestam de formas distintas. Uma delas é a fadiga auditiva. Um fenômeno de aumento reversível do limite inferior de audição de uma parte do espectro auditivo pode ser constatado em pessoas expostas a ruídos cujo nível sonoro é superior a 80 dB. Essa variação depende da duração e do nível sonoro da exposição.

A exposição prolongada ou repetida a ruídos intensos causa uma perda auditiva progressiva e irreversível, pela destruição de alguns dos elementos do sistema auditivo. Conhecida como surdez profissional, essa perda auditiva depende do nível sonoro, da composição em termos de frequência e da duração da exposição ao ruído. A luta pela redução do ruído deve ser um objetivo e ser alcançado em prazo muito curto, uma vez que a população de trabalhadores que apresenta perda auditiva pelo trabalho é muito grande. Existem normas que estabelecem os limites de ruído a serem respeitados em função do tipo de trabalho executado. Entretanto, as ações visando a sua diminuição devem sempre levar em conta o fato de que o ruído comporta uma dimensão de **informação**, cuja eliminação deve ser compensada por outros tipos de sinais.

O ruído pode ser diminuído por meio de ações sobre a sua origem; através de uma diminuição de sua propagação por via sólida (amortecedores) ou por via aérea (instalação de placas antirruído); por meio da diminuição de sua reflexão sobre as paredes, utilizando-se materiais absorventes. Os métodos e as recomendações para tais ações podem ser encontrados em manuais de acústica, de construção e de arquitetura. Além disso, a legislação brasileira estabelece normas específicas para prevenir tais efeitos.

13.6.3 O ambiente térmico

O conforto térmico depende da relação entre o ambiente térmico e a atividade do operador. A avaliação do ambiente térmico é feita a partir de quatro parâmetros: a temperatura do ar, a umidade do ar, a velocidade do ar e os raios infravermelhos.

Para assegurar o conforto térmico é necessário considerar, além desses quatro parâmetros, o dispêndio energético necessário para realizar o trabalho. Nas situações reais de trabalho, raramente a atividade dos operadores apresenta regularidade do dispêndio energético. Cabe ainda considerar as diferenças interindividuais de sensibilidade ao calor e ao frio, as variações da atividade ao longo do tempo, para um mesmo operador, e as diferenças entre as pessoas num mesmo ambiente de trabalho.

O trabalho em ambientes particularmente quentes ou frios traz riscos para os operadores. Em ambientes quentes, a reação do organismo se dá por meio de um aumento da sudorese, possibilitando uma melhor evaporação. Esse processo é eficaz em ambiente seco. No entanto, em ambiente muito úmido, a evaporação não é possível. As perdas causadas por uma sudorese excessiva devem ser recompensadas pela ingestão de líquidos e sais minerais.

Algumas ações podem ajudar na prevenção dos efeitos negativos do trabalho em ambientes quentes como, por exemplo, garantir uma ventilação suficiente com ar a 50% de taxa de umidade; fornecimento de meios de trabalho que evitem esforços físicos pesados, roupas de proteção e água potável; mudanças na organização do trabalho e introdução de pausas; proteção contra os efeitos diretos das fontes de radiação.

O trabalho em ambientes frios provoca reações particulares do organismo. Para reduzir a perda de calor, intensifica-se o metabolismo e há uma constrição vascular que diminui a circulação sanguínea nas extremidades do corpo e nas camadas subcutâneas. Como efeitos do frio, observamos inchaço e perda da sensibilidade das mãos, irritações na pele, patologias respiratórias, articulares ou digestivas. A exposição simultânea ao frio e a vibrações apresenta graves riscos para o sistema osteoarticular.

13.6.4 A iluminação

É outro fator que determina o conforto ou desconforto de um posto de trabalho. Quando mal dimensionada, a iluminação pode ter implicações não apenas em termos de exigências do sistema visual, mas também consequências indiretas, como a adoção de posturas desconfortáveis e rígidas, além de outros sintomas como dores de cabeça, dores no corpo etc.

A qualidade de iluminação de um posto de trabalho depende essencialmente dos fatores: iluminamento e luminância. O primeiro é a quantidade de luz incidente na superfície de trabalho, que é medida em lux (lx). Quanto mais precisas forem as tarefas, maior será o nível de iluminamento exigido. A luminância, medida em candeias por metro quadrado, exprime a luminosidade de cada ponto de uma superfície. A sensação de ofuscamento é, em geral, ocasionada por um equilíbrio inadequado de luminâncias entre as diferentes partes do campo visual. As normas estabelecem condições mínimas de iluminamento.

Condições aceitáveis de equilíbrio podem ser alcançadas por meio de diferentes composições de cores do teto (mais claras), das paredes, do piso e das máquinas. Deve-se observar que a instabilidade de uma fonte de luz é sempre fatigante, podendo inclusive produzir efeitos estroboscópicos, perigosos quando existem peças em movimento.

13.7 O TRABALHO

É muito comum encontrar a distinção entre trabalho físico e trabalho mental. Na realidade, os dois estão sempre presentes, simultaneamente, independentemente da situação de trabalho, pois qualquer atividade motora implica o funcionamento do sistema nervoso superior (cérebro). Assim, não faz sentido o termo trabalho manual. No entanto, para facilitar a apresentação desses dois componentes, presentes em qualquer trabalho, trataremos esses pontos separadamente.

13.7.1 O trabalho físico

O trabalho ou esforço físico envolve não apenas o sistema muscular do organismo humano. Ele é o resultado do funcionamento conjunto de vários outros sistemas (respiratório, circulatório, nervoso, esquelético etc.). O músculo, ao se contrair, consome energia na forma de glucídeos, lipídeos e oxigênio, transportados pela circulação sangüínea, produzindo rejeitos.

A realização de um esforço muscular implica um aumento do fluxo sanguíneo e da atividade cardiorrespiratória. Quando o fornecimento de energia não é suficiente em relação às necessidades dos músculos, ou quando a eliminação dos rejeitos não é satisfatória, sobretudo em razão da compressão dos vasos sanguíneos, ocorre a **fadiga**.

Assim, as posturas com braços para cima exigem um esforço maior por parte do coração, uma vez que o sangue deve ser bombeado para um nível superior, isto é, contra a força da gravidade. Ao carregar peso, é melhor que este não esteja distante do centro de gravidade do corpo, para evitar um deslocamento do eixo da coluna.

Há muitas recomendações relativas às dimensões de máquinas, ferramentas e postos de trabalho (Salvendy, 1987), (Senders e McCormick, 1987), tendo em vista permitir a adoção de posturas aceitáveis.

A contração muscular dinâmica corresponde a todo deslocamento dos segmentos ósseos. Os efeitos do trabalho dinâmico dependem não apenas dos esforços efetuados, mas também da sua distribuição no tempo. Uma questão de extrema importância são os problemas ligados ao trabalho repetitivo. Doenças profissionais decorrentes desse fenômeno, entre elas as lesões por esforços repetitivos (LER), têm atingido níveis alarmantes nos mais diversos países. Pausas frequentes são fundamentais para permitir uma recuperação da fadiga. O projeto do trabalho deve ser elaborado de maneira a se evitar a imposição da repetição permanente de um mesmo movimento sob ritmo intenso.

13.7.2 O trabalho mental

A atividade mental é um componente essencial de toda atividade profissional, seja ela uma tarefa complexa, seja ela uma tarefa dita simples. De acordo com a tarefa a ser realizada, as atividades mentais podem ser mais ou menos complexas, envolvendo a busca, a detecção e o tratamento da informação, em termos de organização e regulação da ação, em termos de raciocínio.

O cérebro humano não recebe passivamente informações provenientes do meio externo. Ele orienta a exploração desse meio por meio dos diferentes sentidos, em virtude da experiência anterior, dos objetivos estabelecidos e dos eventos que se sucedem. O homem percebe sobretudo as informações que estiver procurando. As outras só serão percebidas se estiverem no seu campo perceptivo, e se manifestam por suas características físicas, por exemplo o nível de ruído. Assim, na concepção de um dispositivo, é importante cuidar para que as informações venham a ser apresentadas nos pontos e nos momentos em que o operador tiver necessidade de procurá-las.

A memória engloba um conjunto de processos distintos, que se estruturam de acordo com a natureza da informação retida (visual, auditiva etc.), com a duração de memorização e com o funcionamento do sistema nervoso. A memória de curto prazo conserva a informação durante alguns segundos e sua capacidade é extremamente limitada. A concepção de um sistema não deve basear sua confiabilidade no armazenamento de um conjunto de informações baseada apenas na memória – é fundamental que haja diversos sistemas que auxiliem o operador a memorizar dados e procedimentos. Nesse sentido, o uso da informática como uma ferramenta de auxílio no trabalho pode ser muito eficaz. Já a memória de longo prazo conserva a informação de maneira permanente.

13.8 UM MÉTODO PARA ESTUDAR O TRABALHO

O ponto central da ergonomia abordada neste texto é a análise da atividade. A análise da atividade é fundamentada na **observação dos comportamentos** dos operadores ou usuários em situação real, e em **entrevistas** com estes para esclarecer motivos de suas ações. A análise da atividade busca entender os determinantes da atividade tais como: objetivos estabelecidos pelo operador ou usuário; características dos materiais e das ferramentas utilizadas; características próprias do operador ou usuário; contexto da produção; ocorrência de acidentes.

13.8.1 Orientações gerais do método

O método de análise ergonômica do trabalho tem características de um método clínico (Guerrin et al.). Faz-se de um diagnóstico, construído a partir de diferentes conhecimentos, que se inicia numa determinada demanda e vai tomando forma ao longo do seu desenvolvimento. Em ergonomia, é a situação particular de trabalho que permite compreender a atividade. Os sintomas, queixas, disfuncionamentos, não têm sentido *a priori*, devendo ser interpretados, pois cada situação é particular. No entanto, existem passagens específicas que estruturam o método, a primeira delas é a demanda.

Geralmente, a demanda indica em que nível da organização se situa o problema, mas não define, *a priori*, o sistema pertinente para a investigação. Segundo Daniellou (1987), toma-se necessário delimitar um sistema, ou seja, uma **situação de trabalho**, na qual é possível relacionar o problema levantado, e situá-la num contexto, tanto para compreender essa situação quanto para propor mudanças. Os elementos para delimitar a situação em questão são: a empresa, o sistema sociotécnico, a população envolvida, a situação de trabalho.

Outro ponto importante do método consiste na análise da tarefa. Trata-se de delimitar as exigências da tarefa prescrita pela organização. Conhecer parâmetros, tais como objetivos, procedimentos, meios técnicos, meios humanos, ambiente físico, condições temporais e condições sociais é essencial, pois são as suas interrelações que permitem identificar as exigências e os constrangimentos da tarefa.

O entendimento da atividade realizada pelos operadores é o ponto fundamental para a ergonomia. Trata-se da compreensão das regulações individuais e coletivas e dos compromissos estabelecidos pelos operadores, em virtude dos constrangimentos e da margem de manobra que lhes é atribuída.

13.8.2 Técnicas de investigação

Analisar a atividade implica necessariamente observar a atividade, ponto fundamental do método da análise ergonômica do trabalho. Esse levantamento de dados sobre a atividade implica a escolha de instrumentos de observação que serão definidos por condições materiais de seu uso e também da autorização dos operadores. Sua pertinência se sobrepõe a sua precisão. Anotações poderão mostrar-se mais adequadas que o uso de gravações, filmagens ou de alguma outra técnica sofisticada. Complementam ainda o método de investigação: as entrevistas, os questionários, e a análise de documentos formais e informais.

A participação dos operadores tem um papel de extrema importância para o método, pois eles têm conhecimento de sua situação de trabalho, de suas anomalias, dos riscos que podem prejudicar sua saúde. Para que essa participação seja possível, algumas condições são indispensáveis: o objetivo do estudo não deve ser oposto ao dos operadores; esse conhecimento deve poder ser recolhido de forma sistemática e não deformada; devem ser apresentados e respeitados os princípios éticos e metodológicos (baseados no voluntariado e no respeito ao anonimato).

13.8.3 Validação dos resultados e apresentação de propostas de melhorias

Feitas as observações e obtidos os resultados da análise, é de extrema importância que estes sejam validados, com os operadores e demais envolvidos. Trata-se de um ponto importante do método, que permitirá verificar a pertinência dos resultados obtidos.

13.9 A ERGONOMIA EM PROCESSOS DE CONCEPÇÃO

Ao se projetar um objeto ou uma máquina, a atividade correspondente ainda não existe. Toma-se necessário, portanto, identificar situações que se aproximem das possíveis características da atividade dos futuros usuários ou operadores. Daniellou e Nael (1995) propõem uma forma de atenuar essas dificuldades e de prever a atividade futura, composta de três fases:

a) descrição da população futura, de acordo com o que foi apresentado na Seção 13.5.1;

b) escolha e análise de situações de referência: considerando os fatores de diversidade de situações, deve-se levantar os elementos de variabilidade, passíveis de afetar a utilização futura e que não seriam considerados espontaneamente pelos projetistas; e

c) identificação de situações de ação características: a análise de situações de referência permitirá identificar situações de ação características, ou seja grupos de situações nas quais os usuários ou operadores devem controlar. Assim, é possível estabelecer situações de ação prováveis com o futuro produto ou no futuro sistema de produção.

13.10 DISCUSSÃO FINAL

A finalidade básica deste capítulo é abrir uma discussão sobre o que se pode propor a partir de uma abordagem ergonômica. Fica evidente que este resumo não tem como pretensão esgotar o assunto.

Um dos pontos fundamentais que gostaríamos de destacar é a premissa básica de considerar o trabalhador como sujeito no seu trabalho. Ao contrário das propostas clássicas, baseadas em pressupostos tayloristas, a abordagem aqui proposta considera que é fundamental a participação dos mais diversos atores de produção para que se consiga fazer o diagnóstico da situação, desenvolver a concepção e a validação de soluções, para obter melhorias efetivas nos sistemas de produção, melhorias que englobam questões da saúde dos trabalhadores, assim como questões de qualidade e produtividade.

Uma outra questão fundamental posta em relevo é a de que não se deve manter a tradicional dissociação do ser humano em partes, em sistemas separados, entre físico e mental. Outro aspecto fundamental, que a ergonomia não trata diretamente, mas que é cada vez mais estudado e reconhecido, é o aspecto psíquico do trabalho, campo de atuação central da psicodinâmica e da psicopatologia do trabalho (Dejours, 1987; Dejours, et al., 1994). Este novo campo de atuação não só é complementar à abordagem proposta pela ergonomia, mas traz novos questionamentos sobre a relação do ser humano com o trabalho.

O grande desafio lançado aos que se ocupam com as questões tratadas neste capítulo é o de conseguir, de fato, adaptar o trabalho às características humanas.

Questões para reflexão

1. Após esta leitura, reflita a respeito das possíveis contribuições da ergonomia para o desenvolvimento da engenharia de produção.
2. Alinhe os principais conceitos apresentados neste capítulo e relacione-os com a sua prática.

Referências bibliográficas

DANIELLOU, F.; NAEL, M. Ergonomie. In: *Techniques de l'ingénieur, traité*. Paris: Génie Industriel, 1995.

DANIELLOU, F. Les modalités d'une ergonomie de conception, introduction dans la conduite des projets industriels. *Cahiers de Notes Documentaires*, v. 129, n. 1647, p. 129-87, 1987.

_____. *L'opérateur, la vanne, l'écran*. Montrouge: Éditions de l'ANACT, 1986.

DANIELLOU, F.; LAVILLE, A.; TEIGER, C. Fiction et réalité du travail ouvrier. *Cahiers Français* n. 209, Le travail ouvrier. Documentation Française, 1982.

DEJOURS, C. *A loucura do trabalho*: estudo de psicopatologia do trabalho. São Paulo: Oboré, 1987.

DEJOURS, C.; ABDOUCHELI, E.; JAYET, C. *Psicodinâmica do trabalho*. São Paulo: Atlas, 1994.

GUERRIN, F. et al. *Comprendre le travail pour le transformer, la pratique de l'ergonomie*. Montrouge: Éditions de l' ANACT, 1991.

LAVILLE, A., 1989 *Vieillissement et tramil*. Le Travail Humain, v. 52, n. 1, mar. 1989.

QUEINNEC, Y.; TEIGER, C.; DE TERSSAC, G. *Reperes pour négocier le travail posté*. Toulouse: Université de Toulouse le Mirail, 1985.

SALVENDY, G. *Handbook of human factors*. New York: John Wiley & Sons, 1987.

SENDERS, M. S.; McCORMICK, E. J. *Human factors in engineering and designing*. New York: McGraw-Hill, 1987.

TEIGER, C. Le vieillissement différentiel dans et par le travail: un vieux probleme dans un contexte récent. *Le Travail Humain*, v. 52, n. 1, mar. 1989.

VOLKOFF, S. Le travail apres 50 ans, quelques chiffres et plusieurs inquiétudes. *Le Travail Humain*, v. 52, n. 2, jun. 1989.

WISNER, A. *A inteligência no trabalho*: textos selecionados de ergonomia. São Paulo: Fundacentro, 1993.

_____. *Quand voyagent les usines*. Essai d'antropotechnologie. Paris: Syros, 1985.

CAPÍTULO 14

QUALIDADE: CONCEITOS E ABORDAGENS

Gregório Bouer

14.1 A EVOLUÇÃO DO CONCEITO DA QUALIDADE

Qualidade Total é uma expressão consagrada pelo uso, porém, mais recentemente, a expressão *Total Quality Management* (TQM) tem sido utilizada para transmitir a mensagem básica de um sistema de qualidade voltado para resultados, cobrindo a organização como um todo e a todos que compõem a organização.

14.1.1 Introdução

O termo Qualidade Total cobre uma variedade de conceitos. Alguns são similares, mas não idênticos, enquanto outros podem até ser divergentes. Uma expressão tão sucinta como Qualidade Total dificulta a compreensão da abrangência dos conceitos abrigados na moderna visão da Qualidade.

O termo Total é usado para indicar uma aplicação ampla que cobre e integra todas as áreas funcionais e todos os colaboradores de uma empresa. O termo Qualidade, numa visão moderna, abriga simultaneamente a **perspectiva do mercado e a da empresa**.

No conceito da perspectiva do mercado, a qualidade é um fator estratégico. A satisfação do cliente e o valor para o cliente com a menor utilização de recursos são as áreas em que as empresas competem. No conceito da perspectiva da empresa, a qualidade é uma forma de atuação para competir. A empresa deve definir uma estratégia empresarial e uma cultura de gerenciamento capazes de sustentar uma competição em qualidade, por meio da qualidade (Figura 1).

Perspectiva do Mercado
- competição em torno da relação valor/custo como percebida pelos clientes

Perspectiva da Empresa
- a relação cliente/fornecedor, internamente à empresa;
- foco na qualidade do processo;
- a melhoria contínua;
- a mobilização abrangente e profunda.

Figura 1 Perspectiva do mercado e da empresa.

Embora não seja fácil condensar essas perspectivas numa definição convencional, é preciso ter em mente que, quando se enfatiza a perspectiva do mercado, destacam-se os aspectos da orientação para os resultados e, quando se enfatiza a perspectiva da empresa, os aspectos destacados são os métodos para competir.

14.1.2 O enriquecimento do conceito da qualidade

As rápidas mudanças econômicas e sociais ocorridas depois da Segunda Guerra Mundial obrigaram nações e empresas a enfrentar a necessidade de conquista de mercados e criação de maior quantidade de empregos. Outros desequilíbrios, crises e inovações tecnológicas também contribuíram para tornar cada vez mais crítica e acirrada a competição comercial. A busca por vantagens competitivas fez com que a qualidade ganhasse um destaque especial.

Ao longo do tempo, as organizações efetivamente envolvidas na competição comercial foram enriquecendo o conceito da qualidade, adaptando-se aos cenários que encontravam, modificando direções e linhas mestras adotadas. Cinco estágios podem ser identificados nessa evolução (Quadro 1).

Quadro 1 Evolução do conceito da qualidade		
Conceito da qualidade	Direção	Linhas mestras
1. Adequação ao padrão	Definir qualidade como o produto que faz o que os projetistas pretendem que faça.	Padronização, atendendo aos interesses do produtor e controle do produto.
2. Adequação ao uso	Definir qualidade como o produto que pode ser usado exatamente como os clientes querem utilizá-lo.	Padronização, atendendo aos interesses do consumidor e controle do produto.
3. Adequação de custo	Acrescentar à adequação do produto sua obtenção a custos competitivos.	Deslocamento do controle do produto por meio da inspeção para o controle dos processos. Remoção de barreiras funcionais e hierárquicas.
4. Adequação às necessidades latentes	Atender às necessidades dos clientes antes que eles estejam cônscios dessas necessidades.	Integração com os clientes por meio de revisão sistemática e análise crítica de suas necessidades.
5. Adequação às expectativas dos acionistas e de mercados maduros e saturados	Satisfazer o cliente por meio do reconhecimento do valor do produto, com melhor utilização das vantagens competitivas.	Desenvolvimento de planos da qualidade orientados pelo planejamento estratégico e de gestão.

14.1.3 Enriquecimento: foco e instrumentos

Nos Estados Unidos, na década de 1920, foram desenvolvidos os primeiros passos do movimento da qualidade. Importantes contribuições surgiram como resultado do trabalho de Shewhart, Dodge e Romig e de um grupo de técnicos e estatísticos que pesquisaram e divulgaram os resultados de seus trabalhos voltados para a qualidade dos produtos.

Modificações mais rápidas e frequentes em relação à qualidade começaram a se desenvolver a partir de 1944/1945. O conceito de qualidade sofreu importantes mudanças. O Quadro 2 relaciona o período em que o enriquecimento do conceito de qualidade ocorreu, bem como suas razões e as principais ferramentas e procedimentos que passaram a ser utilizados.

Quadro 2 Estágios, ferramentas, procedimentos

Conceito da qualidade	Década	Foco	Razões da mudança	Principais ferramentas e procedimentos
Adequação ao padrão	1950	Empresa	Produção em massa	• Padronização (processos de produção) • Controle estatístico de processos • Inspeção
Adequação ao uso	1960	Cliente	Revolução do consumidor	• Pesquisa de mercado • Envolvimento interfuncional
Adequação de custo	1970	Empresa	Crise do petróleo	• Círculos da qualidade (CCQ) • Métodos para melhorias: • Sete passos do CQ • Sete ferramentas do CQ (velhas) • Gerenciamento do cotidiano
Adequação às necessidades latentes (produto, flexibilidade, tempo)	1980	Cliente	Competição com as novas nações industrializadas	• Desdobramento da função qualidade (QFD) • Sete ferramentas gerenciais • Gerenciamento por processos • Gestão à vista • Sistemas de garantia da qualidade
Adequação às expectativas de acionistas e de mercados maduros e saturados	1990	Empresa	Economia global	• Alianças estratégicas • Parcerias com clientes e fornecedores • Gerenciamento por políticas • Rupturas em padrões de resultados

14.2 OS PIONEIROS DA QUALIDADE

Deming, o mais conhecido dos pioneiros, popularizou o controle da qualidade no Japão no início dos anos 1950. Ele passou a ser conhecido por haver desenvolvido um sistema para controle estatístico da qualidade, mas sua contribuição foi muito maior. Enfatizava o comprometimento e as ações da gerência das organizações, mas sustentava que a empresa deveria adotar seu sistema em todos os níveis. Deming desempenhou, na realidade, um papel de primeira grandeza no aumento da visibilidade dos processos e consciência da necessidade de melhoria contínua.

Juran, como Deming, foi convidado pela Juse para ir ao Japão a partir de 1954. Seus ensinamentos cobriam os mecanismos gerenciais de planejar, organizar e controlar.

Ele enfatizava a responsabilidade da gerência no atingimento das metas da qualidade. Definia qualidade como adequação ao uso. Destacava a necessidade de medir resultados alcançados e de aplicar uma metodologia para solução de problemas. Juran promoveu a integração entre as funções como técnica para o aprimoramento da qualidade. Pregava a necessidade de promover rupturas, melhorias significativas, em padrões de resultados.

Armand Feigenbaum, como Deming e Juran, ganhou destaque por seu trabalho com os japoneses. Usou uma abordagem mais abrangente à qual se atribuiu o nome de Controle Total da Qualidade. Desenvolveu um sistema para integrar os esforços para desenvolver, manter e aprimorar a qualidade. Contemplava principalmente a inibição da propagação de falhas.

Philip Crosby foi quem obteve maior sucesso comercial promovendo seus pontos de vista sobre a qualidade. Enfatizou que um sistema para alcance de melhores níveis de qualidade deve ser principalmente preventivo e estabeleceu o "zero defeitos" como uma direção a seguir. Destacou a importância da motivação e do planejamento e não se aprofundou na utilização do controle estatístico de processos e da metodologia de solução de problemas. Trabalhou sistematicamente a ideia de que os custos de prevenção sempre seriam inferiores aos custos de detecção, correção e falhas.

Kaoru Ishikawa foi o nome do pioneiro japonês que ganhou maior destaque em qualidade. Reconhecia que o controle da qualidade havia sido uma invenção americana, porém, chamava a atenção para o fato de que, no Japão, sua prática, devido a participação de todos, dos chefes até os operários da linha de produção, havia alcançado maior sucesso. Enfatizava que o relativo insucesso do mundo ocidental podia ser atribuído ao fato de que a prática da qualidade havia sido delegada a especialistas e consultores. Pregava o provérbio oriental que diz que "a paciência é uma virtude" e, por essa razão, insistia na prática da qualidade durante todo o tempo, de modo sistemático, sem interrupções. Conselhos do tipo "o processo subsequente é o seu cliente" eram construídos sobre opiniões consolidadas em longos anos de observação sem maiores preocupações com o uso de teorias mais elaboradas.

Uma melhor compreensão da contribuição desses pioneiros ao movimento da qualidade pode ser alcançada ao comparar como enfocavam e entendiam a qualidade, o sistema da qualidade e a influência do fator humano (ver Quadro 3).

14.3 DESTAQUES NA PRÁTICA DA QUALIDADE

Dois aspectos chamam nossa atenção na prática da qualidade. O primeiro trata do envolvimento das pessoas, de equipes e grupos de empresas. O segundo trata das condições necessárias para o sucesso na utilização da qualidade.

14.3.1 Níveis de atuação

Podem ser reconhecidos quatro níveis na prática da Qualidade Total (ver Figura 2).

É possível, também, relacionar as principais ações e objetivos associados a cada um desses níveis (ver Quadro 4).

Quadro 3 Pioneiros e suas abordagens

	Visão da qualidade	Caracterísiticas do sistema de qualidade	Fator humano	Foco de atenção
Feigenbaum	Qualidade que os clientes exigem, retratada por meio das especificações em todas as fases, com qualidade de processos compatíveis com tais especificações.	Baseado em uma forte infraestrutura técnica e administrativa, com procedimentos detalhados integrados à estrutura organizacional, gerenciados por especialistas em qualidade dando apoio e assistência a todos os departamentos de modo a assegurar uma integração em torno da função qualidade.	Conscientização em torno da contribuição de cada um para com a função qualidade.	Gerência: responsabilidade de linha pela qualidade. Ferramentas: sistema de qualidade altamente estruturado.
Crosby	Cumprimento das especificações estabelecidas para alcançar a satisfação dos clientes.	Construído por meio do envolvimento de toda a organização em torno de metas de qualidade firmemente estabelecidas e periodicamente avaliadas, por meio de dados confiáveis de custos, como elementos indicadores de necessidades de área de concentração de esforços.	Comprometimento, conscientização, comunicação e motivação via recompensas.	Mecanismo de planejamento e controle da qualidade alimentados por esquemas de comunicação.
Juran	Adequação ao uso por meio da percepção das necessidades dos clientes e aperfeiçoamentos introduzidos a partir de patamares já alcançados.	Retratado por intermédio de características do produto que garantam a satisfação do cliente (adequação ao uso) e aprimorado, projeto a projeto, por equipes interfuncionais, critérios com rupturas, critérios de priorização e com a garantia de de que níveis de qualidade já atingidos serão mantidos.	Compreensão da qualidade como uma das principais responsabilidades gerenciais. Comprometimento da organização com a qualidade em todos os níveis e total envolvimento.	Gerência: funções de gerência em qualidade (planejamento, controle e melhoria). Ferramentas: metodologia para solução de problemas.
Deming	Perseguição às necessidades dos clientes, homogeneidade dos resultados do processo, previsibilidade e redução da variabilidade.	Inspirado pelas necessidades dos clientes e desenvolvido pelo aprimoramento dos processos, apoiado em uma postura de melhoria contínua desses processos e consequente transferência dos resultados aos clientes.	Comprometimento e conscientização, motivação pela integração dos objetivos de desenvolvimento individual por meio do desenvolvimento da empresa.	Gerência: responsável pela liderança e coordenação. Ferramentas: Controle estatístico do processo.
Ishikawa	Rápida percepção e satisfação das necessidades do mercado, adequação ao uso dos produtos e homogeneidade nos resultados do processo.	Instalado desde o projeto e desenvolvimento de novos produtos e serviços, aperfeiçoado por meio da estrutura da empresa, com o apoio de uma cadeia de relações, de modo a permitir que o cliente perceba que a qualidade esperada e prometida está garantida.	Compreensão da qualidade como inerente ao trabalho, fazendo parte e sendo resultado do trabalho. Comprometimento com a construção da qualidade de vida de cada um e da sociedade.	Trabalhador: valorização do homem. Gerência: função de ensinar e orientar. Ferramentas: sete ferramentas básicas.

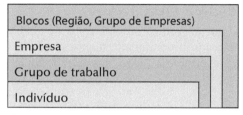

Figura 2 Níveis na prática da qualidade total.

Quadro 4 Nível de atuação, objetivos e ações		
Nível	Objetivos	Ações
Indivíduo	Competência automática	Fazer com que todos saibam o tempo todo o que e como fazer.
Grupo de trabalho	Mobilização dos grupos até o alcance dos resultados desejados	Colocar sob controle a rotina diária e a prática simultânea de formas de organização para melhorias.
Empresa	Eficácia e eficiência	Integrar níveis hierárquicos e processos. Buscar rupturas em padrões de resultados.
Blocos	Alcance de vantagens competitivas	Compartilhar conhecimentos e recursos.

14.3.2 Fatores de sucesso na prática da qualidade

A análise da evolução do conceito de qualidade e as lições extraídas das colocações dos pioneiros da qualidade permitem reconhecer cinco fatores de sucesso na prática da qualidade (Figura 3).

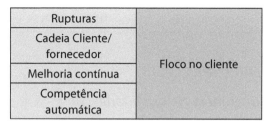

Figura 3 Fatores de sucesso.

Os fatores de sucesso são condições necessárias para a prática do conceito mais amplo e atual da qualidade. Os processos para alcançá-los, como o gerenciamento do cotidiano, o gerenciamento por processos e o gerenciamento por políticas, são mecanismos que foram sendo desenvolvidos por especialistas à medida que o conceito da qualidade se enriqueceu. Os especialistas também desenvolveram e recomendaram a aplicação, quando necessário, de ferramentas e métodos eficazes, como as técnicas estatísticas, as ferramentas para localização e solução de problemas, o desdobramento da função qualidade (QFD) etc.

14.4 ABORDAGENS PARA A QUALIDADE

É preciso reconhecer que a evolução do conceito da qualidade, até a segunda metade dos anos 1970, está marcada predominantemente pela contribuição japonesa. Até os pioneiros da qualidade encontraram no Japão, nesse período, o ambiente adequado para a aplicação de suas ideias.

Estimuladas pelo sucesso japonês, muitas empresas ocidentais buscaram copiar mecanismos aparentemente eficazes. Muito esforço foi dedicado à criação de grande número de grupos de melhorias, e os estatísticos foram mobilizados para auxiliar na solução dos problemas da qualidade.

Uma melhor compreensão dos sucessos e insucessos logrados começa a surgir a partir do instante em que se entende o que os japoneses fizeram e o que os ocidentais têm feito, ou seja, quando se analisa as abordagens adotadas para a qualidade.

O fato é que, enquanto a concorrência de empresas japonesas não se havia intensificado, não eram muitas as organizações ocidentais que procuravam praticar efetivamente a qualidade. Só após a segunda metade dos anos 1970 é que os países ocidentais se empenharam definitivamente no desenvolvimento de uma abordagem adequada para a qualidade (Quadro 5).

Quadro 5 Desenvolvimento de abordagens			
Região	Ações		
Ocidente	Pesquisas e estudos sobre qualidade e seu controle	Iniciativas isoladas na área da qualidade	Desenvolvimento e aplicação de uma abordagem ocidental
Japão		Aplicação das pesquisas ocidentais e desenvolvimento de abordagem própria	Extensão da abordagem japonesa a grupos de empresas da mesma cadeia de negócios
Época	1920 a 1945	1945 a 1975	1975 a 1995

14.4.1 Abordagem japonesa

A percepção da importância da qualidade

Após a Segunda Guerra Mundial, devido às mudanças políticas e econômicas que lhe foram impostas, o Japão percebeu sua necessidade de sobreviver e de criar empregos. Foi a primeira nação do mundo a direcionar suas energias para uma economia de adição de valor e exportação.

A busca do aumento de vendas e produção, com a finalidade de continuamente aumentar o valor agregado e o nível de emprego, passou a ser a direção adotada. A necessidade do alcance, manutenção e melhoria de maiores volumes de vendas e produção fizeram com que os japoneses adotassem uma estratégia que não privilegiava apenas os resultados no curto prazo.

Filosofia, cultura e linhas mestras

A filosofia japonesa da qualidade pode ser sintetizada por meio de quatro de suas prioridades fundamentais:

- completa satisfação do cliente;
- qualidade como prioridade absoluta;
- melhoria contínua;
- participação com o comprometimento de todos os colaboradores.

A cultura japonesa da qualidade prioriza o respeito ao homem e ao ambiente. Dá especial atenção às atividades voluntárias e racionais dos indivíduos nas organizações, enfatizando os mecanismos de sustentação das fases de planejamento, execução e controle. Destaca a utilização sistemática da metodologia de solução de problemas.

Formação intensiva da mão de obra, articulação das ações de toda a cadeia de comando da empresa e organização de equipes para melhorias, colocação do conhecimentos e informações nos pontos em que devem estar e a liderança do principal executivo da organização, constituem algumas da principais linhas mestras adotadas.

O desenvolvimento

A qualidade do produto era considerada uma das condições necessárias para o sucesso japonês. Na década de 1950, o nível de 100% de qualidade atingido pelos seus produtos eram atribuídos à inspeção do produto acabado. A inspeção era amplamente utilizada para localizar, não apenas os defeitos, mas também os locais e as variáveis dos processos que os causavam.

Nas décadas de 1960 e 1970, o controle dos processos tomou-se o tema principal. A qualidade era buscada por meio do controle das variáveis dos processos. Nas empresas em que os processos atingiam um nível de desempenho superior às necessidades especificadas, tornava-se possível eliminar a inspeção dos produtos acabados. Na década de 1980, a maior contribuição passou a ser da qualidade no desenvolvimento do produto (Figura 4).

O passo subsequente ocorreu a partir final dos anos 1980 e durante os anos 1990, quando os japoneses concluíram que, em nível nacional, a estratégia da qualidade deveria compreender todo grupo de empresas interligadas na mesma cadeia de negócios. Esse passo correspondeu ao deslocamento da visão da qualidade em toda a empresa para uma qualidade envolvendo grupos de empresas.

14.4.2 Abordagem ocidental

O despertar para a qualidade

Quando as empresas do Ocidente perceberam que a vantagem competitiva da indústria japonesa vinha da qualidade, resolveram considerá-la, introduzindo técnicas e ferramentas desenvolvidas no Japão.

Num primeiro momento, houve a preocupação de mostrar que a maior parte das técnicas estatísticas utilizadas pelos japoneses haviam sido desenvolvida no Ocidente e de aceitar que essas técnicas não haviam sido bem utilizadas por falhas na organização das atividades de melhoria contínua. Dessa forma, os ocidentais tratavam de aliar às técnicas uma filosofia de satisfação do cliente, por meio do sistemático aperfeiçoamento dos processos.

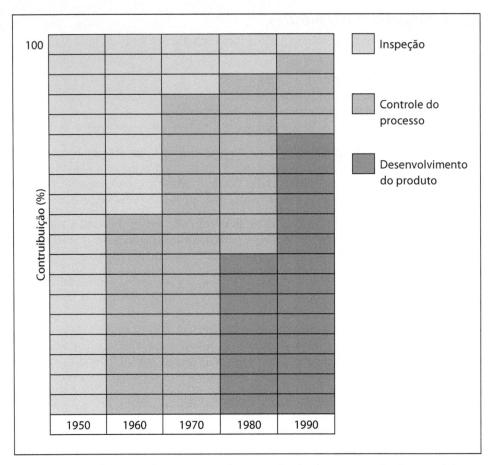

Figura 4 Contribuições da inspeção, do controle do processo e do desenvolvimento do produto

Apesar dos esforços desenvolvidos entre 1975 e 1985, os resultados alcançados foram discretos, e os ocidentais acabaram por evoluir para uma nova geração de programas da qualidade.

Programas de qualidade da primeira geração
Os programas de primeira geração enfatizavam:
- a filosofia da qualidade;
- as técnicas estatísticas.

Eram dirigidos aos níveis operacionais (chão de fábrica), gerenciados por órgão central da qualidade e desprovidos de orientação para resultados.

A abordagem utilizada destacava os seguintes pontos:
- lançamento de generosos programas de melhorias;
- ampla utilização de técnicas de confiabilidade (FMEA, FTA, DOE, SPC);
- ênfase na garantia da qualidade.

Os relatos dos resultados alcançados com a adoção dos programas de primeira geração indicam que esses programas necessitavam ser continuamente revitalizados e que, na falta de uma visível contribuição para melhoria da lucratividade ou mesmo melhoria da qualidade dos produtos, acabaram sendo classificados como ineficazes.

Foram tantos os casos de insucesso, que na Europa e nos Estados Unidos começaram a surgir os programas de qualidade da segunda geração.

Programas de qualidade da segunda geração

As principais características dos programas de segunda geração são:

- liderança do corpo diretivo da empresa;
- ênfase na cultura do *market-in*;
- plano da qualidade vinculado aos planos estratégicos e de gestão;
- resultados expressivos alcançados no curto prazo; e
- cadeia cliente-fornecedor interna, integrada aos fornecedores e clientes externos;

As empresas bem-sucedidas na prática da qualidade não se limitam à utilização de técnicas como as sete ferramentas (velhas e novas), PDCA ou Controle Estatístico de Processos (CEP). Utilizam também o gerenciamento dos objetivos do negócio por meio da cadeia de comando e dos processos praticados. Para isso, lançam mão do desdobramento de objetivos e articulação das ações e do gerenciamento por processos.

Para conferir maior eficácia ao gerenciamento da qualidade e dos negócios, as empresas praticantes dos programas de segunda geração passaram a utilizar mecanismos de gestão à vista, de modo a eliminar a burocracia de emissão de relatórios e auditorias, provocando uma drástica redução de circulação de informações e de número de reuniões.

Os relatos sobre a aplicação dos programas de segunda geração indicam um forte impacto sobre os resultados globais. A qualidade tem atingido no curto prazo as metas estabelecidas e o programa passa a ser um sistema de gerenciamento da organização.

Questões para reflexão

1. São muito conhecidos os 14 pontos de Deming. Há vários livros que tratam da interpretação desses pontos e falam da filosofia de Deming. O controle estatístico dos processos também mereceu especial atenção de Deming. Qual o alcance e as limitações da abordagem de Deming?

2. A evolução do controle do produto para o controle do processo é um dos principais aspectos das propostas de Deming. Por que o controle do processo não foi aplicado com sucesso no mundo ocidental por mais de 40 anos? Qual a diferença essencial que fez com que o controle do processo progredisse mais rapidamente no Japão?

3. As técnicas estatísticas e a metodologia de solução de problemas foram intensamente divulgadas no Japão por Deming e por Juran. Programas de treinamento foram desenvolvidos por meio da Juse. Por que estas técnicas acabaram sendo mais bem aplicadas no Japão do que nos Estados Unidos?

4. O alcance de resultados por meio da satisfação do cliente e a colocação da Qualidade como a principal prioridade da empresa são características da abordagem japonesa para a Qualidade. O tradicional modelo ocidental de direção era diferente em que aspectos? Por quê?

5. Por que é necessário revitalizar frequentemente programas da qualidade da primeira geração?

6. As grandes montadoras de automóveis no Brasil praticam programas da qualidade de primeira ou de segunda geração?

7. Treinamento intensivo em técnicas e instrumentos da Qualidade e adoção de sistemas de garantia da qualidade garantem a prática dos modelos de segunda geração?

8. É possível alcançar sucesso na prática da Qualidade insistindo apenas e tão somente na filosofia e nas técnicas e ferramentas da qualidade? Até que ponto se pode chegar?

Referências bibliográficas e leitura recomendada

CROSBY, P. B. *Quality is free*. New York: New American Library, 1979.

_____. *Quality without tears*: the art of hassle management. Maidenhead: McGraw-Hill, 1994.

DEMING, W. E. *Out of crisis*. Cambridge: Cambridge University Press, 1986.

FEIGENBAUM, A. V. *Total quality control*. New York: McGraw-Hill, 1983.

GARVIN, D. A. *Gerenciando a qualidade*. Rio de Janeiro: Qualitymark Editora, 1992.

IMAI, M. *Kaizen*: a estratégia para o sucesso competitivo. São Paulo, 1992.

ISHIKAWA, K. *Guide to quality control*. 2. ed. Hong Kong: Asian Productive Organization, 1985.

JURAN, J. M.; GRYNA, F. M. (ed.) *Controle da qualidade*. Revisão técnica Gregório Bouer e José J. A. Ferreira. São Paulo: Makron Books, 1992, 9 v.

KUME, H. *Métodos estatísticos para melhoria da qualidade*. Tradução Dario Ikuo Miyake, revisão técnica Alberto W. Ramos. São Paulo: Gente, 1993.

CAPÍTULO 15

CONTROLE ESTATÍSTICO DO PROCESSO

Alberto Wunderler Ramos

15.1 BREVE HISTÓRICO DO CONTROLE DE PROCESSO

A preocupação com a qualidade é tão antiga quanto a própria humanidade. Desde que o homem pré-histórico confeccionou o seu primeiro artefato, surgiu a preocupação com a adequação ao uso do produto, às necessidades de quem o utiliza.

Entretanto, o moderno Controle da Qualidade, ou seja, calcado em bases científicas, data do início do século XX. Foi somente com a introdução do conceito de produção em massa que a questão da qualidade começou a ser abordada sob uma ótica diferente da vigente até então.

O Controle Estatístico de Processo – CEP é, sem dúvida, uma das mais poderosas metodologias desenvolvidas visando auxiliar no controle eficaz da qualidade. A carta de controle, ferramenta básica do CEP, foi resultado do trabalho de Shewhart, nos Laboratórios Bell, na década de 1920.

O CEP tem sido utilizado algumas vezes extensivamente, como durante a Segunda Guerra Mundial, e outras (muitas) vezes apenas de forma esporádica pela indústria. Foi somente com o surgimento do Japão como nação líder em qualidade, que o mundo despertou para a importância da obtenção de produtos por meio de processos estatisticamente estáveis e capazes de atender plenamente às necessidades dos clientes.

No Brasil, o CEP vem sendo implantado em um número cada vez maior de empresas, quer seja por exigência de algum grande cliente, tal como é o caso das montadoras, quer seja pela sua eficácia na melhoria da produtividade das operações. Contudo, há muito ainda por fazer, pois a potencialidade do CEP ainda não foi totalmente explorada. Novas aplicações aparecem diariamente, demonstrando sua versatilidade e importância no aumento da competitividade.

15.2 FUNDAMENTOS DO CEP

Em termos simples, o CEP prega o controle da qualidade conduzido simultaneamente com a manufatura (**controle do processo**), em vez da inspeção após a produção, em que se separam os produtos bons daqueles que são defeituosos (**controle do produto**). Seu enfoque está na prevenção de defeitos ou erros. É muito mais fácil e barato fazer certo na primeira vez, do que depender de seleção e retrabalho de itens que não sejam perfeitos.

Consequentemente, quando do surgimento de problemas, a ação deve focar no processo (causa) que gerou o defeito, e não no produto (efeito) em si. Conforme ensina W. E. Deming: "Não se melhora a qualidade por meio da inspeção. Ela já vem com o produto quando este deixa a máquina e, portanto, antes de inspecioná-lo".

O quão bem um processo se desempenha em termos de qualidade e produtividade depende de dois fatores: a forma pela qual ele foi projetado e como ele é operado.

Qualquer processo apresenta variabilidade, isto é um fato da natureza. A variação nas características da qualidade existe em função das diferenças ou inconsistências entre operários, lotes de matéria-prima, equipamentos, instrumentos de medição etc. Entretanto, as causas de variação podem ser divididas em dois grupos: causas comuns e especiais.

15.2.1 Causas de variação

Uma causa comum é definida como uma fonte de variação que afeta a todos os valores individuais de um processo. É resultante de diversas origens, sem que nenhuma tenha predominância sobre a outra (variação natural de qualquer processo). Enquanto os valores individuais diferem entre si, quando estes são agrupados, tendem a formar um padrão (ou uma distribuição de probabilidade) que pode ser caracterizado pela **localização** (centro da distribuição), **dispersão** (variabilidade dos valores individuais) e **forma** (formato da distribuição). A variação devido a causas comuns sempre está presente; ela não pode ser reduzida sem mudanças na concepção do processo. A compra sistemática de matérias-primas com problemas, a falta de manutenção preventiva, ausência de padronização de operações, treinamento insuficiente de funcionários são alguns exemplos de causas comuns.

Já a causa especial é um fator que gera variações que afetam o comportamento do processo de maneira imprevisível, não sendo, portanto, possível obter-se um padrão (ou distribuição de probabilidade). Costuma também ser chamada de causa esporádica, em virtude de sua natureza. Diferencia-se da causa comum pelo fato de produzir resultados totalmente discrepantes com relação aos demais valores. Exemplos de causas especiais são: uma desregulagem ocasional da máquina, um lote de matéria-prima com problema, quebra de uma ferramenta etc. A Figura 1, na página ao lado, apresenta esses conceitos.

15.2.2 Ação local e ação no sistema

A importância de se distinguir entre causas comuns e especiais de variação reside no fato de que o tipo de **ação e responsabilidade** pela sua adoção estão em diferentes esferas da empresa. A eliminação de causas especiais exige uma ação local, que pode ser tomada por pessoas próximas ao processo, como por exemplo os operários. Já as causas comuns exigem ações sobre o sistema de trabalho, que somente podem ser tomadas pela administração, visto que o processo é em si consistente mas, mesmo assim, incapaz de atender às especificações.

Assim, por exemplo, a desregulagem ocasional de uma máquina pode ser ajustada pelo próprio operador. Contudo, um problema causado pela compra frequente de matérias-primas pela empresa somente pode ser sanado pela sua gerência.

Um processo é dito **sob controle** ou estatisticamente estável quando somente **causas comuns** estiverem presentes. Porém, essa não é a condição natural de qualquer processo ou, em outras palavras, deve-se sempre esperar a presença de causas especiais de variação atuando. Contudo, por meio de um esforço contínuo, é preciso eliminá-las uma a uma, até estabilizar-se o processo. Isso requer determinação e dedicação, uma vez que o prazo para se conseguir essa conquista leva meses e, até mesmo, anos.

Uma vez que o processo seja estável e, por conseguinte, se saiba o que esperar dele, pode-se determinar se é possível atender às especificações ou necessidades dos clientes (cálculo da capacidade do processo). Caso o processo não seja capaz, deve-se atuar na eliminação das causas comuns de variação, diminuindo assim a variabilidade total das características da qualidade que determinam o bom desempenho do produto (ver Figura 2).

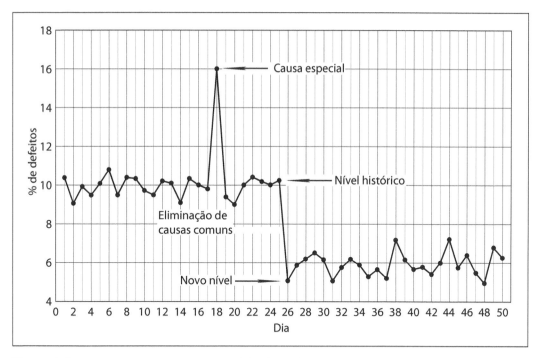

Figura 1 Causas comuns e causas especiais de variação.

15.2.3 Vantagens na utilização do CEP

Diversas são as vantagens da aplicação do CEP nas operações de uma empresa. Provavelmente as mais importantes são:

a) determinar o tipo de ação requerida (local ou no sistema) e, consequentemente, estabelecer a responsabilidade pela sua adoção (operação ou administração);

b) reduzir a variabilidade das características críticas dos produtos, de forma a se obter uma maior uniformidade e segurança dos itens produzidos;

c) permitir a determinação da real viabilidade de atender às especificações do produto ou necessidades dos clientes, em condições normais de operação;

d) implantar soluções técnicas e administrativas que permitam a melhoria da qualidade e (principalmente) o aumento da produtividade;

e) possibilitar o combate às causas dos problemas ao invés de a seus efeitos, de modo a erradicá-los definitivamente do sistema de trabalho.

Em suma, pode-se dizer que o CEP faz com que todos trabalhem mais inteligentemente e não mais arduamente. Os ganhos com as economias obtidas são permanentes, e os benefícios advindos geram um melhor ambiente de trabalho, no qual as pessoas ficam mais motivadas a conseguir melhores resultados todos os dias.

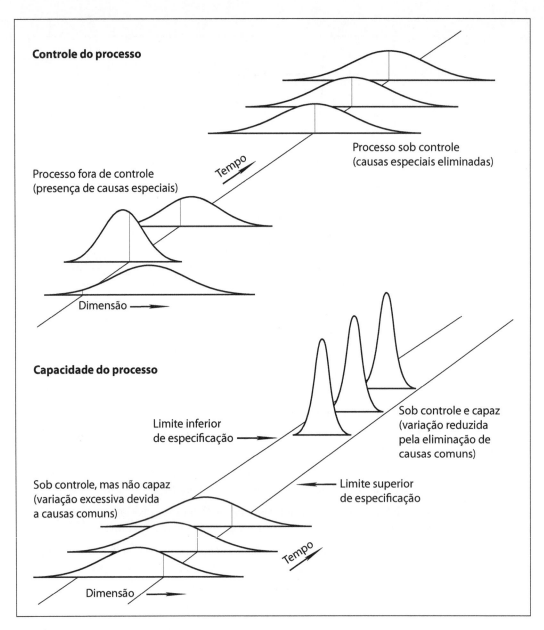

Figura 2 Controle e capacidade de processo.

15.3 CARTAS DE CONTROLE

Dentre as diversas ferramentas do Controle Estatístico de Processo – CEP, as cartas (gráficos) de controle são, sem dúvida, as mais importantes.

15.3.1 Fundamentos

As cartas de controle possuem três objetivos básicos:

a) verificar se o processo estudado é **estatisticamente estável**, ou seja, se não há presença de causas especiais de variação;

b) verificar se o processo estudado **permanece estável**, indicando quando é necessário atuar sobre ele; e

c) permitir o **aprimoramento contínuo** do processo, mediante a redução de sua variabilidade.

A teoria estatística desenvolvida por W. Shewhart para o cálculo dos limites de controle baseia-se na ideia de que, sendo o processo estudado estável, então uma estatística qualquer, calculada a partir dos dados fornecidos pelas amostras, terá uma probabilidade próxima a um de estar no intervalo de mais ou menos três desvios padrão a partir da média da população. Quando um valor observado cair fora desse intervalo, admite-se que a hipótese de estabilidade do processo não mais é válida, indicando a presença de uma causa especial de variação.

Na prática, como não se conhece nem o valor da média nem o do desvio-padrão da população, torna-se necessário estimá-los (substituí-los) a partir das estatísticas fornecidas pelas amostras.

No cálculo dos limites de controle e obtenção de amostras, as seguintes regras devem ser obedecidas:

a) o desvio padrão utilizado deve ser estimado com base na variação dentro da amostra, não se aceitando nenhum outro tipo de estimador;

b) as cartas sempre utilizam limites de controle localizados à distância de três desvios padrão da linha média;

c) os dados devem ser obtidos e organizados em amostras (ou subgrupos) segundo um critério racional, visando permitir a obtenção das respostas necessárias; e

d) o conhecimento obtido por meio das cartas de controle deve ser empregado para modificar as ações, conforme adequado.

15.3.2 Construção da carta de controle

Na construção de cartas de controle eficazes, certos passos devem ser seguidos, de modo a permitir a sua correta análise. Esses passos são os seguintes, para o estabelecimento da primeira carta:

a) coletar dados durante certo período de tempo, até que todos os tipos de variação nos quais se está interessado em avaliar tenham oportunidade de aparecer;

b) calcular as estatísticas que resumem a informação contida nos dados (médias, amplitudes, desvios padrão, frações etc.);

c) calcular os limites de controle com base nas estatísticas;

d) marcar os pontos (estatísticas) nas cartas de controle e uni-los para facilitar a visualização do comportamento do processo;

e) marcar os limites de controle;

f) analisar as cartas de controle quanto a presença de causas especiais (tendências, ciclos etc.); e

g) quando for detectada a presença de causas especiais, buscar identificar, eliminar e prevenir a sua repetição.

15.3.3 Um exemplo de cartas de controle – Médias e Amplitudes (x-barra e R)

Em decorrência do exposto anteriormente, para o caso da média amostral têm-se os seguintes limites de controle:

$$\mu(\overline{x}) \pm 3 \cdot \sigma(\overline{x})$$

Como não se conhece a média $\mu\ (\overline{x})$, então será utilizada a média das amostras, ou seja, x-duas barras, e no lugar de $\sigma(x)$ será empregada a média das amplitudes, ou seja, R-barra. Logo, os limites superior e inferior de controle (*LSC* e *LIC*, respectivamente) ficam:

$$LSC_{\overline{x}} = \overline{\overline{x}} + 3 \cdot \frac{\overline{R}}{d_2 \cdot \sqrt{n}}$$

$$LM_{\overline{x}} = \overline{\overline{x}}$$

$$LIC_{\overline{x}} = \overline{\overline{x}} - 3 \cdot \frac{\overline{R}}{d_2 \cdot \sqrt{n}}$$

Nessas expressões aparecem dois termos que merecem mais esclarecimentos: n e d_2. O primeiro é decorrência do fato de que a dispersão (desvio padrão) das médias das amostras é menor que a dos valores individuais, e o segundo é um fator necessário para corrigir um vício (viés) introduzido quando se substitui $\sigma(x)$ por R-barra.

As fórmulas anteriormente vistas podem ser reescritas como:

$$LSC_{\overline{x}} = \overline{\overline{x}} + A_2 \cdot \overline{R}$$

$$LM_{\overline{x}} = \overline{\overline{x}}$$

$$LIC_{\overline{x}} = \overline{\overline{x}} - A_2 \cdot \overline{R}$$

onde

$$A_2 = \frac{3}{d_2 \cdot \sqrt{n}}$$

Os valores de A_2 e d_2 são função do tamanho da amostra (n) e encontram-se tabulados no Anexo.

Para o caso da amplitude, seus limites de controle ficam:

$$\mu(R) \pm 3 \cdot \sigma(\overline{R})$$

ou ainda

$$LSC_R = \left(d_2 + 3 \cdot d_3\right) \cdot \frac{\overline{R}}{d_2} = D_4 \cdot \overline{R}$$

$$LM_R = \overline{R}$$

$$LIC_R = \left(d_2 - 3 \cdot d_3\right) \cdot \frac{\overline{R}}{d_2} = D_3 \cdot \overline{R}$$

Os valores de D_3 e D_4 encontram-se no Anexo. A Figura 3 apresenta as cartas de controle para a média e a amplitude.

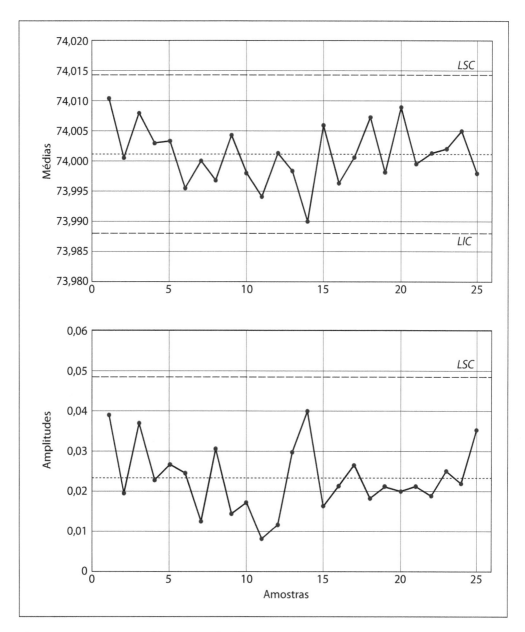

Figura 3 Cartas para médias e amplitudes.

15.3.4 Outras cartas de controle

Além da carta da média e amplitude (x-barra e R), existem muitas outras ainda, tanto para variáveis (medições) como para atributos (contagem ou classificação). A seguir, citamos as de uso mais frequente na indústria, sem nos determos em seus pormenores:

- carta da média e desvio padrão (x-barra e s)
- carta da mediana e amplitude (x-til e R)
- carta para valores individuais e amplitudes móveis (x-Rm)
- carta da fração defeituosa na amostra (p)

- carta do número de defeituosos na amostra (np)
- carta do número de defeitos na amostra (c)
- carta do número de defeitos por unidade (u)

15.3.5 Estudos de capacidade

Os estudos de capacidade têm por objetivo verificar se um processo estatisticamente estável atende ou não às **especificações de engenharia** (do produto). Essa análise costuma ser realizada por meio do cálculo e interpretação de índices específicos para tal finalidade.

a) Índice Cp

Esse índice é definido como sendo a razão entre a tolerância de engenharia e a dispersão total do processo:

$$Cp = \frac{LSE - LIE}{6 \cdot \frac{\bar{R}}{d_2}} = \frac{LSE - LIE}{6 \cdot \frac{\bar{s}}{c_4}}$$

onde LSE e LIE são, respectivamente, os limites superior e inferior da especificação de engenharia. $Cp > 1$ indica evidentemente que o processo é capaz de atender à especificação.

b) Índice Cpk

O índice Cpk é definido como sendo o menor valor entre Cpi e Cps, ou seja:

$$Cpk = \text{mín.} \{Cpi, Cps\}$$

com

$$Cpi = \frac{\bar{\bar{x}} - LIE}{3 \cdot \frac{\bar{R}}{d_2}} = \frac{\bar{\bar{x}} - LIE}{3 \cdot \frac{\bar{s}}{c_4}}$$

e

$$Cps = \frac{LSE - \bar{\bar{x}}}{3 \cdot \frac{\bar{R}}{d_2}} = \frac{LSE - \bar{\bar{x}}}{3 \cdot \frac{\bar{s}}{c_4}}$$

O índice Cpk avalia a distância da média (x-duas barras) do processo aos limites da especificação, tomando aquela que é menor e, portanto, **mais crítica** em termos de chances de se produzirem itens fora da especificação. Se $Cpk > 1$, então o processo será capaz.

15.4 OUTRAS FERRAMENTAS DO CEP

Além das cartas de controle, existem ainda muitas outras ferramentas estatísticas úteis, principalmente para a resolução de problemas, chamadas de *ferramentas básicas da qualidade*. A seguir é fornecido um resumo de cada uma delas.

15.4.1 Histograma

Há várias maneiras de mostrar graficamente a distribuição de frequência de um conjunto de dados agrupados. A mais popular é o histograma, que é de fácil construção e interpretação, e permite verificar facilmente a forma da distribuição, a média e a dispersão dos dados.

15.4.2 Diagrama de causa e efeito (Ishikawa)

O diagrama de causa e efeito é uma figura composta por linhas e símbolos, representando uma relação significativa entre um efeito e suas **possíveis** causas. Esse diagrama permite descrever situações complexas, muito difíceis de serem descritas e interpretadas somente por palavras.

Existem, provavelmente, várias categorias de causas principais. Frequentemente, estas recaem sobre uma das seguintes categorias: **Mão de obra, Máquinas, Métodos, Materiais, Meio Ambiente** e **Meio de Medição** (conhecidas como os 6 M's).

Pode haver muitas outras maneiras para a classificação dessas **causas principais**. Cada uma delas, por sua vez, poderá ter numerosos fatores ou **causas secundárias**.

A Figura 4 apresenta um diagrama de causa e efeito para um problema de umidade incorreta em determinado produto.

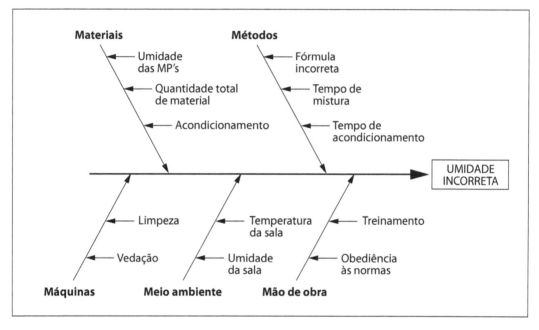

Figura 4 Diagrama de causa e efeito.

15.4.3 Diagrama de Pareto

Pareto foi um economista que, ao estudar a distribuição da riqueza em sua época, verificou que "poucas pessoas possuíam uma grande porcentagem do total e muitas, uma pequena parte".

As coisas mais importantes, em primeiro lugar, é o princípio básico do diagrama de Pareto.

O diagrama de Pareto é usado quando é preciso dar atenção aos problemas de uma maneira sistemática e também quando se tem um grande número de problemas e recursos limitados para resolvê-los. O diagrama construído corretamente indica as áreas mais problemáticas, seguindo uma ordem de prioridade.

A Figura 5 mostra um diagrama de Pareto, para problemas em uma indústria de plástico, em que cada número no eixo das abcissas representa certo tipo de problema.

15.4.4 Gráfico linear

O gráfico linear é uma apresentação dos dados, na ordem em que estes foram obtidos. Assim, é possível verificar se há presença de alguma tendência ao longo do tempo. A Figura 1 dá um exemplo.

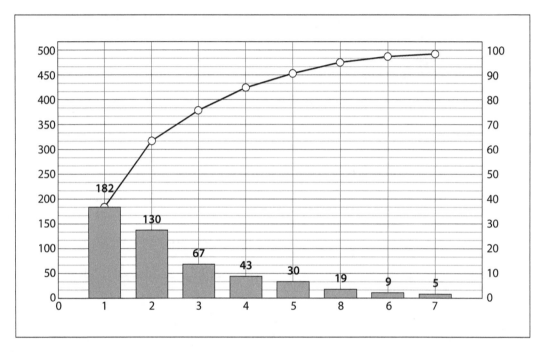

Figura 5 Diagrama de Pareto.

15.4.5 Diagrama de Dispersão

Quando duas (ou mais) variáveis apresentam uma tendência de variação conjunta, ou seja, quando o valor de uma se altera, o da outra também se altera, diz-se que essas variáveis estão correlacionadas.

A existência de correlação entre variáveis indica uma possível relação de causa e efeito que, portanto, merece uma maior investigação.

A correlação entre variáveis pode ser analisada por meio de um diagrama de dispersão, que nada mais é do que o gráfico cartesiano, com os pares de ordenadas e abscissas de cada ponto nele marcados. Quando os pontos estiverem próximos entre si, mostrando uma tendência, então pode-se concluir pela existência de correlação.

A Figura 6 mostra um diagrama de dispersão, exibindo correlação (linear) entre duas variáveis (A e B, no caso).

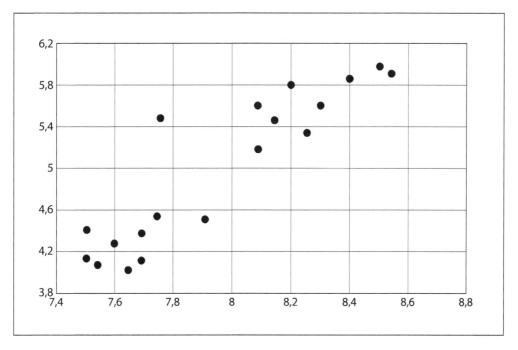

Figura 6 Diagrama de dispersão.

15.5 CONCLUSÃO

Num país em que a qualidade se está tornando dia a dia um fator decisivo na competição entre as empresas, os métodos estatísticos ajudam a mostrar o caminho a trilhar.

A estatística é uma ciência que ajuda a tomar decisões com base em fatos e dados, e não simplesmente em opiniões. É uma grande ajuda ao dirigente, já que transforma dados em informações úteis.

Anexo

Fatores para cálculo de limites de controle				
n	A_2	D_3	D_4	d_2
2	1,880	–	3,267	1,128
3	1,023	–	2,574	1,693
4	0,729	–	2,282	2,059
5	0,577	–	2,114	2,326
6	0,483	–	2,004	2,534
7	0,419	0,076	1,924	2,704
8	0,373	0,136	1,864	2,847
9	0,337	0,184	1,816	2,970
10	0,308	0,223	1,777	3,078

Exercícios propostos

1. Com relação a um processo industrial qualquer, de sua escolha,

   a) indique o que seria controle do processo e controle do produto;
   b) dê exemplos de causas comuns e especiais de variação.

2. Um processo estatisticamente estável é um processo bom? Explique e exemplifique.

Referências bibliográficas

BURR, L. W. *Statistical quality control methods*. New York: Marcel Dekker, 1976.

CHARBONNEAU, H. C.; WEBSTER, G. L. *Industrial quality control*. Englewood Ciffs: Prentice-Hall, 1978.

COWDEN, D. J. *Statistical methods in quality control*. Englewood Cliffs: Prentice-Hall, 1957.

DUNCAN, A. J. *Quality control and industrial statistics*. 4. ed. Homewood: lrwin, 1974.

GRANT, E. L.; LEAVENWORTH, R. S. *Statistical quality control*. 4. ed. New York: McGraw-Hill,1980.

HRAEDESKY, J. L. *Aperfeiçoamento da qualidade e produtividade*. São Paulo: McGrawHill, 1989.

ISHIKAWA, K. *Cuide to quality control*. 2. ed. Tokyo: Asian Productivity Organization, 1988.

KUME, H. *Métodos estatísticos para a melhoria da qualidade*. São Paulo: Gente, 1993.

MADRAS, T. T. T. L *Controle da qualidade*. São Paulo: McGraw-Hill, 1990.

LEITNAKER, M. G.; SANDERS, R. D.; HILD, C. *The power of statistical thinking*. Reading: Addison-Wesley, 1995.

MONTGOMERY, D. C. *Introduction to statistical quality control*. 2. ed. New York: John Wiley, 1991.

OTT, E. R. *Process quality control*. New York: McGraw-Hill, 1975.

RAMOS, A. W. *Controle estatístico de processo para pequenos lotes*. São Paulo: Blucher, 1995.

SHEWHART, W. A. *Economic control of quality of manufactured praduct*. Milwaukee: ASQC Quality Press, 1989.

WHEELER, D. J.; CHAMBERS, D. S. *Understanding statistical process control*. Knoxville: SPC Press, 1986.

CAPÍTULO 16

AS FORMAS JAPONESAS DE GERENCIAMENTO DA PRODUÇÃO E DE ORGANIZAÇÃO DO TRABALHO

João Amato Neto

Uma confidência do presidente Konosuke Matsushita

"Nós venceremos e o Ocidente Industrial perderá a batalha: vocês não podem fazer muito para evitá-lo, porque já trazem consigo a sua própria derrota.

As suas organizações são tayloristas; mas o pior é que também o são suas cabeças. Vocês estão totalmente convencidos de que podem fazer funcionar as suas empresas distinguindo de um lado os chefes e do outro os executores; de um lado aqueles que pensam, do outro os que trabalham.

Para vocês, o *management* é a arte de fazer passar convenientemente as ideias dos chefes às mãos dos operários.

Nós, ao contrário, somos pós-tayloristas: sabemos que o *business* é muito complicado. A sobrevivência de uma empresa é difícil e problemática, num ambiente sempre mais perigoso, imprevisível e competitivo, que a obriga a mobilizar toda a inteligência de todas as pessoas para atingir um objetivo preestabelecido.

Para nós, *management* é precisamente a arte de mobilizar e canalizar toda esta inteligência a serviço do projeto da empresa. Havendo medido melhor que vocês a amplitude dos novos desafios tecnológicos e econômicos, sabemos que a inteligência de alguns tecnocratas – embora brilhante – é insuficiente para vencê-los.

Como consequência, somente a inteligência de todos os seus membros pode permitir a uma empresa enfrentar a turbulência e as exigências desse novo ambiente. É por isso que as nossas empresas investem três ou quatro vezes mais na formação de seus recursos humanos do que fazem as suas; essa é a razão da existência, em nossas empresas, de um clima de diálogo e uma comunicação tão intensos. Solicitamos continuamente as sugestões de todos e, sobretudo, do Sistema Educativo Nacional, para preparação de diplomados generalistas, iluminados e cultos que representam a base indispensável para uma indústria que deve nutrir-se de inteligência.

Os seus líderes sociais, muitas vezes gente de boa vontade, acham que devem defender o homem na empresa. Realisticamente, pensamos que devemos fazer com que o homem defenda a empresa, a qual lhe renderá cem vezes o que lhe haverá dado.

Fazendo assim, acabamos por ser mais 'sociais' do que vocês."

Konosuke Matsushita
Fundador do grupo Matsushita (National-Panasonic)

16.1 INTRODUÇÃO

As chamadas formas japonesas de organização da produção e do trabalho passaram a constituir, a partir dos anos 1980, motivo de grande interesse tanto por parte de executivos e empresários, como de pesquisadores, estudantes e do público em geral envolvidos com a questão.

Porém, antes de analisar em detalhe as várias "técnicas" e os princípios que compõem o "**modelo**" **de gestão japonês**, cabem aqui algumas considerações a respeito do contexto social, econômico e político que, de certa forma, permearam o surgimento desse modelo no período pós-guerra e seu posterior desenvolvimento ao longo das últimas décadas.

16.2 PANORAMA SOCIAL, POLÍTICO E ECONÔMICO DO JAPÃO NO PERÍODO PÓS-GUERRA

Praticamente destruído pela Segunda Guerra Mundial, o Japão conseguiu, a partir dos anos 1950, levantar-se dos destroços e lograr uma façanha que fez inveja a todo o Ocidente, construindo num curto espaço de tempo uma indústria e uma economia altamente competitivas. Vale lembrar, entretanto, que tal façanha foi amplamente beneficiada por alguns fatos externos à própria sociedade japonesa, tais como os elevados investimentos para a reconstrução das economias destruídas pela guerra, como aqueles contidos no Plano Marshall, além dos investimentos derivados do fato de o Japão ter-se constituído em uma base militar dos Estados Unidos na Guerra da Coreia, nos anos 1960.

Cabe destacar que os maciços investimentos industriais também foram viabilizados pelo processo de "desmilitarização", iniciado no período pós-guerra, o que permitiu uma reorientação das prioridades de investimento do governo japonês, que se destacava já naquela época pelo seu desempenho favorável a um intenso programa de desenvolvimento industrial.

Ainda em termos do **papel do Estado** na economia japonesa do pós-guerra, há que se destacar a decisiva contribuição dada pelo Ministério da Indústria e Comércio Exterior (Miti – *Ministry of International Trade and Industry*) ao plano de implantação do moderno parque industrial no Japão. Em especial, cabe destacar, como umas das principais diretrizes traçadas pelo Miti para o fortalecimento do poder competitivo das empresas industriais, a chamada estratégia do "bom segundo" (adotando a cópia de produtos e processos, num primeiro momento, para posterior busca de inovações) e a implementação de grandes projetos de desenvolvimento tecnológico e de "sistemas de produção por prioridades", concentrando-se em setores vinculados às novas tecnologias, principalmente as de base microeletrônica.

Outros eventos importantes dessa época, tais como a perda de territórios ultramarinos, a dissolução dos grandes e antigos conglomerados empresariais (*zaibatsu*), mais vinculados à atividade agrícola, e um amplo programa de reforma agrária com distribuição das propriedades rurais, reforçaram o contexto favorável ao sucesso japonês. Há que se ressaltar, também, o enorme esforço empreendido pelo governo no sentido de um rígido controle da inflação.

Do ponto de vista social, o governo japonês investiu decisivamente na destruição dos sindicatos por categoria, nos moldes que vigoram até hoje no Ocidente, e passou a estimular a criação dos **sindicatos por empresas**, com o estabelecimento de alguns direitos trabalhistas (Miyake, 1991).

16.3 AS FORMAS JAPONESAS DE GERENCIAMENTO: ELEMENTOS BÁSICOS

As "formas japonesas de gerenciamento" têm sido uma espécie de moda nos círculos empresariais no mundo recente. Isso pode ser explicado pelo impressionante desempenho da economia japonesa desde os anos 1950, e especialmente pelo fato de o Japão ter conseguido sobreviver às duas crises do petróleo dos anos 1970 sem sofrer um severo revés.

Várias análises têm sido feitas no sentido de explicar tal fenômeno. Uma escola enfatiza os desenvolvimentos históricos de clientes e instituições, e uma outra enfatiza os traços psicológicos e os padrões de comportamento da raça japonesa. Uma terceira escola dá importância às comparações internacionais de vários sistemas de gerenciamento.

Além disso, os pontos positivos e negativos das formas japonesas de gerenciamento diferem, para os próprios japoneses, dependendo da pessoa a quem se pergunte. Um executivo de uma grande corporação e um trabalhador de uma pequena empresa irão inevitavelmente dar diferentes respostas com diferentes tons.

Cabe aqui destacar, entretanto, alguns dos aspectos mais importantes que dão sustentação a esse "modelo" de gestão empresarial.

16.3.1 Emprego vitalício

O "sistema de emprego vitalício" (em japonês, *sushin Koyo seido*), pode ser um termo ou tradução enganosa. O termo não significa que um trabalhador continua trabalhando na mesma companhia ao longo de toda a sua vida. Isso deve ser entendido como o fato de que um trabalhador **pode** continuar trabalhando para a mesma companhia se ele não sair voluntariamente nem for demitido por alguma falha, até que atinja uma idade de aposentadoria compulsória. É um contrato implícito, entendimento ou expectativa entre empregador e empregado.

A lógica é clara: o empregador pode manter seus custos de *turnover* (rotatividade de pessoal) baixos, e o trabalhador acumula técnicas específicas da empresa, que contribuem para aumentar a produtividade. Do ponto de vista institucional, o emprego vitalício é um seguro social privado, dado por um empregador paternalista. Entretanto, flutuações nos negócios inevitavelmente ocorrerão e, com elas, a necessidade de ajustamentos sem mexer no número de funcionários precisa ser planejada. Subcontratação e horas-extras são alguns entre esses dispositivos, amplamente utilizados na indústria japonesa.

As estatísticas mostram que trabalhadores vitalícios, no estrito senso do termo, que entram na empresa recém-formados e trabalham até a aposentadoria, são somente um terço dos trabalhadores homens, muito menos do que normalmente se acredita.

16.3.2 Sistema de salários seniores

Para facilitar o comprometimento dos trabalhadores mais antigos com a companhia e manter o seu moral elevado enquanto vão envelhecendo, o sistema de salários seniores (*nenko chingin seido*), que tem como principal característica a valorização crescente dos salários na proporção direta da idade do empregado, tem um papel fundamental. Se os trabalhadores acumulam conhecimento e experiência enquanto suas carreiras se alongam, a teoria econômica nos diz que sua crescente produtividade marginal deveria ter crescente salário em troca. O sistema se ajusta bem às necessidades do ciclo de crescimento familiar dos empregados.

Essa escala de salários seniores, se literalmente tomada, tem no mínimo duas implicações:

- como nem todos têm habilidade destacável, se os trabalhadores menos capacitados tiverem altos salários simplesmente porque são antigos, os jovens trabalhadores mais capazes podem ficar desmotivados; e
- se a empresa paga seus trabalhadores melhor do que sua produtividade marginal, ela perde lucros.

Para lidar com essas dificuldades, as empresas têm formulado intrincados sistemas de parcelar o salário em anualidade, mérito e outros pagamentos. Empregadores também revisam, frequentemente, o perfil de rendimentos por idade dos trabalhadores. Deve ser observado que existem notáveis diferenças na inclinação das curvas de rendimento por idade entre os vários tipos de trabalhadores.

16.3.3 Sindicalismo corporativo

Movimentos trabalhistas foram não menos atingidos no Japão do pós-guerra. Ajudados por uma política favorável aos sindicatos, pela legislação e pela administração protecionista do governo, ambos, trabalhadores e empregadores, acolheram o "sindicalismo corporativo". Imediatamente após a guerra, com inflação crescente e escassez de materiais, sindicatos nacionais por indústria tomaram a liderança nas negociações com as empresas. À medida que a economia de mercado se desenvolveu, diferenças de desempenho entre firmas se manifestou, e o sistema de relações industriais progrediu somente dentro de cada firma. Com a feroz competição pela sobrevivência entre empresas, sob a economia estagnada e recessiva, um senso de unidade familiar ligou trabalhadores e direção.

Sindicato corporativo é definido como um sindicato da própria empresa, constituído somente pelos empregados regulares, que tem seus próprios códigos, opera com seus próprios fundos e se comporta autonomamente em suas atividades. São os empregados que elegem seus representantes dentro da própria empresa.

Entretanto, desde 1955 a taxa de sindicalização tem estado ao redor de 30%, significando que dois terços da força de trabalho continuam fora dos benefícios conseguidos pelos sindicatos. A sindicalização é tendenciosa em grandes firmas privadas e empresas públicas.

16.3.4 Recrutamento e promoção

Uma corporação de prestígio só recruta recém-formados de escolas de tradição. Isso proporciona altos salários, maior segurança no emprego, esplêndidas condições de bem-estar e um bom símbolo de *status*.

Naturalmente, os pais desejam que seus filhos cursem boas escolas, o que abriria as portas para as grandes empresas. Essa febre de educação, do jardim de infância até a faculdade, gera "infernos de exames" para os jovens.

As companhias do Japão preferem contratar funcionários jovens, que não tenham sido treinados por outra empresa, para ensinar-lhes a "filosofia da empresa" e colocá-los em programas de treinamento bem desenvolvidos. Dessa forma, cada firma despende o maior esforço a cada ano para recrutar o melhor da safra de recém-formados. Esse fenômeno pode ser parcialmente explicado pelo fato de que, uma vez recrutado, o trabalhador permanece até a aposentadoria e de que as grandes firmas relutam em contratar pessoas que mudam de emprego.

Degraus na carreira e um sem número de "exames para promoção" esperam os novatos na companhia. Para o preenchimento dos cargos mais altos, as empresas, em geral, dão preferência à promoção de seus funcionários, de modo a manter moral elevado e boa expectativa entre os jovens funcionários. Para preservar a harmonia entre os empregados, a empresa é hábil o suficiente para não deixar um diferencial de salários muito grande entre ganhadores e perdedores dos jogos de promoção.

16.3.5 Processo decisório em grupo e coletivismo

1. Desobstrução dos meios de comunicação e fluxo amplo de informações;
2. Iniciativa de baixo para cima (*bottom-up*);
3. Envolvimento coletivo (participação);
4. Busca do consenso;
5. Executivo na função de conciliador e coordenador.

Senso de equipe e de cooperação são a chave para qualquer sucesso no trabalho japonês. Esse grupismo e coletivismo desencoraja qualquer um em uma organização a ser um "lobo solitário". Isso não significa que a sociedade japonesa suprimiu o individualismo, mas é uma questão de prioridade. "Considerar a dinâmica de grupo" (*kikubari*) é uma frase falada ao longo de toda a vida, de pai para filho, de professor para aluno e de superior para subordinado.

Frequentemente o seguinte é observado:

1. salas de aula, incluindo as de nível superior, são mortalmente silenciosas, já que os estudantes raramente fazem perguntas voluntariamente;
2. nas reuniões de negócio, somente o líder fala, ficando os outros participantes simplesmente segurando os braços e acenando a cabeça.

É claro que estudantes têm dúvidas e homens de negócios têm questões a serem proferidas. Eles sabem, no entanto, que os professores tratam das questões mais importantes e os líderes no poder decidem em favor do grupo.

O coletivismo tem vital importância no sistema de emprego vitalício. Um indivíduo entra numa companhia como membro da "nossa companhia". "Meu" trabalho ou "minha" opinião são totalmente secundários para os objetivos da organização.

A busca de consenso nas discussões referentes aos vários aspectos da empresa norteia toda a conduta da empresa japonesa. Na busca de soluções para problemas complexos a **decisão unânime** é a resposta. Como é possível atingir decisões unânimes todo o tempo? Simples. Se três entre dez pessoas se opõem a certa proposta, a votação é postergada até que essas pessoas sejam persuadidas a aderir à maioria. Aqueles que não têm essa habilidade de pré-barganha ou pré-negociação nunca chegarão até o topo. Essa prática do *nemawashi* não é menos democrática, desde que no processo seja dada a todos a oportunidade de expressar sua opinião.

16.3.6 Círculos de controle de qualidade (CCQ)

Qualquer um que tenha visitado recentemente uma fábrica japonesa deve ter ficado impressionado com a quantidade de papéis, *posters*, fotos e bandeiras mostrando os objetivos propostos e atingidos. O conceito de círculo de controle de qualidade, importado dos Estados Unidos, tem sido uma febre no Japão e agora está se difundindo do setor manufatureiro para o setor de serviços.

O CCQ é definido como sendo um pequeno grupo que voluntariamente (*jisshuteki*) executa atividades para melhorar a qualidade e aumentar a produtividade no âmbito de uma tarefa, com a finalidade de "contribuir para o crescimento e desenvolvimento da empresa, respeitar as condições humanas, construir uma vida mais vantajosa e elevar o potencial de cada indivíduo até o infinito", por meio da:

- identificação e análise de problemas relativos à sua área de trabalho; e
- discussão, proposição e participação na implementação das soluções.

Os objetivos dos CCQs podem ser assim resumidos:

- reduzir erros e melhorar a qualidade dos produtos e dos processos;
- inspirar eficiência na equipe de trabalho;
- estimular o envolvimento no trabalho, por meio da motivação do empregado;
- originar capacidade para resolução de problemas;
- desenvolver uma atitude de prevenção de problemas;
- melhorar a comunicação entre as pessoas;
- melhorar a relação entre chefia e empregado;
- estimular, promover e desenvolver o espírito de liderança; e
- desenvolver maior conhecimento e segurança do trabalho.

Dois pontos devem ser notados:

1. Por que os mesmos C.C.Qs. não deram certo nos Estados Unidos como deram no Japão? Enquanto nos Estados Unidos o projeto do produto, o acerto das máquinas e os procedimentos de trabalho são atividades da gerência e, portanto, fluem de cima para baixo, no Japão, por meio de **sugestões**, elas fluem de baixo para cima.

2. O que dá aos trabalhadores incentivo para estarem ativos em um CCQ, durante a hora de almoço ou depois do expediente, sem remuneração? Prêmio em dinheiro é apenas uma prova, mas o retrato do inventor aparece no jornal da companhia, e uma placa de honra é entregue a ele pelo presidente da empresa, a quem ele jamais veria pessoalmente em outra situação durante sua vida toda. Ou seja, o sentimento de contribuição ao grupo a que ele pertence e o reconhecimento por parte dos outros satisfazem-no.

A Toyota Co., atualmente a maior fabricante de veículos no Japão, é uma excelente amostra do sucesso destes programas: entre 30 e 40 sugestões por empregado-ano (uma a cada 10 dias), das quais cerca de 95% são implementadas.

16.3.7 Carreira

Um aspecto importante do gerenciamento de novos recrutamentos é a maneira de desenvolver e atingir o potencial total dos jovens empregados. Cada companhia oferece um programa de iniciação que dura de duas a quatro semanas e ensina os objetivos, os procedimentos, os códigos de serviços e os organogramas. Nesse período inicial, cada empregado é constantemente observado pelos responsáveis do departamento de Recursos Humanos, que recomendam ao chefe de divisão quem deverá ir para a seção. Dessa forma, após o período de iniciação, cada empregado passa a pertencer a uma das seções dos vários departamentos, e o treinamento específico da sua função começa imediatamente.

Para os graduados (*white collar*), a transferência para uma outra seção ocorre em intervalos de três a cinco anos. Alguns podem ficar na mesma seção por período bem longo, pois a transferência e a política de rotatividade diferem de uma companhia para outra.

Entretanto, para os graduados da área operacional (*blue collar*), a história é outra. Em uma empresa manufatureira, a gerência usualmente faz rodízio de seção em seção muito frequentemente. O treinamento em regime de trabalho é muito mais efetivo quando um trabalhador é transferido de uma tarefa para outra que seja estreitamente conexa com a primeira e ainda requeira um nível ligeiramente superior de habilidade técnica. Esse método de rodízio é muito útil quando a demanda flutua – uma seção, quando está muito ocupada, pede socorro (*ouen*) a outra (algumas vezes completamente diferente) e, graças ao método de rodízio, os trabalhadores têm conhecimento e experiência para servir na nova seção sem provocar tensão na organização do trabalho. Quanto às promoções, a gerência só precisará promover aqueles que mostraram um grande desempenho.

16.3.8 Kaisen

O *kaizen* consiste na busca sistemática por **inovações incrementais** e radicais dentro do processo de produção. Tais práticas implicam a relativização da estrutura hierárquica rígida (típica do modelo taylorista-fordista) e a existência de uma gestão mais participativa em todos os níveis da organização. A busca permanente de inovações se dá, inclusive, ao nível do chão de fábrica, onde pequenas alterações no posto de trabalho ou na máquina de produção (por meio de, por exemplo, pequenas modificações ou adaptações de dispositivos) implicam, via de regra, a melhoria da qualidade dos produtos e o aumento da produtividade. Isso implica, também, maior valorização do trabalho, isto é, o trabalhador passa a ser considerado como um "elemento pensante" e criativo, algo no sentido do resgate do "saber-operário".

Esse processo de aperfeiçoamento gradual, constante e sistemático, objetiva, fundamentalmente, o aumento da produtividade do trabalho, pela eliminação dos chamados "3M's":

- *muri* – sobrecarga no trabalho
- *muda* – desperdício de tempo, materiais, energia etc.
- *mura* – falta de regularidade nas operações, atividades etc.

16.3.9 *Just-in-time* (JIT) e *kanban*[1]

Surgido na Toyota Motor Company na década de 1960, o *just-in-time* se constitui em uma nova filosofia de organização da produção industrial. Essa "filosofia de produção", cerne do sucesso do modelo japonês de gestão industrial, tem como ideia básica **produzir somente o que for necessário, na quantidade e no momento certo**. O *just-in-time* tem como propósito principal o de permitir que a empresa atenda à demanda com o máximo de rapidez, informando o momento exato, o material certo e a quantidade precisa de produção ou reposição. Com isso, torna possível minimizar os estoques de matéria-prima, de peças em processo (semi-acabados) e até mesmo de produtos acabados.

A implementação desta "filosofia" só é possível por meio da utilização do *kanban*, que nada mais é do que uma ferramenta de controle de produção e um sistema de informação de "puxar" a produção. *Kanban* significa anotação visível por meio de cartões, símbolos ou painéis que auxiliam a gerência e também os próprios operadores nas tarefas de organização e controle dos fluxos e estoques de materiais. Cabe aqui observar que esse instrumento de trabalho só funciona bem no contexto de uma produção "*just-in-time*".

Para a implementação do JIT, deve-se considerar alguns pré-requisitos:

1. Utilização da **tecnologia de grupo**, que é a classificação de peças ou produtos em famílias. Cada família é definida pela semelhança do processo de fabricação das

peças que a compõem, como usinagem, solda e pintura, e, consequentemente pela utilização do mesmo conjunto de máquinas e ferramentas.

2. **Layout celular**, que possibilita principalmente redução do ciclo de produção (*lead time*) e menor estoque em processo.

3. **Mão de obra polivalente e qualificada** para poder operar vários equipamentos com a competência e a habilidade necessárias.

As principais vantagens da utilização do JIT são:

- minimização de desperdícios de materiais e de tempo improdutivo;
- menor risco de superprodução de peças e produtos;
- diminuição de espera no processo produtivo;
- otimização do fluxo de materiais;
- maior mobilidade da mão de obra, o que exige operários polivalentes; e
- maior flexibilidade do sistema de produção como um todo.

Todas essas vantagens estão em sintonia com os propósitos da produção enxuta ou flexível, em que se destacam os *zeros*: zero estoques, zero defeitos, zero desperdícios, zero paradas de máquinas, zero tempo improdutivo etc.

16.3.10 A utilização do conceito "5S"(*housekeeping*)

Dentre as várias práticas do chamado modelo japonês de administração, uma que ganhou grande repercussão foi a dos "5S". Tendo por objetivo básico a busca da melhoria do ambiente de trabalho por meio de uma série de "medidas profiláticas", os "5S" focalizam principalmente os aspectos relacionados à melhoria da organização geral do espaço físico e a mudanças comportamentais das pessoas envolvidas no trabalho.

A sigla "5S" é derivada das cinco palavras japonesas abaixo, que significam:

- *Seiri* – identificação e seleção (senso de utilidade)
- *Seiton* – boa disposição (senso de ordenação)
- *Seiso* – limpeza
- *Seiketsu* – higiene (saúde)
- *Shistsuke* – disciplina

16.3.11 Manutenção produtiva total (TPM – *Total Productive Maintenance*)

As técnicas de manutenção preventiva, que nasceram nos Estados Unidos, evoluíram a partir da década de 1950 até atingir a forma da Manutenção Produtiva Total, aplicada inicialmente na indústria japonesa e, posteriormente, difundida amplamente pela indústria mundial. Segundo Nakajima (1989), a evolução do sistema de manutenção no Japão processou-se em quatro etapas:

1.ª Estágio da Manutenção Corretiva (antes da década de 1950)

2.ª Estágio da Manutenção Preventiva (anos 1950 e 1960)

3.ª Estágio da Manutenção do Sistema de Produção (anos 1960 e 1970)

4.ª Estágio da Manutenção Produtiva Total-TPM (após a década de 1970)

Por manutenção produtiva total entende-se falha zero e quebra zero das máquinas de produção que, juntamente com os conceitos de zero defeitos nos produtos e de perda zero nos processos, constituem os principais elementos das estratégias bem-sucedidas de uma empresa manufatureira, segundo os preceitos da qualidade total da administração japonesa.

Alguns elementos particulares de uma estratégia de manutenção produtiva total devem ser destacados:

- busca constante de maximização do rendimento operacional do conjunto de máquinas e equipamentos da empresa;
- adoção de um sistema que considere todo o ciclo de vida útil das máquinas e equipamentos;
- ênfase na gestão participativa de todos os envolvidos, desde a gerência até o pessoal da produção e da manutenção; e
- trabalho em grupo e motivação do pessoal envolvido.

Segundo Nakajima, são cinco as medidas para se implementar um sistema de manutenção produtiva, com ênfase em "quebra zero e falha zero":

1. definição das condições básicas de operação (limpeza do local de trabalho, lubrificação adequada e ajustes das partes móveis);
2. obediência às especificações de uso das máquinas e equipamentos;
3. recuperação das degenerações;
4. saneamento das deficiências existentes no projeto original; e
5. maior capacitação técnica e profissional do pessoal da produção e da manutenção.

16.3.12 *Poka-yoke*

Conceito amplamente difundido na indústria japonesa, o *poka-yoke* pode ser entendido como todo e qualquer dispositivo que auxilie na prevenção de erros no processo produtivo. É uma ferramenta para se atingir o zero defeito e, eventualmente, eliminar as inspeções de controle de qualidade no final de uma linha de produção. *Poka-yoke* pode ser traduzido como "à prova de erros" ou "isento de falhas".

A ideia básica é a de respeito à inteligência dos trabalhadores do chão de fábrica (o chamado "saber-operário"). Ou seja, assumindo as tarefas repetitivas ou ações que dependem apenas da memória, o *poka-yoke* libera o tempo e a mente do trabalhador para que ele se dedique a atividades mais criativas.

16.3.13 *Keiretsu* e os sistemas de subcontratação no Japão

Além das várias inovações de caráter tecnológico e gerencial surgidas no Japão do pós-guerra, deve-se destacar o novo padrão de relações interempresariais, em que o *keiretsu organization* e o **sistema de subcontratação** constituem-se em **inovações institucionais** que têm contribuído sobremaneira para o intenso processo de desenvolvimento econômico daquele país.

As pequenas e médias empresas fornecedoras de matérias-primas, peças e componentes são classificadas de acordo com seu nível de capacitação tecnológica e capacidade produtiva. A partir dessa ideia, as empresas industriais são organizadas em grupos hierárquicos, na forma de uma **estrutura piramidal**. Nessa estrutura, a empresa localizada no topo da pirâmide, **empresa-mãe**, é a responsável pela montagem final do produto, repassando "para baixo" da pirâmide, ou seja, para as **empresas subcontratadas**, as encomendas das peças e componentes necessários à montagem do produto final.

No **primeiro nível de subcontratação**, encontram-se as empresas que fornecem sistemas ou subconjuntos mais complexos de peças ou componentes, tais como um sistema de freios para veículos, um motor para um aparelho eletrodoméstico etc. São em geral empresas de médio e, às vezes, de grande porte, altamente especializadas e dinâmicas (no sentido schumpeteriano) em seus respectivos mercados, e, via de regra, participam de forma cooperativa de todo desenvolvimento do projeto do produto juntamente com a "empresa-mãe".

Nos demais **níveis intermediários** encontram-se empresas especializadas no fornecimento de matérias-primas básicas (aço, plástico, tecidos etc.), assim como empresas fornecedoras de peças ou componentes individuais (parafusos, porcas, arruelas etc.). Quanto ao seu porte, podem variar entre pequenas, médias e, em alguns casos, mesmo grandes empresas. São empresas especializadas em um determinado tipo de produto, variando os modelos, os tamanhos, as formas etc.

Na **base da pirâmide** localizam-se as micro e pequenas empresas (em muitos casos empresas familiares), que executam um conjunto de tarefas com baixo nível de conteúdo tecnológico, apresentando, em consequência, níveis inferiores de salários médios, produtividade e valor agregado por trabalhador, em comparação às empresas de níveis superiores da pirâmide. Operam, quase sempre, em regime de encomendas e em tempo parcial e, nesse sentido, são conhecidas como **"empresas flutuantes"**.

16.4 CONSIDERAÇÕES FINAIS

As várias análises a respeito do chamado milagre japonês procuram ressaltar as inovações tecnológicas e as técnicas de administração. Entretanto, ao nosso ver, o desenvolvimento de qualquer nação ou comunidade, em qualquer época e lugar, sempre esteve fundamentado em aspectos sociais, econômicos, culturais e institucionais bem mais amplos do que as técnicas.

Quando se pensa nas possibilidades de adoção ou adaptação das técnicas para outra realidade, como a brasileira, há que se relativizar a ideia da universalidade do modelo japonês. Ao se desconsiderar, por exemplo, as diferenças na dinâmica das relações sociais (Hirata, 1995), pode-se estar cometendo um grave erro de interpretação.

No caso do Brasil, uma nação de dimensões continentais, com significativos contrastes regionais, sociais, econômicos e culturais, as possibilidades de se atingir um patamar superior de desenvolvimento industrial encontra ainda sérios obstáculos. A abertura comercial do início dos anos 1990 e o acirramento da concorrência advindo do processo de globalização da economia vêm impondo às empresas do setor industrial uma urgente necessidade de rever os seus antigos paradigmas de gestão e de produção.

Nesse sentido, a busca permanente por maiores níveis de qualidade e de produtividade deverão condicionar as estratégias das empresas que pretendam continuar competitivas no terceiro milênio. Para a consecução desse objetivo, cabe às empresas, além de buscar compreender as técnicas e modelos aplicados com sucesso em qualquer parte do mundo, terem abertura e consciência necessárias para uma busca permanente de inovações no sentido mais amplo, nos níveis tecnológico, organizacional, mercadológico e financeiro. Para viabilizar tal objetivo, faz-se necessário muita informação e uma boa dose de criatividade.

Exercícios e questões para reflexão

1. Em relação às chamadas técnicas e ao modelo japonês de administração, procure realizar uma análise comparativa, crítica e abrangente do ponto de vista das possibilidades de adoção ou adaptação à realidade brasileira atual.

2. O que são os círculos de controle da qualidade? Quais são seus principais objetivos? Qual é a condição básica para o bom funcionamento de um grupo de CCQ?

3. O que significa *just-in-time*? Quais são os requisitos para sua implementação?

4. O que é *kanban* e sob que condições ele pode ser aplicado com sucesso?

5. O que são os 5S? Analise a abrangência desse programa nas empresas em geral.

6. Qual é o significado da expressão *poka-yoke*? Cite alguns exemplos.

7. O que significa sindicalismo corporativo? Em que aspectos ele se diferencia do tipo de sindicalismo predominante no Ocidente e, em particular, no Brasil? Discuta os condicionantes impostos por um ou por outro tipo de sindicalismo ao sucesso da implantação de técnicas de gestão em uma empresa.

8. Procure fazer um paralelo entre o sistema de carreira profissional japonês e o predominante nas empresa ocidentais em geral.

9. Como funcionam os sistemas de subcontratação no Japão?

10. Cite e discuta alguns dos principais condicionantes históricos que viabilizaram o sucesso da indústria e da economia japonesas do pós-guerra.

Referências bibliográficas

DEMING, E. *Out of crisis*. Cambridge: MIT, 1986.

ESCRIVÃO, E. F. *CCQ e "Just-in-time"*: uma abordagen integrada. 1987. Dissertação de Mestrado – PUC/SP, São Paulo, 1987.

FLEURY, M. T. L. *Relações de trabalho e gestão de recursos humanos*: mudanças e persistências no sistema japonês vis-à-vis o sistema brasileiro. SIMPÓSIO INTERNACIONAL "GESTÃO, ECONOMIA E TECNOLOGIA – A mudança das relações entre Brasil e Japão", São Paulo, FEA/USP, 1995.

GITLOW, H. S. *Planejando a qualidade, a produtividade e a competitividade*. Rio de Janeiro: Qualitymark Editora, 1993.

HIRATA, H. S. *Produção de massa flexível, organização do trabalho e da empresa*: o caso japonês numa perspectiva comparativa. SIMPÓSIO INTERNACIONAL "GESTÃO, ECONOMIA E TECNOLOGIA – A mudança das relações entre Brasil e Japão", São Paulo: FEA/USP, 1995.

HOSODA, K. *Outline of small and medium enterprise modernization promotion measures*. Nagoya, Japão, 1990.

IIDA, I *Pequenas e médias empresas no Japão*. São Paulo: Brasiliense, 1984.

ISHIKAWA, K. *TQC – Total quality control*: estratégia e administração da qualidade. IMC – Internacional Sistemas Educativos, 1986.

IWAKI, G. *Small and medi um industries in economic development*. Nagoya, Japão: NITC, 1990

JAPAN MANAGEMENT ASSOCIATION, *Kanban/Just-in-time at Toyota* – Management begins at the workplace. 2. ed. Cambridge: JMA, 1988.

JURAN, J. M.; GRYNA, F. M. *Juran-Controle da qualidade handbook*. São Paulo: McGraw-Hill, 1988.

KOIKR, Y. Organização de subcontratação industrial na Coreia e em Taiwan. *Economia Asiática*, v. XXXI, n. 4, abr. 1990. (Traduzido do artigo original publicado na Asian Keizai).

MATSUDA, T. *The roots of high productivity cf japanese industry*. (Mimeo), UNIDO.

MIYAKE, D. Notas de aula da disciplina: organização e motivação para produtividade. Fundação Vanzolini, São Paulo, l991.

MONDEN, Y. *Produção sem estoques*: uma abordagem prática ao sistema de produção da Toyota. São Paulo: Imam, 1984.

MOTOMURA, O. A eficácia da administração japonesa: mitos e fatos. In: OHNO, Massao. (Ed.), *O método japonês*. São Paulo: 1985.

NAKAJIMA, S. *Introdução ao TPM – Total Productive Maintenance*. São Paulo: IMC Internacional Sistemas Educativos Ltda. 1989.

PIORE, M.; SABEL, C. *The second industrial divide*: possibilities for prosperity. New York: Basic Book, 1984.

PORTER, M. *Competitive Advantage*: creating and sustaining superior performance. London: Collier Macmillan Publishers, 1985.

RATTNER, H. *Impactos sociais da automação*: o caso do Japão. São Paulo: Nobel, 1988.

SHIMBUN, N. K. *Poka-yoke*: mejorando la calidad del producto. Evitando los defectos. Cambridge, Massachusetts: Productivity Press, 1991.

TAUILE, J. R. *Novos padrões de competitividade industrial e bem estar social*: perspectivas brasileiras. Rio de Janeiro: UFRJ/IEI, 1989.

TAVARES, M. C. et al. *Japão*: um caso exemplar de capitalismo organizado. In.: Economia e desenvolvimento, Brasília: Ipencepal, 1991.

TODA, M. *Japanese ways of management and entrepeneurship*. Japão: NITC, 1990.

WOMACK, J. P. et all. *The machine that changed the world*. Massachusetts: International Motor Vehicle Program, M.I.T.I., 1991.

YOSHITAKA, *Outline of promotional policy for small industry development*. Japão: NITC, 1990.

ZARIFIAN, P. *La nouvelle productivité*. Paris: Éditions L'Harmattan, 1990.

CAPÍTULO 17

ORGANIZAÇÃO DO TRABALHO NA PRODUÇÃO – A ABORDAGEM SOCIOTÉCNICA

Afonso Fleury
com a colaboração de
Fernando Belcorso da Silva

17.1 POR QUE TODOS PRECISAMOS ENTENDER COMO SE "ORGANIZA O TRABALHO"

Antes de nos aprofundarmos no tema deste capítulo, é conveniente discutirmos as razões pelas quais é importante que todos os engenheiros tenham os conhecimentos básicos sobre organização do trabalho na produção.

Entendemos por organização do trabalho a definição das atividades e responsabilidades de cada pessoa ou grupo de pessoas que participa de uma organização produtora de bens e serviços. Ora, essa definição vai depender de um grande número de fatores, desde o estilo gerencial adotado na empresa (autocrático ou participativo) até a tecnologia de processo (o tipo de equipamento utilizado na produção).

Todo engenheiro, em sua atividade profissional, não só terá o seu próprio trabalho organizado em função de características da empresa em que atuar, como também irá influenciar a organização do trabalho, seja diretamente, como gestor de processos de produção, seja indiretamente, em virtude das máquinas e equipamentos que projetar ou especificar.

Esquematicamente, podemos visualizar a questão da organização do trabalho na produção em função de três elementos básicos:

A relação entre equipamentos e materiais é geralmente entendida como a dimensão da **automação**. A relação entre equipamentos e pessoas é definida como o problema da **manutenção**. E, usualmente, a relação entre pessoas e materiais em transformação tem sido vista como uma relação **residual**, uma relação a ser minimizada: quanto menos as pessoas interferirem no processo de transformação mais eficiente e produtivo ele será. Vem daí o "sonho dos engenheiros" de ter fábricas totalmente automatizadas, com processos de autodiagnóstico e autocorreção pelo próprio equipamento, o que tornaria a participação das pessoas completamente dispensável. Não obstante, esse "sonho" tem se mostrado não só inatingível, mas também contraproducente e dispendioso, não se justificando sob nenhum critério de avaliação custo–benefício.

Foram as empresas japonesas que nos ensinaram que a abordagem da organização do trabalho precisa ser equilibrada, tratando de maneira sistêmica aquelas três relações e posicionando as pessoas como o elemento mais importante da tríade.

Neste capítulo, vamos abordar essa mudança de paradigmas, a partir dos dois modelos de organização do trabalho mais importantes na cultura das empresas do ocidente: o chamado modelo "Taylorista-Fordista" e a nova abordagem sociotécnica. Esta última abordagem reflete de maneira consistente os princípios que orientam as empresas japonesas em termos de organização do trabalho na produção.

17.2 O MODELO TAYLORISTA-FORDISTA

O modelo de organização do trabalho mais difundido no mundo está ligado à obra de Frederick W. Taylor, engenheiro mecânico de origem norte-americana, e consolidado no livro intitulado *Princípios de administração científica*, de 1911.

Taylor iniciou sua vida profissional como aprendiz de torneiro e subiu celeremente para os postos de gerência, à medida que publicava sua obra, por intermédio da *ASME – American Society of Mechanical Engineers*, foi se transformando num verdadeiro guru. Taylor adquiriu grande parte dos seus conhecimentos e ideias na observação do cotidiano. Enquanto operário, Taylor notou que a questão da produtividade era "negociada" entre administradores e operários: como os gestores do processo de produção não sabiam como as atividades do processo de produção eram realizadas nem os tempos necessários para a sua execução, tinham de negociar com os operários em termos de quantidades e prazos.

Ele considerou que, do lado dos operários, haveria três tipos de vadiagem: i) a vadiagem natural, ou seja, a indolência, a preguiça, a autopreservação; ii) a vadiagem intencional, ou seja, a cera, a manha; e iii) o boicote: "A indolência sistemática mais séria, contudo, é a praticada pelos operários com o propósito deliberado de deixar o patrão na ignorância de como o trabalho pode ser feito mais depressa" (Taylor, 1970, p. 38)

Para Taylor, esse tipo de ineficiência, relacionado ao mau uso dos recursos humanos, teria um custo ainda mais significativo do que os custos decorrentes do uso ineficiente dos recursos materiais. A proposta que ele desenvolveu buscava resolver "cientificamente" o uso eficiente dos recursos humanos.

O cronômetro foi o instrumento básico da metodologia proposta por Taylor, que se consolidou no chamado Estudo de Tempos e Movimentos. A proposta era a de medir o tempo de cada um dos movimentos elementares de uma atividade produtiva e, então, a partir de uma análise crítica dos movimentos necessários (separando movimentos dos operários e movimentos de máquinas), reorganizá-los para com isso minimizar o tempo total da atividade.

Essa metodologia foi por ele denominada "administração científica". Realmente, Taylor procurou substituir o empirismo que reinava na organização dos processos de produção por procedimentos sistemáticos de análise, que utilizavam algumas informações relacionadas a experimentos científicos. O uso do termo "científico" carregava uma outra conotação. Taylor considerava que a relação entre operários e administradores era conflituosa por não haver um quadro de referência comum para a análise do trabalho. Com a aplicação da "ciência" que, a princípio, seria neutra, esse conflito seria resolvido, já que não haveria motivos para se argumentar sobre "fatos científicos".

David Nadler, na versão de 1992 do *Handbook of industrial engineering*, conclui que "A 'ciência' de Taylor era totalmente empírica por natureza, mas se revelou algo capaz de produzir resultados muito significativos em termos de aumento de produtividade".(Nadler, 1992, p. 9)

Ao mesmo tempo, o fato de a metodologia ser "científica" deveria acarretar a completa separação do planejamento da execução das tarefas, na medida em que "o operário, ainda que o mais competente, é incapaz de compreender essa Ciência" (Taylor, 1970, p. 50).

Com essa separação os operários estariam praticamente isentos de precisar de qualquer conhecimento sobre processo e produto. Mas quem seria responsável por tal conhecimento?

Para Taylor, "à gerência é atribuída a função de reunir todos os conhecimentos tradicionais, que no passado possuíam os trabalhadores, e então classificá-los, tabulá-los, reduzi-los a normas, leis ou fórmulas, grandemente úteis ao operário para a execução do seu trabalho diário" (Taylor, 1970, p. 49)

Taylor consolidou sua proposta para a organização do trabalho na produção em três princípios:

Primeiro princípio

Tem como objetivo planejar, organizar e permitir o controle do trabalho por parte da gerência. Para tanto, esta deveria:

- dividir o trabalho do operário em seus componentes básicos;
- eliminar as atividades que não agregam valor;
- medir os tempos dos componentes restantes, estabelecendo tempos padrão;
- tabular os dados obtidos de modo a formular regras e procedimentos a serem seguidos pelo operário na execução de sua tarefa.

Segundo princípio

Relaciona-se à seleção, ao treinamento e ao desenvolvimento dos operários. A gerência, tendo perfeito conhecimento da tarefa a ser desempenhada, poderia selecionar as pessoas com o nível de habilidade, destreza e força requeridos em cada posto de trabalho. Depois, teria de treinar e desenvolver cada operário para que ele seguisse as regras e procedimentos preestabelecidos.

Terceiro princípio

Procura estabelecer as relações entre a gerência e os operários. A gerência teria a responsabilidade pelo planejamento e pelo controle do trabalho e aos operários caberia a execução. Para Taylor, o correto entendimento do racional subjacente a essa divisão, levaria, um clima de ampla cooperação entre operários e gerência.

A contribuição de Henry Ford se coloca num plano diferente. Ford foi acima de tudo um empreendedor, com uma visão privilegiada de negócios: ele identificou as demandas de um enorme mercado inexplorado formado por consumidores potenciais de classe média que não tinham acesso aos automóveis que eram produzidos na época, os quais, pelo seu preço e sofisticação, eram dirigidos a clientes de altíssimo poder aquisitivo.

Ford desenvolveu, então, um produto voltado para esse novo mercado: "O Ford modelo T, de 1908, foi o seu vigésimo projeto num período de cinco anos... Com esse modelo, Ford atingiu finalmente seus dois objetivos. Ele tinha um carro que era "projetado para a manufatura", como se diria hoje, e que, também no jargão atual, era *"user friendly"*: praticamente qualquer pessoa poderia dirigi-lo e cuidar da sua manutenção, sem precisar de um motorista e de um mecânico". (Womack et al., 1990, p. 26)

Depois disso Ford desenvolveu um sistema de produção adequado à sua estratégia de produto e de mercado. Tratava-se de um complexo e integrado sistema de produção. O conceito mais visível era a linha de montagem, onde são montadas partes padronizadas e intercambiáveis, por operários especializados. Mas isso é apenas o topo do *iceberg*. Um extraordinário esforço de engenharia sustenta um processo de montagem como esse. Por exemplo, para a fabricação das peças padronizadas, nos altos volumes e rígidas especificações, foi necessário o desenvolvimento de máquinas–ferramenta dedicadas.

A força de trabalho que Ford recrutou era formada especialmente de imigrantes da Europa Oriental e de migrantes do sul dos Estados Unidos que haviam sido deslocados devido à mecanização da agricultura. Para utilizar eficientemente esses recursos humanos Ford também era obsecado pelo uso racional de recursos, especialmente de recursos humanos – a Ford desenvolveu um minucioso e preciso sistema de ferramentas e dispositivos, o que demandou grande capacitação em Engenharia de Processos.

Com isso a Ford criou o **trabalhador intercambiável**: tal como trocar peças num automóvel, a troca e reposição dos trabalhadores era minuciosamente planejada, utilizando-se princípios de padronização completa do trabalho e do trabalhador. A contribuição do trabalhador era analisada de um ponto de vista mecânico, como uma peça. O uso da inteligência e a comunicação eram totalmente desnecessários: "Não há quase contato pessoal em nossas fábricas; os operários cumprem o seu trabalho e logo voltam para seus lares. Uma fábrica não é um salão de conferências", dizia ele.

Em compensação, Ford inovou em termos de remuneração. Partindo de uma premissa de que os operários da Ford deveriam ser consumidores potenciais dos carros que produziam, e baseado nos altos níveis de lucratividade, Ford instituiu o esquema de "*five dollars a day*". Para a época, isso era um diferencial significativo.

É fundamental relembrar que, se na Ford o trabalho operário exigia unicamente o mínimo de aptidões físicas, o trabalho de projeto, operação e manutenção desse sistema de produção requeria um esforço hercúleo de engenharia e de engenheiros.

17.3 AS RAZÕES DA DIFUSÃO DO MODELO TAYLORISTA-FORDISTA

Até recentemente, o modelo taylorista-fordista permaneceu como uma espécie de "panaceia universal". Apesar de suas características bastante específicas – foi conceitualizado para a manufatura de produtos padronizados em grandes volumes – houve pouco questionamento quanto à adequação de sua aplicação em outras indústrias, sendo inclusive o referencial utilizado nas indústrias de produção em fluxo, nas quais se incluem a indústria química e a siderúrgica.

Uma justificativa (parcial) para essa difusão ampla decorre do fato de o mercado ser vendedor (a demanda é maior que a oferta, então quem estabelece as regras é o vendedor) o que implicava que o que quer que fosse produzido teria sido comprado. Assim, não era tão relevante o fato de uma empresa ter ou não ter seu trabalho de produção bem organizado; havia ainda muito espaço para empresas ineficientes. A importância crescente de se organizar bem o trabalho na produção decorre da inversão na lógica de mercado, pois hoje a oferta é maior do que a demanda. Consequentemente, só as empresas bem organizadas conseguirão sobreviver e ter êxito.

Por outro lado, o movimento que se contrapôs à proposta taylorista-fordista, e que veio a ser conhecido como Escola de Relações Humanas, desenvolveu seus argumentos a partir das incongruências entre as necessidades associadas ao desenvolvimento das pessoas e as exigências dos cargos nas organizações. Argyris, um dos mais conhecidos teóricos da administração nos Estados Unidos, elaborou a Teoria da Maturidade e Imaturidade, buscando tornar explícito que o que as organizações estavam demandando das pessoas (tarefas rotineiras, obediência cega às determinações e às regras etc.) era relacionado às características de pessoas imaturas ou infantis, conflitantes com as demandas das pessoas maduras. Tomava-se imperioso, então, enriquecer os cargos para que as pessoas pudessem desenvolver suas características pessoais maduras no processo de trabalho.

Essa linha de pensamento abriu espaço para as discussões sobre a questão de **participação no trabalho**. Ou seja, as empresas têm uma escolha quanto ao estilo gerencial que vão adotar para a gestão de seus recursos humanos. O modelo taylorista-fordista é essencialmente autoritário. A partir dos anos 1960 começam a ser estudados modelos organizacionais participativos, desenvolvendo-se a ideia de que a participação dos operários em vários tipos de decisão nas empresas levava a um melhor desempenho competitivo.

17.4 A ABORDAGEM SOCIOTÉCNICA DO TRABALHO

A abordagem sociotécnica tem raízes nos países europeus, especialmente Inglaterra e Suécia, e atualmente os grupos mais dedicados ao seu desenvolvimento conceitual estão no Canadá.

A sua proposta metodológica foi elaborada inicialmente por psicólogos industriais, mas numa perspectiva que supera as preocupações de caráter exclusivamente humanístico. A crítica à abordagem mecanicistica do trabalho, que então prevalecia, foi assim apresentada: "como consequência da subordinação do sistema social às condições do sistema técnico, e da inadequação dessa forma à condição humana, o próprio desempenho das tarefas – e a consecução dos objetivos da organização – sofrem disfunções. Essas disfunções em um sistema produtivo são geralmente traduzidas na forma de: redução de produtividade, queda dos níveis de qualidade, surgimento de distúrbios psicossomáticos, conflitos interpessoais e intergrupais, assim como elevação das taxas de absentismo e rotatividade. Podemos resumir dizendo que se o sistema tecnológico for otimizado às expensas do sistema social, o resultado alcançado será subótimo" (Herbst, apud Biazzi, 1993, p. 10).

A proposta sociotécnica implica a busca de uma solução ótima numa visão de sistema integrado, em que as demandas e as capacitações do sistema social sejam adequadamente articuladas às demandas e requisitos do sistema técnico, tendo em vista a consecução das metas da produção e os objetivos da organização e das pessoas.

As origens da abordagem sociotécnica estão ligadas às experiências das minas de carvão inglesas. Na Inglaterra, as minas de carvão, por serem de superfície, eram exploradas por duplas de mineiros, em geral um mestre e um aprendiz, de maneira relativamente autônoma. Eles trabalhavam com uma vagoneta que corria sobre trilhos, utilizavam ferramentas manuais, e exploravam os filões de carvão de acordo com seu conhecimento e sua intuição: "Os membros do grupo eram autosselecionados, e eram operários multiqualificados, realizando todo o ciclo de extração de carvão como um empreendimento conjunto. Os grupos trabalhavam sem supervisão, em locações dispersas, e exerciam autocontrole. Eram pagos como grupos e desenvolviam grande adaptabilidade às condições locais de trabalho" (Murray, 1970, p. 8)

Após a Segunda Guerra Mundial, o governo inglês decidiu nacionalizar as minas e, logo em seguida, modernizá-las. Esse processo de modernização seguiu as diretrizes do setor de engenharia, que, buscando utilizar "as mais modernas tecnologias", resolveu adotar um modelo taylorista-fordista de organização de trabalho; que foi implantado *top-down*. Assim, o sistema de vagonetas foi substituído por uma correia transportadora, e o método de exploração da mina foi totalmente reestruturado. O novo método denominado "paredes longas" exigia que cada face do veio carbonífero fosse trabalhada por um total de 40 homens, organizados em sete subgrupos especializados, em três turnos. Cada subgrupo era especializado em tarefas diferentes – como montar e desmontar a correia transportadora, fazer furos, abrir novas galerias, ou carregar o carvão até as esteiras – que exigiam diferentes habilidades e eram remuneradas diferenciadamente. O resultado foi uma baixa produtividade em relação ao que era esperado do sistema, e a eclosão de problemas pessoais e interpessoais, assim como conflitos entre os operários e a supervisão.

A solução encontrada consistiu na retirada da supervisão e na reconsideração do mesmo grupo de 40 homens como um único grande grupo, que incluía subgrupos interdependentes ao longo dos turnos. Assim, cada mineiro executava funções internamente alocadas aos subgrupos, os quais desempenhavam todas as tarefas relativas à extração do carvão. As equipes do turno seguinte iniciavam seu trabalho no ponto em que as anteriores haviam terminado. Todos recebiam o mesmo salário e incentivo, sendo o pagamento definido para o grupo de 40 como um todo.

Em outras palavras, a administração da mina passou a especificar (e negociar) as metas de produção para o grupo como um todo, o qual passou a assumir as decisões quanto à maneira de atingir essas metas em termos de quantidade e qualidade.

Duas conclusões emergiram dessa experiência. A primeira é a eficácia do trabalho em grupo em determinadas circunstâncias. A segunda é a da otimização conjunta: não adianta otimizar o sistema técnico (introdução da correia transportadora) em detrimento do sistema social (papéis definidos externamente para os operários, inadequados e conflitantes entre si). A solução encontrada significou a otimização conjunta do sistema técnico (a mesma correia transportadora) e do sistema social (os papéis de trabalho definidos dentro do grande grupo semiautônomo).

Assim, a abordagem sociotécnica define como otimização conjunta dos aspectos sociais e técnicos aquela proposta que leva ao melhor alcance dos objetivos organizacionais, explorando a adaptabilidade e a criatividade das pessoas para o alcance das metas, em vez de determinar tecnicamente a maneira pela qual essas metas deverão ser atingidas.

Os critérios de planejamento de trabalho na perspectiva sociotécnica são os seguintes:

- o trabalho deve demandar outros esforços além do físico, tais como o esforço intelectual, a criatividade, bem como deve permitir alguma variedade;
- o trabalho deve possibilitar ao indivíduo um processo de aprendizagem contínua, num ritmo coerente com suas capacidades individuais;
- o trabalho deve permitir que o indivíduo tome decisões a respeito das tarefas que realiza;
- o trabalho deve gerar reconhecimento perante os demais membros da empresa;
- o trabalhador deve poder relacionar o que faz à sua vida social, e seu trabalho deve posicioná-lo de forma digna em termos dos valores compartilhados por seu grupo social;
- o bom desempenho no trabalho deve proporcionar acesso a algum futuro desejável – maiores salários, promoções, benefícios, ou participação em tomadas de decisão entre outras.

17.5 O "MODELO JAPONÊS" DE ORGANIZAÇÃO DO TRABALHO

No Japão, a lógica de organização do trabalho incorpora "de maneira natural" aspectos que a sociotécnica propugnava como objetivos a serem alcançados. É o caso do trabalho em grupos. Sabe-se que as religiões orientais têm o grupismo como um de seus pilares: o coletivo deve prevalecer sobre o individual e a missão de cada indivíduo é preservar a harmonia do grupo com o qual se relaciona.

Há duas outras características fundamentais do modelo japonês: o emprego vitalício e a promoção por senioridade. A primeira, como frizamos anteriormente, coloca a importância de cada pessoa nos destinos da empresa: há um pacto implícito de não demissão e de permanente aperfeiçoamento e reciclagem de todos os trabalhadores para que não se obsoletem e possam sempre estar dando o melhor de si para atingir as metas da empresa. A segunda sustenta uma relação de cooperação e de não competição entre as pessoas. Se a promoção é por idade, todos avançam na carreira num mesmo ritmo. Não havendo competição interna, a cooperação e a troca de informações e de conhecimentos é muito dinamizada.

Ao mesmo tempo, a organização do trabalho nas empresas japonesas tem inspiração taylorista-fordista, na medida em que há a preocupação com a minuciosa racionalização dos processos de produção. Por outro lado, as empresas japonesas modificaram a lógica do modelo na medida que procuram utilizar cotidianamente o conhecimento operário.

A organização e a utilização do conhecimento operário nas empresas japonesas difere da proposta sociotécnica. Nesta, a questão da aprendizagem e do conhecimento se justifica a partir do potencial de crescimento das pessoas e da eventualidade de as empresas virem a utilizar esse potencial. Nas empresas japonesas, o uso e o desenvolvimento de conhecimentos é fortemente objetivado e associado à estratégia competitiva da empresa, mediante a organização das chamadas Atividades de Pequenos Grupos (*Small Group Activities*).

Desde o livro pioneiro de William Ouichi, *Teoria Z*, uma inumerável coleção de textos tem buscado um melhor entendimento do que seria o modelo japonês e das condições de sua transferibilidade. O caso paradigmático na montagem do modelo japonês é o da Toyota. O sistema de organização desenvolvido pela Toyota é denominado TPS – *Toyota Production System* e, algumas vezes, é erroneamente identificado com a forma japonesa de trabalhar.

Uma concepção mais abrangente do que acontece no Japão em termos de organização industrial é o "CWQC – *Company Wide Quality Control*" e o próprio *Kaizen*. De acordo com Akiba, Schvanevelt e Enkawa (1992, p. 235-7), o CWQC requer que as atividades sempre obedeçam ao ciclo PDCA (*Plan-Do-Check-Act*) ou Planeje–Execute–Controle–Atue. A estrutura do CWQC inclui instrumentos *top-down* – desdobramento de políticas (*Policy Deployment*) e auditorias – instrumentos de ação lateral – gestão interfuncional (*Cross Functional Management*) e gestão do cotidiano (*Daily Management*), assim como instrumentos *bottom-up*: os Círculos de Qualidade e as Atividades de Pequenos Grupos (*Small Group Activities*).

No que diz respeito às atividades de pequenos grupos, as chamadas Sete Ferramentas da Qualidade são os instrumentos básicos para orientar e organizar o processo de aprendizagem. No caso das atividades gerenciais administrativas, foram desenvolvidas as Sete Novas Ferramentas para a Qualidade.

17.6 ORGANIZAÇÃO DO TRABALHO NAS EMPRESAS BRASILEIRAS

No caso do Brasil, a organização do trabalho nos sistemas de produção seguiu um padrão tradicional para países subdesenvolvidos no qual a mão de obra abundante, desqualificada e barata não motivava nenhum esforço de melhor utilização.

Os estudos pioneiros sobre organização do trabalho na moderna indústria brasileira nos falam de trabalhadores de origem rural, que vieram tentar a sorte na cidade grande e na grande indústria, com a ideia de, a curto prazo, "fazer seu pé-de-meia", para então voltar para o interior e comprar sua terra. Ou seja, o processo produtivo começa com uma mão de obra que pouco ou nada conhece de indústria e de produção, cuja experiência é o trabalho no campo, e que se posiciona como se estivesse passando temporariamente pelas empresas industriais.

Até o final da década de 1980, o que ocorria em termos de organização do trabalho na produção era consistente com as demais características dos empreendimentos locais: produção com baixos requisitos de qualidade ou custo, de produtos em geral projetados no exterior, utilizando processos produtivos minimamente adaptados para as condições locais, o que incluía a aplicação da mão de obra local.

Em estudo realizado em 1977, com 44 empresas de diferentes setores industriais, procuramos identificar qual era o padrão de organização do trabalho adotado por essas empresas. As informações obtidas apresentavam um padrão comum de organização do trabalho, uma adaptação do modelo taylorista, que denominamos Rotinização do Trabalho.

A rotinização do trabalho significava:

1. A criação de uma estrutura organizacional de apoio à produção, que permita que os cargos no setor de produção sejam estruturados até o ponto em que seja possível a utilização de mão de obra desprovida de conhecimentos sobre o processo e sobre o produto.

2. O estabelecimento de tarefas simples e individualizadas, que permita a substituição temporária (absentismo) ou permanente (rotatividade) dos operários.

3. Na criação de complexos sistemas hierárquicos de supervisão para eliminar a necessidade de contatos entre os operários durante a operação do processo produtivo.

Assim, o esquema de Rotinização parte de uma imagem de mão de obra não qualificada, barata e instável. Por outro lado, a sua aplicação:

a) não permite a qualificação e o aperfeiçoamento da mão de obra;

b) procura impedir o contato e a comunicação entre os operários e inibir a sua organização;

c) mantém baixos os salários individuais (não necessariamente o total de salários);

d) induz a rotatividade da mão de obra.

A rotinização era exatamente o oposto do que estava ocorrendo em outros países, especialmente no Japão, naquilo que diz respeito a novas formas de organização do trabalho. Esse mesmo quadro, se comparado ao que se via na Coreia, revela a omissão da nossa engenharia, cuja função podia ser resumida apenas a estabelecer as condições mínimas necessárias para que o trabalho pudesse vir a ser realizado.

A partir do início de 1997, colocam-se novas demandas sobre os trabalhadores, como:

a) reestruturação produtiva e sua relação com precarização e flexibilização das condições de trabalho e emprego (com certa ênfase para questões de terceirização);

b) mudanças na qualificação/formação profissional dos trabalhadores;

c) análise das mudanças organizacionais, com ênfase para programas derivados do chamado "modelo japonês", como qualidade total, *just-in-time* etc. e para mudanças nas relações entre empresas e seus impactos no trabalho;

d) divisão sexual do trabalho e trabalho feminino;

e) análise de novos arranjos de fábricas e sua relação com fornecedores, particularmente no setor automotivo (consórcio nodular, condomínio industrial etc.).

Para obter envolvimento e participação da força de trabalho – que possibilita maior utilização dos seus conhecimentos e habilidades – as empresas estão alterando as suas políticas de gestão, visando a estabilização e capacitação da mão de obra. Políticas de treinamento estão voltadas à preparação dos operários para a aplicação das novas técnicas, assim como para torná-los polivalentes.

17.7 CONCLUSÕES

Apesar de todos os "rótulos" (taylorismo, fordismo, sociotécnica), como podemos abordar as necessidades de organização do trabalho na prática das empresas? A análise mais correta que podemos fazer é avaliar a forma pela qual o trabalho está organizado na produção, levando em conta os objetivos e estratégias competitivas da empresa. Ou seja, dados os objetivos e estratégias, quais são as contribuições esperadas de cada posto ou grupo de trabalho?

A abordagem taylorista-fordista era centrada sobre o posto de trabalho e partia da premissa de que se cada trabalhador isoladamente estivesse operando com o máximo de eficiência, a produtividade da empresa seria também maximizada.

A abordagem sociotécnica altera essa visão ao propugnar que maior produtividade só será obtida quando ocorrer a otimização do funcionamento conjunto do sistema técnico e do sistema social numa empresa produtora.

As empresas japonesas adicionam um elemento a esse quadro, ao demonstrar que a abordagem sociotécnica deve sempre ter como referencial comum os objetivos e estratégias competitivas da empresa.

O que estamos observando de maneira geral, e em particular no caso brasileiro, é uma lenta, talvez traumática, mas consistente convergência para essa nova forma de pensar a organização do trabalho na produção.

Referências bibliográficas

Referência básica

FLEURY, A.; FLEURY, M.T. *Aprendizagem e inovação organizacional:* as experiências de Japão, Coréia e Brasil. São Paulo: Atlas, 1995.

Outras referências

AKIBA, M., SCHVANEVELT, S.; ENKAWA, T. *Service quality*: methodology and Japanese perspectives. In: SALVENDY, Gavriel (ed.). Handbook of industrial engineering, 2. ed. New York: Wiley, 1992.

BIAZZI, F. O trabalho e as organizações na perspectiva sociotécnica. *Revista de Administração de Empresas*, EAESPIFGV, São Paulo, v. 34, n. 1, p. 30-37. 1994.

MURRAY, H. *Introduction to socio-technical systems at the level of primary work group*. London: Tavistock Institute of Human Relations. 1970.

NADLER, D. The role and scope of industrial engineering. In: SALVENDY, Gavriel (ed.). Handbook of Industrial Engineering, 2. ed., Wiley, 1992.

TAYLOR, F. W. *Princípios de administração científica*. São Paulo: Atlas, 1970.

TOLLIDAY, S. *Transferring Fordism: the first phase of the overseas diffusion and adaptation of Ford methods, 1911-1939*. Texto apresentado no I Colóquio Internacional do Gerpisa. Paris, jun. 1993.

WOMACK, J. P., JONES, D. T., ROOS, D. *The machine that changed the world*. New York: Harper, 1990.

CAPÍTULO 18

GESTÃO DE ESTOQUE

Luiz Fernando Pinto de Abreu

18.1 INTRODUÇÃO

Uma das principais funções do planejamento da produção é a determinação do nível de estoque com que o sistema deverá operar. Neste capítulo, analisaremos a natureza dos estoques, suas funções no sistema de produção e os principais modelos para o seu dimensionamento.

18.2 FUNÇÕES DO ESTOQUE

A necessidade de estoques está relacionada tanto com características internas do sistema de produção como do seu entorno. Podemos classificá-lo segundo suas funções como apresentado nas Seções 18.2.1 a 18.2.5.

18.2.1 Estoque em processo

Corresponde aos estoques de componentes e submontagens de cada produto acabado. A origem desse tipo de estoque está relacionada com a existência de um "período de permanência no sistema" dos componentes enquanto ocorre sua montagem. Como exemplo, podemos citar a linha de produção de automóveis, em que todos os carros dispostos ao longo da linha, nos diversos estágios de montagem, correspondem a estoques em processo.

Os esforços no sentido de reduzir esse tipo de estoque deverão focalizar principalmente o tempo de produção (*lead-time* de produção).

18.2.2 Estoque cíclico

Produtos são geralmente fabricados em lotes cuja quantidade supre uma demanda ao longo de um determinado período, no final do qual outro lote é fabricado reiniciando o ciclo. A produção de lotes que geralmente excedem a demanda momentânea está relacionada com aspectos de:

- **economia de escala**: quanto maior o tamanho do lote, menor o custo fixo de produção rateado para cada unidade do lote (esse custo fixo é geralmente relacionado ao tempo de preparação das máquinas e equipamento (setup).
- **restrições tecnológicas**: o projeto do produto requer que este seja feito em quantidades especificadas. É o caso de muitos processos químicos, nos quais, em determinadas etapas, as dimensões do reator proporcionam parâmetros – como, por exemplo, a superfície de troca de calor – adequados para a reação desejada.

18.2.3 Estoque sazonal

Muitas vezes, quando a demanda de um produto varia ao longo do tempo de uma forma previsível e cíclica, a opção de produzir durante o período de baixa demanda para atender os pedidos durante o período de pico pode ser uma solução economicamente atraente, pois ela pode reduzir a necessidade de uma elevada capacidade de produção durante um curto período e uma ociosidade dessa capacidade no restante do tempo.

18.2.4 Estoque de segurança

As incertezas com relação à demanda ou a baixa confiabilidade no sistema de produção provocam o aparecimento de um outro tipo de estoque, chamado estoque de segurança. As demandas futuras são estimadas por meio de previsões, as quais são acompanhadas dos seguintes erros:

1. **Aleatoriedade inerente à evolução da demanda**: é aquela parte da demanda que o modelo de previsão não consegue identificar, esse tipo de erro é inerente, em maior ou menor nível, ao modelo de previsão.
2. **Erro de se utilizar informações de vendas**: empresas não possuem dados históricos de demanda, mas sim de vendas, os quais são utilizados para as previsões de demandas futuras. Considerando que somente em determinadas condições as quantidades vendidas são iguais as demandas, o uso dessa informação pode provocar erros nas previsões das demandas futuras.

Por outro lado, a confiabilidade do sistema de produção pode ser traduzido pelos seguintes aspectos que interferem na necessidade de estoques de segurança:

1. **Aleatoriedade do tempo de fabricação ou compra do lote**: considerando que atraso na fabricação ou compra para a reposição de estoques pode provocar a falta do produto, quando a confiabilidade desse prazo é baixa, o sistema "compensa" esse fato elevando o estoque de segurança desse item.
2. **Confiabilidade das máquinas e equipamentos**: a falha de uma máquina ou equipamento provoca, em geral, o atraso na produção, atraso que, por sua vez, pode provocar falta no estoque. Quando a incidência dessas falhas é elevada, passa a ser inevitável a existência de estoque de segurança para minimizar seus efeitos.

18.2.5 Estoque de componentes intermediários

Uma importante função do estoque é a de reduzir a dependência entre as diversas etapas do processo produtivo. Nesse sentido, observamos a existência permanente de estoques de componentes dentro da fábrica. Sem esses estoques, qualquer distúrbio em um ponto localizado no processo pode propagar-se para outros pontos causando efeitos significativamente mais danosos a toda a operação. Uma característica desse tipo de estoque é a total previsibilidade da quantidade e do momento da sua utilização uma vez que se tratam de componentes utilizados, numa proporção fixa, na montagem de produtos finais. Denominamos esses itens de "itens de demanda dependente".

18.3 CLASSIFICAÇÃO DOS SISTEMAS DE ESTOQUE

Podemos classificar um sistema de estoque relacionando-o com as características do sistema a que ele atende. A complexidade do sistema de estoque cresce à medida que um maior número de objetivos e restrições é imposto. Segundo esse enfoque, podemos listar os seguintes sistemas:

18.3.1 Sistema de estoque puro

É o sistema de estoque que não está acoplado a um sistema de fabricação desse estoque. São desse tipo os sistemas de estoque característicos de empresas comerciais, atacadistas etc. O gerenciamento desse tipo de estoque está relacionado à definição do momento de emissão de uma ordem de reabastecimento do estoque.

18.3.2 Sistema de produção–estoque

Esse sistema considera que as ordens de reposição de estoque são processadas internamente, competindo todas elas pelos mesmos recursos produtivos. Se compararmos esse sistema de estoque com o anterior iremos observar que o gerenciamento é mais complexo, pois no sistema de estoque puro a reposição dos estoques por meio da compra tomava todos os itens independentes, enquanto que nesse sistema os pedidos de reposição de estoque são altamente dependentes, por utilizarem os mesmos recursos produtivos. A viabilidade da execução de um conjunto de pedidos de reposição (ou ordens de fabricação) somente será garantida se a capacidade do sistema de produção for suficiente para atendê-los; mesmo assim, a complexidade da programação (sequenciação) será um agravante para que os pedidos sejam processados no tempo definido pelo seu *lead-time*.

18.3.3 Sistema de produção–distribuição–estoque

Nesse sistema acrescenta-se a necessidade de definição da quantidade para cada lugar onde estes estoques estarão disponíveis. Como estoques do mesmo produto estarão localizados em pontos diferentes de uma rede abastecimento, poderá ocorrer, nesse sistema, a falta do produto em um ponto e, simultaneamente, estoque em outros pontos. É necessário que se dê atenção à questão logística do estoque que, em muitas ocasiões, poderá se tomar o aspecto principal do sistema.

18.4 CUSTOS RELACIONADOS A ESTOQUES

A gestão de sistemas de estoque tem por objetivo minimizar o seu custo total. Nesse ponto é oportuno que se faça uma breve descrição dos custos relevantes de um sistema de estoque.

18.4.1 Custo de obtenção

É o custo associado à ordem de produção ou à compra do lote. Esse tipo de custo é fixo, ou seja, independe da quantidade a ser produzida ou adquirida. Quando se refere à produção, ele está relacionado aos custos envolvidos com o tempo de preparação da máquina ou equipamento (*setup*); quando se refere à compra, esse custo representa principalmente o custo de frete. A compra em um supermercado pode ilustrar o custo fixo de obtenção, afinal qualquer que seja a quantidade comprada, o custo relacionado ao deslocamento – como gasolina, tempo etc. – será praticamente fixo.

18.4.2 Custo associado à existência do estoque

Os custos associados à existência do estoque são os seguintes:

- custo de estocagem e movimentação
- custo de seguro
- custo de obsolescência
- custo de depreciação
- custo de oportunidade do capital

O custo associado à existência de estoque é proporcional somente ao número de itens e ao tempo em que o material permanece estocado.

18.4.3 Custo associado à falta de estoque

Como a falta de estoque para atender à demanda irá provocar consequências negativas ao desempenho do sistema, devido à perda ou ao atraso da venda, é comum atribuir uma penalidade a essa ocorrência, que pode ser desde a perda da margem da venda até o prejuízo pela perda irremediável do cliente.

Existem outros custos relacionados ao sistema de estoque, como o custo do sistema administrativo e o custo do sistema de informação, que em certos sistemas são relevantes.

18.5 MODELO DO LOTE ECONÔMICO

O modelo mais simples do lote econômico procura determinar a quantidade a ser produzida ou comprada em cada ordem de forma a reduzir o custo total, composto pelo custo de aquisição da ordem e pelo custo associado à existência de estoque. As hipóteses consideradas nessa formulação são as seguintes:

- demanda a uma taxa constante: desconsideram-se aleatoriedade, tendência e sazonalidades.
- reposição instantânea: desconsidera-se o *lead-time* de produção ou compra
- custos constantes: desconsideram-se efeitos de escala

Considerando a seguinte notação:

λ = taxa de demanda (unidades/período)
C_A = custo de aquisição do lote ($/ordem)
C_E = custo associado à existência do estoque ($/unidade · período)
D = demanda no período t ($D = \lambda \cdot t$)
Q = quantidade definida na ordem de produção ou compra
$CT(Q)$ = custo total, definido como função da quantidade produzida ou comprada
t = período

A hipótese de taxa de demanda constante implica uma forma do gráfico de evolução do nível de estoque conhecida como "gráfico dente de serra".

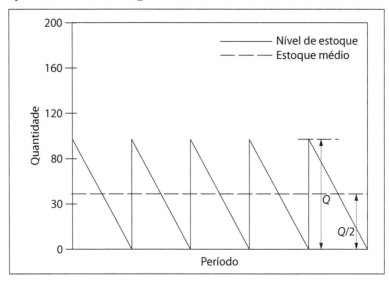

É fácil observar que podemos admitir um estoque médio igual a Q/2 ao longo do tempo. A função de custo total será:

$$CT(Q) = (C_A \cdot \lambda \cdot t/Q) + (C_E \cdot Q/2)$$

onde o termo $C_A \cdot \lambda \cdot t/Q$ corresponde ao custo de aquisição rateado pela quantidade definida no lote Q enquanto o segundo termo, $C_E \cdot Q/2$ representa o custo relativo à estocagem do estoque médio.

O gráfico apresentado a seguir ilustra o comportamento de cada componente dessa fórmula.

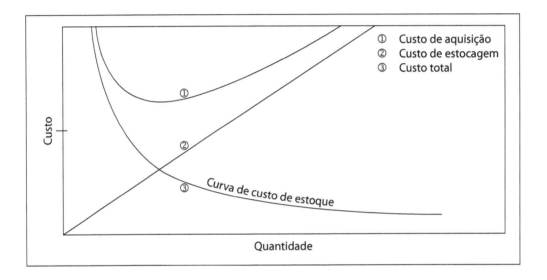

Observamos que a função do custo total apresenta um ponto de mínimo, que pode ser obtido igualando-se a zero o valor da derivada d$CT(Q)$/dQ.

Portanto, o lote econômico, que corresponde ao ponto de mínimo custo é dado por:

$$Q = \sqrt{2 \cdot C_A \cdot \lambda \cdot t / C_E}$$

18.6 MODELOS DE ESTOQUE

18.6.1 Política de estoque mínimo

Essa política de estoque utiliza como quantidade de reposição aquela obtida pelo modelo de lote econômico. O período entre as reposições do estoque não é fixo, pois o pedido é feito sempre que o estoque atinge um nível chamado de "estoque mínimo". A função deste estoque mínimo é a de suprir a demanda durante um período τ, que é o *lead time* de produção ou compra.

O gráfico a seguir representa o estoque controlado pela política de estoque mínimo. Observe o intervalo τ entre o momento em que o estoque atinge o nível mínimo e a reposição do estoque.

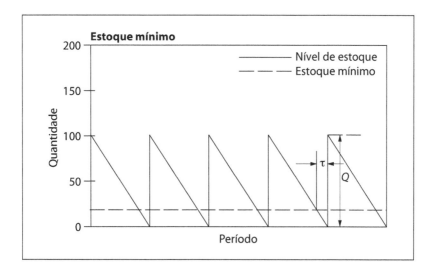

Outras possibilidades quanto à política de estoque mínimo são:
- A reposição ocorrer a uma taxa μ, constante e não instantaneamente.
- Manutenção de um estoque de segurança

    O objetivo do estoque de segurança é tornar o sistema menos sujeito aos fenômenos imprevisíveis, como: aumento súbito na taxa de demanda ou atraso na entrega do pedido de reposição, ocorridos entre o momento do pedido (quando o estoque mínimo é atingido) e o momento do recebimento.

- Falta do estoque acarretando atraso da entrega

    A ocorrência de uma quantidade negativa no estoque representa, na verdade, um atraso que será atendido assim que o pedido seguinte for entregue.

- Falta do estoque acarretando perda da venda

    Nesse caso, esgotado o estoque, enquanto não houver a sua reposição, todas as vendas serão perdidas.

Exercício

(respostas no final do capítulo)

Uma fábrica de motores consome 300 anéis por dia em sua linha de produção. O custo anual de estocagem é de R$ 4 por unidade e o custo de aquisição é de R$ 500 por pedido. O prazo de entrega desse componente é de dez dias. Determine:

a) O volume de estoque mínimo para esse componente;

b) O tamanho do lote econômico para esse componente;

c) O período entre duas reposições e o número de pedidos necessários por ano.

d) O custo total da atual política de estoque, que prevê a colocação de um pedido a cada três meses.

18.6.2 Política de reposição periódica

As duas principais características dessa política de estoque são:

1. o período entre reposições é fixo
2. a quantidade a ser reposta é variável.

Na verdade, a lógica de funcionamento dessa política também é bastante elementar: define-se um nível de Estoque de Referência e um Período de Reposição. A cada final de período, faz-se o levantamento da quantidade em estoque, cotejada com o seu nível de referência, e a quantidade a ser pedida será a que falta para se atingir o estoque de referência.

O gráfico a seguir representa a evolução do nível de estoque administrado por uma política de reposição periódica.

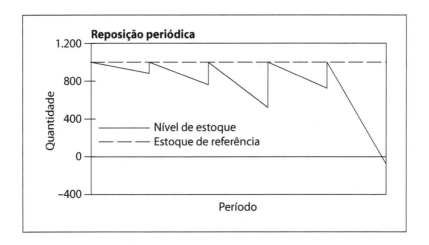

A definição da quantidade de referência e do período de reposição estão fortemente relacionadas à aleatoriedade da demanda e à estrutura de custo do sistema de estoque.

18.6.3 Política de estoque (S,s)

Essa política combina características das duas políticas anteriores; a reposição será feita no final de cada período desde que o nível de estoque tenha atingido o estoque mínimo (s) e a quantidade pedida será tal que o estoque volte a ter a quantidade (S) de referência. Se no final de um período qualquer o nível de estoque estiver acima do mínimo, nenhum pedido será feito até o final do período seguinte.

Assim como na política de reposição periódica, a definição dos parâmetros da política (S,s) – como os valores de S, de s e do período entre reposições – deve ser baseada nos aspectos aleatórios da demanda.

Referências bibliográficas

BUFFA, E. S.; MILLER, J. G. *Production-inventory systems*: planning and control. Illinois: Richard D. Irwin Inc., 1979.

ELSAYED, E. A.; BOUCHER, T. O. *Analysis and control of production systems*. Englewood Cliffs: Prentice Hall, 1985.

HADLEY, G.; WHITIN, T. M. *Analysis of inventory systems*. Englewood Cliffs: Prentice Hall, 1963.

HAX, A.; CANDEA, D. *Production and inventory management*. Englewood Cliffs: Prentice Hall, 1984.

LOVE, S. F. *Inventory control*. New York: McGraw-hill, 1979

NADDOR, E. *Inventory systems*. New York: Wiley, 1966.

PETERSON, R.; SILVER, E. A. *Decision systems for inventory management and production control*. New York: John Wiley & Sons, 1985.

Respostas do exercício proposto

a) s = demanda × tempo = $\lambda \cdot \tau$ = 300 × 10 = 3.000 anéis

b) $Q = \sqrt{2 \cdot \lambda \cdot t \cdot C_A / C_E} = \sqrt{2 \times 300 \times 250 \times 500 \div 4}$ = 4.330 anéis

c) $T = Q/\lambda \cdot t$ = 4.330 ÷ 300 = 14,43 ≅ 15 dias

$n = \lambda \cdot t/Q$ = 300 × 250 ÷ 4.330 = 17,32 ≅ 18 pedidos por ano

d) $CT(Q) = \dfrac{C_A \cdot \lambda \cdot t}{Q} + \dfrac{C_E \cdot Q}{2}$ = 500 × 300 × 250 ÷ 4.330 + 4 × 4.330 ÷ 2 = 17.320,51 reais

CAPÍTULO 19

PROGRAMAÇÃO E CONTROLE DA PRODUÇÃO PARA INDÚSTRIA INTERMITENTE

José Celso Contador
José Luiz Contador

19.1 CONCEITOS

19.1.1 Conceitos sobre PCP

PCP tanto pode significar programação e controle da produção como planejamento e controle da produção, como pode significar o sistema como o setor administrativo que cuida do gerenciamento do sistema. Neste capítulo, PCP significará sistema de programação e controle da produção[1].

O sistema de programação e controle da produção é

a) um sistema complexo

b) constituído por um conjunto de funções interrelacionadas que objetiva (iii) comandar o processo produtivo e os serviços correlatos e

c) coordená-los entre si e com os demais setores da empresa, dos fornecedores e dos clientes.

Essa definição ressalta quatro características fundamentais:

a) por ser um sistema, toda a teoria dos sistemas é aplicável;

b) não é uma função isolada, mas um conjunto de funções inter-relacionadas;

c) comanda, no sentido de dar ordens, não só as tarefas de produção, mas também as atividades de apoio à produção, como manutenção, ferramentaria, preparação de máquinas, movimentação de materiais, ferramentas e equipamentos, aquisição de materiais etc.; e

d) coordena, funcionando como um centro para o qual converge grande quantidade de informações que, depois de convenientemente processadas, são distribuídas a todos os setores envolvidos.

Como se depreende, o sistema de PCP, possui importância de primeira grandeza dentro da empresa industrial. Corresponde, num paralelo com o corpo humano, à medula, cuja função é comandar e coordenar a ação motora dos músculos. Nesse paralelo, a alta administração teria as funções equivalentes às do cérebro humano.

Apesar de ser um sistema complexo, quase todas as funções do PCP são passíveis de serem rotinizadas, de forma a serem operacionalizadas pela baixa e média administração (desde que o sistema tenha sido bem projetado).

Um bom sistema de PCP

a) otimiza o uso dos recursos produtivos,
b) proporciona fluidez à produção,
c) reduz dificuldades e
d) auxilia a manter a eficiência em níveis elevados.

19.1.2 O processo de decisão no planejamento da produção

Há quatro fases no processo de planejamento da produção, que são hierarquizadas no sentido de que a fase seguinte seja iniciada após a implementação das decisões tomadas na fase anterior. Essas fases são o planejamento de recursos, o plano de produção, a programação da produção e a liberação da produção, ilustradas na Figura 1, que podem ser classificadas segundo a extensão do horizonte de planejamento em decisões de longo, médio, curto e curtíssimo prazo.

As decisões de longo prazo relativas ao **planejamento de recursos** são tomadas pela alta administração e definem principalmente a linha de produtos, os meios de produção (equipamentos, processos, pessoal, ou **o como produzir**), os canais de distribuição de produtos e a política de atendimento a clientes. As entradas necessárias para essas decisões são pesquisa de mercado e previsões de longo prazo.

As decisões de médio prazo objetivam definir o **plano de produção** e possuem um horizonte de planejamento cuja extensão varia muito de uma empresa para outra. Empresas que trabalham eminentemente contra pedido (fabricação por encomenda), adotam uma extensão suficiente para abranger todas as encomendas em carteira. Empresas que definem seu próprio mix de produção (fabricação repetitiva), devem procurar desenvolver seus planos de produção sob um horizonte de planejamento com extensão de até 12 meses, principalmente quando existe sazonalidade na demanda de seus produtos. Só assim será possível considerar, na elaboração do plano de produção, a possibilidade de transferência de estoques de um período para os seguintes, como uma das possíveis políticas de combate à sazonalidade. As revisões no plano, contudo, devem ser frequentes para que sejam adequadas às alterações de mercado e aos movimentos estratégicos dos concorrentes. Nessas revisões, que são feitas ao final de cada período de um ou alguns meses, todas as informações sobre níveis de estoque e sobre previsões de demanda são atualizadas, e considera-se sempre a mesma extensão para o horizonte de planejamento, por meio da inclusão de mais um período futuro. Nas decisões de médio prazo, define-se **o que e o quanto produzir**.

A **programação da produção** possui horizonte de planejamento igual ao período de revisão do plano de produção e define **o quando produzir** de forma a atender ao plano de entrega. Isso é feito por meio da **emissão de ordens** (de fabricação, de compras, de ferramentaria etc.).

A **liberação da produção** objetiva colocar em operação as ordens, atuando no dia ou num prazo que raramente ultrapassa uma semana. Seus dois principais objetivos são:

a) definir **quem** executará cada ordem e **em qual máquina** e

b) tomar **todas as providências necessárias** ao bom desempenho da fabricação.

O PCP é responsável pelas decisões de médio, curto e curtíssimo prazos, e deve ser projetado de forma que as tarefas necessárias à tomada de decisão, sempre que possível, sejam desenvolvidas por meio de rotinas preestabelecidas.

As Seções 19.3, 19.4 e 19.5 detalham respectivamente o plano de produção, a programação e a liberação da produção.

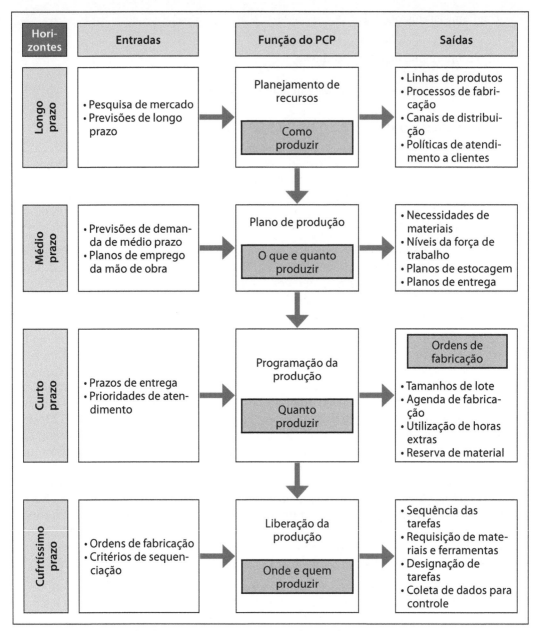

Figura 1 O processo de decisão no planejamento da produção.

19.1.3 Tipos de indústria

O processo produtivo fabril pode ser classificado em:

- unitário ou de construção (construção civil, estaleiro); ou
- intermitente ou por lotes (fundição, usinagem); ou
- contínuo (siderúrgica, destilaria).

Este capítulo aborda tão somente o tipo intermitente. A programação e controle para o tipo unitário será objeto do capítulo Gerenciamento de Projetos com PERT e EPM.

Nas indústrias do tipo intermitente, geralmente se fabrica uma grande variedade de produtos utilizando os mesmos equipamentos, o que acarreta variação na carga de trabalho de cada recurso produtivo (máquina, equipamento, pessoal). Portanto, o grande objetivo da programação da produção é otimizar a ocupação desses recursos procurando maximizar a produção. E o grande objetivo do controle da produção é maximizar a eficiência na utilização desses recursos. Para alcançar esses objetivos, é necessário estabelecer detalhadamente o que cada recurso produtivo fará a cada instante do dia.

Há dois tipos de indústria intermitente:

- fabricação por encomenda, geralmente de produtos projetados e especificados pelo cliente; e
- fabricação repetitiva, geralmente de produtos projetados pela própria empresa e que são produzidos a cada período de planejamento (todo mês, por exemplo).

A fabricação por encomenda só é iniciada após a efetivação da venda, e a sequência de operações é extremamente variável, uma vez que os produtos são muito diferentes. O arranjo físico preponderante é o do tipo funcional.

A fabricação repetitiva pode ser iniciada a partir de uma previsão de vendas, já que a linha de produtos é definida. A sequência de operações também é muito variável, mas menos do que no caso da fabricação por encomenda, podendo haver simplificações e fluxos predominantes decorrentes da repetitividade dos lotes de fabricação. O arranjo físico varia em cada setor da fábrica, e geralmente todos os tipos são encontrados: num setor é o posicional; noutro, o funcional; mais adiante, o linear; ali, o celular.

Este capítulo mostrará como programar e controlar a produção desses dois tipos de indústria intermitente.

19.2 ORIGENS DA PROGRAMAÇÃO E CONTROLE DA PRODUÇÃO

19.2.1 Surgimento da necessidade de coordenação

O processo produtivo pode também ser classificado em:

- artesanal; ou
- fracional (por divisão do trabalho).

O processo artesanal se caracteriza pela fabricação, desde o início até o fim do produto, por um mesmo operário, geralmente denominado mestre, que pode ter ajudantes. É um processo em extinção desde o século XIX, que subsiste ainda em alguns setores como o de marcenaria e o de confecção. Máquinas são utilizadas, mas não há divisão do trabalho.

O processo fracional, que se caracteriza pela divisão do trabalho, prepondera na enorme maioria das indústrias pois proporciona produtividade muito superior à do artesanal. Entrega-se a cada operário apenas parte da fabricação (uma ou algumas operações), geralmente a que corresponde à da máquina, e daí surgiu a especialização – o torneiro opera o torno e executa as operações típicas de torneamento; o fresador, idem; o montador apenas monta; e assim ocorre com todas as especializações profissionais.

No regime artesanal, não há necessidade de programação e controle em bases formais. Quando encomendamos, por exemplo, um costume a um alfaiate, ele próprio nos dá o preço e o prazo das provas e de entrega; encarrega-se da compra do tecido, dos aviamentos e dos equipamentos, como tesoura e agulha; corta as peças e as costura ou entrega a algum auxiliar. Como é fácil depreender, a coordenação do trabalho num regime desse tipo é extremamente simples.

Quando o costume é feito em uma fábrica, muitas pessoas são envolvidas – os compradores cuidam da aquisição dos tecidos, aviamentos e equipamentos; o talhador corta uma grande quantidade de tecidos de uma só vez com uma tesoura elétrica; uma, só costura a lateral das calças; outra, só prega botões; e assim sucessivamente. Ora, se é sempre o mesmo operário que costura a manga esquerda no corpo do paletó, ele, devido a uma repetição intensiva, adquire enorme habilidade na operação, o que redundará em alta produtividade. Essa é a razão fundamental de a divisão do trabalho ser adotada de forma tão generalizada.

Entretanto, se não houver coordenação entre as atividades, todos os ganhos advindos da especialização se perderão. Voltando ao especialista em costurar a manga esquerda no corpo do paletó: de que adiantará ele trabalhar com alta eficiência se ficar parado esperando que cheguem mangas e corpos para poder costurar? Ou seja, os lotes resultantes das operações precedentes precisam estar concluídos antes de o costureiro de mangas terminar o seu lote atual. Em outras palavras, é necessário que haja coordenação entre as operações.

19.2.2 Os gráficos de Gantt

O exposto no item anterior permite uma conclusão cristalina: para se usufruir dos benefícios da especialização resultante da divisão do trabalho, é necessário coordenar as operações em termos de sequência e de quantidade.

Quem primeiro expôs essa necessidade foi Taylor[2], no início do século XX. Devido à sua profunda e constante preocupação em aumentar a produtividade fabril, Taylor foi reduzindo cada vez mais a parcela do trabalho entregue a um operário. Ford, ao inventar a linha de montagem de automóveis, levou ao extremo o fracionamento do trabalho.

No tempo de Taylor, quem fazia a distribuição e a consequente coordenação do trabalho no chão de fábrica era o chefe de seção. Mas essa tarefa ocupava quase todo o seu dia, não lhe sobrando tempo para cuidar da eficiência e da qualidade do trabalho. Taylor propôs então a separação das atribuições: as tarefas de acompanhar o trabalho operário, tendo em vista a eficiência e a qualidade, caberiam ao chefe; e a coordenação do trabalho ficaria a cargo de um grupo de assessores.

Nesse tipo de organização administrativa, conhecido por sistema funcional, Taylor dividia as funções de estudo e preparação em quatro:

1. do encarregado das ordens de serviço, que estabelece o fluxo das matérias-primas e das peças e cuida de tudo o que for necessário para a realização do trabalho;
2. do encarregado das fichas de instrução, que determina e transmite as instruções sobre os detalhes do serviço para os operários;
3. do encarregado do tempo e do custo da mão de obra, que determina, registra, apura e controla o tempo de execução e o custo, e ainda mostra aos operários suas falhas;
4. do encarregado da disciplina, que cuida do recrutamento, seleção, admissão e demissão dos empregados, e ainda zela pela disciplina dentro da empresa.

Com a instituição dos três primeiros grupos, Taylor criava o que mais tarde passaria a ser chamado de programação e controle da produção.

Era necessário, porém, dispor de técnicas adequadas a essas novas funções. Coube a Henry Gantt propor originais métodos de registro de produção, de controle de almoxarifado, de incentivo salarial e de programação e controle da produção. Para essa última função, Gantt criou gráficos que passaram a ser conhecidos pelo seu nome.

A característica dos gráficos de Gantt é representar tempo e trabalho num mesmo eixo, ao contrário do gráfico cartesiano no qual o tempo está em abcissa e o trabalho em ordenada. São conhecidos também como cronogramas. O significativo, além da programação em si, é a comparação entre o programado e o executado, que possibilita ações corretivas. Não constitui escopo deste livro abordar o conceito e as convenções para o traçado dos gráficos, que são encontrados na literatura especializada.

Desde a Primeira Guerra Mundial, os gráficos de Gantt tornaram-se amplamente conhecidos e utilizados nas indústrias de todo o mundo. Para isso, muito contribuíram a simplicidade de seu princípio, a facilidade de execução, a ação corretiva e dinâmica que sua interpretação possibilita, bem como suas inúmeras aplicações.

Quatro são os tipos de gráficos de Gantt:

1. para carga de máquina, utilizado na preparação do plano de produção;
2. para progresso, conhecido também por cronograma;
3. para locação de ordens de serviço, utilizado em conjunto com o gráfico para progresso na programação da produção; e
4. para controle das atividades do homem e da máquina.

Esses gráficos serão comentados nas seções seguintes.

19.3 PLANO DE PRODUÇÃO

19.3.1 Elaboração do plano de produção

O plano de produção, denominado também plano mestre ou programa mestre de produção, é o documento que especifica a quantidade de cada um dos produtos que deverá ser produzida no período de programação seguinte. Ou seja, especifica **o que e quanto produzir**.

Confrontando a **previsão de vendas**, elaborada pelo departamento de vendas ou de marketing, com a **capacidade produtiva**, que já foi determinada pelo departamento de PCP, obtém-se o **plano de vendas**, conforme ilustra a Figura 2.

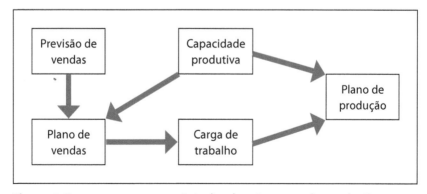

Figura 2 Componentes essenciais do planejamento da produção.

De posse do plano de vendas, o departamento de PCP calcula detalhadamente a **carga de trabalho**, que é a ocupação da capacidade produtiva gerada pelo plano de vendas.

Distribuindo-se a carga de trabalho ao longo do período de programação, obtém-se o **plano de produção**.

O exemplo citado por Zaccarelli é útil para entender como é elaborado o plano de vendas. Uma empresa fabrica e vende os produtos A e B. Feita a previsão de vendas, conclui-se que é possível vender 1.000 unidades de A e 2.000 de B. Entretanto, a capacidade produtiva é suficiente para fabricar as 1.000 unidades de A, mas apenas 1.500 de B. Consultado, o departamento de compras informou que só seria possível obter matéria-prima para 800 unidades de A, não havendo limite para a matéria-prima de B. Daí surge o primeiro plano de vendas: 800 unidades de A e 1.500 de B. Em virtude da redução da produção do produto A, o departamento de PCP conclui que será possível produzir 1.800 unidades de B. Daí surge o plano de vendas definitivo: 800 unidades de A e 1.800 de B. (Ver Figura 3)

Produto	Previsão de vendas	Capacidade produtiva	Disponibilidade de materiais	Primeira revisão de vendas	Nova capacidade	Plano de vendas
A	1.000	1.000	800	800	800	800
B	2.000	1.500	ilimitada	1.500	1.800	1.800

Figura 3 Elaboração do plano de vendas.

Pela importância que possui, o plano de produção deve ser aprovado pela alta administração da empresa. O PCP, portanto, submete-o à aprovação juntamente com alguns indicadores, como, por exemplo, nível geral de atendimento dos clientes, destacando os clientes preferenciais e os casos críticos, nível de utilização da mão de obra, nível geral dos estoques, resultados econômicos etc. A alta administração interage com o PCP quantas vezes forem necessárias até que o plano de produção seja aprovado, e as decisões para o próximo período são então **congeladas**.

Uma vez definido o que e o quanto produzir durante o período de planejamento seguinte, que é o plano de produção, é preparada a **lista de necessidades de materiais** sobre a qual a administração de materiais elabora o **plano de aquisição de materiais**, levando em consideração os estoques passado e futuro. Existem técnicas específicas aplicadas à administração de materiais, como o MRP (*Material Requirements Planning*) objeto do Capítulo 21, "Sistemas de planejamento e controle da produção".

19.3.2 Cálculo da carga de trabalho

Nas indústrias intermitentes, a carga de trabalho e o plano de produção praticamente são coincidentes. O plano de produção resulta da verificação da carga de trabalho decorrente do plano de vendas.

Gantt criou o gráfico para carga de máquina exatamente para esse fim. Entretanto, com a disseminação do uso do computador, esse gráfico caiu em desuso. O gráfico para carga de máquina é semelhante ao gráfico para locação de ordens de serviço mostrado na seção seguinte, havendo uma diferença: em vez de colocar uma máquina em cada linha, como no gráfico para locação de ordens de serviço, no gráfico para carga de máquina coloca-se em cada linha o **grupo** de máquinas semelhantes que podem executar a mesma operação.

PROGRAMAÇÃO E CONTROLE DA PRODUÇÃO PARA INDÚSTRIA INTERMITENTE

É possível calcular a carga de máquina por meio de uma planilha semelhante à da Figura 4. As horas disponíveis correspondem à multiplicação da quantidade de máquinas semelhantes pela quantidade de horas a serem trabalhadas durante o período de programação (a Figura 4 ilustra a situação de dois turnos de 7,5 horas cada). Quando o total da coluna tempo acumulado atingir o valor das horas disponíveis, não haverá possibilidade de se programar novas ordens de fabricação.

Para calcular a carga de trabalho pelo computador, é necessário dispor de dois arquivos: o **arquivo de explosão de produto**, que contém todas as peças e respectivas quantidades que compõem uma unidade de cada produto; e o **arquivo de processo e tempo padrão**, que contém todas as operações executadas em cada peça, todas as montagens de conjuntos e do produto final, e os tempos padrão de preparação e operação. Assim, tão logo o plano de produção estabeleça a quantidade a ser fabricada de cada produto, o computador identifica todas as operações a serem feitas, multiplica a quantidade de peças pelo tempo padrão da cada operação, acrescenta o tempo de preparação e, para obter a carga–máquina, soma os tempos de cada grupo de máquinas semelhantes.

Mês: novembro			Carga–máquina						Fl. 1
Setor			Furadeira de bancada		Furadeira de coluna		Furadeira de mesa		Tornos mecânicos
Horas disponíveis			3.300		3.960		4.290		4.950
O.f. nº	Quant.	Data de entrada	Tempos (h)		Tempos (h)		Tempos (h)		Tempos (h)
			da o.f.	Acumulado	da o.f.	Acumulado	da o.f.	Acumulado	da o.f.	Acumulado
583	2.000	07/10	66,78	66,7	100,0	100,0	133,8	133,8		
641	1.500	07/10	75,0	141,7	100,0	200,0	125,5	259,3	100,0	100,0
394	2.400	07/10			80,0	280,0	96,5	355,8	200,0	300,0
479	1.800	08/10	75,0	216,7					90,00	390,0

Figura 4 Planilha de cálculo da carga de trabalho.

19.3.3 Aplicação da Pesquisa Operacional na elaboração do plano de produção

Se a previsão de vendas suplantar a capacidade produtiva, o que significa que pedidos e clientes não serão atendidos, é conveniente adotar modelos da Pesquisa Operacional para otimizar os resultados da empresa. Isso se justifica porque normalmente há conflito de interesses e grande quantidade de dados a manusear.

A Programação Linear é o modelo adequado. A função objetivo pode ser formulada para maximizar o lucro ou minimizar a soma dos custos de fabricação, de estocagem e de preparação. As restrições são a capacidade das máquinas, dos operários e dos serviços auxiliares (como ar comprimido, gás, energia), a disponibilidade de materiais e componentes e o atendimento a clientes preferenciais. Assim, o plano de produção cumprirá seu papel de levar a empresa a atingir seus objetivos.

19.4 PROGRAMAÇÃO DA PRODUÇÃO E EMISSÃO DE ORDENS

19.4.1 Conceitos

Aprovado pela alta administração o plano de produção, a fase seguinte é a programação da produção, que define **o quando produzir**. Na verdade, a programação da produção define mais do que o quanto produzir – ela define **o que cada máquina e cada operário faz a cada instante do dia**.

Para conseguir isso, a programação da produção emite **ordens de fabricação**, que levarão instruções ao chão de fábrica. Se a produção se constitui num sistema estável, ou seja, se os imprevistos ocorrem com baixíssima frequência (as máquinas raramente quebram, os operários não faltam, os tempos reais das operações são constantes) de forma a tornar possível fixar com antecedência de, pelo menos, um dia o momento preciso de início e o de fim de cada operação, a programação poderá ser feita por meio dos gráficos de Gantt e as ordens de fabricação poderão estabelecer o momento de início e o de fim de cada operação. Se a produção não se constitui num sistema estável, não é recomendável a programação por meio dos gráficos de Gantt, pois a cada imprevisto será necessário reprogramar, o que pode resultar numa tarefa infindável. Nesses casos, as ordens de fabricação são emitidas diretamente do plano de produção e encaminhadas ao liberador da produção, que decidirá no chão de fábrica o momento de lançá-las em produção, como se verá na próxima seção.

19.4.2 A programação da produção pelos gráficos de Gantt

A programação da produção de uma indústria intermitente pode ser feita pelos gráficos de Gantt para locação de ordem de serviço e para progresso. É didático mostrar por meio de um exemplo.

Enunciado

O produto Y é composto por 1 conjunto A, 2 conjuntos B e 2 C. Esses conjuntos são compostos por peças (exceto C), a saber:

$$A = 1A_1 + 2A_2 + 3A_3; B = 1B_1 + 1B_2; C = \text{comprado pronto}$$

Os tempos padrão, em minutos, para fabricação das peças e montagem dos conjuntos e do produto Y são:

$$A_1 = 5; A_2 = 5; A_3 = 4; A = 10; B_1 = 2; B^2 = 5; B = 3; Y = 10.$$

O conjunto C é adquirido de fornecedor. O primeiro lote de 450 conjuntos é recebido 10 dias após o pedido, e cada lote suplementar de 450 conjuntos é recebido em 2 dias.

Sabendo que existe um sistema contínuo de transporte de peças, programe a produção de um lote de 900 produtos Y de modo a propiciar mínimo tempo de execução, sabendo que:

a máquina I fabrica as peças A_2, A_3 e B_1;

a máquina II fabrica as peças A_1 e B_2;

a máquina III monta os conjuntos A, B e Y.

A fábrica trabalha 5 dias por semana, em turno de 8 horas por dia com meia hora de intervalo para almoço.

Resolução

1.º passo: Cálculo da duração para execução das ordens de fabricação

1. Inicialmente, deve-se calcular a quantidade de peças necessárias para a produção de 900 unidades do produto Y. Para tanto, começa-se do produto final em direção às peças. Assim: para montar 1 Y são necessários 1 A, 2 B e 2 C; para montar 2 B são necessárias 2 B_1 e 2 B_2; para montar 1 A são necessárias... A coluna "quantidade por lote" da Figura 6 é obtida multiplicando-se por 900 a coluna "quantidade por unidade" (se houvesse rejeição de peças por causa de deficiências do processo de fabricação, acrescentar-se-ia a essa coluna uma quantidade de peças suficiente para compensar as rejeições).

2. O tempo padrão em dias é obtido multiplicando-se o tempo padrão unitário em minutos pela quantidade de peças e dividindo-se por 450 minutos por dia (que correspondem às 7,5 horas de trabalho diárias).

3. Prazo de fornecimento de 1.800 conjuntos C: 10 dias para o primeiro lote de 450 conjuntos e mais 6 dias para os 3 lotes seguintes.

2.º passo: Programação

1. **Conceito.** O gráfico para locação de ordens de serviço e o gráfico para progresso mostram, numa escala de tempo, a mesma situação: quando a máquina executará a O. S. (ordem de serviço ou ordem de fabricação ou simplesmente peça). O gráfico para locação de O. S. é ordenado pelas máquinas e indica quando **cada máquina estará disponível**. O gráfico para progresso é ordenado pelas O. S. e mostra a **dependência entre operações** (uma montagem só pode ser iniciada depois de dispor-se das peças; o fresamento de uma engrenagem só pode ser iniciado depois de o tarugo ter sido torneado). Na escala de tempo deve-se marcar dias úteis e datas de calendário.

2. **Construção dos gráficos.** Os dois gráficos devem sempre ser construídos simultaneamente de forma a se verificar a todo instante a disponibilidade da máquina e a dependência entre as operações. Por isso, devem ser colocados um abaixo do outro de forma que suas escalas coincidam (uma linha vertical mostra o mesmo instante no tempo nos dois gráficos).

3. **Esquema das dependências.** Para facilitar a construção dos gráficos, é conveniente fazer um esquema, sem escala, das dependências entre as operações (tipo diagrama de montagens), anotando todos os dados do problema conforme mostra a Figura 5. Dessa forma, não é necessário recorrer, a todo instante, às fontes de informação.

4. **Programação das primeiras operações.** A programação deve começar pelas primeiras operações do processo de fabricação. Comecemos, então, por A_1, A_2,... Marca-se A_1 no gráfico para progresso e no de locação de O. S. (de 0 a 10 dias), e A_2 nos dois gráficos (de 0 a 20 dias). Em termos de dependência (ver gráfico para progresso), A_3 pode ser iniciada na data 0, mas como a máquina I está ocupada no período (0-20), A_3 só poderá começar na data 20, indo até a 44. O mesmo raciocínio é feito com B_1 e B_2. É conveniente reforçar o conceito exposto no item 2: **sempre é necessário levar simultaneamente em consideração a disponibilidade de máquina e a dependência entre operações.**

5. **Superposição de operações.** A programação de operações que dependem da conclusão de operações anteriores deve ser regida pelo princípio da superposição de operações. Por esse princípio, não é necessário concluir todo o lote anterior para

iniciar a operação seguinte – basta dispor de algumas peças acabadas na operação anterior para iniciar a operação seguinte. Dessa forma, a duração total de produção de um conjunto fica bastante reduzida. Portanto, **sempre deve-se superpor as operações**. Quando a operação seguinte **demorar mais** que a anterior, deve-se programar de maneira que seus inícios praticamente coincidam, com uma defasagem apenas necessária para a fabricação das primeiras peças na operação anterior e para seu transporte até a operação seguinte. Quando a operação seguinte **demorar menos** que a anterior, deve-se programar de maneira que seus términos praticamente coincidam, com uma defasagem apenas necessária para o transporte das últimas peças da operação anterior para a seguinte e para a fabricação das últimas peças na operação subsequente.

6. **Montagem de A.** Quanto à disponibilidade de máquina (ver gráfico de locação de O.S.), a montagem de A pode ser iniciada a qualquer momento, pois a máquina III ainda não foi utilizada. Entretanto, só é possível montar A quando houver peças A_1, A_2 e A_3. O gráfico para progresso mostra que A_3 é o lote fabricado mais tarde, portanto é o que vai limitar o início da montagem de A. Aplicando o princípio da superposição de operações à montagem do conjunto A, conclui-se que A (ver gráfico para progresso) deve terminar 10 minutos após a chegada das últimas 3 peças de A_3 (uma vez que os lotes de A_1 e de A_2 já estão prontos há vários dias). Então, se a montagem de A deve terminar no 44.º dia, seu início deve ser no 24.º dia.

7. **Montagem de B.** O início da montagem de B é limitado pela fabricação de B_1 devido à dependência entre as operações (ver gráfico para progresso). Como a montagem de B (12 dias) é mais demorada que a fabricação de B_1 (8 dias), B deve ser iniciado, pelo princípio da superposição de operações, junto com o início de B_1, ou seja, na data 44, e concluído na data 56 (como a operação subsequente é mais lenta que a anterior, nunca haverá falta de peças para a montagem). Como nesse período a máquina III está disponível (ver gráfico de locação de O.S.), a programação se firma no período de 44 a 56 dias.

8. **Montagem de Y.** A montagem do produto final Y é limitada pela montagem de B (ver gráfico para progresso). O conjunto C, sendo encomendado, não interfere na programação da nossa fábrica. Como a montagem de Y (20 dias) é mais demorada que a de B (12 dias), a montagem de Y pode ser iniciada junto com o início da montagem de B (data 44, ver gráfico para progresso), pelas mesmas razões expostas na descrição da montagem de B. Entretanto, a máquina III (ver gráfico de locação de O. S.) só estará disponível a partir da data 56. Portanto, a montagem de Y deve ser executada entre as datas 56 e 76.

9. **Encomenda de C.** O primeiro lote de 450 conjuntos C precisa estar disponível na data de início da montagem de Y (data 56, ver gráfico para progresso). Precisa então ser encomendado 10 dias antes, caso se deseje obter a máxima superposição de operações. Como o prazo de entrega dos outros 3 lotes de 450 conjuntos é de mais 6 dias, a programação de C vai da data 46 à 62.

10. **Nova tentativa.** Aparentemente a programação está concluída. Entretanto, os gráficos de Gantt não conduzem necessariamente à melhor solução, pois é um método por tentativa. Portanto, para se obter a melhor solução (ou pelo menos uma melhor), novas tentativas devem ser feitas. O critério para a nova tentativa é tomar decisões diferentes das tomadas nas tentativas anteriores. Na programação feita, decidiu-se iniciar pela fabricação de A. Para a nova tentativa, deve-se iniciar a programação pela fabricação de B. Deixamos essa tentativa como exercício, informando que ela conduz à melhor solução, pois o tempo total baixa de 76 dias para 72 dias.

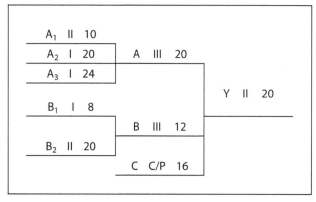

Figura 5 Esquema do diagrama de dependência entre operações.

19.4.3 Emissão de ordens

A partir da programação da produção, o PCP prepara e distribui **ordens** das mais diversas espécies. A finalidade de uma ordem é passar instruções sobre o **que, como, onde** e **quando** os diversos setores da fábrica devem fazer.

Os tipos de ordem mais frequentes são:

1. **ordem de liberação**: enviada ao liberador da produção para permitir-lhe coordenar a distribuição das demais ordens;

2. **ordem de operação**: enviada ao liberador, que a entregará ao operário, para autorizar a execução de cada uma das operações e para coletar informações necessárias aos controles (de quantidade, de eficiência, de prazo, de custo);

3. **reserva de materiais**: enviada à Administração de Materiais, para que esta reserve materiais necessários às ordens de fabricação que entrarão em produção;

4. **requisição de materiais**: enviada ao liberador para que requisite, no momento anterior ao início de uma operação, os materiais necessários (que foram reservados);

5. **requisição de ferramentas**: idem à requisição de materiais;

6. **requisição de instruções técnicas**: enviada ao liberador para que requisite, no momento anterior ao início de uma operação, as instruções sobre como as operações devem ser executadas (esse procedimento é utilizado quando os desenhos e instruções não ficam em poder da supervisão da produção);

7. **ordem de movimentação**: enviada ao liberador para que solicite a movimentação (por empilhadeira, por exemplo) de materiais, produtos, ferramentas, máquinas etc.;

8. **entrada de produto**: acompanha a entrada, no almoxarifado, do produto ou de parte acabada para lançamento no controle da estoque.

Muitos são os tipos de **sistema de emissão de ordens**. Zaccarelli explica detalhadamente oito sistemas, um dos quais é o já citado MRP (*Material Requirements Planning*). Burbidge, outros oito, sendo alguns coincidentes com os de Zaccarelli. Por esses números, pode-se concluir que a escolha e o projeto de um sistema de emissão de ordens não são tarefas simples. Por essa razão, não é escopo deste capítulo detalhar os sistemas de emissão de ordens.

GESTÃO DE OPERAÇÕES

Peça ou O.F.	Quantidade por Unidade	Quantidade por Lote	Tempo padrão Unid.(min.)	Tempo padrão Lote (dias)	Máquina
A_1	1	900	5	10	II
A_2	2	1.800	5	20	I
A_3	3	2.700	4	24	I
A	1	900	10	20	III
B_1	2	1.800	2	8	I
B_2	2	1.800	5	20	II
B	2	1.800	3	12	III
C	2	1.800	16	16	C/P
Y	1	900	10	20	III

Gráfico para progresso – Lote = 900 Y (tempo em dias)

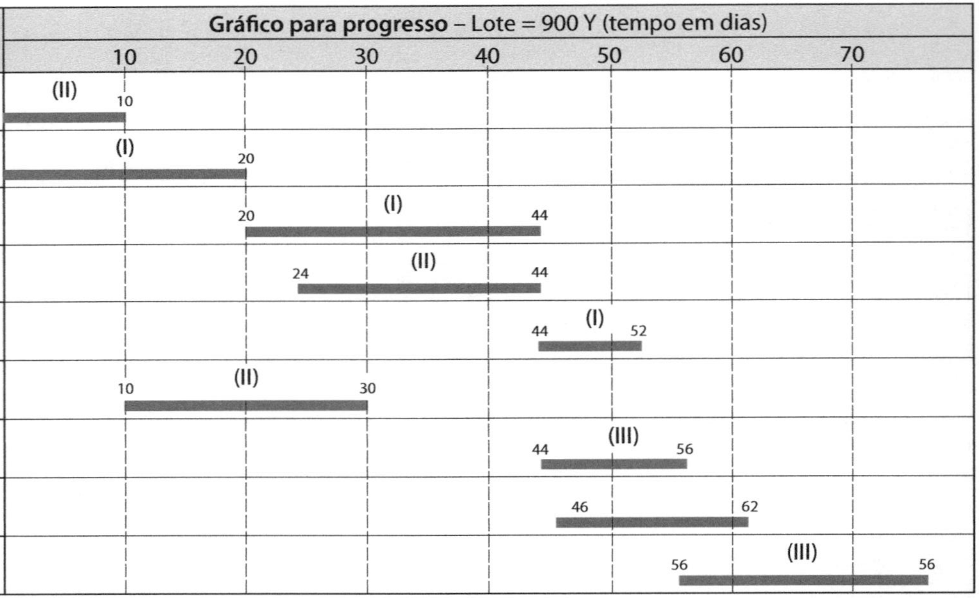

Máquina	Ordem de fabricação
I	A_2, A_3, B_1
II	A_1, B_2
III	A, B, Y
	(Compra)

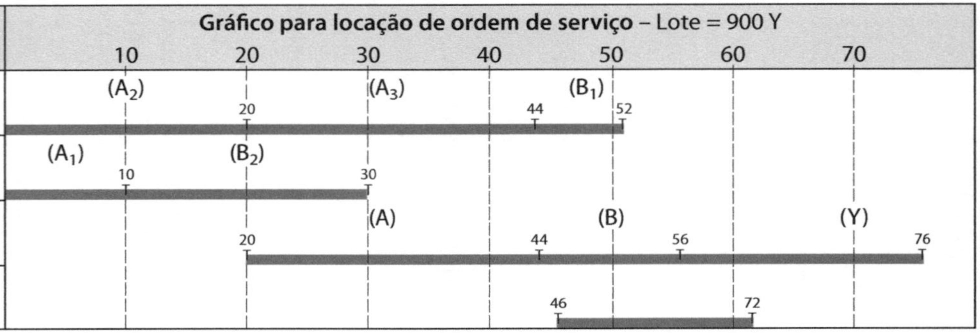

Gráfico para locação de ordem de serviço – Lote = 900 Y

Figura 6 Gráfico para progresso e gráfico para locação de ordens de serviço.

19.5 LIBERAÇÃO DA PRODUÇÃO

A liberação da produção é caracterizada por um conjunto de decisões de curtíssimo prazo tomadas no chão de fábrica, com a finalidade de:

1. verificar a disponibilidade de materiais, ferramentas e instruções técnicas para atender à ordem de operação a ser iniciada, de modo que fiquem à disposição do operário;

2. decidir sobre a sequência de processamento das ordens de operação;

3. distribuir, ordenadamente, as diversas ordens para:

    - almoxarifes;
    - movimentadores de materiais, ferramentas e equipamentos;
    - preparadores de máquina;
    - operários etc.;

4. tomar todas as providências necessárias à fluidez da produção e dar solução aos problemas imprevistos; e

5. coletar informações para controle.

A liberação objetiva fazer a ligação da programação com a execução. Para desempenhar suas funções, o liberador recebe as ordens mencionadas na seção anterior, toma suas decisões de acordo com o andamento das operações em curso e, daí, distribui essas ordens.

Em muitas empresas, essas funções são atribuídas aos encarregados da produção e executadas informalmente. Entretanto, a existência de um liberador dará maior agilidade à produção e, pelo fato de diminuir as atribuições e preocupações do encarregado, permitirá a este cuidar melhor da qualidade e da eficiência dos trabalhos. Portanto, a figura do liberador é recomendável para a maioria das empresas industriais.

Além de distribuir serviços e coletar informações para controle, o liberador tem outra função importante: a de solucionador de imprevistos. Falta de materiais auxiliares, falta de ferramentas, falta de operário, quebra de máquina, sobrecarga no serviço dos movimentadores, trabalho inesperado que precisa ser feito urgentemente, atraso em operação crítica que comprometerá um prazo importante, são exemplos de problemas que precisam ser resolvidos prontamente, para os quais o liberador é figura bastante adequada.

19.6 CONTROLE DA PRODUÇÃO

19.6.1 Conceito de controle

Muitas pessoas não sabem exatamente o que seja controle. Confundem com fiscalização, policiamento ou com um simples registro de fatos.

Controle é a ação destinada a evitar que uma atividade ou produto se desvie das condições preestabelecidas.

Para efetuar um controle, é necessário que se tenha, previamente:

1. estabelecido um padrão de comparação, como um plano, uma meta, um prazo, um consumo, um montante de recursos, uma despesa, uma especificação de produto etc.;

2. realizado o que foi previsto (atividade ou produto).

O controle, em si, consiste em:

1. obter informações sobre o que foi realizado, sempre que possível, com informações quantificadas e na mesma unidade de medida do padrão de comparação;
2. comparar o realizado com o previsto (padrão);
3. tomar providências quando o realizado não coincidir com o previsto, por meio ou da correção dos fatos para que se aproximem dos preestabelecidos ou do replanejamento das condições (estabelecimento de novo padrão de comparação).

O controle é sempre dinâmico, pois pressupõe decisão e ação (mesmo que a decisão e a ação sejam nada fazer, pois tudo corre como previsto). Controlar é decidir e depois agir. Portanto, o simples registro de um fato, como uma despesa, por exemplo, não é controle.

19.6.2 Controle da produção

Dentre as atribuições da liberação da produção está a coleta de informações para controle da produção. Um apontador ou o próprio operário anota na ordem de operação a quantidade produzida e a data e hora de início, e as de fim do trabalho; outros empregados fazem anotações nas respectivas ordens sobre o efetivamente realizado. Essas ordens são então encaminhadas ao PCP para que proceda os controles.

Os controles de produção mais frequentes são:

1. de prazo (datas de término);
2. de quantidades, produzida e refugada;
3. de eficiência do operário, da máquina e do material;
4. de horas produtivas e de horas paradas, com respectivas causas (da máquina e do operário);
5. de horas extras e respectiva justificativa;
6. de despesas e de custo;
7. de produtividade.

Efetuada a comparação do previsto com o realizado, o PCP emite relatórios aos setores da empresa para que providências sejam tomadas com o objetivo de corrigir as falhas e desvios.

Os relatórios devem ser hierarquizados, isto é, cada setor administrativo deve receber somente as informações afetas ao seu campo decisório, e adequadamente agregadas para que os administradores não percam tempo em detalhes pouco úteis à sua ação. A hierarquização dos relatórios pode obedecer ao seguinte critério:

- para a alta administração, informações agregadas a respeito do desempenho da fábrica como um todo e de cada departamento;
- para a gerência de departamento, informações agregadas a respeito do desempenho do departamento e de cada setor administrativo imediatamente subordinado;
- para o supervisor de produção, informações a respeito do desempenho de cada turno de produção e sobre exceções individuais; e
- para o encarregado de produção, informações sobre o desempenho de cada operário em cada operação.

19.6.3 Controle da produção pelos gráficos de Gantt

Especificamente para controlar as horas produtivas e as horas paradas, Gantt concebeu o gráfico para controle das atividades do homem e da máquina. Esses gráficos registram, numa escala de tempo como o gráfico de locação de ordem de serviço, os momentos de trabalho e os parados, assim como seus valores acumulados. E classificam o tempo parado pelas suas causas, como por falta de operador, por falta de ajudante, por falta de material, por falta de ordem de serviço, por falta de energia, por falta de ferramentas, em virtude da manutenção, em virtude da preparação etc. E esses gráficos são hierarquizados, ou seja, mostram máquina por máquina, o total da seção e o total do departamento a que pertencem.

Anexo ao gráfico, uma tabela mostra o total de tempo produtivo e o total de tempo parado em virtude cada uma das causas. A importância desse controle está na identificação quantificada de cada causa de horas paradas e na identificação do setor responsável. Assim é possível cobrar providências do responsável para eliminar ou reduzir as horas paradas, que se constituem numa das mais importantes causas da baixa produtividade. Se, por exemplo, há muitas horas paradas por causa da manutenção, é sinal de que os serviços de manutenção não estão satisfatórios; e se o chefe da manutenção, após ter recebido rotineiramente o relatório, não tomar providências para reduzi-las, sua atenção será chamada.

Inegavelmente, esses controles são extremamente importantes. Mas, pelo fato de a elaboração dos gráficos ser trabalhosa e em virtude da disseminação do uso do computador, os gráficos de Gantt para controle caíram em desuso, e esses controles passaram a ser feitos por meio de planilhas.

19.7 *KANBAN*

19.7.1 Conceito

Uma das poucas técnicas genuinamente japonesas, o *kanban* é um original sistema de programação da produção. Foi criado pela Toyota para gerenciar o sistema de produção *just-in-time*[3].

Seu princípio básico assemelha-se à reposição de produtos na prateleira de supermercado: o repositor, percebendo a baixa quantidade de determinado produto na gôndola, apanha no depósito quantidade suficiente para completar o espaço destinado à exposição daquele produto.

Kanban, em japonês, significa cartão. No caso da programação, *kanban* é um cartão, geralmente de vinil, que é colocado na caixa que contém peças, chamada de **recipiente**. No *kanban* estão anotados, no mínimo, o nome da peça, do posto de trabalho (máquina, bancada ou genericamente processo de fabricação) e a quantidade de peças contidas no recipiente (que é sempre constante). Quando o recipiente é retirado do estoque, o cartão é posto num painel, indicando que a quantidade de peças correspondentes ao recipiente foi utilizada.

19.7.2 Funcionamento do sistema *kanban*

Um exemplo é útil para o entendimento do funcionamento do sistema. Seja o caso de um operário encarregado da montagem de um subconjunto S composto por uma peça M e uma peça N. Suponha que ele decidiu produzir dois recipientes de subconjuntos S. Para tanto, ele precisa de peças correspondentes a dois recipientes de M e dois de N (o lote mínimo de produção de qualquer peça ou subconjunto é sempre igual a um recipiente). Dirige-se ao estoque de peças M, que geralmente está na frente do posto de trabalho que as fabrica, constata que há seis recipientes (que é o estoque máximo), apanha o *kanban* dos dois recipientes e os coloca no painel (que está bem visível junto ao posto de trabalho) na sexta e na quinta posições, de baixo para cima, da coluna relativa à peça M. Dirige-se em seguida ao estoque de peças N e constata que há cinco recipientes à sua disposição (quantidade que corresponde também ao estoque máximo para essa peça), apanha o *kanban* dos dois recipientes e os coloca no painel, na quinta e na quarta posições de baixo para cima da coluna relativa à peça N. A colocação dos *kanbans* indica ao operário encarregado da fabricação de M (e também ao da de N) que uma quantidade de peças correspondente a dois recipientes foi retirada de seu estoque. Mais tarde, o montador, precisando montar outra quantidade de S, correspondente agora a um recipiente, repete o procedimento anterior, retirando um recipiente de peças M e e outro de peças N.

Após isso, o operário encarregado da fabricação de M constata que na coluna correspondente a M há três *kanbans* e que o estoque é de apenas três recipientes. Decide então fabricar todos os três recipientes de peças M. Como ele precisa da matéria-prima [m] para fabricar M, dirige-se ao estoque, retira três recipientes de [m], coloca os três *kanbans* correspondentes na coluna referente a [m] no painel e retoma ao seu posto de trabalho. Fabrica, então, a quantidade de peças correspondente a um recipiente, apanha o *kanban* de M que está na terceira posição do painel, coloca-o no recipiente e leva este ao local de estocagem; repete por mais duas vezes, e o estoque de M fica restabelecido.

Por seu lado, o almoxarife, quando perceber que o estoque de [m] está baixo, porque há muitos *kanbans* na coluna de [m] do painel, providencia com o fornecedor a remessa de novo lote de [m].

Esse é o funcionamento típico do sistema *kanban*.

A demanda do produto final é que dá partida à fabricação. Quando o total das expedições de produto acabado atinge a quantidade correspondente a um recipiente, o almoxarife remete um *kanban* para a montagem final. O encarregado, para executar a montagem, retira dos processos anteriores um recipiente (pode ser mais de um) de cada um dos conjuntos e componentes do produto final. O encarregado de cada um desses processos, por sua vez, retira dos processos anteriores um recipiente de cada peça e subconjunto para montar seu subconjunto. E assim sucessivamente até a retirada de matérias-primas e componentes, que irá acionar o fornecedor. Comumente, o *kanban* chega até o fornecedor, que pode chegar ao fornecedor do fornecedor, numa enorme cadeia.

Devido a esse funcionamento, o *kanban* é conhecido como um sistema que "puxa" a produção. Em contraposição, os sistemas tradicionais de PCP, como os citados neste capítulo e no capítulo sistemas de PCP, passaram a ser denominados sistemas que "empurram" a produção.

A Toyota utiliza dois tipos de *kanbans*, o de requisição e o de ordem de produção. O **kanban de requisição** especifica a quantidade que o processo subsequente deve retirar. O **kanban de ordem de produção** determina a quantidade que o processo presente deve produzir. O *kanban* de requisição é uma espécie de autorização para o operário retirar peças do processo precedente: de posse do *kanban* de requisição, ele apanha os recipientes necessários, destaca os respectivos *kanbans* de ordem de produção e os afixa no painel, e retoma ao seu posto com os recipientes e com o *kanban* de requisição.

Podem também existir **kanbans de movimentação**, utilizados para comandar o trabalho dos transportadores de material, ferramenta e equipamento.

19.7.3 Organização do sistema *kanban*

Para organizar o sistema *kanban*, basicamente é necessário:

- dimensionar e padronizar os vários (mas não muitos) tamanhos de recipiente, de forma a possibilitar a acomodação de todas as matérias-primas, peças, componentes, conjuntos e produtos finais (doravante chamados simplesmente materiais);
- dimensionar a quantidade de cada material que constituirá um lote (normalmente com poucas peças) e que será acomodada num recipiente;
- definir quais os postos de trabalho que terão estoque pós-operação;
- dimensionar a quantidade de recipientes de cada material que será estocada após cada posto de trabalho;
- definir quais informações o *kanban* deve conter;
- preparar o painel de cada posto de trabalho onde ficarão expostos os kanbans (ver Figura 7, na página seguinte); e
- definir um local bem visível e acessível para colocação do painel.

O painel tem uma **simbologia** própria (ver Figura 7, na página seguinte):

- a posição branca inferior indica a quantidade máxima de recipientes após cada operação (o estoque máximo da peça 325 é equivalente a 6 *kanbans*);
- os *kanbans* são colocados a partir dessa linha em direção ao topo;
- painel sem *kanban* significa que não é necessário produzir;
- a faixa amarela indica ALERTA, ou seja, não se pode esperar muito para começar a produzir;
- a faixa vermelha indica PERIGO, ou seja, a produção deve ser imediatamente iniciada;
- para evidenciar que a peça está em produção, o *kanban* correspondente é virado de forma a mostrar o verso, que é de outra cor.

O operário, para decidir o que produzir, deve pautar-se pelos seguintes **critérios de priorização**:

1. **prioridade**: tem prioridade a peça cujo kanban estiver na linha vermelha e, em seguida, na linha amarela;
2. **preferência**: tem preferência a peça cuja máquina estiver preparada;
3. **indiferença**: se nenhum *kanban* estiver na faixa amarela, o operário tem liberdade para escolher o que fazer, como produzir a peça:
   - com maior quantidade de *kanbans* no painel; ou
   - mais difícil; ou
   - de maior tempo de processamento; ou
   - de menor tempo de processamento; ou
   - a de maior índice de rejeição; etc.
4. **ausência**: se não houver *kanban* no painel, o operário nada deve produzir, ficando parado e tendo liberdade para deixar seu posto de trabalho.

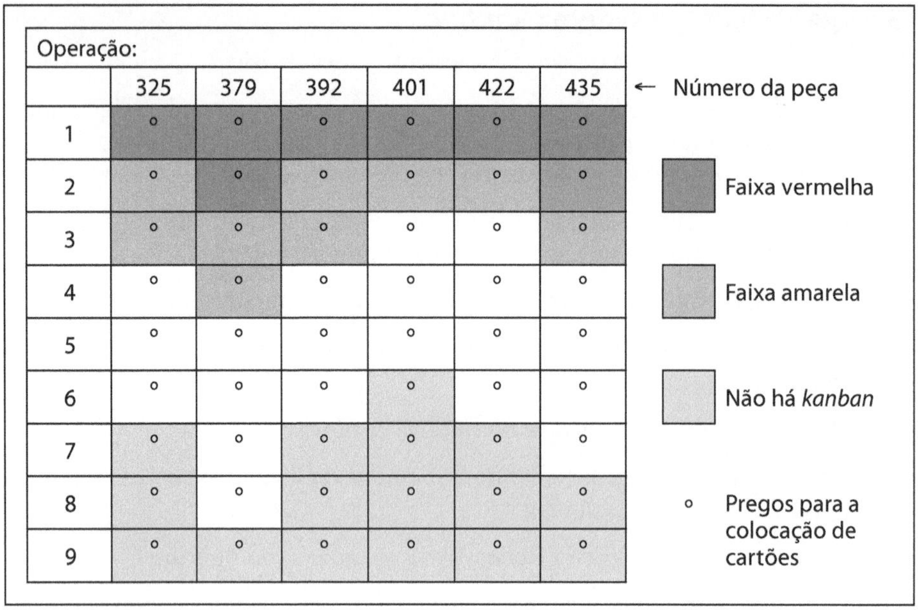

Operação:							
	325	379	392	401	422	435	← Número da peça
1	o	o	o	o	o	o	
2	o	o	o	o	o	o	▓ Faixa vermelha
3	o	o	o	o	o	o	
4	o	o	o	o	o	o	▒ Faixa amarela
5	o	o	o	o	o	o	
6	o	o	o	o	o	o	░ Não há *kanban*
7	o	o	o	o	o	o	
8	o	o	o	o	o	o	o Pregos para a colocação de cartões
9	o	o	o	o	o	o	

Figura 7 Painel de *kanban*.

19.7.4 Características e aplicação do *kanban*

Como se depreende do exposto, o *kanban* é um sistema:

- informal, simples e de fácil compreensão;
- de gerenciamento visual, de modo que todos que estão na fábrica podem avaliar o andamento da produção; e
- gerenciado pelos próprios operários, o que elimina a enorme quantidade de documentos necessários à operacionalização dos sitemas tradicionais de PCP para programar e liberar a produção.

Essa última carcterística do sistema *kanban* é talvez a que motivou sua criação. As fábricas necessitavam ganhar agilidade na troca de produtos para possibilitar a produção em pequenos lotes. Para tanto, dois problemas precisavam ser resolvidos;

a) reduzir drasticamente o tempo de preparação das máquinas e,

b) eliminar a morosidade nas decisões, que é uma característica natural dos sistemas centralizadores como é o caso do PCP (o tempo decorrido entre a coleta de informações no chão de fábrica e a emissão de uma nova ordem raramente é inferior a dois turnos de trabalho, enquanto o sistema *kanban* permite várias trocas de produtos num mesmo turno).

A primeira questão foi resolvida por meio de técnicas de racionalização do trabalho e a segunda por meio do sistema *kanban*, no qual as decisões são tomadas instantaneamente no chão de fábrica pelos próprios operários, com base em informações visíveis e regras bem definidas.

Entretanto, para o bom funcionamento do sistema *kanban*, é necessário um ambiente participativo, em que haja entendimento, cooperação e comprometimento mútuo entre empresa e empregado. Sem um ambiente desse tipo, não é recomendável entregar, como os japoneses fazem, a administração da fábrica aos empregados, que é um dos fundamentos do sistema *kanban*.

Outra característica importante do sistema *kanban* é a formação de **estoques controlados**, característica também de outros sistemas de PCP. A determinação da quantidade máxima de recipientes após as diversas operações limita obviamente o volume de estoque de processo. À medida que a produção vai se organizando melhor, é possível ir reduzindo paulatinamente a quantidade de recipientes. Deve ser mencionado que alguns imaginam que os sistemas *just-in-time* e *kanban* operam sem ou com mínimo estoque de processo, o que não é verdade – a redução do estoque de processo depende da organização da produção e não é objetivo fácil de ser alcançado[4].

O sistema *kanban* é mais adequado para indústrias que fabricam peças e montam produtos finais, principalmente quando uma mesma peça é utilizada em diferentes produtos. Pode também ser utilizado naquelas indústrias que só fabricam peças, como uma fundição ou uma usinagem, desde que o processo inteiro de fabricação demande vários estágios produtivos. Porém, em fábricas que produzem num único estágio peças inteiras (sem necessidade de montagem) o *kanban* não é aplicável, pois não se justifica a formação de estoques de processo. Nestes casos, quando se lança a produção, com base no plano e na programação da produção, todas as operações no lote devem ser feitas consecutivamente, devendo-se, portanto, utilizar os conceitos expostos no quarto subtítulo, que tratou da programação da produção.

Questões para reflexão

1. Explicite as diferenças entre plano de produção e programação da produção.
2. O sistema de liberação da produção exposto neste capítulo não é aplicável a indústrias do tipo contínuo. Entretanto, é aplicável às atividades de manutenção e ferramentaria com certas adaptações. Explique quais são essas adaptações.
3. Crie índices ou relações percentuais para o controle:

    a) de quantidades, produzida e refugada;
    b) de eficiência do operário, da máquina e do material;
    c) de horas produtivas e de horas paradas (da máquina e do operário);
    d) de horas extras;
    e) de despesas de vários tipos e de custo de material e de mão de obra;
    f) de produtividade.

4. Exponha as diversas razões que justificam não ser o sistema *kanban* aplicável à construção civil tradicional.

Exercícios

1. Caso, no momento, você não tenha acesso a uma empresa industrial, caracterize uma que conheça e projete um sistema de PCP adequado, definindo as funções e o fluxo de informações e descrevendo seu funcionamento geral.
2. Caso, no momento, você tenha acesso a uma empresa industrial, descreva seu sistema de PCP, compare-o criticamente com o exposto neste capítulo e proponha as alterações que julgar necessárias.
3. Programação da produção pelos gráficos de Gantt.

    O produto Z é assim composto:

    $Z = 2A + 3B$; $A = 3A_1 + A_2$; $B = 3B_1 + 2B_2$.

    Os dados sobre a sua produção são os da tabela a seguir:

230 — GESTÃO DE OPERAÇÕES

Peça ou conjunto	Máquina	Quantidade de operários	Índice de refugo da operação (%)	Tempo padrão (min.)
A1	I	2	10	3,0
A2	II	4	0	6,0
A	III	2	0	8,0
B1	II	2	0	2,5
B2	I	4	0	1,5
B	IV	2	10	6,0
Z	V	2	0	20,0

A fábrica trabalha 5 dias por semana em turno de 8 horas por dia com meia hora para almoço. Todo e qualquer transporte de peças só é feito uma vez por dia, após a jornada de trabalho. Há só uma máquina de cada tipo, e sua preparação é feita à noite.

1. Programe a produção de um lote de 450 produtos Z de forma a propiciar mínimo tempo total de execução.

2. Tomando conhecimento do prazo obtido no item 1, o cliente solicitou uma redução de 9 dias úteis, pagando, a título de prêmio, um adicional de 3 UMP (unidade monetária padrão) por dia de redução de prazo.

Os operários são multifuncionais, ou seja, todos estão igualmente capacitados para executar qualquer operação. A fábrica tem condições de montar um turno de 8 horas à noite (7,5 horas úteis), sendo que o operário deslocado para a noite deve trabalhar nesse turno durante toda uma semana. O custo de um homem-dia é de 1 UMP para trabalho diurno e de 1,25 UMP para trabalho noturno.

Como a fábrica tem interesse em atender à solicitação de redução de 9 dias úteis feita pelo cliente, elabore nova programação da produção com a introdução do trabalho noturno e verifique se o aumento do custo é compensado pelo prêmio pago pelo cliente.

Resposta

Peça ou conjunto	Item 1 Só trabalho diurno — Período de execução (dias)	Item 2 Programação com trabalho diurno e noturno — Quantidade de operários	Duração original	Jornada noturna	Nova duração	Período diurno	Período noturno
A1	0 – 20	2	20	8	12	0 – 12	0 – 8
A2	0 – 12	4	12	-	12	0 – 12	-
A	5 – 21	2	16	4	12	1 – 13	8 – 12
B1	12 – 37	2	25	6	19	12 – 31	12 – 18
B2	20 – 30	4	10	-	10	12 – 22	-
B	21 – 41	2	20	1	19	13 – 32	18 – 19
Z	22 – 42	2	20	1	19	14 – 33	19 – 20

Item 2 – Demonstrativo de custos e lucro adicional (valores em UMP):

Custo da solução com prazo de 33 dias: 300
Custo da solução com prazo de 42 dias: 290
Acréscimo de custo: 10
Prêmio pago pelo cliente: 27
Lucro adicional: 17

Referências bibliográficas

BURBIDGE, J. L. *Planejamento e controle da produção*. São Paulo: Atlas.

CONTADOR, J. C. *Modelo para aumentar a competitividade industrial*. São Paulo: Edgard Blücher, 1996.

MONDEM, Y. *Sistema Toyota de produção*. São Paulo: Imam.

ZACCARELLI, S. B. *Programação e controle da produção*. São Paulo: Pioneira.

CAPÍTULO 20

GERENCIAMENTO DE PROJETOS COM PERT E CPM

José Luiz Contador

20.1 GERENCIAMENTO DE PROJETOS

20.1.1 O conceito de gerenciamento de projetos

Um projeto significa a realização de algum objetivo. Este objetivo normalmente está relacionado à área das construções (construir uma ponte, uma estrada, um edifício, uma grande turbina etc.) ou à área de P&D (Pesquisa e Desenvolvimento), cujo produto pode ser o desenvolvimento de uma nova tecnologia ou de um novo produto (injeção eletrônica ou aproveitamento da energia solar em carros, colocação de um satélite terrestre), ou a melhoria no desempenho de um sistema (erradicar o analfabetismo de uma nação, melhorar a produtividade em uma fábrica etc.). Um projeto é caracterizado pelo fato de ser executado em **escala unitária**, ao contrário de produtos manufaturados, por exemplo, que são geralmente fabricados em lotes[1]. Além disso, normalmente, requer um período de tempo significativo e consome recursos humanos, materiais e financeiros.

O gerenciamento de um projeto subentende as seguintes fases:

1. a definição das atividades que devem ser realizadas;
2. a programação da execução de cada atividade ao longo do tempo;
3. a atribuição das tarefas às equipes executantes, o que normalmente envolve várias e distintas pessoas ou mesmo empresas e, principalmente,
4. a coordenação do trabalho das diversas pessoas envolvidas com a realização das atividades.

Em todas essas fases, objetiva-se concluir o projeto dentro de um prazo e de um orçamento preestabelecidos.

Hoje, dispõem-se de várias técnicas que auxiliam na tarefa de gerenciamento de projetos. No final dos anos 1950, surgiu uma família de técnicas que ganharam grande projeção: as chamadas **técnicas de caminho crítico**.

20.1.2 As técnicas de caminho crítico

Nas técnicas de caminho crítico, a execução do projeto é representada por meio uma rede (ou grafo), tornando explícita a relação de dependência entre as atividades.

No ano de 1957, surge o *Critical Path Method* – CPM, ou Método do Caminho Crítico, desenvolvido por E. Kelley Jr. e Morgan R. Walker, respectivamente pertencentes à Remington-Rand e à Du Pont, com o objetivo de planejar e controlar a velocidade de construção de uma das fábricas da Du Pont. Nasceu da percepção de que a duração de um projeto pode ser reduzida por meio da injeção de uma quantidade maior de recursos e que sempre existe uma forma mais econômica de fazê-lo. Esse problema de analisar simultaneamente duração e custo do projeto ganhou dimensão própria na literatura, tendo sido batizado por *Time-Cost Trade-Off Problem*, e muitos autores insistem em apresentá-lo como uma técnica independente. Contudo, esse problema é um dos principais objetivos da técnica CPM, tal como foi originariamente apresentada por Kelley e Walker. Uma possível explicação que se pode supor para essa confusão semântica está na grande dimensão que esse problema adquiriu nos meios acadêmicos, devido à dificuldade de solução que apresenta, tendo sido, por isso, bastante estudado ao longo das décadas de 1960, 1970 e 1980. Essa técnica está voltada mais aos projetos físicos (construção) do que a projetos de pesquisa e desenvolvimento e atende mais aos interesses da empresa privada. Será denotado neste capítulo por Problema de Balanceamento entre Duração e Custo do Projeto.

Em 1958, surge o *Program Evaluation and Review Technique* – PERT, ou Técnica de Avaliação e Revisão de Programas, desenvolvido pela Booz, Allen and Hamilton, uma grande empresa de consultoria, associada à equipe de projetos especiais da Marinha dos Estados Unidos, com o objetivo de auxiliar no planejamento e controle do complexo projeto de construção de submarinos atômicos equipados com projetos balísticos Polaris, que envolvia cerca de 250 empresas, 9.000 contratos e numerosas agências dos Estados Unidos.

O PERT e o CPM são as duas técnicas mais importantes das que surgiram e, embora guardem algumas semelhanças entre si, possuem objetivos e enfoques próprios e distintos, que ficarão claros no decorrer do texto. Por ora, podemos adiantar que o PERT está voltado para o fator tempo no projeto e trata a duração das atividades como uma variável aleatória. No CPM, por sua vez, as atividades do projeto são enfocadas a partir dos fatores tempo e custo, os quais são relacionados por meio de uma função matemática e determinística.

O PERT ganhou rápida e enorme notoriedade devido à redução de cerca de dois anos no prazo de conclusão do Projeto Polaris, conseguida graças a uma melhor integração dos esforços e uma coordenação eficaz de todos os agentes envolvidos na sua execução.

Após essas duas primeiras e originais técnicas, surgiram muitas outras que buscavam enfocar situações ainda não exploradas por ambas, como, por exemplo, o fator recurso no projeto (material, homem e equipamento). As mais expressivas são:

1. *Resource Allocation and Multi-Project Scheduling* – RAMPS, desenvolvida também pela Du Pont, cujo objetivo é orientar a aplicação daqueles recursos;

2. PERT/Custo, uma extensão do PERT, desenvolvida pelo Departamento de Defesa dos Estados Unidos e pela Nasa que, juntamente com o fator tempo, considera o fator custo na execução das atividade do projeto, planejando e controlando a aplicação de ambos (foi abandonado há muito tempo devido ao custo proibitivo do sistema de contabilização que deve ser desenvolvido para permitir a aplicação da técnica); e

3. o NEOPERT, originariamente batizado de *Precedence Diagramming* e desenvolvido na Universidade de Stanford pelo Prof. John Fondahl, em 1964, que trouxe, de novidade, a forma de construir a rede do projeto. Enquanto todas as técnicas até então desenvolvidas representavam o projeto por meio de uma rede em que os nós são associados aos eventos do projeto (início ou o término de uma ou mais atividades), e os arcos às suas atividades – rede esta a qual chamaremos de *Rede de Eventos* – no NEOPERT, de forma dual, o projeto é representado por uma rede em que as atividade estão nos vértices (nós), e os arcos apenas indicam a relação de dependência entre essas atividades – rede esta a qual chamaremos de *Rede de*

Atividades. Essa última forma de representação do projeto facilita a construção da rede e explicita todas as datas, motivos pelos quais obteve grande sucesso inicial e passou a ser adotada de forma generalizada.

20.2 PLANEJAMENTO DA EXECUÇÃO DO PROJETO

20.2.1 Definição das atividades do projeto e relação de dependência

Para definir as atividades do projeto é necessário antes estabelecer o nível de detalhe do planejamento. É interessante utilizar um enfoque hierárquico no planejamento do projeto, caso este seja complexo e de longa duração. Nesse enfoque, define-se inicialmente uma rede compacta para atender o nível estratégico da gerência do projeto, composta apenas de algumas dezenas atividades pouco detalhadas e de longa duração. Para atender o nível operacional, essa rede é então detalhada, por meio do desdobramento das atividades do projeto em várias outras subatividades. Essa nova rede servirá ao pessoal que atuará no "canteiro de obras".

Uma vez definidas as atividades que compõem o projeto, deve-se estabelecer a relação de dependência entre elas, ou seja estabelecer, para cada atividade, quais são suas antecessoras (aquelas que devem ser integralmente concluídas para poder iniciar a atividade em questão).

Após estabelecer a relação de dependência entre as atividades, é interessante eliminar todas as redundâncias, reduzindo ao mínimo a lista de interdependência, o que facilita muito a construção da rede e a futura programação do projeto, ou seja, deixar apenas aquelas que são as **antecessoras imediatas**.

20.2.2 Construção da rede de eventos do projeto

Já foi colocado anteriormente que existem duas possíveis maneiras de representar o projeto por meio de uma rede. Nesta seção, abordaremos a chamada rede de eventos, que recebe, na literatura internacional, a denominação de rede de atividade no arco.

Na rede de eventos, os vértices do grafo (ou nós) representam o início ou o fim de uma ou mais atividades, enquanto os arcos, direcionados do evento início para o evento fim, são utilizados para representar as atividades do projeto. Desse modo, uma atividade será descrita, graficamente, pela Figura 1.

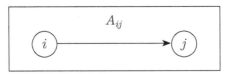

Figura 1

Para construir a rede de eventos, deve-se observar os princípios a seguir descritos:

1. **Princípio da dependência.** Uma atividade, que sempre tem origem num evento, depende, para ser iniciada, da conclusão de todas as atividades que têm seu término nesse evento.

2. **Princípio da não ocorrência de braços paralelos.** Se n atividades têm origem em um mesmo nó da rede, então elas devem necessariamente convergir para exatamente n nós distintos da rede, caso contrário originarão braços paralelos, o que não é permitido.

3. **Princípio da enumeração crescente.** Os eventos da rede devem ser numerados de forma que, para toda atividade da rede, seu **evento início** receba um número inferior àquele atribuído ao **evento fim**.

4. **Princípio da unicidade da origem e do destino.** A rede deve possuir um único evento inicial (de onde devem nascer todas as atividades iniciais do projeto – atividades que não possuem antecessoras), e um único evento terminal (para onde devem convergir todas as atividades finais do projeto – atividades que não possuem sucessoras).

5. **Princípio da utilização da atividade fictícia.** Deve-se lançar mão de atividades fictícias, sempre que necessário, para garantir a observação dos princípios anteriores. Uma atividade fictícia se caracteriza por possuir duração e custo iguais a zero.

A Figura 4 (ver Seção 20.3.3) apresenta a rede de eventos para o projeto cujos dados são fornecidos na Tabela 1.

Deve-se observar, finalmente, que a qualidade de uma rede é medida pela quantidade de nós que ela possui. A rede ótima é aquela construída com o menor número possível de nós e de forma a atender a todos os princípios estabelecidos para a construção da rede de eventos.

20.2.3 Construção da rede de atividades do projeto

Nesse tipo de rede, as atividades estão representadas nos nós enquanto os arcos, que são também direcionados, apenas indicam a relação de dependência entre as atividades. Assim, um arco dirigido de um nó A para um nó B indica que a atividade A é antecessora imediata da atividade B. Esse tipo de rede é também chamada de **rede de atividade no nó** e apresenta maior facilidade de construção: basta desenhar um nó para cada atividade do projeto e unir os nós por meio de arcos direcionados, segundo a relação de dependências entre as atividades.

Nessa rede não há necessidade de se recorrer a atividades fictícias. É aconselhável, contudo, atender, também nessa rede, ao princípio da unicidade da origem e do destino. Assim, quando houver mais que uma atividade inicial ou final, deve-se criar duas atividades fictícias: uma servindo de origem (a qual chamaremos de atividade "início"), que terá por sucessoras todas as atividades iniciais do projeto, e outra servindo de destino, que será sucessora de todas as atividades finais do projeto, a qual chamaremos de atividade "fim".

A Figura 5 (Seção 20.3.4) representa a rede de atividades para o projeto cujos dados são fornecidos pela Tabela 1. Observe-se que foram criadas duas atividades adicionais, uma para a origem e outra para o destino, uma vez que, nesse projeto, existe mais do que uma atividade inicial e final.

20.3 PROGRAMAÇÃO DAS ATIVIDADES DO PROJETO

20.3.1 Objetivos da programação

Identificadas as atividades do projeto e a relação de dependência entre elas, e tendo sido desenhada sua rede, está concluída a fase de planejamento. Segue-se, então, a fase de programação, na qual se determina quando será executada cada uma das atividades.

Na programação das atividades do projeto, três fatores podem se considerados:

a) **o prazo de conclusão,**
b) **os recursos disponíveis** e
c) **os custos envolvidos.**

O prazo de conclusão pode vir determinado por cláusula contratual, ou pode ser fixado pelo próprio gerente do projeto com objetivo de, por exemplo, vencer uma concorrência ou atender a uma imposição superior.

Os recursos envolvidos normalmente incluem a disponibilidade de mão de obra e dos equipamentos, o fluxo de caixa e das matérias-primas e outros. Dois tipos de problemas podem ser definidos, conforme o objetivo que se deseja com relação à utilização dos recursos: o **Problema de nivelamento de recursos**, cujo objetivo é mantê-los nivelados dentro de um perfil de utilização predefinido ao longo do projeto (por exemplo, manter a quantidade de pessoal tão constante quanto possível ao longo de todo o projeto para minimizar os problemas de contratação e demissão); e o **Problema de programação com restrições de recursos**, cujo objetivo é determinar a menor duração possível, de modo a não exceder a disponibilidade de recursos, que é limitada.

Os custos envolvidos com a execução do projeto podem ser agrupados em duas classes: **custos diretos**, que são aqueles diretamente relacionados com a execução de cada atividade do projeto (custo da mão de obra direta, dos equipamentos etc.); **custos indiretos**, que são aqueles relacionados com a manutenção do projeto em atividade (gastos com a supervisão e controle do projeto, com a manutenção do canteiro de obras num projeto civil, com a remuneração do capital investido na instalação do projeto e outros). E o objetivo, com relação aos custos, é reduzir a duração do projeto por meio do menor incremento possível nos custos diretos das atividades. Esse objetivo gera um tipo de problema conhecido na literatura internaciomal por *Time-Cost Trade-off Problem*, que chamaremos de **problema de balanceamento entre duração e custo do projeto**, abordado na Seção 20.4.

Assim, de uma maneira bem ampla, pode-se dizer que o objetivo da fase de programação do projeto é definir **quando cada atividade do projeto será executada, de forma a concluí-lo no prazo estipulado, utilizando-se recursos de forma adequada e ao menor custo possível**. Programar o projeto procurando atender a esse objetivo múltiplo não é uma tarefa fácil.

Por razões de espaço, não discutiremos com exaustão os problemas de programação relacionados com o fator recurso. Uma excelente discussão para esses tipos de problema pode ser encontrada em Moder e Phillips.

20.3.2 O fator tempo no projeto

Para programar o projeto é necessário conhecer a duração das suas atividades, o que muitas vezes só pode ser feito por meio de estimativas, uma vez que, na maioria dos casos de aplicação das técnicas de caminho crítico, o projeto é não repetitivo e suas atividades estão ainda por ser realizadas, conferindo à sua duração características de variável aleatória.

Dentre as distribuições de probabilidades conhecidas, aceita-se ser a distribuição Beta aquela que mais bem explica a duração de uma atividade que se realiza uma única vez.

Com o objetivo de facilitar a utilização da distribuição Beta no processo de estimação de tempo, desenvolveram-se fórmulas que permitem determinar com boa aproximação sua média e sua variância em função de três valores de tempo de fácil compreensão por aqueles encarregados de fazer estimações de tempo. Esses três valores de tempo são a duração otimista ($t_o = a$) a duração mais provável ($t_{mp} = m$) e a duração pessimista ($t_p = b$), definidas conforme segue:

t_o é o mínimo tempo que se estima como razoável para a execução da atividade (associa-se uma probabilidade de 1% à chance de a atividade ser executada num tempo menor ou igual a t_o);

t_{mp} é o tempo mais provável para a execução da atividade, que é, portanto, a moda da distribuição;

t_p é o máximo tempo que se estima como razoável para a execução da atividade (associa-se uma probabilidade de 1% à chance de a atividade ser executada num tempo maior ou igual a t_p).

Com essas três estimativas para a duração de uma atividade, pode-se utilizar as expressões (1) e (2), fornecidas a seguir, para determinar a média, $\mu(T)$, e a variância, $\sigma^2(T)$, respectivamente, da distribuição da variável aleatória T, tempo de execução da atividade. Essas equações fornecem uma boa aproximação para o verdadeiro valor da média e da variância (erro em torno de 5%).

$$\mu(T) = \frac{a + 4m + b}{6} \qquad (1)$$

$$\sigma^2(T) = \left(\frac{b-a}{6}\right)^2 \qquad (2)$$

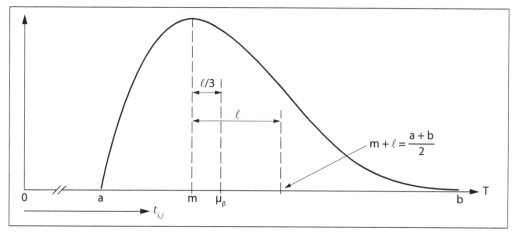

Figura 2 Exemplo de distribuição Beta de probabilidades.

A Figura 2 fornece um exemplo da distribuição Beta, cuja atividade arresenta maior tendência a ser executada com duração em torno do tempo otimista. A tendência da curva fica explícita por meio das estimativas fornecidas para os três valores de tempo: o tempo estimado para $t_o(a)$ é mais próximo de $t_m(m)$ do que o valor de $t_p(b)$.

20.3.3 Programação com a rede de eventos

Seja $G(N, A)$ a rede de eventos do projeto, onde A é o conjunto $\{(a_r), r = 1, 2,\ldots,R\}$ de arcos da rede, representando as atividades do projeto, e N é o conjunto de vértices ou nós da rede, os quais serão indexados por $\{i, i = 1, 2, 3,\ldots, n\}$. O evento de número 1 representará o instante de início do projeto e o evento de número n representará o instante de término do projeto. Uma atividade pode então ser representada, alternativamente, pelo próprio arco correspondente, (a_r), ou pelo par (i, j) de eventos que a definem, onde $i < j$, pelo princípio da enumeração crescente. Dois eventos da rede são ditos **eventos adjacentes**, se existir uma única atividade entre ambos, e duas atividades são ditas **atividades adjacentes** se existir um evento comum a ambas que representa o fim de uma atividade e o início da outra. A cada arco da rede será associado um valor de tempo que é a **duração da atividade** correspondente, denotado por t_{ij}, para todo $(i,j) \in A$.

Definem-se, para cada evento da rede, duas datas e uma folga: data **mais cedo**, data **mais tarde** de ocorrência do evento e **folga total** do evento.

A **data mais cedo** de um evento j, denotada por Ej, é o primeiro instante no qual o evento pode realizar-se. Como a realização de um evento se dá somente quando todas as atividades que chegam a ele são completadas, pode-se determinar sua data mais cedo por meio das seguintes expressões:

$$E_j = \begin{bmatrix} 0, \text{ para } j = 1, \text{ por convenção, e} & (3) \\ \max_i \left(E_i + t_{ij}\right) \text{ para todo } i < j \text{ e adjacente a } j (j = 2,3..., n) & (4) \end{bmatrix}$$

Assim, as datas mais cedo dos eventos são obtidas percorrendo-se a rede no sentido crescente dos nós, a partir do evento inicial, cuja data mais cedo é definida igual a zero, por convenção.

A **data mais tarde** de um evento i, denotada por L_i, é o último instante em que o evento deve realizar-se sem que o projeto sofra atraso, e é determinada por meio das seguintes expressões:

$$L_n = \begin{bmatrix} \text{data desejada para a conclusão do projeto, ou} \\ E_n, \text{ caso a data de conclusão não esteja definida} \end{bmatrix} \quad (5)$$

$$L_i = \min_j (L_j - t_{ij}) \text{ para todo } i > j \text{ e adjacente a } j \ (j = n-1, n-2, ..., n) \quad (6)$$

Assim, para se determinar a data mais tarde para os eventos, percorre-se a rede no sentido decrescente dos nós, a partir do evento final do projeto, cuja data mais tarde é definida pelo prazo desejado de conclusão do projeto ou pela data mais cedo desse evento, caso esse prazo esteja indefinido.

A **folga** para o evento i, denotada por F_i, é definida pela diferença entre sua data mais tarde e sua data mais cedo, ou seja:

$$F_i = L_i - E_i (i = 1, 2, ..., n) \quad (7)$$

Com relação às atividades do projeto, definem-se quatro datas e duas folgas, conforme segue.

Primeira data de início da atividade (i,j), denotada por $(PDI)_{ij}$, é o primeiro instante no qual a atividade (i,j) pode ser iniciada, que coincide com a data mais cedo do evento i, (evento início dessa atividade), ou seja:

$$(PDI)_{ij} = E_i, \text{ para todo } (i,j) \in A \quad (8)$$

Primeira data de término da atividade (i,j), denotada por $(PDT)_{ij}$, ocorre quando a atividade é iniciada na sua primeira data de início e consome o tempo t_{ij} para ser executada, ou seja:

$$(PDT)_{ij} = E_i + t_{ij}, \text{ para todo } (i,j) \in A \quad (9)$$

Última data de término da atividade (i,j), denotada por $(UDT)_{ij}$, é a última data para concluir a atividade (i,j) sem que se atrase a conclusão do projeto, a qual coincide, portanto, com a data mais tarde do evento j (evento fim dessa atividade), ou seja:

$$(UDT)_{ij} = L_i, \text{ para todo } (i,j) \in A \qquad (10)$$

Última data de início da atividade (i,j), denotada por $(UDI)_{ij}$, é a última data em que se deve iniciar a atividade (i,j) para que, supondo que seja executada no tempo t_{ij}, não se atrase a conclusão do projeto, ou seja:

$$(UDI)_{ij} = L_j - t_{ij}, \text{ para todo } (i,j) \in A \qquad (11)$$

Folga total para a atividade (i,j), denotada por $(FT)_{ij}$, corresponde ao máximo atraso que uma atividade pode sofrer sem que se atrase a conclusão do projeto, e é determinada por:

$$(FT)_{ij} = L_j - E_i - t_{ij}, \text{ para todo } (i,j) \in A \qquad (12)$$

Folga livre para a atividade (i,j), denotada por $(FL)_{ij}$, corresponde ao máximo atraso que uma atividade pode sofrer sem que se atrase a primeira data de início das atividades subsequentes do projeto, e é determinada por:

$$(FL)_{ij} = E_j - (E_i + t_{ij}), \text{ para todo } (i,j) \in A \qquad (13)$$

A Figura 3 ilustra a determinação das datas e das folgas para uma atividade genérica (i,j). Nessa figura, estamos supondo que as datas mais cedo dos eventos i e j ocorrem antes das suas datas mais tarde, o que nem sempre é verdade. Observe-se que a diferença $(L_j - E_i)$ é o tempo disponível para executar a atividade (i,j).

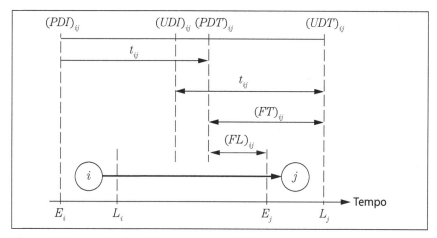

Figura 3 Ilustração das folgas para atividades.

Outro conceito de fundamental importância para o gerenciamento de projetos é o de caminho na rede. Um **caminho** P_ℓ no projeto é uma sequência de atividades ou uma sequência de arcos $\{a_1, a_2, ..., a_n\} \in A$ da rede $G(N, A)$ tais que $a_1 = (1, j)$ e $a_n = (k, n)$. Obedecendo à orientação dos arcos da rede, por meio de um caminho é possível percorrer a rede e atingir o evento final a partir do evento inicial.

A cada caminho P_ℓ da rede pode-se associar um valor de tempo representando a **duração** do caminho P_ℓ denotado por $T(P_\ell)$ e determinado pela soma das durações das atividades que compõem o caminho P_ℓ ou seja:

$$T(P_\ell) = \sum_{(i,j) \in P_\ell} t_{ij} \qquad (14)$$

O **caminho crítico**, denotado por P_c, é o caminho de maior duração do projeto (pode existir mais de um caminho crítico no projeto), e a duração do projeto, denotada por T, é, portanto, a duração do seu ou dos seus caminhos críticos.

Para identificar o caminho ou os caminhos críticos do projeto deve-se procurar pelas atividades com menor **folga total** (que será igual a zero se $L_n = E_n$). Isto significa que a execução das atividades do caminho crítico, também chamadas de **atividades críticas**, não pode sofrer nenhum atraso, caso se deseje concluir o projeto no prazo preestabelecido.

Pode-se definir também **folga para um caminho** P_ℓ, denotada por $F(P_\ell)$, como sendo a diferença entre a duração do projeto e a duração do caminho P_ℓ, ou seja:

$$F(P_\ell) = T - T(P_\ell) \tag{15}$$

Observe-se que se $E_1 = 0$, conforme convencionado, então $T = E_n$, e a folga de um caminho P_ℓ, será dada também por $F(P_\ell) = E_n - T(P_\ell)$. Note-se que definimos a duração do projeto como igual à do seu caminho crítico, independentemente do valor que adote para L_n.

O conceito de folga é de suma importância para o gerenciamento do projeto e pode ser mais bem explorado agora que as definições envolvendo caminho foram colocadas.

A folga de um evento da rede é dada pela folga do caminho mais longo que passa por esse evento, identicamente à folga total de uma atividade que é definida também pela folga do caminho mais longo que passa por essa atividade. Assim, se uma determinada atividade sofrer um atraso de modo a consumir toda sua folga total, as atividades subsequentes a ela, naquele caminho mais longo que a contém, tornam-se todas críticas.

A folga livre de uma atividade, por sua vez, representa o atraso que essa atividade pode ter sem que isso interfira nas folgas das atividades subsequentes a ela. Isso ocorre porque a sua determinação respeita a data mais cedo do seu evento final, permitindo com isso que a atividade subsequente mantenha o "direito" de ser iniciada na sua primeira data de início, preservando dessa forma a folga que possui.

Exemplo 1

A Tabela 1 fornece os dados para o exercício explicativo, que será desenvolvido ao longo do capítulo. Trata-se de um projeto hipotético, constituído por nove atividades, representadas pelo conjunto de letras {A, B, C, ..., I}. A segunda coluna da tabela apresenta as antecessoras imediatas de cada atividade. As últimas cinco colunas apresentam, nas três primeiras, os valores da estimativa das durações otimista, mais provável e pessimista para cada uma das atividades e, nas duas últimas, os valores da média e da variância de cada atividade, determinados pelas expressões (1) e (2), respectivamente. As demais informações contidas na Tabela 1 serão oportunamente definidas. A Figura 4 apresenta a rede de eventos do projeto em questão, em que, a cada arco, estão associados três valores, representando, respectivamente, a duração (adotada igual ao valor médio, μ), a folga total e a folga livre da atividade correspondente àquele arco. A cada nó da rede estão associados também três valores, sendo o da esquerda sua data mais cedo, o da direita sua data mais tarde e, na posição superior, aparece a folga do evento.

Com respeito à rede do projeto, as seguintes observações podem ser feitas:

a) o conjunto de nós da rede é $N = \{1, 2, 3, 4, 5, 6, 7\}$, sendo o nó de número 7 o evento fim do projeto. O conjunto de arcos é $A = \{(1, 2); (1, 3); (1, 4); (2, 5); (3, 4); (3, 6); (4, 5); (4, 7); (5, 7); (6, 7)\}$ representando o conjunto de atividades {A, B, C, D, E, E, F, G, H, I} do projeto. A atividade (3, 4) é fictícia;

b) os arcos (1, 2) e (2, 5) são adjacentes, mas os arcos (1, 2) e (5, 7), assim como os arcos (1, 2) e (1, 4), não são adjacentes;

c) a duração do projeto é dada por $E_7 = 40$ unidades de tempo:

d) os arcos (1, 3), (3, 4), (4, 5) e (5, 7) constituem um caminho P_ℓ, na rede; a duração de P_ℓ, é dada por $T(P_\ell) = t_{1,3} + t_{3,4} + t_{4,5} + t_{5,7} = 15 + 0 + 8 + 17 = 40$ unidades de tempo; trata-se, portanto, de um caminho crítico do projeto, cuja folga é dada por $F(P_\ell) = L_7 - T(P_\ell) = 0$.

Com respeito à programação do projeto, as observações que se seguem podem auxiliar no entendimento da determinação das datas e folgas dos eventos e das atividades.

Tabela 1 Dados para desenvolvimento do exercício explicativo

Atividade	Antecessora imediata	Durações		Custos			Tempos estimados			μ	σ^2
		TA	TN	CN	CA	CM	t_o	t_{mp}	t_p		
A	-	6	11	30	40	2	5	8	11	8	1,00
B	-	5	12	42	63	3	4	7	16	8	4,00
C	-	11	19	23	31	1	7	16	19	15	4,00
D	A	7	12	51	71	4	7	9	17	10	2,78
E	B, C	5	11	105	159	9	5	8	11	8	1,00
F	C	9	13	170	210	10	8	11	20	12	4,00
G	D, E	13	22	90	135	5	10	18	20	17	2,78
H	B, C	7	12	100	135	7	6	9	18	10	4,00
I	F	9	14	130	135	1	8	11	20	12	4,00

Primeiramente, determinam-se as datas mais cedo de cada evento, começando pelo nó 1, ao qual se atribui $E_1 = 0$. A partir do nó 1, pode-se escolher o nó 2 ou o 3 da rede (o nó 4 não é uma opção nesse momento, uma vez que, para rotulá-lo é necessário rotular antes o nó 3). Assim, determina-se $E_2 = 0 + t_{1,2} = 8$ e $E_3 = 0 + t_{1,3} = 15$. Para determinar E_4, deve-se observar que esse nó possui os nós 1 e 3 como antecessores e adjacentes. Assim, faz-se $E_4 = $ máx. $(E_3 + t_{3,4}, E_1 + t_{1,4})$, o que fornece $E_4 = 15$. Assim, sucessivamente, determinam-se $E_5 = 23$, $E_6 = 27$ e $E_7 = 40$, indicando que, se as atividades forem realizadas com as durações esperadas, o projeto será executado em 40 unidades de tempo.

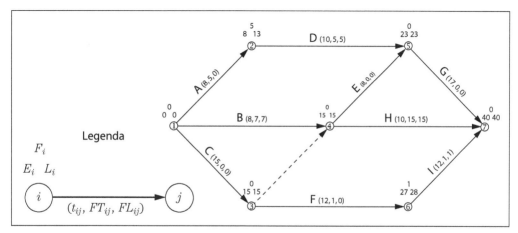

Figura 4 Rede de eventos do projeto da Tabela 1.

Para determinar as datas mais tarde dos eventos, define-se o valor de L_7 e percorrese a rede no sentido fim-início. Supondo que não esteja definido um prazo para a conclusão do projeto, fazemos $L_7 = E_7 = 40$. Em seguida, pode-se escolher os nós 5 ou 6 para rotular (o nó 4 não constitui uma opção nesse momento). Determinam-se, assim, $L_6 = L_7 - t_{6,7} = 28$ e $L_5 = L_7 - t_{5,7} = 23$. Para determinar E4' deve-se observar que ele possui os nós 5 e 7 como sucessores e adjacentes. Assim, calcula-se: mín $\{L_5 - t_{4,5}, L_7 - t_{4,7}\} = 15$, indicando que se o evento 4 se realizar após a data 15, o projeto não será completado em 40 unidades de tempo (observe-se que se adota a função "mín." para garantir que inclusive o percurso mais longo, entre o nó 4 e o nó 7, seja cumprido em tempo de não atrasar o projeto). Determinam-se assim, sucessivamente, $L_3 = 15$, $L_2 = 13$ e $L_1 = 0$.

As folgas para os eventos são determinadas por $F_i = L_i - E_i$, $(i = 1, 2, ..., 7)$. Isso feito, verifica-se que os nós 1, 3, 4, 5 e 7 possuem folga nula, indicando que o caminho crítico passa por esses nós, sendo constituído então pelas atividades C, E e G. Observe-se que a folga do evento 2 é igual à folga do caminho mais longo que passa por ele, que é o caminho ADG, com duração igual a 35.

As expressões de (8) a (13) permitem determinar, a partir dos valores de E_i, e L_i, as quatro datas e as duas folgas para cada atividade. Para a atividade D, representada pelo arco (2, 5), esses valores são: $(PDI)_{2,5} = E_2 = 8$; $(PDT)_{2,5} = E_2 + t_{2,5} = 18$; $(UDT)_{2,5} = L_5 = 23$; $(UDI)_{2,5} = L_5 - t_{2,5} = 13$; $(FT)_{2,5} = L_5 - (E_2 + t_{2,5}) = 5$ e $(FL)_{2,5} = E_5 - (E_2 + t_{2,5}) = 5$. As folgas das atividades C, E e G comprovam que estas são de fato críticas. A Tabela 2 mostra o resultado do cálculo das quatro datas e das duas folgas para todas as atividades do projeto.

20.3.4 Programação com a rede de atividades

É bom lembrar que, nesse tipo de rede, os vértices representam as atividades do projeto, enquanto os arcos definem a relação de dependência entre elas. Um arco orientado do nó i para o nó j indica que antes de iniciar a atividade j é necessário concluir a atividade i. Observe-se que nessa rede a notação de uma atividade coincide com a notação do evento, sendo possível, portanto, representá-la por meio de um único caráter, para o qual adotaremos uma letra do alfabeto.

Tabela 2 Resultado do cálculo de datas e folgas das atividades do projeto do Exemplo 1

Atividade	Arco (i, j)	$t_{i,j}$	$(PDI)_{i,j}$	$(PDT)_{i,j}$	$(UDI)_{i,j}$	$(UDT)_{i,j}$	$(FT)_{i,j}$	$(FL)_{i,j}$
A	(1, 2)	8	0	8	5	13	5	0
B	(1, 4)	8	0	8	7	15	7	7
C	(1, 3)	15	0	15	0	15	0	0
D	(2, 5)	10	8	18	13	23	5	5
E	(4, 5)	8	15	23	15	23	0	0
F	(3, 6)	12	15	27	16	28	1	0
G	(5, 7)	17	23	40	23	40	0	0
H	(4, 7)	10	15	25	30	40	15	15
I	(6, 7)	12	27	39	28	40	1	1

A vantagem desse tipo de rede reside na maior facilidade para sua construção e para a determinação das datas para as atividades, que pode ser feita diretamente (lembre-se de que na rede de eventos, para poder chegar às datas das atividade, é necessário determinar antes as datas para os eventos). Nessa rede, definem-se, para cada atividade, as mesmas quatro datas e duas folgas que foram definidas para a rede de eventos, as quais são determinadas pelas expressões seguintes.

Primeiras datas de **início** e de **término** para a atividade j:

$$(PDI)_j = \begin{bmatrix} 0, \text{ se } j, \text{ é a atividade inicial, ou} \\ \max_i (PDT) \text{ para todo } i < j \text{ e adjacente a } j \text{ caso contrário} \end{bmatrix} \quad (16)$$

$$(PDT)_j = (PDI)_j + t_j \quad (17)$$

Última data de término para a atividade i:

a) para a atividade final do projeto (i = atividade final):

$$(UDT)_i = \begin{bmatrix} \text{data desejada para a conclusão do projeto, ou} \\ (PDT)_i \text{ caso a data de conclusão não esteja definida} \end{bmatrix} \quad (18)$$

b) para as demais atividades:

$$(UDT)_i = \min_j (UDI)_j, \text{ para todo } j > i \text{ e adjacente a } i \quad (19)$$

Última data de início para a atividade i:

$$(UDI)_i = (UDT)_i - t_i \quad (20)$$

Folga total para a atividade i:

$$(FT)_i = [(UDT)_i - (PDI)_i] - t_i \quad (21)$$

que é o tempo disponível menos a duração da atividade. Como $(UDT)_i - t_i = (UDI)_i$ e $(PDT)_i - t_i = (PDI)_i$, pode-se também escrever:

$$(FT)_i = (UDT)_i - (PDT)_i, \text{ ou } (FT)_i = (UDI)_i - (PDI)_i \quad (22)$$

Folga livre para a atividade i:

$$(FL)_i = \min_j (PDI)_j - (PDT)_i \text{ para todo } j > i \text{ e adjacente a } i \quad (23)$$

A Figura 5 apresenta a solução para o projeto do Exemplo 1 por meio da rede de atividades. Os nós da rede foram desenhados em tamanho e formato adequados, para que pudessem mostrar as datas e folgas das atividades. A legenda, fornecida na própria figura, mostra o significado de cada um dos valores exibidos. Supõe-se que não existe definição quanto à data de conclusão de projeto, motivo pelo qual se fez $(UDT)_{FIM} = (PDT)_{FIM}$. Alguns comentários podem ser feitos para exemplificar a aplicação das expressões anteriormente descritas:

a) para determinar a primeira data de início da atividade G, foi necessário comparar as primeiras datas de término das atividades antecessoras imediatas (D e E) e escolher a maior delas;

b) para determinar a última data de término da atividade C, compararam-se as últimas datas de início das sucessoras imediatas (atividades E, F e H) para escolher a menor delas;

c) a folga livre para a atividade D foi determinada de forma a respeitar a primeira data de início da sua sucessora imediata, atividade G;

d) para se determinar o caminho crítico, basta identificar as atividades com o menor par de valores (FT, FL).

Verifica-se que as atividades críticas são C, E e G, todas com as mesmas folgas e de menor valor.

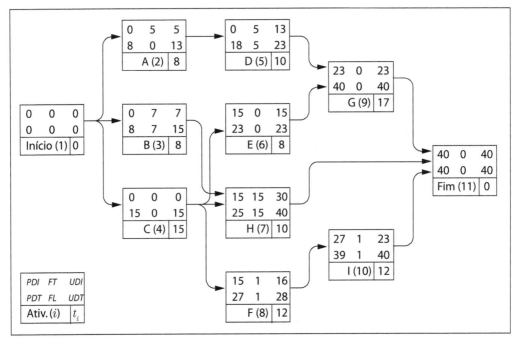

Figura 5 Solução do projeto do exemplo por meio da rede de atividades.

20.3.5 Análise gerencial da programação

Os resultados da programação original do projeto devem ser analisados frente aos objetivos da gerência do projeto, para se determinar o momento definitivo para a realização de cada atividade.

O gerente do projeto pode estar interessado em considerar fatores até então ignorados pela programação original. Pode, por exemplo, estar enfrentando uma concorrência, na qual o prazo de conclusão do projeto pode ser determinante, e ele buscará então reduzi-lo ao máximo, mas com risco calculado de conclusão; pode ainda estar enfrentando escassez de recursos, ou pode ainda estar interessado em manter os recursos nivelados ao longo da sua execução.

É possível, portanto, por meio da análise da programação original, considerar esses objetivos adicionais para definir a programação definitiva das atividades. Esses problemas são exatamente aqueles referentes a tempo e recursos, definidos no início desta seção, ou seja, o problema de escassez ou de nivelamento de recursos e o de redução do prazo de conclusão, cuja solução não é o escopo deste livro.

A análise da **criticidade** das atividades é potente instrumento gerencial. As atividades que possuem os maiores índices de criticidade devem receber maior atenção na fase de acompanhamento e controle do projeto (são aquelas atividades com as folgas mais apertadas e que apresentam, portanto, maior probabilidade de atrasar a conclusão do projeto). Essa análise sobre o nível de criticidade das atividades e a decisão sobre o nível de atenção que se destinará a cada uma delas é uma das grandes vantagens das técnicas de caminho crítico. A ideia é concentrar o esforço gerencial, durante a fase de acompanhamento do projeto, contemplando o que é mais importante.

20.3.6 Probabilidade de cumprir prazos

Depois de estabelecer a programação definitiva do projeto, é útil avaliar o risco de não se cumprir o prazo estipulado τ para sua conclusão. Denotaremos esse risco por $R(\tau)$, cujo valor pode ser determinado pela equação $R(\tau) = [1 - Pr(\tau)]$, onde $Pr(\tau)$ é a probabilidade de se cumprir o prazo τ. É, portanto, necessário calcular o valor de $Pr(\tau)$, o que, em geral, só pode ser feito com relativa exatidão por meio de técnicas de simulação (a determinação teórica do valor de $Pr(\tau)$ envolveria cálculos complicados de probabilidade, em virtude de interdependências entre os diversos caminhos do projeto). A ideia, por trás da simulação, é gerar valores aleatórios para a duração de cada atividade, conforme a distribuição de probabilidades adotada, determinar a duração do projeto (valor de E_n) e verificar se o prazo de conclusão é atendido ($E_n \leq \tau$). Fazendo-se isso muitas vezes, pode-se avaliar a probabilidade de se cumprir o prazo desejado pela frequência com que isso ocorreu durante os ensaios realizados. Para executar essa tarefa, é indispensável um programa computacional. Na falta desse programa, a literatura propõe avaliar a probabilidade de se cumprir um determinado prazo τ por meio da determinação da probabilidade de se concluir o caminho crítico de maior risco do projeto naquele mesmo prazo, ou seja:

$$Pr(\tau) = \min \{Pr[T(P_\ell) \leq \tau]\}, \text{ para todo } P_\ell \text{ crítico} \qquad (23)$$

É necessário, portanto, caracterizar a distribuição de probabilidades de um caminho do projeto. Para tanto, supõe-se que as atividades de um caminho são independentes com relação à sua duração e que a soma das durações das atividades de um, caminho resulta numa variável aleatória com distribuição normal de probabilidades (teorema do limite central). Com isso, tem-se:

$$\Pr\left[T(P_\ell) \leq \tau\right] = \Pr\left\{N\left[\mu(T(P_\ell)), \ \sigma(T(P_\ell))\right] \leq \tau\right\} \qquad (24)$$

onde

$$\mu\left[T(P_\ell)\right] = \sum_{(i,j) \in P_\ell} \mu_{i,j} \qquad (25)$$

e

$$\sigma\left[T(P_\ell)\right] = \left[\sum_{(i,j) \in P_\ell} \mu_{i,j}^2\right]^{\frac{1}{2}} \qquad (26)$$

Vamos aplicar esse conceito no projeto do Exemplo 1 para avaliar a probabilidade de executá-lo no prazo de, digamos, 38 unidades de tempo. Como só existe um caminho crítico (CEG), temos (ver dados na Tabela 1):

$$\mu[T(CEG)] = \mu_C + \mu_E + \mu_G = 15 + 8 + 17 = 40$$

$$\sigma[T(CEG)] = \left[\sigma_C^2 + \sigma_E^2 + \sigma_G^2\right]^{1/2} = \sqrt{4{,}00 + 1{,}00 + 2{,}78} = 2{,}79$$

$$\Pr[N(40;\ 2{,}79) \leq 38 \text{ unid. tempo}] = Pr\left[N(0,1) < \frac{38 - 40}{2{,}79}\right] = Pr[N(0,1) < -0{,}72] = 0{,}24$$

A probabilidade de se cumprir o caminho (CFI), que é o segundo caminho mais longo do projeto, é de 39% ($\mu\,[T(\text{CFI})] = 39$ e $\sigma[T(\text{CFI})] = 3{,}46$). Assim, estabelece-se que o risco de não se executar o projeto em 38 unidades de tempo é de $(1 - 0{,}24) = 76\%$. Deve-se, contudo, ser muito cauteloso com respeito à interpretação desse valor de risco (é muito provável que ele não corresponda à probablidade de não se concluir o projeto no prazo).

20.3.7 Acompanhamento e revisão do projeto

Um dos fatores limitantes da utilização das técnicas de caminho crítico no planejamento de projetos é a grande distância que normalmente ocorre entre as fases de planejamento e de execução, que decorre, na verdade, de fatores intrínsecos ao problema que se deseja abordar, ou seja, planejar sobre ocorrências futuras das quais pouco conhecimento se possui. A alternativa que restaria à utilização da técnica de caminho crítico seria abandonar a atividade de planejar, o que, definitivamente, não é uma opção aceitável quando se trata de gerenciamento de projetos.

O período estabelecido para as revisões sucessivas do planejamento/execução do projeto depende de vários fatores, como o nível de incerteza sobre as previsões, a extensão total do projeto e os prejuízos decorrentes de possíveis atrasos na execução do projeto.

20.4 PROGRAMAÇÃO DAS ATIVIDADES DO PROJETO – O FATOR CUSTO

Na seção anterior, vimos a programação do projeto enfocando o fator tempo aliado ao fator recurso. Nesta, abordaremos a programação do projeto sob a ótica de custos, por meio de uma classe de problema chamada de *problema de balanceamento entre duração e custo* (*Time-Cost Trade-off Problem*), que será referido, daqui por diante por problema BDC. Esse problema surgiu da observação de que é possível reduzir a duração de uma atividade do projeto desde que se pague mais pela sua execução. Assim, seu objetivo é acelerar a execução do projeto com a menor aplicação possível de recursos adicionais. Para tanto, é necessário escolher adequadamente as atividades que terão sua duração reduzida por meio da alocação de recursos extras.

20.4.1 O fator custo no projeto

De maneira geral, as atividades de um projeto podem ser realizadas com diferentes durações de tempo e, na maioria dos casos, a redução do seu tempo de execução aumenta seu custo direto, que são os gastos efetuados com a execução propriamente dita da atividade, tais como aqueles relacionados com mão de obra direta, com máquinas e equipamentos utilizados na sua execução, ou com matéria-prima utilizada. Essa constatação permite representar a função *custo* × *tempo* de uma atividade por meio do gráfico da Figura 6(a).

Para exemplificar, vamos considerar a atividade de concretagem de uma laje numa obra civil, a qual, estima-se, consumirá 20 m³ de concreto ou 120 sacos de cimento. Uma primeira opção é realizar a atividade de forma inteiramente manual. Uma equipe de quatro homens pode preparar 0,5 m³ de concreto em cerca de 12 minutos, e dois homens são suficientes para espalhar o concreto sobre a laje. Considerando que um transportador pode realizar de 15 a 20 viagens por hora utilizando latas de 18 litros de capacidade, dispondo-se de 10 transportadores, a atividade de concretagem poderia ser realizada em um dia de trabalho (aproximadamente 8 horas). Observe-se que essa distribuição da equipe é a mais eficiente, pois mantém balanceado o trabalho de produção, transporte e concretagem. É, portanto, a forma mais econômica de realizar a atividade em 8 horas. Considerando a conveniência de se manter um trabalhador mais qualificado tanto na equipe de produção de concreto como na de espalhamento sobre a laje, considerando o custo diário do trabalhador mais qualificado (cerca de $ 38) e do menos qualificado (cerca de $ 20), e considerando ainda o custo do metro cúbico do concreto (cerca de $ 56), nesta opção, o custo direto dessa atividade é de $ 1.476. Uma segunda opção é contratar uma empresa especializada que trabalha ainda de forma manual, mas com auxílio de equipamentos especialmente desenvolvidos (betoneira, elevadores e equipamentos de transporte). Consultada, uma dessas empresas forneceu, como preço de mão de obra, $ 5 por saco de cimento utilizado (o que não inclui o custo do concreto) e estimou um tempo total de seis horas, incluindo montagem e desmontagem dos equipamentos. Portanto, a adoção dessa opção acarretaria um custo de $ 1.720 para a execução da atividade. Considerando, finalmente, uma terceira opção, utilizando caminhão-betoneira, a tarefa seria executada por $ 2.240 num tempo de aproximadamente três horas. Percebe-se claramente que essas opções podem ser representadas pela Figura 6(a).

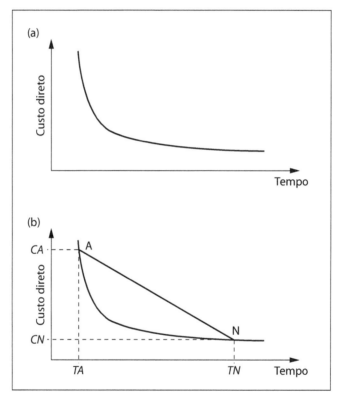

Figura 6 Custo direto de uma atividade.

O modelo matemático para representar o problema BDC, desenvolvido originariamente por Fulkerson (1961), pressupõe que a função *custo × tempo* de uma atividade tem um comportamento igual àquele representado pelo segmento de reta AN da Figura 6(b), ou seja, uma função linear, contínua e não crescente, definida num intervalo de tempo limitado pelos pontos *TA* (tempo acelerado) e *TN* (tempo normal), com seus respectivos custos **acelerado** (CA) e **normal** (CN).

O **custo normal** (CN) é o mínimo custo direto da atividade. O **tempo normal** (TN) é o mínimo tempo para se realizar a atividade pelo seu custo normal, significando que qualquer acréscimo na duração da atividade, além de *TN*, não resulta em economia relevante no seu custo direto. O **tempo acelerado** (*TA*) é a menor duração possível da atividade, significando, em termos práticos, que é tecnicamente impossível ou é economicamente proibitivo reduzir a duração da atividade aquém dele. O **custo acelerado** (*CA*) da atividade é o mínimo custo para realizar a atividade no seu tempo acelerado. Finalmente, o **custo direto** do projeto (*CD*) é a soma dos custos diretos de cada uma das atividades que compõem o projeto.

Observe-se que, para abordar o problema de balanceamento entre duração e custo, é necessário conhecer a função **tempo × custo** de cada atividade do projeto. Assim, enquanto no PERT, o tempo é considerado uma variável aleatória, agora tem-se uma função determinística entre duração e custo direto de cada rltividade.

Outro fator de custo a ser considerado num projeto é seu custo fixo. Compõem o **custo fixo** do projeto (*CF*) todos os gastos realizados para manter o projeto em atividade durante uma unidade de tempo (semana, mês ou ano, dependendo da duração do projeto). Dentre esses gastos estão aqueles relacionados com a supervisão e o controle do projeto (mão de obra indireta, equipamentos, sistemas etc.), com a manutenção do canteiro de obras (num projeto civil, por exemplo), remuneração do capital investido na instalação do projeto, e outros não relacionados com seu custo direto. São gastos irremovíveis e independem do nível de atividade do projeto (pelo menos para variações não muito grandes) e têm, portanto, a característica de serem fixos numa unidade de tempo – daí seu nome. A partir do custo fixo do projeto, pode-se chegar ao seu **custo indireto** (*CI*), que é dado pela fórmula: $CI = CF \cdot T$, ou seja, é igual ao valor do custo fixo por unidade de tempo multiplicado pela duração (*T*) do projeto. É representado, portanto, por uma função linear a partir da origem, cuja inclinação é dada pelo valor do custo fixo do projeto.

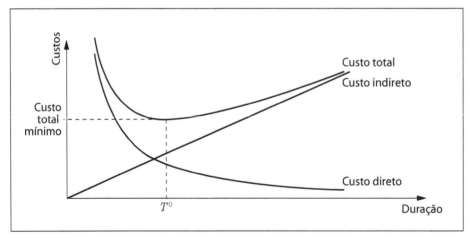

Figura 7 Fatores de custo no projeto.

Finalmente, o **custo total** do projeto (*CT*) é dado pela soma dos seus custos direto e indireto. A Figura 7 mostra um esboço dos fatores de custo que o projeto envolve. Nessa figura, a inclinação da reta de custo indireto do projeto é definida pelo valor do custo fixo, e T^0 representa a duração que leva o projeto para o seu mínimo custo total. Observa-se que o custo total, por resultar da soma de duas funções, uma crescente e outra decrescente, passa necessariamente por um ponto de mínimo. Um dos objetivos do problema BDC é determinar a duração das atividades do projeto de modo a realizá-lo com o menor custo total.

20.4.2 Solução do problema de balanceamento entre duração e custo do projeto

Os métodos clássicos utilizam a teoria de fluxo em redes para resolver o problema de balanceamento entre duração e custo do projeto (ver, por exemplo, Fulkerson (1961); Phillips e Dessouky (1977) e Tufekci, (1982)). Esses métodos, além de requererem conhecimentos não elementares de pesquisa operacional, guardam pouca relação com a lógica do problema de gerenciamento de projetos. O método de solução aqui apresentado foi desenvolvido por Contador (1986), não apresenta esses inconvenientes e é de fácil entendimento e implementação. Antes de descrevê-lo, é necessário definir custo marginal de uma atividade.

Custo marginal da atividade (i,j) – A cada atividade $(i,j) \in A$ será associado um valor de custo, denotado por CM_{ij} e definido pela relação $(CA_{ij} - CN_{ij})/(TN_{ij} - TA_{ij})$, o qual é chamado de custo marginal da atividade (i,j), e representa a quantidade de recursos adicionais que a atividade (i,j) deve receber para reduzir sua duração em uma unidade de tempo.

Considere os dados da Tabela 1 e a rede representada na Figura 8, (reproduzida a partir da Figura 4). Nessa figura, sobre cada atividade, representada também por meio de letras α do alfabeto (α = A, B, ..., I), estão apresentados os valores dos parâmetros (TA_α, TN_α, CM_α, t_α^k, onde t_α^k é a duração da atividade α na iteração k do método de solução a ser apresentado na Seção 20.4.3 (a figura exibe os valores de $t_\alpha = TN_\alpha$, isto é, todas as atividades do projeto estão com duração normal). A partir daí, pode-se concluir:

a) a duração do projeto, quando todas as suas atividades estão no tempo normal, é dada por E_7 = 52 unidades de tempo:

b) a duração do caminho CEG é $T(CEG)$ = 52. Portanto, esse caminho é crítico, pois sua duração é igual à duração do projeto, ou ainda, igual à data mais cedo do evento fim;

c) o custo direto do projeto quando todas as atividades estão no tempo normal é dado por $CD = \Sigma CN_{ij}$, para todo $(i,j) \in A$, ou seja, CN = 741 unidades monetárias;

d) considerando o custo fixo do projeto igual a 8 unidades monetárias (u.m.) por unidade de tempo (u.t.), o custo indireto do projeto, para a situação considerada, é igual a $CI = CF \cdot T$, ou seja, $CI = 8 \times 52 = 416$ u.m.;

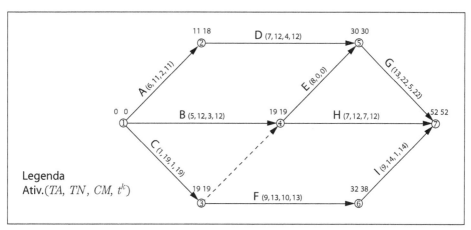

Figura 8 Rede do projeto para aplicação do Exemplo 2.

e) o custo total do projeto para a situação considerada é dado por $CT = CD + CI$, ou seja, $CT = 741 + 416 = 1.157$ u.m.;

f) a função de custo direto da atividade (1, 2) é dada por um segmento de reta unindo os pontos $N_{1,2}$, com coordenadas $(TN_{1,2}, CN_{1,2}) = (11, 30)$ e $A_{1,2}$, com coordenadas $(TA_{1,2}, CA_{1,2}) = (6, 40)$, O custo marginal dessa atividade é dado por

$$CM_{1,2} = \frac{CA_{1,2} - CN_{1,2}}{TN_{1,2} - TA_{1,2}} = \frac{40 - 30}{11 - 6} = 2 \text{ u.m./u.t.}$$

Para melhor entender o propósito do Problema BDC e o método que será apresentado para resolvê-lo, é importante compreender o comportamento do custo direto de um projeto. Observe-se que, para cada duração de tempo do projeto, seu custo direto pode assumir, ao menos teoricamente, infinitos valores. Para exemplificar, considere o projeto do Exemplo 1 e os dados da Tabela 1. Se todas as atividades do projeto forem realizadas no seu tempo normal, sua duração será de 52 u.t. e seu custo direto será igual a 741 u.m. Esse é o valor mínimo do custo direto do projeto para sua realização em 52 u.t., uma vez que todas as atividades estão sendo realizadas com o menor custo direto (custo normal). Nessas condições, o projeto apresenta um único caminho crítico: CEG. Mantendo essas atividades no seu tempo normal e acelerando todas as demais atividades até sua duração mínima (tempo acelerado), a duração do projeto não se altera (uma vez que a duração das atividades críticas manteve-se inalterada), mas o custo direto do projeto aumenta para 872 u.m., pois:

$$CD = (CN)_C + (CN)_E + (CN)_G + (CA)_A + (CA)_B + (CA)_D + (CA)_F + (CA)_H + (CA)_I$$

que é o máximo valor do custo direto para a realização do projeto com 52 u.t. Para outras diferentes combinações da duração das atividades não críticas, têm-se outros diferentes valores para o custo direto do projeto, localizando-se sempre entre 741 e 872 u.m. Assim, o projeto poderá ser executado em 52 u.t. com infinitos valores de custo direto, bastando combinar as diversas durações das atividades não críticas.

Esse raciocínio que foi feito para $T = 52$ u.t. pode ser repetido para as demais possíveis durações do projeto entre seus tempos normal e acelerado. Isso mostra que o custo direto do projeto, na verdade, é mais bem representado por uma faixa, ou banda. Essa faixa é definida pelo perfil de custo direto mínimo do projeto e pelo perfil do seu custo direto máximo. O que se deseja, evidentemente, é, para qualquer duração do projeto, realizá-lo com o menor valor do seu custo direto. Portanto, interessa apenas o perfil de custo direto mínimo do projeto. Assim, resolver o problema de balanceamento entre duração e custo do projeto significa determinar a duração das atividades do projeto de modo que seu custo direto se localize sempre sobre o perfil de custo direto mínimo do projeto para qualquer duração que se deseje. Isso equivale a construir a curva de custo direto mínimo do projeto, e é o que faz o algoritmo, descrito a seguir, desenvolvido por Contador (1986).

20.4.3 O algoritmo de Contador

O algoritmo é inicializado considerando todas as atividades do projeto no seu tempo normal. Isto já nos fornece um ponto da curva de custo direto mínimo do projeto (aquele correspondente à sua duração normal). A cada passo, o algoritmo busca acelerar o projeto com um menor incremento no seu custo direto. Dessa forma, garante-se que se estará sempre sobre o perfil de custo direto mínimo do projeto. O algoritmo termina quando se alcançar a duração acelerada do projeto, que ocorre quando se obtém pelo menos um caminho crítico com todas as atividades no tempo acelerado.

A implementação do algoritmo de Contador pode ser feita por meio dos passos enunciados a seguir, onde k representa o índice das iterações do algoritmo ($k = 1, 2, ..., K$); e t_{ij}^k representa a duração da atividade (i,j) na iteração k.

Inicialização

Construa a rede, $G(N, A)$, faça $k = 0$, $t_{ij}^0 = TN_{ij}$ para todo $(i, j) \in A$, determine a duração e a folga de cada caminho do projeto e calcule E_n^0,

$$CD^0 = \sum_{(i,j) \in A} CN_{ij}, \quad CI^0 = E_n^0 \cdot CF \quad \text{e} \quad CT^0 = CD^0 + CI^0$$

Faça $k = 1$ e siga para o Passo 1.

Passo 1 Identificação dos caminhos críticos.

Com $t_{ij} = t_{ij}^{k-1}$, para todo $(i, j) \in A$, identifique todos os caminhos críticos do projeto.

Passo 2 Identificação dos possíveis conjuntos de atividades a serem aceleradas.

Identifique todos os possíveis conjuntos de atividades J_r^k ($r = 1, 2, ..., R$) tais que:

a) cada um dos conjuntos J_r^k ($r = 1, 2, ..., R$) seja composto por uma e uma só atividade de cada caminho crítico do projeto; e

b) $t_{ij}^{k-1} > TA_{ij}$, para todo $(i,j) \in J_r^k$ ($r = 1, 2, ..., R$).

Passo 3 Escolha do conjunto de atividades a serem aceleradas.

Calcule

$$CM\left(J_r^k\right) = \sum_{(i,j) \in J_r^k} CM_{ij}$$

e, dentre os conjuntos J_r^k escolha aquele que possuir o menor valor de $CM(J_r^k)$. Denote esse conjunto por J^k.

Passo 4 Determinação do tamanho do passo da aceleração.

Calcule $\xi^k = \min(\xi_1^k, \xi_2^k)$, onde

$$\xi_1^k = \min(\xi_1^k - TA_{ij}), \text{ para todo } (i,j) \in J^k; \text{ e}$$
$$\xi_2^k = \min F^{k-1}(P_\ell), \text{ para todo } P_\ell \text{ tal que } P_\ell \cap J^k = \phi;$$

se $\{P_\ell \cap J^k = \phi\} = \phi$, faça $\xi_2^k = \infty$. Nesse caso todos os caminhos do projeto se aceleram simultaneamente.

Passo 5 Determinação das novas durações das atividades.

Faça $t_{ij}^k = t_{ij}^{k-1} - \xi^k$, para todo $(i,j) \in J^k$, e $t_{ij}^k = t_{ij}^{k-1}$, para todo $(i,j) \in \{A - J^k\}$.

Passo 6 Atualização dos valores e construção da curva de custo direto mínimo.

Atualize a duração e a folga dos caminhos do projeto, por meio de:

$T^k(P_\ell) = T^{k-1}(P_\ell) - \xi^k$, se $P_\ell \cap J^k \neq \phi$

$T^k(P_\ell) = T^{k-1}(P_\ell)$, se $P_\ell \cap J^k = \phi$

$F^k(P_\ell) = \max\{T^k(P_j)\} - T(P_\ell)$, para todo os caminhos P_j do projeto.

Calcule $CD^k = CD^{k-1} + \xi^k \cdot CM(J^k)$ e una os pontos CD^{k-1} e CD^k por meio de um segmento de reta.

Passo 7 Teste e parada.

Se os valores de t_{ij}^k, $(i, j) \in A$, originarem algum caminho crítico com todas as atividades no tempo acelerado, pare. Caso contrário, siga para o Passo 8.

Passo 8 Nova iteração – Faça $k = k + 1$ e retome ao Passo 1.

Os Passos 2 a 5 do algoritmo garantem que o projeto é de fato acelerado a cada iteração. Para acelerar o projeto, é necessário reduzir a duração de todos os seus caminhos críticos. Como $\{J^k\}$ é composto de uma atividade de cada caminho crítico, ao acelerá-las do valor ξ^k a duração de todos os caminhos críticos do projeto estará sendo reduzida do mesmo valor ξ^k, o que garante igual redução na duração do projeto. O Passo 4 fornece a quantidade de tempo que o projeto é acelerado na iteração k, a qual é dada por $\xi^k = \text{mín}(\xi_1^k, \xi_2^k)$. O valor de ξ_1^k garante a máxima aceleração possível das atividades de J^k, uma vez que uma atividade não pode funcionar com duração inferior ao seu tempo acelerado. O valor de ξ_2^k garante que a duração dos atuais caminhos críticos torne-se não inferior à duração daqueles caminhos não críticos cujas durações não se alteram (são aqueles caminhos P_ℓ que não possuem nenhuma atividade em J^k, isto é, os caminhos P_ℓ tais que $P_\ell \cap J^k = \phi$).

Exemplo 2

Considere os dados da Tabela 1 e a Figura 8, que representa a rede do projeto com todas as informações necessárias à aplicação do algoritmo: valores dos parâmetros TA_α, TN_α, CM_α, e t_α^k para cada atividade α do projeto, $\alpha = \{A, B, ..., I\}$, onde t_α^k são as variáveis do problema (a figura exibe os valores de $t_\alpha^0 = TN_\alpha$). Considere o custo fixo do projeto igual a 8 unidades monetárias por unidade de tempo (CF = 8 u.m./u.t.).

Tabela 3 Evolução do algoritmo

k		Caminhos					J^k	CM (J^k)	ξ^k	CD^k	CI^k	CT^k
		ADG	BEG	BH	CEG	CH	CFI						
0	$T(P_\ell)$	45	45	24	52*	31	46	-	-	-	741	416	1.157
	$F(P_\ell)$	7	7	28	0	21	6						
1	$T(P_\ell)$	45*	45*	24	45*	24	39	{C}	1	7	748	360	1.108
	$F(P_\ell)$	0	0	21	0	21	6						
2	$T(P_\ell)$	39*	39*	24	39*	24	39*	{G}	5	6	778	312	1.090
	$F(P_\ell)$	0	0	15	0	15	0						
3	$T(P_\ell)$	36*	36*	24	36*	24	36*	{G,I}	6	3	796	288	1.084
	$F(P_\ell)$	0	0	12	0	12	0						
4	$T(P_\ell)$	35*	35*	23	35*	23	35*	{A,B,C}	6	1	802	280	1.082
	$F(P_\ell)$	0	0	12	0	12	0						
5	$T(P_\ell)$	33*	33*	23	33*	23	33*	{A,E,I}	12	2	826	264	1.090
	$F(P_\ell)$	0	0	10	0	10	0						
6	$T(P_\ell)$	31*	31*	23	31*	23	31*	{A,E,F}	21	2	868	248	1.116
	$F(P_\ell)$	0	0	8	0	8	0						
7	$T(P_\ell)$	29*	29*	23	29*	23	29*	{D,E,F}	23	2	914	232	1.146
	$F(P_\ell)$	0	0	6	0	0	0						

(*) Caminho crítico.

Para melhor compreensão, a aplicação do método deve ser acompanhada por meio da Tabela 3. Na montagem dessa tabela, primeiramente, todos os caminhos do projeto são identificados (são aqueles compostos pelas seguintes sequências de atividades: ADG, BEG, BH, CEG, CH, CFI). Para cada iteração k, será registrada na parte superior da linha k a duração $T(P_\ell^k)$ de cada caminho, e, na parte inferior, sua folga, $F(P_\ell^k)$. Os outros elementos da Tabela 2 são: o conjunto J^k, seu custo direto, $CM(J^k)$, o valor da aceleração do projeto, ξ^k, e os custos direto (CD^k), indireto (CI^k) e total (CT^k) do projeto.

Inicialização

($k = 0$): uma vez construída a rede do projeto, adotando-se o tempo normal para todas as atividades, pode-se determinar o valor de E_n^0. Identificam-se todos os seus caminhos e calcula-se a duração $T(P_\ell^0)$ e a folga $F(P_\ell^0)$ de cada um deles; esta última, dada pela diferença entre sua duração e o valor de E_n^0. Em seguida, calcula-se o custo direto do projeto, CD^0 (dado pela soma dos custos normais de todas as atividades do projeto), o custo indireto, CI^0 (dado pelo produto da duração do projeto pelo seu custo fixo por unidade de tempo) e o custo total, $CT^0 = CD^0 + CI^0$. Todos os valores obtidos para as durações e folgas dos caminhos, assim como os valores de custos referentes à inicialização do algoritmo, estão representados na linha correspondente a $k = 0$ da Tabela 3.

Iteração $k = 1$:

Passo 1 Identifica-se o caminho crítico (que é aquele que possui a maior duração), no caso, o caminho CEG, com duração igual a 52 u.t.

Passo 2 Como há um único caminho crítico (CEG) e todas suas atividades estão com duração normal, os possíveis conjuntos J_r formados por uma e uma só atividade de cada caminho crítico com duração maior que seu respectivo tempo acelerado são: $J_r^1 = \{(C), (E), (G)\}$.

Passo 3 Os custos marginais dos conjuntos J_r^1 são: $CM(C) = 1$; $CM(E) = 9$ e $CM(G) = 5$. Assim, escolhe-se $J^1 = (C)$, associado ao menor valor de CM.

Passo 4 Considerando as atividades com as durações dadas na iteração anterior ($k = 0$), calcula-se o valor de ξ_1^1, que é a máxima aceleração possível que a atividade C pode sofrer, ou seja, $\xi_1^1 = (t_C^0 - TA_C) = (19 - 11) = 8$, e o valor de ξ_2^1 que é a menor folga dos caminhos que não contêm a atividade C (são os caminhos ADG, BEG e BH, com folgas respectivamente iguais a 7,7 e 28 u.t.), ou seja, $\xi_2^1 = 7$. A aceleração do projeto na iteração $k = 1$ é dada pelo menor valor entre ξ_1^1 e ξ_2^1 ou seja, $\xi^1 = 7$ unidades de tempo.

Passos 5 e 6 Acelera-se a duração da atividade C de 7 u.t., passando para $t_C^1 = 12$ u.t., enquanto a duração das demais atividades do projeto permanece inalterada, e calculam-se os novos valores para os custos do projeto, obtendo-se:

$CD^1 = 741 + 7 \times 1 = 748$, $CI^1 = 416 - 7 \times 8 = 360$ e $CT^1 = 748 + 360 = 1.108$.

Passos 7 e 8 Como não foi originado nenhum caminho crítico com todas as atividades no seu tempo acelerado, passa-se para a iteração seguinte, $k = 2$ e repetem-se os procedimentos atuais. (As próximas iterações serão descritas sumariamente por meio da notação já definida na exposição do algoritmo).

Iteração $k = 2$: Caminhos críticos: {ADG, BEG, CEG}

$J_r^3 = \{(A, B, C), (A, E), (D, B, C), (D, E), (G)\}$; $CM(J_r^2) = \{6, 11, 8, 13, 5\}$; $J^2 = \{G\}$; $CM(J^2) = 5$;

$\xi_1^2 = (t_G^1 - TA_G) = (22 - 13) = 9$; $\xi_2^2 = \min\{F^1(BH), F^1(CH), F^1(CFI)\} = \min\{21, 21, 6\} = 6$;

$$\xi^2 = \text{mín } \{\xi_1^2, \xi_2^2\} = 6; t_G^2 = t_G^1 - \xi^2 = 22 - 6 = 16 \text{ e } t_\alpha^2 = t_\alpha^1, \forall \, \alpha \neq G;$$
$$CD^2 = 778, CI^2 = 312 \text{ e } CT^2 = 1.090.$$

Iteração $k = 3$: Caminhos críticos: {ADG, BEG, CEG, CFI}   (Observação: $t_G^3 = TA_G$)

$$J_r^3 = \{(A, B, C), (A, E, F), (A, E, I), (D, B, C), (D, E, F), (D, E, I), (G, F), (G, I)\};$$
$$CM(J_r^3) = \{6, 21, 12, 8, 23, 14, 15, 6\}; J^3 = \{(A, B, C) \text{ ou } (G, I)\}$$

Escolhemos, arbitrariamente, $J^3 = \{G, I\}$, com $CM(J^3) = 6$;

$$\xi_1^3 = \text{mín } \{(t_G^2 - TA_G), (t_I^1 - TA_I)\} = \text{mín } \{(16 - 13), (14 - 9)\} = 3;$$
$$\xi_2^3 = \text{mín } \{F^2(BH), F^2(CH)\} = \text{mín } \{15, 15\} = 15;$$
$$\xi^3 = \text{mín } \{\xi_1^3, \xi_2^3\} = 3; t_G^3 = t_G^2 - \xi^3 = 16 - 3 = 13; t_I^3 = t_I^2 - \xi^3 = 14 - 3 = 11;$$
$$t_\alpha^3 = t_\alpha^2 \, \forall \, \alpha \neq \{G, I\}.$$
$$CD^3 = 796, CI^3 = 288 \text{ e } CT^3 = 1.084$$

Iteração $k = 4$: Caminhos críticos: {ADG, BEG, CEG, CFI}   (Observação: $t_G^3 = TA_G$)

$$J_r^4 = \{(A, B, C), (A, E, F), (A, E, I), (D, B, C), (D, E, F), (D, E, I)\};$$
$$CM(J_r^4) = \{6, 21, 12, 8, 23, 4\}; J^4 = \{A, B, C\}; CM(J^4) = 6;$$
$$\xi_1^4 = \text{mín } \{(t_A^3 - TA_A), (t_B^3 - TA_B), (t_C^3 - TA_C)\} = \text{mín } \{(11 - 6), (12 - 5), (12 - 11)\} = 1;$$
$$\xi_2^4 = \infty; \{P_\ell \cap J^4 = \phi\} = \sigma; \xi^4 = \text{mín } \{\xi_1^4, \xi_2^4\} = 1;$$
$$t_A^4 = t_A^3 - 1 = 10; t_B^4 = t_B^3 - 1 = 11; t_C^4 = t_C^3 - 1 = 11; t_\alpha^4 = t_\alpha^3, \forall \, \alpha \neq \{A, B, C\};$$
$$CD^4 = 802, CI^4 = 280 \text{ e } CT^4 = 1.082.$$

Iteração $k = 5$: Caminhos críticos: {ADG, BEG, CEG, CFI}
(Observação: $t_C^4 = TA_C$ e $t_G^4 = TA_G$)

$$J_r^5 = \{(A, E, F), (A, E, I), (D, E, F), (D, E, I)\};$$
$$CM(J_r^5) = \{21, 12, 23, 14\}; J^5 = \{A, E, I\}; CM(J^5) = 12;$$
$$\xi_1^5 = \text{mín } \{(t_A^4 - TA_A), (t_E^4 - TA_E), (t_I^4 - TA_I)\} = \text{mín } \{(10 - 6), (11 - 5), (11 - 9)\} = 2;$$
$$\xi_2^5 = \text{mín } \{F^4(BH), F^4(CH)\} = \text{mín } \{12, 12\} = 12;$$
$$\xi^5 = \text{mín } \{\xi_1^5, \xi_2^5\} = 2; t_A^5 = t_A^4 - 2 = 8; t_E^5 = t_E^4 - 2 = 9; t_I^5 = t_I^4 - 2 = 9;$$
$$t_\alpha^5 = t_\alpha^4, \forall \, \alpha \neq (A, E, I);$$
$$CD^5 = 826, CI^5 = 264 \text{ e } CT^5 = 1.090.$$

Iteração $k = 6$: Caminhos críticos: {ADG, BEG, CEG, CFI}
(Observação: $t_C^5 - TA_C, t_G^5 = TA_G$ e $t_I^5 - TA_I$)

$$J_i^6 = \{(A, E, F), (D, E, F)\}; CM(J_i^6) = \{21, 23\}; J^6 = \{A, E, F\}; CM(J^6) = 21;$$
$$\xi_1^6 = \text{mín } \{(t_A^5 - TA_A), (t_E^5 - TA_E), (t_F^5 - TA_F)\} = \text{mín } \{(8 - 6), (9 - 5), (13 - 9)\} = 2;$$
$$\xi_2^6 = \text{mín } \{F^5(BH), F^5(CH)\} = \text{mín } \{10, 10\} = 10; \; \xi^6 = \text{mín } \{\xi_1^6, \xi_2^6\} = 2;$$
$$t_A^6 = t_A^5 - 2 = 6; t_E^6 = t_E^5 - 2 = 7; t_F^6 = t_F^5 - 2 = 11; t_\alpha^6 = t_\alpha^5, \forall \, \alpha \neq (A, E, F);$$
$$CD^6 = 868, CI^6 = 248 \text{ e } CT^6 = 1.116.$$

Iteração $k = 7$: Caminhos críticos: {ADG, BEG, CEG, CFI}

$$J_i^7 = \{(D, E, F)\} = J^7; CM(J^7) = 23;$$

$$\xi_1^7 = \text{mín}\{(t_D^6 - TA_D), (t_E^6 - TA_E), (t_F^6 - TA_F)\} = \text{mín}\{(12-7), (7-5), (11-9)\} = 2;$$

$$\xi_2^7 = \text{mín}\{F^6(BH), F^6(CH)\} = \text{mín}\{8, 8\} = 8; \quad \xi^7 = \text{mín}\{\xi_1^7, \xi_2^7\} = 2;$$

$$t_D^7 = t_D^6 - 2 = 10; t_E^7 = t_E^6 - 2 = 5; t_F^7 = t_F^6 - 2 = 9; t_\alpha^7 = t_\alpha^6, \forall \alpha \neq (D, E, F);$$

$$CD^7 = 914, CI^7 = 232 \text{ e } CT^7 = 1.146.$$

Nessa iteração surgiram dois caminhos críticos com todas suas atividades no tempo acelerado (CEG e CFI). Assim, foi obtida a curva completa de custo direto mínimo do projeto.

Observe que para determinar o valor de ξ^k é necessário determinar antes o valor de ξ_2^k, o que exige que se listem todos os caminhos P_ℓ do projeto tais que $P_\ell \cap J^k = \phi$. Isso pode originar uma dificuldade considerável, uma vez que, em geral, o número de caminhos num grafo cresce exponencialmente com o número de nós. Para contornar essa dificuldade, pode-se determinar o valor de ξ^k sem passar pela determinação de ξ_2^k, da forma exposta a seguir:

a) Faz-se, inicialmente, $\bar{t}_{ij}^k = t_{ij}^{k-1} - \xi_1^k$ para todo $(i,j) \in J^k$ e $\bar{t}_{ij}^k = t_{ij}^{k-1}$ para todo $(i,j) \in \{A - J^k\}$;

b) Faz-se $\bar{L}_n^k = L_n^{k-1} - \xi_1^k$ e determina-se $\bar{L}_1^k$;

c) Faz-se $\xi^k = \xi_1^k + \text{mín}(0, \bar{L}_1^k)$.

Note-se que, se desse procedimento resultar um valor negativo para $\bar{L}_1^k$, é porque existe algum outro caminho não crítico P_r, cuja duração permanece inalterada (por não possuir atividade no conjunto J^k), e cuja folga é menor que ξ_1^k. Ao se fazer $\bar{t}_{ij}^k = t_{ij}^{k-1} - \xi_1^k$ para todas as atividades do conjunto J^k, esse caminho P_r passa a ser crítico, o que origina o valor $\bar{L}_1^k$ negativo. Nessa situação, o valor de ξ^k seria definido por ξ_2^k e não por ξ_1^k, e a diferença entre ambos é exatamente o valor absoluto de $\bar{L}_1^k$, ou seja, $\xi^k = \xi_2^k = \xi_1^k - |\bar{L}_1^k|$.

Aplicando esse procedimento na iteração $k = 2$ do exemplo, tem-se:

$$\bar{t}_G^2 = t_G^1 - \xi_1^2 = 22 - 9 = 13; t_\alpha^2 = t_\alpha^1, \forall \alpha \neq G \text{ e } \bar{L}_2^2 = 45 - 9 = 36$$

Isso origina $\bar{L}_1^2 = -3$ e, portanto, $\xi^2 = \xi_1^2 + \text{mín}(0, -3) = 9 - 3 = 6$, que é o valor obtido pelo procedimento anterior.

20.4.4 Aplicação do algoritmo a situações particulares

No gerenciamento de projetos, normalmente não se está interessado na construção da sua curva completa de custo direto mínimo, mas sim em atender duas situações particulares:

a) reduzir a duração do projeto para atender um prazo predeterminado; ou

b) conduzir o projeto ao mínimo custo total.

A seguir, são fornecidas as alterações que devem ser feitas no algoritmo proposto para atender a essas duas situações.

Atendendo a um prazo desejado T^*

Neste caso, basta modificar os Passos 4 e 7 do algoritmo proposto, conforme segue:

Passo 4 Calcula-se $\xi^k = \min\{\xi_1^k, \xi_2^k, \xi_3^k\}$, onde ξ_1^k e ξ_2^k são calculados de forma idêntica e $\xi_3^k = T^{k-1} - T^*$.

Passo 7 Para-se quando $\xi^k = \xi_3^k$

Supondo, no Exemplo 2, que se deseja atender ao prazo de 32 u.t., as iterações de 1 a 5 são desenvolvidas de forma idêntica, pois em todas elas se obtém $\xi_3^k > \min\{\xi_1^k, \xi_2^k\}$.

Para $k = 6$, obtém-se $\xi_1^6 = 2$, $\xi_1^6 = 10$ e $\xi_3^6 = 33 - T^* = 1$. Assim, deve-se fazer

$$t_A^6 = t_A^5 - \xi^6 = 7;\ t_B^6 = t_B^5 = 11;\ t_C^6 = t_C^5 = 11;\ t_D^6 = t_D^5 = 12;\ t_E^6 = t_E^5 - \xi^6 = 8;$$

$$t_F^6 = t_F^5 - \xi^6 = 12;\ t_G^6 = t_G^5 = 13;\ t_H^6 = t_H^5 = 12;\ t_I^6 = t_I^5 = 9;$$

sendo essas as durações das atividades para realizar o projeto em 32 u.t., a um mínimo custo direto.

Conduzindo o projeto ao mínimo custo total

Observe-se que o valor de $CM(J^k)$ é o custo para reduzir de uma unidade de tempo a duração do projeto, quando $T = T^k$, e o valor de CF é a economia nos custos de manutenção do projeto gerada pela redução de uma unidade de tempo. Portanto, enquanto $CM(J^k) < CF$, é interessante acelerar o projeto. Assim, para determinar a duração das atividades que conduzem o projeto ao mínimo custo total, basta verificar, a cada iteração do algoritmo, após processar o Passo 3, se $CM(J^k) > CF$. Quando numa determinada iteração k ocorrer essa desigualdade, deve-se parar e adotar as durações das atividades obtidas na iteração anterior, ou seja, $t_{ij} = t_{ij}^{k-1}$, para todo $(i, j) \in A$, que é a solução desejada.

No caso do Exemplo 2, tem-se $CM(J^k) < CF = 8$, para $k = 1, 2, 3$ e 4. Para $k = 5$, tem-se $CM(J^k) = 12 > CF = 8$. Portanto, deve-se fazer $t_\alpha = t_\alpha^4$ para todo $\alpha \in A$, que são as durações das atividades que conduzem o projeto ao seu mínimo custo total, dado por

$$CT_{\min} = CD(T) + CI(T),\text{ para } T = 35,\text{ ou seja, } CT_{\min} = 802 + 35 \times 8 = 1.082.$$

20.4.5 Considerações sobre o algoritmo proposto

Duas considerações críticas devem ser feitas acerca do algoritmo aqui proposto para resolver o problema BDC:

a) Ele não garante que a aceleração do projeto se dê sempre a um mínimo custo;

b) É necessário enumerar todos os possíveis conjuntos J^r compostos por uma e uma só atividade de cada caminho crítico.

A primeira consideração decorre do fato de não se relacionarem todas as possibilidades de aceleração do projeto numa dada iteração. Observe-se que, para acelerar um caminho, é possível alterar a duração de três de suas atividades, acelerando duas delas e retardando a terceira, ou alterar a duração de cinco atividades, acelerando-se três delas e retardando as outras duas, e assim sucessivamente. Como o método exposto não considera essas possibilidades adicionais, não se pode garantir que ele conduza sempre à solução ótima. Porém, é raro ocorrerem situações desse tipo e, portanto, quase sempre a solução ótima é obtida, isto é, o algoritmo de fato gera, na grande maioria dos casos, a curva de custo direto mínimo do projeto. No exemplo apresentado, foi gerada a solução ótima.

A segunda consideração pode provocar um grave inconveniente se o projeto apresentar muitos caminhos críticos, o que, na prática, contudo, não é comum ocorrer.

Uma extensão interessante do caso aqui apresentado ocorre quando **a função de custo direto das atividades é do tipo discreta**, como no caso do exemplo de concretagem de laje, apresentado no início da Seção 20.4.1. Esse tipo de função de custo reflete melhor as situações reais do que a função contínua. A solução para o problema de balanceamento entre duração e custo com função de custo discreta pode ser encontrada em Contador & Yanasse (1990).

Exercícios propostos:

1. Um projeto é constituído pelas dez atividades cujos dados são fornecidos na tabela seguinte. Pede-se:

    a) Determine as primeiras datas de início e de término, as últimas datas de início e de término e as folgas total e livre para cada atividade, sabendo que o prazo de execução do projeto é de 32 semanas;

    b) Calcule o risco de não se cumprir o prazo de execução;

    c) Construa o cronograma do projeto, mostrando a folga total de cada atividade (a construção do cronograma é mostrada no Capítulo 19 "Programação e controle da produção para indústria intermitente").

Atividade	Antecessora imediata	Durações estimadas (semanas)		
		Otimista	Mais provável	Pessimista
A	-	4	6	8
B	-	7	8	15
C	A	3	4	5
D	A	4	11	12
E	B, C	3	4	11
F	B, C	4	5	12
G	D, E, F	8	10	18
H	D, E, F	1	3	5
I	F	2	4	6
J	H, I	6	9	12

Respostas: a) Tabela abaixo; b) O risco é de 6,2%.

Atividade	PDI	PDT	UDI	UDT	FT	FL
A	0	6	3	9	3	0
B	0	9	4	13	4	1
C	6	10	9	13	3	0
D	6	16	10	20	4	0
E	10	15	15	20	5	1
F	10	16	13	19	3	0
G	16	27	21	32	5	2
H	16	19	20	23	4	1
I	16	20	19	23	3	0
J	20	29	23	32	3	0

2. Considere o projeto de uma casa residencial de um único pavimento. Divida sua execução em aproximadamente 20 atividades; estime, para cada uma delas, as durações otimista, mais provável e pessimista e estipule um prazo para a conclusão da obra. Elabore sua programação por meio do PERT e calcule o risco de não se cumprir o prazo desejado de execução. Faça, a seguir, o cronograma de execução, dimensionando a equipe de trabalho em cada fase da obra, de forma a concluí-la no menor tempo possível, mantendo uma equipe de 6 a 9 homens durante toda a obra (a construção do cronograma é mostrada no Capítulo 19.

3. Um determinado projeto é constituído por sete atividades cujas durações e custos são fornecidos na tabela a seguir. Pede-se:

   a) construa a curva de custo direto mínimo do projeto;

   b) determine a duração das atividades para realizar o projeto a um mínimo custo total, sabendo que o custo fixo do projeto é de $ 10/semana;

   c) determine a duração das atividades para realizar o projeto a um mínimo custo e de modo a atender ao prazo contratual de 28 semanas.

Respostas

b) $t_A = 10$; $t_B = 12$; $t_C = 11$; $t_D = 7$; $t_E = 11$; $t_F = 13$; $t_G = 20$; $T^* = 31$; $CT = 859$.

c) $t_A = 10$; $t_B = 12$; $t_C = 11$; $t_D = 7$; $t_E = 11$; $t_F = 10$; $t_G = 17$; $T^* = 28$.

Atividade	Antecessora imediata	Duração (semanas) Acelerada	Duração (semanas) Normal	Custo ($) Acelerado	Custo ($) Normal
A	-	5	10	40	30
B	-	5	12	63	42
C	-	11	19	31	23
D	C	7	12	71	51
E	A	5	11	159	105
F	B e D	9	13	210	170
G	C	13	22	135	90

4. Os dados da tabela a seguir referem-se a um determinado projeto. Pede-se determinar a duração das atividades de forma a realizar o projeto a um custo mínimo, atendendo ao prazo de 24 semanas e sabendo que o custo fixo é de $ 7/semana. Resolva o problema utilizando o procedimento que elimina a necessidade listar todos os caminhos do projeto.

Atividade	Antecessora imediata	Duração (semanas) Acelerada	Duração (semanas) Normal	Custo ($) Acelerado	Custo ($) Normal
A	-	7	12	62	52
B	-	4	8	57	45
C	B	3	7	64	60
D	A	9	15	88	58
E	B	5	10	70	50
F	A, C	6	11	83	73
G	A, C	6	10	60	40
H	D, F	7	13	70	52
I	E, G	8	11	52	49

Resposta:

$t_A = 7$; $t_B = 4$; $t_C = 3$; $t_D = 10$; $t_E = 10$; $t_F = 10$; $t_G = 9$; $t_H = 7$; $t_I = 8$; $CT = 726$

Referências bibliográficas

CONTADOR, J. L. *Um algoritmo alternativo para o problema CPM*. Anais do 7º Seminário da ADUNESP. Guaratinguetá, São Paulo, out. 1986.

CONTADOR, J. L.; YANASSE, H. H. *O problema CPM com função de custo discreta*. Anais do 11º Encontro Nacional de Engenharia de Produção. Belo Horizonte, Minas Gerais, set. 1990.

FULKERSON, D. R. A network flow computation for project cost curve. *Management Science*, v. 7, n. 2, jan. 1961.

MODER, J.; DAVIS, E. W.; PHILLIPS, C. *Project management with CPM and PERT*. New York: Van Nostrand Reinhold, 1983.

PHILIPPS JR., S., DESSOUKY, M. I. Solving the project time/cost trade-off problem using the minimal cost concept. *Management Science*, v. 24, n. 4, dez. 1977.

TUFEKCI, S. *A flow preserving algorithm for the time/cost trade-off problem*. IEE Transactions, jun. 1982.

CAPÍTULO 21

SISTEMAS DE PLANEJAMENTO E CONTROLE DA PRODUÇÃO

Henrique Luiz Corrêa
Irineu Gianesi

21.1 CONCEITOS INICIAIS DE PLANEJAMENTO E CONTROLE DA PRODUÇÃO

21.1.1 O que são sistemas de PCP

Os Sistemas de Planejamento e Controle de Produção (SPCP) são o coração dos processos produtivos e a "cola" que mantém os vários recursos produtivos (pessoas, equipamentos, materiais, espaço de armazenagem, entre outros) juntos, trabalhando como um sistema integrado e coeso e não trabalhando apenas como um conjunto desconexo de elementos. Eles têm o objetivo básico de planejar e controlar o processo de manufatura em todos os seus níveis, incluindo os materiais, os equipamentos, as pessoas, os fornecedores e os distribuidores. É por meio dos SPCP que a organização garante que as suas decisões operacionais sobre o que, quando, quanto e com o que produzir e comprar sejam adequadas às suas necessidades estratégicas, que por sua vez são ditadas pelos seus objetivos estratégicos corporativos e pelo seu mercado.

Ambos, o processo produtivo em si (as instalações, os equipamentos e as pessoas) e os seus sistemas de administração, devem ser coerentes e configurados de forma a explorar todo o seu potencial no atendimento das necessidades e/ou desejos do mercado. Essa adequação dos objetivos ao sistema em si, e vice-versa, está no coração de uma estratégia de produção eficaz.

Sistemas de Planejamento e Controle da Produção são os sistemas que proveem informações que suportam o gerenciamento eficaz do fluxo de materiais, da utilização de mão de obra e dos equipamentos, assim como a coordenação das atividades internas com as atividades dos fornecedores e distribuidores e a comunicação/interface com os clientes, no que se refere às suas necessidades operacionais. O ponto-chave nesta definição é a necessidade gerencial de usar as informações para tomar decisões inteligentes. Os SPCP não tomam decisões nem gerenciam sistemas – os administradores é que executam essas atividades. Os SPCP têm a função de suportar esses administradores para que eles possam executar sua função de forma adequada (Corrêa e Gianesi, 1993).

21.2 FUNÇÕES BÁSICAS DE UM SISTEMA DE PCP

21.2.1 O que se espera de um sistema de PCP

Algumas atividades gerenciais essenciais devem ser suportadas pelos SPCP:

- **Planejar as necessidades futuras de capacidade** (qualitativa e quantitativamente) do processo produtivo, de forma que haja disponibilidade para atender ao mercado com níveis de serviço compatíveis com as necessidades competitivas da organização;
- **Planejar a aquisição dos materiais comprados**, de modo que eles cheguem nos momentos e nas quantidades certas, necessários a manter o processo produtivo funcionando sem rupturas;
- **Planejar níveis apropriados de estoques** de matérias-primas, semiacabados e produtos finais nos pontos corretos, de modo a garantir que as incertezas do processo afetem minimamente o nível de serviços aos clientes e a garantir o funcionamento suave da fábrica;
- **Programar atividades de produção**, de modo que as pessoas e os equipamentos envolvidos no processo estejam, em cada momento, trabalhando nas coisas certas e prioritárias, evitando assim, dispersão desnecessária de esforços;
- **Ser capaz de saber sobre a situação corrente** das pessoas, dos equipamentos, dos materiais, das ordens (de compra, de fabricação e de serviços) e de outros recursos produtivos da fábrica, de modo a poder informar e, de modo geral, comunicar-se/adequadamente com clientes e fornecedores;
- **Ser capaz de reagir eficazmente**, reprogramando atividades bem e rapidamente, quando algo correr mal no processo ou quando situações ambientais inesperadas ocorrerem;
- **Ser capaz de prometer prazos** com precisão aos clientes e, depois, cumpri-los, mesmo em situações ambientais dinâmicas e, muitas vezes, difíceis de prever; e
- **Prover informações a outras funções** a respeito das implicações físicas e financeiras das atividades, presentes e futuras, de manufatura, contribuindo para que os esforços de todas as funções possam ser integrados e coerentes.

A maioria das atividades gerenciais suportadas pelos SPCP, e listadas acima, têm claras implicações estratégicas. Embora até recentemente consideradas operacionais, elas afetam diretamente os níveis de desempenho do sistema de produção, em termos de custos, qualidade, prazos e confiabilidade e, por conseguinte, afetam a forma com que a própria organização compete e é vista pelo mercado.

21.3 A ABORDAGEM HIERÁRQUICA DOS SISTEMAS DE PCP

Das abordagens encontradas na realidade para os SPCP, a mais usual é a abordagem hierárquica. Segundo esse conceito, o planejamento da produção se dá em vários níveis de decisão. Pelo menos três níveis hierárquicos de planejamento podem geralmente ser definidos:

- nível de planejamento de longo prazo;
- nível de planejamento de médio prazo; e
- nível de planejamento de curto prazo.

que diferem entre si, além do horizonte de planejamento, em termos:

- do nível gerencial responsável; e
- do nível de agregação das informações tratadas.

Para entender as diferenças entre os vários níveis hierárquicos e os porquês dessas diferenças, é importante discutir a própria natureza da atividade de planejar.

Entre outros aspectos, uma empresa tem interesse em planejar suas operações porque a maioria das decisões tomadas tem "inércia". Em outras palavras, decorre tempo entre o momento da tomada de decisão propriamente dita e o momento em que a decisão passa a tomar efeito. Por exemplo, se uma empresa decide ampliar sua capacidade produtiva, ela em geral não consegue fazê-lo num piscar de olhos. Desde tomar a decisão de ampliar a capacidade até que a referida capacidade adicional esteja disponível para uso, decorre determinado tempo. Esse tempo varia, entre outras coisas, conforme o quanto de capacidade se pretende incrementar. Um incremento de 10%, por exemplo, muitas vezes pode ser feito por meio do uso de horas extras – isso pode ser organizado na maioria das empresas em questão de dias. Um incremento de 40% na capacidade, por sua vez, na maioria das vezes não pode ser obtido simplesmente por meio de horas extras. Pode ser necessário, por exemplo, trabalhar com um turno adicional, o que implica recrutamento, seleção e treinamento de pessoal novo (evidentemente, não se pode usar as mesmas pessoas para trabalhar em dois turnos!). Isso seguramente leva mais do que alguns dias; quase certamente levará algo da ordem de semanas ou mesmo alguns meses. Já um incremento de capacidade produtiva de 200% em geral não pode ser obtido apenas via incremento de turnos de trabalho (mão de obra). Pode ser necessária uma expansão das instalações, o que pode envolver aquisição de novos equipamentos, por vezes expansão ou aquisição de novos imóveis, entre outras coisas que demandam mais tempo para se providenciar.

Conforme o tipo de decisão, portanto, é necessário que se a tome com determinada antecedência para que, na hora certa, os recursos necessários estejam disponíveis para uso. Esse raciocínio vale não só para o "recurso" capacidade produtiva (pessoas, equipamentos), como também para outros recursos: materiais, informações tecnológicas, espaço de armazenagem e outros.

Em geral, decisões que repercutem em mudanças maiores em relação à situação presente, demandam antecedência maior.

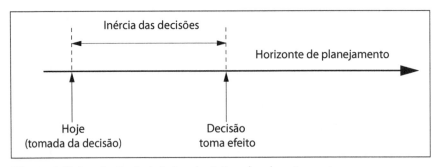

Figura 1 Efeito da "inércia" das decisões de planejamento.

Isso implica que o processo decisório (mais especificamente as decisões que são tomadas hoje) deve sempre levar em conta uma situação futura que se pretenda alcançar. Em outras palavras, é necessário procurar antever o futuro para que melhor se consiga **hoje** tomar decisões que vão influenciar esse futuro. Algumas dessas decisões necessitam de muita antecedência, sendo, portanto, necessário planejar com um horizonte de planejamento de longo prazo, chegando a alguns anos (por exemplo, as decisões sobre expansão de fábricas). Nem todas as decisões, entretanto, exigem tanta antecedência. Há decisões que exigem apenas uma antecedência média, de alguns meses (por exemplo, as decisões sobre o nível global de mão de obra com o qual se vai trabalhar) e decisões que exigem pouca antecedência, de alguns dias (por exemplo, quantas horas-extras vão ser utilizadas).

Há uma hierarquia natural entre essas decisões: em geral, as decisões de prazo mais longo limitam as decisões de prazo mais curto. Nos exemplos citados, as decisões sobre expansão de fábrica restringem as decisões sobre o nível global de mão de obra utilizada, que por sua vez limitam o número total de horas extras que se pode utilizar. Como as decisões de diferentes níveis são hierarquicamente relacionadas, para lidar com elas, garantindo coerência interna, uma estrutura hierárquica de planejamento deve ser utilizada. Esta é a ideia por trás dos modelos hierárquicos de planejamento.

Para entender melhor a lógica dos modelos hierárquicos, é preciso atentar para alguns fenômenos interessantes quanto à natureza dos processos de previsão e planejamento. Considere por exemplo as decisões de nível mais alto: para tomá-las, deve-se considerar previsões para um horizonte futuro mais longo e, portanto, mais sujeito a incertezas (previsões de longo prazo quanto a um determinado fenômeno estão sempre sujeitas, em média, a maiores erros que previsões de curto prazo). Isso poderia levar à impressão que exatamente as decisões de prazo mais longo estejam sujeitas a incertezas maiores e, portanto, a erros e custos dos erros – maiores.

Isso pode ser representado pela Figura 2 abaixo:

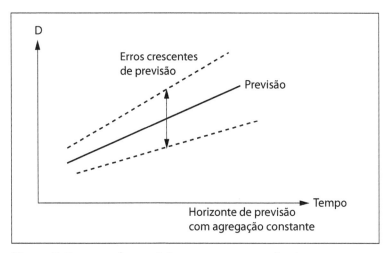

Figura 2 Os erros de previsão crescem com o horizonte, para um mesmo nível de agregação.

Entretanto, existe um outro fenômeno que, de certa forma, compensa o princípio dos erros crescentes com o horizonte de previsão. Ocorre que as previsões de longo prazo não precisam ser feitas em detalhe. Quando se decide sobre expansão de fábrica, por exemplo, com horizonte de previsão da ordem de grandeza de anos, não é, em geral, necessário prever em detalhe, por exemplo, quanto de cada produto será produzido. Níveis globais (também chamados de "níveis agregados") de produção normalmente são suficientes, já que uma nova fábrica é capaz de fazer uma grande gama de produtos. Por isso, nos níveis mais altos de planejamento, tende-se a trabalhar com níveis agregados – famílias de produtos, conjuntos de máquinas, em vez de produtos em particular ou máquinas específicas, por exemplo.

Quando se faz previsão de demanda de produtos em particular, dentro de uma família, erros certamente serão cometidos. Os erros das previsões de demanda de alguns produtos serão erros "a maior", enquanto os erros de previsões de demanda de outros produtos serão "a menor". Se, em vez de tentar prever a demanda dos produtos em particular, tentarmos fazer previsões da soma das demandas, os erros "a maior" serão somados aos erros "a menor", "cancelando-se", em certa medida, e fazendo com que, em média, o erro percentual da previsão da demanda agregada seja menor que os erros percentuais das previsões de demanda de cada um dos produtos em particular. Isso pode ser representado pela Figura 3.

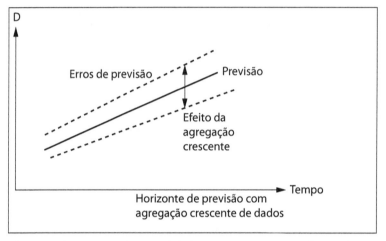

Figura 3 Compensação parcial dos erros crescentes de previsão pela agregação crescente.

Dessa forma, pode-se teoricamente trabalhar, ao longo de todo o horizonte de previsões, com níveis de incerteza mais ou menos constantes, desde que se trabalhe gradualmente com informações mais agregadas, à medida que se aumenta o horizonte de previsão. Felizmente, conforme visto anteriormente, as necessidades de detalhamento das previsões para a tomada de decisões variam conforme o horizonte: para o curto prazo, maior detalhamento é necessário – o que coincide exatamente com a parte do horizonte em relação à qual são menores as incertezas de previsão. Quanto mais longos os prazos, maiores as incertezas; em compensação, mais agregadas podem ser as previsões e, portanto, as incertezas crescentes com o horizonte são compensadas pela agregação das previsões, também crescentes com o horizonte. Isso constitui o embasamento para a estruturação da abordagem hierárquica, conforme mostrado na Figura 4.

Na abordagem hierárquica, parte-se do longo prazo, com previsões agregadas e decisões sobre **o que**, **quanto**, **quando** e **como** (com que recursos) produzir e comprar, agregadas em famílias de produtos. Gradualmente, para horizontes de planejamento mais curtos, vão se desagregando as previsões e as decisões, passando pelos níveis de famílias, produtos em particular, componentes e operações específicas. Dessa forma, garante-se que as decisões de prazos variados tenham grau de incerteza mínimo possível, assim como se procura garantir que as decisões de níveis variados estejam coerentes entre si.

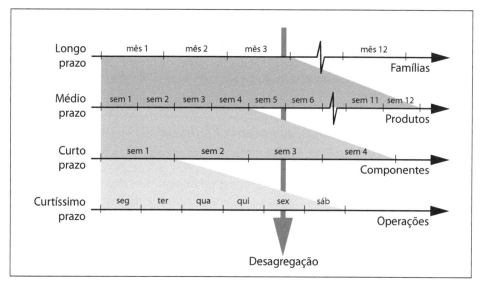

Figura 4 Abordagem hierárquica dos sistemas de PCP.

Na abordagem hierárquica, parte-se do longo prazo, com previsões agregadas e decisões sobre **o que, quanto, quando** e **como** (com que recursos) produzir e comprar, agregadas em famílias de produtos. Gradualmente, para horizontes de planejamento mais curtos, vão se desagregando as previsões e as decisões, passando pelos níveis de famílias, produtos em particular, componentes e operações específicas. Dessa forma, garante-se que as decisões de prazos variados tenham grau de incerteza mínimo possível, assim como se procura garantir que as decisões de níveis variados estejam coerentes entre si.

21.4 SISTEMA MRPII/ERP

21.4.1 Objetivos

MRP (*Material Requirements Planning*, ou planejamento das necessidades de materiais) e MRPII (*Manufacturing Resources Planning*, ou planejamento dos recursos de manufatura) são, quase certamente, os Sistemas de Planejamento e Controle da Produção (SPCP) que mais têm sido implantados pela empresas, ao redor do mundo, desde os anos 1970.[1]

O objetivo principal dos sistemas de cálculo das necessidades é permitir o cumprimento dos prazos de entrega dos pedidos dos clientes com mínima formação de estoques, planejando as compras e a produção de itens componentes apenas nos momentos e nas quantidades necessárias, nem mais e nem menos, nem antes e nem depois. A discussão sobre os principais objetivos do MRPII é importante porque, em geral, a bibliografia não os explicita, negligenciando a discussão em torno da adequação estratégica dos sistemas à necessidade da empresa. É inegável que, em geral, o cumprimento dos prazos e a redução dos estoques são desejáveis. Entretanto, serão objetivos prioritários em todas as situações para todas as empresas? Provavelmente não. A priorização de objetivos estratégicos é uma consideração que depende da particular empresa, dos seus produtos e dos particulares nichos de mercado que se pretende atingir.

Dessa forma, os sistemas do tipo MRPII serão mais adequados àquelas empresas cujos objetivos estratégicos prioritários forem aqueles especialmente privilegiados pela técnica, ou seja, o cumprimento de prazos e a redução de estoques. Em geral, nuitas empresas se encaixam nesta categoria: num ambiente crescentemente competitivo, o cumprimento de prazos ganha importância e, ao mesmo tempo, os altos custos da manutenção de estoques (custos financeiros e outros, como os custos decorrentes do fato de os estoques mascararem ineficiências do processo) sugere normalmente a redução dos seus níveis pelas empresas.

21.4.2 O MRP – *Material Requirements Planning*

O princípio básico por trás do MRP é o **cálculo de necessidades**, uma técnica de gestão que permite o cálculo, normalmente viabilizado pelo uso de computador, das quantidades e momentos em que são necessários os recursos de manufatura (materiais, pessoas, equipamentos, entre outros), para que se cumpram os programas de entrega de produtos com um mínimo de formação de estoques.

O cálculo de necessidades é feito a partir das necessidades dos produtos finais. Suponhamos que determinado processo produtivo do produto hipotético A consista de três etapas: compra de materiais, que leva dois dias, fabricação dos componentes, que leva três dias, e montagem do produto final A, que leva um dia. Esquematicamente:

Dado, então, um pedido de duas unidades do produto final A para sexta-feira, o sistema de cálculo de necessidades calcula as necessidades de todos os recursos que concorrem para a produção do produto A, nos momentos em que são necessários: se a montagem do produto A leva um dia, é necessário que na sexta-feira pela manhã, uma quantidade suficiente de componentes para produzir as duas unidades do produto A esteja disponível para montagem. Também é necessário que haja montadores – suficientes para montar duas unidades de A – disponíveis na sexta-feira, para executar a montagem.

Prosseguindo no mesmo raciocínio, para que os componentes estejam prontos na sexta-feira pela manhã, é necessário que eles comecem a ser fabricados na quarta-feira pela manhã (a fabricação leva dois dias). Para isso, é necessário que um número de operários de fabricação – suficiente para produzir duas unidades do produto A – e suas ferramentas estejam disponíveis durante a quarta e a quinta-feira; e também é preciso que os materiais necessários para a produção de dois produtos A estejam comprados e disponíveis na quarta-feira pela manhã, para o início da fabricação. Para isso, é necessário que as compras se efetuem durante a segunda e a terça-feira (as compras levam dois dias).

Este é apenas um exemplo, talvez supersimplificado, do funcionamento da lógica do cálculo de necessidades. Sumarizando, seus principais aspectos são:

- parte das necessidades de entrega dos produtos finais (quantidades e datas);
- calcula para trás (daí ser chamado um **programador para trás**), no tempo, as datas em que as etapas do processo de produção devem começar e acabar;
- determina os recursos, e respectivas quantidades, necessários para que se execute cada etapa.

A lógica do cálculo de necessidades é bastante simples e conhecida há muito tempo. Entretanto, sua utilização em processos de manufatura complexos foi impossível ou inviável até meados dos anos 1960. Isso se explica pelo fato de não estar disponível, até então, capacidade suficiente de armazenagem e processamento de dados para tratar o volume de dados que o cálculo de necessidades requer em uma situação real. Com o barateamento e o simultâneo aumento da capacidade de processamento de dados dos computadores, o cálculo de necessidades passou a ser considerado uma alternativa viável para utilização em situações práticas. Surgiram, então, nos Estados Unidos, os primeiros sistemas de computador para gestão de materiais utilizando conceitos de cálculo de necessidades. As mais antigas aplicações computadorizadas do cálculo de necessidade de materiais foram desenvolvidas a partir de um "processador de listas de materiais", que convertia um plano de produção de um produto final (**demanda independente**) em um plano de compras ou produção de seus itens componentes (**demanda dependente**).

Neste ponto, é importante diferenciar esses dois conceitos, que estão no coração da utilização do cálculo de necessidade: os conceitos de itens de **demanda independente** e itens de **demanda dependente**.

Itens de **demanda independente** são aqueles cuja demanda não depende da demanda de nenhum outro item do sistema. Típico exemplo de um item de demanda independente é um produto final. Um produto final tem normalmente sua demanda dependente de aspectos de mercado e não da demanda de qualquer outro item.

Itens de **demanda dependente**, por outro lado, são aqueles cuja demanda depende da demanda de algum outro item do sistema. A demanda de um componente de um produto final, por exemplo, é dependente diretamente da demanda do produto final. Para a produção de cada unidade de produto final, uma quantidade bem definida e conhecida do componente será sempre necessária.

A diferença básica entre os dois itens é que a demanda do primeiro tem de ser **prevista**, com base nas características do mercado consumidor. A demanda do segundo, entretanto, não necessita ser prevista, pois sendo dependente de um outro, pode ser **calculada**, com base na demanda deste.

A lógica da utilização do cálculo de necessidades partiu da constatação dessa diferença básica. Tradicionalmente, a gestão de todos os itens de estoque, fossem eles matérias-primas, componentes, semiacabados ou produtos finais, era feita pelas empresas com base em modelos convencionais, como os de pontos de pedido e lotes econômicos. Segundo esses sistemas, a compra ou produção de determinado item deveria ocorrer, numa determinada quantidade, chamada "lote econômico", no momento em que o estoque do item baixasse a um determinado nível chamado "ponto de reposição". Esses modelos tratam, portanto, todos os itens de estoque indiscriminadamente, como se todos fossem itens de demanda independente. Isso significa que os itens de demanda dependente eram tratados como se eles estivessem sujeitos a uma incerteza de demanda que na verdade não existia (já que se pode calcular a demanda, como função da demanda de outro item).

Além disso, os modelos de ponto de reposição, quando aplicados a itens de demanda dependente, fazem com que as ordens de itens sejam colocadas de forma bastante independente da demanda de produtos finais. Isso significa que uma pequena variação de demanda de determinado produto final poderá eventualmente repercutir na colocação de um grande número de ordens de compra e produção (num caso, por exemplo, em que vários componentes estejam com seus níveis de estoque próximos do ponto de reposição) num mesmo período. Isso pode acarretar uma dificuldade adicional na administração da capacidade do sistema, já que essas múltiplas ordens de produção podem estar competindo pelos mesmos recursos.

21.4.3 Do MRP ao MRPII

Com a popularização do uso da técnica e com mais pesquisa sendo feita quanto à aplicação prática dos princípios de MRP a situações reais de produção, não tardou que alguns pesquisadores percebessem que a mesma lógica de cálculo de necessidades poderia, com relativamente pouco esforço adicional, ser utilizada para o planejamento de outros recursos de produção, além dos materiais, como as necessidades de mão de obra e de equipamentos. O esforço adicional estava ligado à necessidade de informações complementares à base de dados que o MRP já utilizava. Com a extensão do conceito de cálculo de necessidades ao planejamento dos demais recursos de manufatura – e não mais apenas ao dos recursos materiais – e para que ficasse claro que se tratava apenas de uma extensão do conceito do MRP original, o novo MRP passou a chamar-se MRPII, com a sigla agora significando *Manufacturing Resources Planning*, ou planejamento dos recursos de manufatura. Em termos práticos, foram acrescidos módulos para o cálculo de necessidades de outros recursos (frequentemente denominados *Capacity Requirements Planning* ou planejamento das necessidades de capacidade produtiva). Naturalmente, para que fosse possível calcular as necessidades de outros recursos de manufatura que não simplesmente os materiais, informações adicionais tiveram de ser acrescentadas à base de dados utilizada pelo MRP, que até então só necessitava de informações sobre itens (dados cadastrais e tempos de ressuprimento), estruturas de produtos (as relações entre componentes e produtos) e posição dos estoques ao longo do tempo. As novas informações necessárias referem-se a dados cadastrais sobre os recursos produtivos da fábrica, sobre os roteiros de produção (quais setores, máquinas, mão de obra e demais recursos são necessários para a execução das diversas atividades realizadas durante o tempo de ressuprimento de cada item) e sobre o consumo dos diversos tipos de recursos na produção unitária de cada item.

Outro módulo que foi acrescido ao MRP original e é hoje parte integrante da maioria dos sistemas MRPII comercialmente disponíveis (apesar de esse módulo ser, talvez o menos utilizado pelas empresas) é o módulo de controle de fábrica, ou *Shop Floor Control*. Esse módulo visa sequenciar e liberar efetivamente as ordens na fábrica, assim como confrontar o que foi planejado com o que é efetivamente executado na fábrica. Enquanto o módulo de MRP é um módulo de programação, o SFC executa a função de controle. É um módulo que demanda uma extensiva atividade de apontamento das atividades da fábrica e realimentação do sistema quanto à execução da produção. Demanda, em geral, grande esforço de documentação e disciplina para garantir que os dados informados sejam precisos. Como essas condições não são facilmente atingidas por um grande número de empresas, muitas delas preferem adotar sistemáticas mais simplificadas no controle de suas atividades.

21.4.4 O MRPII

O MRPII é um Sistema de Planejamento e Controle da Produção hierárquico, em que os planos de produção agregados (que contemplam níveis globais de produção e setores produtivos) e de longo prazo são sucessivamente detalhados até chegar ao nível de detalhe de componentes e máquinas específicas.

Sistemas MRPII são em geral disponíveis no mercado na forma de pacotes para computador. Estes são frequentemente divididos em módulos, os quais têm diferentes funções e mantêm relações entre si. Os pacotes comerciais disponíveis guardam entre si uma grande similaridade quanto aos módulos e lógica principais. A análise aqui feita, portanto, é válida para a maioria dos principais pacotes disponíveis no mercado.

Funcionalmente, o MRPII possui cinco módulos principais:

- **Módulo de planejamento da produção** – mais recentemente chamado de planejamento de vendas e operações (*production planning* ou *sales & operations planning*) – define os grandes rumos que a empresa vai tomar em relação a famílias de produtos, usando informações agregadas sobre previsões de demanda, períodos de planejamento e grupos de recursos;

- **Módulo de planejamento mestre de produção** (*master production scheduling* ou MPS) – desagrega o planejamento de vendas e operações, de famílias de produtos para produtos finais específicos, para instruir decisões quanto a políticas de estocagem de produtos acabados;

- **Módulo de cálculo de necessidade de materiais** (*material requirements planning*, ou MRP) – calcula necessidades de componentes (itens de demanda dependente) em termos de quantidades e momentos, a partir dos planos mestres de produção definidos no nível do MPS;

- **Módulo de cálculo de necessidade de capacidade** (*capacity requirements planning* ou CRP) – calcula as necessidades de outros recursos produtivos a partir do plano de materiais definido pelo módulo de MRP (O MRPII, enquanto gera a programação no módulo MRP não leva em conta restrições de capacidade produtiva, o que fez com que merecesse o título de **sistema de programação infinita**, numa referência à consideração da capacidade como "infinita"); e

- **Módulo de controle de fábrica** (*shop floor control*, SFC) – faz a realimentação, para o planejamento, das ocorrências reais para então comparar com o planejado e permitir replanejamentos corretivos,

além dos módulos de atualização dos dados cadastrais, que se ocupam de alterações quanto aos dados de itens de estoque, estruturas de produtos, centros produtivos, roteiros de produção, entre outros. A Figura 5 mostra as inter-relações entre os módulos do MRPII e sua abordagem hierárquica.

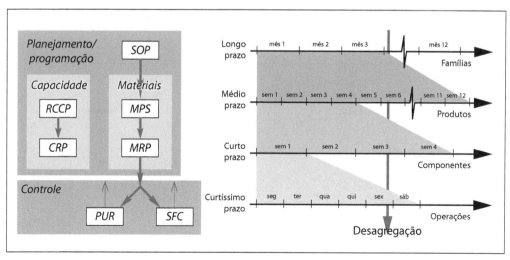

Figura 5 A abordagem hierárquica do Sistema MRPII.

21.4.5 Do MRPII ao ERP

Mais recentemente, as *software houses* fornecedoras de sistemas MRPII passaram a oferecer uma constelação de outros módulos integrados com os seus sistemas tradicionais de MRPII, com o intuito de apoiar a empresa na gestão de outros recursos que não apenas os de manufatura. Módulos financeiros – de apoio à gestão financeira, de apoio à gestão de recursos humanos, de apoio à gestão comercial e contábeis, entre outros, foram desenvolvidos e tornaram-se disponíveis. Hoje uma empresa já pode adquirir um sistema como esse, capaz de suprir praticamente todas suas necessidades de informação para a tomada de decisão gerencial. Esses sistemas integrados, que são a rigor uma extensão do conceito do MRPII, têm sido chamados de ERP (*enterprise resource planning systems* ou sistema de planejamento de recursos para todo o empreendimento).

21.5 SISTEMAS DE PCP QUE CONSIDERAM CAPACIDADE FINITA

21.5.1 Introdução

Conforme já foi visto nas seções anteriores, as decisões do Sistema de PCP ocorrem em diferentes horizontes de tempo e períodos de replanejamento, bem como consideram diferentes níveis de agregação da informação. Essas decisões podem ser classificadas em três níveis de planejamento – planejamento de longo, médio e curto prazo – e de controle.

Desta forma, as decisões relacionadas aos três níveis e à função controle estão intrinsecamente inter-relacionadas, o que implica que um sistema de PCP deve ser projetado considerando esse conjunto de decisões, bem como a importância relativa de cada nível de decisão dentro do contexto particular da cada empresa.

A **programação da produção** inclui-se no âmbito do planejamento de curto prazo. Basicamente, a programação da produção consiste em decidir **quais** atividades produtivas (ou ordens de trabalho) devem ser realizadas, **quando** (momento de início) e **com que recursos** (matérias-primas, máquinas, operadores, ferramentas, entre outros), para atender à demanda, informada, ou por meio das decisões do plano mestre de produção ou diretamente da carteira de pedidos dos clientes. Esse conjunto de decisões é dos mais complexos dentro da área de administração da produção.

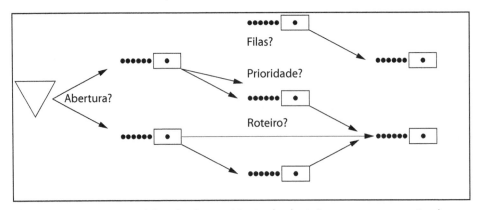

Figura 6 Esquema simplificado das variáveis de decisão em programação da produção.

Isto se deve principalmente à quantidade de diferentes variáveis envolvidas e à sua capacidade de influenciar os diferentes e conflitantes objetivos de desempenho do sistema de PCP. Assim, as decisões decorrentes da programação da produção tornam-se um problema combinatório de tal ordem que soluções intuitivas são inadequadas, dadas as limitações humanas no tocante a administrar informações.

Para exemplificar, podem-se citar algumas das diversas possibilidades e restrições:

Em termos de ordens de produção:

- as ordens de produção, geralmente, apresentam datas de entrega diferentes;
- cada ordem, geralmente, está em um estado diferente de completude e isso deve ser levado em conta para a programação subsequente;
- as ordens podem apresentar *setup*[2] com tempos e atividades variáveis, em função da ordem anterior (o chamado problema de **matriz de** *setup*);
- cada ordem pode ter roteiros alternativos, dependendo das características tecnológicas dos equipamentos;
- cada ordem pode eventualmente ser feita em máquinas alternativas com eficiências diferentes;
- cada ordem pode ser de clientes com diferente importância relativa.

Em termos de recursos:

- as máquinas podem quebrar, bem como demandam manutenção preventiva;
- as matérias-primas podem não estar disponíveis, por atrasos ou problemas de qualidade;
- as ferramentas podem não estar disponíveis, pois podem estar em uso para outra ordem;
- os funcionários podem faltar.

Em termos de operações:

- problemas relacionados à qualidade podem ocorrer, requerendo retrabalho;
- as operações podem ter restrições para a definição de tamanhos de lote de produção;
- as operações podem ser feitas em recursos gargalo, demandando máxima utilização.

21.5.2 Características e objetivos dos sistemas de PCP que consideram capacidade finita

Nesse contexto, visando apoiar as decisões no âmbito da programação da produção (e, em alguns casos, na geração do plano mestre de produção), foram desenvolvidos os sistemas de **programação da produção com capacidade finita**. Esses sistemas têm a característica principal (diferentemente da lógica de programação do MRPII) de considerar a capacidade produtiva e as características tecnológicas do sistema produtivo como uma restrição *a priori* para a tomada de decisão, buscando garantir que o programa de produção resultante seja viável. Nesses sistemas, o usuário:

- modela o sistema produtivo – por exemplo: máquinas, mão de obra, ferramentas, calendário e turnos de trabalho – e informa os roteiros de fabricação, as velocidades de operação, as restrições tecnológicas, os tempos de *setup* e a respectiva matriz de dependência;

- informa a demanda – determinada pelo plano mestre de produção, pela carteira de pedidos ou pela previsão de vendas – bem como as alterações ocorridas; por exemplo: mudanças nas quantidades ou nos prazos de entrega;
- informa as condições reais do sistema produtivo – por exemplo: matéria-prima disponível, quebra de máquinas, manutenções; e
- modela alguns parâmetros para a tomada de decisões – por exemplo: define algumas regras de liberação (*dispatching rules*) ou pondera determinados objetivos a serem atingidos;

de modo que o programa de produção resultante atenda às condições particulares do sistema produtivo modelado, ou seja, do chão de fábrica, e busque maximizar os múltiplos e conflitantes objetivos de desempenho do sistema de PCP. A Figura 7 representa o ambiente em que esse sistema opera.

21.5.3 Fatores por trás do surgimento dos sistemas de PCP que consideram capacidade finita

Alguns dos principais fatores que podem ser apontados como impulsionadores do desenvolvimento desses sistemas são:

- as limitações dos Sistemas MRPII em gerar programas de produção viáveis para situações de chão de fábrica muito complexas – pelo fato de utilizar o conceito de capacidade infinita, ou seja, não considerar as características tecnológicas do sistema produtivo e a capacidade produtiva como limitações para a programação da produção, apenas apontando as inconsistências em termos de utilização da capacidade *a posteriori* (a partir do plano de materiais);

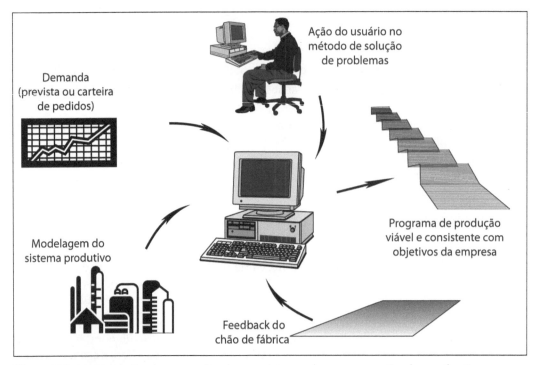

Figura 7 Representação da operação de um sistema de programação da produção com capacidade finita.

- o desenvolvimento das técnicas de simulação e de algoritmos baseados em inteligência artificial, que se tornaram disponíveis como ferramentas práticas aplicadas ao problema da programação da produção; e
- o crescente desenvolvimento dos equipamentos (*hardware*), que passaram a permitir a resolução do problema da programação da produção a partir das técnicas aqui citadas, em tempos viáveis na prática, o que era impossível no passado, devido ao grande volume de informações a serem processadas.

21.6 O SISTEMA JIT – *JUST-IN-TIME*

21.6.1 Introdução

O *Just-In-Time* (JIT) surgiu no Japão, no meado da década de 1970, sendo sua ideia básica e seu desenvolvimento creditados à Toyota Motor Company, a qual buscava um sistema de administração que pudesse coordenar a produção com a demanda específica de diferentes modelos e cores de veículos, com o mínimo atraso.

O sistema de "puxar" a produção a partir da demanda, produzindo em cada estágio somente os itens necessários, nas quantidades necessárias e no momento necessário, ficou conhecido no ocidente como sistema *Kanban*. Esse nome é dado aos cartões utilizados para autorizar a produção e a movimentação de itens, ao longo do processo produtivo, como será visto mais adiante neste capítulo. Contudo, o JIT é muito mais do que uma técnica ou um conjunto de técnicas de administração da produção, sendo considerado uma completa "filosofia", a qual inclui aspectos de administração de materiais, gestão da qualidade, arranjo físico, projeto do produto, organização do trabalho e gestão de recursos humanos.

Embora haja quem diga que o sucesso do sistema de administração JIT esteja calcado nas características culturais do povo japonês, mais e mais gerentes e acadêmicos têm se convencido de que essa filosofia é composta de práticas gerenciais que podem ser aplicadas em qualquer parte do mundo. Algumas expressões são geralmente usadas para traduzir aspectos da filosofia *Just-in-Time*:

- produção sem estoques;
- eliminação de desperdícios;
- manufatura de fluxo contínuo;
- esforço contínuo na resolução de problemas;
- melhoria contínua dos processos.

Vejamos com mais detalhes os elementos dessa filosofia, assim como os pressupostos para sua implementação.

21.6.2 Por que surgem os estoques?

O sistema JIT tem como objetivo fundamental a melhoria contínua do processo produtivo. A perseguição desse objetivo realiza-se por meio de um mecanismo de redução dos estoques, os quais tendem a camuflar problemas.

Os estoques têm sido utilizados para evitar descontinuidades do processo produtivo, diante de problemas de produção que podem ser classificados principalmente em três grandes grupos:

- **Problemas de qualidade**: quando algum estágio do processo de produção apresenta problemas de qualidade, gerando refugo de forma incerta, o estoque, colocado entre esse estágio e o posterior, permite que este último possa trabalhar continuamente, sem sofrer com as interrupções que ocorrem em estágios anteriores. Dessa forma, o estoque gera independência entre os estágios do processo produtivo.

- **Problemas de quebra de máquina**: quando uma máquina para por problemas de manutenção, os estágios posteriores do processo – que são "alimentados" por essa máquina – teriam de parar, caso não houvesse estoque suficiente para dar continuidade ao fluxo de produção até que a máquina fosse reparada e entrasse novamente em produção normal. Nessa situação, o estoque também gera independência entre os estágios do processo produtivo.

- **Problemas de preparação de máquina**: quando uma máquina processa operações em mais de um componente ou item, é necessário prepará-la a cada mudança de componente a ser processado. Essa preparação representa custos referentes ao período inoperante do equipamento, à mão de obra requerida na operação de preparação e à perda de material no início da operação, entre outros. Quanto maiores esses custos, maior tenderá a ser o lote executado, para que esses custos sejam rateados por uma quantidade maior de peças, reduzindo, por consequência, o custo por unidade produzida. Lotes grandes de produção geram estoques, pois a produção é executada antecipadamente à demanda, sendo consumida por esta em períodos subsequentes.

21.6.3 Objetivos do JIT

Como se vê, o estoque funciona como um investimento necessário, quando problemas como os citados estão presentes no processo produtivo. O objetivo da filosofia JIT é reduzir os estoques, de modo que os problemas fiquem visíveis e possam ser eliminados por meio de esforços concentrados e priorização desses problemas. Conforme ilustrado pela Figura 8, o estoque e o investimento que ele representa podem ser simbolizados pela água de um lago que encobre as pedras que representam os diversos problemas do processo produtivo, como os já citados. Desse modo, o fluxo de produção (representado pelo barco) consegue prosseguir, à custa de altos investimentos em estoque. Reduzir os estoques assemelha-se a baixar o nível da água, tornando visíveis os problemas que, quando eliminados, permitem um fluxo mais suave da produção, mesmo sem estoques. Reduzindo-se os estoques gradativamente, tornam-se visíveis os problemas mais críticos da produção, ou seja, possibilita-se um ataque priorizado. À medida que esses problemas vão sendo eliminados, reduzem-se mais e mais os estoques, o que permite localizar e atacar novos problemas, até então "escondidos".

Com essa prática, o JIT visa fazer com que o sistema produtivo alcance melhores índices de qualidade, maior confiabilidade de seus equipamentos e fornecedores, além de maior flexibilidade de resposta, principalmente por meio da redução dos tempos de preparação de máquinas, permitindo a produção de lotes menores e mais adequados à demanda do mercado.

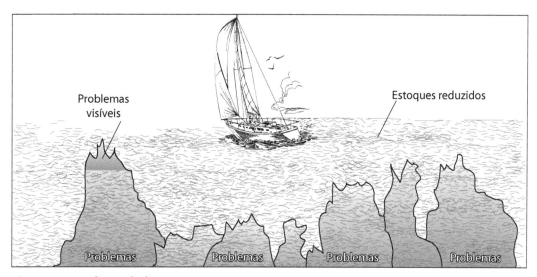

Figura 8 A analogia do lago com o JIT.

21.6.4 *Kanban*

Kanban é o termo japonês que significa cartão. Esse cartão age como disparador da produção de centros produtivos em estágios anteriores do processo produtivo, coordenando a produção de todos os itens de acordo com a demanda de produtos finais. O sistema de cartões *kanban* mais difundido atualmente é o sistema de dois cartões, utilizado inicialmente na fábrica da Toyota no Japão. Esse sistema consiste da utilização de dois cartões *kanban*, um deles denominado **kanban de produção** e o outro **kanban de transporte**.

O *kanban* de produção, dispara a produção de um lote (geralmente pequeno e próximo à unidade) de peças de determinado tipo, em um determinado centro de produção da fábrica. Esse cartão contém, em geral, as seguintes informações: número da peça, descrição da peça, tamanho do lote a ser produzido e colocado em contenedor padronizado, centro de produção responsável e local de armazenagem. Nenhuma operação de produção é executada, exceto na linha de montagem, sem que haja um *kanban* de produção autorizando.

O *kanban* de transporte autoriza a movimentação do material pela fábrica, do centro de produção que produz determinado componente, para o centro de produção que consome esse componente no seu estágio do processo. Esse cartão contém, em geral, as seguintes informações: número da peça, descrição da peça, tamanho do lote de movimentação (igual ao lote do *kanban* de produção), centro de produção de origem e centro de produção de destino. Nenhuma atividade de movimentação é executada sem que haja um *kanban* de transporte autorizando.

Para ilustrar o processo de puxar a demanda utilizando o sistema *kanban*, utilizaremos um exemplo de produção de bombas hidráulicas, concentrando a atenção na fabricação dos rotores das bombas. Num determinado posto da linha de montagem de bombas, o operador monta os rotores nas caixas das bombas. Nesse local o operador armazena uma determinada quantidade de rotores dos três tipos de bombas, para que possa utilizá-los, na medida do necessário. Vejamos a sequência dos passos do sistema *kanban*, analisando a Figura 9.

1. O operador retira o último rotor de um contenedor padronizado que se encontra no seu posto de montagem.

2. O contenedor tem preso a ele um *kanban* de transporte, que permite sua movimentação até o centro produtivo que finaliza a fabricação dos rotores. Funcio-

nários responsáveis pela movimentação de materiais levam o contenedor vazio e o *kanban* de transporte ao centro produtivo marcado no cartão (J-32), deixam o contenedor vazio e levam um contenedor completo de rotores para a linha de montagem. O *kanban* de transporte acompanha toda a movimentação.

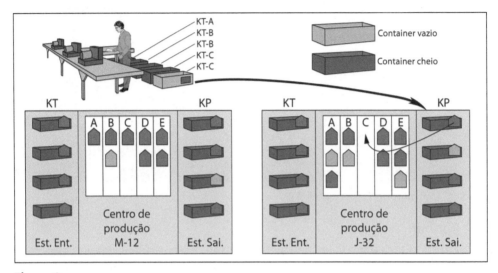

Figura 9

3. O *kanban* de produção que estava preso ao contenedor cheio de rotores é transferido para o painel de produção do centro J-32, para que um novo lote de rotores seja finalizado.

4. Para produzir um lote de rotores que irá repor o estoque consumido, o operador do centro J-32 utiliza um contenedor de rotores semiacabados.

5. O operador libera o *kanban* de transporte que estava preso ao contenedor de rotores semiacabados, para que o pessoal de movimentação possa transferir mais um lote de rotores semiacabados do centro M-12 para o centro J-32, conforme mostrado na Figura 10.

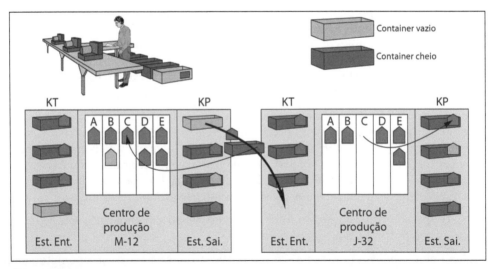

Figura 10

6. Funcionários responsáveis pela movimentação de materiais dirigem-se ao centro de produção de fabricação dos rotores (M-12), deixam o contenedor vazio e levam um contenedor completo de rotores para o centro J-32. O *kanban* de transporte acompanha toda a movimentação.

7. O *kanban* de produção que estava preso ao contenedor cheio de rotores semi-acabados é transferido para o painel de produção do centro M-12, para que um novo lote de rotores seja fabricado.

8. Para produzir um lote de rotores que irá repor o estoque consumido, o operador do centro M-12 utiliza um contenedor de rotores fundidos.

9. O operador libera o *kanban* de transporte que estava preso ao contenedor de rotores semiacabados, para que o pessoal de movimentação possa transferir mais um lote de rotores fundidos do centro fornecedor para o centro M-12.

10. O operador do centro J-32 termina o processamento no lote de rotores, prende o *kanban* de produção ao contenedor e deposita o conjunto no local de armazenagem.

Desse modo, o sistema *kanban* coordena a produção dos diversos centros de produção, em qualquer estágio do processo. O *kanban* de transporte circula entre os postos de armazenagem de dois centros de produção contíguos. O *kanban* de produção circula entre um centro de produção e seu posto de armazenagem respectivo.

Um determinado centro de produção pode processar peças para mais de um outro centro, ou seja, outros centros de produção ou outros postos da linha de montagem. Nesse caso terá em seu posto de armazenagem contenedores com diferentes tipos de peças e componentes. Poderá ocorrer que vários *kanbans* de transporte sejam trazidos e levem diversos tipos de peças no mesmo momento. Consequentemente, vários cartões *kanban* de produção serão colocados no painel de produção do centro, indicando que vários lotes de diferentes peças deverão ser executados. O operador dará prioridade ao material que tiver o maior número de cartões *kanban* no painel, pois isso indica que existe menos estoque entre o seu centro de produção e o seguinte.

O número de *kanbans* entre dois centros de produção determina o estoque de material entre esses dois centros, pois a cada um corresponde um contenedor padronizado de peças. O processo de retirada gradual do estoque, comentado anteriormente, pode ser feito retirando-se *kanbans* e respectivos contenedores do sistema. Sem *kanban* de produção, o centro de trabalho não é acionado; sem *kanban* de transporte, o material não é movimentado.

21.6.5 Filosofia e pressupostos por trás do JIT

O sistema JIT apresenta diversas diferenças de abordagem em relação aos sistemas tradicionais de produção. Talvez a principal seja sua característica de "puxar" a produção ao longo do processo, de acordo com a demanda. Nesse sistema, o material somente é processado em uma operação se ele for requerido pela operação subsequente do processo. Os sistemas tradicionais são sistemas que "empurram" a produção, desde a compra de matérias-primas e componentes até os estoques de produtos acabados. Nesse caso, as operações são disparadas pela disponibilidade de material a processar. Uma vez completada a primeira operação, o lote é "empurrado" para a operação seguinte, esperando sua vez de encabeçar a fila de lotes a serem processados, de acordo com seu nível de prioridade.

Outra característica importante do sistema JIT é a de ser um sistema **ativo**, enquanto os sistemas tradicionais são sistemas **passivos**. Na abordagem tradicional, os sistemas de administração da produção assumem como dada uma série de características do processo produtivo como, por exemplo, níveis de refugo, tempos de preparação de equipamentos e frequência de quebra de máquinas, entre outros. Dadas essas características, os SPCP tradicionais procuram minimizar os custos envolvidos no processo. Consequentemente, sugerem ordens de produção maiores, em função do índice esperado de peças defeituosas, sugerem a produção de lotes capazes de "ratear" os custos de preparação por uma quantidade maior de itens processados e sugerem excesso de capacidade para dar conta das paradas de máquina por problemas de manutenção. O sistema JIT, por outro lado, incentiva o questionamento e a melhoria daquelas características do processo que os sistemas tradicionais admitiam como dadas. Desse modo, os problemas do processo não são aceitos passivamente. Ao contrário, a eliminação desses problemas, que são encobertos pelos estoques gerados, constitui um benefício e um pressuposto para a utilização do sistema JIT. O objetivo de redução dos estoques, presente na filosofia JIT, é atingido pela eliminação das causas geradoras da necessidade de se manterem os estoques.

Pode-se dizer que os estoques são mantidos por duas causas principais. A primeira refere-se à eventual **dificuldade de coordenação** entre a demanda de um item e seu processo de obtenção, ou seja, ainda que se possa determinar o momento em que certa quantidade desse item será necessária, pode ser difícil determinar com precisão o momento e a quantidade de sua produção. Essa dificuldade pode ser causada pelo grande número de produtos diferentes a serem produzidos ou mesmo pela quantidade de componentes e submontagens desses produtos. A segunda razão para a manutenção de estoques é a **presença de incertezas**. Essas incertezas podem ser associadas à demanda dos itens a serem fabricados (em termos de quantidades e datas), e ao processo de obtenção (compra ou produção) desses itens. As incertezas em relação à obtenção podem referir-se à qualidade dos itens produzidos ou comprados (resultando numa quantidade incerta de itens aproveitáveis) e também ao momento em que os itens estarão disponíveis (em virtude das incertezas com a disponibilidade dos equipamentos, com os tempos de espera em filas e com as datas de entrega dos suprimentos).

Enquanto sistemas do tipo MRPII, por exemplo, procuram atacar o problema de coordenação entre a demanda e a obtenção dos itens, aceitando as incertezas, o sistema JIT ataca essas incertezas e, posteriormente, os problemas de coordenação.

21.6.6 Limitações do JIT

As principais limitações do JIT estão ligadas à flexibilidade de faixa do sistema produtivo, no que se refere à variedade de produtos oferecidos ao mercado e a variações de demanda de curto prazo. O sistema JIT requer que a demanda seja relativamente estável para que se consiga um balanceamento adequado dos recursos, possibilitando um fluxo de materiais suave e contínuo. Caso a demanda seja muito instável, há a necessidade de manutenção de estoques de produtos acabados em um nível tal que permita que a demanda efetivamente sentida pelo sistema produtivo tenha certa estabilidade.

Como o sistema *Kanban* prevê a manutenção de certo estoque de componentes entre os centros de produção, se houver uma variedade muito grande de produtos e de componentes, o fluxo de cada um não será contínuo e sim intermitente, gerando altos estoques em processo para cada item, principalmente considerando-se a demanda de cada um. Isso contrariaria uma série de princípios da filosofia JIT, comprometendo sua aplicação. Outro problema resultante da grande variedade de produtos seria a consequente complexidade dos roteiros de produção. O princípio geral de transformação do processo produtivo numa linha contínua de fabricação e montagem de produtos fica prejudicado se um conjunto de roteiros preferenciais não puder ser estabelecido.

Finalmente, a redução de estoques do sistema pode aumentar o risco de interrupção da produção em virtude de problemas de administração da mão de obra, como greves, por exemplo, tanto na própria fábrica como na de fornecedores. Da mesma forma, o risco de paralisação por quebra de máquinas também é aumentado.

21.7 IMPLANTAÇÃO DE SISTEMAS DE PCP

Muitas vezes, apesar de constatada a adequação de determinado SPCP a determinado sistema produtivo, o seu uso pode ficar comprometido por uma implantação deficiente. Particularmente para aqueles sistemas que dependem de um software, o número de insucessos na implantação não é muito animador. Uma série de pontos devem ser observados na implantação de qualquer SPCP, se a organização pretende utilizar todo o potencial que tais sistemas oferecem. Alguns aspectos são cruciais: empenho organizacional, principalmente da alta direção; educação e treinamento para todos os níveis relevantes; gerenciamento adequado do processo de implantação; e, no caso dos SPCPs que se utilizam de software, outros dois pontos: o software e o hardware utilizados e a acuidade dos dados do sistema. Os principais aspectos são brevemente discutidos a seguir:

21.7.1 Empenho organizacional

É absolutamente essencial que a alta direção da organização esteja absolutamente comprometida com os objetivos da implantação. Trata-se basicamente de mudar a sistemática de trabalho de uma organização, o que pode acarretar mudanças na distribuição de poder, de informação e de responsabilidades dentro do sistema. Mudanças dessa ordem trazem, na maioria das vezes, situações de conflito que devem ser resolvidas pela alta administração, da melhor forma possível.

É importante que a alta administração providencie os recursos necessários ao projeto de implantação e, além disso, que não apenas demonstre de forma inequívoca o seu apoio ao projeto de implantação do novo SPCP, mas também participe ativamente do processo de implantação, mantendo-se plenamente informada sobre o andamento e exercendo um controle efetivo sobre este, num nível adequado ao seu escalão gerencial.

O empenho da alta direção (preferencialmente da presidência) significa, também, compreender que alguns dos melhores elementos da empresa terão de abandonar seus cargos de linha temporariamente e trocá-los pela participação, preferencialmente em tempo integral, na equipe de implantação. A nomeação do líder da implantação, que deve também ser do alto escalão gerencial (preferencialmente diretor) deve ser feita pela presidência, recebendo dela os poderes necessários para exercer suas funções na equipe de implantação.

21.7.2 Educação e treinamento

Educação é o entendimento amplo do SPCP a ser implantado, de sua filosofia e de seus princípios. Treinamento se refere aos conhecimentos mais detalhados em relação à operação do sistema. Sem dúvida esse é um dos principais responsáveis pelos insucessos de implantações de SPCPs. A desinformação, que traz a reboque o "medo do desconhecido", é um dos principais fatores de resistência à mudança dentro da organização. A resistência à mudança é sentida, principalmente, nos funcionários mais antigos, que tendem a reagir negativamente à perspectiva de ter de aprender tudo de novo, predispondo-se frequentemente contra o novo sistema.

21.7.3 Gerenciamento adequado de implantação

Esse aspecto diz respeito à elaboração, ao acompanhamento e ao controle do projeto. Naturalmente, a gestão de um projeto desse porte e dessa importância – implantação de um novo SPCP numa organização – demanda uma gestão cuidadosa e criteriosa. Isso inclui a elaboração inicial de um plano de projeto.

O primeiro passo para a elaboração de um plano de projeto é estabelecer seu objetivo global, de forma clara. Em seguida, transformar esse objetivo em metas, sempre que possível controláveis, e estabelecer objetivamente o produto ou os produtos finais, que, uma vez atingidos, caracterizam o fim do projeto.

Fazendo uso de um programa gerenciador de redes de atividades (o que não é, entretanto, obrigatório, podendo-se usar métodos manuais), pode-se chegar facilmente ao cronograma preliminar do projeto e analisar, em função do tempo, o nível de ocupação dos recursos necessários. Em geral, esses programas têm recursos para, trabalhando com as folgas da rede, nivelar a utilização de determinado recurso limitante. Esgotadas, então, as possibilidades de nivelamento com base nas folgas, se ainda persistir algum caso de disponibilidade excedida de recurso, pode-se, como alternativa, aumentar a disponibilidade ou replanejar as atividades nas quais os recursos excedidos estão envolvidos, no sentido de reduzir sua utilização (possivelmente à custa do prazo de utilização).[3]

Exercícios e questões para reflexão

1. Por que é necessário "planejar as necessidades futuras de capacidade do processo produtivo"? Discuta com exemplos.

2. Frequentemente, um dos pré-requisitos para o adequado funcionamento de sistemas de planejamento e controle de materiais é um bom sistema de previsão de demanda. Os "práticos" nas empresas acostumaram-se a argumentar que no Brasil é muito difícil, se não impossível, fazer previsões, usando isso como justificativa para o insucesso de seus SPCP. Que tipo de contra-argumentação pode ser usada em situações em que você se deparar com essa "prática"?

3. Explique a lógica dos sistemas hierárquicos de planejamento da produção, discutindo suas potenciais vantagens e desvantagens.

4. Explique a lógica dos sistemas MRPII e discuta suas potenciais vantagens e desvantagens para uso nos seguintes sistemas de produção:

   a) ferramentaria de fábrica de brinquedos;
   b) fabricação de iates sob encomenda;
   c) produção de autopeças;
   d) hospital.

5. Que são sistemas de programação da produção com capacidade finita e no que diferem dos sistemas MRPII?

6. Descreva as principais características distintivas do *just-in-time* em relação aos sistemas de programação com capacidade finita e aos sistemas MRPII.

Referências bibliográficas e leitura recomendada

CORRÊA, H. L.; GIANESI, I. G. N. *Just-in-time, MRPII e OPT*: um enfoque estratégico. São Paulo: Atlas, 1993.

CORRÊA, H. L.; GIANES, I. G .N.; CAON, M. *MRPII/ERP*: conceitos, uso e implantação. São Paulo: Atlas, 1993.

GOLDRATT, E. *A síndrome do palheiro*. São Paulo: Pioneira, 1993.

HARRISON, A. *Just-in-time manufacturing in perspective*. London: Prentice Hall, 1992.

SLACK, N. et al. *Administração da produção*. São Paulo: Atlas, 1996.

UMBLE, M.; SRIKANTH, M. L. *Synchronous manufacturing*. Wallingford: Spectrum Publishing, 1995.

VOLLMANN, T.; BARRY, W.; WHYBARK, D. C. *Manufacturing planning and control systems*. 3. ed. New York: Irwin, 1992.

CAPÍTULO 22

ESTRATÉGIA DE OPERAÇÕES

Henrique Luiz Corrêa
Irineu Gianesi

22.1 O ELO FALTANTE NA ESTRATÉGIA CORPORATIVA

Nos últimos anos, poucas áreas dentro da Administração mudaram tanto como a administração da produção dentro das organizações. Durante anos a produção foi considerada quase um mal necessário, suportada pelos outros setores porque, afinal, uma empresa manufatureira não podia escapar de **fazer** os seus produtos. Os outros setores, por anos considerados mais nobres, acostumaram-se a enxergar a fábrica como a origem principal dos seus problemas: a fábrica insistia em grandes lotes de produção quando marketing os queria pequenos; a fábrica não conseguia atingir os níveis de qualidade e confiabilidade de entrega prometidos e resistia às mudanças de programa solicitadas por vendas; a fábrica dificultava a introdução de novos produtos projetados pela engenharia, sempre solicitando alterações de projeto, alegando-os infabricáveis; a fábrica nunca conseguia livrar-se dos estoques ou atingir as metas de utilização de equipamentos estabelecidos pela controladoria. Desde o período pós-guerra, o setor de produção e seu pessoal passaram anos sendo gradualmente isolados do processo decisório global da empresa. As decisões estratégicas eram tomadas e comunicadas homeopaticamente ao setor de produção para o "cumpra-se".

A tecnologia envolvida no processo de produção foi, por anos, vista pelos outros setores da organização como um mistério insondável e desinteressante, escondido atrás das paredes da fábrica, aquela parte da empresa sem carpete, barulhenta, muitas vezes suja, onde trabalhavam pessoas de pouco glamour, resistentes à mudança, normalmente cansadas e sempre apressadas em resolver o último problema ou, no jargão das empresas, "apagar o último incêndio".

Nos últimos anos, entretanto, esse panorama tem mudado rapidamente. Ao redor do mundo, principalmente no mundo ocidental, há hoje um movimento crescente de revalorização do papel da manufatura no atendimento dos objetivos estratégicos da organização ou, em outras palavras, das estratégias de produção. Um grande volume de publicações e livros tem sido editado a respeito do tema; as principais escolas de administração e engenharia de produção já incluíram a disciplina Estratégia de Manufatura nos seus currículos; e os principais congressos internacionais em administração da produção têm privilegiado essa nova área, que tem sido considerada por ambos, acadêmicos e profissionais práticos, como tendo uma importante contribuição a dar ao aumento de competitividade das organizações.

As razões por trás desse renovado interesse podem ser classificadas em três principais. A primeira é a crescente pressão por competitividade que o mercado mundial tem demandado das empresas, com a queda de importantes barreiras alfandegárias protecionistas e o surgimento de novos concorrentes altamente capacitados. A segunda razão é o potencial competitivo que representa o recente desenvolvimento de novas tecnologias de manufatura e de gestão de manufatura, como os sistemas de manufatura integrada por computador e os sistemas flexíveis de manufatura. A terceira razão está relacionada ao recente desenvolvimento de um melhor entendimento do papel estratégico que a produção pode e deve ter no atendimento dos objetivos estratégicos da organização.

Notou-se, a partir de estudos da forma pela qual as organizações ocidentais gerenciavam seus negócios, que no processo de gestão estratégica da maioria delas havia um elo faltando. A gestão estratégica corporativa, depois de traçar os grandes rumos das corporações, estabelecendo objetivos (normalmente financeiros: rentabilidade, retorno sobre investimento etc.), todos de longo prazo, desdobrava esses objetivos em uma estratégia de mercado, definindo, também no longo e médio prazos, quais nichos de mercado buscar atingir, qual faixa de produtos oferecer, qual a política de inovações e introdução de novos produtos etc. Esses objetivos mercadológicos eram, então, desdobrados em objetivos de produção, mas apenas no curto e médio prazos (em geral um ano). A produção, então, era chamada à discussão sobre planejamento com uma antecedência que por vezes era incompatível com a inércia do seu processo de tomada de decisões. Por exemplo, uma mudança substancial da "largura" da faixa de diferentes produtos a serem oferecidas ao mercado, se informada à produção com apenas um ano de antecedência, pode não lhe dar tempo suficiente para providenciar as mudanças necessárias no processo produtivo, que pode demandar, por exemplo, máquinas diferentes, mais flexíveis, para produzir de forma eficiente uma faixa mais larga de produtos. Isso implica que a produção estava sempre procurando acompanhar mudanças de forma relativamente repentina, "apagando incêndios" continuamente, já que não lhe era dado tempo suficiente para se planejar, pelo menos em termos das grandes decisões, que demandam antecedência.

Para ilustrar, pode-se fazer uma analogia com aviões. A produção tem, sob alguns aspectos, características mais próximas das de um jumbo que das de um avião de caça, já que as mudanças de rumo não são imediatas. Um jumbo não consegue mudar sua direção de forma rápida, embora seja muito eficiente uma vez que a direção esteja definida e ele esteja apontando na direção certa. Um caça, por sua vez, pode mudar de direção muito rapidamente, mas certamente é menos eficiente (medido em custo por passageiro, por exemplo), mesmo em linha reta. O que se exigia é que a "produção-jumbo" mudasse de direção rapidamente, como se fosse caça. Evidentemente isso não podia ser feito de forma eficiente.

Há duas formas de atacar esse problema. Uma delas é transformar a "produção-jumbo" em "produção-caça", tornando-a muito mais flexível. Isso é possível até certo ponto, mas custa caro (flexibilidade nunca vem de graça...) e, pelo menos com os paradigmas tecnológicos atuais, grande parte da inércia da produção ainda não se consegue eliminar. Por exemplo, não é possível transformar, da noite para o dia, máquinas dedicadas (que só são capazes de executar uma ou pouquíssimas tarefas) em máquinas flexíveis, e não se expande substancialmente a capacidade produtiva de uma fábrica num estalar de dedos.

Outra forma de atacar o problema é estabelecer com maior antecedência a rota que a "produção-jumbo" vai trilhar. Isso significa gerenciar os objetivos, os planos, as políticas e os programas da produção com maior antecedência ou, como se convencionou denominar, estrategicamente. A gestão estratégica de produção é justamente o elo faltante mencionado anteriormente. Colocando as coisas de forma simplista, da mesma forma como os planos estratégicos corporativos são desdobrados em planos estratégicos de marketing, dando ao marketing antecedência suficiente para se planejar adequadamente, eles também devem ser desdobrados em uma estratégia de produção para dar a esta a antecedência que requer para cumprir adequadamente seu papel – que é contribuir da melhor forma possível para o atendimento dos objetivos corporativos da organização.

Isso requereu todo um novo conjunto de técnicas de análise e desenvolvimento, já que, curiosamente, a maioria das empresas ocidentais não contemplava com atenção minimamente suficiente a gestão estratégica de produção. Este novo conjunto de técnicas tem recebido diversos nomes: estratégia de manufatura, estratégia de produção ou estratégia de operações (quando, além de contemplar os aspectos de manufatura dentro das organizações, contempla também o aspecto dos serviços prestados). Todos têm, de fato, o mesmo sentido geral: procurar preencher uma lacuna (o chamado elo perdido) identificada no processo de gerenciamento estratégico da corporação: o elo que liga o gerenciamento estratégico no nível corporativo com as decisões operacionais da função de produção.

22.2 POR QUE DESENVOLVER E IMPLANTAR UMA ESTRATÉGIA DE OPERAÇÕES?

Nota-se nas organizações que, na maioria das vezes, talvez por uma questão de costume, por práticas tradicionalmente estabelecidas, a visão que se tem da gestão de produção é algo extremamente reativo. Não há o costume de pensar a produção estrategicamente. Isso implica que, se não houver uma preocupação explícita em desenvolver formalmente uma estratégia de operações, ela tende a não ser desenvolvida. As pressões do dia a dia constantemente não permitem à gerência fixar-se nos aspectos de mais longo prazo. O que acaba acontecendo é que se repete o erro de gerenciar a produção reativamente, olhando para o curto prazo. Esse é o motivo pelo qual tem ficado claro que deve haver um processo formal de gestão estratégica de operações. Esse processo deve ter a preocupação básica de nortear a tomada de decisões dentro da função de produção, de forma que o imenso conjunto de decisões tomadas no dia a dia da fábrica (decisões de porte pequeno, médio e grande, com reflexos de curto, médio e longo prazo) forme um padrão coeso, e não disperso, e que, em seu conjunto, leve a produção a rumos que maximizem sua contribuição ao atendimento dos objetivos estratégicos competitivos da organização como um todo. Deve-se fazer isso, entre outras coisas, por meio dos cinco seguintes grupos de medidas:

1. Definir seletivamente (a partir de interações com o setor de marketing) quais são aqueles objetivos de desempenho (qualidade, flexibilidade, desempenho em tempos, custo) nos quais a manufatura deve, no curto, médio e longo prazos, buscar melhorias/manutenção de desempenho. Estes são aqueles que os nichos de mercado visados valorizam nas suas decisões de compra.

2. Acompanhar o nível de desempenho da concorrência nos critérios que os nichos visados valorizam. O nível de desempenho atual e prospectivo da melhor concorrência nesses critérios são os grandes padrões contra os quais a produção deve se comparar (e naturalmente buscar suplantar).

3. Com base na comparação de seu próprio desempenho com o desempenho da melhor concorrência nos critérios que os nichos de mercado visados mais valorizam, priorizar aqueles critérios que devem merecer maior atenção gerencial – que podem incluir atenção no sentido de melhoria, manutenção ou até, em alguns casos, redução de desempenho.

4. Com base nas comparações, criar um padrão para a tomada de decisões sobre os recursos quanto às principais áreas de decisão estratégicas da produção:

    - capacidade de produção: que nível, que tipo, como incrementar, com que rapidez;
    - instalações: arranjo físico, tamanho, localização, especialização, políticas de manutenção; tecnologia: quais equipamentos, que grau de automação, flexibilidade e versatilidade;

- integração vertical: em que direção e com qual extensão;
- força de trabalho: quais ríveis de especialização, que políticas salariais e planos de carreira;
- qualidade: que mecanismos de prevenção de falhas, quanto monitoramento, que nível de intervenção, quais padrões, quais mecanismos de comparação com a concorrência (*benchmarking*);
- fluxo de materiais: que políticas quanto aos fornecedores, que sistemas de administração da produção, qual o papel dos estoques, que sistema de distribuição;
- novos produtos: qual o foco, como garantir a frequência de introdução necessária, e a rapidez de introdução de novos produtos;
- medidas de desempenho: quais critérios têm prioridade, que medidas os representam, que padrões adotar, quais métodos utilizar, com que frequência controlar; e
- organização: que nível de centralização, qual estilo de liderança, como prover a comunicação em níveis necessários, que processo de tomada de decisão.

5. Desenvolver uma visão clara das "competências principais" da produção, de modo a evidenciar aos setores de *marketing*, pesquisa e desenvolvimento e outros, aquelas habilidades que já estão desenvolvidas "em casa" e que possivelmente não estão sendo utilizadas da forma como poderiam.

22.3 OBJETIVOS ESTRATÉGICOS DA PRODUÇÃO

Há basicamente cinco objetivos estratégicos (prioridades competitivas) da produção, baseados nos quais a manufatura pode contribuir para a competitividade da organização. Contribuir para a competitividade da organização significa, para a produção:

- fazer os produtos com custo inferior ao dos concorrentes – obtendo vantagem em **custos**;
- fazer produtos melhores que os dos concorrentes – obtendo vantagem em **qualidade**;
- fazer os produtos mais rápido que os concorrentes – obtendo vantagem em **velocidade de entrega**;
- entregar os produtos no prazo prometido – obtendo vantagem em **confiabilidade de entrega**; e
- ser capaz de mudar muito e rápido o que se está fazendo – obtendo vantagem em **flexibilidade**.

Cada uma dessas prioridades competitivas tem, por sua vez, dimensões que devem ser analisadas. Qualidade, por exemplo, pode ser definida em termos da qualidade das especificações do produto em si e em termos da qualidade de conformidade do produto físico às especificações. Na maioria das vezes, nas análises estratégicas de produção, é necessário chegar no nível das dimensões dos critérios competitivos principais já que estes são muito agregados e podem levar a análises incorretas.

Embora conjuntos de objetivos – os quais as organizações deveriam perseguir para obter vantagem competitiva – sejam frequentemente mencionados, a importância relativa de cada um dos critérios varia conforme o particular mercado em que a empresa está competindo. Para um determinado par produto/mercado, o critério mais relevante pode ser preço, estando o mercado até mesmo disposto a esperar pelo fornecimento. Já para outro par produto/mercado, é possível que prazo seja absolutamente essencial, estando o cliente disposto a pagar um certo prêmio pela presteza de atendimento.

22.4 CRITÉRIOS COMPETITIVOS QUALIFICADORES E GANHADORES DE PEDIDOS

Uma importante distinção[1] a ser feita em termos de critérios competitivos é a divisão dos critérios competitivos entre critérios **ganhadores de pedidos** e **critérios qualificadores**, como segue.

Os critérios competitivos qualificadores são aqueles nos quais a empresa deve atingir um nível mínimo de desempenho, que vai qualificá-la a competir por um mercado. Um nível de desempenho inferior ao nível mínimo desqualifica a empresa da concorrência por aquele mercado, mas um nível muito superior ao mínimo não representa vantagem competitiva. O cliente quer certificar-se de que o nível mínimo é atingido nos critérios qualificadores, mas não vai decidir qual será o seu fornecedor com base em qual apresenta o melhor desempenho nos critérios qualificadores.

Os critérios competitivos ganhadores de pedidos são aqueles com base nos quais o cliente vai efetivamente decidir quem vai ser o seu fornecedor, dentre aqueles qualificados. A distinção é muito importante, pois assim como é vão o esforço de aumentar excessivamente o nível de desempenho nos critérios qualificadores, uma vez atingida a qualificação, é compensador o esforço de aumentar o desempenho nos critérios ganhadores de pedidos, já que é nestes que o cliente baseia sua escolha de fornecimento.

Um exemplo doméstico simples pode ilustrar a ideia. Imagine como é o processo de escolha de um encanador (bombeiro, no Rio de Janeiro) de plantão. Suponha que um determinado cano da instalação de sua casa estourou no domingo de manhã, forçando-o a fechar o registro mestre e, portanto, ficar sem água. Você espera convidados para o almoço e, portanto, tem urgência no conserto. Você liga para o primeiro encanador que, por exemplo, lhe diz que pode ir de imediato pelo equivalente a R$ 400. Você imediatamente acha caro e estabelece, por algum mecanismo, o quanto está disposto a pagar pela urgência (deve ser o quanto antes!) do conserto, digamos, o equivalente a R$ 100. Nesse ponto, você estabeleceu seu nível qualificador no critério competitivo preço. Para se qualificarem, os encanadores devem fornecer um preço abaixo dos R$ 100. Por um preço acima desse valor, por exemplo, você prefere se desculpar com os convidados e levá-los a um restaurante, aguardando a segunda-feira pela manhã, quando você sabe que seu encanador habitual estará trabalhando e fará o serviço por um preço muito mais baixo. Você liga para outros dois encanadores de plantão. Ambos se qualificam: o primeiro cobra o equivalente a R$ 90 e pode estar em sua casa em 1 hora e o segundo cobra R$ 70, mas só estará disponível em 3 horas. Nesse ponto, **dado que ambos os fornecedores se qualificaram em preço** (e também admitindo que oferecem a mesma qualidade no serviço), o cliente vai escolher com base no tempo, pois o tempo de atendimento é o que realmente importa (mas, conforme vimos, não a qualquer preço!). Nesse caso hipotético, preço é um critério qualificador e tempo de atendimento é um critério ganhador de pedidos.

Um outro exemplo, agora contemplando o fornecimento de produtos, é o de uma empresa que queira competir pelo fornecimento de peças para uma usina nuclear. Apenas para se qualificar, o cliente exige que a empresa deve ter níveis de qualidade mínimos (normalmente muito rígidos, em virtude dos grandes riscos envolvidos) em determinados itens relacionados à segurança da instalação. Entretanto, atingido esse nível de qualidade mínimo (qualificador), é inútil, competitivamente, despender esforços ou recursos para apresentar níveis muito superiores de desempenho naqueles critérios. O cliente espera que os níveis mínimos por si só já garantam a segurança da instalação. Os critérios ganhadores de pedido, então, provavelmente, serão outros, como o tempo ou a confiabilidade de prazos para o fornecimento, do qual pode estar dependendo um prazo político (a inauguração da usina, por exemplo), ou mesmo o funcionamento da instalação que, inativa, pode representar prejuízos enormes.

22.5 O CONCEITO DE FOCO NA PRODUÇÃO

Uma boa fábrica não pode, simultaneamente, tornar-se excelente em todos os critérios de desempenho, como baixo custo, alta qualidade, investimento mínimo, baixos *lead-times* (ciclos de produção) e rápida introdução de novos produtos. Compromissos devem ser assumidos, e prioridades devem ser estabelecidas entre os critérios de desempenho, de modo a identificar e priorizar aqueles que realmente representem as necessidades ou desejos dos clientes. A moderna manufatura competitiva tem de ter suas unidades produtivas "focalizadas" no atingimento de excelência no desempenho daqueles critérios priorizados. Isso se obtém por meio da alocação das unidades produtivas a um limitado e administrável conjunto de produtos, tecnologias, volumes e/ou mercados (que sejam coerentes com os critérios priorizados) e do desenvolvimento de políticas de manufatura e serviços de apoio focalizados nesse conjunto limitado e não em tarefas variadas e dispersas.

Uma analogia pode ser feita para ilustrar este conceito. Imagine que um projetista de aviões receba uma solicitação para projetar uma aeronave que tenha o menor custo por passageiro-milha do mercado. Ao mesmo tempo, que tenha a velocidade de cruzeiro máxima do mercado... Ao mesmo tempo, que carregue o maior número de passageiros... e que seja capaz de pousar numa pista de 30 metros! Evidentemente, nesse exemplo, até para um leigo fica claro que seria impossível projetar uma aeronave como essa (pelo menos levando em conta o paradigma tecnológico atual). O fato de ela carregar uma grande carga, por exemplo, limita inferiormente o tamanho das pistas nas quais pode pousar. O fato de ter a maior velocidade de cruzeiro também pode limitar a capacidade de a aeronave ser econômica. Isso significa que há compromissos entre critérios de desempenho. Quando há compromissos, o fato de aumentar o nível de desempenho em uma dimensão (por exemplo, no caso do avião, velocidade), pode necessariamente implicar uma diminuição no nível de desempenho de outro critério (no caso do avião, economia). Uma aeronave que tentar ser a melhor em tudo acabará sendo medíocre em tudo, na comparação com aeronaves que se focalizarem em ter alto desempenho em poucos critérios não conflitantes.

Uma fábrica sofre dos mesmos problemas e limitações. Os vários critérios competitivos podem ter (e normalmente têm) compromissos entre si. A mensagem é clara: é impossível (por limitações tecnológicas, por exemplo) ser excepcionalmente bom em todos os critérios competitivos simultaneamente, usando para isso uma única unidade produtiva. Não se pode, por exemplo, ter o processo de custo mais baixo, tendo simultaneamente, na mesma unidade produtiva, a flexibilidade máxima, a maior velocidade de entrega, a melhor confiabilidade e a maior qualidade.

O que decorre disso é simples e está na base da lógica da estratégia de operações: é necessário que se defina seletivamente no que se pretende superar a concorrência (evidentemente será naqueles critérios que os mercados visados mais valorizarem) e focalizar neles os recursos humanos, tecnológicos e informacionais. Se o que se pretende é competir em vários nichos (que demandam desempenho em critérios variados ou conflitantes), será necessário produzir os produtos para atendê-los em unidades produtivas diferentes (mesmo que em pequenas fábricas-dentro-da-fábrica) sob pena de desfocalização, o que implica prejuízo de desempenho competitivo.

Exercícios e questões para reflexão

1. Nos últimos anos, temos tido produtos importados à nossa disposição. Do lado do consumidor, isso significa mais opções de produtos. Do lado das empresas industriais brasileiras, isso tem implicações estratégicas. Discuta-as à luz dos conceitos de estratégia de operações.

2. A questão do foco em operações tem sido discutida mais em termos de manufatura do que em serviços. Você considera que o potencial prejudicial de uma operação desfocalizada (ou que busque objetivos conflitantes) em serviços é tão severo quanto é em operações de manufatura? Discuta usando exemplos da vida real.

3. Que dificuldades você imagina que teria no desenvolvimento da atividade de identificação de prioridades competitivas em uma empresa? Como você faria para desenhar um método de captura dessas importantes informações?

4. Que dificuldade você acha que teria no desenvolvimento da atividade de identificar o desempenho relativo de uma empresa comparativamente à sua concorrência? Detalhe um método para essa identificação pensando em um fabricante de meias no Brasil.

5. Eleja um sistema de operações de manufatura sobre o qual você tenha informações. Para esse sistema, eleja um dos nichos de mercado visado e um produto que vise atender a esse nicho. Defina, para o par produto–mercado, quais são os critérios competitivos qualificadores e ganhadores de pedidos.

6. Uma estratégia de operações só pode se dizer eficaz e implantada quando se transforma em um padrão de decisões operacionais coerente e bem direcionado. Discuta essa afirmação.

Referências bibliográficas

CORRÊA, H. L. *Linking flexibility, uncertainty and variability in manufacturing systems*. London: Avebury (Gower), 1994.

CORRÊA, H. L.; GIANESI, L. *Just in Time, MRP II e OPT*: um enfoque estratégico. São Paulo: Atlas, 1993.

CORRÊA, H. L.; GIANESI, L. *Dynamic manufacturing strategy development for proactive manufacturing in Brazil*, Proceedings of the 7th International Conference of the Operations Management Association – UK, Manchester, 1992.

HILL, T. *Manufacturig strategy*. 2. ed. London: Macmillan, 1993.

PROCHNO, P.; CORRÊA, H. L. The development of manufacturing strategy in a turbulent environment. *International Journal of Operations and Production Management*, v. 15, n. 5, 1995.

SKINNER, W. The focused factory. *Harvard Business Review*, p. 113-121, maio-jun. 1974.

SLACK, N. *Vantagem competitiva em manufatura*. São Paulo: Atlas, 1993.

CAPÍTULO 23

PRODUÇÃO LIMPA

João S. Furtado
Marcelo de C. Furtado

Este capítulo abordará:

1. A substituição do modelo *end-of-pipe* (controle de resíduos poluentes no interior da fábrica) por critérios de responsabilidade "do berço à cova", com base em justificativas ambientais, sociais, econômicas e políticas; e

2. Os conceitos de **produção limpa**, levando em conta a sustentabilidade das fontes naturais de matérias-primas e a eliminação de impactos à saúde humana e ao ambiente, com base na redução do consumo de água e energia, na prevenção da geração de resíduos perigosos no sistema de manufatura, na obtenção de produtos atóxicos, no uso de métodos de reciclagem primária atóxica e energia-eficiente e na responsabilidade continuada do produtor.

23.1 MOTIVAÇÕES

A partir dos anos 1980, aumentaram as pressões contra a poluição industrial, em virtude dos elevados custos a serem pagos pela sociedade, decorrentes dos impactos para a saúde humana e o ambiente. Os problemas foram atribuídos a duas causas mais evidentes:

a) crescente geração de resíduos industriais, principalmente os perigosos e tóxicos e
b) modelo atual de sociedade de descarte e crescente aumento do volume de lixo de origem industrial.

Não há dados seguros sobre os volumes de resíduos perigosos e tóxicos gerados e os declarados (Jackson, 1993; Pilgrim in EPA, 1990a). Extrapolações apontam para geração mundial de 1 bilhão de ton/ano, com previsão de 8,5 bilhões no ano 2025 e 10 bilhões no ano 2050. A Comunidade Econômica Europeia gera 30-40 milhões de ton/ano e só consegue dar destinação a 10 milhões. Outro agravante é o acúmulo de lixo eletrônico que alguns países estão gerando. Relatórios divulgados pelo Pnuma – Programa das Nações Unidas para o Meio Ambiente revelaram que a China, por exemplo, produz 2,3 milhões de ton/ano ficando apenas atrás dos Estados Unidos com 3 milhões de ton/ano.

A previsão feita em 2009, utilizando dados de 11 nações em desenvolvimento e considerando a geração atual e futura do lixo eletrônico, é de que na África do Sul e na China, em 2020, o aumento desse lixo será de 200% a 400%, e na Índia, pode ser que chegue a 500%.

A indústria terá de buscar novas opções de gestão industrial, já que o simples controle, tratamento ou contenção de resíduos, no interior da fábrica (modelo *end-of-pipe*) não deram resultados satisfatórios.

Outras formas de pressão estão representadas por acordos internacionais – assinados pelo Brasil – como a proibição de importação e exportação de resíduos perigosos e tóxicos (Convenção de Basileia); banimento sumário de POPs – Poluentes Orgânicos Persistentes (Reunião de Especialistas, Comissão das Nações Unidas para Desenvolvimento Sustentável, Vancouver, Canadá); controle de poluição transfronteiriça (Convenção de Genebra), preservação da biodiversidade (Agenda 21), prevenção da poluição marinha (Convenção de Londres e Convenção das Nações Unidas sobre as Leis dos Mares), proteção da camada de ozônio (Convenção de Montreal), combate ao efeito estufa (Convenção das Nações Unidas sobre Mudanças Climáticas) e outras responsabilidades internacionais. Além disso, a Responsabilidade Continuada do Produtor obriga a indústria a pagar pelos custos de destinação e tratamento de seus próprios resíduos, produtos e respectivas embalagens.

No geral, essas medidas são vistas pela indústria como negativas e incômodas. Entretanto, sob outro ângulo, representam oportunidades para ampliação das margens competitivas no mercado e melhores formas da empresa industrial relacionar-se com trabalhadores, agências regulamentadoras e a comunidade em geral.

A empresa atenta à questão ambiental age segundo modelos ou motivações:

a) **conformidade ambiental**, quando se limita ao estrito limite da legislação;

b) **desempenho ambiental**, mediante a implantação de sistema de gestão ambiental, para se antecipar a possíveis problemas que possam ser causados por seus produtos e processos; e

c) **estratégias ambientais competitivas**, a partir da contínua avaliação de riscos, adoção de acordos voluntários e de medidas que vão além da regulamentação compulsória.

A mídia vem destacando a importância do Sistema de Gestão Ambiental, rotulagem ambiental (selo verde) e outras certificações previstas pela série ISO 14000. Com isso, a empresa irá definir e explicitar, objetivamente, sua política ambiental, divulgar seu desempenho ambiental e atender à demanda de informações procedente de acionistas, empregados, agências governamentais de regulamentação, órgãos de classe (inclusive do próprio segmento industrial), bancos, grupos de investidores ambientalmente éticos, organizações não governamentais e diferentes segmentos da comunidade.

Além disso, a empresa passará a ter maior controle sobre prováveis custos sociais de impactos ambientais, nem sempre contabilizados e representados por:

- comprometimento da autossustentabilidade dos ecossistemas naturais, derivados de modificações nos fluxos de energia, nutrientes, ciclos metabólicos e genéticos;
- comprometimento da capacidade de bioconversão e biodegradação dos microrganismos do solo e água;
- decomposição da qualidade de vida humana e elevação dos custos em saúde pública, causados por desastres ecológicos, que dão origem a doenças agudas e crônicas, alterações do sistema imunológico, neurológico, genético e sexual, inclusive nos descendentes.

Internamente, a indústria passará a avaliar custos ambientais ocultos e contingenciais, todos não convencionais, que fazem parte do *overhead* da empresa, resultantes de:

- uso inadequado do produto pelo consumidor;
- consumo excessivo de recursos (água, energia, matérias-primas etc.);

- balanço material indevido;
- ineficácia do sistema *end-of-pipe*, das medidas de redução de resíduos e da reciclagem;
- processos industriais de risco;
- perdas em transporte, estocagem, destinação e tratamento de resíduos perigosos;
- ações, multas e custos com autorizações e reparação ambiental;
- impactos visuais e sonoros;
- custos com fornecedores de materiais inadequados;
- ineficiência na auditoria e avaliação de riscos e impactos;
- perdas no controle de acidentes e planos de emergência;
- despesas com planos de saúde e para riscos de poluição;
- resíduos indesejáveis e desnecessários;
- potencial não detectado de poluição;
- perdas com produtos e subprodutos úteis ou reutilizáveis;
- danos à imagem;
- reação negativa de acionistas e investidores.

A implantação de meios para resolver os problemas ambientais é difícil. Centenas de milhares de pequenas manufaturas de multiprodutos, dispersas, lançam seus resíduos em áreas onde nem sequer existe legislação apropriada. Em muitos casos, a presença da indústria poluidora é defendida pela comunidade local, preocupada com a perda de empregos ou a fuga da empresa para outras regiões. Governos poderão descumprir as leis ambientais na disputa pela instalação de fábricas, abrindo mão de estudos de impactos ambientais, por exemplo, principalmente quando faltarem códigos e regulamentação bem estruturada, capazes de eliminar os conflitos de entendimento jurídico.

As tendências mundiais apontam para o sucesso de empresas que decidem seus negócios com base em estratégias ambientais competitivas. Para isso, são recomendadas produção mais limpa (*cleaner production*), avaliação do ciclo de vida (*Life Cycle Assessment*), tecnologias limpas, eco-marketing e outros instrumentos que passaram a fazer parte do chamado *ecobusiness* (Badue & col., 1996).

23.2 CONCEITOS E PRINCÍPIOS DE PRODUÇÃO LIMPA

A expressão Produção Limpa surgiu de campanhas ambientalistas da Greenpeace, na década de 1980. Floresceu com o Programa *Cleaner Production* do Pnuma – (Unesp), 1993, 1994, 1995) e com a participação da Onudi – Organização das Nações Unidas para o Desenvolvimento Industrial (Unido, 1995). Ganhou força com a criação de programas nacionais em países europeus importantes e com o interesse de grupos acadêmicos notórios.

O tema Produção Limpa impulsionou os debates em torno das normas técnicas BS-7750, EMAS e, em especial, da série ISO-14000. Esta última deverá incorporar procedimentos relacionados a:

- sistemas de gestão ambiental;
- rotulagem ambiental e procedimentos para concessão de selo verde;
- auditoria, gestão e avaliação do desempenho ambiental;
- avaliação do ciclo de vida de produtos;
- definições e procedimentos para introdução de elementos ambientais nas normas de produtos.

A proposta do Pnuma era fomentar a manufatura de produtos e o uso contínuo de processos industriais que

- aumentassem a eficiência;
- prevenissem a poluição do ar, água e solo;
- reduzissem os resíduos na fonte de poluição; e
- minimizassem os riscos para a população humana e o ambiente.

Programas de auditoria ambiental e manuais de auditoria para redução ou minimização de resíduos, da Agência de Proteção Ambiental dos Estados Unidos e Pnuma-Unido, enfatizam o conceito de **redução de resíduos na fonte, reuso e reciclagem**. Tais programas propõem métodos de avaliação de processos de produção e produtos, por meio de operações unitárias, com o objetivo de identificar

- resíduos que possam ser eliminados, evitados ou reduzidos;
- situações que possam ser prevenidas ou corrigidas; e
- subprodutos que possam ser reutilizados.

A abordagem da **Produção Limpa** é mais abrangente. Ultrapassa os objetivos da auditoria de redução de resíduos e dos procedimentos previstos nas normas técnicas, para incorporar fatores jurídicos, políticos e sociais (Jackson, 1993; Gee, 1994; Greenpeace, 1995). Estabelece a visão mais ampla das relações entre o sistema de produção industrial e o ambiente.

Sua filosofia medular consiste na substituição do modelo *end-of-pipe* (controle, contenção e tratamento no interior da fábrica) por conceitos, estratégias e procedimentos que levam em conta a prevenção dos impactos à saúde e ao ambiente, do berço à cova (*cradle to grave*), ou seja, matéria-prima e suas fontes naturais, processos industriais, uso ou consumo de produtos, destinação e tratamento de resíduos, produto e suas embalagens.

Sua essência consiste na

a) visão do sistema global de produção;

b) aplicação dos princípios fundamentais – precaução, prevenção, integração e controle democrático; e

c) responsabilidade continuada do produtor.

23.2.1 Sistema global de produção

Propõe que a gestão industrial adote a visão integrada da manufatura, incluindo:

- fontes de materiais, sua escolha, extração e uso;
- processo de produção, acabamento, sistemas de embalagem e transporte;
- uso de produtos manufaturados e padrões de consumo; e
- opções de manejo ambiental para resíduos, produtos, suas embalagens e os remanescentes de produtos, ao final de sua vida útil, com preferência para a sequência de redução de resíduos na fonte e reciclagem.

A incineração deve ser evitada e o despejo em aterros é visto com reservas.

23.2.2 Princípio da precaução (*melhor estar seguro do que arrependido*)

Medida cautelar, já adotada na Europa, que obriga a indústria a eliminar ou reduzir os ingressos (*inputs*) – na natureza – de materiais gerados pelas atividades humanas, sempre que houver indícios de que determinado material ou produto exibe potencial ou possa causar danos ao ambiente e/ou ao homem, (...) independentemente de confirmação científica.

Pelo princípio da precaução, o produtor (não a comunidade, nem o governo) é responsável pelo ônus da prova de que determinado produto, processo ou material não irá causar danos ao homem e ao ambiente. Sempre que houver indícios de problemas ambientais, em princípio recomenda o **redesenho do sistema de produção e consumo**.

23.2.3 Princípio da prevenção (é mais barato prevenir do que curar)

Propõe a substituição de **controle da poluição por prevenção da geração** de resíduos e dos consequentes impactos ambientais.

O modelo *end-of-pipe* contribui para um determinado tipo de ambiente, enquanto o princípio da prevenção resulta em benefício para diferentes meios ambientais, uma vez que visa reduzir ou eliminar, na fonte, as emissões potencialmente poluidoras, perigosas ou tóxicas. A abordagem *end-of-pipe* realimenta o mercado de resíduos perigosos e tóxicos, ao contrário do princípio da prevenção, que elimina resíduos indesejáveis.

O princípio da prevenção não depende de regulamentação compulsória, nem de acordos voluntários. Traduz a vontade da empresa, derivada do entendimento de sua responsabilidade pública, da aprendizagem em segmento industrial particular ou no mercado em geral.

23.2.4 Princípio da integração (visão holística do sistema)

Estabelece que os princípios da precaução e da prevenção sejam aplicados em todos os fluxos do sistema global de produção, dos impactos macroeconômicos e nas mudanças estruturais na economia.

O princípio da integração requer espectro mais amplo de informações. Para isso, utiliza-se a **Avaliação do Ciclo de Vida** (ACV) do produto, capaz de verificar a melhoria ambiental que poderia ocorrer, a partir de mudanças na matéria-prima, no produto, no processo ou no uso do produto. Genericamente, a ACV abrange

- inventário do consumo de energia e liberação de materiais nos ecossistemas;
- impacto provocado por tal liberação, e
- avaliação ecológica, econômica e societal de tais impactos.

Alguns autores referem-se a "análise do ciclo de vida", enquanto outros mencionam "avaliação". Informações sobre *Life Cycle Assessment* – no contexto de **Produção Limpa** – estão disponíveis em artigos formalmente publicados (Huisingh, 1995; Böhm & Walz, 1996) e identificadas em importantes sites da Internet que tratam do assunto, tais como: http://www.cfd.rmit.edu.au; http://www.utoronto.ca/; http:// www.io.org; young@ecf.toronto.edu.

A procura por meio de palavras-chave é bem sucedida, com o uso de arquivos de busca, como os do Netscape (Lycos, Yahoo, Insite, Magellan); http://webcrawler.com/; http:/searcher.mckinley.com/searcher.cgi); http://altavista.digital.com/; http://www.clearinghouse.net/, entre outros.

23.2.5 Princípio do controle democrático

Propõe que os trabalhadores, consumidores e a comunidade – por estarem sujeitos aos impactos dos processos industriais, produtos e suas embalagens – devam ter acesso às informações sobre emissões, efeitos, potencial de danos, segurança e outros dados fatuais sobre a qualidade ambiental e para saúde humana.

O controle democrático requer o livre acesso a tais informações. Para isso, recomenda-se que a indústria mantenha sistemas de levantamento da opinião pública a respeito de seus processos, produtos e embalagens, para tomada de decisões de negócios e política de comunicação ambiental.

23.3 IMPLANTAÇÃO DE PRODUÇÃO LIMPA

A adoção da **Produção Limpa** deve envolver todos os integrantes da empresa, estender-se aos consumidores e outros segmentos externos à indústria. O sucesso da empresa poderá ser alcançado com medidas simples, sem maiores esforços, nem custos elevados.

Já está demonstrada redução de até 70% nas emissões e resíduos em processos industriais, com resultados lucrativos do ponto de vista tecnológico e econômico (Unep, 1994). O retorno dos investimentos varia de acordo com a natureza do produto/processo e do mercado. Investimentos, entre US$ 10 mil e US$ 6 milhões, deram retorno entre 1 e 66 meses (Unep, 1993).Vantagens tecnológicas, ambientais e socioeconômicas foram demonstradas em mais de 600 estudos de caso (Gee, 1994).

A empresa industrial deverá adotar cronograma adequado a seu mercado, necessidades e disponibilidades. O primeiro passo é empreender ação concreta, levando em conta etapas ou providências recomendadas por diferentes autores e organizações (Jackson, 1993; Ehrerberg, 1994; Gee, 1994; Unep, 1994; Greenpeace, 1995; Huisingh, 1995):

- aceitação política, no nível da direção da empresa, dos princípios e conceitos da Produção Limpa;
- mudanças organizacionais e sociais internas e criação de programas de treinamento;
- conhecimento da legislação compulsória e de acordos voluntários, incentivos e oportunidades;
- levantamento da opinião de consumidores, da comunidades e de organizações não governamentais;
- implantação de modelo de auditoria ambiental voluntária interna e de comunicação ambiental para trabalhadores, consumidores, comunidade, organizações governamentais e não governamentais;
- *design* de produto ou de processo para:
    a) redução de resíduos na fonte geradora,
    b) redução de consumo de água e energia,
    c) reuso,
    d) reciclagem (energia–eficiente e não perigosa) primária na fábrica ou fora.

As mudanças serão difíceis. Os governos e a própria comunidade temem comprometer os investimentos para desenvolvimento local, representados por projetos industriais neoclássicos. Os defensores da **Produção Limpa** reconhecem as dificuldades, e muitos recomendam estratégias de estímulos para aumento da competitividade, em vez de regulamentação fiscalizadora e punitiva (Jackson, 1993).

23.4 PRODUÇÃO LIMPA NO BRASIL E TENDÊNCIAS DE MERCADO

A mídia jornalística no Brasil já aborda as questões envolvendo indústria e ambiente (Badue et al., 1996). Agências de financiamento (Finep, BNDES) estão adotando critérios para avaliar projetos industriais segundo a ótica ambiental.

A expressão **tecnologia limpa** vem sendo usada com certa frequência, com significado diferente de **produção limpa**, do ponto de vista de sua abrangência. Desde 1995 existe o Centro Nacional de Tecnologia Limpa, em Porto Alegre, RS, com a participação do Pnuma, Unido e Federação das Indústrias do Estado do Rio Grande do Sul (Amsberg, 1995). O programa de Produção Limpa, no contexto mais amplo e apresentado no presente texto, será criado no Departamento de Engenharia de Produção da Escola Politécnica da USP, devendo ser seguido de outras iniciativas.

O direito ambiental, no Brasil, começa a ser tratado em textos analíticos e periódicos especializados. A legislação ambiental brasileira ainda necessita de código bem estruturado. Avaliações importantes e metodologias adequadas de estudo deverão surgir, para determinar a competência legal e responsabilidade nas entidades federais, estaduais e municipais sobre temas como: os princípios da precaução e da prevenção, o direito público de acesso às informações sobre segurança e uso de produtos, o poluidor–pagador; e o direito de uso do ambiente, dentre outros (Mukai, 1994).

Será preciso alcançar maior expansão e aperfeiçoamento da competência local em:

- reciclagem, levando-se em conta, por exemplo, a proposta de gerenciamento integrado da Cempre – Compromisso Empresarial para a Reciclagem –, sem negligenciar as possíveis implicações ambientais e sociais (Cooper, 1994);
- comercialização e reutilização de resíduos (Bolsa de Resíduos do Estado de Minas Gerais),
- financiamento de projetos industriais com visão ambiental (Protocolo Verde, criado pelo Ibama e implementado por meio de financiamentos bancários);
- programa Finep Verde, para financiamento de projetos;
- ecotaxas (Ministério da Indústria e Comércio); e
- implementação da série ISO 14000 (Grupo Gana da ABNT).

Acima de tudo, será preciso contar com pessoal qualificado, em centros acadêmicos, institutos de pesquisas, empresas, organizações governamentais e não governamentais.

As previsões apontam para oportunidades em desenvolvimento de capacitação para serviços, abrangendo:

- engenharia técnica, para avaliação *in situ*, *design* de processos, especificação de controles, gerência de projeto;
- consultoria ambiental, para avaliação de impacto, auditoria e monitoramento ambiental e gestão de riscos; e
- gestão empresarial baseada no uso de sistemas especializados para estimativas de custos, avaliação de impactos, estimativas de impactos ecológicos por processos industriais, análises financeiras e gestão de bases de dados sobre o sistema de produção.

A OCDE prevê maior atenção para tecnologias limpas, menor ênfase aos métodos clássicos de controle de poluição e maior demanda em manejo de resíduos perigosos e tóxicos e em remediação de áreas. Portanto, será preciso desenvolver modelos de administração industrial que atendam às diferentes tendências de mercado (Figura 1) e dar atenção aos segmentos de maior demanda, nos quais o resíduo será o principal indicador de oportunidades (Figura 2).

Manifestações em conferências indicam que o mercado ambiental brasileiro é da ordem de US$ 2 bilhões/ano. Os desafios são muito grandes, principalmente por que não há dados seguros sobre o impacto ambiental causado pela indústria nacional, faltam mecanismos de registro obrigatório de emissões e de política de controle ambiental explícita. Parte da problemática ambiental está retratada em atlas que analisa os impactos dos chamados macrovetores econômicos sobre os ecossistemas brasileiros (Ministério do Meio Ambiente, 1996).

Tendências no Mercado da Indústria e Ambiente OCDE – 1990 a 2000 Evolução total – 5,5% US$ 200 para US$300 bilhões
Crescimento 1. Serviços – US$ 40 para US$ 80 bilhões (+ 7,4%) 2. Testes de produtos 3. Controle integrado de processo, produto e ambiente 4. Engenharia analítica e de produto e processo 5. Auditoria e monitoramento ambiental e gestão de riscos 6. Tecnologias limpas 7. Manejo de resíduos, principalmente tóxicos e perigosos 8. Técnicas de recuperação ambiental
Redução 1. Sistemas *end-of-pipe* 2. Tratamentos clássicos de resíduos e de água

Figura 1 Tendências no mercado da indústria e ambiente.

Setor da indústria	Poluente ou ambiente poluído			
	Resíduos	Água	Ar	Ruído
Equipamentos não elétricos	60	20	15	5
Químicos	40	35	20	5
Engenharia elétrica	50	30	15	5
Automóveis	40	10	35	15
Processamento de afluentes	30	50	18	2
Construção	50	30	15	5
Refinação de petróleo	10	30	59	1
Plásticos	70	20	8	2
Ferro e aço	30	50	16	4
Computadores e equipamentos de escritório	40	40	18	2
Papel e celulose	40	35	20	5
Não metálicos	10	30	50	10
Têxteis	50	20	28	2
Equipamentos científicos	15	60	23	2

Fonte: OCDE.

Figura 2 Demandas setoriais.

Apesar de os desafios serem grandes, a Produção Limpa será a chave para o êxito da empresa dos anos 2000.

Questões para reflexão

1. O Brasil é signatário da Convenção da Basileia (que proíbe a transferência de resíduos perigosos entre nações), da Convenção de Genebra (que regulamenta

a poluição transfronteiriça) e do Acordo para Banimento de POPs Poluentes Orgânicos Persistentes. Quais as consequências tecnológicas e para os modelos de gestão empresarial e do sistema de manufatura?

2. Que mudanças uma fábrica brasileira deve introduzir para adotar as estratégias ambientais competitivas na decisão de seus negócios, sob três aspectos:

   a) tecnologia,
   b) gestão empresarial e
   c) conformidade à legislação?

3. Tabular as diferenças ou os limites conceituais entre: produção limpa, produção mais limpa e tecnologia limpa.

4. A série ISO 14000 abrange normas para definição do sistema de gestão ambiental, de rótulos ambientais, autodeclarações, análise de ciclo de vida de produto e outros tópicos para certificação do comportamento da empresa em relação ao ambiente. Relacione as exigências ou necessidades para que a certificação pela série ISO 14000 signifique que a indústria esteja usando o modelo de produção limpa.

5. Alguns afirmam que os Selos Ambientais (Verdes) e outros instrumentos preconizados pela Série ISO 14000 são importantes para melhorar as relações entre indústria e ambiente. Outros dizem que tais elementos constituem barreiras não tarifárias para o comércio internacional. Relacione e interprete os argumentos usados para cada uma das duas afirmativas.

6. Relacione as possíveis barreiras e dificuldades para que o sistema industrial e econômico brasileiro reconheça e adote os princípios da precaução, do direito público à informação e da participação democrática, previstos em produção limpa.

Referências bibliográficas comentadas

AMSBERG, J. von. *Policy approaches to promote cleaner production in Argentina, Brazil and Chile*. 1995. 18 p. Joachim von Amsberg. Disponível em: <WWW Home,http://members.gnn.com/AnjumKhan/jvanhome.htm>. Acesso em: E-mailjvonamsberg@world bankorg. Análise, interpretações e conclusões pessoais do técnico do Banco Mundial, para América Latina e Caribe, sobre produção mais limpa, opções estratégicas para indústrias e diagnóstico para Argentina, Brasil e Chile, abrangendo cenário macroeconômico, principais problemas de poluição, política ambiental e atividades em produção mais limpa.

BADUE, A. F. B. et al. (coord). *Oportunidades do ecobusiness. Gestão Ambiental*. Instituto Herbert Levy, Brasília, v. 8, 8 maio 1996, 8 p. 1996. Abordagem, por diversos autores, de oportunidades e mercado de ecobusiness, com ênfase nos países da OCDE (industrialmente desenvolvidos), com algumas referências para o Brasil (reciclagem, Protocolo Verde, Finep Verde, Bolsa de Resíduos, algumas empresas que comercializam equipamentos, insumos e serviços).

BOHM, E.; WALTZ, R. Life: Cycle-Analysis: a methodology to analyse ecological consequences within Technology Assessment Study. Int. *J. Tecnol. Management*, Special Issue on Technology Assessment, v. 11 n. 5-6, p. 554-565, 1996. Revisão e estado da arte de LCA e suas implicações como instrumento para avaliação de efeitos ecológicos de tecnologia de produção e produtos.

COOPER, T. *Beyond recycling*. London: The New Economics Foundation, 1994. 21 p. Revisão de reciclagem, do ponto de vista da viabilidade tecnológica, estratégica, social, econômica e política, levando em conta as características e extensão de uso de produtos. Abordagem a mudança de práticas tributárias e tarifárias, para estimular o segmento.

EHEREBERG, J. *Industrial ecology*: a strategic framework for product policy and other sustainable practices. Backdrop paper written for a conference on product policy, Stockholm, Sweden, 1994. 32 p. Discussão ampla de paradigmas socioeconômicos e suas implicações no sistema industrial contemporâneo; definição de conceitos importantes para ecologia industrial, produção limpa e terminologia afim; problemas na abordagem e mudanças comportamentais na empresa.

EPA-US. *Environment investments*: the cost of a clean environment. Washington: EPA, Office of Policy, Planning and Evaluation, 1990. 51 p. Sumário de dispêndios e projeção de custos para controle de poluição industrial; análise e previsão de valores estimados, segundo diferentes cenários, para remediação de áreas degradas pelo despejo de resíduos industriais perigosos; comparações de custos entre diferentes meios (água, ar, solo), alguns segmentos industriais; e em alguns países europeus.

EPA-US. The environmental challenge ofthe 1990's. Proceedings. Intl. Confer. on Pollution Prevention: Clean Technologies and Clean products. Washington, DC, 10-13 jun. 1990. *Risk Reduction Engin*. Lab. EPA, Cincinnati, 1990. 747 p. Resultados de projetos concluídos e em andamento, envolvendo redução de riscos, em laboratórios do EPA e do setor privado, abordando: política ambiental; análise de técnicas, processos e avaliação de minimização/redução de resíduos; estudos de casos (acadêmicos) e experiência em indústrias; programas de governos nacionais e estaduais; modelos de incentivos econômicos e regulatórios; comportamento social como fator de mudança para implantação de tecnologias limpas; responsabilidade de segmentos acadêmicos e de associações de engenharia; promoção de produção limpa.

GEE, D. *Clean production*: From industrial dinosaur to eco-efficiency. Manufacturing Science Finance Research, prk House, 64/66 Wandsworth Common N. Side, London, 1994. 88 p. Abordagem ampla ao tema, com discussão de conceitos, princípios, estratégias; mercado potencial; barreiras; estratégias de ação; resultados já alcançados; empregos e fontes de informações.

GREENPEACE. *A Clean production approach to eliminate marine pollution*. Washington: Greenpeace, 1995. 26 p. Conceitos, princípios, estratégias e procedimentos para implantação de Produção Limpa, para uso de Governos (regulatórios, tributários) e indústrias (administrativos); abordagem a estudo de caso e a lista de produtos químicos perigosos a serem eliminados ou banidos, seus substitutos ou alternativas.

GREENDISK. *Paperless Environmental Journal*. Washington, 1992-1996. Diversos textos e inúmeras referências a temas importantes em questões ambientais, com informações sobre entidades, publicações, atividades de grupos ambientalistas, bases de dados ambientais, iniciativas de organizações governamentais, relações entre empresas e o ambiente, dentre outras. Edição para PC IBM compatível, através de disquetes de 3,5 pol., 1,44, com software próprio para leitura e manejo das informações, inclusive pesquisa por palavras chave e montagem de banco de dados ambientais dos textos.(GreenDisk, P. O. Box 32224, Washingon DC 20007 USA. Internet <greendisk@igc.apc.org>.

HUISINGH, D. *Overview ofwaste minimization and cleaner production activities*. Paris: Unep, 1995. 119 p. Visão geral das atividades mundiais em produção limpa, abrangendo as ações das Nações Unidas, governos, grupos acadêmicos e abordando programas, projetos, eventos, cursos, informações, bibliografias, audiovisuais etc.

INTERNATIONAL EUREKA WORKSHOP. *Eco Materiais and Eco Design*. Documentation. Baden bei Wien, 11-13 dez. Viena, 1994. 108 p. Temas fundamentais para as estratégias de produção limpa, envolvendo reorientação da economia, caracterização de ecomateriais e ecodesign, critérios de avaliação de ecoprodutos, implementação de processos na indústria.

JACKSON, T. (ed.). *Clean production strategies*. Boca Raton: SEI Stockholm Environment Institute. Lewis Publishers, 1993. 415 pp. Coleção de 18 capítulos, por diversos autores, envolvendo ampla abordagem à produção limpa: contexto científico e econômico, aplicáveis a ecossistemas naturais e humano (sistema econômico); fundamentos e aplicação de princípios da precaução, da prevenção e integração, inclusive avaliação de ciclo de vida; implicações econômicas e sociais de resíduos perigosos; infraestrutura estratégica e operacional para produção limpa, questões e barreiras econômicas para adoção da estratégia; política de consumo, intervenções e estímulos governamentais; consequências de ações de responsabilidade civil contra o produtor; e significado social da mudança de paradigmas.

MINISTÉRIO DO MEIO AMBIENTE. *Os ecossistemas brasileiros e os principais macrovetores de desenvolvimento*. 188pp, mais 16 cartas síntese. Ministério do Meio Ambiente, dos Recursos Hídricos e da Amazônia Legal (Secretaria de Coordenação dos Assuntos do Meio Ambiente; Programa Nacional do Meio Ambiente), 1996. A questão ambiental sobre ecossistemas naturais brasileiros, gerada por atividades em diferentes segmentos socioeconômicos e ilustração da "dinâmica (e as tendências projetadas) do desenvolvimento econômico atual e as suas relações específicas com os recursos e os patrimônios naturais" do Brasil. O objetivo foi subsidiar "estratégias correntes e futuras de planejamento e gestão ambiental em escala nacional", que ultrapassem instrumentos de controle e fiscalização, para incorporar "análises prospectivas" e "políticas preventivas", principalmente as de "natureza indutória".

MUKAI, T. *Direito ambiental sistematizado*. Rio de Janeiro: Forense Universitária Bibl. Jurídica, 1994. 191 pp. Sistematização do direito ambiental brasileiro, segundo implicações dos códigos de direito público, administrativo e da ordem econômica; avaliação do estágio atual, como ciência e prática jurídica e comparações com o direito ambiental internacional.

OCED. *The OCED environment industry*: situation, prospects and government policies. OECD, Paris, Doc OCDE/GD v. 32, n. 1, 1992. 33 p. Tendências e oportunidades para o mercado da indústria ambiental para o ano 2000.

UNEP. *Cleaner production woldwide*. Paris: Unep Industry and Environment, 1993. 36 p. Exemplos de estudos de caso e projetos, realizados em indústrias de vários países, demonstrando a viabilidade técnica, econômica e financeira da produção limpa.

UNEP. *Government strategies and policies for cleaner production*. Paris: Unep, Industry and Environment, 1994. 32 p. Guia de estratégias para governos interessados na criação de programas nacionais de produção limpa.

UNEP. *Cleaner production worldwide II*. Paris: Unep, Industry and Environment, 1995. 47 p. Continuação de apresentação de estudos de caso e projetos em várias regiões do mundo.

UNIDO. *UNIDO activities in the field of cleaner production*. (Resumo), prepared by Environment and Energy Brach, Industrial Sectors and Environment Division, submitted to "The International Waste Minimization Workshop", Washington, 29-31 mar. 1995. 5 p. Síntese das linhas de ação e atividades da agência das Nações Unidas para o Desenvolvimento Industrial, em Ecologically Sustainable Industrial Development. Citação do projeto em cooperação com o Senai e Centro de Tecnologia da Indústria Química e Têxtil, para redução de efluente poluidor.

WILT, C. A.; DAVIS, G. A. (ed.). *Extended producer responsibility*: a new principie for a new generation of pollution prevention. Proceedings of symposium on *Extended producer Responsibility*, Washington, 14-15 nov. 1994. Center for Clean Prods. and Clean Technol., Univ. Tenn., Knoxville, 1995. 123 p. Abordagem por pesquisadores e analistas políticos, procedentes de diversas organizações governamentais e não governamentais, para discussão de diferentes modelos de responsabilidade dos produtores sobre os efeitos poluidores, abrangendo: produtos, processos, embalagens. Tendências em diversas regiões do mundo.

TERCEIRA PARTE

ÁREAS ESPECÍFICAS

Seção 9 ÁREA FINANCEIRA

    Capítulo 24 Introdução à contabilidade geral 303
                    Marcelo Schmeck de Paula Pessôa

    Capítulo 25 Administração financeira 329
                    José Woiler

    Capítulo 26 Custos industriais 337
                    Nilton Nunes Toledo

Seção 10 ÁREAS DE APOIO À PRODUÇÃO

    Capítulo 27 Movimentação e armazenagem de materiais 352
                    Floriano do Amaral Gurgel

    Capítulo 28 Gestão da manutenção 365
                    José Carlos Vaz

Seção 11 ÁREAS VOLTADAS PARA O MERCADO

    Capítulo 29 Desenvolvimento do produto 376
                    Floriano do Amaral Gurgel

    Capítulo 30 Marketing industrial 388
                    Celso Cláudio de Hildebrand e Grisi

    Capítulo 31 Gestão da logística 403
                    Antonio Galvão N. Novaes
                    Antonio Carlos Alvarenga

    Capítulo 32 Serviços 417
                    Irineu Gianesi
                    Henrique Corrêa

CAPÍTULO 24

INTRODUÇÃO À CONTABILIDADE GERAL

Marcelo S. de Paula Pessôa

24.1 INTRODUÇÃO

Você é o diretor da TudoWare, uma empresa que desenvolve hardware, software e implanta sistemas de automação nas empresas industriais. O problema que você está enfrentando no momento é não compreender direito as contas da empresa!

O diretor financeiro, o Sr. Muqui Rana, apresenta umas contas absolutamente incompreensíveis (Ah! Se eu tivesse assistido as aulas de contabilidade na graduação...). Enfim, você recorre ao seu amigo Zé da Conta, que vai lhe dar umas dicas sobre a análise das contas da TudoWare. Você recebeu do Muqui Rana o balanço mostrado adiante.

Zé da Conta, logo de início, explicou que o **balanço** é uma fotografia da empresa em um determinado instante. Não existe a variável tempo no balanço. Ele representa o resultado final da operação da empresa até o momento de sua preparação. Os balanços são normalmente realizados a intervalos regulares, anuais ou de outro período.

Zé da Conta também chamou a atenção para um fato interessante: todo balanço mostra os valores organizados em duas colunas, que sempre apresentam a mesma soma do lado esquerdo e do lado direito.

Pode-se dizer que os **bens e direitos da empresa**, representados pelo **ativo**, são financiados pelo **passivo** (recursos de terceiros) e pelo **patrimônio líquido** (recursos dos acionistas). Essa é a razão pela qual a **soma dos ativos é igual à soma dos passivos mais o patrimônio líquido**. Esse é o motivo pelo qual o **balanço** tem de apresentar o mesmo valor nas duas colunas.

Na coluna da direita, estão o **passivo** e o **patrimônio líquido**. Essa coluna representa o que a empresa deve a terceiros. Os valores sob o título de **passivo** são as obrigações a pagar a terceiros, por exemplo a fornecedores, empréstimos bancários e impostos. O **patrimônio líquido** contém as obrigações com seus proprietários – os acionistas – que colocam capital na sua criação ou em novas chamadas de dinheiro. O lucro gerado pela operação da empresa pode ser distribuído aos acionistas ou retido na empresa, incorporando-se ao patrimônio líquido.

Observando mais atentamente o balanço, pode-se notar que os valores estão agrupados sob diversos títulos, em uma ordem decrescente de **liquidez**, de cima para baixo. **Liquidez** é o termo utilizado para representar a facilidade de se transformar um bem em dinheiro.

TUDOWARE ELETRÔNICA INDÚSTRIA E COMÉRCIO
BALANÇO DE 31 DE DEZEMBRO DE **

ATIVO		PASSIVO	
Ativo Circulante		*Passivo Circulante*	
Caixa e Bancos	25.000,00	Contas a pagar (até 365 dias)	13.500,00
		Fornecedores	6.700,00
Valores a Receber		Impostos a Pagar	13.500,00
Duplicatas a Receber	78.000,00	Obrigações Sociais	4.500,00
Duplicatas Descontadas	(14.000,00)	Previsão para Imposto de Renda	11.000,00
		Empréstimos Bancários	35.000,00
Estoques			
Matérias-primas	34.000,00	*Passivo Exigível a Longo Prazo*	45.000,00
Produtos Acabados	13.000,00		
Despesas Diferidas			
Seguros a vencer	1.700,00		
Total Ativo Circulante	137.700,00	**PATRIMÔNIO LÍQUIDO**	
		Capital Inicial	160.000,00
		Capital a Integralizar	20.000,00
Ativo Realizável a Longo Prazo		Lucros ou Prejuízos Acumulados	18.000,00
Valores a Receber (>365 dias)	13.000,00		
Ativo Permanente			
Equipamentos	95.000,00		
Veículos	21.000,00		
Depreciação Acumulada	(7.000,00)		
Imóveis	65.000,00		
Marcas e Patentes	2.500,00		
Total do Ativo	327.200,00	Total do Passivo	327.200,00

24.1.1 Plano de contas

Os registros dos eventos econômicos são realizados em **contas**. Essas contas são organizadas em um **plano de contas**, de maneira a representar claramente onde os recursos são aplicados e de onde são provenientes. Na TudoWare, o plano de contas, que o Sr. Muqui Rana preparou, possui um grande número de contas, algumas das quais aqui relacionadas:

Contas de Ativo	Contas de Passivo
Caixa	
Duplicatas a Receber	Fornecedores
Estoques	Contas a Pagar
Móveis e Utensílios	Impostos a Pagar
Veículos	Capital Social
Equipamentos	
Imóveis	

As contas são organizadas em contas e subcontas. Para exemplificar, quando se fala em **caixa**, está sendo feita referência a um grupo de subcontas que engloba o **caixa** da empresa – dinheiro em espécie – e, digamos, a **conta corrente**, relativa ao movimento em cinco bancos diferentes.

Dessa forma, o **plano de contas** é uma estrutura hierárquica de **contas** e **subcontas**, agrupadas em diversos níveis diferentes que, nos níveis mais altos, formam as contas do ativo, passivo e patrimônio líquido.

24.1.2 Ativo

O **ativo** está organizado em **ativo circulante, ativo realizável a longo prazo** e **ativo permanente**, seguindo a regra da liquidez[1]. O item de maior liquidez é o próprio dinheiro, ou seja, o caixa e as contas correntes da empresa nos bancos. Na outra ponta, está o **ativo permanente**, que são os bens adquiridos para a operação da empresa, como imóveis e maquinário (não se destinam à venda).

No grupo **valores a receber**, estão os itens referentes a vendas já realizadas, porém ainda não recebidas dos clientes. São as **duplicatas a receber**[2] e as **duplicatas descontadas**. Essas últimas são duplicatas que a empresa vendeu para os bancos – essa operação chama-se **desconto de duplicata** – para ter dinheiro em caixa antes do prazo. Repare que esse valor está entre parênteses, porque em contabilidade é usual a notação de valores negativos entre parênteses. Como as **duplicatas descontadas** já estão no item **duplicatas a receber**, é necessário subtraí-las. É necessário manter o registro dessa operação, porque, se o cliente não pagá-las, a empresa deverá quitá-las e retomar as duplicatas vendidas.

O **estoque** representa também um item de boa liquidez e está dividido em **matérias-primas**, aqueles materiais utilizados para se fabricar os produtos, e em **produtos acabados**, prontos para vender. Existem outros itens, como material de consumo e material em processamento, que também podem compor o estoque.

Uma **despesa diferida** é um valor gasto no período, mas que influenciará o seguinte ou os períodos seguintes. No caso, o seguro pago antecipadamente, com validade por um ano, pode ter efeito além do período contábil. Conforme já foi dito, o balanço é uma fotografia da empresa em um determinado instante, e essa é a forma de destacar valores que terão influência em período contábil futuro.

O **ativo permanente** é o item de menor liquidez do balanço, e nele estão os equipamentos utilizados na operação da empresa. Os veículos são bens como automóveis, caminhões, empilhadeiras. Os imóveis são as propriedades que estão em nome da empresa, como terrenos e edificações.

A **depreciação acumulada** é um valor negativo porque representa a perda de valor de itens do ativo permanente por desgaste ou por obsolescência. É mantida destacada no ativo para preservar o valor histórico do ativo permanente, que é muito importante para uma correta análise da empresa. Maiores detalhes devem ser vistos no capítulo sobre engenharia econômica.

As **marcas** e **patentes** não precisam ser citadas, porque você, como diretor de Engenharia, foi quem negociou e adquiriu as patentes para fabricar alguns dos produtos da empresa. Observar que, embora você tenha patentes de propriedade da empresa, só podem ser contabilizadas aquelas que foram adquiridas de terceiros, pois há um documento de aquisição que pode ser chamado de **fato gerador** do lançamento contábil. As marcas ou patentes que você desenvolveu internamente, embora possam ter valor comercial alto, não podem aparecer no balanço pois não existe o **fato gerador**.

24.1.3 Passivo e patrimônio líquido

Do lado direito estão o **passivo** e o **patrimônio líquido**.

- O **passivo** é formado pelo **passivo circulante** e pelo **passivo exigível a longo prazo**.

- O **passivo circulante**, como no caso do ativo, é o item de maior liquidez, ou seja, compromissos a serem quitados em curto prazo. São itens como dívidas com fornecedores – as compras faturadas –, impostos a serem pagos, obrigações sociais – como INSS – e empréstimos bancários.

Valores a serem pagos em prazos superiores ao período contábil – normalmente um ano – são considerados de longo prazo e discriminados separadamente no **passivo exigível a longo prazo**. Seria o caso do empréstimo que a TudoWare fez para ampliação da fábrica.

Outro item importante do passivo é o **patrimônio líquido**, que representa a dívida da empresa com seus proprietários. O **contrato social** é um documento dinâmico, estabelecido na abertura da empresa, que discrimina os recursos que cada sócio colocou **capital inicial** – e se comprometeu a colocar – **capital a integralizar** – e estabelece as regras de poder, relacionamento e responsabilidades entre os diversos sócios. Esses itens são relacionados no balanço.

Normalmente, as empresas são formadas para gerar riqueza, ou seja, para gerar **lucro**. Isso é a remuneração do capital, a razão pela qual as pessoas adquirem ações das empresas. Caso o resultado seja negativo, a empresa deu prejuízo e o capital investido pelo acionista perdeu o valor.

Zé da Conta, bastante entusiasmado com sua explanação, perguntou se você conhecia a **equação fundamental do balanço**. Ela rege a formação do balanço:

$$ATIVO = PASSIVO + PATRIMÔNIO\ LÍQUIDO$$

A essa altura você já compreendia um pouco melhor as coisas e estava até mais tranquilo, porque pôde observar que a TudoWare dera lucro nesse período. Uma coisa porém o estava intrigando: isso é muito macroscópico, como poderia você utilizar isso no dia a dia da empresa?

Zé da Conta, que parece adivinhar seus pensamentos, disse para você ter paciência e observar atentamente os mecanismos contábeis realizados no dia a dia da empresa.

24.2 O MÉTODO DAS PARTIDAS DOBRADAS

Em tom professoral, Zé da Conta perguntou:

— Você sabia que o primeiro livro sistematizado sobre escrituração contábil foi o *Summa de arithmetica geometria proportioni e proportionalità*? Esse livro foi publicado em Veneza, em 1494, pelo religioso Fra Luca Pacioli, na época em que progrediam as navegações marítimas e florescia o comércio internacional. Nesse livro, já constavam conceitos até hoje utilizados como os de **diário**, **razão**, **encerramento das contas** e até as contas *pro* e *dano* (lucros e perdas)![3].

Bem, a partida dobrada é uma técnica utilizada para fazer os **registros contábeis**. Como diz o nome, ela realiza **dois registros** para cada **evento econômico**, um para identificar a **fonte** e outro para identificar a **aplicação** do recurso. Isso começa a fazer sentido, porque no balanço também existem a coluna do **ativo**, que vai demonstrar onde estão aplicados os recursos da empresa, e a coluna do **passivo e patrimônio líquido**, que demonstra a origem desses recursos.

24.2.1 O razão

Observe que as contas sempre são classificadas como contas de ativo, de passivo ou de situação líquida. Os lançamentos, antigamente, eram realizados em um livro denominado **razão**. Uma conta é lançada em uma ficha com a seguinte aparência:

					N.º 0000000
Conta: (título da conta)					
Data	Descrição	Débito	Crédito	D/C	Saldo

Por razões de simplicidade, as contas serão representadas não da forma acima, mas nas denominadas **contas em T** ou **razonetes em T**, da seguinte maneira:

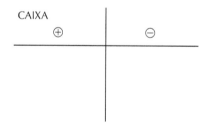

24.2.2 Os lançamentos

— Você não ia comprar um veículo utilitário para o pessoal fazer atendimento de manutenção a cliente? perguntou Zé da Conta.

Era verdade, estávamos adquirindo um veículo usado para essa finalidade. O furgão que havíamos encontrado valia quase R$ 11.000,00, e o adquirimos de uma empresa que estava com problemas de caixa que, por isso, nos ofereceu por R$ 9.000,00 à vista, uma bagatela!

Como devo lançar isso na contabilidade: Por R$ 11.000,00 ou por R$ 9.000,00? Zé da Conta explicou:

— Você nunca deve confundir custo com valor. Embora o veículo possa valer, no mercado, R$ 11.000,00, a empresa desembolsou R$ 9.000,00. Como esse foi seu **custo real**, é esse valor que deverá ser lançado. Observe que o fato gerador dessa compra foi um recibo de R$ 9.000,00, o único documento que comprova a realização dessa transação.

Lançamento 1

Quais são as duas contas envolvidas? **Caixa e veículos**, ambas contas de ativo. Em uma delas deve-se fazer o lançamento no lado (+) e, na outra, no lado (–). A dúvida que poderá surgir é em qual lado lançar. Observe que sempre em uma das contas é fácil saber qual é o lado. Na outra, sempre será do lado oposto para manter as colunas balanceadas. Observar a situação dessas contas antes do lançamento – os valores são provenientes do balanço:

O pagamento será efetuado com dinheiro do caixa e, portanto, deverá ser lançado no lado direito, demonstrando a redução da disponibilidade de caixa. Na conta veículos, portanto, o lançamento deverá ser feito do lado (+), pois vai aumentar o ativo de veículos da empresa:

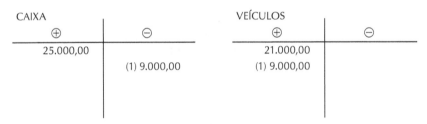

(1) corresponde ao número do lançamento

Em resumo, todo lançamento deve ser realizado em duas ou mais contas no lado (+) e no lado (–), de tal forma que seja mantido o equilíbrio dos valores lançados nos dois lados. Para registrar o lançamento, deve-se escolher as contas envolvidas e determinar os lados corretos dos lançamentos.

24.2.3 Mais lançamentos

Você gostou da brincadeira e resolveu contar para o Muqui Rana que estava se interessando pelo assunto. Muqui Rana achou ótimo e lhe passou os seguintes lançamentos para realizar:

2. recebimento de duplicatas no valor de R$ 18.000,00;

3. pagamento de impostos no valor de R$ 4.700,00;

4. compra de móveis no valor de R$ 3.500,00 pagos R$ 500,00 de sinal e o restante a ser pago em 30 dias; e

5. fazer um balancete de verificação.

Lançamento 2

2. Recebimento de duplicatas no valor de R$18.000,00.

CAIXA		DUPLICATAS A RECEBER	
⊕	⊖	⊕	⊖
25.000,00		21.000,00	
	(1) 9.000,00		(2) 18.000,00
(2) 18.000,00			

Observe que a disponibilidade de caixa aumentou com o recebimento desse valor, e a conta **duplicatas a receber** ficou diminuída, pois existem menos duplicatas para serem recebidas.

Lançamento 3

3. Pagamento de impostos no valor de R$ 4.700,00.

CAIXA		IMPOSTOS A PAGAR	
⊕	⊖	⊕	⊖
25.000,00			13.500,00
(2) 18.000,00	(1) 9.000,00	(3) 4.700,00	
	(3) 4.700,00		

O fato de a conta **impostos a pagar** ser de passivo, significa que o valor 13.500,00 está do lado (−) do razonete T. Portanto, os lançamentos são fáceis de identificar: na conta caixa, corresponde a uma redução de disponibilide de de dinheiro, portanto do lado (−); na conta **impostos a pagar**, o lançamento é feito do lado (+), fato que reduz no passivo a quantidade de impostos a serem pagos.

Lançamento 4

4. Compra de móveis no valor de R$ 3.500,00, pagos R$ 500,00 de sinal e o restante em 30 dias.

Esse movimento envolve três contas.

1. A aquisição vai aumentar, no próximo balanço, o ativo da empresa no item referente a móveis e utensílios; portanto, o lançamento deve ser realizado do lado (+) dessa conta.

2. Uma parte é paga à vista, com dinheiro do caixa, e, portanto, lançada no lado (−).

3. Uma parte é paga em 30 dias e é lançada na conta de passivo **contas a pagar**.

Note que esse valor é lançado do mesmo lado (−) que o caixa, tornando coerentes os três lançamentos.

Não é usual fazer diversos lançamentos dos dois lados de uma mesma conta; nesses casos, a operação é desmembrada em partidas mais simples.

CAIXA		CONTAS A PAGAR		MÓVEIS E UTENSÍLIOS	
⊕	⊖	⊕	⊖	⊕	⊖
25.000,00			13.500,00	(4) 3.500,00	
	(1) 9.000,00		(4) 3.000,00		
(2) 18.000,00	(3) 4.700,00				
	(4) 500,00				

24.2.4 O balancete de verificação

Lançamento 5

O **balancete de verificação** é uma operação que tem por objetivo verificar se não houve nenhum erro de lançamento e se as contas estão mantendo igualdade nas duas colunas. Para tanto, basta fazer a listagem de todas as contas em uma coluna dupla:

TUDOWARE ELETRÔNICA INDÚSTRIA E COMÉRCIO
BALANÇO DE 15 DE FEVEREIRO DE **

CONTAS	SALDOS	
	⊕	⊖
Caixa	43.000,00	14.200,00
Duplicatas a Receber	78.000,00	18.000,00
Duplicatas Descontadas	(14.000,00)	
Estoque de Matérias-primas	34.000,00	
Estoque de Produtos Acabados	13.000,00	
Seguros a Vencer	(1.700,00)	
Móveis e Utensílios	3.500,00	
Valores a Receber (>365 dias)	13.000,00	
Equipamentos	95.000,00	
Veículos	30.000,00	
Depreciação Acumulada	(7.000,00)	
Imóveis	65.000,00	
Marcas e Patentes	2.500,00	
Contas a Pagar		16.500,00
Fornecedores		6.700,00
Impostos a Pagar	4.700,00	13.500,00
Obrigações Sociais		4.500,00
Previsão para Imposto de Renda		11.000,00
Empréstimos Bancários		35.000,00
Passível Exigível a Longo Prazo		45.000,00
Capital Social		160.000,00
Capital a Integralizar		20.000,00
Lucros ou Prejuízos Acumulados		18.000,00
	362.400,00	362.400,00

Observe que todas as contas são colocadas no **balancete de verificação** por meio do total do lado (+) e do total do lado (−), sem nenhuma alteração. Note também que o valor da soma do ativo alterou em virtude das operações realizadas e o total do ativo e do patrimônio líquido também são alterados para o mesmo valor.

> Você perguntou ao Zé da Conta por que o razão tem uma coluna chamada débito e outra chamada crédito, e ele respondeu que o que foi denominado (+) no razonete T é, em contabilidade, **denominado lado do débito da conta**, e o lado (−) é denominado **crédito da conta**. Pediu, entretanto que você não se preocupasse com isso, porque pode levar a confusão de interpretação por quem não está acostumado com essa terminologia. Basta raciocinar da forma apresentada que é mais fácil de entender.

Zé da Conta aproveitou o ensejo para chamar a atenção para o seguinte fato:

— Veja como tudo se encaixa perfeitamente! Os valores que são colocados no caixa aparecem do lado (+), e os retirados ficam do lado (−). No balancete de verificação, está colocado o total das entradas e o total das saídas. No balanço, como o caixa é uma conta de ativo, está colocada do lado (+) e, portanto, saldo positivo significa dinheiro em caixa naquele valor.

Assim, no plano de contas podem existir contas de ativo, de passivo e de patrimônio líquido que, a qualquer momento, podem ser alinhadas para fazer o balancete de verificação. O único detalhe a ser notado é que as contas de ativo estão, no balanço, no lado (+), e as contas de passivo e de patrimônio líquido estão do lado (−). Observe que podem existir contas de ativo ou de situação líquida com valor negativo, como é o caso de **duplicatas descontadas**, **depreciação** e **lucros** ou **prejuízos acumulados**.

24.2.5 Despesas e receitas

Zé da Conta não resiste e continua sua aula:

— Existe um outro mecanismo muito interessante para que você possa medir o resultado da operação da empresa, ou seja, verificar se ela deu **lucro** ou **prejuízo**. Para isso, é necessário introduzir dois novos tipos de conta: as **receitas** e as **despesas**, pertencentes ao grupo das contas de **resultado**. Quando as **receitas** superam as **despesas**, a empresa teve **lucro**. Isso significa que o patrimônio líquido aumentou. No caso contrário, a empresa teve **prejuízo**, reduzindo o patrimônio líquido.

As **despesas** geralmente são geradas por meio do uso de materiais, serviços, mão de obra, consumo de energia elétrica, aluguéis, entre outros. São lançadas no lado (+) das contas de despesa. As contrapartidas atingem o lado (−) dos mais diversos tipos de conta.

As **receitas** geralmente são geradas por meio de vendas, prestação de serviços ou de aplicações financeiras realizadas pela empresa e são lançadas no lado (−). As contrapartidas podem entrar do lado (+) em contas como **caixa**, **duplicatas a receber** ou em uma conta de passivo quando, por exemplo, se recebe um adiantamento.

As contas de receitas e despesas são chamadas **contas de resultado**. Vamos aproveitar que hoje é 31 de março, para fazer os lançamentos e verificar os resultado deste trimestre. Você me havia explicado que a sua empresa foi contratada para realizar um grande serviço de instalação de equipamento, no mês de março, certo? Escreva aqui os movimentos contábeis para que possamos realizar os lançamentos adequados:

6. Compra de materiais de consumo, no valor de R$ 2.350,00. São materiais como solda, fita isolante, colas, enfim, materiais que serão utilizados para a realização dos serviços. O pagamento desses materiais será feito no dia 18 de abril.
7. A equipe teve despesas de transporte e estadia na cidade onde foi realizado o serviço, totalizando R$ 4.750,00. Esse valor foi pago à vista.
8. Despesas com materiais para instalação, no valor de R$ 12.375,00, a ser pago em 27 de abril.
9. Recebimento no dia 29 de março pelos serviços realizados, perfazendo um total de R$ 38.400,00.
10. Despesas com salário da equipe, no total de R$7.500,00, pagos no dia 30 de março.
11. Revenda de produtos no valor total de R$ 7.342,00

Nesse caso, falou o Zé da Conta, será necessária a abertura de algumas contas de receitas e despesas:

Lançamento 6

6. Compra de materiais de consumo, no valor de R$ 2.350,00 para ser paga no dia 18 de abril.

Contas envolvidas: **despesas com materiais de consumo** (nova) e **contas a pagar**

DESPESA MATERIAL DE CONSUMO		CONTAS A PAGAR	
⊕	⊖	⊕	⊖
(6) 2.350,00			13.500,00
			(4) 3.000,00
			(6) 2.350,00

Observe que, em contas a pagar, por ser uma conta de passivo, fica fácil saber que o lançamento deve ser do lado (–). Portanto, na conta despesa de materiais de consumo, o lançamento precisa ser do lado (+).

Lançamento 7

7. Despesas de transporte e estadia R$ 4.750,00. Esse valor foi pago à vista.

Contas envolvidas: **despesas com transporte e estadia** (nova) e **caixa**.

DESPESAS TRANSPORTE ESTADIA		CAIXA	
⊕	⊖	⊕	⊖
(7) 4.750,00		25.000,00	(1) 9.000,00
		(2) 18.000,00	(3) 4.700,00
			(4) 500,00
			(7) 4.750,00

Nesse caso também, o lançamento óbvio é no lado (−) do *caixa*, restando, para a conta **despesas com transporte e estadia**, o lado (+).

Lançamento 8

8. Despesas com materiais para instalação no valor de R$ 12.375,00, a ser pago em 27 de abril.

DESPESA MATERIAL DE CONSUMO		CONTAS A PAGAR	
⊕	⊖	⊕	⊖
(6) 2.350,00			13.500,00
(8) 12.375,00			(4) 3.000,00
			(6) 2.350,00
			(8) 12.375,00

Nesse caso, o lançamento é idêntico ao lançamento (6), disse Zé da Conta. Se você quiser, em um nível contábil, manter a informação de quanto gastou em **materiais para instalação** de maneira independente de **materiais de consumo**, seria necessário criar uma conta **despesas com materiais para instalação**. Assim, todo lançamento desse tipo de gasto será aí lançado, e você conseguirá, automaticamente, saber quanto gastou nesse item. Veja, portanto, a importância da definição do plano de contas! Ele precisa refletir os pontos que você quer manter sob controle. É claro que na contabilidade fiscal existem leis que regem a definição de contas, aquelas utilizadas para demonstrativos legais. Internamente, entretanto, tem-se liberdade para definir, no seu plano de contas, as contas que deseja manter sob controle.

Lançamento 9

9. Recebimento, no dia 29 de março, pelos serviços realizados, no total de R$ 38.400,00.

RECEITA DE SERVIÇOS		CAIXA	
⊕	⊖	⊕	⊖
	(9) 38.400,00	25.000,00	(1) 9.000,00
		(2) 18.000,00	(3) 4.700,00
		(9) 38.400,00	(4) 500,00
			(7) 4.750,00

A lógica dos lançamentos é a mesma: o lado óbvio é o caixa no lado (+), e receita no lado (−).

Lançamento 10

10. Despesas com salário da equipe, no total de R$ 7.500,00, pago no dia 30 de março.

Contas envolvidas: **despesas com salários** (nova) e **caixa**.

DESPESAS COM SALÁRIOS		CAIXA	
⊕	⊖	⊕	⊖
(10) 7.500,00		25.000,00	(1) 9.000,00
		(2) 18.000,00	(3) 4.700,00
		(9) 38.400,00	(4) 500,00
			(7) 4.750,00
			(10) 7.500,00

Nesse caso também, o lançamento óbvio é no lado (–) do **caixa**. Resta, para a conta **despesas com salários**, o lado (+).

Lançamento 11

11. Revenda de produtos no valor total de R$ 7.342,00 com pagamento à vista. Contas envolvidas: **receita de vendas** (nova) e **caixa**.

RECEITA DE VENDAS		CAIXA	
⊕	⊖	⊕	⊖
	(11) 7.342,00	25.000,00	(1) 9.000,00
		(2) 18.000,00	(3) 4.700,00
		(9) 38.400,00	(4) 500,00
		(11) 7.342,00	(7) 4.750,00
			(10) 7.500,00

Cada vez mais empolgado com a explicação, você pergunta:

— Vamos então ver se tivemos lucro? Como fazer isso? Explique logo!

Percebendo seu entusiasmo, Zé da Conta também ficou animado, mas não se deixou levar:

— Calma, disse ele, antes de prosseguir, eu preciso esclarecer um ponto muito importante sobre as contas de ajuste.

24.2.6 Contas de ajuste e balancete de verificação

Zé da Conta, em tom grave, acrescentou:

— Quando se passa de um período para outro, existem algumas contas que dizem respeito ao período encerrado e que ou **já foram pagas no passado** ou **serão pagas no futuro**. São, a rigor, eventos que estão em andamento e precisam ser ajustados para não ocorrerem erros no balanço. Eis alguns exemplos:

- os **seguros a vencer**, discriminados no balanço porque foram pagos antecipadamente, mas possuem validade até o período seguinte;
- a **depreciação acumulada**, também discriminada nesse balanço;
- a **provisão para devedores duvidosos**, valor que, por lei, pode ser lançado em até 3% do total de **duplicatas a receber** para cobrir eventual inadimplência de clientes.

Observe que a dificuldade para realizar os lançamentos é a falta de um documento que possa caracterizar o **fato contábil**, sendo, portanto, necessário bom-senso do contabilista para determinar qual a influência dos valores já pagos ou a receber no período contábil seguinte.

Zé da Conta retoma o assunto original:

— Vamos fazer um novo balancete para verificar se não existen erros de lançamento. Como você já sabe fazer isso, faça! (ver o balancete a seguir).

TUDOWARE ELETRÔNICA INDÚSTRIA E COMÉRCIO
BALANCETE DE VERIFICAÇÃO DE 31 DE MARÇO DE **+1 ANTES DO BALANÇO

CONTAS	SALDOS ⊕	SALDOS ⊖
Caixa	88.742,00	26.450,00
Duplicatas a Receber	78.000,00	18.000,00
Duplicatas Descontadas	(14.000,00)	
Estoque de Matérias-primas	34.000,00	
Estoque de Produtos Acabados	13.000,00	
Seguros a Vencer	(1.700,00)	
Móveis e Utensílios	3.500,00	
Valores a Receber (>365 dias)	13.000,00	
Equipamentos	95.000,00	
Veículos	30.000,00	
Depreciação Acumulada	(7.000,00)	
Imóveis	65.000,00	
Marcas e Patentes	2.500,00	
Contas a Pagar		31.225,00
Fornecedores		6.700,00
Impostos a Pagar	4.700,00	13.500,00
Obrigações Sociais		4.500,00
Previsão para Imposto de Renda		11.000,00
Empréstimos Bancários		35.000,00
Passível Exigível a Longo Prazo		45.000,00
Capital Social		160.000,00
Capital a Integralizar		20.000,00
Lucros ou Prejuízos Acumulados		18.000,00
Despesas com Materiais de Consumo	14.725,00	
Despesas com Transporte e Estadia	4.750,00	
Despesas com Salários	7.500,00	
Receita de Serviços		38.400,00
Receita de Vendas		7.342,00
	435.117,00	435.117,00

24.2.7 Fechamento das contas de despesas e receitas

Zé da Conta continuou:

— Agora, como todos os lançamentos estão corretos, você sabe como fazer o fechamento do período contábil? Vamos fazer o balanço da empresa no último dia de março.

Primeiro, feche todas as contas de **despesas** e de **receitas**, transferindo seus saldos para uma conta chamada **resultado**:

Lançamentos 12 a 15

DESPESAS TRANS. ESTADIA		DESPESAS MAT. CONSUMO		DESPESAS COM SALÁRIOS	
⊕	⊖	⊕	⊖	⊕	⊖
(7) 4.750,00		(6) 2.350,00		(10) 7.500,00	
	(12) 4.750,00	(8) 12.375,00			(14) 7.500,00
		(13) 4.725,00			

RECEITA DE SERVIÇOS		RESULTADO	
⊕	⊖	⊕	⊖
	(9) 38.400,00	(12) 4.750,00	(15) 38.400,00
(15) 38.400,00		(13) 14.725,00	
		(14) 7.500,00	

Veja que as contas **despesas com transporte e estadia, despesas com materiais de consumo, despesas com salários** e **receita de serviços** agora estão com saldo zero devido à transferência dos seus saldos para a conta resultado. O saldo dessa conta mostrará se houve lucro ou prejuízo.

24.2.8 Operações com mercadorias

Lançamentos 16 a 19

A **receita de vendas** foi propositadamente deixada de lado porque é necessária uma operação especial para esse caso. Observe que não é possível para apurar diretamente o resultado obtido com vendas de produtos porque é necessário apurar qual foi seu custo de compra. Isso é feito por meio de uma conta denominada CMV – **custo de mercadorias vendidas**. Esse custo é apurado por meio da determinação de quanto foi vendido de mercadorias no período:

CMV = ESTOQUE INICIAL + COMPRAS – ESTOQUE FINAL

O **estoque inicial** corresponde ao valor da conta **estoque de produtos acabados**. No caso, não foi realizada nenhuma compra de produtos no período. Com relação ao estoque final, é necessário fazer um levantamento físico no estoque – ou ter controle detalhado de seu movimento[4] – para determinar o seu valor no momento do novo balanço. Você pediu, então, para o almoxarife fazer esse levantamento, que lhe informou o valor de R$ 8.354,00. Agora é feito o lançamento 16, para transferir para a conta **CMV** o estoque do exercício anterior, no valor de R$ 13.000,00, zerando a conta. Em seguida, você faz o lançamento 17, lançando, nas contas **estoque de produtos** e CMV, o valor do estoque levantado pelo almoxarife.

ESTOQUE DE PRODUTOS		COMPRAS		CMV	
⊕	⊖	⊕	⊖	⊕	⊖
13.000	(16) 13.000,00			(16) 13.000,00	
(17) 8.354,00					(17) 8.354,00
				4.646,00	

Os traços embaixo das contas, como nos outros casos, indicam que foi zerado seu valor. Os valores colocados abaixo ou são novos lançamentos (17) ou são o saldo dos valores acima da linha (caso do valor R$ 4.646,00). No caso de terem sido realizadas compras, o seu saldo, da mesma forma, seria transferido para o CMV. Agora, há condições para obter o resultado. Primeiramente, obtenha o **resultado com mercadorias** – RCM:

RECEITA DE VENDAS		CMV		RCM	
⊕	⊖	⊕	⊖	⊕	⊖
	(11) 7.342,00	4.646,00			(18) 7.342,00
(18) 7.342,00			(19) 4.646,00	(19) 4.646,00	
					2.696,00

O valor de R$ 2.696,00 é o resultado obtido na venda dos produtos. Corresponde, evidentemente, a somente a diferença de custo entre o que foi pago e o valor de venda. Ainda não é o lucro, porque na sua obtenção entram outras despesas.

Para fazer o demonstrativo de resultado do exercício, é necessário transferir o valor do RCM para a conta de resultado:

RCM		RESULTADO	
⊕	⊖	⊕	⊖
	2.696,00	(12) 4.750,00	(15) 38.400,00
(20) 2.696,00		(13) 14.725,00	(20) 2.696,00
		(14) 7.500,00	

24.2.9 Demonstração de resultado

Nesse momento pode-se fazer o demonstrativo de **resultado do período**, que é a própria conta **Resultado** com uma apresentação melhor.

TUDOWARE ELETRÔNICA INDÚSTRIA E COMÉRCIO
DEMONSTRAÇÃO DE RESULTADO DO EXERCÍCIO
Período de 31 de dezembro de ** a 31 de março de **[+1]

1. Receitas	
Receita de Serviços	8.400,00
Receita de Vendas	2.696,00
2. Despesas	
Despesas com Transporte e Estadia	4.750,00
Despesas com Materiais de Consumo	4.725,00
Despesas com Salários	7.500,00
3. Lucro Líquido	14.121,00

— Viu? – exclamou Zé da Conta – viu só como vocês tiveram lucro? E acredito que está muito claro onde foram gastos os recursos e o que ficou como resultado dessa operação. A demonstração de resultado é também chamada **demonstrativo de lucros e perdas**.

24.2.10 Balanço

Vamos agora fazer o balanço da empresa.

Lançamentos 20 e 21

— O primeiro passo é fechar a conta de **resultado**, passando seu saldo para a conta **lucros ou prejuízos acumulados**, que vai aparecer no balanço:

RESULTADO			LUCROS OU PREJ. ACUMULADOS	
⊕	⊖		⊕	⊖
(12) 4.750,00	(15) 38.400,00			18.000,00
(13) 14.725,00	(20) 2.696,00			(21) 14.121,00
(14) 7.500,00				
(21) 14.121,00				

Observe que a **demonstração de resultado** refere-se a um **período** enquanto o **balanço** representa a situação da empresa em uma determinada **data**.

Note também que essa operação zera a conta de resultado, deixando-a pronta para o exercício contábil seguinte. Somente por uma questão de facilidade, é feito um balancete de verificação para se calcular o saldo de todas as contas. Assim, a coluna VALORES contém o saldo de cada coluna dos razonetes em T, e a coluna SALDO vai apresentar o valor do saldo das contas para ser copiado para o balanço:

TUDOWARE ELETRÔNICA INDÚSTRIA E COMÉRCIO
BALANCETE DE VERIFICAÇÃO DE 31 DE MARÇO DE **

CONTAS	VALORES ⊕	VALORES ⊖	SALDOS ⊕	SALDOS ⊖
Caixa	88.742,00	26.450,00	62.292,00	
Duplicatas a Receber	78.000,00	18.000,00	60.000,00	
Duplicatas Descontadas	(14.000,00)		(14.000,00)	
Estoque de Matérias-primas	34.000,00		34.000,00	
Estoque de Produtos Acabados	13.000,00		13.000,00	
Seguros a Vencer	1.700,00		1.700,00	
Móveis e Utensílios	3.500,00		3.500,00	
Valores a Receber (>365 dias)	8.354,00		8.354,00	
Equipamentos	95.000,00		95.000,00	
Veículos	30.000,00		30.000,00	
Depreciação Acumulada	(7.000,00)		(7.000,00)	
Imóveis	65.000,00		65.000,00	
Marcas e Patentes	2.500,00		2.500,00	
Contas a Pagar		31.225,00		31.225,00
Fornecedores		6.700,00		6.700,00
Impostos a Pagar	4.700,00	13.500,00		8.800,00
Obrigações Sociais		4.500,00		4.500,00
Previsão para Imposto de Renda		11.000,00		11.000,00
Empréstimos Bancários		35.000,00		35.000,00
Passível Exigível a Longo Prazo		45.000,00		45.000,00
Capital Social		160.000,00		160.000,00
Capital a Integralizar		20.000,00		20.000,00
Lucros ou Prejuízos Acumulados		32.121,00		32.121,00
	403.496,00	403.496,00	354.346,00	354.346,00

Observe que, embora exista uma conta de ativo referente a **móveis e utensílios**, no balanço foi agrupada com a conta **equipamentos**, alterando seu título para **móveis e equipamentos** para apresentar uma visão mais sintética da empresa, sem excesso de detalhes desnecessários. Isso é uma prática adequada porque o balanço representa uma visão resumida da operação da empresa, tornando necessário agrupar as contas.

24.3 CONSIDERAÇÕES FINAIS

A essa altura você estava achando trivial esse assunto de contabilidade. Vale recordar:

- todos os lançamentos são registrados em contas, sempre registrando as fontes e as aplicações dos recursos;
- somente as contas de receitas e de despesas são fechadas no fim do período contábil, por meio de lançamentos para zerar seu saldo;
- se você quiser saber o saldo de uma conta, basta passar uma linha embaixo e colocar o resultado no lado correto (ver, por exemplo, o lançamento (17));
- no balancete de verificação e no demonstrativo de lucros e perdas, os valores apresentados são apenas cópia das contas – não são lançamentos!;

- se você desejar acompanhar os custos de um determinado item, abra uma ou mais contas específicas, para saber quanto se gasta em cada uma delas.

TUDOWARE ELETRÔNICA INDÚSTRIA E COMÉRCIO
BALANÇO DE 31 DE MARÇO DE **

ATIVO		PASSIVO	
Ativo Circulante		*Passivo Circulante*	
Caixa e Bancos	62.292,00	Contas a pagar (até 365 dias)	31.225,00
		Fornecedores	6.700,00
Valores a Receber		Impostos a Pagar	8.800,00
Duplicatas a Receber	60.000,00	Obrigações Sociais	4.500,00
Duplicatas Descontadas	(14.000,00)	Previsão para Imposto de Renda	11.000,00
		Empréstimos Bancários	35.000,00
Estoques			
Matérias-primas	34.000,00	*Passivo Exigível a Longo Prazo*	45.000,00
Produtos Acabados	8.354,00		
Despesas Diferidas			
Seguros a vencer	1.700,00		
Total Ativo Circulante	152.346,00	**PATRIMÔNIO LÍQUIDO**	
		Capital Inicial	160.000,00
Ativo Realizável a Longo Prazo		Capital a Integralizar	20.000,00
Valores a Receber (>365 dias)		Lucros ou Prejuízos Acumulados	32.121,00
	13.000,00		
Ativo Permanente			
Móveis e Equipamentos	98.500,00		
Veículos	30.000,00		
Depreciação Acumulada	(7.000,00)		
Imóveis	65.000,00		
Marcas e Patentes	2.500,00		
Total do Ativo	354.346,00	Total do Passivo	354.346,00

Zé da Conta, entretanto, tratou de jogar um balde de água fria:

— Você não se iluda com esses mecanismos! Eles realmente são fáceis de se compreender mas, nas aplicações reais nas empresas, existe muita polêmica a respeito das considerações a serem feitas nos lançamentos. Há muitos detalhes que acabam complicando a guerra e, se você não estiver atento para fazer os lançamentos exatamente da mesma maneira, podem surgir incoerências! Na comparação entre empresas, fica mais difícil ainda porque, certamente, há interpretações diferentes que precisam ser analisadas. Como exemplos, posso citar os problemas:

1. efeito da inflação no valor dos estoques;
2. estoque da mesma mercadoria adquirida por preço diferente (geralmente, em datas diferentes);
3. depreciação de equipamentos;
4. pagamento de títulos com juros;
5. lançamento de devedores duvidosos, entre outros.

Exercícios

1. Uma empresa realizou as transações citadas abaixo. Utilize as contas que julgar necessárias para proceder, em cada caso, aos registros contábeis correspondentes:

   a) comprou R$100.000,00 em mercadorias, pagando 30% no ato da compra e o restante faturado em 60 dias;
   b) passados cinco dias, vendeu 75% dessas mercadorias por R$ 120.000,00, recebendo 20% no ato da venda e o restante faturado em 90 dias; e
   c) comprou à vista mercadorias no valor de R$ 55.000,00.

   Calcule o resultado obtido nessas transações.

2. O balancete de verificação da empresa ERHZYT, referente ao mês de maio, foi o seguinte:

Caixa	65.000,00	Capital	1.000.000,00
Bancos	330.000,00	Duplicatas a Pagar	160.000,00
Clientes	260.000,00	Salários a Pagar	170.000,00
Duplicatas a Receber	130.000,00	Crédito Imobiliário	400.000,00
Estoques	180.000,00	Receita de Vendas	600.000,00
Equipamentos	90.000,00	Lucros Retidos	30.000,00
Imóveis	950.000,00	Fornecedores	200.000,00
Despesas com Salários	150.000,00		
Despesas com Seguros	10.000,00		
Despesas Gerais	15.000,00		
CMV	380.000,00		
	2.560.000,00		2.560.000,00

   a) Elabore o demonstrativo de resultados do exercício, naquela data.
   b) Elabore o balanço patrimonial da empresa, naquela data.

3. No dia 14 de novembro, o balancete de verificação da empresa Antares Química Fina apresentava as seguintes contas:

Bancos	8.500,00	Equipamentos	65.000,00
Capital	50.000,00	Fornecedores	3.000,00
Contas a Pagar	2.000,00	Móveis e Utensílios	14.000,00
Contas a Receber	12.000,00	Salário	11.000,00
Dividendos a Pagar	7.500,00	Serviços Realizados	44.500,00
Empréstimos	13.000,00	Veículos	8.000,00
Energia Elétrica	1.500,00		240.000,00

   Durante a segunda quinzena de novembro, a movimentação da empresa foi a seguinte:

   Dia 15 - Compra de veículo no valor de R$ 3.200,00, pagos em duas parcelas: a primeira, no valor de R$ 1.700,00, no ato da compra, e o restante em 30 dias.

Dia 16 - Pagamento de despesas de manutenção de veículos, no valor de R$ 1.800,00.

Dia 17 - Recebimento de R$ 7.500,00 de **contas a receber**.

Dia 19 - Pagamento de parcela de empréstimo no valor de R$ 2.400,00.

Dia 20 - Recebimento de serviços no valor de R$ 12.300,00.

Dia 25 - Pagamento de salários no valor de R$10.100,00.

Realize as seguintes operações contábeis:

a) Faça o **balancete de verificação** do dia 14 de novembro;
b) Efetue os **lançamentos** nos razonetes;
c) Faça o **demonstrativo de resultados do exercício**; e
d) Faça o **balanço**.

Referências bibliográficas

CAMPIGLIA, A. O. *Contabilidade básica*. Cepai – Coleção de Engenharia de Produção e Administração Industrial. São Paulo: Edusp/Pioneira, 1966.

IUDÍCIBUS, S. de, et al. *Contabilidade introdutória*. 7. ed. São Paulo: Atlas, 1985.

LARA, C. E. S.; TERRA, M. *PRO 303*: noções de administração geral – Módulo contabilidade. Notas de aula. São Paulo, 1990.

SALERNO, M. S. *PRO 303*: noções de administração geral – Módulo contabilidade. Notas de aula. São Paulo, 1989.

Apêndice – Solução dos exercícios

Exercício 1

a) Comprou R$ 100.000,00 em mercadorias, pagando 30% no ato da compra e o restante faturado em 60 dias.

MERCADORIAS		CAIXA		CONTAS A PAGAR	
⊕	⊖	⊕	⊖	⊕	⊖
(a) 100.000,00			(a) 30.000,00		(a) 70.000,00

b) Passados cinco dias, vendeu 75% dessas mercadorias por R$ 120.000,00 recebendo 20% no ato da venda e o restante faturado em 90 dias.

RECEITA DE VENDAS		CAIXA		CONTAS A RECEBER	
⊕	⊖	⊕	⊖	⊕	⊖
	(b) 120.000,00	(b) 24.000,00		(b) 96.000,00	

c) Compra à vista de mercadorias no valor de R$ 55.000,00.

MERCADORIAS		CAIXA	
⊕	⊖	⊕	⊖
(a) 100.000,00			(a) 30.000,00
(c) 55.000,00			(c) 35.000,00

Calcule o resultado obtido nessas transações. Esse cálculo precisa ser feito em cinco etapas:

Etapa 1 Encerrar a conta Mercadorias, transferindo seu saldo para a conta CMV – Custo de Mercadorias Vendidas

MERCADORIAS		CMV	
⊕	⊖	⊕	⊖
(a) 100.000,00		(1) 155.000,00	
(c) 55.000,00			
	(1) 155.000,00		

Etapa 2 Fazer um levantamento físico do estoque, para constatar que existe um quarto das mercadorias da compra (a) mais a compra (c):

MERCADORIAS		CMV	
⊕	⊖	⊕	⊖
(a) 100.000,00		(1) 155.000,00	
(c) 55.000,00			(2) 80.000,00
	(1) 155.000,00		
(2) 80.000,00			

Etapa 3 Encerrar a conta Receita de Vendas, transferindo os valores para a conta RCM – Resultado com Mercadorias.

RECEITA DE VENDAS		RCM	
⊕	⊖	⊕	⊖
	(A) 120.000,00		(3) 120.000,00
(3) 120.000,00			

Etapa 4 Encerrar a conta CMV, transferindo os valores para a conta RCM.

CMV		RCM	
⊕	⊖	⊕	⊖
(1) 155.000,00			(3) 120.000,00
	(2) 80.000,00	(4) 75.000,00	
	(4) 75.000,00		

Etapa 5 Transferir esse valor para a conta Resultado. Essa transferência é necessária para se poder calcular, além do resultado obtido com mercadorias, os resultados referentes a outras operações realizadas pela empresa:

RCM		RESULTADO	
⊕	⊖	⊕	⊖
	(3) 120.000,00	(5) 45.000,00	
(4) 75.000,00			
	(5) 45.000,00		

Portanto, o resultado obtido com essas operações foi R$ 45.000,00.

Exercício 2

a) Elabore o Demonstrativo de Lucros e Perdas da empresa naquela data.

EMPRESA ERHZYT
DEMONSTRAÇÃO DE RESULTADO DE EXERCÍCIO
Período de 1º a 31 de maio

1. Receitas		
Receita de Vendas		600.000,00
(–) CMV	380.000,00	
Lucro Bruto		220.000,00
2. Despesas		
Despesas com salários	150.000,00	
Despesas com seguros	10.000,00	
Despesas gerais	15.000,00	
3. Lucro Líquido		45.000,00

Observe que esta demonstração de resultado foi feita de forma diferente daquela apresentada no texto do capítulo.

b) Elabore o Balanço Patrimonial da empresa naquela data.

Em primeiro lugar, faça o encerramento das contas de Receitas e Despesas:

RECEITAS		CMV		RCM	
⊕	⊖	⊕	⊖	⊕	⊖
	600.000,00	380.000,00			(1) 600.000,00
(1) 600.000,00			(2) 380.000,00	(2) 380.000,00	
				(3) 280.000,00	

DESPESAS COM SALÁRIOS		DESPESAS COM SEGUROS		DESPESAS GERAIS	
⊕	⊖	⊕	⊖	⊕	⊖
150.000,00		10.000,00		15.000,00	
	(4) 150.000,00		(5) 10.000,00		(6) 15.000,00

LUCROS/PREJ. ACUMULADOS	
⊕	⊖
(4) 150.000,00	
(5) 10.000,00	(2) 380.000,00
(6) 15.000,00	
	75.000,00

Balancete de verificação

EMPRESA ERHZYT
BALANCETE DE VERIFICAÇÃO APÓS ENCERRAMENTO EM 31 DE MAIO

Caixa	65.000,00	Capital	1.000.000,00
Bancos	330.000,00	Duplicatas a Pagar	160.000,00
Clientes	260.000,00	Salários a Pagar	170.000,00
Duplicatas a Receber	130.000,00	Crédito Imobiliário	400.000,00
Estoques	180.000,00	Lucros/Prej. Acumulados	75.000,00
Equipamentos	90.000,00	Fornecedores	200.000,00
Imóveis	950.000,00		
	2.005.000,00		2.005.000,00

EMPRESA ERHZYT
BALANÇO DE 31 DE MAIO

ATIVO		PASSIVO	
Ativo Circulante		*Passivo Circulante*	
Caixa	65.000,00	Fornecedores	200.000,00
Bancos	330.000,00	Duplicatas a Pagar	160.000,00
		Salários a Pagar	170.000,00
Valores a Receber		Obrigações Sociais	
Clientes	260.000,00		
Duplicatas a Receber	130.000,00	*Passivo Exigível a Longo Prazo*	
		Crédito Imobiliário	400.000,00
Estoques	180.000,00		
		PATRIMÔNIO LÍQUIDO	
Ativo Permanente		Capital Social	1.000.000,00
Equipamentos	90.000,00	Lucros ou Prejuízos Acumulados	75.000,00
Imóveis	950.000,00		
Total do Ativo	2.005.000,00	Total do Passivo e Patrim. Líquido	2.005.000,00

Exercício 3

a) Faça o balancete de verificação do dia 14 de novembro.

ANTARES QUÍMICA FINA
BALANCETE DE VERIFICAÇÃO EM 14 DE NOVEMBRO

Bancos	8.500,00	Fornecedores	3.000,00
Contas a Receber	12.000,00	Contas a Pagar	2.000,00
Equipamentos	65.000,00	Dividendos a Pagar	7.500,00
Móveis e Utensílios	14.000,00	Empréstimos	13.000,00
Veículos	8.000,00	Capital	50.000,00
Energia Elétrica	1.500,00	Serviços Realizados	44.500,00
Salários	11.000,00		
	120.000,00		120.000,00

b) Efetue os lançamentos nos razonetes.

Dia 15   Compra de veículo no valor de R$ 3.200,00, pagos em duas parcelas: a primeira, no valor de R$ 1.700,00, no ato da compra, e o restante em 30 dias.

VEÍCULOS		BANCOS		CONTAS A PAGAR	
⊕	⊖	⊕	⊖	⊕	⊖
8.500,00		8.500,00	(15) 1.700,00		2.000,00
(15) 3.200,00					(15) 1.500,00
11.200,00					3.500,00

Dia 16   Pagamento de despesas de manutenção de veículos, no valor de R$ 1.800,00.

BANCOS		DESPESAS DE MANUTENÇÃO	
⊕	⊖	⊕	⊖
8.500,00	(15) 1.700,00	(16) 1.800,00	
	(16) 1.800,00		

Dia 17   Recebimento de R$ 7.500,00 de **contas a receber**.

BANCOS		DESPESAS DE MANUTENÇÃO	
⊕	⊖	⊕	⊖
8.500,00	(15) 1.700,00	12.000,00	
(17) 7.500,00	(16) 1.800,00		(17) 7.500,00
		4.500,00	

Dia 19   Pagamento de parcela de empréstimo no valor de R$ 2.400,00.

BANCOS		EMPRÉSTIMOS	
⊕	⊖	⊕	⊖
8.500,00	(15) 1.700,00		13.000,00
(17) 7.500,00	(16) 1.800,00	(19) 2.400,00	
	(19) 2.400,00		10.600,00

Dia 20   Recebimento de serviços no valor de R$ 12.300,00.

BANCOS		SERVIÇOS REALIZADOS	
⊕	⊖	⊕	⊖
8.500,00	(15) 1.700,00		44.500,00
(17) 7.500,00	(16) 1.800,00		(20) 12.300,00
(20) 12.300,00	(19) 2.400,00		21.200,00

Dia 25   Pagamento de salários no valor de R$10.100,00.

BANCOS		SALÁRIOS	
⊕	⊖	⊕	⊖
8.500,00	(15) 1.700,00	11.000,00	
(17) 7.500,00	(16) 1.800,00	(25) 10.200,00	
(20) 12.300,00	(19) 2.400,00		
	(25) 10.200,00		
12.200,00		21.200,00	

É bom fazer o balancete de verificação para conferir os lançamentos.

ANTARES QUÍMICA FINA

BALANCETE DE VERIFICAÇAO DEPOIS DO ENCERRAMENTO
EM 30 DE NOVEMBRO

Bancos	12.200,00	Fornecedores	3.300,00
Contas a Receber	4.500,00	Contas a Pagar	3.500,00
Equipamentos	65.000,00	Dividendos a Pagar	7.500,00
Móveis e Utensílios	14.000,00	Empréstimos	10.600,00
Veículos	11.200,00	Capital	50.000,00
Energia Elétrica	1.500,00	Serviços Realizados	56.800,00
Salários	21.200,00		
Despesas de Manutenção	1.800,00		
	131.400,00		131.400,00

ANTARES QUÍMICA FINA
DEMONSTRAÇÃO DE RESULTADO DE EXERCÍCIO
Período de 1º a 30 de novembro

1. Receitas		
Serviços Realizados		56.800,00
2. Despesas		
Despesas com Energia elétrica	1.500,00	
Despesas com Salários	21.200,00	
Despesas com Manutenção	1.800,00	
3. Lucro Líquido		32.300,00

Encerrar as contas de **Receitas e Despesas**

DESPESAS C/ENERGIA ELÉTRICA		DESPESAS COM SALÁRIOS		DESPESAS C/MANUTENÇÃO	
⊕	⊖	⊕	⊖	⊕	⊖
1.500,00		11.000,00		(16) 1.800,00	
	(a) 1.500,00	(25) 10.200,00			(c) 1.800,00
			(b) 21.200,00		

RECEITA DE SERVIÇOS		RESULTADO	
⊕	⊖	⊕	⊖
	(20) 56.800,00	(a) 1.500,00	(d) 56.800,00
(d) 56.800,00		(b) 21.200,00	
		(c) 1.800,00	
		(e) 32.300,00	32.300,00

LUCROS/PREJ. ACUMULADOS	
⊕	⊖
	(e) 32.300,00

É bom fazer novamente o **Balancete de Verificação**

ANTARES QUÍMICA FINA
BALANCETE DE VERIFICAÇÃO DEPOIS DO ENCERRAMENTO
EM 30 DE NOVEMBRO

Bancos	12.200,00	Fornecedores	3.300,00
Contas a Receber	4.500,00	Contas a Pagar	3.500,00
Equipamentos	65.000,00	Dividendos a Pagar	7.500,00
Móveis e Utensílios	14.000,00	Empréstimos	10.600,00
Veículos	11.200,00	Capital	50.000,00
		Lucro/Prej. Acumulados	32.300,00
	106.900,00		106.900,00

c) Fazer o *Balanço*

ANTARES QUÍMICA FINA
BALANÇO DE 30 DE NOVEMBRO

ATIVO		PASSIVO	
Ativo Circulante		*Passivo Circulante*	
Bancos	12.200,00	Fornecedores	3.000,00
		Contas a Pagar	3.500,00
Valores a Receber		Dividendos a pagar	7.500,00
Contas a Receber	4.500,00	Empréstimos	10.600,00
Ativo Permanente		**PATRIMÔNIO LÍQUIDO**	
Equipamentos	65.000,00	Capital	50.000,00
Móveis e Utensílios	14.000,00	Lucros ou Prejuízos Acumulados	32.300.00
Veículos	11.200,00		
Total do Ativo	106.900,00	Total do Passivo e Patrim. Líquido	106.900,00

CAPÍTULO 25

ADMINISTRAÇÃO FINANCEIRA

José Woiler

25.1 INTRODUÇÃO

Uma empresa pode ter excelentes produtos, qualidade impecável, boa penetração e distribuição no mercado, boa rentabilidade em relação a preços e custos e mesmo assim ir à falência. Bastam algumas decisões erradas da administração financeira e pronto, lá se foi a empresa. Um exemplo disso seria: o dono da empresa, satisfeito com o sucesso de suas ideias, de seus produtos e da sua equipe de vendas, resolve comprar uma sede própria com os recursos gerados a curto prazo. Por não ter analisado corretamente o fluxo de recursos, falta dinheiro para pagar alguns fornecedores; esses fornecedores mandam os títulos de cobrança para o cartório, e a empresa é protestada. Com esses protestos divulgados pelo Serasa (entidade que mantém dados de empresas e pessoas físicas para os bancos), os bancos cortam as linhas de crédito da empresa, os fornecedores também cortam o crédito, corre todo tipo de boato pelo mercado e, assim, uma empresa que tinha tudo para dar certo acaba indo à falência. Outras decisões comuns que acabam exatamente da mesma forma podem ser: a compra de equipamentos para expansão sem uma análise correta dos prazos e taxas de financiamento, ou a compra de grandes quantidades de matéria-prima para aproveitar uma oportunidade de preço. Na verdade, podemos dar uma infinidade de exemplos de decisões que atrapalham a vida financeira de boas empresas.

No outro extremo, podemos falar de empresa ruim, com produtos antiquados, baixa qualidade, baixa produtividade e que, por meio de uma administração financeira positiva, chega até a ser lucrativa. Esse fenômeno foi muito comum no Brasil, na época em que a inflação era vertiginosa, e a chamada "ciranda financeira" pagava altíssimos juros e correção monetária. Bastava que alguém soubesse receber a curto prazo e esticar os prazos para pagar. Aplicando no mercado financeiro os recursos assim obtidos, gerava-se uma remuneração excelente. Em resumo: o melhor negócio que havia no Brasil era administrar recursos de terceiros por algum tempo, ou não remunerados ou remunerados a taxas abaixo das oferecidas pela "ciranda financeira". Portanto, uma empresa ruim sob o ponto de vista operacional, como a descrita acima, poderia servir para gerar fluxos de caixa favoráveis para serem aplicados no mercado financeiro e se tornar lucrativa.

Com o Plano Real, que derrubou drasticamente a inflação, e, portanto, a correção monetária, podemos observar que empresas como a acima descrita passaram a ter grandes dificuldades, pois não eram competitivas em termos de produtos, qualidade, produtividade etc. Típicos exemplos são os bancos, grandes magazines e uma grande parte das empresas brasileiras em geral.

Empresas que sabem aproveitar oportunidades que surgem no mercado financeiro, sem, no entanto, descuidar dos outros aspectos empresariais envolvidos, acabam se desenvolvendo e firmando sólida posição de mercado.

Pelo que foi exposto até aqui, podemos verificar facilmente a importância da administração financeira na gestão de empresas.

25.2 ANÁLISE DE ÍNDICES

No Capítulo 24 "Introdução à Contabilidade Geral", foi mostrado o que significam os demonstrativos contábeis: balanço e demonstração de resultado do período. Neste capítulo, aprenderemos a analisar e interpretar esses demonstrativos, por meio de índices financeiros.

Os objetivos fundamentais das análises financeiras interessam a:

- gerentes e administradores, para analisar o desempenho da empresa e orientar suas decisões para melhoria do desempenho;
- bancos, instituições de crédito e fornecedores, para analisar o endividamento da empresa e as condições que ela possui para pagar seus compromissos; e
- acionistas, quotistas e donos de empresas, para anlisar a lucratividade, a evolução do valor patrimonial, o desempenho dos administradores, a segurança financeira da empresa e suas perspectivas a longo prazo.

Os Índices financeiros, de modo absoluto, já nos dão uma série de evidências a respeito da situação financeira da empresa. Mas, em geral, três tipos de procedimento são usados para dar-lhes efetividade, a saber:

a) **análise temporal**: analisando a evolução dos índices através de vários períodos consecutivos, pode-se ter uma noção de como a empresa vem evoluindo em vários aspectos;

b) **análise comparativa**: comparando os índices da empresa com os de outras empresas do mesmo ramo, ou com a média dessas empresas, pode-se saber como se encontra a nossa empresa em relação aos concorrentes, o que permite muitas conclusões e decisões para melhorar a situação da empresa. Conforme o ramo de atividade, pode ser mais fácil ou mais difícil conseguir dados para fazer essas comparações; e

c) **análise absoluta**: como já foi dito, o valor de um índice em si, para analistas experientes, já contém muitos significados. Por exemplo: um índice de endividamento alto a curto prazo, somado a uma conjuntura de crédito difícil e altas taxas de juros, pode permitir antever sérios problemas para a empresa.

25.3 PRINCIPAIS ÍNDICES

25.3.1 Índices de liquidez

a) Índice de liquidez corrente

$$ILC = \frac{\text{Ativo circulante}}{\text{Passivo circulante}}$$

Dá uma ideia da forma como os valores que podem ser obtidos a curto prazo fazem frente aos valores que devem ser pagos a curto prazo. Mesmo um valor favorável desse índice pode esconder problemas de prazo, pois pode-se não ter dinheiro para enfrentar pagamentos dos próximos dias, vencimentos anteriores a recebimentos; ou os estoques considerados no ativo circulante podem não ser fáceis de vender e transformar em dinheiro. Até, em função disso, define-se um índice que não leva em conta os estoques conforme segue:

b) Índice de liquidez seco

$$ILS = \frac{\text{Ativo circulante} - \text{Estoque}}{\text{Passivo circulante}}$$

A transformação rápida de estoques em dinheiro pode exigir grandes descontos de preços, muitas vezes levando a prejuízos pela venda abaixo do custo. Mesmo assim, se multas e juros forem muito altos, pode valer a pena ter prejuízo com a venda de estoques.

c) Índice de liquidez imediata

$$ILI = \frac{\text{Disponível}}{\text{Passivo circulante}} = \frac{\text{Caixa} + \text{Bancos} + \text{Títulos a curto prazo}}{\text{Passivo circulante}}$$

Esse índice dá uma medida ainda mais satisfatória da capacidade de a empresa em saldar seus compromissos de curto prazo.

d) Capital de giro líquido

$$CGL = \text{Ativo circulante} - \text{Passivo circulante}$$

Capital de giro é um termo bastante conhecido. Quando pensamos em montar uma empresa, os dispêndios que imediatamente nos vem à mente são os investimentos no prédio, nas máquinas etc. O capital de giro é a soma de recursos necessária para efetivamente operar a empresa quando ela estiver em funcionamento, isto é, dinheiro para fazer frente às despesas do dia a dia, como salários, impostos, taxas, insumos, estoques etc., que nada mais é do que aquilo que se movimenta na empresa, ou gira na empresa e, por isso, se chama giro da empresa ou capital de giro. Esses valores costumam ser tão mais altos quanto mais dinâmica é a empresa, isto é, quanto mais a empresa vende. A redução do movimento da empresa costuma liberar capital de giro.

Já ouvimos falar em linhas de crédito para financiar capital de giro, em oposição a linhas de crédito para financiar investimentos na empresa. O capital de giro, muitas vezes, é financiado por contas do passivo circulante, tais como: fornecedores, salários a pagar, contas a pagar, impostos a pagar, taxas a pagar etc. Subtraindo do capital de giro da empresa (ativo circulante) o passivo circulante, ficamos com o capital de giro líquido.

Dados extraídos dos balanços da TUDOWARE (ver Capítulo 24)				
Ano	Ativo circulante	Ativo circulante	Ativo circulante − Estoque	Disponível
**	137.700,00	84.200,00	90.700,00	89.000,00
**+1	152.346,00	97.225,00	109.992,00	108.292,00

Tabela de Índices de Liquidez		
1	31/12/**	31/12/**+1
ILC	1,63	1,56
ILS	1,08	1,13
ILI	1,06	1,11
CGL	53.500,00	55.121,00

Esses dois balanços são muito próximos no tempo (três meses) e não apresentam grande alteração, mas podemos verificar uma redução de *ILC* e uma melhoria nos outros dois índices. Uma venda a preços baixos de estoque de produtos acabados pode explicar essa alteração. Para exemplificar melhor, imagine-se a análise de dois balanços, um com a empresa estocada e outro logo após uma venda de liquidação de estoques a preços baixos: os índices de liquidez seca e imediata melhorariam, mas a liquidez corrente da empresa pioraria. Muitas outras conclusões podem ser tiradas da análise de índices de liquidez.

25.3.2 Índices de rentabilidade

a) Margem operacional líquida

$$MOL = \frac{\text{Lucro líquido operacional}}{\text{Renda operacional}}$$

Esse índice mede a capacidade de a empresa de obter preços vantajosos em relação aos custos de seus produtos e/ou serviços. Quando esse índice é baixo, pode indicar uma série de coisas, tais como:

- muitos competidores;
- produtos obsoletos;
- má abordagem mercadológica; e
- outras razões;

Conforme as causas identificadas, pode-se tomar medidas para recuperar as margens, tais como:

- renovação da linha de produtos por meio de desenvolvimento próprio, aquisição de outras empresas, licenciamento de produtos ou serviços etc.;
- desenvolvimento de novos mercados, novos canais de comercialização, publicidade etc.

b) Margem líquida

$$ML = \frac{\text{Lucro líquido depois do I.R.}}{\text{Renda operacional}}$$

Mostra a lucratividade final pertencente aos quotistas ou acionistas, em relação ao movimento de vendas gerado pela empresa em suas operações. Uma boa administração de aplicações financeiras e uma boa análise da legislação tributária, que permita um menor recolhimento de impostos, podem elevar muito esse índice.

c) Retorno sobre capital dos acionistas

$$RCA = \frac{\text{Lucro líquido depois do I.R.}}{\text{Patrimônio líquido médio}^{(1)}}$$

Esse índice é de grande relevância porque mostra quanto os acionistas ou quotistas estão ganhando sobre seu investimento próprio, podendo comparar com rendimentos menos arriscados e menos trabalhosos como as aplicações financeiras (cadernetas de poupança, fundos, debêntures, papéis de renda fixa ou variáveis, mercado de ações etc.).

d) Retorno sobre o ativo operacional

$$RCO = \frac{\text{Lucro líquido operacional}}{\text{Ativo operacional líquido médio}^{(2)}}$$

É importante frisar que as empresas, muitas vezes, tomam decisões ou atuam em negócios que não dizem respeito exatamente aos seus produtos ou áreas de atuação. Por causa disso, muitos dos valores constantes do ativo podem ser desnecessários para a operação da empresa; descontando-se esses valores do ativo total, obtém-se o chamado ativo operacional.

O mesmo raciocínio serve para o lucro. Muitas das receitas e despesas constantes no demonstrativo de lucros e perdas não são resultantes da operação da empresa com seus produtos e/ou serviços na sua área de atuação; descontando essas receitas e despesas não operacionais, chega-se ao lucro operacional.

Dessa forma, esse índice mede a rentabilidade da empresa em relação a sua operação e aos recursos existentes no ativo para a realização dessas operações.

Calculando os valores por meio dos balanços e demonstrativos de resultado da Tudoware, e considerando a taxa de imposto de renda de 40% sobre o lucro líquido, obtemos os seguintes valores:

Período de 31/12/** a 31/03/**+1

Lucro líquido operacional	14.121,00
Lucro líquido após I.R.	8.472,60
Renda operacional	41.096,00
Patrimônio líquido médio	205.060,50
Ativo operacional líquido médio	340.773,00

Valor dos índices de rentabilidade relativos ao período de três meses considerado:

$$MOL = 0{,}344 = 34{,}4\%$$
$$ML\ \ = 0{,}206 = 20{,}6\%$$
$$RCA = 0{,}041 = \ \ 4{,}1\%$$
$$RAO = 0{,}041 = \ \ 4{,}1\%$$

Esses índices devem ser submetidos aos três tipos de análise (temporal, comparativa e absoluta) para permitir conclusões sobre a rentabilidade da empresa.

25.3.3 Índices de eficiência operacional

A rapidez com que determinados itens do balanço giram pode dizer muito sobre a gestão da empresa. Convém ressaltar que diferentes tipos de negócios têm diferentes giros. Por exemplo: mercadorias em um supermercado giram muito mais rápido que navios em um estaleiro. Mas se analisarmos dois supermercados de mesmo porte, aquele que girar mais rápido com a mesma rentabilidade obterá resultados muito melhores.

a) Giro do ativo operacional

$$GAO = \frac{\text{Renda operacional}}{\text{Ativo operacional líquido médio}}$$

Esse índice mostra o número de vezes que o ativo operacional líquido médio é usado para gerar o volume de operações naquele período.

b) Giro de capital dos acionistas

$$GCA = \frac{\text{Renda operacional}}{\text{Patrimônio líquido}}$$

Mede a velocidade com que são usados os recursos líquidos dos acionistas para gerar as receitas operacionais.

c) Giro ou rotação do estoque de produtos acabados

$$GE = \frac{\text{Custo das mercadorias vendidas } (CMV)}{\text{Estoque médio de produtos acabados}}$$

Mostra quantas vezes gira, no período, o estoque médio de produtos acabados.

d) Giro ou rotação do saldo de contas a receber

$$GRC = \frac{\text{Vendas a prazo}}{\text{Saldo médio de contas a receber}}$$

Esse índice, de certa forma, mostra a rapidez com que se cobram as vendas a prazo. Tem-se que o prazo médio de cobrança, medido em dias, é igual a 360/*GCR*, se o período for um ano. Como, no caso da TudoWare, é de três meses, o prazo de cobrança será 90/*GCR*.

e) Giro ou rotação de fornecedores

$$GF = \frac{\text{Compras de materiais a prazo}}{\text{Saldo médio de fornecedores}}$$

Nesse caso, também o prazo médio de pagamento em dias é 360/*GF*, se o período for de um ano, ou 90/*GF* no caso do nosso exemplo da TudoWare.

Esses dois últimos índices dizem respeito à capacidade de a empresa de administrar seus recebimentos e pagamentos. No início do capítulo, dissemos que o administrador financeiro, que souber receber rapidamente e pagar com prazo dilatado, liberará recursos para aplicar no mercado financeiro, aumentando o lucro final da empresa.

Alguns desses índices não podem ser calculados para a TudoWare, porque o exemplo é muito simples e não inclui todos os tipos de lançamentos.

25.3.4 Índices de endividamento

São índices que dão ideia do endividamento da empresa, ou seja, em que grau a empresa usa recursos de terceiros para alavancar suas operações.

a) Capital de terceiros total sobre o ativo total

$$CTT = \frac{\text{Exigível total}}{\text{Ativo total}} = \frac{\text{Exigível total}}{\text{Exigível + Não exigível}}$$

O não exigível é, em geral, o patrimônio líquido pertencente aos acionistas.

b) Capital de terceiros a longo prazo sobre o ativo total

$$CTLP = \frac{\text{Exigível a longo prazo}}{\text{Ativo total}}$$

Esse índice, comparado com o anterior, dá ideia do perfil da dívida, isto é, o quanto dela é a curto prazo, e deve ser pago logo, e o quanto é a longo prazo, dando mais tempo para gerar recursos para o seu pagamento. Alongar o perfil da dívida é renegociar dívidas de curto prazo para o longo prazo, de modo a melhor reestruturar os negócios da empresa e poder pagar as dívidas sem problemas financeiros.

c) Cobertura de juros

$$CJ = \frac{\text{Lucro líquido antes das despesas financeiras e do I.R.}}{\text{Despesas financeiras}}$$

Esse índice nos mostra o quanto o resultado da empresa pode cobrir as despesas financeiras. Um resultado menor que 1 (um) indica que os juros são maiores que os resultados da empresa. Essa situação leva muitas empresas a dificuldades enormes ou até mesmo à falência, especialmente quando os juros cobrados pelos bancos são muito elevados. A competição exercida por produto importado pode agravar mais ainda essa situação, pois os juros cobrados no exterior são muito inferiores aos juros cobrados no Brasil.

25.4 CONCLUSÃO

Neste capítulo procuramos incluir um conjunto amplo de análises financeiras, para dar ao leitor uma visão do escopo e da amplitude da função da administração financeira nas empresas.

Dado o espaço limitado deste capítulo, não focalizamos assuntos como fluxo de caixa (entradas e saídas de dinheiro em função do tempo), projeção de balanços e demonstrativos de resultados, orçamento e controle, além de várias outras atividades que fazem parte da administração financeira da empresa. Outros assuntos que também fazem parte da administração financeira foram desenvolvidos em outros capítulos do livro, como por exemplo engenharia econômica.

Questões para reflexão

1. Dividimos os índices em quatro grupos: liquidez, rentabilidade, eficiência operacional e endividamento. Também podemos considerar a análise financeira conduzida por quatro grupos de analistas: gerentes, acionistas, credores de longo prazo e credores de curto prazo:

    a) Explique a natureza de cada tipo de índice.

    b) Explique a ênfase de cada tipo de analista.

2. Por que o giro de estoques é mais importante em um supermercado do que em uma empresa de conserto de eletrodomésticos?

3. Por que uma firma com alto *ILC* pode não conseguir pagar suas contas?

4. Margens de lucro e índices de eficiência operacional variam de indústria para indústria. Que características das indústrias influem nessas variações? Dê alguns exemplos comparativos para ilustrar sua resposta.

Referências bibliográficas

SANVICENTE, A. Z. *Administração financeira*. São Paulo: Atlas, 1979.

WESTON, J. F.; BRIGHAM, E. F. *Managerial Finance*. 5. ed. Hinsdale, Illinois: The Dryden Press, 1975.

CAPÍTULO 26

CUSTOS INDUSTRIAIS

Nilton Nunes Toledo

26.1 CUSTOS INDUSTRIAIS

26.1.1 Definição de custos

Sob o ponto de vista "custos", a operação industrial pode ser descrita de várias formas, dependendo do tipo de produto e processo. A maneira de descrever uma operação industrial, que consideramos a mais abrangente, é a seguinte:

> Fabricar um produto significa manipular, combinar, transformar matérias-primas, montar componentes e acondicioná-los, até chegar a produtos que obedeçam a determinadas especificações.

Chamamos "custo" o esforço exercido, por meio de um processo de fabricação, o valor adicionado, as matérias-primas, ou seja, o valor dos componentes adicionados às pré-montagens, os vários materiais auxiliares e de consumo e a mão de obra direta e indireta.

26.1.2 Necessidade de custos

Por que necessitamos dos custos?

Para responder a essa pergunta, vamos examinar os vários usos do conhecimento dos custos:

1. conhecer o valor do estoque ou valor do ativo circulante;
2. apuração do lucro ou resultado da operação;
3. controle do governo (Ministério da Fazenda);
4. determinação do preço de venda;
5. utilização de materiais;
6. cálculo da eficiência de mão de obra;
7. responsabilidade da chefia;
8. orçamento da produção;
9. análise de investimentos;
10. política de comercialização;
11. política de fabricar ou subcontratar.

26.1.3 Finalidade dos custos

Examinando a lista da seção anterior, verificamos que podemos englobar todos os itens em três grupos:

do 1º ao 4º: obtenção do valor das unidades produzidas;

do 5º ao 7º: controle de gastos;

do 8º ao 11º: planejamento e tomada de decisões.

A obtenção do valor das unidades produzidas é, à primeira vista, a única utilidade dos custos e talvez tenha sido aquela que se fez necessária para a verificação de se estar vendendo um produto por um preço, no qual se incluem os impostos e fretes, maior ou menor que o seu custo. Percebeu-se, mais tarde, que saber apenas o custo por unidade não era suficiente, pois sentiu-se que alguns custos não incidem de forma direta e unívoca nos produtos; tornou-se necessário saber como distribuir esses custos (como será visto adiante).

Estabelecer controles foi a segunda necessidade. Se está custando caro, quem está gastando, onde está sendo gasto, como se está gastando etc. Somente conhecendo as respostas é que se pode controlar custos e, para isso, é necessário estabelecer um sistema controlador.

Planejar e tomar decisões: o conhecimento do custo nos permitirá tomar decisões e planejar a empresa; torna-se, assim, tão importante conhecer o custo unitário quanto o departamental.

Concluímos que o conhecimento do custo unitário, embora necessário, não é suficiente; é preciso ter uma visão global da empresa, olhá-la como um todo.

Acima de tudo, custo é informação, que deve ser usada por quem sabe o que é esse custo, como foi obtido e com que objetivo.

Os seguintes princípios são importantes:

- existem vários custos para vários usos;
- custo é um método de medida com seu referencial padrão;
- para usar os resultados do custo, é necessário conhecer o sistema de apropriação e distribuição dos gastos;
- mudar o sistema de apropriação e distribuição é mudar os referenciais de medida;
- o conhecimento do custo unitário é necessário, mas não é suficiente; e
- custo é apenas informação.

26.2 CLASSIFICAÇÃO DOS CUSTOS

Para podermos usar melhor os custos, iremos classificá-los com um critério conveniente para a nossa exposição; para outras finalidades podem ser utilizados outros critérios.

Considerando: **áreas de atividade**, podemos encontrar:

- custos de produção;
- custos de administração; período
- custos de comercialização; e
- custos financeiros.

Esses três últimos são normalmente denominados despesas e são de débito gregoriano. Aqui chamamos de custo por razões didáticas, mas se queremos custear uma dessas atividades o valor encontrado será denominado custo.

1. Por **produto** iremos encontrar custos diretos e indiretos:
   - **Custos diretos**: como indica seu próprio nome, são aqueles em que, além de podermos estabelecer uma correspondência direta de gastos sobre o produto, esses gastos podem ser facilmente apropriados e facilmente identificáveis com o produto ou são relevantes.
   - **Custos indiretos**: são aqueles de difícil identificação com o produto, mas de fácil identificação com o período e a área requisitante; individualmente são de pequeno valor, mas, em conjunto, tornam-se relevantes, e o método para sua apropriação é o cálculo indireto. Na prática, definimos os custos diretos e, por diferença, aparecem os indiretos.
2. Por **volume e período de tempo**, teremos custos fixos e variáveis:
   - **Custos fixos**: são os chamados "custos do período", ou seja, definida uma estrutura empresarial para uma determinada capacidade, pode-se dizer que esses custos não mudam com a variação das quantidades de peças produzidas.
   - **Custos variáveis**: são aqueles que variam proporcionalmente com o volume de produção: se considerarmos que um produto, ao ser fabricado, recebe unitariamente um mesmo valor de material e de mão de obra, em qualquer que seja o volume produzido.

Sabemos que tanto os custos fixos quanto os variáveis podem modificar-se ao longo do tempo ou com o tamanho da empresa que os processa; é preciso, portanto, para a nossa classificação, estabelecer a hipótese de custo fixo ou variável, para um determinado volume de produção e período de tempo.

Nos casos em que sabemos que os custos variam nitidamente aos saltos, eles serão fixos para um pequeno período de tempo ou para certos lotes; passando para uma escala maior de tempo, ou de quantidade, teremos um novo nível de custo, num novo patamar. Podemos chamar esses custos de semivariáveis.

3. Por **possibilidade de controle**, teremos custos controláveis e não controláveis:
   - **Custos controláveis**: são aqueles que podemos tornar maiores ou menores, por nossa influência. Vários níveis hierárquicos podem controlar os vários gastos, em vários graus. Assim, dizemos que o consumo de matéria-prima é controlável pelo operador e não pela gerência. Entretanto, uma política de qualidade pode reduzir o consumo dessa matéria-prima, e então o controle estará sendo exercido pelo nível gerencial.

A quantidade produzida por um torno-revólver, por exemplo, é influenciada pelo operador, enquanto a produção de um torno automático já é fixa e definida para ele. No entanto, um bom projeto da sequência de operações pode aumentar a produção da máquina. Nesse caso, o custo é:
- controlável pelo operador do torno-revólver;
- não controlável pelo operador do torno automático; e
- controlável pelo projetista do torno automático.

4. Por **localização no tempo** teremos custos históricos, padrão, de reposição e projetados:
   - **Custos históricos**: os registros de apropriação contábil dos gastos ocorridos nos propiciarão a verificação dos custos históricos, que servirão como referência

para os futuros planejamentos, cálculo dos desvios do planejamento anterior e verificação do valor dos estoques de produtos em processo e acabados.

- **Custos padrão**: para a administração dos processos produtivos precisamos dispor de um referencial e também um padrão de medida. Como foi visto, o sistema é o referencial; os padrões devem ser estabelecidos com valores numéricos.

- **Custos de reposição**: valorar os custos pelos preços de reposição é, sob regime inflacionário, uma questão de sobrevivência. É preciso dar ao sistema possibilidade de calcular sempre os custos com os últimos preços.

- **Custos projetados**: são os que precisamos conhecer e que irão entrar em vigor num futuro próximo ou distante. O sistema deverá permitir que se verifique quanto custarão os produtos quando eles estiverem prontos, principalmente se eles exigem um período longo de fabricação. Nesse caso, o custo seria usado como critério para formação do futuro preço de vendas.

26.3 FATORES DO CUSTO

Chamamos "custo de produção" à soma dos custos do material direto (MD) com os custos de mão de obra direta (MOD) e com os gastos gerais de fabricação (GGF) que constituem os gastos periódicos departamentais:

$$C_P = C_{MD} + C_{MOD} + C_{GGF}$$

26.3.1 Custo de material direto

Os materiais necessários à fabricação do produto podem ser classificados em grupos, segundo a sua utilidade: matéria-prima, material de consumo, materiais auxiliares, componentes, material de embalagens.

Matéria-prima é aquele material que integra o produto, na sua forma original ou transformado física ou quimicamente.

Material de consumo é aquele usado no processo como: combustível, lubrificantes etc. É o material absolutamente necessário ao processo (variável, inclui-se nos GGF).

Material auxiliar é toda matéria que se gasta na indústria, cujo consumo não está diretamente ligado ao processo. Por exemplo: material de limpeza, material de escritório etc. (fixo, inclui-se nos GGF).

Componentes são os elementos aplicados ao produto em fabricação, mas que não são processados no local (variável, CMD).

Material de embalagens é o usado na proteção e preparação do produto para o consumo (variável CMD).

Sabendo-se que materiais serão usados no processo de fabricação, será possível definir quais são considerados materiais diretos. Nos materiais diretos, devemos identificar duas características: os **facilmente identificáveis com o produto** e os de **relevância monetária**; a esses materiais chamaremos de "**material direto**".

Cálculo do custo do material direto:

$$C_{MD} = Q \cdot P$$

onde: Q é a quantidade requisitada para a fabricação e P o preço médio dos materiais requisitados.

26.3.2 Custo da mão de obra direta

Todo o trabalho humano que é necessário ao processo produtivo é chamado "mão de obra". Para considerá-lo como "mão de obra direta", será necessário que ele tenha duas características: **relevância** e **fácil identificação com o produto**. O trabalho que não apresentar essas características será chamado mão de obra indireta.

Equação:

$$C_{MOD} = t_{u_i} \cdot P_u$$

onde: t_{u_i} é o tempo gasto em realizar a operação de produção da peça i e P_u é a taxa de mão de obra direta.

Tomando o valor da folha de pagamento mais todos os encargos, e dividindo essa soma pelo total de horas trabalhadas por departamento e respectivos centros de custo, obteremos a taxa monetária da mão de obra direta. Para isso é necessário que o departamento de pessoal elabore a folha de pagamento separada por centro de custo e também separando o pessoal direto do indireto.

$$P_u = \frac{\text{(total da folha custos diretos)} + \text{(encargos sociais)}}{\Sigma t_{u_i}}$$

26.3.3 Custos dos gastos gerais de fabricação

Como dissemos, os gastos não considerados como materiais diretos e mão de obra direta deverão ser chamados "gastos gerais de fabricação". As características desses gastos são as seguintes: muitos itens de pouco valor isoladamente, após somados, tornam-se significativos, mas ainda de difícil identificação com o produto e de fácil identificação com o departamento ou centro de custo requisitante, considerando-se o período.

É fácil notar que temos, nesse grupo, gastos que se comportam como variáveis e outros, como fixos. De acordo com nossa definição, são todos indiretos. Podemos dar como exemplo: salários indiretos, materiais de consumo, materiais auxiliares, aluguéis, seguros, impostos, limpeza, depreciação, administração etc.

Chamamos "centro de custo" a parte da empresa onde se executam uma ou mais operações de produção de mesma natureza, ou sob a responsabilidade do mesmo supervisor.

A taxa dos gastos gerais de fabricação G_u é obtida do somatório dos gastos atribuídos aos centros de custo, divididos por uma base M, onde cada produto i fabricado no período consome mi dessa base:

$$G_u = \frac{\text{Somatório dos gastos}}{M} \quad \text{(onde } M = \Sigma mi\text{)}$$

$$C_{GGF} = G_u \cdot mi$$

26.4 SISTEMAS DE CUSTEIO

Vamos definir os principais sistemas de formação dos custos: custeio por absorção, custeio direto, custeio padrão e custeio ABC, e os critérios de sua utilização.

26.4.1 Custeio por absorção

É o critério pelo qual todos os custos são distribuídos diretamente aos produtos, independentemente de sua classificação.

A sistemática consiste em:

a) **Departamentalizar-se a fábrica** e isso significa criar centros em que se alocam os custos: esses centros podem ser grupos de máquinas ou uma só, uma seção ou um departamento. Os critérios para a determinação dos centros de custos são: **homogeneidade** – deve-se colocar, no mesmo centro de custo, pessoas e equipamentos que tenham afinidade de funções e objetivos; **praticidade** – a multiplicação dos centros de custos levaria a um trabalho excessivo e, eventualmente, desnecessário; **necessidade de controle** – os equipamentos e seções de caráter estratégico devem ser acompanhados para permitir controle da empresa. Devem ser ainda seguidas duas regras básicas:

  I) todo setor deve pertencer a um centro de custo; e
  II) nenhum setor deve pertencer a mais de um centro de custo.

Podemos definir dois tipos de centros de custos: **centros de custos de produção** – aqueles cuja função principal está na transformação dos materiais e montagem, no processo produtivo; **centros de custos de serviços** – os que apoiam os centros produtivos nas suas funções.

b) **Distribuir os gastos gerais de fabricação**, obtidos do plano de contas contábil, aos departamentos e seus centros de custos. A distribuição dos gastos gerais de fabricação deve ser feita a todos os centros de custos, segundo uma base adequada. Essa base deve ser justa e de tal forma que exista uma proporcionalidade direta com a causa do gasto. Por exemplo: os aluguéis devem ser distribuídos segundo a área ocupada pelo centro de custo; os gastos de manutenção, segundo as horas gastas na manutenção do centro de custos, e assim por diante.

c) **Distribuir os totais dos gastos dos centros de custos de serviços** aos centros de custos de produção, também segundo uma base adequada. Alguns centros de custos auxiliares podem receber a distribuição de outros centros de custos auxiliares, e seus totais são redistribuídos aos centros produtivos.

d) **Distribuir os totais dos centros de custos produtivos aos produtos**. Podemos fazer essa distribuição diretamente, dividindo os totais pelo número de peças fabricadas, o que é possível se tivermos um único produto. Em caso contrário, procuraremos uma base de distribuição, que pode ser a quantidade de matéria-prima empregada em cada produto ou o número de horas trabalhadas, chegando ao cálculo do custo-hora do centro de custo.

A Tabela 1 mostra como são feitas essas distribuições de custos.

26.4.2 Custeio direto

  Custeio direto é aquele em que apenas a parte variável dos gastos gerais de fabricação é alocada aos produtos, e a parte fixa é considerada como custo do período e é diretamente alocada ao demonstrativo de resultados.

  A diferença entre o custeio direto e o custeio por absorção se prende essencialmente ao valor atribuído ao produto acabado. Obviamente, no custeio direto, ele será menor. Portanto, os resultados contábeis serão diferentes num caso ou em outro, conforme a existência de estoques de produto acabado iniciais e finais.

  Existem vantagens no uso do custeio direto, e a principal delas é se poder raciocinar em termos comparativos, evitando as eventuais discrepâncias dos rateios dos custos fixos, que podem falsear os resultados. Já para a determinação dos preços de venda, o custeio por absorção é mais indicado.

26.4.3 Custeio padrão

Estabelecer valores padrão para os fatores de custo e comparar os custos históricos com esses padrões, é ter um instrumento de controle que poderá nos indicar onde tomar providências para corrigir eventuais discrepâncias.

Os mecanismos de **análise das variâncias** indicarão se as diferenças são devidas à variação dos preços, às quantidades de perdas de materiais ou à eficiência da mão de obra.

Devem-se definir os padrões de forma que, na prática, possamos atingi-los com uma operação industrial eficiente. Dessa forma, estaremos estabelecendo uma meta atingível e, portanto, não desestimulando o pessoal de produção.

26.4.4 Custeio baseado em atividades *(ou ABC – activity based costing)*

Os sistemas tradicionais de custeio, como o custeio por absorção, são também chamados sistemas de **custeio baseado em volume**. O uso desses sistemas, em alguns casos, pode provocar distorções no resultado dos custos, por não considerar alguns aspectos do processo produtivo, como o tempo de passagem do produto pela fábrica, o volume relativo de materiais entre os itens, as quantidades relativas entre os itens, horas gastas de operação em relação a cada item etc. Os sistemas baseados em volume funcionam muito bem para produções uniformes de produtos semelhantes, fabricados em grandes lotes, sendo as bases de rateio acertadas para se ter uma distribuição justa entre os itens em fabricação (não devendo ser mudadas ao longo do tempo). Entretanto, falta a esses sistemas tradicionais versatilidade e flexibilidade.

Tabela 1 Mapa de rateio

Custos indiretos	Base de distribuição	Departamentos de produção			Departamentos de serviço			Total
		Lixação	Pintura	Montagem e embalagem	Recepção e armazenagem	Oficina mecânica	Central de força	
Custos Gerais:								
Materiais de consumo	Direta	28.000	39.000	79.000	5.000	10.000	11.000	172.000
Mão de obra indireta	Direta	43.000	47.000	86.000	11.000	18.000	14.000	219.000
Depreciação da máq.	Direta	2.000	4.000	2.000	1.000	2.000	9.000	20.000
Custos gerais da fábrica:								
Escritório da fábrica	Empregados	1.500	2.500	4.000	600	800	600	10.000
Compras	Ordens	1.100	500	400	100	300	300	2.700
Ocupação do edifício	Espaço	6.500	4.600	12.600	200	1.100	4.000	29.000
Total		82.100	97.600	184.000	17.900	32.200	38.900	452.700
Distribuição dos custos dos departamentos de serviços:								
Recepção e armazenagem	Requisições	9.900	2.300	2.800		1.000	1.900	
Oficina mecânica	Tarefas	6.300	13.500	8.200			5.200	
Central de força	C.v. hora	21.600	17.400	7.000				
Total dos gastos indiretos gerais dos departamentos		119.900	130.800	202.000	17.900	33.200	46.000	

Para se obter flexibilidade e versatilidade, foi criado um sistema que pode distribuir todos os gastos da produção de maneira justa, apesar das diferenças de volume de materiais entre os itens, bem como das diferenças de quantidade dos itens em fabricação, ou de qualquer outra falta de uniformidade entre itens: é o sistema de custeio ABC.

> Custeio ABC é o sistema segundo o qual são as atividades de todas as áreas funcionais de manufatura que consomem recursos, e os produtos consomem, então, as atividades.

Entre as atividades que consomem recursos, podemos citar: estabelecer relações com os fornecedores, comprar, receber, pagar, preparar máquinas, preparar linha de fabricação, operar máquinas, balancear linha de montagem, redesenhar produto, reorganizar o fluxo de produção, vender, entregar e assim por diante.

O controle do desempenho das atividades é que deve ser feito com rigor, verificando o consumo de recursos e o caráter da atividade, discriminando as que adicionam valor ao produto e as que não adicionam nenhum valor.

A estrutura de um sistema de custeio por atividades é composta de três elementos, como se pode ver no quadro seguinte:

- centros de atividades;
- direcionadores de custos; e
- categoria de recursos.

Modelo conceitual do sistema "ABe"

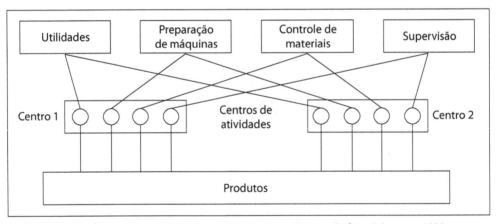

Fonte: Barry J. Brinker, Emerging Pratices in cost Management, Warren Corham & Lamont, 1990.

Na figura do modelo conceitual do sistema ABC:

- os blocos da primeira linha são as categorias de recursos disponíveis e usados;
- as linhas que ligam os recursos aos centros são os direcionadores do primeiro estágio (*cost drivers*);
- as linhas que ligam os centros aos produtos são os direcionadores do segundo estágio;
- as elipses dentro dos centros de atividades são os centros acumuladores de custos (*cost pools*).

Centros de Atividades são os diversos segmentos de atividades do processo de manufatura, reunidos de forma a facilitar a análise e o controle das funções e operações a ela relacionadas, com vistas a reduzir o tempo de passagem do produto, à melhoria da qualidade, à melhoria da produtividade e à redução dos custos acumulados em cada centro de acumulação de custos (*cost pools*).

Direcionadores de custo funcionam como desagregadores dos custos acumulados e como indicadores da relação de causa e efeito entre os custos e causadores dos gastos. Desse modo, permitem a análise das atividades que adicionam valor ao produto e das que não adicionam, propiciando a redução sistemática de custos e a eliminação de todos os desperdícios (*cost drivers*).

Categoria de recursos. Os custos são obtidos a partir do livro razão agregando ou desagregando as contas, conforme o uso alternativo dos recursos. A categoria de recursos facilita a coleta e interpretação das informações na associação das atividades físicas do chão-de-fábrica e os direcionadores de custo.

Cada produto é custeado, no sistema ABC, de acordo com o número de direcionadores de custos. Por exemplo, se o número de expedições para atender uma ordem for 10 e o custo total das expedições for $ 5.000, cada expedição terá custado $ 500. Supondo-se que foram expedidos 10.000 produtos, sendo 5.000 de A e 5.000 de B, e que o número de expedições para o primeiro foi 1 (um) e para o segundo 9 (nove), qual teria sido o custo unitário de cada produto, em termos de custos de atendimento e expedição?

	Tabela 2 Custeio ABC	
Dados	Produto A	Produto B
Volumes	5.000	5.000
Espedições	1	9
Custo de expedição	$ 500,00	$ 4.500,00
Custo unitário de expedição	$ 0,10	$ 0,90

26.5 ANÁLISE DOS CUSTOS

26.5.1 Análise do ponto de equilíbrio

Como já foi dito, conhecer os custos unitários não é suficiente. É preciso ter uma visão global, e o instrumento para isso é a "análise do ponto de equilíbrio".

A equação do custo total, como foi definida, pode ser representada graficamente por uma reta, desde que tomemos as seguintes hipóteses simplificadoras:

a) a empresa-fabríca um único produto;

b) o preço de venda desse produto independe das quantidades vendidas;

c) os custos variáveis unitários são constantes para qualquer nível de produção;

d) toda a produção é vendida; e

e) os custos fixos são constantes para qualquer nível de produção.

Equação do custo

$$L = R - C_F - C_V$$
$$C_T = C_F + C_v$$
$$L = p \cdot q - C_F - q \cdot c_v$$
$$L = q(p - cv) - C_F$$

onde: C_F = custos fixos da empresa
C_v = custos variáveis totais = $q \cdot c_v$
C_T = custos totais
R = receita total = $p \cdot q$
L = lucro
p = preço unitário
q = quantidade produzida
c = custo unitário variável

Colocando todas as curvas em um único gráfico, temos:

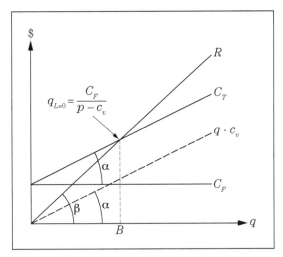

Podemos fazer as seguintes observações em relação ao gráfico:

1. $\alpha > \beta$ indica que a operação é inviável;

2. para quantidade menor que B, a operação é deficitária e, portanto, para quantidades maiores que B, a operação começa a ser lucrativa;

3. o ponto B, no qual $R = C_T$ ($\therefore L = O$), é chamado "ponto de equilíbrio";

4. as quantidades q podem ser expressas em diversas unidades: toneladas, metros, metros quadrados, litros, porcentagem da capacidade instalada, total de venda em valores monetários.

O gráfico do ponto de equilíbrio é uma imagem instantânea da situação. Após qualquer alteração, fica a necessidade de se refazer o gráfico para uma nova condição e verificar o que ocorreu.

26.5.2 Margem de contribuição

Vamos definir uma grandeza que nos pode ajudar na seleção dos produtos e controle das empresas que possuem mais de um produto em processo (eliminamos, então, a primeira hipótese simplificadora do item anterior)

Margem de contribuição total MC é a diferença entre a receita e os custos variáveis:

$$MC = R - C_V$$

Margem de contribuição unitária Mc é a diferença entre o preço unitário e o custo unitário variável:

$$Mc = p - c_v; \quad MC = (p - c_v)q$$

Retomando as equações anteriores:

$$R = C_T + L \quad \text{ou} \quad R - C_T = L \quad C_T = C_V + C_F$$
$$MC = C_T + L - C_V \qquad\qquad R = C_V + C_F + L$$
$$MC = C_T - C_V + L \qquad\qquad L = R - C_V C_F$$
$$MC = C_F + L \qquad\qquad L = MC - C_F$$

Para o ponto de equilíbrio, $L = 0$, temos: $MC = C_F$.

Vemos que se a margem de contribuição superar o custo fixo, passa-se à operação lucrativa. A soma vetorial das várias margens de contribuição dos produtos da empresa nos dará também uma imagem instantânea da situação dos custos de uma empresa que tenha um *mix* de produção. Da mesma forma que no caso anterior, poderemos planejar modificações na estrutura dos custos, que levem a uma situação mais favorável.

O gráfico do ponto de equilíbrio para um *mix* de produção é construído da seguinte forma:

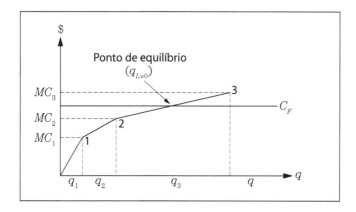

onde: MC_1 = margem de contribuição relativa de maior valor
MC_2 = margem de contribuição relativa de segundo valor
MC_3 = margem de contribuição relativa de terceiro valor
MC_4 = ...
$\dfrac{MC}{q}$ = margem de contribuição unitária, com $\dfrac{MC_1}{q_1} > \dfrac{MC_2}{q_2} > \dfrac{MC_3}{q_3} > \ldots$

a) calcula-se a margem de contribuição unitária relativa de cada um dos produtos;
b) ordenam-se as margens de contribuição relativa em ordem decrescente;
c) plota-se a margem de contribuição de maior valor relativo em primeiro lugar e, em segundo, a margem de contribuição do valor relativo seguinte, e assim por diante, num gráfico com valores monetários (MC) em ordenadas e com quantidades em abcissas;

d) plota-se a reta do custo fixo, no mesmo gráfico; e
e) o ponto de equilíbrio será encontrado no cruzamento da soma vetorial das margens de contribuição com a linha do custo fixo.

Questões para reflexão

1. Podemos dizer que todos os custos indiretos são fixos?
2. Podemos dizer que todos os custos variáveis são diretos?
3. Podemos dizer que todos os custos fixos são indiretos?
4. Por que saber sobre os custos unitários é importante, mas não suficiente?
5. De que forma podemos mudar os critérios de rateio sem perder o referencial do passado?
6. O custo unitário de um produto é um valor único e imutável?
7. Que dificuldades são encontradas para estabelecer o custo padrão de um produto?
8. Nas seguintes situações, que sistema de custeio é mais adequado:
   a) tomada de decisões sobre linha de produtos;
   b) controle da empresa;
   c) fabricar ou subcontratar;
   d) valoração do estoque;
   e) comparação com o passado;
   f) previsão dos custos futuros; e
   g) elaboração da precificação.
9. O conhecimento do processo de manufatura é necessário na elaboração de um sistema de custo?
10. Como eliminar as hipóteses simplificadoras em um estudo do ponto de equilíbrio?

Problema sobre custos

Uma empresa fabrica os produtos A, B e C, de acordo com os dados da tabela abaixo, que estão na mesma unidade monetária:

Produtos	A	B	C
Preço de venda	120	120	80
Custo do material direto	50	60	40
Custo da mão de obra direta	20	30	10
Quantidades produzidas	1.000	2.000	3.000
Área ocupada na atividade (m^2)	60	50	40

Custos fixos indiretos de fabricação no período:
1. folha de pagamento: $ 22.000;
2. aluguéis: $ 30.000;
3. manutenção e depreciação: $ 87.000.

Pede-se:

1. Calcular o lucro da empresa, elaborando o demonstrativo de resultados, pelo sistema de custeio por absorção e pelo sistema de custeio direto, supondo venda de metade da produção. Destacar o valor do estoque obtido pelos dois sistemas. Repetir o demonstrativo para o caso de vender 100% da produção.

2. Calcular o custo unitário pelo sistema de custeio por absorção, adotando a base de rateio que considerar mais justa. Com base nesses resultados, que providências gerenciais seriam necessárias? Demonstrar os resultados decorrentes dessas providências.

Respostas ao item 1:

1a) **Demonstrativo de resultado** da venda de 50% e do total da produção, empregando em cada caso o sistema de custeio direto e o sistema de custeio por absorção.

Quantidade vendida	50% da produção		100% da produção	
Sistema de custeio	Custeio direto	Custeio por absorção	Custeio direto	Custeio por absorção
Receita líquida dos produtos vendidos	300.000	300.000	600.000	600.000
Custo dos produtos vendidos	200.000	269.500	400.000	539.000
Lucro operacional	100.000	30.500	200.000	61.000
Despesas do período	139.000	zero	139.000	zero
Lucro líquido (prejuizo)	(39.000)	30.500	61.000	61.000
Estoque de produto acabados	200.000	169.500	zero	zero

1b) Demonstrativo do cálculo da receita e do custo variável:

Produto	Receita	Total do custo variável
A	120 × 1.000 = 120.000	(50 + 20) × 1.000 = 70.000
B	120 × 2.000 = 240.000	(60 + 30) × 2.000 = 160.000
C	80 × 3.000 = 240.000	(40 + 10) × 3.000 = 150.000
Total	600.000	400.000

1c) Demonstrativo do cálculo do custo indireto total:

Custo da folha de pagamento	22.000
Custo de aluguéis	30.000
Custos da manutenção e depreciação	87.000
Total dos custos fixos indiretos	129.000

Respostas ao item 2:

2a) Demonstrativo dos valores rateados

a) **Folha de pagamento:** $ 22.000. Supondo que a folha de pagamento de indiretos esteja ligada à supervisão da mão de obra direta, convém distribuir esse valor segundo a incidência de MOD, portanto:

$$\text{MOD A} = 20 \times 1.000 = 20.000$$
$$\text{MOD B} = 30 \times 2.000 = 60.000$$
$$\text{MOD C} = 10 \times 3.000 = 30.000$$
$$\text{Total} = 110.000$$

Dividindo o total da folha de indiretos pelo total dos gastos com MOD, temos o multiplicador $m = 0,2$.

b) **Aluguéis**: $ 30.000. Supondo que os aluguéis estejam ligados ao uso das áreas mencionadas, podemos distribuir o seu valor tomando como base de rateio as áreas ocupadas pelas atividades:

$$\text{Aluguel A} = 60 \times 1.000 = 60.000$$
$$\text{Aluguel B} = 50 \times 2.000 = 100.000$$
$$\text{Aluguel C} = 40 \times 3.000 = 120.000$$
$$\text{Soma} = 280.000$$

Dividindo o aluguel pela soma das áreas usadas nas atividades, temos $m = 0,107$.

c) **Manutenção e depreciação**: $ 87.000. Supondo que os gastos com manutenção e depreciação estejam ligados ao esforço da mão de obra, por serem decorrentes do uso do equipamento instalado, podemos distribuir esse valor tomando como base de rateio a MOD:

$$\text{MOD A} = 20 \times 1.000 = 20.000$$
$$\text{MOD B} = 30 \times 2.000 = 60.000$$
$$\text{MOD C} = 10 \times 3.000 = 30.000$$
$$\text{Soma} = 110.000$$

Dividindo o valor de $ 87.000 pela soma dos gastos com MOD, obtemos o multiplicador $m = 0,79$.

2b) Cálculo dos custos unitários:

Produto	Preço p	Custo MOD C_{MOD}	Custo MD C_{CD}	Área ocupada	Alugel $m = 0,107$	Folha $m = 0,2$	Manutenção e depreciação $m = 0,79$	Custo unitário Σ	Lucro $p = c_v$
A	120	20	50	60	6,42	4	15,8	96,22	23,78
B	120	30	60	50	5,35	6	23,7	125,05	(5,05)
C	80	10	40	40	4,28	2	7,9	64,18	15,82
Base de rateio				m²	m²	MOD	MOD		

2c) **Providências necessárias**:

Na tabela, verifica-se prejuízo com o produto B (igual a 5,05), embora tenha margem de contribuição positiva $MC = 120 - 90 = 30$ (não podendo ser eliminado, a não ser que seja substituído por outro melhor);

- Aumentar as vendas dos produtos A e C;
- Aumentar o preço do produto B (se possível, sem perda de volume);
- Reduzir os custos do produto B, se possível.

Referências bibliográficas

WESTON; BRIGHAM. *Managerial finance.*

COHAN, A. B. *Financial decision making*: theory and practice.

HOMGREN, C. T. *Cost Accouting*: a managerial emphasis.

WELSCH, G. *Orçamento empresarial.*

LEONE, G. S. G. *Custo*: um enfoque administrativo.

MATZ; CURRY; FRANK *Contabilidade de custos*. 3 v.

BACKER, M.; JACOBSEN, L. E. *Contabilidade de custos*: um enfoque de administração de empresas. 2 v.

DEARDEN, J. *Análise de custos e orçamento nas empresas*. Rio de Janeiro: Zahar Editores.

YUE, C. L. *Custos industriais*. IDORT.

STARR, M. L. *Administração da produção*. São Paulo: Blucher.

BARNES, R. *Estudo de movimentos e tempos.* São Paulo: Blucher.

MARTINS, E. *Contabilidade de custo.* São Paulo: Atlas, 1993.

CAPÍTULO 27

MOVIMENTAÇÃO E ARMAZENAGEM DE MATERIAIS

Floriano do Amaral Gurgel

Este capítulo expõe, de forma sucinta, alguns conceitos contidos no livro *Administração dos fluxos de materiais e de produtos*, do mesmo autor. Por estar muito resumido, não dispensa – para a solução de problemas práticos – a consulta ao livro do qual foi extraído. O autor agradece a permissão dada pela Editora Atlas para a publicação deste capítulo.

27.1 ADMINISTRAÇÃO DE FLUXOS DE MATERIAIS

27.1.1 Organização modal

Organização modal é um sistema estruturado que cria uma corrente de racionalidade com facilidades geradas pela padronização da movimentação, desde os fornecedores até o destinatário final, o último cliente.

A estrutura modal está baseada no conceito de Unimov (unidade de movimentação), que passará a ser o padrão que fluirá por toda a cadeia fornecedor–cliente. Assim, todos os materiais, desde matérias-primas, componentes, produtos semiacabados, produtos acabados, até múltiplos de embalagens de apresentação e comercialização, deverão estar planejadamente alocados a Unimov.

O sistema modal facilita sobremaneira os transportes, uma vez que é possível padronizar berços e encaixes de caminhões, trens, porões de navios e até compartimentos de carga de aviões. A administração do fluxo de materiais fica facilitada e, dispondo de equipamentos padronizados, utiliza-se menos tempo em carga e descarga.

O padrão de modulação das cargas poderá originar-se de duas modulações distintas (ver Figura 1).

Modulação externa – consiste em adotar um padrão associado aos meios de transporte e de multiplicá-lo convenientemente, para chegar a dimensões razoáveis para as Unimov e as embalagens dos produtos;

Modulação interna – percorre o sentido oposto: toma por base o produto e suas dimensões, determinadas pelas características de uso, e agregam-se unidades até que se tenha um múltiplo volumoso) e pesado o suficiente para ser movimentado por dispositivos mecânicos e transportado por meio de um complexo intermodal hidro-ferro-rodoviário.

27.1.2 Pontos importantes

Analista de cargas – Naturalmente, os dois caminhos não conduzirão ao mesmo resultado: cabe ao analista de cargas acomodar convenientemente as embalagens de comercialização, de forma a maximizar a ocupação volumétrica da Unimov.

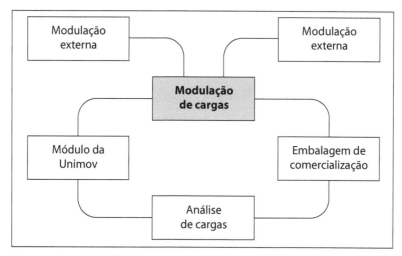

Figura 1 Modulação de carga.

Estabilização de cargas – Também neste trabalho de análise de carga, não se pode esquecer os aspectos relacionados à existência de planos de clivagem[1] das Unimov, que exigirão o uso de dispositivos de estabilização de carga, para que os movimentos dentro da fábrica e externamente à empresa sejam executados com segurança, evitando perdas e acidentes.

Endereço aleatório – Por fim, cabe ressaltar que a estrutura modal é um fator de grande importância para a padronização de equipamentos de movimentação e endereços para a armazenagem. Com a padronização dos endereços, caminha-se rumo ao endereçamento aleatório, que aceita armazenar qualquer material acondicionado em Unimov, que administrado por um sistema de informações bem planejado (e dotado de características de rastreabilidade), irá gerar, certamente, grande produtividade.

Inventários racionais – Quanto a aspectos administrativos, a estrutura modal facilita também o trabalho de manutenção adequada dos inventários, em virtude da introdução da filosofia da pré-contagem, sendo essa pré-contagem uma peça-chave no bom relacionamento entre a programação, a produção e os sistemas de informações industriais.

PCP (planejamento e controle da produção) – Sem um bom sistema de movimentação e armazenagem de materiais, o PCP é difícil ou mesmo impossível.

27.1.3 Tipos de armazém

As atividades de armazenagem agregam sempre dois aspectos: a armazenagem propriamente dita e a prestação de serviço. Nesse contexto, identificamos três tipos de armazéns (ver Quadro 1).

São armazéns com conceitos diferentes e, portanto, devem ser tratados de forma distinta. As necessidades de acessibilidade e ocupação volumétrica, por exemplo, são certamente diferentes.

Um exemplo típico de armazém terciário é um supermercado, onde o equipamento de "separação de pedidos" é o carrinho de compra. Para cada empresa ou centro de distribuição, existem características distintas de acordo com a categoria de itens que abrange. Pode haver, num exemplo extremo, uma empresa que venda simultaneamente a atacadistas, varejistas e mesmo ao consumidor final.

O peso da unidade de comercialização (Unicom) está limitado a 25 kg para efeito de manuseio. As Unimov estão condicionadas à capacidade das empilhadeiras, à dimensão dos endereços de armazenamento e à largura dos corredores dos armazéns e da área produtiva.

Quadro 1 Três tipos de armazém	
Armazém primário	Armazenamento de Unimov
Armazém secundário	Armazenamento de Unicom (unidades de comercialização) ou módulo mínimo de vendas
Armazém terciário	Armazenamento de Uniap (unidades de apresentação), embalagens de apresentação com as quais os usuários têm contato direto

27.1.4 Ocupação volumétrica e acessibilidade

Uma empresa poderá priorizar a **ocupação volumétrica** de um armazém em detrimento de sua **acessibilidade**, ou mesmo ter armazéns mistos: uma área de maior giro, com acessibilidade 100% (todas as cargas colocadas em endereços podem ser retiradas sem se movimentar nenhuma outra), e outro espaço de itens menos movimentados, em que se deu maior importância à ocupação volumétrica.

Quadro 2 Acessibilidade e ocupação volumétrica	
Ocupação volumétrica	Armazenamento de quantidade
Acessibilidade	Serviço ao usuário

De qualquer forma, todo armazém deve estar em condições de fornecer serviço relativo à **rastreabilidade** dos itens que contém e, como mencionado, à acessibilidade e facilidade de carregar e descarregar um endereço.

Seja qual for o tipo de armazém, sua interface com o "cliente" deve ser projetada de maneira a maximizar o benefício: seja num supermercado, onde todos os itens devem estar à mostra, ao alcance do cliente, seja numa estrutura com transelevadores, onde o espaço aéreo é aproveitado e máquinas especiais chegam a qualquer endereço em pouco tempo.

Ocupação volumétrica – é a razão entre o espaço efetivamente ocupado na armazenagem por algum material e o espaço total que poderia ser utilizado. MAM (movimentação e armazenagem de materiais) é uma atividade que se preocupa muito com a ocupação volumétrica, e faz questão de lembrar sempre que o espaço disponível para aproveitamento não tem duas dimensões (m^2), mas três (m^3), conceito utilizado, por exemplo, no projeto de mezaninos e transelevadores.

Folgas nos volumes – o conceito de ocupação volumétrica aplica-se na embalagem de apresentação, considerando o volume realmente ocupado pelos produtos dentro da Uniap. As Unicom ocupam determinado volume na disponibilidade total da Unimov.

As folgas existentes entre uma Unimov e um endereço de armazenagem constituem outro ponto importante no conceito de ocupação volumétrica. Quanto menor a folga (maior a ocupação volumétrica), mais será necessário o uso de equipamentos mais precisos (e mais caros), porém a estrutura será menor. Por isso, justifica-se uma criteriosa análise custo-benefício, considerando o grau de ajustamento mecânico entre os equipamentos de movimentação e as estruturas de armazenagem.

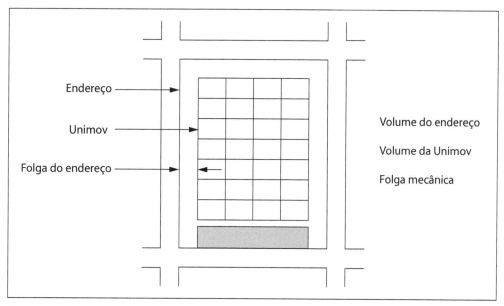

Figura 2 Folgas de armazenagem.

Compromisso entre ocupação e acessibilidade – Todavia, ao se maximizar a ocupação volumétrica (num armazém, por exemplo), entra-se em conflito com a questão da acessibilidade. Estruturas compactas de armazenamento dificultam o acesso. Na verdade, o maior inimigo da ocupação volumétrica é o corredor. Mas como ter acesso sem corredores?

As ideias em MAM hoje convergem para uma solução de compromisso entre acessibilidade e ocupação volumétrica. Por exemplo: corredores laterais prejudicam muito a ocupação volumétrica, mas corredores entre fileiras de produtos são mais adequados.

O armazém dinâmico com rampas inclinadas e roletes não proporciona a acessibilidade de 100% (todas as cargas colocadas em endereços podem ser retiradas sem se movimentar nenhuma outra), mas garante o FIFO[2] e representa uma solução bastante boa do ponto de vista da ocupação volumétrica. Outra forma de buscar um compromisso entre ocupação volumétrica e acessibilidade é a utilização de armazéns mistos, uma seção de alta densidade de carga e outra bem menor com acessibilidade de 100%.

Acondicionamento das cargas. Atualmente, os paletes (estrados para o acondicionamento de cargas) de 1,00 m × 1,20 m × 1,80 m como módulo, têm utilização largamente difundida pela adequação ao berço de caminhões de distribuição urbana. Além disso, o cuidado no dimensionamento de embalagens viabiliza a implantação efetiva de uma organização modal, condição necessária para o **endereçamento aleatório** (qualquer carga pode ser acomodada em qualquer endereço), acessado por equipamentos mecanizados e mesmo automáticos.

27.1.5 Instrumentos de administração

O Sistema de informações – O sistema de informações da empresa deve ser ágil e corresponder ao sistema de MAM, apontando as quantidades movimentadas ou armazenadas a cada instante. Além de conferir características de rastreabilidade, o sistema de informações não pode, de maneira nenhuma, atravancar ou atrasar a movimentação e a armazenagem.

É comum observar atrasos na movimentação, porque o sistema de informações não está adequado para acompanhá-lo (deficiências em sensores, pessoas em folga, falta de fichas etc.). É preciso impedir que a burocracia atrapalhe a agilidade de um bom sistema de MAM, pois materiais parados para apontamento, além de significarem perda de dinheiro, podem constituir obstáculos à movimentação na fábrica como um todo.

Programação – Em relação a PCP (programação e controle de produção), o sistema de MAM aparece como um complemento, numa relação de mútua dependência. Afinal, quando se programa uma ordem de fabricação, é importante garantir que a alimentação e a retirada de peças já devidamente moldadas se processem da melhor forma.

Administração – A relação de MAM com a administração geral é muito efetiva na área contábil, graças às condições de um bom funcionamento do sistema de informação. Para fins de inventário ou faturamento, é importantíssimo conhecer com absoluta precisão as quantidades de cada produto em estoque.

Um sistema bem integrado é obtido com uma estrutura modal, com pré-contagem, que, com verificações muito rápidas, permite aferir as quantidades de materiais em estoque e em processo.

27.1.6 Ordem resolvida

Há um conceito importante, o de "ordem resolvida":

1. **Quantidade e qualidade** – Não se pode parar uma máquina nem alterar sua operação sem que os materiais, em quantidade e qualidade para a próxima ordem de fabricação, tenham sido providenciados com o almoxarifado.

2. **Manutenção** – Não se pode parar uma máquina nem alterar a sua operação sem que se tenha tido o cuidado da manutenção prévia das ferramentas e do próprio equipamento.

3. **Preparação** – Não se deve iniciar nenhuma atividade de movimentação sem que a próxima movimentação já esteja devidamente preparada, visando a evitar qualquer acúmulo de materiais na área produtiva.

4. **Identificação do lote** – Cada ordem de fabricação pode ter um ou mais lotes que estão sendo movimentados na forma de uma ou mais Unimov. O sistema deverá permitir a perfeita rastreabilidade dos lotes e das Unimov.

27.2 MODULAÇÃO, PRODUTO E DISTRIBUIÇÃO

O sistema de distribuição e comercialização determina alguns aspectos importantes da modulação, como exemplificamos:

- a distância entre duas prateleiras de uma gôndola de supermercado determina a altura máxima do frasco de detergente;

- o diâmetro máximo de um frasco de desodorante é determinado pela capacidade da mão do usuário em segurá-lo;

- os caminhões circulam nas ruas com carrocerias de largura adequada para circularem com segurança. A altura máxima dos caminhões é determinada pelo vão livre dos viadutos e pelos cabos de eletricidade e de telefone.

A modulação tem, então, origens diversas, como segue:
- equipamento de comercialização;
- dimensões das partes do corpo;
- dimensões externas do corpo;
- dimensões urbanas.

Considerando as dimensões dos caminhões, predeterminadas pela modulação urbana, podemos determinar um submúltiplo das dimensões internas dos caminhões, como um módulo de movimentação ou Unimov.

Esses módulos de movimentação irão determinar as características dos endereços de armazenamento e dos equipamentos de movimentação interna. Determinarão também as larguras dos corredores e aspectos importantes do *layout*.

A modulação do produto nem sempre é compatível com a modulação externa, que se estabeleceu por meio do critério de um submúltiplo do veículo de transporte.

27.3 SELEÇÃO DE EQUIPAMENTOS DE MOVIMENTAÇÃO

27.3.1 Classificação dos equipamentos de movimentação

Como primeira aproximação, poderemos classificar as características de cada movimento e indicar o tipo de equipamento usualmente utilizado (ver Quadro 3):

\multicolumn{3}{c}{Quadro 3 Classificação dos equipamentos de movimentação}		
Roteiro	Programação repetitiva	Monovia
	Programação aleatória	Empilhadeiras
Frequência de movimentação	Fluxo contínuo de materiais	Correia transportadora
	Fluxo intermitente de materiais	Tratores para movimento horizontal
Distâncias percorridas	Distâncias curtas e frequentes	Empilhadeiras
	Distâncias longas e sistemáticas	Comboios tracionados por tratores industriais
Ambiente fabril	Interno	Empilhadeiras elétricas que evitam a contaminação das mercadorias e dos operários
	Externo	Tratores movidos a GLP ou diesel
Direção do fluxo	Horizontal	Tratores industriais
	Vertical	Elevadores de cargas
Acionamento	Manual	Paleteiros
	Motorizado	Empilhadeiras e tratores industriais

27.3.2 Áreas básicas de logística e alocação dos equipamentos

Os equipamentos de movimentação irão executar tarefas em áreas diversas. Por isso, deveremos identificar a amplitude de atuação da administração dos fluxos de materiais. A definição de área de atuação é diferente de empresa para empresa, e sua não definição poderá gerar conflitos de atuação, que não são recomendáveis.

O planejamento da alocação de equipamentos, no entanto, deverá ser geral e coordenado pela administração dos fluxos de materiais e de produtos. O que poderá variar é a amplitude de gestão direta da área de movimentação.

Poderíamos identificar as três áreas básicas de logística, como segue:

1. **Logística de abastecimento** – Atividade que administra o transporte de materiais dos fornecedores para a empresa, o descarregamento no setor de recebimento, e o armazenamento das matérias-primas e componentes. E que cuida da estruturação da modulação de abastecimento, embalamento de materiais, administração do retorno das embalagens e decisões sobre acordos com fornecedores, para mudanças no sistema de abastecimento da empresa.

2. **Logística de manufatura** – Atividade que administra a movimentação para abastecer os postos de conformação e montagem, segundo ordens e cronogramas estabelecidos pela programação da produção; a desova das peças conformadas como semiacabados e componentes, e armazenamento nos almoxarifados de semiacabados; e o deslocamento dos produtos acabados no final das linhas de montagem, para os armazéns de produtos acabados.

3. **Logística de distribuição** – Administração do centro de distribuição, localização de unidades de movimentação em seus endereços, abastecimento da área de separação de pedidos, controle da expedição, transporte de cargas entre fábricas e centros de distribuição e coordenação dos roteiros de transporte urbano.

Poderíamos ter tarefas facilmente identificadas com a área de movimentação e outras que ficariam em uma interface de relativa mobilidade na dependência de empresa a empresa.

Características das tarefas	Tipos das tarefas
Facilmente identificáveis com a movimentação	Carregamento e descarregamento, recebimento, armazenamento, distribuição de materiais para os centros de conformação
Inseridas nas atividades de conformação	Movimentação feita pelo operador do equipamento, deslocamento intradepartamentos, desova de peças conformadas, almoxarifados de semiacabados, deslocamento de ferramentas, deslocamentos de equipamentos de manutenção, movimentos para o controle de qualidade
Deslocamentos fora da empresa	Transporte de matérias-primas, centros de distribuição, transporte urbano e rodoviário

27.3.3 Alternativas de utilização e de aquisição de equipamentos

A título de ilustração, vamos examinar uma situação em que desejamos deslocar Unimov de uma origem para um destino, e vamos considerar três alternativas de utilização de equipamentos diversos, como segue:

>   Paleteiro
>   Empilhadeira
>   Comboio

Vamos considerar determinada taxa horária para cada uma das alternativas. A desagregação das atividades de cada deslocamento indica três atividades básicas:

>   Carregamento da Unimov
>   Deslocamento em direção ao destino
>   Descarregamento no local a se depositar a Unimov

O custo do carregamento e descarregamento é uma constante para cada método de deslocamento utilizado. O custo do deslocamento é proporcional à distância percorrida.

Abaixo de 30 metros, o tempo para se movimentar uma Unimov será menor se utilizarmos um paleteiro. Acima de 30 metros deveremos utilizar um comboio, pois o tempo global será menor. Os tempos obtidos deverão ser multiplicados pelas taxas horárias de cada equipamento.

Poderíamos então posicionar dois pontos distintos:

1. A utilização do paleteiro até 30 m minimizará o tempo da operação;
2. A utilização do paleteiro até 50 m minimizará o custo, mas elevará o tempo da operação.

Poderemos considerar os seguintes aspectos para examinar a aquisição de equipamentos que devam executar tarefas similares:

1. Preço de aquisição dos equipamentos;
2. Custo da operação a ser realizada;
3. Tempo despendido na operação;
4. Praticidade do equipamento;
5. Expectativa de vida do equipamento; e
6. Facilidade de manutenção.

27.4 EMBALAGEM

27.4.1 Tipos de embalagem

As embalagens são classificadas em grandes grupos, conforme nomenclatura a seguir, em ordem crescente a partir do produto:

1. **Embalagem de contenção** – embalagem em contato direto com o produto, e que exige compatibilidade entre os componentes do produto e os materiais da embalagem;
2. **Embalagem de apresentação** – embalagem que envolve a embalagem de contenção e com a qual o produto se apresenta ao usuário no ponto de venda;
3. **Embalagem de comercialização** – embalagem que contém um múltiplo da embalagem de apresentação, constitui a unidade para a extração de pedido e, por sua vez, é um submúltiplo da embalagem de movimentação;

4. **Embalagem de movimentação** – múltiplo da embalagem de comercialização, para ser movimentada racionalmente por equipamentos mecânicos; e

5. **Embalagem de transporte** – embalagem para agregar embalagens de comercialização de produtos diferentes, com o objetivo de compor e entregar um pedido ao cliente.

A embalagem de comercialização tem por finalidade primordial conter as embalagens de apresentação e proteger o produto. Para tanto, podem mesmo ser usados acessórios como calços, cantoneiras etc. As embalagens de apresentação e comercialização deverão ser adequadas em suas dimensões a uma organização modal que já tenha sido desenvolvida.

27.4.2 Funções da embalagem

A embalagem de um produto preenche algumas funções, como segue:

- Tecnológica – proteção mecânica, física e química;
- Mercadológica – exerce uma importante função de comunicação do conceito mercadológico e está relacionada com as atividades de vendas, principalmente no que diz respeito à embalagem de comercialização; e
- Econômica – o custo da embalagem deverá ser objeto de muita atenção, pois muitas vezes a embalagem custa mais do que o próprio manufaturado.

A utilização de uma boa embalagem ajuda a vender o produto a um melhor preço, e contribui para o aprimoramento da qualidade. A utilização de uma embalagem pobre pode ser resultado de uma visão míope do administrador ou de quem está desenvolvendo o produto, pois a embalagem deve ter sofisticação técnica e exercer as funções necessárias.

A boa embalagem poderá ser o fator determinante da preferência do usuário em relação a produtos técnica e funcionalmente iguais.

Alguns outros aspectos interativos devem também ser considerados:

1. **Finalidade** – O uso de produtos sobre pressão exige embalagens tipo spray.

2. **Proteção** – Os instrumentos delicados devem estar contidos em embalagens absorvedoras de choques.

    A tampa metálica de uma bebida volta-se para dentro com o vácuo e quando se abre estala para fora, confirmando ao usuário que a bebida não foi aberta anteriormente.

3. **Aparência/Conceito** – Cosméticos exigem embalagens sofisticadas e caras, e canetas e isqueiros são embalados para parecerem joias e se tornarem objetos para presente.

27.4.3 Subembalagem e superembalagem

É interessante também comentar que existem casos de subembalagem (embalagem subdimensionada), que arrebenta no processo de distribuição – demonstrando a falta de preocupação em "não destruir em MAM o que se produz na linha de montagem" e superembalagem (superdimensionamento, que acarreta embalagens muito resistentes, evidenciando desperdício).

O processo de análise de casos de subembalagem deverá começar com:

1. exame criterioso dos canais de distribuição, instalando-se acelerômetros nas cargas e registrando os pontos do canal onde a solicitação no produto é máxima, sendo que o roteiro deverá ser corrigido para aliviar as pressões sobre o produto;

2. revisão do projeto do produto, relacionando-se todos seus pontos de fragilidade e adotando-se ações corretivas para se ter um produto resistente aos esforços de distribuição; e

3. reprojeto da embalagem, utilizando novas tecnologias, sem que haja, porém, concordância com qualquer elevação do custo, para se evitar a improdutividade repetitiva daí decorrente.

27.4.4 Embalagem de comercialização

Quanto à distribuição, os fatores técnicos da embalagem são condicionados pelas necessidades da amplitude da distribuição de um produto no mercado:

A embalagem exerce efeitos favoráveis na transmissão do conceito, publicidade, distribuição e prestação do serviço pós-venda.

A ausência do balconista fará com que a venda passe a depender exclusivamente da embalagem: a vendedora silenciosa. A responsabilidade do desenvolvimento torna-se enorme, pois dele dependerá a vida da empresa que está sempre em jogo.

A embalagem deverá, inicialmente, chamar a atenção do usuário, por suas características óticas, como visibilidade e legibilidade do grafismo, forma e cores. Uma vez atraída a atenção, a embalagem deverá apresentar singularidades, que transformem a atenção em interesse. O usuário avalia seus desejos e deverá observar na embalagem, imagens associativas, que estimulem esses desejos.

Torna-se necessário que a embalagem apresente características de ação fechadora de vendas, pois o usuário deverá abdicar da utilização futura de produtos, e satisfazer seus desejos no presente, despendendo moeda de seu bolso.

27.4.5 Vantagem competitiva da embalagem

A embalagem proporciona uma vantagem competitiva decisiva na concorrência comercial, influi de maneira significativa nos custos da produção e nas despesas de distribuição e interage fortemente com o desenvolvimento do produto.

A área geográfica atendida pela empresa depende da maneira como as embalagens foram desenvolvidas. As barreiras ao meio ambiente e meio interior, impostas pela embalagem, deverão ser bem mais elaboradas quando a área geográfica se amplia.

Os administradores de produto não estão explorando devidamente a área de embalagem como um gerador de lucros, como um instrumento inovador de venda, como uma vantagem competitiva, como geradora de melhorias na distribuição e mesmo como um ponto importante na estratégia da manufatura.

A área de embalagem é dinâmica e controvertida, envolve muitos departamentos, fornecedores, agências externas e, por isso, sempre encontra-se dispersa nas estruturas administrativas. A complexidade da área de embalagem exige conhecimentos em muitas áreas como a Engenharia, Administração, Marketing de Desenvolvimento e de Aplicação, Arquitetura de Produto, Controle de Qualidade, Código do Consumidor e Legislação.

A Direção da empresa deve ter consciência que a Administração da Embalagem deverá ser um todo integrado, e não disperso nas estruturas especializadas; que a área de embalagem relaciona-se fortemente com o resultado da empresa, e que é altamente proveitoso direcioná-la corretamente, com alta prioridade de gestão.

Poderemos enumerar alguns pontos que justificam essa ênfase de prioridade, como segue:

1. A embalagem é a **vendedora silenciosa** nas lojas de autosserviço, sem a intermediação do balconista;

2. A veiculação publicitária é mais bem aproveitada se as imagens dos anúncios estiverem coordenadas com as imagens divulgadas nas embalagens de apresentação e no produto;

3. Uma embalagem que atenda a todos os requisitos de mercado, de manufatura, distribuição física e de comercialização, deverá ser desenvolvida com muito cuidado, o que leva tempo;

4. A embalagem é geralmente o único contato entre a empresa e o usuário, e o portador das mensagens da administração;

5. Os clientes distribuidores estão atentos quanto à qualidade das embalagens, presença no ponto de venda, solução dos problemas de armazenamento e redução de perdas devido ao transporte;

6. A embalagem protege a empresa contra a ação dos chantageadores, que possam contaminar os produtos;

7. O governo e o código do consumidor têm elevado o nível de exigência sobre embalagem, bem como quanto à veracidade de tudo que é comunicado aos consumidores pela decoração da embalagem de apresentação.

27.5 INTERAÇÃO DA EMBALAGEM COM O PRODUTO

27.5.1 Proteção pela embalagem

A embalagem poderá ser entendida conceitualmente como uma preocupação maternal com o produto contido em um "útero" que deverá prover tudo para o "filhote". As plantas desempenham essa atividade com uma mestria enorme ao acondicionar, prover e proteger de maneira admirável as suas sementes.

A embalagem, portanto, deverá proteger bem o produto contra danos mecânicos, físicos, influências climáticas, contaminações do meio ambiente e perdas de características intrínsecas do produto.

27.5.2 Aceleração da gravidade

O fator G de um produto embalado é determinado pela capacidade máxima de suas partes resistirem a uma determinada intensidade de aceleração da gravidade.

Poderemos levantar, pela instalação de acelerômetros nos produtos embalados, o valor, em G, da aceleração a que o canal de distribuição irá submeter o produto, e utilizar esses dados para os cálculos de engenharia necessários ao dimensionamento dos fixadores e amortecedores. Poderemos repartir o esforço de reforçar o produto com a preocupação de colocar calços e absorvedores de aceleração na embalagem.

A seguir, fornecemos alguns números indicativos de medições com acelerômetros, em situações observadas em canais de distribuição:

N.º	Origem	Aceleração da gravidade (em G)
1	Aceleração horizontal de caminhão	0,5
2	Defeito nas estradas	15,0
3	Engate de vagões	15,0
4	Vibração de caminhão	2,0
5	Vibração de vagões	2,0
6	Oscilação de navios	0,5

Questões para reflexão

1. Quais os benefícios que um sistema modal de movimentação e armazenagem poderá trazer para a administração da operação da empresa industrial?
2. Por que uma empresa industrial não deverá operar com armazéns terciários?
3. Quais as características de um armazém destinado à prestação de um serviço ao seu cliente?
4. Por que a emissão de uma ordem de produção **não resolvida** gera tanta improdutividade?
5. Quais os tipos e características dos grandes grupos especializados de embalagens?
6. Qual o método que o profissional deverá utilizar para resolver uma situação em que se registram perdas excessivas de produtos na movimentação e armazenagem?
7. Por que a focalização na atividade de embalagem poderá ser uma atividade geradora de altos níveis de resultado?

Referências bibliográficas

APPLE, J. M. *Material handling design*. New York: The Ronald Press, 1972.

_____. *Plant layout and material handling*. New York: Wiley, 1977.

BALLOU, R. *Business logistic management*. New York: Prentice Hall, 1973.

BOWERSOX. *Logistical management*. New York: Mac Millan Pub. Co.

ERDEI, G. E. *Código de barras:* desenvolvimento, impressão e controle de qualidade. São Paulo: Makron Books, 1994.

FALCONER, P.; DRURY, J. *Almacenage industrial*. Madrid: H. Blume Ediciones, 1975.

GURGEL, F. A.; TOLEDO, N. N. *Estratégia da manufatura*. São Paulo: Vanzolini, 1995.

GURGEL, F. A. *Administração de fluxos de materiais e de produtos*[*]. São Paulo: Atlas, 1996.

_____. *Embalagem, design, tecnologia e comercialização*. São Paulo: Vanzolini, 1995.

KULWIEC, R. A. *Material handling handbook*. New York: Wiley Interscience, 1989.

MAGEE, J. F. *Logística industrial*. São Paulo: Livraria Pioneira Editora, 1977.

MOURA, R. A. *Sistema e técnica de movimentação e armazenagem*. São Paulo: Imam, 1983.

NOVAES, A. G. N.; ALVARENGA, A. C. *Logística aplicada*. São Paulo: Pioneira, 1994.

[*]Para o melhor entendimento e detalhamento dos conceitos expostos neste capítulo, é recomendável a leitura dessa obra.

CAPÍTULO 28

GESTÃO DA MANUTENÇÃO

José Carlos Vaz

28.1 INTRODUÇÃO

As equipes de manutenção devem ser consideradas como parte integrante do esforço de produção da fábrica. A parcela desse esforço pertinente à manutenção depende de elementos tecnológicos qualificados para que a fábrica funcione no nível de desempenho adequado, diretamente associados à frequência de falhas e aos tempos de duração dos serviços de manutenção, que interferem no desempenho global da unidade produtiva. A busca de ganhos de produtividade deve transparecer como função permanente e dominante dos gestores da manutenção.

A função **manutenção** dentro da empresa representa um alto potencial de contribuição para o aumento de produtividade, à luz de seu relacionamento com a função produção. Por outro lado, o exercício dessas duas funções requer combinações específicas de recursos tanto para a provisão de bens como de serviços.

As atividade da função manutenção são executadas com a finalidade de assegurar um estado satisfatório, previamente especificado, de equipamentos e instalações. De modo geral a manutenção tem sido associada simples e diretamente à conservação de máquinas, embora administrativamente deva ser considerada de modo bem mais abrangente.

No seu relacionamento com a produção, deve ser firmada a mentalidade de que a manutenção tem características de prestadora de serviços.

28.2 O RELACIONAMENTO ENTRE OS SISTEMAS DE PRODUÇÃO E DE MANUTENÇÃO

Na Figura 1 é apresentado um modelo esquemático de um sistema de produção e seu relacionamento com o sistema de manutenção. É na fronteira desses dois sistemas que está a contribuição da manutenção para a produtividade da empresa.

Nessa fronteira está a preocupação de assegurar condições operacionais das máquinas, isto é, a manutenção influencia a capacidade de produção. O conceito de disponibilidade das máquinas, para que possam produzir, surge então como fator bastante útil na avaliação da qualidade do serviço prestado pela manutenção à produção.

Não é uma tarefa fácil medir a disponibilidade. Para todos é clara a necessidade de que o tempo de paralisação da máquina deve ser o menor possível. Mas, nem sempre o tratamento desse tempo e de seus elementos tem sido adequado.

366 GESTÃO DE OPERAÇÕES

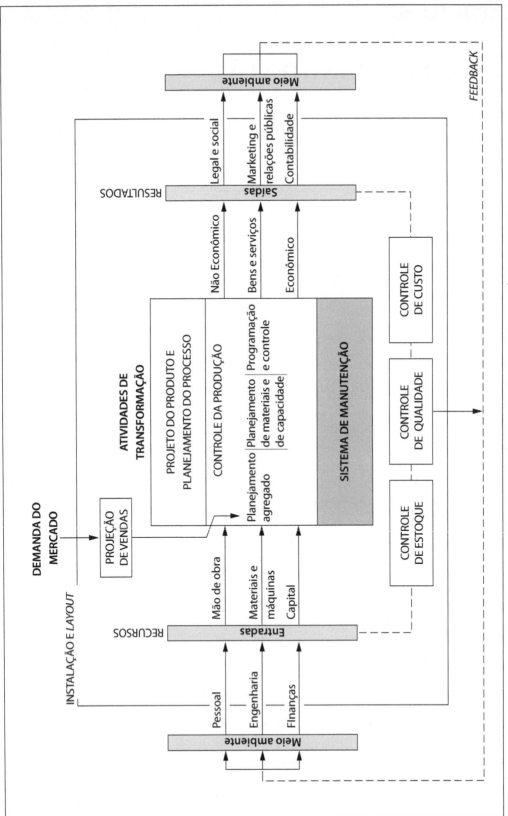

Figura 1 Modelo esquemático de um sistema de produção e seu relacionamento com o sistema de manutenção.

28.3 ELEMENTOS DO TEMPO DE INTERRUPÇÃO DA PRODUÇÃO E DO TEMPO DE REPARO

Frequentemente há confusão entre o tempo de interrupção da produção e o tempo de reparo. A interrupção corresponde ao período de tempo durante o qual a máquina está em estado de falha. Uma definição formal esbarra na dificuldade de obtenção de um parâmetro que represente os diferentes elementos de uma diversificação de sistemas de produção e suas condições de operação.

Um sistema que não é operado continuamente pode desenvolver uma falha enquanto está inativo. A condição de falha pode não ser evidente até que o sistema é solicitado a operar. O tempo de interrupção da produção deve ser medido a partir da incidência da falha, do disparo de alguma condição de alarme, ou a partir do instante em que a máquina foi solicitada?

Um reparo pode ser completado, mas não ser seguro restabelecer as condições operacionais imediatamente. Muitas vezes, devido a uma situação de tipo cíclico ou sazonal, pode ser necessário atrasar a restauração da operação plena. Nestas circunstâncias, quando considerar o encerramento do tempo de interrupção da produção?

É necessário definir o tempo de interrupção da produção como aquele requerido para cada sistema e sob determinados compromissos de condições de operação e manutenção. O tempo de interrupção da produção e o tempo de reparo, embora se sobreponham, não são idênticos. O primeiro tempo começa antes do tempo de reparo ser deflagrado. Reparos frequentemente envolvem elementos de verificação (*checkout*) ou de ajustagem que podem se estender além do tempo de paralisação. A definição e uso desses termos vai depender de como a disponibilidade ou os recursos de manutenção são considerados em cada situação.

Essas considerações são importantes para empresas com grandes volumes de produção, em que o custo de paralisação é alto, e devem ser objeto de análises cada vez mais profundas a medida em que os ganhos de disponibilidade se tornarem mais difíceis de se conquistar.

A Figura 2 apresenta um caso de ação típica de manutenção corretiva, que servirá de modelo para o tratamento dos elementos intervenientes nos tempos de paralisação e nos tempos de reparo.

Para melhor percepção do desafio da produção, nesse modelo o tempo de paralisação é expresso na forma de tempo de interrupção da produção.

São considerados os seguintes elementos de tempos:

- Constatação da falha (A): é o tempo que decorre até que a condição de falha se torne evidente. Esse elemento é pertinente à disponibilidade, mas não constitui parte do tempo de reparo.

- Acesso (B): corresponde ao período de tempo dedicado, desde a constatação da falha, ao contato com instrumentação, relógios mostradores e pontos de testes, dando condições assim para o início da localização da falha. Não inclui deslocamentos e viagens, mas inclui a remoção das tampas, blindagens e proteções. É determinado fundamentalmente pelas características do projeto mecânico da máquina (manutenibilidade).

- Diagnóstico (C): refere-se à localização da falha e inclui a ajustagem de equipamentos de teste (como a instalação de osciloscópio ou gerador de sinais), checagens (confronto de formas de onda e padrões estabelecidos), interpretação da informação obtida (muitas vezes com o auxílio de algoritmos), verificando as conclusões tiradas e decidindo qual a ação de correção.

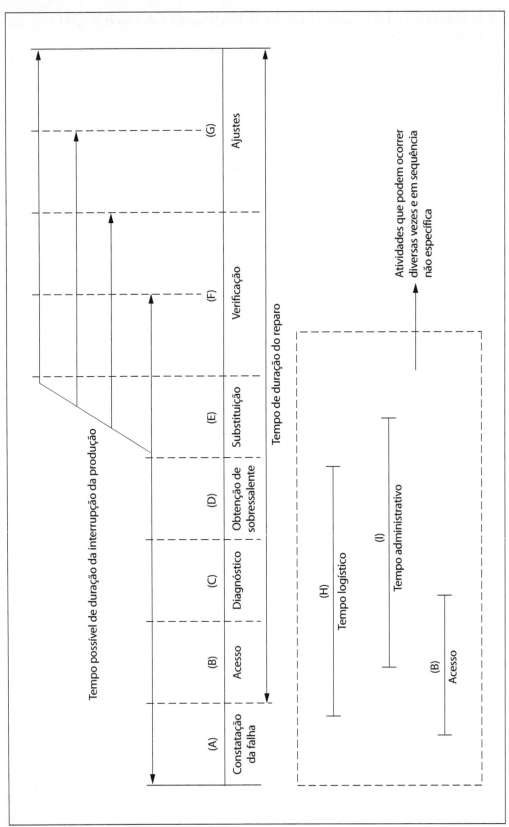

Figura 2 Elementos intervenientes no tempo de interrupção da produção e no tempo de reparo.

- Obtenção de sobressalente (D): a peça reserva pode ser obtida a partir da caixa de ferramentas, por canibalização, ou usando conjunto redundante idêntico de outra parte do sistema. O tempo eventualmente necessário para remover peças do almoxarifado não está incluído, pois ele é parte do tempo logístico.

- Substituição (E): tempo que envolve a remoção do menor conjunto cuja substituição elimina a falha diagnosticada. Esse elemento de tempo depende bastante da escolha do menor conjunto, das características mecânicas da máquina e do projeto de conectores.

- Verificação (F): corresponde ao tempo para verificar que a condição de falha não mais existe e que o sistema está em condições operacionais. Há possibilidade de se restaurar a operação do sistema antes do término dessa verificação, caso em que, mesmo sendo uma atividade de reparo, não colabora para a interrupção da produção.

- Ajustes (G): a inserção de um novo módulo no sistema implica ajustes e regulagens. A exemplo do que ocorre com (F), parte ou a totalidade do tempo de ajustes pode não implicar interrupção da produção.

- Tempo logístico (H): é o tempo consumido pela espera de peças, de equipamentos de testes, de ferramentas adicionais e de mão de obra que devem ser transportados até o sistema objeto de reparo.

- Tempo Administrativo (I): é função da agilidade do usuário do sistema. Envolve tipicamente o registro de falha (onde afeta o período de interrupção da produção), distribuição das tarefas de reparo, comutação da mão de obra quando há demarcação de limites da atuação, intervalos formais, disputas etc.

Na verdade, a manutenção deve administrar a incerteza com a qual convive, na medida em que não se sabe exatamente quando a máquina vai falhar. O tratamento estatístico de histórico de falhas vem no auxílio de se encontrar uma solução.

Dentro de um enfoque mais abrangente pode ser desenvolvido um modelo de tratamento de fatores que afetam a produtividade levando em conta também a ação preventiva da manutenção.

28.4 FATORES RELACIONADOS COM A MANUTENÇÃO E QUE AFETAM A PRODUTIVIDADE

A produção da fábrica depende do potencial de produção das máquinas e do bom desempenho de seus operadores. É cada vez mais evidente a assertiva de que a manutenção começa na adequada operação da máquina.

Já que na fronteira entre a produção e a manutenção a disponibilidade é fundamental, como estruturar seus fatores intervenientes? As atividades de manutenção são essenciais para assegurar que as funções previstas em projeto serão exercidas pela máquina, em determinadas condições, e por um período de tempo especificado, o que se traduz na contribuição da manutenção para garantir a confiabilidade da máquina. A disponibilidade depende, além dos tempos de reparos, da preservação do nível de confiabilidade da máquina. E são os serviços de manutenção preventiva que atendem a esse objetivo.

As ações de manutenção podem implicar interrupção da produção, ou paralisação das máquinas, gerando queda de disponibilidade. Os administradores da manutenção só podem agir sobre esses tempos por meio da análise dos diversos fatores intervenientes.

A Figura 3 mostra as correlações entre os fatores que contribuem para a produção da fábrica e os fatores que interferem no tempo de paralisação.

Uma medida da confiabilidade é o tempo médio de funcionamento até a ocorrência de uma falha (TMEF), que está associado diretamente à frequência de ocorrência de falhas.

A manutenibilidade é uma característica importante do projeto e da instalação, correspondendo à probabilidade de retomo de uma unidade a uma condição específica, em um determinado período de tempo, com o uso de recursos definidos. Isso tem a ver com o tempo de reparo, normalmente expresso por meio do tempo médio para reparo (*TMPR*).

A disponibilidade pode ser expressa pela relação clássica:

$$D = \frac{TMEF}{TMEF + TMPR} \times 100\%$$

A obtenção de ganhos de produtividade exige dedicação sistemática do gerente de manutenção à análise e à ação sobre esses fatores. Essa sistematização é possível à medida que a manutenção adote um modelo dinâmico de planejamento e controle operacional.

28.5 DINÂMICA DO SISTEMA DE MANUTENÇÃO EM BUSCA DO AUMENTO DE PRODUTIVIDADE

O desafio da produtividade, no que depende da manutenção, reside em planejamento e controle operacional baseado na demanda de serviços em determinado período.

A Figura 4 indica um modelo de sistema de planejamento e controle operacional aplicável ao sistema de manutenção. É dentro de uma dinâmica semelhante àquela proposta por esse modelo que deve ser executada, de modo contínuo, a análise dos fatores que interferem na produtividade.

28.6 CLASSIFICAÇÃO BÁSICA DOS SERVIÇOS DE MANUTENÇÃO

28.6.1 Manutenção corretiva

As manutenções corretivas são intervenções realizadas depois que a falha já ocorreu e têm, portanto, caráter emergencial. As manutenções corretivas não são programadas, são executadas sempre que ocorrem paradas inesperadas de máquina por falha e ocupam, portanto, um período de tempo que originalmente estava programado para que a máquina estivesse em produção.

28.6.2 Manutenção preventiva

A manutenção preventiva "clássica" consiste na substituição de peças em períodos regulares. Tem o caráter preventivo de interferir em máquinas e equipamentos antes que ocorra uma falha inesperada.

A troca de peças em períodos regulares pode acarretar uma subutilização dessas peças pelo descarte antes do fim de sua vida útil. O período de tempo para execução de intervenções é programado por antecipação, ou seja, as intervenções não implicam interrupção inesperada da produção.

GESTÃO DA MANUTENÇÃO 371

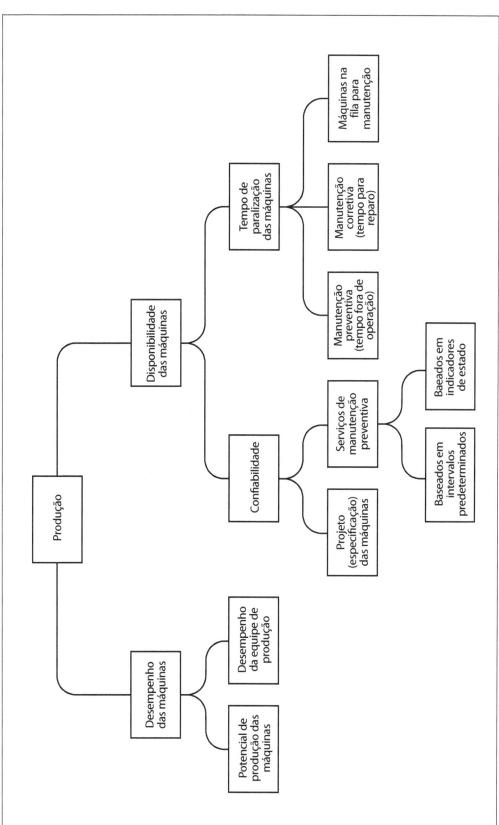

Figura 3 Fatores que afetam a produção da fábrica.

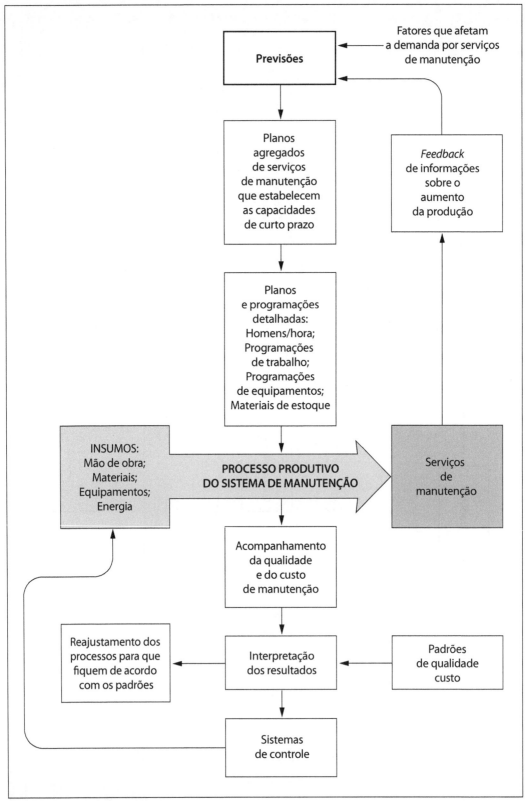

Figura 4 Modelo de planejamento e controle operacional da manutenção.

28.6.3 Manutenção preditiva

Parte do pressuposto de que, do ponto de vista econômico, parar uma máquina ou equipamento para desmontá-lo e executar intervenções de manutenção preventiva quando o mesmo ainda apresenta condições de operar com desempenho satisfatório, não é procedimento admissível e deveria ser evitado.

Por outro lado, esperar que a máquina ou equipamento entre em pane para, então, repará-lo pode causar prejuízos absurdos. A adoção da manutenção preditiva pressupõe que existe uma solução ideal, que consiste em intervir na máquina ou equipamento, ou seja, providenciar uma manutenção eficaz que o mantenha com desempenho aceitável, no momento adequado. Tal momento é estabelecido mediante um estudo e acompanhamento (monitoramento) cuidadoso dos vários elementos que intervêm no processo de operação, visando detectar a iminência de uma falha. Nesse particular, a própria máquina ou equipamento fornece os elementos que permitem detectar o seu estado real, assim como o de seus componentes, bastando que tais elementos sejam verificados com atenção no decorrer da operação (por exemplo: espessura do material, temperatura de operação, vibração, contaminação do lubrificante, nível de ruído etc.).

A manutenção preditiva tem também caráter preventivo, ou seja, de tomar providências para assegurar máquinas e equipamentos em condições aceitáveis de operação, em antecipação à ocorrência de falhas. Vai mais além da manutenção preventiva "clássica" pela sua preocupação de minimizar essa antecipação. A manutenção preditiva pode ser considerada como uma maneira de enfocar a manutenção preventiva, tendo carater proativo, ou seja, é caracterizada por uma postura ativa dos responsáveis pela manutenção.

28.6.4 Manutenção produtiva total

É uma filosofia de organização que integra todos os funcionários da empresa, destacadamente as equipes de manutenção e produção, na execução dos serviços de manutenção. O operador também executa serviços de manutenção da máquina, particularmente aqueles que não exigem conhecimento tecnológico altamente especializado.

28.7 CONCLUSÃO

Tomar decisões acerca de como planejar, organizar, dirigir e controlar as atividades de manutenção é a principal responsabilidade do gerente de manutenção. O volume e o tipo de análise de dados para a decisão dependem:

- da importância da decisão;
- das limitações de tempo e custo; e
- da complexidade do problema.

O entendimento, pelo homem de manutenção, do seu ambiente e do seu relacionamento com a função produção, dos fatores envolvidos nessa fronteira, representados principalmente pela disponibilidade das máquinas, a compreensão dos elementos intervenientes nesses fatores e a implantação de uma dinâmica de planejamento e controle operacional do sistema de manutenção, permitirão avançar de modo mais eficaz em direção aos ganhos de produtividade.

Para que a gestão da manutenção seja eficaz é necessário que seja tratada dentro de um enfoque sistêmico, considerando as diversas interfaces envolvidas. A Figura 5 representa essa visão integrada.

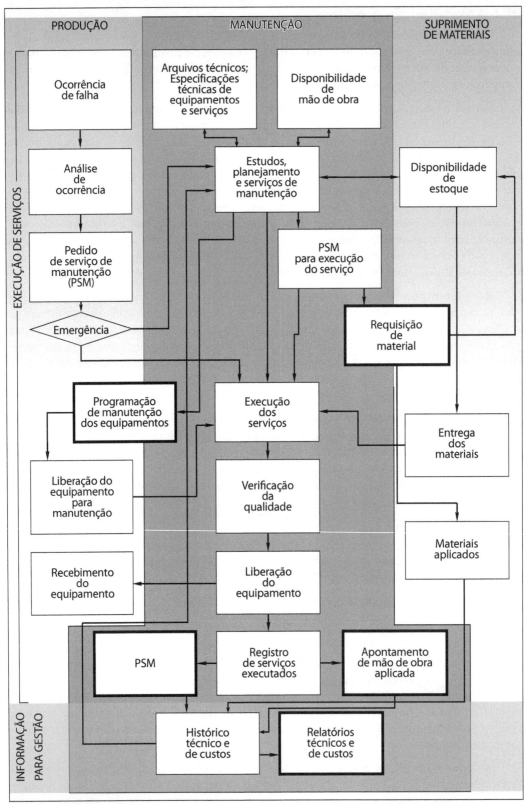

Figura 5 Sistema integrado de manutenção.

Questões para reflexão

1. Definir o conceito de manutenção e discutir por que a manutenção é necessária.
2. Caracterizar as diferenças básicas entre a manutenção preventiva e a manutenção corretiva.
3. A disponibilidade é um parâmetro que permite avaliar a qualidade dos serviços prestados pela manutenção para a produção. Procure explicar como administrar esse parâmetro ao longo do tempo. Que outros parâmetros podem ser sugeridos por meio de uma análise na Figura 3?
4. Quais são as características básicas de manutenção produtiva total?
5. A Figura 5 representa a operacionalização de um sistema de manutenção. Analise-a detalhadamente e busque compará-la com o Ciclo PDCA (Deming) na busca do aprimoramento da qualidade da manutenção.
6. Qual a documentação básica que você sugere para controle dos custos de manutenção?

Referências bibliográficas

MOUBRAY, J. *Reliability*: centered maintenance. New York: Industrial Press, 1992.

EDOSOMWAM, J. A. *Integrating productivity and quality management*. New York: Marcel Dekker, 1987.

SMITH, D. J. *Realiability and maintainability in perspective*. New York: Halsted Press, 1985.

PATION JR., J. D. *Maintainability and maintenance management*. Research Triangle Park: Instrument Society of America, 1980.

KELLY, A.; HARRIS, M. J. *Administração da manutenção industrial*. Rio de Janeiro: IBP, 1980.

TAKAHASHI, Y; OSADA,T. *Manutenção produtiva total*. São Paulo: Imam, 1993.

CAPÍTULO 29

DESENVOLVIMENTO DO PRODUTO

Floriano do Amaral Gurgel

29.1 RELACIONAMENTO DO USUÁRIO COM O PRODUTO

29.1.1 Informação e acionamento

O usuário recebe informações oriundas do produto e o aciona na dependência dessas informações. O usuário bem informado das condições de funcionamento do produto aciona com propriedade os controles, beneficiando-se das funções que o produto exerce. Esses controles são as teclas, os botões, as manivelas, os comutadores, os pedais etc.

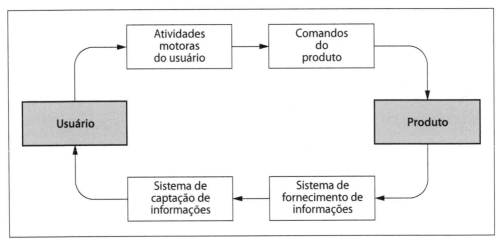

Figura 1 Relacionamento do usuário com o produto.

O relacionamento do usuário com o produto caracteriza-se pelas seguintes interfaces:
1. Qualidade e quantidade de informações prestadas pelo produto, preferencialmente pelos vários canais como visão, tato, audição e olfato. A informação captada por múltiplos canais é mais segura e plenamente confirmada.
2. As informações com qualidade, na quantidade certa e prestadas da maneira adequada, devem encontrar um usuário mentalmente treinado para interpretá-las corretamente. O treinamento do usuário é, portanto, parte desse processo de relacionamento.

3. O treinamento deverá ser desenvolvido para usuários que nada sabem sobre o produto, e, portanto, não poderá ser escrito por técnicos altamente especializados. Esses técnicos desenvolveriam um treinamento para usuários que tudo sabem e, portanto, não necessitam de treinamento.

29.1.2 Erros de acionamento

Os erros mais usuais cometidos pelos usuários no acionamento dos comandos são os seguintes:

N.º	Erro de acionamento	Causa do erro
1	Substituição	O usuário poderá confundir um controle com outro, provocando danos no produto, que será acionado na direção errada
2	Ajustamento	O usuário poderá mover o comando numa intensidade acima dos limites técnicos do produto
3	Esquecimento	O usuário esquece a sequência correta de acionamento de cada comando, provocando o uso indevido
4	Inversão	O usuário move um comando, para gerar uma ação em determnado sentido esperado e provoca uma ação em direção oposta
5	Ativação involuntária	O produto poderá ser ativado desnecessariamente pelo usuário, podendo, com isso, provocar acidentes

29.1.3 Sentido esperado

Solicitamos ao leitor que estique os dois braços na horizontal e gire as duas mãos para a direita e para a esquerda. Podem verificar-se rapidamente deslocamentos diferentes, sendo que uma das mãos pode ser girada de 90° e a outra de 180°. O sentido esperado está condicionado às características do corpo humano ou posicionamentos mentais.

As maçanetas das portas deverão ser acionadas com a mão direita e no sentido horário, para aproveitar a capacidade de giro de 180°. Por outro lado, espera-se que o abaixamento da maçaneta, abra a porta. Uma maçaneta girando no sentido anti-horário e que abre a porta quando a alavanca é levantada não se ajustará ao usuário.

O desenvolvimento do produto deverá prever movimento dos controles e comandos que se ajustem aos hábitos e atos reflexos arraigados nos usuários. Chamamos a esse ato reflexo de **sentido esperado.**

Um usuário poderá ser treinado para utilizar um produto com os comandos desenhados contrariamente ao sentido esperado, ou seja, utilizar o produto com movimentos incompatíveis. Entretanto quando se instalar uma condição emocional de emergência, e apesar de todo o treinamento, o usuário sempre acionará os comandos no sentido esperado, danificando o produto.

O treinamento do usuário para movimentos incompatíveis provocará uma resistência à aceitação do produto e o manterá em permanente estado de crítica, que se propagará às pessoas de seu relacionamento.

29.1.4 Funções e sensibilidade

A colocação de várias funções em um mesmo comando multifuncional poderá facilitar o relacionamento com o usuário, reduzir o espaço necessário para o comando e proporcionar reduções de custo industrial, como, por exemplo, o comando para ligar o limpador de para brisa e acionar a água de limpeza.

O comando poderá ser desenhado com dispositivos de segurança, que não permitem acionar o produto no ritmo e na sequência inadequada, como, por exemplo: o usuário não poderá ligar a terceira rotação de uma batedeira sem antes seguir a sequência da primeira e segunda rotação.

O acionamento de comandos poderá ser executado em três etapas:

- **Deslocamento** – é a ação para levar rapidamente o comando a uma posição próxima da que corresponde ao valor desejado da variável;
- **Aproximação** – redução da velocidade de manobra, antes do posicionamento no valor selecionado da variável; e
- **Posicionamento** – movimento bem lento do comando para posicionamento perfeito no local desejado.

Pode-se, quando necessário, projetar um comando para o deslocamento, outro para a aproximação e um terceiro para o posicionamento. O diâmetro e a forma dos comandos podem influenciar a sensibilidade do usuário para seu acionamento.

29.2 DESENVOLVIMENTO DO PRODUTO

O desenvolvimento de um produto poderá apoiar-se em orientações para o direcionamento do trabalho, como será exposto a seguir.

29.2.1 Projeto em parceria ou engenharia simultânea

A Engenharia Simultânea agrega os grupos de engenharia dos fornecedores, os clientes e as equipes internas de desenvolvimento e de processo num trabalho conjunto de parcena.

As características desse trabalho simultâneo de parceria são:

- procura obstinada da qualidade;
- contribuição simultânea e equilibrada da equipe da empresa, dos fornecedores e de clientes;
- opção por uma manufatura inovadora;
- entrosamento e coordenação das equipes internas e externas;
- clientes e fornecedores financeiramente fortes e estímulos para melhorar essa saúde financeira; e
- ambiente propício, para facilitar e estimular a criatividade de cada um.

29.2.2 DPM – Desenho para a manufatura

A expressão DPM engloba as ideias de DFO (*design for operation*) e DFM (*design for manufacturability*). Agrega também a ideia de DFA (*design for assembly*), já que a montagem é parte da manufatura. Essas expressões são explicadas no quadro a seguir:

DESENVOLVIMENTO DO PRODUTO

Tipo	Sigla	Expressão	Descrição
1	DPM	Desenho para a manufatura	Expressão que congrega os conceitos de operação, manufaturabilidade e montagem
2	DFO	Desenho para a operação	Características de desenvolvimento do produto, levando em conta os requisitos da manufatura e da movimentação, nos canais de distribuição
3	DFM	Desenho para a manufaturabilidade	Características de desenvolvimento do produto, visando a uma produção simples e flexível
4	DFA	Desenho para a montagem	Características de desenvolvimento de um produto, para permitir uma montagem fácil e segura

A orientação inicial para o DPM é a seguinte:

1. Projetar para um número mínimo de peças, integrando funções exercidas por diferentes peças.

   Exemplo: ao mudar para um sistema de fixação das partes plásticas, por prendedores moldados na própria peça, um fabricante de produtos eletrônicos eliminou 37 tipos de parafuso.

2. Desenvolver um projeto modular, visando a facilidade de combinação, separação e recombinação.

3. Minimizar as variações das peças e componentes, mantendo os mesmos materiais e componentes.

   Exemplo: a indústria automobilística vem utilizando o polipropileno, na maioria das peças plásticas, para facilitar a recuperação dos materiais dos carros sucateados.

4. Projetar as peças para que sejam multifuncionais. As funções de fixação podem ser exercidas por distanciadores e suportes.

   Exemplo: um aparelho doméstico utilizava um interruptor e um controlador da luminosidade. Um único componente multifuncional passou a exercer as duas funções a um preço mais baixo, porque as funções suporte passaram a ser comuns aos dois controles. A área ocupada no painel do aparelho também ficou menor, melhorando a distribuição dos comandos.

5. Projetar as peças para uso múltiplo – a mesma peça pode ter vários usos.

   Exemplo: uma peça que funciona como distanciador num caso, pode funcionar como arruela de apoio em outro.

6. Projetar as peças para fácil fabricação como: ângulos de saída favoráveis, espessuras de paredes adequadas para fácil enchimento.

   Exemplo: Uma placa separadora de uma câmara frigorífica, com um tempo de processamento elevado, devido à necessidade de muitos furos para alojamento de elementos fixadores, foi substituída por uma peça estampada que reduziu o tempo de processamento interno a 5% do anterior.

7. Evitar compartimentação das peças que sejam suporte para mecanismos com funções que requeiram precisão de funcionamento. Não convém, por exemplo,

projetar um câmbio ou redutor com os mancais dos eixos localizados em partes diferentes da carcaça.

8. Minimizar a orientação para montagem – projetar para montagem de cima para baixo (*top-down*), ou seja: a sequência de montagem não deve permitir enganos; às primeiras peças serão sempre superpostas as seguintes.

9. Maximizar a conformidade – projetar para facilidade de montagem; as peças devem encaixar-se naturalmente, com pinos de locação e abas de encaixe.

10. Minimizar o manuseio – projetar para facilitar o manuseio e prover os meios de fixação dos dispositivos de abraçamento e movimentação.

11. Avaliar os métodos de montagem, comparando a forma de montagem adotada com as soluções clássicas existentes e projetar os dispositivos de mecanização e automação.

12. Eliminar ou simplificar os ajustamentos – as dimensões especificadas devem ser tais que os acertos, folgas e interferências se façam sem retrabalho nas peças.

13. Evitar componentes fisicamente flexíveis, que não sejam, por exemplo, juntas de vedação. Os componentes devem ser rígidos o suficiente para não permitir distorções na montagem e dispensar o uso de dispositivos de alinhamento na montagem.

Quando o produto é encaminhado para a manufatura com problemas não integralmente resolvidos, teremos como resultado o crescimento dos custos e o congestionamento da administração industrial. O aprimoramento do produto faz-se antes do lançamento: enquanto houver pontos não resolvidos, deve-se sustar o envio do projeto à manufatura e repassar todo o projeto.

Depois de iniciada a produção de um novo produto, não se deve mais admitir modificações de engenharia. Todas as modificações imagináveis devem ser feitas durante o tempo de desenvolvimento.

29.2.3 Sequência de tarefas

Chamamos de *desenvolvimento do produto*, a um conjunto de tarefas de cunho técnico, como enumeramos:

- Desenvolvimento dos desenhos preliminares de engenharia a partir dos esquemas traçados a mão livre. Sem entrar em todos os detalhes, devem-se fixar as principais dimensões do produto. Elabora-se principalmente um **desenho de conjunto**, esclarecendo ao máximo os detalhes mais significativos.

- Construção de protótipos de forma e de funcionamento.

- Estudo inicial da embalagem do produto, desenvolvendo-se a embalagem de contenção, a embalagem para a apresentação no ponto de vendas e a embalagem de comercialização, que sempre contém um múltiplo da embalagem de apresentação.

- Seleção preliminar de todas as matérias-primas que serão utilizadas nas várias partes do produto e determinação técnica das especificações que irão constar nas listas de materiais para uso futuro das áreas de orçamento, suprimento e programação.

- Desenhos preliminares e especificações técnicas das matérias-primas das embalagens.

- Detalhamento e desenho técnico de todas as peças e componentes.

- Para efeito de projeto, todas as peças desenhadas especificamente para o produto deverão ser consideradas de fabricação interna. Caso futuramente seja examinada a possível vantagem de se encomendar esse componente externamente, o trabalho desenvolvido na fabricação interna será extremamente útil para a área de administração de materiais.

- Deve-se adotar, desde o início, a utilização de componentes externos quando estes são normalmente fabricados, pelo menos, por três empresas segundo normas perfeitamente definidas.

- Definição das normas de ensaios de recebimento de matérias-primas e componentes externos.

- Detalhamento das etapas de conformação da fabricação das peças, suprimento de componentes externos, pré-montagens e montagens finais. Essa sequência de atividades projetadas constituem o chamado processo de fabricação e um produto.

- Definição de **exigências mercadológicas** nas quais os produtos devem enquadrar-se, de normas de segurança para o usuário, de cautelas na movimentação das cargas nos canais de distribuição e de prescrições de segurança nos armazéns e no ponto de venda.

29.2.4 Desenho para a qualidade

A procura obstinada por qualidade durante o desenvolvimento fará com que o produto seja facilmente manufaturável, já com qualidade.

Alguns pontos deverão estar sempre presentes:

1. atender aos requisitos quantitativos e qualitativos do mercado e, se possível, superá-los;
2. diferenciar adequadamente os produtos, para atender a diferentes segmentos de mercado;
3. desdobrar os requisitos do mercado, para atender com providências e desenvolvimento aos interesses dos clientes;
4. comparar a satisfação proporcionada pelo produto com a referente aos produtos concorrentes;
5. avaliar permanentemente o nível de satisfação atingido, em relação aos objetivos de qualidade requisitados; e
6. realizar, com cuidado, todas as análises críticas e adotar ações corretivas efetivas.

Quando se desenha uma peça, deve-se perguntar se sua manufatura é simples e se essa peça poderá ser produzida em condições estáveis de qualidade. O desempenho do produto deverá ser superior ao especificado nos requisitos do mercado, e os componentes de suporte deverão ser simplificados, sem prejuízo do apoio necessário à função principal.

Priorizar e, metodicamente, ir resolvendo todos os pontos críticos, pelo redesenho para a qualidade. O projeto somente poderá seguir em frente quando não houver nenhum resíduo de pontos críticos que possam comprometer a qualidade da manufatura, o desempenho do produto, a apresentação mercadológica e as facilidades de distribuição.

29.2.5 Desenvolvimento dos desenhos de engenharia

Os esquemas e pesquisas já elaborados, os desenhos preliminares e o desenvolvimento já realizado possibilitarão a execução detalhada de todos os desenhos de engenharia do produto.

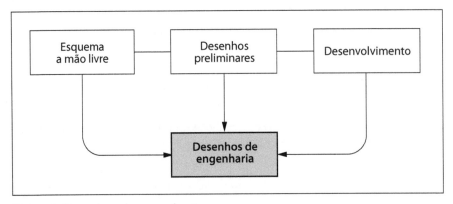

Figura 2 Desenhos de engenharia.

Nos desenhos de engenharia, deverá ser inserida a listagem detalhada de todas as matérias-primas ou componentes externos necessários à fabricação do produto. Cada item de suprimento relacionado deverá ser corretamente especificado em suas quantidades, unidades de compra, características técnicas, normas e especificações de recebimento.

Nessas listagens de materiais, deverá constar o peso padrão de compra, o peso bruto de material para cada componente, o peso líquido de cada parte do produto e as dimensões de compra.

As informações sobre matérias-primas e componentes desenvolvidos durante a elaboração dos desenhos de engenharia devem ser completas e precisas, para uma boa administração na área de materiais.

O fluxo de informações originário do projeto do produto deve ser completo, para não haver necessidade de a administração industrial retomar à área de engenharia à procura de informações complementares, ou seja, os documentos de engenharia devem ser autoportantes de todas as informações para a industrialização.

Todas as soluções explicitadas na documentação de engenharia deverão ser submetidas a uma análise crítica de engenharia, como segue:

1. **análise das matérias-primas** – prováveis dificuldades na aquisição de matérias-primas;
2. **análise dos componentes** – instabilidade de fornecimento de componentes externos;
3. **análise dos pontos críticos** – pontos do projeto sujeitos a fortes solicitações mecânicas e elétricas;
4. **análise dos processos instáveis** – processos de fabricação instáveis, com previsão de tempos de processamento elevados e com prováveis rejeições; e
5. **análise do relacionamento com o usuário** – desajuste no relacionamento do produto com o usuário, no que se refere a painéis de comando e controle da operação.

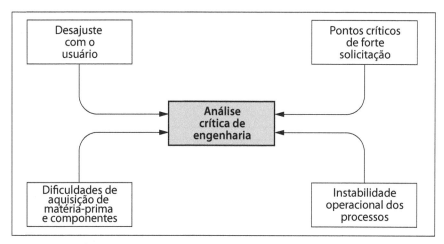

Figura 3 Análise crítica.

Com base na análise crítica, consolida-se uma relação de pontos que poderão futuramente desestabilizar a industrialização ou gerar problemas para o usuário, seja pela manipulação do produto, seja pela necessidade de um serviço pós-venda oneroso.

Elabora-se, então, um documento denominado **recomendações de procedimentos para estabilizar o projeto**, considerando os pontos críticos de funcionamento do produto.

29.2.6 Resolução do processo

O desenho do produto deverá ser desenvolvido para uma manufatura eficiente. É inadmissível que uma área de desenvolvimento elabore desenhos que não possam ser manufaturados rotineiramente. Uma fábrica não deverá ser um laboratório, administrando processos críticos e instáveis.

O desenho para a manufatura deverá ter sempre presentes as quantidades que serão fabricadas de cada componente. O uso de três componentes iguais num mesmo produto eleva a quantidade a ser fabricada, e o processo de fabricação deverá considerar essa elevação de volume. As baixas quantidades sugerem processos artesanais, as médias quantidades determinam processos mecanizados e as altas quantidades sugerem o caminho da automação.

Estimamos, grosso modo, as quantidades a serem fabricadas por mês, para alguns processos mais comuns, em categorias como:

Categoria	Quantidade mensal	Característica
A	De 0 a 10.000	Artesanal
B	De 10.000 a 30.000	Mecanizado
C	De 30.000 a 150.000	Dedicado
D	De 150.000 em diante	Automatizado

A variedade dos processos é muito ampla, e muitos casos práticos podem fugir a essa classificação. Porém, como uma boa parte da indústria se enquadra dentro dessas características, poderemos utilizar essa classificação como uma primeira aproximação.

A **resolução do processo** na fase de desenvolvimento tem a finalidade de simular o processo de maneira esquematizada, para se retomar aos projetos e fazer as alterações necessárias para garantir a manufaturabilidade e neutralizar condições críticas de fabricação.

Para cada peça do produto, deve-se elaborar uma ficha de resolução do processo, indicando de que maneira o componente deverá ser industrializado, para não gerar nenhum tipo de problema.

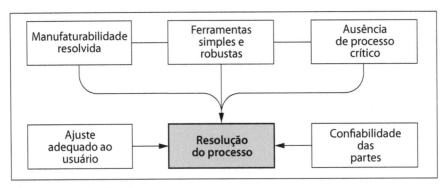

Figura 4 Resolução do processo.

O projeto da qualidade deverá identificar os pontos principais para o incremento da qualidade e projetar o instrumental adequado para que se fabrique bem da primeira vez, garanta-se a qualidade nos pontos mais sensíveis e se interrompa a produção à primeira peça que sair das especificações.

Como o produto foi projetado mediante requisitos de desempenho funcional, esse mesmo desempenho deverá ser rigorosamente aferido no seu controle funcional. As normas de ensaio do laboratório funcional devem ser editadas, delineando-se o equipamento necessário para realizar esse tipo de ensaio funcional.

Quando a definição do negócio é feita por linha de produto, o desenvolvimento ficará com liberdade de projetar, prevendo processos ainda não instalados na empresa. Quando a empresa não domina uma nova tecnologia necessária à manufatura de uma nova peça, a área de resolução do processo deverá realizar um trabalho de desenvolvimento para ter segurança de que a peça seja manufaturável.

29.2.7 AFP – Análise de falhas potenciais

A área de desenvolvimento deverá assegurar que foram relacionados todos os eventuais tipos de falha que poderão ocorrer com um novo produto. A análise comparativa do novo produto com produtos similares, em relação aos quais já se tenha experiência de fabricação e comercialização, evitará que essa atividade se inicie do zero.

O desenvolvimento do produto deverá executar várias tarefas, que compõem o **método de análise de falhas**, como descreveremos a seguir:

Primeira tarefa:
- listar todas as falhas previsíveis, constatadas pela análise comparativa com outros produtos similares;
- imaginar todas as falhas potenciais, pelo exame introspectivo da estrutura e do funcionamento do produto.

Segunda tarefa:

- definir como poderá ocorrer cada falha, previsível ou potencial: a peça poderá quebrar, deformar-se, desgastar-se, ser corroída, dobrada etc.;
- prever o efeito que a falha poderá gerar na atitude do cliente para com a empresa;
- delinear as causas capazes de gerar a falha, prevista ou potencial;
- determinar quais esforços poderão quebrar uma peça.

Terceira tarefa:

- estimar a frequência provável de ocorrência da falha;
- avaliar a severidade da falha, tendo em vista as consequências para o usuário;
- avaliar a probabilidade de se identificar a falha antes que ela gere consequências para o cliente;
- definir as prioridades de correção das falhas previstas e potenciais.

Quarta tarefa:

- Documentação da análise de falhas executada, registrando os seguintes pontos:
  - número da peça e da função;
  - descrição da falha prevista e potencial, indicando o efeito para o cliente e a causa delineada;
  - ação corretiva definida; e
  - resultado das ações corretivas.

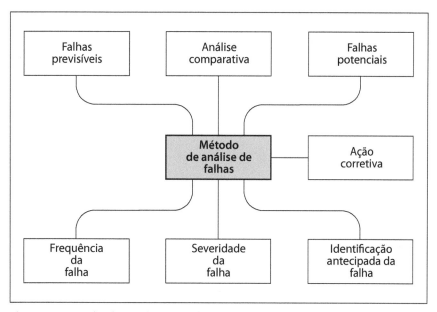

Figura 5 Método de análise de falhas.

As tarefas de relacionamento de falhas previstas e potenciais são facilitadas com a construção de protótipos do produto. Esses protótipos devem ser submetidos a ensaios, visando:

- a avaliação funcional em relação aos requisitos do mercado e comparativamente com produtos da concorrência;
- o ensaio da estimativa de vida pela aceleração das condições de uso normal;
- a utilização do produto nas condições determinadas pelos requisitos do mercado, corrigindo-se de imediato qualquer falha detectada; e
- os ensaios dos produtos em relação aos requisitos que constituem determinação legal e elaboração de documento de conformidade legal.

A técnica de realizar correções de falhas deverá ser desenvolvida. É comumente chamada FMA (*failure mode analyses*). Essa técnica aplica-se a falhas que estão ocorrendo, a falhas previsíveis e a falhas potenciais. Nesses dois últimos casos, o procedimento é uma simulação. Procura-se, com essa técnica, dar respostas detalhadas a uma série de perguntas, como segue:

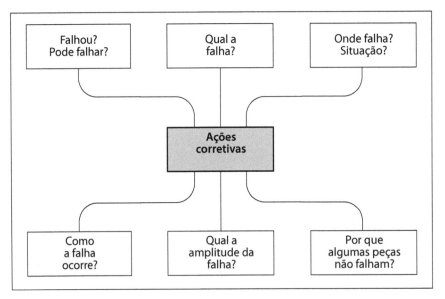

Figura 6 Ações corretivas.

- O que falhou ou pode falhar?
- Qual é a falha?
- Que falha está ocorrendo ou poderá ocorrer?
- Em que situação a falha ocorre ou poderá ocorrer?
- Como a falha ocorre ou poderá ocorrer?
- Qual a amplitude da falha?
- Quais as diferenças entre as peças que não falham e as que falham?

Toda a experiência adquirida na análise crítica de falhas ocorridas, falhas previstas e falhas potenciais deve reforçar a experiência dos responsáveis pelo desenvolvimento, para a realização de análises críticas proveitosas.

Essa experiência deverá capacitar os projetistas de produto a conduzir, de maneira bem direcionada, o traçado de novas peças, novos componentes e novos produtos, que deverão ser predestinados a não ter falhas, para maior satisfação do cliente.

Questões para reflexão

1. Quais os principais pontos a considerar no relacionamento de um produto com um usuário?
2. Por que não poderemos desenvolver produtos que tenham inseridos sentidos não esperados de comando?
3. Como poderemos desenvolver um produto com uma orientação forte para que seja manufaturado de maneira flexível e fácil?
4. Qual é o método a ser seguido para que o desenvolvimento do produto seja seguro?
5. Como poderemos desenvolver produtos com características que os possibilitem a ser facilmente manufaturados e distribuídos com um elevado nível de qualidade?
6. Como elevar a segurança no desenvolvimento de um produto pela utilização de diferentes análises críticas?
7. Como poderemos desenvolver um produto com o maior cuidado para que não apresente falhas em sua utilização?

Referências bibliográficas

BACK, N. *Metodologia de projetos de produtos indstriais*. Rio de Janeiro: Guanabara Dois, 1993.

ERDEI, G. *Código de barras, desenvolvimento, impressão e controle de qualidade*. São Paulo: Makron Books, 1994.

GORLE, P. *Fundamentos de planejamento de produto*. São Paulo: McGraw-Hill, 1976.

GURGEL, F. A. *Administração do produto*[*]. São Paulo: Atlas, 1995.

_____. *CICLALOG – Ciclagem logística de marketing*. São Paulo: Vanzolini, 1995.

_____. *Definição de negócios*. São Paulo: Vanzolini, 1995.

_____. *Marketing de aplicação*. São Paulo: Vanzolini, 1995.

_____. *Marketing de desenvolvimento*. São Paulo: Vanzolini, 1995.

_____. *Reprojeto para o futuro*. São Paulo: Vanzolini, 1995.

_____. *Embalagem, design, tecnologia e comercialização*. São Paulo: Vanzolini, 1995.

GURGEL, F. A.; TOLEDO, N. N. *Estratégia de manufatura*. São Paulo: Vanzolini, 1995.

IIDA, I. *Ergonomia*. São Paulo: Edgard Blücher, 2006.

JASISKIS, G. V. *Perfeição do produto*. São Paulo: Jasiskis, 1988.

LEVITI, T. *A imaginação de marketing*. São Paulo: Atlas, 1985.

LUCK, D. *Política e estratégia de produtos*. São Paulo: Atlas, 1985.

TOLEDO, N. N. *Metodologia para desenvolvimento de produtos para serem fabricados em série*. São Paulo: Escola Politécnica da USP, 1994.

[*] Para melhor entendimento e detalhamento dos conceitos expostos neste capítulo, é recomendável a leitura desse livro.

CAPÍTULO 30

MARKETING INDUSTRIAL

Celso Cláudio H. Grisi

Este capítulo tem por objetivo discutir a recente evolução do marketing industrial, a partir dos impactos que a globalização produz sobre as estruturas de produção e comercialização empresariais.

30.1 O ESQUECIMENTO DO MARKETING INDUSTRIAL EM PASSADO RECENTE

Ao longo das últimas décadas, profissionais e estudiosos de marketing aprenderam nas escolas e nas empresas que a evolução dessa disciplina dar-se-ia invariavelmente pelos avanços que o marketing de produtos de consumo – e, portanto, voltado ao consumidor final – fizesse em sua estrutura conceitual e em suas atividades operacionais. Foi assim por muito tempo e, à força de tantas constatações empíricas, generalizou-se, com justa razão, a crença de que a maior dinamicidade, inerente aos mercados de consumo, produzisse as futuras linhas de desenvolvimento teórico e prático do conhecimento de marketing.

As muitas transformações políticas e sociais ocorridas nas décadas de 1960 e 1970 e a acelerada evolução tecnológica das décadas de 1980 e 1990 provocaram fortes mudanças na vida econômica e social e ensejaram transformações culturais profundas, que se refletiram nos mercados demandantes e nas atitudes, valores e hábitos de consumo individual e familiar. Como decorrência desse estado de transformação, o sucesso dos produtos passou a depender da capacidade que as organizações produtoras apresentassem em adequar suas ofertas aos mercados que pretendessem servir. Eis um primeiro sintoma de agravamento do ambiente competitivo e que exigiu intensos e habilidosos esforços de marketing para a sobrevivência de produtos e organizações. As tarefas de marketing, então, passaram a valorizar o diagnóstico precoce e completo das necessidades, expectativas, anseios e desejos dos consumidores e, simultaneamente, o atendimento dessas demandas manifestadas, por meio da criação de novas ofertas mais ajustadas aos padrões emergentes.

Daí porque, focado no consumidor e preocupado em **conquistá-lo e mantê-lo**, o marketing-keting o pesquisou nestes últimos anos, e valorizou de forma extraordinária, o ato de compra e o respectivo processo decisório, produzindo uma convergência investigatória, quase exclusiva, para os fenômenos do mercado de consumo. Para ele desenvolveu teorias, modelos, métodos e técnicas, tudo para descrever, explicar e predizer o comportamento do consumidor individual. O uso vigoroso dos veículos de comunicação, a visibilidade das atividades promocionais em pontos de vendas, os esforços de segmentação de mercado e de posicionamento de produtos e marcas na mente dos consumidores, a intensificação e a capilarização das redes de distribuição, a multiplicação dos investimentos em informações de mercado, de uma maneira geral, e em pesquisas de marketing, de uma maneira particular, o empenho no desenvolvimento de produtos novos e na ampliação de benefícios de produtos já existentes, refletiram essas tendências e reforçaram, se não consolidaram, o paradigma de que a evolução do marketing, enquanto disciplina da administração, estaria definitivamente ligada à acumulação de conhecimentos predominantemente referidos ao consumidor individual.

Com tudo isso, o marketing industrial navegou, até recentemente, à deriva dos rumos principais da teoria de marketing, esquecido em boa medida e relegado à pressuposta condição da pobreza de sua racionalidade decisória.

30.2 A GLOBALIZAÇÃO DA ECONOMIA E A RESSURREIÇÃO DO MARKETING INDUSTRIAL

O processo de globalização assentou-se sobre três grandes movimentos, todos com claros reflexos sobre a estrutura teórica e a prática de marketing:

30.2.1 A unificação da infraestrutura produtiva e do desenvolvimento tecnológico

Em torno de três polos mundiais (União Europeia, Nafta e o Bloco Informal do Yen) gravita um processo continuado de globalização da economia mundial, cuja vertente mais ativa localiza-se na unificação dos processos produtivos por meio das atividades de *global sourcing*, das novas metodologias de produção, de alianças estratégicas entre fornecedores e fabricantes ou de formas inovadoras de parcerias estabelecidas desde o desenvolvimento de novos produtos até a sua efetiva produção.

A lógica aqui é a dos custos. São eles que definem a distribuição geográfica da produção mundial, determinando a cada país, pelas vantagens competitivas e comparativas que apresenta, a produção dos diferentes bens e serviços que compõem os elos das cadeias produtivas. Cresce, por isso, dentro do comércio mundial, a parcela correspondente às trocas internas entre grupos econômicos e corporações.

30.2.2 A integração dos mercados

A Rodada Uruguai do Gatt (hoje, Organização Mundial do Comércio – OMC), sinalizou para mais de 110 países ali reunidos, as normas de formação de um mercado unificado para mercadorias, serviços e fatores de produção, com um mínimo de discriminação associada à origem geográfica de produtores e consumidores. A celebração dos acordos de Marrakesh e a reunião de Cingapura, testemunham a existência de um mundo empenhado em proceder, de forma crescente, à liberalização dos fluxos de comércio e de investimentos. Com isso, os esforços de harmonização internacional tornamse inevitáveis. As leis e instituições, mesmo de países de distintos ordenamentos jurídicos, convergirão em matéria de serviços, propriedade intelectual, competição, meio ambiente, padrões de produtos e investimentos.

É nesse contexto de regionalização/globalização dos mercados que deve ser entendida a participação de cada nação em blocos regionais, realizando a nova vocação multilateral do comércio mundial, redutor dos efeitos perversos que as alternativas regionais fechadas exercem de forma discriminatória sobre os influxos de capitais e sobre o acesso às tecnologias de vanguarda.

30.2.3 Tendência à concentração do capital internacional

Arredio ao risco, o capital internacional procura gravitar em torno das áreas de maior potencial de geração de riquezas. Assim, os últimos anos registraram uma expressiva concentração do fluxo em torno de três áreas: Estados Unidos, União Europeia e Japão. Financiam o comércio, amparam a produção e colocam-se disponíveis para os centros mais dinâmicos da vida econômica, deslocando-se apenas ocasionalmente para as regiões periféricas do mundo.

Por fim, o capital internacional, atraído pela remuneração que o avanço tecnológico pode promover, disponibiliza-se para as atividades de Pesquisa e Desenvolvimento e para as de Ciência e Tecnologia. O seu retorno estará garantido pela comercialização, em nível mundial, dos produtos do empreendimento inovador. Porque economicamente poderosos, os capitais fluem para essas regiões, retroalimentando-as pela sua concentração e pela hegemonia tecnológica dela decorrente.

Causa ou consequência de tantas transformações, o fato é que a globalização se imbrica com o conjunto dessas mudanças, ocorridas sempre no bojo das relações existentes entre fabricantes–fornecedores–distribuidores. Uma verdadeira revolução nas formas de produzir e de distribuir, que desemboca em novos modelos gerenciais, agora supondo capacidades de ofertar quantitativamente superiores às de consumir. A produção massiva, reorganizada a partir dos pressupostos globalizantes, comprometidos com custos substancialmente menores, pede a redução dos preços finais e das respectivas margens de contribuição para viabilizar o consumo maciço. Os lucros devem, então, derivar dos volumes, e isso impõe ao marketing objetivos voltados à conquista de novos clientes, aumentando o número de consumidores, e à fidelização dos atuais, para o aumento de suas respectivas taxas de uso. A estratégia geral para isso reflete o ambiente descrito e a natureza dos objetivos explicitados: ganhos de *share*, mesmo com o sacrifício das taxas de remuneração dos capitais investidos.

Foram essas relações de fornecimento–fabricação–distribuição que ressucitaram o marketing industrial. Nesse novo ambiente, a organização é tão mais competitiva quanto mais competitiva for sua cadeia produtiva, seu preço será tanto menor e sua qualidade tanto maior, quanto mais sadias forem as interações havidas entre os elos da cadeia. Integrar recursos, pessoas, estruturas, culturas, sistemas, tecnologias é a maneira de tornar toda a cadeia competitivamente mais robusta. Há, portanto, a necessidade de entender, interagir, compartilhar, contribuir para que todos possam ganhar. O ganho de cada um se faz pelo atendimento das necessidades e dos desejos de todos os outros. Foi isso que produziu o reaparecimento do marketing industrial. Não era mesmo de se conceber que dentro de um processo ativo de *global sourcing*, praticado pelo fabricante, os fornecedores se mantivessem passivos, à mercê do acaso, na seleção de pedidos com dimensões mundiais. Naturalmente, essa situação sugeria novos e mais criativos esforços para obtenção de pedidos tão atraentes, até porque não obtê-los poderia significar para o fornecedor preterido a inviabilidade de suas operações industriais.

As atividades de *co-design*, tomando a inovação um processo muitas vezes compartilhado física e financeiramente, fez das interações havidas um campo fértil para a prática do marketing. O exercício dos procedimentos envolvendo o conceito de *robust design* ensejou o desenvolvimento e a aplicação de mecanismos fidelizadores. A engenharia simultânea, finalmente – para não cogitar do consórcio modular – estreitou vínculos comerciais, ampliou a capacidade de compreensão das necessidades e dos desejos do cliente industrial e de outros elos da mesma cadeia, ensejou parcerias variadas, ampliou de forma mútua e recíproca a dependência de cada um em relação a cada outro, obrigou ao aperfeiçoamento da prestação de serviços no pré e no pós-venda, solicitou a cooperação técnica, enfim, realizou de forma plena e cabal o próprio conceito de marketing. Até então esse conceito não havia, mesmo no mercado de consumo, alcançado a si mesmo de forma tão exuberante e completa. Ei-lo agora realizado, com olhos e objetivos no consumidor final, mas, ironicamente, longe dele, dentro das fábricas, dos veículos transportadores e dos, cada vez mais raros, depósitos intermediários. Pensando em processos e métodos, em modelos gerenciais e na construção de habilidades organizacionais capazes de produzir ofertas de qualidade, a custos reduzidos, o marketing hipotrofia, a partir destes momentos, os estudos sobre o comportamento do consumidor, suas decisões relativas ao ato de compra, suas formas de processamento de informações, e outros temas que, por décadas, frequentaram os jornais e as revistas especializadas.

30.3 MARKETING INDUSTRIAL: CONCEITO, CARACTERÍSTICAS E PRINCIPAIS FUNÇÕES

Por prudência metodológica, convém preceder as discussões sobre as atividades e funções de marketing desenvolvidas com os mercados produtor, revendedor e provedor de serviços, de rápida caracterização do próprio conceito de marketing industrial e de suas características discriminatórias em relação a outros mercados.

30.3.1 O conceito de marketing industrial

Para entendimento do conceito de marketing industrial, duas definições apresentadas em livro de autoria do professor Antonio Carlos Barroso de Siqueira[1], são muito esclarecedoras:

- "Marketing industrial diz respeito ao marketing de bens e serviços para empresas (industriais, comerciais e agrícolas) ou organizações institucionais (governo, universidade etc.) para uso ou para a produção de outros bens e serviços"[2];

- "Marketing industrial consiste em todas as atividades envolvidas no marketing de produtos e serviços para as organizações (revendedoras, industriais, instituições com ou sem fins lucrativos, órgãos governamentais), as quais Estados Unidosm os produtos e serviços, tanto na produção de bens e serviços de consumo ou industrial, como também para facilitar a operação de suas empresas"[3].

Como se vê nas definições citadas, o elemento fundamental na caracterização do marketing industrial é a finalidade com a qual o serviço ou produto foi objeto de transação. Assim, considerando-se o mercado consumidor, o objetivo das transações aí ocorridas é o de uso pessoal, enquanto no marketing industrial a finalidade é a de uso na produção de outros bens ou na facilitação das operações empresariais.

Para sermos fiéis à história do marketing, diremos que essas classificações de mercado encontraram uma boa síntese, já nos 1970, num dos maiores clássicos da literatura de marketing, de autoria de Philip Kotler, *Administração de marketing*: análise, planejamento e controle[4]. Não há no Brasil, nas gerações correspondentes a esses anos, teórico ou estudioso de marketing que não tenha nutrido seu espírito nesse texto, considerado ainda hoje, em suas novas versões, leitura obrigatória para quantos quiserem introduzir-se nessa disciplina. A obra estabelecia quatro conceitos, já àquela época:

- **Mercado consumidor**: é o mercado para produtos e serviços que são comprados ou alugados por indivíduos e lares para uso pessoal (não empresarial).

- **Mercado produtor** (também chamado mercado industrial): é o mercado que consiste de indivíduos e de organizações que adquirem bens e serviços para serem usados na elaboração de outros produtos e serviços destinados à venda ou locação a terceiros.

- **Mercado revendedor:** é o que consiste de indivíduos e de organizações comumente chamados de intermediários, intermediários de venda, revendedores ou distribuidores – que adquirem bens com o objetivo de revendê-los ou alugá-los mediante lucro.

- **Mercado governamental:** é o que consiste de unidades governamentais de todos os tipos – federais, estaduais e municipais – que compram ou alugam bens para o desempenho das principais funções de governo."

A comparação com as definições mais modernas, citadas inicialmente, faz constatar algumas evoluções:

a) O marketing industrial passou a abranger os mercados produtores, revendedores e governamentais, definidos por Kotler.

b) Abandonou-se o objetivo de lucro como requisito essencial à caracterização do marketing industrial, reproduzindo, nisso, a tendência predominante de estender o domínio de marketing a outras atividades, que não apenas aquelas voltadas à produção de resultados meramente econômicos.

c) Enfatizaram-se os serviços. Nas definições anteriores dos mercados revendedor e governamental os serviços não eram citados. Não que tivessem sido esquecidos ou desprezados para a definição desses dois mercados, mas porque certamente não tinham maior relevância para as conceituações de então.

d) Passou a incluir, além dos tipos de empresas citadas na conceituação anterior – estabelecimentos industrializadores, produtores agrícolas, serviços de utilidade pública, empresas de transporte, empresas de construção, empresas extrativas, instituições não lucrativas e empresas prestadoras de serviços – outras, de natureza comercial e governamental, tais como, distribuidores, concessionários de empresas privadas, consignatários, atacadistas, varejistas, revendedores, órgãos públicos, estatais, empresas de economia mista, subsidiárias dessas organizações, concessionárias públicas, outras empresas da administração indireta, agências governamentais etc.

30.3.2 Características discriminatórias em relação ao marketing de bens de consumo

Haas[5] enuncia um conjunto das diferenças existentes entre o marketing industrial e o marketing de consumo a partir de características discriminatórias relativas aos mercados a que se referem, aos compradores envolvidos, aos produtos que são transacionados, aos canais de distribuição utilizados, às atividades promocionais realizadas e às práticas de preço adotadas.

Assim, os mercados industriais são, quando comparados aos mercados de bens de consumo, compostos por um número extremamente limitado de compradores, com dimensões sempre muito maiores, e que colocam pedidos de volumes muito altos e de maneira regular. Também de um modo geral, apresentam-se com algumas concentrações geográficas bastante características em torno de polos econômicos, municípios e regiões, revelando alguns critérios típicos em suas decisões de localização. As características mais evidentes no comportamento desses mercados estão associadas à natureza de suas demandas. As demandas aqui são, em primeiro lugar, derivadas de outras demandas, e, em segundo lugar, associadas a demandas por outros produtos. Isso quer dizer, no caso da demanda derivada, que, se a procura por um bem, no qual um determinado produto entra como *input* de sua fabricação, sofrer reduções ou aumentos, a procura por esse produto também sofrerá reduções ou aumentos proporcionais. No segundo caso, a demanda por um produto pode estar associada à demanda por outros produtos. Nessa hipótese, os produtos são demandados todos conjuntamente ou, simplesmente, nenhum deles é demandado. Para exemplificar ambas as situações descritas, sugere-se que a redução ou o aumento da demanda por fertilizante, possa ocorrer à medida que se reduza ou aumente a demanda por grãos; ou seja, a demanda por fertilizante deriva, em alguma medida, da demanda por grãos. Sugere-se, de igual maneira, para as demandas conjuntas, que a procura por tratores, destinados ao cultivo de terras, realize-se junto com arados e grades, pois sem esses implementos o cultivo da terra seria impossível.

Algumas das maiores diferenças entre o marketing industrial e o de consumo decorrem das diferenças existentes entre os compradores de cada um desses mercados. O mercado industrial é formado por compradores profissionais e tecnicamente mais preparados, que conhecem mais completamente as marcas, os fornecedores, seus produtos, suas características e seus preços. Seus motivos de compra são mais racionais e suas decisões estão fundadas em fatores como especificações técnicas, análises de vendas (pontualidade, cumprimento de prazos, regularidade entre lotes, assistência etc.) e custos. Seu processo de compra, em muitos casos, envolve um número maior de pessoas e, por isso, a compra está sujeita a diversas fontes de influência (engenharia experimental, produção, suprimentos, desenvolvimento de produtos, comercial etc.). Muitas organizações constituem um Comitê de Compras, com caráter multidisciplinar, aumentando ainda mais o número e o poder dos influenciadores. De modo geral, por razões estratégicas, esses comitês optam por selecionar um mínimo de três fornecedores para os itens de compra de maior relevância. Situações de reciprocidade são encontradas quando as organizações transacionam seus produtos entre si. Nessas ocasiões são encontrados alguns acordos de exclusividade. Certa vez, um grande fornecedor de aviões viu-se estimulado, dado o tamanho do pedido negociado, a assinar contrato de compra, de longo prazo, para as partes e peças de suas aeronaves, com fornecedores que guardavam interesses na empresa aérea adquirente das aeronaves. Mas, a característica realmente curiosa do comportamento do comprador industrial relaciona-se às expectativas que ele próprio constrói acerca da demanda futura. Ele sabe que, à medida que a sua própria demanda aumente, a demanda de seus fornecedores também aumentará. Esta última, derivada da demanda original, sofrerá a pressão de compra que ele mesmo fará sobre esses fornecedores e, cumulativamente, sofrerá a pressão que seus concorrentes exercerão sobre esses fornecedores. Então, sua expectativa em relação às mudanças futuras de preço passa a embutir esses aumentos de consumo e, ainda que seus fornecedores, por cogitações similares, aumentem seus preços, o comprador industrial aumenta o volume de suas compras, numa atitude defensiva em relação a outros futuros aumentos. Concretiza-se, por esse modo, o que a economia definiu, mas dificilmente consegue ilustrar, como elasticidade reversa. Aumenta-se o preço do bem e, por essa razão, sua demanda cresce.

As características dos produtos envolvidos nas transações são também elementos de diferenciação entre esses dois mercados. O produto industrial tem geralmente uma natureza mais técnica e, com alguma frequência, presta-se a usos múltiplos, intensos e imediatos. A aquisição de tornos por indústria metalúrgica ilustra bem esse caso. Os tornos industriais serão utilizados em tarefas múltiplas dentro da área produtiva, fazendo serviços de manufatura, de manutenção, de ferramentaria etc. É de esperar-se que passem a ser utilizados imediatamente após sua entrega e de forma razoavelmente intensa. Quando comprados por consumidores individuais, tendem a ter usos mais reduzidos e não tão imediatos. No mercado industrial há um predomínio de produtos comercializados sob a forma de matérias-primas e de produtos semiacabados. Raramente produtos sob essas formas chegam ao mercado consumidor. Atividades de pré e de pós-venda são muito enfatizadas no marketing industrial. Os serviços, sobretudo os de assistência técnica, os de apoio às formulações, os de testes técnicos, os de apoio ao desenvolvimento de produtos e de aplicações, entre outros, são corriqueiramente requeridos. Quanto às embalagens, as funções de proteção e segurança são mais valorizadas em produtos industriais, enquanto as funções promocional e comercial são mais valorizadas em produtos dirigidos ao consumidor final. Pronta entrega, cumprimento de prazos estabelecidos em programação e capacidade de reprogramação foram sempre fatores altamente valorizados no mercado industrial, sobretudo pela necessidade de se evitar a perda do ritmo de fábrica nas operações da linha de produção. Em alguns poucos casos, produtos que poderiam ser adquiridos de fornecedores são fabricados pelo próprio comprador. O argumento que justificaria essa decisão baseia-se na existência de facilidades produtivas ou de ociosidade nas áreas da produção. Contudo, em obediência à atual tendência de concentração de atividades em operações relacionadas apenas ao *core business*, esse argumento tem sido abandonado e a substituição de itens comprados por produção própria é cada vez mais rara.

Canais envolvidos na distribuição dos produtos de consumo e dos industriais são também elementos que podem ajudar na distinção entre o marketing industrial e o de consumo. Os canais utilizados no marketing industrial são mais curtos, mais especializados e mais diretos. Como o número de intermediários é menor, a cadeia de distribuição tende a ter um número menor de elos, tornando-se, por isso, mais curta. O fato de a venda ser mais técnica exige um grau maior de conhecimento e especialização do canal, no produto vendido. As atividades de comercialização estão suportadas muito mais pelo contato pessoal, pelas técnicas de apresentação pessoal, pelas demonstrações e experimentações, pela comunicação direta e, muito menos, por atividades realizadas por meio da mídia de massa, eletrônica ou impressa. As alternativas de canais para distribuição de produtos são claramente mais pobres no caso do marketing industrial. Nesse mercado, espera-se que haja, da parte dos intermediários, um esforço de vendas muito maior do que aquele que se espera dos intermediários no mercado consumidor. A distribuição física cresce em importância no mercado industrial, em função dos problemas de transporte, de estocagens intermediárias e de outras atividades de movimentação de materiais.

Quanto aos aspectos promocionais, há que se reconhecer a maior necessidade de enfatizar o treinamento das equipes de vendas de produtos industriais, habilitando-as para a solução de problemas técnicos e para a prestação de serviços de aconselhamento e consultoria técnica. O uso da mídia de massa na propaganda de produtos industriais é bastante modesto. Essa mídia é mais utilizada de forma institucional e com objetivos voltados à construção da imagem de marca e de posicionamento dos produtos comercializados. Outros usos da mídia estão associados à necessidade de fornecer ao comprador, elementos cognitivos sobre o uso ou sobre o desempenho do produto. A propaganda, de modo geral, trabalha elementos fáticos e técnicos em suas estratégias de argumentação. Algumas vezes, também visa fornecer apoio emocional à visitação dos vendedores e, em outras, visa estimular o crescimento das vendas dos intermediários, aumentando o giro de seus estoques ou produzindo maior fluxo de pessoas nos pontos de venda. Catálogos, mala-direta, anúncios em revistas especializadas, *telemarketing*, *trade show*, mostras e feiras são formas eficientes de promoção.

Embora o preço seja sempre uma variável de extrema relevância em qualquer decisão de compra, ele tem, relativamente, menor importância no marketing industrial do que no marketing de consumo. No caso dos produtos industriais, enfatiza-se mais fortemente a qualidade, a uniformidade dos produtos comprados, o cumprimento dos prazos de entrega, a prestação de serviços de assistência técnica e outros elementos de igual natureza, do que nos produtos de consumo. A preocupação com a concorrência é muito presente na definição dos preços a serem praticados. Os critérios contemplam a competitividade dos níveis de preços dentro de cada cliente e, por isso mesmo, as negociações de preço são muito mais ricas e intensas no mercado industrial. As negociações acabam envolvendo formas de financiamento direto, de repasse de financiamentos governamentais, descontos por quantidade, descontos por *mix* de produtos adquiridos, rebates de isenções fiscais etc. Cláusulas de desempenho, fianças por valores adiantados, seguros de créditos, cauções e dispensas de direito de regresso são também elementos negociados em contratos de maior expressão financeira. Contudo, o preço no mercado industrial é raramente utilizado como ferramenta promocional. Reduções, ainda que temporárias, comprometem o retorno sobre o investimento que, no caso dos produtos industriais, é o critério de maior relevância na determinação do nível de preço a ser praticado para o produto. Considerada a indústria na qual o produto se insere, a elasticidade preço da demanda praticamente não existe. Isso ocorre por causa da natureza derivada da demanda no mercado industrial. No entanto, considerada uma companhia em particular, a demanda pode tornar-se completamente elástica, como decorrência do fato de que as especificações técnicas a que os produtos estão submetidos os tornam muito similares e facilmente substituíveis uns pelos outros.

30.3.3 As funções exercidas pelo marketing industrial

Em essência, as funções exercidas na realização do marketing industrial não diferem daquelas exercidas em qualquer outro tipo de marketing. Existe uma base conceitual comum e o conjunto dos métodos é quase tão igualmente aplicável ao marketing industrial quanto a qualquer outro. As técnicas e as funções, no entanto, podem encontrar maior adequação a circunstâncias específicas, fazendo com que tenham maior ou menor aplicabilidade nesse ou naquele mercado. As técnicas referentes às pesquisas qualitativas, por exemplo, são largamente utilizadas com os consumidores finais. Essas técnicas muitas vezes objetivam o acesso, em profundidade, aos aspectos motivacionais referentes às decisões de compra, os quais podem estar subjacentes aos níveis de consciência e de verbalização quotidianos. Tais técnicas claramente não encontram, no âmbito das decisões de compras de produtos industriais, uma aplicabilidade expressiva, sobretudo porque essas decisões são pautadas, como já se disse anteriormente, por uma racionalidade bastante evidente. Ao contrário, no mercado consumidor, em que os aspectos emocionais são bastante frequentes e, por vezes, intensos, tais técnicas encontram um amplo campo para seu desenvolvimento e aplicação. Também as técnicas de comunicação de massa apresentam pouca aplicação no marketing industrial, no qual o número de compradores é, como já se sabe, muito pequeno. No entanto, as técnicas referentes ao marketing direto ajustam-se perfeitamente a essas circunstâncias e, por isso, são largamente utilizadas nesse mercado.

De um ponto de vista pragmático, considerando-se a necessidade de as organizações efetuarem trocas com seus mercados alvo, o marketing industrial apresenta as seguintes funções:

1 Análise da situação atual e futura do mercado

Essa função pressupõe uma análise completa da situação atual do mercado, envolvendo aspectos internos e externos às organizações. Para tanto, espera-se que a empresa tenha estruturado e recorra a um sistema de informações de marketing. Esse sistema deverá conter informações que permitam a análise dos seguintes elementos, minimamente requeridos por uma administração mercadológica responsável:

- desempenho das principais empresas que compõem a indústria, ante o crescimento e as flutuações da economia, com especial ênfase no comportamento da demanda derivada.

- dimensionamento do mercado atual e estimativa da demanda futura.
- volume de vendas, em unidades monetárias e físicas, de cada um dos *players* da indústria, bem como a respectiva participação no mercado.
- porfólios de produtos da empresa e de seus principais concorrentes, com análise dos ciclos de vida de produtos e dos posicionamentos das respectivas marcas.
- práticas de compra dos principais clientes.
- tecnologias de produção e metodologias de distribuição utilizadas pelos concorrentes.
- políticas de preços praticadas pela concorrência e tendências sobre variações futuras dos preços nos mercados servidos.
- filosofias, objetivos e estruturas da organização de negócios da empresa e de seus principais concorrentes.
- capacitação da empresa e dos principais concorrentes nas áreas de produção, desenvolvimento de produtos, finanças, *marketing* e recursos humanos.
- vantagens competitivas da organização em relação às demais empresas, nos mercados em que atua e naqueles em que pretende atuar, no Brasil e no exterior.
- cenários alternativos futuros nos ambientes econômico, social, político e legal em que a empresa opera.
- problemas críticos que a empresa enfrentou no passado próximo ou que enfrenta no momento atual, identificando os elementos mais severamente restritivos.
- estratégias promocionais utilizadas no mercado, incluindo a propaganda, as vendas pessoais, as promoções de vendas, a publicidade e os esforços de relações públicas.
- capacidade de distribuição da empresa e de seus principais concorrentes.
- preços praticados e custos incorridos pela empresa e por seus concorrentes, inclusive os internacionais.

Evidentemente uma análise completa não se encerraria com essas informações. A intenção aqui é a de ilustrar a natureza das informações requeridas e não a de exaurir o conjunto total de informações necessárias ao gerenciamento de marketing, de forma a evidenciar os principais fatores envolvidos na construção das estratégias mercadológicas.

2 Seleção dos mercados alvo

Para a seleção dos mercados nos quais a empresa deve operar, o marketing industrial lança mão do conceito de segmentação de mercado e das estratégias de exploração dos segmentos eleitos. O processo de identificação desses segmentos já se iniciou na função anterior de análise da situação. A estimativa do potencial de cada segmento já foi realizada, bem como a estimativa referente ao *share* de cada concorrente. Nesse momento, a técnica de análise de atratividade desses segmentos pode ajudar a organização a selecionar aqueles mercados em que possa atuar com maior probabilidade de sucesso. Todos os elementos que permitam caracterizar vantagens competitivas da empresa e de seus concorrentes também já foram analisados (financeiros, tecnológicos, de produção, logísticos, mercadológicos etc.) e, com base nas expectativas de crescimento de suas vendas e de seus lucros nesses mercados, determinar-se-á quais são os segmentos que devem ser priorizados e quais serão os seus mercados alvo.

Nesse momento, inicia-se um processo de definição de estratégias de exploração desses segmentos, que só se concluirá quando os objetivos empresariais, para cada um deles, estiverem quantitativamente definidos. Cogitar-se-á, então, do estabelecimento de estratégias para a exploração dos mercados a serem servidos:

- marketing indiferenciado – a empresa procura atender a todo o mercado, sem desenvolver ofertas e programas de marketing diferentes para os cada um dos vários segmentos. Essa estratégia ainda é muito utilizada dentro do marketing industrial por organizações que trabalham com produtos químicos, petroquímicos, produtos para a agricultura, produtos agrícolas com baixos índices de processamento ou produtos derivados de atividades minerais (metálicos e não metálicos).

- marketing diferenciado – para robustecer a capacidade competitiva das organizações dentro de cada um dos mercados alvo, as organizações passam a fazer ofertas especificamente ajustadas às necessidades e desejos de cada um dos segmentos. Por essa forma, busca atender a todos eles da maneira mais completa possível. Constrói, para isso, programas específicos de marketing para cada um dos segmentos eleitos e, neles, diferencia suas decisões de produto, preço, distribuição e comunicação. A intenção é a de, por meio dessas diferenciações relativas ao *marketing mix*, produzir o maior nível de satisfação a seus consumidores e, com isso, conquistar, em maior número, consumidores potenciais e fidelizar, pelo uso mais intenso, os consumidores atuais.

- marketing concentrado – considerações do tipo recursos existentes ou habilidades existentes, entretanto, sugerem que a organização não deve eleger um número tão alto de segmentos a servir. Então, elege-se apenas um número muito restrito de segmentos promissores e a empresa passa a concentrar apenas neles seus esforços de marketing.

Enis[6], ao apreciar o uso dessas estratégias para exploração de segmentos identificados, ensina que:

> o marketing diferenciado proporciona maiores oportunidades para que a organização venda seus produtos. Mas esta abordagem exige que ela esquematize e implante diferentes programas de marketing para os vários segmentos, processo que pode ser muito caro e representar perda de tempo. Em contraste, o marketing concentrado permite à empresa localizar suas energias em um ou dois programas de marketing e desenvolvê-los em alto grau, mas haverá o perigo de se estar 'colocando todos os ovos em uma única cesta'. Consequentemente, a administração da organização precisa examinar estratégias específicas de segmentação dentro do contexto destas orientações de política geral.

3 Fixação dos objetivos de marketing

Se a decisão sobre a seleção dos mercados alvo está seguramente embasada nas informações que expressam as restrições ambientais (estudadas pela função de análise da situação atual), então há que se fixar objetivos quantitativos para cada linha de produtos em cada um dos segmentos a ser explorado. Tais objetivos expressam metas quantitativas, referentes às vendas, no ano seguinte. Serão expressos em termos de unidades físicas e de unidades monetárias anuais a serem comercializadas, em termos de seus preços médios, da participação de mercado desejada, e dos lucros que deverão gerar. Alguns objetivos de caráter não quantitativo podem também estar enunciados, complementarmente, em itens próprios. Por exemplo, é necessário muitas vezes, garantir um determinado nível de atenção a objetivos referentes à imagem de uma organização. Nessas circunstâncias, pode-se enunciar objetivos do tipo "fazer esforços para conotar a imagem da organização com traços de solidez e segurança". Contudo, não se pode prescindir de enunciar os objetivos de venda da organização de forma quantitativa, com os elementos descritos, e respeitando os três requisitos básicos que a administração de empresas exige para isso: os objetivos devem ser sempre realistas (passíveis de serem atingidos), desafiadores (será sempre necessário empreender esforços efetivos para torná-los alcançáveis), harmoniosos (compatíveis com os meios e recursos disponíveis e estabelecidos por meio de consenso entre a administração e os responsáveis pelo seu atingimento).

4 Decisões sobre o composto de marketing

Após a fixação dos objetivos, o administrador de marketing industrial deve, criativamente, buscar o conjunto de ações referentes a produto, preço, promoção e canais de distribuição. A definição das ações envolvendo o composto de marketing, com especificação dos respectivos orçamentos, cronogramas e responsabilidades, compõe uma das mais importantes funções do marketing industrial.

O conteúdo dessas decisões envolve variáveis específicas a cada um dos elementos do *marketing mix*. Para as decisões sobre produto, consideram-se, por exemplo, aspectos relativos à extensão, consistência e profundidade das linhas, discutindo-se aí a expansão, a descontinuidade e as alterações dos itens que compõem cada uma das linhas de produtos. São decididas formulações, matérias-primas envolvidas no processo de fabricação, partes, peças e outros acessórios que devam integrar o produto, benefícios a serem oferecidos, aspectos relacionados ao custo de produção ou ao ciclo de vida de cada produto/item/linha. Os serviços de assistência técnica e as garantias, além de outros serviços de pós-venda, são também periodicamente, objeto de ampla revisão. As decisões de distribuição envolvem a escolha de canais, os acordos com distribuidores e outros intermediários, discussões sobre margens de cada estágio, comprimento da cadeia, exclusividade, métodos de trabalho que possam, de forma mais efetiva, levar os produtos aos seus mercados alvo. Também são enfatizados os aspectos da distribuição física: movimentação de materiais, transporte, armazenagem, embalagens industriais etc. As decisões referentes ao composto de comunicação consideram as combinações de vendas pessoais, propaganda, promoção de vendas e publicidade. O objetivo é o de maximizar os esforços de influência que se quer exercer sobre os decisores da compra, persuadindo-os quanto à qualidade de nosso produto, quanto à conveniência da relação custo-benefício de nossa oferta, construindo a melhor imagem da nossa marca. Em tudo há o intuito de aumentar sua predisposição à compra de nosso produto e à adoção de nossa marca.

5 Estabelecimento de elementos de controle

Como última função, o marketing industrial deve agora estabelecer os elementos de monitoração das demais funções. É por meio desse controle que será possível avaliar a propriedade de nossas análises ambientais, a adequação de nossas decisões sobre seleção de segmentos e de mercados alvo, o acerto de nossas estratégias para exploração dos segmentos eleitos. O controle ainda nos informará sobre o alcance dos objetivos fixados e permitirá o acompanhamento de nossas decisões sobre o composto de marketing. Custos serão monitorados, prazos serão acompanhados, responsabilidades serão claramente identificadas e cada ação poderá ser devidamente avaliada na contribuição que presta ao alcance dos objetivos de marketing da empresa.

A controladoria em marketing é função que não pode ser relegada a plano inferior. Sua eficácia depende, entretanto, do uso de critérios construídos especificamente para aquilo que se quer controlar. Dessa forma, é de boa conduta respeitar alguns referenciais em confronto com os quais o desempenho da empresa possa ser aferido:

a) ter os objetivos predeterminados de maneira quantitativa, sejam eles referentes a qualquer das decisões de marketing industrial;
b) construir séries históricas de desempenhos da empresa;
c) construir iguais séries para a indústria em que a empresa atua;
d) estabelecer orçamentos realistas e comparáveis aos de outros *players* e aos números médios do setor como um todo;
e) considerar prazos compatíveis com os prazos médios da indústria para qualquer ação de marketing.

Todo o empenho em controlar será recompensado pela correção de rotas, pela realocação de recursos, pela segurança sobre a eficiência e a eficácia das decisões tomadas e pela evidenciação dos resultados alcançados.

30.4 AS ATIVIDADES DE MARKETING INDUSTRIAL NO NOVO CONTEXTO DE PRODUÇÃO E DISTRIBUIÇÃO

O marketing industrial, tal como descrito em sua estrutura teórica e em suas funções e atividades práticas, renasce no mundo globalizado, exigido em novas habilidades e incorporando os avanços das telecomunicações e das novas tecnologias de informação. Isso lhe permite a construção de métodos inovadores de relacionar as organizações com seus mercados, faculta o desenvolvimento de novas atividades e a extinção de muitas outras.

As relações entre as organizações que compõem o mercado industrial foram descritas no primeiro momento deste capítulo. Ali, insistiu-se no fato de que a globalização pressupõe a unificação das estruturas produtivas e de desenvolvimento tecnológicos entre os elos de cada cadeia, exigindo relações estreitas e cooperativas entre fornecedores, fabricantes e distribuidores. A consciência generalizada da necessidade do aumento da capacidade competitiva da cadeia, sugere a todos que planejar em conjunto o futuro, de forma inteligente, é a maneira de sobreviver num mundo presidido pela lógica dos custos. *Just-in-time*, *co-design*, *robust design*, *simultaneous engineering*, fabricação classe mundial, são apenas alguns dos maiores elementos de transformação nas relações de produção e nas relações capital × trabalho. A implantação desses métodos, contudo, exige a adoção de uma infinidade de estratégias empresariais: estabelecimento de alianças estratégicas em torno de produtos e tecnologias; abertura de subsidiárias ou filiais, com instalação de produção no país ou no estrangeiro; consórcios e *joint ventures* para incorporação de tecnologias; acordos de produção conjunta, ainda que implicando unidades industriais diferentes e localizadas em países diferentes; operações *turn key*; consórcios de pesquisa, contratos de terceirização, de franquia, de licenciamento, de assistência ou de cooperação técnica e gerencial; acordos para trocas internacionais de mercadorias etc.

De igual maneira, afirmou-se que a globalização supõe a integração dos mercados e, com isso, novas estratégias, agora de distribuição, passam a ter lugar nas cadeias mundiais ou regionais: alianças estratégicas em torno de mercados; consórcios e *joint ventures* para exploração de oportunidades regionais comuns, acordos de distribuição conjunta para áreas específicas do mundo; escritórios estrangeiros de vendas atuando como filiais; arrendamento de armazéns, terminais e outros recintos alfandegados nacionais e estrangeiros, contratos para operação desses depósitos por terceiros; exportações diretas para o usuário final; exportações diretas para distribuidores no estrangeiro, exportações por meio de agentes, *tradings* ou de outras empresas do tipo *off shore*.

Finalmente, identificou-se, de forma similar, que a concentração dos capitais também foi induzida pelo processo de globalização. Com isso, novas estratégias de fundeamento de empreendimentos se multiplicaram. Os derivativos permitiram avançar sobre fluxos futuros de fundo; securitizações favoreceram novos investimentos e ampliaram o graus de alavancagem de grandes grupos nacionais e internacionais; as operações de *hedge* protegeram capitais e lucros contra as variações de moedas e de outros indexadores; formas mais oEstados Unidosdas e criativas de captação de recursos alastraram-se por todo o mundo e grandes fundos de investimentos procuraram por alternativas inovadoras e lucrativas em economias emergentes.

As oportunidades e as ameaças multiplicaram-se assustadoramente e o marketing industrial passou a enfatizar os métodos, as técnicas e as atividades de identificação precoce dessas variações ambientais. Mais do que nunca, dedicou-se a quantificar mercados, a projetar demandas futuras, a fazer previsões sobre rotas tecnológicas, a estimar a durabilidade de produtos, a dimensionar os efeitos das economias de escala nos custos e nas margens, com o intuito de, em alguma medida, repassá-los aos consumidores finais. Todas as técnicas de negociação, de persuasão, de influenciação foram utilizadas nas estratégias associativas ou em outras formas de aliança. Intensificou-se o uso de ferramentas como portfólio de produtos, *database marketing*, marketing direto, sistemas, ainda que parciais, de informações de marketing, ressegmentações e esforços de identificação de nichos de mercado. As pesquisas de marketing, mas sobretudo os testes de produto, de conceito, de marketing, além daquelas relacionadas ao desenvolvimento de novos produtos e aos lançamentos de novos produtos, integraram o dia a dia do gerenciamento de marketing nesse mercado.

A associação de tecnologias de comunicações e de informática trouxeram novas formas de pesquisar, de vender, de entregar, e de comunicar. Vendedores foram substituídos por negociadores de contratos de longo prazo. Programações anuais substituíram as visitações mensais, assistentes técnicos passam a habitar as linhas de produção de seus clientes com o objetivo de melhorar sua produtividade pelo uso mais técnico dos produtos vendidos. O maior conhecimento que esses assistentes técnicos trazem para suas próprias empresas permite a descoberta de novas aplicações dos produtos atuais ou o desenvolvimento de novos produtos para as aplicações atuais. Fidelizam, dessa forma, estes grandes clientes e os induzem a usos mais intensos e mais produtivos. Os clientes de pequeno porte são alcançados pelo marketing direto. Atividades de telemarketing, habilmente planejadas e executadas, são associadas às de mala-direta, compondo campanhas de grande retorno. Assentadas em estudos minuciosos dos chamados *database marketing*, essas campanhas personalizam os vínculos e garantem retorno elevado para as operações de marketing. Outra vez, busca-se pela redução de custos e pelo aumento dos volumes, tudo para realizar o conceito angular da globalização: as economias de escala.

Nas atividades de vendas, não há mais lugar para os custos provocados pela visitação de vendedores a clientes de baixo potencial. Vendedores são substituídos por esses métodos de marketing direto. Pedidos são colocados por meio de computadores que interligam clientes e fornecedores. As vendas pessoais são, então, largamente substituídas, desaparecendo, com elas, uma boa parte dos materiais e das atividades de vendas. Extinguem-se as fichas de clientes, os cadastros manuais e a necessidade de sua atualização (em jornadas noturnas, não raro em hotéis de qualidade duvidosa), as listas de preços (com seus complexos e confusos sistemas de descontos, por quantidades, por *mix* de produtos, por rentabilidade), talões de pedidos, talões de notas fiscais (em casos mais raros), mostruários, catálogos, materiais de demonstração, planilhas para roteirização, manual de vendas etc.

Desapareceram também os sistemas de quotas para vendedores, as consultas de condições especiais para alguns tipos de pedidos, e foram substancialmente reduzidas as despesas com pessoal de vendas: comissões de vendas, bônus e prêmios por atingimento de objetivos, diárias de hotel, quilômetros rodados, reembolso de despesas de alimentação, de representação etc.

Vendedores, mesmo, sobraram poucos. Estima-se que a implantação desses métodos que estão a caracterizar o que modernamente se chama de *business to business* ou, em situações mais extremas, de *one to one*, reduza a equipe de vendas a um quarto do tamanho anterior. Os remanescentes são alocados aos clientes de porte intermediário, mas com uma frequência de visitação bem inferior àquela que se praticava anteriormente, graças, outra vez, à introdução de ferramentas de marketing direto.

No que respeita à estruturação da atividade de vendas, dentro desse quadro, pode-se esperar pela extinção de alguns cargos como, por exemplo, o de supervisor de vendas e o de gerente regional de vendas. A própria relação com os intermediários já está sofrendo transformações aceleradas. Em ramos mais competitivos, como o automotivo, os atacadistas estão desaparecendo, enquanto distribuidores de autopeças. Transformam-se no departamento de vendas e de expedição das fábricas. Extraem os pedidos junto aos varejistas (sempre que possível, por ferramentas de marketing direto), cuidam do faturamento, da embalagem, da movimentação interna de produtos acabados, da expedição até a entrega final do produto (geralmente por meio de frotas de terceiros). Com esse procedimento, evitam-se os custos do refaturamento, os impostos em cascata, os custos da cobrança, os custos financeiros da operação atacadista (principalmente os derivados das estocagens e do faturamento a prazo para varejistas), os demais custos com transportes para os seus depósitos, os de movimentação de materiais, de reembalagem e, principalmente, desmobilizam-se capitais alocados à construção civil, aos pátios de manobra e de carga e descarga.

30.5 CONCLUSÃO

Os avanços tecnológicos experimentados pelas comunicações e pela tecnologia de informação promoveram considerável inovação nas práticas do marketing industrial. A redução de custos e o aumento do volume de vendas provocados por inovações garantem o fortalecimento competitivo. Novas atividades e funções passam a ser desenvolvidas no âmbito do marketing industrial, técnicas novas e métodos novos são criados e implementados, enquanto são implantados novos modelos gerenciais, aplicados sobre uma nova estrutura organizacional, mais enxuta, mais ágil e horizontalizada.

Surgem novos conceitos, como os de nichos, de ressegmentação, de respostas diretas, de *database marketing*, de *business to business*, sugerindo evoluções futuras na estrutura conceitual do marketing.

Entretanto, um corpo teórico bastante sedimentado parece facultar ao marketing uma base sólida de conhecimentos consistentes e sistematizados, bastante generalizantes e com forte poder preditivo, sobre a qual será possível realizar avanços seguros e relevantes para a prática empresarial.

Questões para reflexão

1. Quais são os elementos essenciais à conceituação do marketing industrial?
2. Quais são as atividades e funções que o marketing industrial passou a incorporar após a ocorrência do processo de globalização?
3. Que elementos intrínsecos do processo de globalização provocaram as maiores evoluções no âmbito do marketing industrial?

Referências bibliográficas

BAER, W. *A industrialização e o desenvolvimento econômico no Brasil*. 7. ed. Rio de Janeiro: Fundação Getulio Vargas, 1988.

BAKER, M. J. *Marketing new industrial products*. New York: Holmes and Meier, 1975.

BERRY, D. *Industrial marketing for results*. Reading, Addison-Wesley, 1989.

BOONE, J. *Industrial advertising handbook*. New York: McGraw-Hill, 1953.

BORD, P.; BRUEL, O. *Fixation du prix de vente des produits industriels*. Paris: Les Éditions d' Organisation, 1972.

CORREA DO LAGO, L. et al. *A indústria brasileria de bens de capital*: origens, situação recente e perspectivas. Rio de Janeiro: Fundação Getulio Vargas, 1989.

DUBINSKY, A.; BARRY, T. *Industrial marketing management*. Elsevier Science Publishing, 1982.

FISHER, L. *Industrial marketing*. London: Business Books, 1976.

HAAS, R. W. *Industrial marketing management*. 2. ed. Boston: Kent, 1982.

_____. *Industrial marketing management*. London: Business Books, 1969.

HANKAN, H, (coord.) *International marketing and purchasing of industrial goods*. New York: John Wiley and Sons, 1982.

HILL, R.; ALEXANDRE, R.; CROSS, J. *Industrial marketing*. 4. ed. Homewood: Irwin, 1975.

HOLLOWAY, R.; HANCOCK, R., (coord.) *The environment of marketing behavior*. New York: John Wiley and Sons, 1964.

_____. Idem, ibidem, 1974.

HUTI, M.; SPECH, T. *Industrial marketing management*. Chicago: The Dryden Press, 1981.

KOCH, J. *Industrial organization and prices*. Englewood Clliffs, New Jersey: PrenticeHall, 1974.

KOLLAT, B.; ROBERSON. *Strategic marketing*. New York: Holt, Rinehart and Winston, 1972.

MAGEE, J. F. *Industrial logistics*. New York: McGraw-Hill, 1968.

MESSNER, F. *Industrial advertising*. New York: McGraw-Hill, 1963.

PROUT, T. P. *Industrial marketing research workbook*. Guildford, Surrey: Billing and Sons, 1973.

RISLEY, G. *Modern industrial marketing*. New York: McGraw-Hill, 1972.

ROBINSON, P.; FARIS, C. *Industrial buying and creative marketing*. Boston: Alleja and Bacon, 1976.

WEBSTER Jr., F. *Industrial marketing strategy*. New York: John Wiley and Sons, 1979.

WEBSTER Jr., F.; WIND, Y. *O comportamento do comprador industrial*. São Paulo: Atlas, 1982.

WESTING, J. H.; FINE, I. V. *Industrial purchasing*. New York: John Wiley and Sons, 1961.

YOSHINO, M. Y. *The japanese marketing system*. Cambridge, Mass.: The Massachusetts Institute of Technology, 1971.

CAPÍTULO 31

GESTÃO DA LOGÍSTICA

Antonio Galvão N. Novaes
Antonio Carlos Alvarenga

Este capítulo expõe, de forma sucinta, alguns conceitos contidos no livro *Logística aplicada*, dos mesmos autores. Por estar muito resumido, não dispensa a consulta ao livro do qual foi extraído, pois não é suficiente para a solução dos problemas de logística das empresas. Os autores agradecem a permissão dada pela Editora Pioneira para a publicação deste capítulo.

31.1 DESENHANDO A REDE LOGÍSTICA

31.1.1 A rede logística

Tanto a logística de suprimento como a de distribuição física dependem, para sua boa conceituação e implementação, da correta representação e análise da **rede**.

O que vem a ser **rede** logística? É a representação físico-espacial dos pontos de origem e destino das mercadorias, bem como de seus fluxos e demais aspectos relevantes, de forma a possibilitar a visualização do sistema logístico no seu todo. Ou seja, um conjunto de nós (pontos de origem ou destino) que devem ser atendidos por meio de ligações (meios de transporte existentes), nas quantidades preestabelecidas etc.

Os anseios, traduzidos em nível de serviço, política de estoques, custos etc., diferem bastante entre o setor de suprimento e o de distribuição física. É possível, no entanto, em certos casos, coordenar o transporte de insumos (**rede de suprimento**) com a transferência/distribuição de produtos acabados (**rede de distribuição física**), de maneira a aproveitar o retorno dos veículos. Com isso reduzem-se custos, pois parte da frota deixará de retornar vazia a seus pontos de origem.

Os desenhos da rede de suprimentos, de um lado, e o da rede de distribuição física, de outro, devem ser realizados de forma separada. Num segundo instante, procurar-se-á integrar as duas redes, se isso for possível.

O exemplo apresentado na Figura 1 refere-se a uma rede de distribuição local, cobrindo a cidade do Rio de Janeiro. O sistema é formado por duas fábricas, uma localizada em Bonsucesso e a outra em Campo Grande. Os depósitos de distribuição estão localizados junto às fábricas e nos seguintes pontos: Centro, Saens Pena, Jacarepáguá e Caxias. São mostradas, de forma esquemática, as regiões de consumo, a saber: Leblon, Ipanema, Copacabana etc.

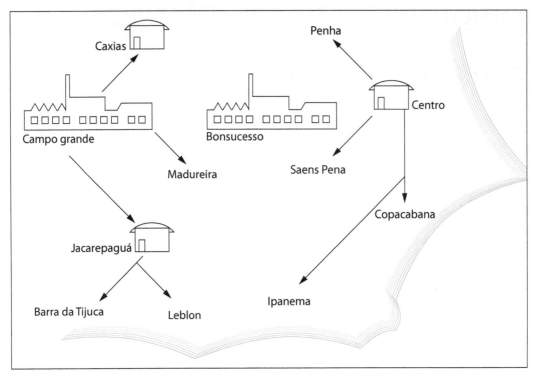

Figura 1 Rede de distribuição na região metropolitana do Rio de Janeiro.

31.1.2 Completando e racionalizando a rede logística

A criatividade e uma boa distribuição espacial são fatores importantes para se conseguir um desenho adequado da rede logística. O processo, no entanto, não termina com o simples desenho da rede. São necessários mais alguns passos, voltados à complementação das informações e à racionalização da própria rede.

Uma vez obtido um desenho satisfatório da rede logística, passamos a complementá-la e racionalizá-la por meio de alguns procedimentos descritos a seguir.

a) Inserção dos fluxos unitários

Inicialmente, é necessário definir a forma mais adequada de medir os fluxos. Nos casos de cargas densas, o mais comum é representar os fluxos em toneladas por unidade de tempo (t./dia, t./mês etc.). Cargas volumétricas são medidas, por sua vez, em metros cúbicos por unidade de tempo. Quando a carga for transportada unicamente na forma unitizada (paletes ou contêineres), podemos também medir os fluxos nessas unidades.

Uma vez definida a unidade de medida, procedemos à análise dos fluxos em cada rota. Tomando um período de tempo representativo (amostra), calculamos o fluxo médio e o respectivo desvio médio em cada rota.

b) Incorporação do nível do serviço

Os principais fatores que compõem o nível de serviço de um sistema logístico são: **prazo de entrega, avarias na carga, extravios** e **reclamações diversas**.

De todas as variáveis que compõem o nível de serviço, o prazo de entrega, que normalmente é medido em dias, é o mais importante. As variáveis do tipo avarias, extravios, reclamações etc., são, em geral, expressas em porcentagem, referida a uma base adequada e bem conhecida. Por exemplo, as avarias são normalmente representadas em valores monetários, tomando-se como referência o valor total das mercadorias entregues. As variáveis relacionadas com o nível de serviço devem ser quantificadas por rota, calculando-se os valores médios e os respectivos desvios médios.

c) Custos logísticos

Os custos logísticos devem ser levantados por tipo de produto e por rota, considerando amostras significativas e computando todas as despesas incidentes, incluindo, além do custo de transporte ou do frete (no caso de o transporte ser realizado por terceiros), *ad valorem*, taxas etc. Em seguida, para cada rota e cada tipo de produto, divide-se o custo pelo fluxo médio, obtendo-se os custos unitários de transporte (R$/t, R$/m^3 etc.).

d) Análise de consistência da rede

Antes de proceder à análise logística da rede, é necessário verificar seus elementos de forma a garantir a consistência e a qualidade dos resultados. Caso haja centros de distribuição, é necessário verificar se a soma dos fluxos de entrada coincide aproximadamente com a soma dos fluxos de saída, em cada uma das instalações (continuidade dos fluxos). Da mesma forma, somando-se os fluxos originados ou destinados a determinados pontos ou regiões, o resultado deve apresentar valor igual ou próximo àquele apresentado nas estatísticas da empresa.

31.2 O SUBSISTEMA DE TRANSPORTE

31.2.1 Modalidades de transporte

Uma forma de quantificar o esforço de transporte ou, em outras palavras, o seu nível de produção, é determinar o chamado **momento de transporte**, ou seja, o total de toneladas-quilômetro executado pelos diversos modos. Se medirmos a produção apenas em toneladas de carga transportada estaremos mascarando os resultados, porque o esforço necessário para deslocar a carga é proporcional à distância vencida e à quantidade movimentada.

Se considerarmos todos os tipos de carga, incluindo granéis líquidos (basicamente petróleo e seus derivados), granéis sólidos (minérios, carvão, cereais em grão) e cargas acondicionadas (caixas, sacarias etc.), a produção dos diversos modos no Brasil (transporte interno) está dividida mais ou menos assim:

Quadro 1 Participação dos diversos modos no transporte nacional de cargas

Modalidade	% (t km)
Rodoviária	70
Ferroviária	15
Marítima de Cabotagem	11
Dutoviária	2,5
Hidrovia Interior	1
Aérea	0,5
Total	100

a) Modo rodoviário

O modo rodoviário é o mais expressivo no transporte de cargas no Brasil e atinge praticamente todos os pontos do território nacional. A extensão total da malha rodoviária brasileira (federal, estadual e municipal) é de 1.724.924 km, sendo que apenas 9,5% da extensão total, ou seja, 164.247 km é pavimentada. A rede rodoviária nacional se apresenta bastante deteriorada, com extensos trechos necessitando de recursos maciços para sua recuperação. Essa situação prejudica bastante o transporte rodoviário de mercadorias, aumentando os tempos de viagem e encarecendo os custos operacionais.

b) Modo ferroviário

Para escoar a produção agrícola brasileira e transportar os produtos importados para o interior do território nacional, foram implantadas, em fins do século XIX e início do XX, um número razoável de ferrovias, com uma extensão total também expressiva (cerca de 30.000 quilômetros em 1986).

Há consenso de que, no Brasil, o transporte ferroviário deve ser utilizado primordialmente no deslocamento de grandes massas de produtos homogêneos, ao longo de distâncias relativamente extensas. Minérios (de ferro, de manganês), carvão mineral, derivados de petróleo, cereais em grão (soja, milho), quando transportados a granel e cobrindo distâncias relativamente grandes, são produtos passíveis de ser deslocados por trem.

As razões para isso podem ser resumidas no seguinte: as operações de carga/descarga, despacho, triagem de vagões nos pátios, controle de tráfego, conferência da carga etc., são muito onerosas para produtos em pequenas quantidades. Quando se transportam grandes quantidades de um produto a granel, por outro lado, pode-se uniformizar o material rodante (vagões) e as operações, permitindo também a utilização de trens de maior tonelagem e diretos (trens unitários), facilitando assim as operações nos terminais. Os custos fixos incorridos nos terminais (carga/descarga, triagem de vagões, formação de trens etc.) são, por outro lado, mais bem diluídos no custo médio global para distâncias mais longas.

c) Modo marítimo de cabotagem

A costa brasileira é dotada de um número apreciável de portos marítimos, além de alguns portos fluviais que atendem navios costeiros (Porto Alegre, Manaus, Belém, por exemplo). O transporte de cabotagem está fortemente atado, infelizmente, à operação portuária que, no Brasil, deixa muito a desejar. Adicionalmente, o transporte complementar entre as origens da carga e o porto e, no sentido inverso, do porto aos destinos finais, está sujeito a restrições diversas tais como congestionamentos, excesso de burocracia, atrasos nas chegadas e saídas dos navios, greves frequentes etc.

O custo de transporte porta a porta, que é o que interessa ao usuário, não é completamente previsível na cabotagem porque vários fatores dependem de condições fortuitas, que fogem ao controle e à previsão dos interessados em utilizá-lo. Por exemplo, se o embarque ou desembarque, no porto, se der em condições adversas de tempo (chuva), o valor cobrado pela estiva, conferentes etc., será substancialmente maior, devido às paralisações das operações. Da mesma forma, se a carga é obrigada a esperar mais tempo no porto, aguardando, digamos, o navio que se atrasou, o custo de armazenagem pode atingir níveis inesperados. Ao fim, fazendo as contas dos custos realmente pagos, o usuário observará grandes oscilações nos valores totais porta a porta, situação essa que afasta muitos interessados potenciais.

Outro aspecto que também foge ao controle e à previsão do usuário está ligado ao tempo total de viagem, desde a origem até o destino final da mercadoria. Atrasos nos portos ocorrem em função de muitos fatores, alguns de responsabilidade das diversas entidades que operam o porto, outros de responsabilidade dos armadores, além daqueles ocasionados pelos meios de transporte terrestres (falta de vagões, congestionamentos nas vias de acesso etc.). As escalas que o navio faz ao longo da rota (portos visitados) nem sempre obedecem ao programado. Da mesma forma, os tempos de permanência nos portos intermediários podem variar bastante. Uma forma de agilizar as operações portuárias, e com isso diminuir os tempos de viagem, é utilizar os contêineres para transporte de carga geral.

Hoje a cabotagem é mais utilizada no transporte de granéis, petróleo e seus derivados, sal, produtos químicos. Cerca de 66% do total transportado (em toneladas-quilômetro) correspondem a granéis líquidos, 28% referem-se aos granéis sólidos, e os 6% restantes são constituídos por cargas acondicionadas (caixas, sacaria etc.). Por uma série de razões, algumas apontadas aqui, o transporte marítimo de cabotagem não atrai as cargas de valor mais elevado, como eletrodomésticos, produtos eletrônicos e manufaturados em geral.

d) Modo aéreo

O frete para transporte de carga aérea é significativamente mais elevado do que o correspondente rodoviário. Mas, em compensação, os tempos de deslocamento porta a porta podem ser bastante reduzidos, abrindo um mercado específico para essa modalidade.

Mercadorias de elevado valor unitário (artigos eletrônicos, relógios, alta moda etc.) têm condições de pagar frete mais elevado se forem levados em conta o custo do dinheiro (estoque, inclusive em trânsito), os riscos envolvidos no transporte terrestre (roubo, extravio, danos à carga) e os prazos de entrega exigidos pelo mercado.

Outro tipo de mercadoria que busca muitas vezes o transporte aéreo é constituído pelas cargas perecíveis (flores, frutas nobres, medicamentos etc.). Cargas parceladas e encomendas, embaladas normalmente em pequenos volumes, assim como correio e malotes, usam também o transporte aéreo com frequência, devido à rapidez.

No processo clássico de transporte aéreo de mercadorias são utilizados aviões cargueiros exclusivos. Há também versões **combi**, ou seja, aeronaves para transporte combinado de passageiros e de carga (parte da cabina utilizada normalmente para acomodar passageiros se transforma em compartimento para carga). Noutros casos, aviões de passageiros são convertidos à noite para o transporte de correio e malotes, voltando à configuração normal (passageiros) após o voo noturno. No Brasil, o emprego de aviões *wide body* (fuselagem larga) nos voos domésticos, com maior volume útil nos porões e maior capacidade em peso, tem dado certo impulso ao desenvolvimento do transporte aéreo de carga.

e) Explorando as modalidades

O objetivo primordial da busca por soluções modais alternativas é a redução dos custos logísticos. Assim, para certos tipos de carga, o uso da ferrovia ou do transporte marítimo de cabotagem pode significar reduções sensíveis nos custos. É claro que, ao se optar por um modo alternativo, deve-se verificar se as restrições de prazo de entrega, segurança da carga etc., são asseguradas.

31.2.2 Medida de rendimento

Para que possamos medir o nível de desempenho de um sistema é necessário definir uma escala apropriada para aferição dos resultados, a qual denominamos **medida de rendimento**.

Para os sistemas logísticos em geral, define-se um conjunto de atributos, relacionados com variáveis diversas, formando o que se chama comumente de **nível de serviço**. Usualmente, o nível de serviço, para os sistemas logísticos, é constituído pelos seguintes fatores principais:

- **Prazo de entrega**: medido pelo seu valor médio e pelo desvio médio (esse último serve para se aferir a confiabilidade, ou oscilação em torno da média); *Lead-time* = Tempo de transporte + Tempo de produção (PCP) + Tempo burocrático;
- **Grau de avarias e defeitos**: que serve para aferir, em termos relativos (porcentagem), o aspecto integridade da carga;
- **Nível de extravios**: mercadoria entregue em destino errado, furto de parte ou do todo, falta de parte da nota de entrega etc.; e
- **Reclamações de uma forma geral**: dificuldade do cliente para comunicar-se com a empresa, falta de *follow-up* dos problemas para correção, mau tratamento por parte dos motoristas e ajudantes etc.

A questão que se coloca é: qual o nível de serviço que a empresa deve estipular para a medida de rendimento de seu sistema? Sabemos que, quanto mais perfeito o nível de desempenho, mais caro ele será para a empresa. Se colocarmos numa balança o nível de serviço pretendido, de um lado, e os custos decorrentes, do outro, a questão é como se chegar ao nível de equilíbrio ideal. Obviamente, os custos não englobam somente as despesas de transporte, mas também os custos da manutenção de estoques dos produtos, bem como os de armazenamento e movimentação (manuseio) da carga.

31.2.3 Planejando o subsistema de transporte

O que vale para o sistema logístico no seu todo vale também para os diversos subsistemas, entre eles o transporte. Para planejar o subsistema transporte é necessário conhecer os seguintes elementos:

- os fluxos nas diversas ligações da rede;
- o nível de serviço atual;
- o nível de serviço desejado;
- as características ou parâmetros sobre a carga; e
- os tipos de equipamento disponíveis e suas caraterísticas (capacidade, fabricante etc.).

No que se refere às características ou parâmetros da carga, os principais elementos a considerar são os seguintes:

- peso e volume;
- densidade média;
- dimensões da carga;
- dimensões do veículo;
- grau de fragilidade da carga;
- grau de perecibilidade;
- nível de periculosidade;
- estado físico;
- assimetria (cargas com dimensões muito diferentes, o que acaba dificultando o arranjo no caminhão; a forma mais simétrica – ideal – é o cubo); e
- compatibilidade entre cargas diversas (em termos químicos, odoríferos etc.; por exemplo, não se deve transportar café junto com detergentes, fósforos com álcool, inseticidas com produtos alimentícios etc.).

O planejamento do subsistema transporte se faz inicialmente rota por rota. É necessário determinar as condições de operação e os custos para a situação atual, de forma a se ter uma referência básica de comparação ao analisar posteriormente outras alternativas de solução.

31.2.4 Custos de transporte[1]

a) Custos diretos e indiretos[2]

Uma primeira grande divisão dos custos se dá em função da sua relação com a operação. São **custos diretos** aqueles que se relacionam diretamente com a função produtiva, a qual, no caso, se confunde com a função de transportar. São eles:

- depreciação do veículo;
- remuneração do capital;
- salário e gratificações de motoristas e ajudantes;
- cobertura de risco (seguro ou autosseguro);
- combustível;
- lubrificação;
- pneus;
- licenciamento;

Existem outras despesas que não se relacionam diretamente com a produção/operação. Por exemplo, a contabilidade da empresa, o setor de pessoal, a administração de uma maneira geral (diretoria, vendas, finanças, cobrança etc.). Os custos dessas atividades são denominados **custos indiretos** e variam de empresa para empresa, em função do tamanho, da estrutura empresarial etc.

b) Custos fixos e variáveis

Os **custos diretos** podem ser subdivididos em **custos fixos** e **custos variáveis**. No caso do transporte rodoviário de carga, a variável operacional de referência é a distância percorrida pelo veículo, medida por meio da quilometragem registrada no odômetro.

Os custo fixos são:

- depreciação;
- remuneração do capital;
- salários e encargos do motorista e ajudantes; e
- cobertura do risco.

Os custos variáveis são:

- combustível;
- lubrificação;
- manutenção; e
- pneus.

c) Planilha de custos

Para compor o custo do transporte rodoviário de carga, o uso de uma planilha (como a do Quadro 2) facilita o cálculo e a atualização dos valores resultantes. Os itens são divididos em duas categorias básicas: custos fixos e custos variáveis.

Na coluna (a) são discriminados os itens de custo. Na coluna (b) aparecem os valores básicos de cada insumo, sobre os quais se apoiarão os cálculos. Para se obter cada item de custo (coluna d), multiplica-se o valor do insumo correspondente (coluna b) pelo coeficiente apropriado. Dessa forma, sempre que for necessária a atualização dos custos, basta levantar os novos valores da coluna (b), multiplicando-os, em seguida, pelos coeficientes da coluna (c).

Algumas empresas possuem frota própria; outras contratam o serviço de terceiros (empresas transportadoras ou caminhoneiros autônomos). Os valores de certos itens de custo variam conforme o caso. Deve-se considerar adicionalmente que o cálculo de custos no segundo caso (veículos de terceiros) pode ser feito de forma mais simplificada, pois seu objetivo usual é o de apoiar as negociações de fretes.

31.3 DEPÓSITOS E ARMAZÉNS

31.3.1 Funções do depósito ou armazém

Ao longo do processo logístico, aparecem fluxos de mercadorias entre pontos diversos da rede. Nas interfaces desse processo, isto é, nos pontos de transição de um fluxo para outro, entre manufatura e transferência, ou entre transferência e distribuição física, surge a necessidade de manter os produtos estocados por um certo período de tempo. Esse tempo de permanência pode ser muito curto, necessário apenas para fazer-se a triagem da mercadoria recém-chegada e reembarcá-la, como também pode ser relativamente longo.

Quadro 2 Planilha de custos para frota própria

(a) Item	(b) Valor do Insumo	(c) Coeficiente	(d) Custo Unitário
Custo Fixo:			
1. Capital	50.000,00	0,0204	1.020,00
2. Licenciamento e Seguro Obrigatório	990,00	0,006	5,94
3. Reserva para Seguro	50.000,00	0,003	150,00
4. Motorista(s)	238,09	2,20	523,80
5. Ajudante	0,00	0,00	0,00
6. Total Custo Fixo Mensal			16.997,74
Custo Variável:			
7. Manutenção	50.000,00	1/ 1.000.000	0,05
8. Combustível	0,28	0,333	0,093
9. Óleo do cárter	1,54	0,0023	0,004
10. Óleo do câmbio	3,57	0,000525	0,002
11. Lavagem	35,71	0,0002	0,007
12. Pneus	4.761,19	0,000182	0,0870
13. Total Custo Variável por km			0,24
14. Quilometragem média mensal (km)			9.600
15. Custo Fixo por km (R$/km): (6)/(14)			0,18
16. Custo Variável por km (R$/km)			0,24
17. Custo Total Médio por km (R$/km): (15) + (16)			0,42
18. Veículo: caminhão Mercedes-Benz 2014, com 3.º eixo			

Nesses pontos de interface da rede logística localizam-se os diversos tipos de instalação de armazenagem. Um tipo comum é o depósito voltado à **armazenagem e despacho** de mercadorias de uma indústria, de uma grande loja, de uma firma varejista etc. Outro tipo bastante encontrado em grandes indústrias é o **armazém de insumos** ou de matérias-primas. Um **centro de distribuição** destinado a atender os clientes de uma determinada região constitui o terceiro tipo de instalação de armazenagem e de interface. Há também armazéns com a função de **consolidação**, que é o processo de juntar cargas parciais provenientes de origens diversas para formar carregamentos maiores e mais completos destinados a outros pontos da rede, e de **desconsolidação**, que é o processo inverso, em que carregamentos maiores são desmembrados em pequenos lotes para serem encaminhados a destinos diferentes. Um depósito ou armazém pode desempenhar uma dessas funções, parte delas ou todas ao mesmo tempo, havendo também situações combinadas.

O tempo de permanência da mercadoria num depósito ou armazém depende muito dos objetivos gerais da empresa. Em alguns casos, a estocagem de produtos está relacionada com a **sazonalidade do consumo** como, por exemplo, as mercadorias consumidas predominantemente no Natal (castanhas, nozes, panetone), sazonalidade da produção (óleo de soja, por exemplo, cuja produção depende da safra do grão) e outros tipos de defasagem temporal entre produção e consumo. Há também o efeito da variação de preços no mercado, que leva certos tipos de empresa a estocar, à espera de melhores níveis de comercialização, para então vender seus produtos.

31.3.2 O depósito visto como um sistema

É necessário, desde logo, definir claramente os **objetivos** desse subsistema, tendo em vista seu papel no sistema logístico global da empresa. Para isso, é importante analisar cuidadosamente as funções que deve desempenhar.

Em segundo lugar, é necessário definir os **componentes** que formam o subsistema analisado. São eles:

- **Recebimento**: são as atividades de descarregar, conferir, triar e encaminhar ao ponto de armazenagem as mercadorias que chegam ao armazém;
- **Movimentação**: é o deslocamento interno da mercadoria dentro do armazém;
- **Armazenagem**: é a armazenagem propriamente dita das mercadorias;
- **Preparação dos pedidos**: são as atividades de acondicionamento dos pedidos dos clientes, filiais etc., que consistem em trazer os produtos dos pontos onde estão armazenados, acondicioná-los em caixas, paletes, contêineres ou outra forma adequada de invólucro, marcar externamente o nome e o endereço do destinatário e encaminhar à doca de embarque;
- **Embarque**: é a colocação da mercadoria no veículo designado, utilizando uma doca apropriada; e
- **Circulação externa e estacionamento**: a fim de evitar o uso de vias públicas para estacionar veículos de carga e até mesmo para carga/descarga, o certo é dispor de áreas próprias para isso dentro do terreno da empresa.

Aplicam-se igualmente ao subsistema de armazenagem os seguintes princípios:

a) estabelecer um *check-list* dos parâmetros relevantes;

b) definir e quantificar a medida (ou medidas) de rendimento, por meio de um nível de serviço adequado;

c) definir alternativas para cada subsistema, caminhando da pior para a melhor;

d) quantificar os recursos necessários por alternativa;

e) calcular os custos para cada alternativa (investimento e custeio) e os respectivos níveis de serviço; e

f) selecionar a melhor alternativa tendo em vista o conjunto.

No âmbito interno da empresa, o depósito/armazém se relaciona com a administração (diretoria, recursos humanos, contabilidade), com o CPD (software, equipamentos, informações), com o setor de transporte (administração da frota, contratação de praça etc.), com a área de controle etc.

31.3.3 Parâmetros relacionados com o manuseio da carga

Distinguimos aqui os conceitos de invólucro e de embalagem. O termo embalagem está mais ligado ao marketing, envolvendo aspectos subjetivos e estéticos que visam atrair o consumidor. Já o invólucro refere-se ao contexto puramente logístico e de transporte, visando a melhoria do nível de serviço do sistema e a redução de custos.

Para cargas secas não granelizadas, incluindo aqui os produtos manufaturados, sacaria, bebidas e muitos outros, o transporte e a movimentação são feitos normalmente de acordo com três tipos principais de acondicionamento:

a) invólucros diversificados (caixas de madeira ou papelão, sacas, tambores) que correspondem à situação mais comum, em que a carga é transportada e movimentada na forma convencional, sem estar acondicionada num invólucro especial;

b) paletes ou estrados de madeira ou plástico, sobre os quais se arruma a carga, dotados de aberturas sob a plataforma para acesso do garfo da empilhadeira; e

c) contêineres, ou caixas fechadas, normalmente de aço ou alumínio, dentro das quais a carga é arrumada, que, além das vantagens de manuseio, permitem um elevado grau de segurança (redução dos níveis de quebras, roubos e extravios). No entanto, as caixas são relativamente caras, o que tem levado as empresas a utilizá-las na exportação e importação de produtos de maior valor agregado. No transporte interno, em âmbito nacional, os contêineres são menos utilizados.

A **doca para recebimento ou despacho de mercadorias**[3] é constituída normalmente por uma plataforma elevada (cerca de 1,20 m do solo), onde os caminhões encostam de ré, a 90 graus ou a 45 graus.

31.4 ARMAZENAGEM DE PRODUTOS

No dimensionamento do componente armazenagem de um depósito, é necessário:

1. Quantificar o estoque máximo provável dos produtos a serem armazenados, de forma a se ter uma ideia razoavelmente precisa dos níveis que podem ser atingidos para cada tipo de mercadoria;

2. Estimar o espaço necessário para o armazenamento, que é medido tanto em termos de área de piso como em volume;

3. Definir o tipo de movimentação a ser adotado, pois esse item condiciona os espaços livres (corredores), a forma de estocagem, a altura das pilhas etc.;

4. Definir o *layout* da área de armazenagem: forma e tipo das células (gavetas, prateleiras etc.), sua distribuição espacial, corredores, acessos etc.; e

5. Distribuir o espaço disponível para armazenar as diferentes categorias de produto.

Vamos abordar esses aspectos na sua sequência natural (exceto o nível de estoque, que é tratado no Capítulo 18 e também no livro *Logística aplicada*).

31.4.1 Espaço físico para armazenagem

A partir do estoque máximo provável para uma certa categoria de produto, podemos calcular o volume necessário para armazenar a mercadoria. Para isso, partimos do volume unitário (volume de um item do produto, incluindo embalagem), e do seu peso unitário. Multiplicando-se o volume unitário e o peso unitário pelo estoque máximo esperado (medido em número de peças), obtemos o volume total a ser reservado e o peso da carga na sua condição extrema. É comum acrescentar uma margem para futuras expansões, que pode variar de 10% a 50% do valor inicialmente previsto, dependendo das projeções, caso a caso.

No dimensionamento do setor de estocagem do armazém, o aproveitamento das instalações, tanto em termos da área constituída, como da cubagem necessária, vai depender do processo de movimentação escolhido e da forma como são armazenados os produtos. Os índices seguintes, bastante utilizados, são úteis para a compararação dos níveis de desempenho das diversas alternativas.

A **densidade de ocupação** mede a quantidade líquida de produto armazenado por metro quadrado ou metro cúbico de depósito. A quantidade de produto armazenado pode ser medida em peso (kg, tonelada) ou em volume (m^3).

A **densidade superficial de ocupação útil** é obtida dividindo-se o peso ou volume útil pela área diretamente ocupada pela carga.

Na realidade, o armazém é formado não somente por pilhas do produto, como também por corredores, áreas não aproveitadas etc. Se dividirmos o peso ou o volume da carga pela área bruta ocupada, incluindo as perdas de espaço, os corredores etc., teremos então a **densidade superficial de ocupação real**.

Da mesma forma, podemos definir uma **densidade volumétrica de ocupação útil**, que é a relação entre a quantidade efetiva de carga estocada (medida em peso ou em volume) pelo volume diretamente ocupado no depósito.

Analogamente, podemos considerar o volume bruto ocupado por uma pilha, que é a **densidade volumétrica de ocupação real**.

Outro índice muito importante, que permite também comparar soluções alternativas, é o **fator de aproveitamento**, que pode ser medido em relação à área de piso ocupada pela carga, como também em relação ao volume. O fator de aproveitamento de superfície (FS) é dado por:

$$FS = \frac{DSR}{DSU}$$

onde DSR é a densidade superficial de ocupação real e DSU é a densidade superficial de ocupação útil. Analogamente, o fator de aproveitamento volumétrico (FV) é dado por

$$FV = \frac{DVR}{DVU}$$

onde DVR é a densidade volumétrica de ocupação real e DVU é a densidade volumétrica de ocupação útil.

Esses índices são aceitáveis? É possível melhorá-los? O objetivo de sua quantificação é exatamente o de comparar os resultados com situações padrão conhecidas ou relatadas na literatura especializada. A escolha final do *layout* e da forma de movimentação vai depender do cotejo das vantagens das várias alternativas com os custos e investimentos necessários em cada caso.

31.4.2 Arranjo dos diversos produtos no armazém

Dentro do armazém existem pontos mais acessíveis e outros mais distantes que obrigam a movimentações mais demoradas e, por isso, mais custosas. Como, então, dividir o espaço disponível entre os diversos tipos de produto de uma forma racional?

O critério mais simples para isso é classificar os produtos segundo o número médio de movimentações (acesso ao estoque) previsto para um mês ou ano. Assim, quanto mais movimentos forem realizados, mais próximo deverá ficar o produto.

Nem sempre esse critério representa a melhor solução. Por exemplo, o produto mais movimentado pode precisar de um espaço muito grande, empurrando os produtos seguintes para posições muito distantes no armazém. Se colocarmos mais próximos da saída produtos que ocupam pouco volume, conseguiremos abrigar maior número de itens diversos em pontos mais acessíveis, reduzindo então o esforço geral de movimentação. Isso pode ser conseguido, juntando os dois critérios (número de movimentações e volume ocupado) num só.

Outro exemplo: supondo que a descarga da mercadoria se faça numa plataforma e o despacho noutra, é difícil, ou mesmo impossível, arranjar a carga no armazém de forma que os produtos fiquem igualmente ordenados em relação às duas plataformas. Devemos, então, eleger uma delas como referência para organizar espacialmente a distribuição dos produtos no armazém.

31.4.3 Formas de movimentação

As opções para movimentação de produtos envolvem combinações múltiplas em termos de equipamentos, formas de operação etc. Um aspecto muito importante na concepção e operação de um armazém é a utilização ou não da dimensão vertical na estocagem de produtos.

Consideramos que há apenas **movimento horizontal** quando as unidades deslocadas (paletes, caixas, sacas) são dispostas nos seus locais de destino por um homem, sem ajuda de equipamentos de elevação, o que implica alturas de estocagem compatíveis com essa condição. As soluções que implicam **movimentação vertical**, além da horizontal, pressupõem o uso de equipamentos apropriados, tais como empilhadeiras, transelevadores, pontes rolantes etc. Outra grande divisão nos tipos de movimentação refere-se ao uso ou não de **equipamentos motorizados** (motores elétricos ou de combustão interna, a gasolina ou gás).

Outra forma de encarar o processo de movimentação num armazém é a ocorrência ou não de **automação**, que consiste na existência de uma central de controle remoto encarregada de comandar a movimentação de transelevadores (ou outro tipo de equipamento) sem a intervenção direta do homem.

O equipamento mais simples de movimentação manual de volumes é o carrinho de mão, que é usado na grande maioria dos armazéns para deslocamento horizontal de caixas, sacas etc. Para mercadorias arranjadas em paletes, o deslocamento manual se faz com o auxílio de **paleteiras**: uma alavanca permite abaixar a plataforma da paleteira de forma a encaixá-la debaixo do estrado; acionando a alavanca, o estrado é levantado, podendo então o conjunto ser deslocado sobre os rodízios da paleteira. Para o acesso manual a prateleiras mais altas pode ser usada uma **escada móvel** sobre rodas (carrinho escada).

Dos equipamentos mecânicos mais utilizados, cabe destaque à **empilhadeira**, que permite deslocar paletes e grandes volumes tanto horizontal como verticalmente. Os tipos de empilhadeira variam muito. A mais comum é a **empilhadeira frontal**, em que a carga movimentada é balanceada por um contrapeso existente na parte traseira do equipamento; a carga é apanhada na parte da frente, o que obriga a manobras em movimentos perpendiculares às estantes, nos corredores, para ter acesso aos pontos de estocagem. As **empilhadeiras laterais** transportam a carga de lado, facilitando o deslocamento de produtos de grande comprimento (tubos, por exemplo), além de permitir melhor aproveitamento da superfície de armazenagem (corredores mais estreitos). Um tipo mais sofisticado é a **empilhadeira trilateral**, que permite movimentação para a frente e para trás, deslocamento lateral e movimento vertical, requerendo menos espaço de corredores e melhorando a densidade real de ocupação do armazém.

31.4.4 Formas de armazenagem

A armazenagem de produtos se apoia, atualmente, no conceito de garantia plena de mobilidade, tanto para os equipamentos de movimentação como para os materiais estocados. Ou seja, evitam-se soluções fixas, que não permitem alterações no *layout*, quando necessárias, dando-se preferência a esquemas flexíveis, em que a rapidez e a facilidade de acesso são aspectos fundamentais. Assim, o antigo almoxarifado, dotado de prateleiras fixas, tem sido substituído por estruturas facilmente desmontáveis que permitem rearranjos sempre que forem precisos.

O tipo mais comum de estrutura para armazenagem de produtos é formado por cantoneiras metálicas perfuradas, dotadas de prateleiras com altura regulável, feitas em chapa de aço dobrada. Esse tipo leve de prateleira metálica permite armazenar unidades com até 35 kg e 0,5 m^3 de cubagem, sem auxílio de equipamentos.

Outro tipo semelhante, porém mais robusto, é a estrutura **porta-estrados**, metálica, que permite a estocagem de paletes em alturas diversas. O porta-estrado típico possui vigas fixadas nas colunas, onde se apoiam os paletes. Há os porta-estrados com profundidade simples, em que todos os paletes estocados ficam em contato direto com um corredor. O porta-estrado com dupla profundidade, por outro lado, permite estocar dois paletes numa determinada posição. Um dos paletes ficará ao fundo da estrutura, exigindo empilhadeiras especiais de maior alcance para movimentá-lo. Esse tipo de arranjo aumenta a densidade de estocagem pois há uma diminuição sensível do número de corredores. No entanto, o acesso ao palete posterior é prejudicado, fazendo com que a primeira unidade armazenada acabe sendo consumida por último.

Para evitar esse tipo de problema e agilizar as operações, criou-se um tipo de estrutura que permite rolagem natural dos paletes, de forma a gerar uma renovação dinâmica no consumo do produto estocado. Os paletes são colocados num dos lados da estrutura e retirados pelo lado oposto. Toda vez que um palete é retirado, o conjunto restante desliza, pela ação da gravidade, renovando dinamicamente o estoque na ponta de saída. Isso permite que a mercadoria seja utilizada na ordem correta (primeiro a chegar, primeiro a sair), mas exige paletes de modelo especial e um cuidadoso projeto do processo mecânico (roletes, tamanho da pista, declividade etc.).

Uma forma de armazenagem mais sofisticada, idealizada para melhor aproveitamento da superfície do depósito (maior densidade superficial de ocupação) é constituída por estruturas móveis, em que o espaço é utilizado de forma quase compacta. As prateleiras permanecem encostadas umas às outras, existindo apenas um corredor cuja posição é ajustada sempre que necessário. As estruturas que suportam as prateleiras e paletes são apoiadas em rodas que se movem em trilhos embutidos no pavimento. Quando se deseja ter acesso a uma determinada estante, move-se o conjunto por meio de um motor (ou, em alguns casos, manualmente), abrindo um corredor na posição desejada. Esse sistema é usado quando se precisa armazenar grandes quantidades de produtos, em prédios com severas restrições de espaço. É necessário também que a frequência de movimentação seja relativamente baixa.

Questões para reflexão

1. Qual é a sua visão de uma reunião entre as áreas de marketing, de logística e de finanças, por exemplo, debatendo a viabilidade de abertura ou fechamento de um depósito regional, utilizando (concreto) ou não (abstrato) um desenho da rede logística da empresa.

2. Você acredita que a participação de um modal de transporte pode mudar muito em um país? Por exemplo: que crescimento porcentual poderão ter a ferrovia e a cabotagem, no Brasil, nos próximos dez anos?

3. Tente formular um modelo completo de dimensionamento de um armazém. Posteriormente, pense uma forma de comparar com um armazém real. Faça sua crítica.

Referências bibliográficas

APPLE, J. M. *Plant layout and material handling*. New York: Wiley, 1977.

_____. *Material handling systems design*. New York: Ronald Press, 1972.

BALLOU, R. H. *Business logistics management*. New York: Prentice-Hall, 1973.

_____. *Basic logistics management*. New York: Prentice-Hall, 1978.

_____. *Logística empresarial*. São Paulo: Atlas, 1993.

FALCONER, P.; DRURY, J. *Almacenaje industrial*. Madrid: H. Blume Ediciones, 1975.

FLEISCHER, G. A. *Teoria da aplicação do capital*. São Paulo: Blucher, 1973.

MAGEE, J. F. *Logística industrial*. São Paulo: Livraria Pioneira Editora, 1977.

NEWELL, G. F. *Applications of queueing theory*. New York: Chapman and Hall, 1971.

NOVAES, A. G. *Métodos de otimização*: aplicação aos transportes. São Paulo: Blucher, 1978.

NOVAES, A. G. N.; ALVARENGA, A. C. *Logística aplicada*[*]. São Paulo: Pioneira, 1994.

[*] Para melhor entendimento e detalhamento dos conceitos expostos neste capítulo, é recomendável a leitura desse livro.

CAPÍTULO 32

SERVIÇOS

Irineu Gianesi
Henrique Corrêa

32.1 A IMPORTÂNCIA DOS SERVIÇOS

32.1.1 A importância dos serviços na economia

A importância das atividades de serviços na nossa sociedade pode ser demonstrada, por um lado, pela posição que ocupam na economia, seja por meio da participação no Produto Interno Bruto ou na geração de empregos, e, por outro, pela análise das tendências e transformações que a economia mundial está experimentando. Alguns fatores que propiciam o aumento da demanda por serviços são:

- desejo de uma melhor qualidade de vida;
- mais tempo de lazer;
- a urbanização, tornando necessários alguns serviços (como segurança, por exemplo);
- mudanças demográficas que aumentam a quantidade de crianças e/ou idosos, os quais consomem maior variedade de serviços;
- mudanças socioeconômicas, como o aumento da participação da mulher no trabalho remunerado e pressões sobre o tempo pessoal;
- aumento da sofisticação dos consumidores, levando a necessidades mais amplas de serviços;
- mudanças tecnológicas (como o avanço dos computadores e das telecomunicações), que têm aumentado a qualidade dos serviços, ou ainda criado serviços completamente novos.

Paralelamente, as atividades de serviços exercem um papel importante no desempenho de outros setores da economia, principalmente o industrial. Esse papel pode ser sumarizado em três categorias:

- **como diferencial competitivo** – as atividades de serviços prestados ao cliente (como projeto, crédito, distribuição e assistência técnica), pelas empresas de manufatura, têm atuado no sentido de diferenciar o pacote produto/serviço que a empresa oferece ao mercado, gerando um diferencial competitivo em relação aos concorrentes;
- **como suporte às atividades de manufatura** – muitas das funções dentro das empresas de manufatura são, na verdade, operações de serviços (como recursos humanos, manutenção e processamento de dados, entre outros), as quais são fundamentais para o desempenho competitivo da empresa;

- **como geradores de lucro** – muitas atividades de serviços de empresas de manufatura podem desenvolver-se a um ponto tal que ultrapassem a mera função de apoio, passando a constituir "centros de lucro" dentro das empresas.

As principais evidências da importância dos serviços na sociedade e na economia são analisadas com mais detalheamento a seguir.

32.1.2 Os serviços como diferencial competitivo em empresas de manufatura

Embora com enfoques diversos, vários autores concordam com a importância dos serviços no "pacote" formado por produtos e serviços que uma empresa oferece ao mercado, como arma competitiva.

Segundo Porter (1980), há três estratégias genéricas que uma empresa pode utilizar, separadamente ou em conjunto, para competir nos mercados: liderança em custos, por meio de economia de escala, redução de custos pela experiência, minimização de custos em áreas como pesquisa e desenvolvimento, serviços, vendas, publicidade, entre outras: diferenciação, por meio da criação de algo que o setor industrial como um todo perceba como sendo exclusivo, como, por exemplo, projeto, imagem da marca, tecnologia, serviço ao consumidor, rede de distribuição, entre outros; e foco, por meio do atendimento excelente, em qualidade, serviços e custos, a um segmento de mercado restrito e bem definido. Mais especificamente, Porter estabelece algumas dimensões a partir das quais uma empresa pode montar suas opções estratégicas:

- **especialização** em uma linha de produtos e/ou segmento de mercado;
- **identificação da marca**, principalmente por meio de publicidade;
- integração vertical, seja para a frente ou para trás;
- **seleção de canais de distribuição**;
- **qualidade do produto e liderança tecnológica**;
- **políticas de preços e posicionamento de custos**, tanto no que se refere a manufatura, distribuição ou serviços associados;
- **serviços** associados ao produto, como suporte a projeto, assistência técnica e crédito, entre outros;
- **alavancagem financeira e operacional**;
- **relacionamento com a matriz e com instituições governamentais**.

Fica patente o reconhecimento das operações de serviços como fator de diferenciação competitiva, constante em mais de uma das dimensões propostas para análise do poder de competitividade.

32.1.3 Os serviços como atividades internas de apoio em uma empresa

Outro indicador da importância crescente dos serviços decorre da nova forma de pensar as operações dentro das organizações, com a introdução do conceito de "cliente interno", conforme ilustra a Figura 1.

Diversas subdivisões funcionais (por exemplo, gerências, departamentos ou seções), em empresas de manufatura ou serviços, executam atividades de apoio que podem ser consideradas como serviços, caracterizando uma relação de cliente–fornecedor interno.

A boa gestão dessa relação poderia contribuir para a quebra das barreiras organizacionais, gerando a integração das diversas funções da empresa, concorrendo para o atendimento de seus objetivos estratégicos.

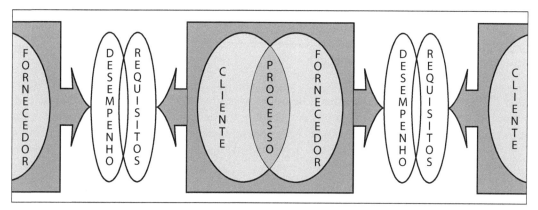

Figura 1 Todo processo é tanto cliente como fornecedor de, pelo menos, algum outro processo.

O setor de recursos humanos, por exemplo, executa serviços de recrutamento, seleção e treinamento de novos funcionários, atendendo às solicitações de diversos outros setores dentro da empresa. Suas atividades podem incluir:

- a interpretação das necessidades de um cliente interno (por exemplo, produção, vendas, controladoria), traduzindo-as em especificações das aptidões necessárias para ocupar determinado cargo;
- a identificação de candidatos para ocupar a vaga;
- o desenvolvimento e a aplicação de métodos de avaliação;
- o treinamento do novo funcionário nas atividades de seu novo cargo (por meio de seus próprios recursos ou por intermédio de uma empresa especializada, a qual deve ser identificada, contratada e avaliada), entre outras.

Para cada uma dessas atividades existem requisitos de qualidade, prazo e custos, os quais podem constituir a base para sua própria avaliação de desempenho. Clientes internos diferentes dentro da empresa podem requerer níveis de serviço diferentes do setor de recursos humanos. Para o setor de produção, por exemplo, pode ser muito importante a rapidez no atendimento às suas solicitações de novos operários, para atender a um aumento repentino na demanda, enquanto para o setor de manutenção, em determinado momento, pode ser mais relevante a competência em encontrar um determinado especialista na manutenção de determinado equipamento. Do bom desempenho do setor de recursos humanos, em relação a determinados critérios, depende, em parte, o desempenho de seus clientes internos na empresa.

O setor de manutenção, por sua vez, executa serviços de reparos, avaliação de funcionamento, limpeza e substituição de componentes, entre outros, nos equipamentos utilizados pela produção. Sua missão é garantir a disponibilidade e o desempenho dos equipamentos produtivos. Seu próprio desempenho pode ser avaliado pela rapidez com que atende às solicitações da produção, pela competência ou qualidade na execução de suas atividades e pelos custos e/ou economia que gera para a empresa, em virtude da capacidade de atendimento que mantém disponível. A qualidade dos produtos produzidos, os tempos envolvidos na produção e a confiabilidade desses tempos, entre outros, dependem, em certo grau, do desempenho do setor de manutenção.

O setor de marketing comunica aos clientes as competências da empresa, identifica as necessidades dos consumidores, participando da tradução dessas necessidades em especificações do produto, traça estratégias que vão direcionar a atuação da produção e de outros setores da empresa, enfim, executando serviços para os clientes externos e para clientes internos da empresa (outras funções).

O setor de controladoria executa o apontamento dos custos incorridos nas diversas atividades da empresa, produtivas ou de apoio, visando fornecer relatórios que apoiem as decisões dos gerentes de cada setor. A exatidão dos dados levantados, a intervenção nos procedimentos operacionais de outras áreas e a adequação dos relatórios gerados, podem contribuir para a gestão adequada das diversas funções da empresa ou podem representar um entrave ao seu desenvolvimento.

Igualmente, outros setores, como os de engenharia, pesquisa e desenvolvimento e suprimentos, formam uma rede de fornecedores e clientes de serviços que são essenciais ao desempenho da empresa como um todo.

O conceito de cliente interno pode ser aplicado a qualquer interface supervisor–subordinado em que, por um lado, o supervisor é um cliente do subordinado, que executa algumas funções que estão sob a responsabilidade do primeiro e, por outro, o subordinado é um cliente do supervisor, que lhe deve dar apoio para a execução de suas funções.

O reconhecimento da relação fornecedor–cliente, como forma de integração das diversas funções da empresa, visando atingir os objetivos estratégicos desta, sugere a necessidade da gestão estratégica das operações de serviços executadas pelos diversos setores responsáveis. Em outras palavras, cada setor passa a ter seus objetivos estratégicos, definidos em função do nível de serviço requerido por seus clientes, necessitando coordenar e integrar suas próprias subfunções para o atendimento desses objetivos.

A gestão dos serviços internos pode envolver capacitações por vezes não encontradas nos quadros da empresa. A incapacidade ou a inconveniência de gerenciar alguns serviços executados internamente, tem levado muitas empresas a contratar esses serviços externamente (terceirização).

32.2 AS ESPECIFICIDADES DOS SERVIÇOS EM RELAÇÃO À MANUFATURA

32.2.1 Conceitos gerais

Gerenciar serviços é tarefa diferente de gerenciar a produção de bens. Mas, mais importante do que reconhecer essa diferença é compreender quais são as características especiais dos serviços que fazem com que a gestão de suas operações seja diferente da gestão da manufatura. Essas especificidades deverão estar sempre presentes na mente do gerente de operações de serviços, influenciando mesmo as suas decisões do dia a dia.

Com frequência, a discussão sobre o que são serviços e o que é manufatura cai no equívoco de tentar classificar empresas, nessa ou naquela categoria. Contudo, não se deve confundir empresas com sistemas de operações. Uma determinada empresa pode oferecer ao mercado um pacote de produtos/serviços que pode ter ênfase num ou noutro tipo de operação: uma empresa de manufatura que fabrique sob encomenda, traduzindo as necessidades do cliente em especificações para fabricação, pode estar dando grande ênfase a essa atividade, que apresenta as características de "serviço", a qual, a rigor, poderia ser uma atividade isolada (com a fabricação sendo executada por outra empresa). Por outro lado, uma empresa de serviços que forneça bens conjuntamente com serviços, como uma lanchonete *fast-food*, pode ter grande ênfase no bem fornecido, possuindo um setor de manufatura estruturado como o de qualquer empresa manufatureira. A classificação de uma empresa em particular é uma tarefa difícil, já que quase todas as vezes que se compra um produto, este vem acompanhado de um **serviço facilitador** (o aconselhamento de um vendedor numa loja de roupas, por exemplo), ao passo que quando um serviço é comprado, quase sempre vem acompanhado de um **produto facilitador** (por exemplo a refeição servida numa viagem aérea).

Estabelecer diferenças, portanto, entre empresas, ou ainda procurar classificar empresas nesta ou naquela categoria, parece sem sentido (ao menos sob a ótica da gestão de operações). Contudo, estabelecer diferenças entre **sistemas de operações**, os quais, apresentando determinadas características, irão requerer determinado tipo de direcionamento gerencial específico é útil e oportuno, principalmente se reconhecermos que uma determinada empresa pode conter mais de uma configuração de sistema de operações.

As principais características especiais das operações de serviços são:

- a intangibilidade dos serviços;
- a necessidade da presença do cliente ou de um bem de sua propriedade; e
- o fato de que geralmente os serviços são produzidos e consumidos simultaneamente.

Dessas três características decorrem vários outros aspectos que são analisados a seguir.

32.2.2 Os serviços são intangíveis

Os serviços são experiências que o cliente vivencia, enquanto os produtos são coisas que podem ser possuídas. A intangibilidade dos serviços torna difícil para os gerentes, funcionários e mesmo para os clientes, avaliar o resultado e a qualidade do serviço. Embora haja exceções, os serviços são de difícil padronização, o que torna a gestão do processo mais complexa. Pela dificuldade de avaliar os resultados e pela impossibilidade de avaliação do serviço antes da compra, os clientes percebem mais riscos na compra de serviços do que na de produtos, baseando-se fortemente em referências de terceiros e na reputação da empresa prestadora do serviço. Os serviços não são patenteáveis, exigindo outras estratégias para assegurar o benefício da inovação.

32.2.3 A presença e a participação do cliente no processo

O cliente é o elemento que, de alguma forma, **dispara** a operação, muitas vezes em termos de **quando** e **como** esta deve realizar-se, constituindo uma entrada do sistema de operações que não é diretamente controlada pela gestão. Em serviços, o cliente, ou um bem de sua posse, é de certa forma "tratado" pelo sistema. Devido à necessidade da presença do cliente, o tempo e o custo do deslocamento do cliente até as instalações, ou vice-versa, são considerados na decisão econômica da localização. A principal consequência dessa característica é a necessidade de controle descentralizado das operações.

Em virtude da presença do cliente durante o processo, há limites referentes ao tempo que os clientes estão dispostos a esperar pela prestação de um serviço. Essa característica tem consequências importantes para os critérios pelos quais o cliente avalia o serviço.

Nas organizações de serviço, a mão de obra é frequentemente o recurso determinante da eficácia da organização. O alto contato entre o cliente e os funcionários tem dois tipos de consequências: por um lado, permite maior flexibilidade para o atendimento das expectativas de clientes específicos; por outro, torna difícil a tarefa de monitoramento dos resultados de cada funcionário, exceto por meio de reclamações de clientes. O funcionário prestador de serviços deve, muitas vezes, adequar o serviço às necessidades específicas de cada cliente, exercendo, por consequência, um alto grau de julgamento pessoal. Essa característica tem implicação na gestão dos recursos humanos.

A introdução de tecnologia tem alterado algumas das consequências do alto grau de contato entre o cliente e a empresa de serviços. Uma das mudanças refere-se à maior aplicação de bens de capital (como computadores, por exemplo) em muitos setores como comunicações (correio, companhias telefônicas), saúde, ensino, serviços bancários, entre outros, anteriormente intensivos em mão de obra. A introdução de tecnologia contribuiu, também, para gerar exceções quanto à necessidade de lidar fisicamente com os clientes, possibilitando que os serviços sejam levados até o cliente, estratégia utilizada por alguns bancos no Brasil, que, visando diminuir a demanda de clientes nas agências, possibilitam que os clientes sejam atendidos em suas casa, seja por telefone, fax, Internet ou mesmo por mensageiros do próprio banco.

32.2.4 O grau de contato com o cliente afeta a gestão de operações de serviço

As chamadas operações de "alto contato", devido à presença do cliente, têm um ambiente mais carregado de incerteza e variabilidade, resultando em menor produtividade e controle mais difícil. Em oposição, as operações de baixo contato, mais isoladas do cliente, assemelham-se às operações de manufatura, apresentando ambiente mais previsível, maior padronização, possibilitando maior controle e maior produtividade. A parcela do sistema de operações que realiza operações de alto contato com o cliente é normalmente chamada de *front office* ou linha de frente, enquanto aquela que realiza operações de baixo contato denomina-se *back room* ou retaguarda, conforme ilustra a Figura 2.

A separação das atividades de alto e baixo contato permite que estas sejam geridas de maneira diferente e empregando recursos diferentes.

32.2.5 A produção e o consumo de serviços são simultâneos

Geralmente não há uma etapa intermediária entre a produção de um serviço e o seu consumo por parte de um cliente. Como consequência, os serviços não podem ser estocados, eliminando-se a possibilidade de isolamento do sistema de operações das variações do ambiente externo, por meio dos estoques. Isso significa que, em grande quantidade de casos, é mais difícil utilizar a capacidade produtiva eficientemente em sistemas de prestação de serviços. Como o serviço não pode ser estocado, a capacidade produtiva colocada disponível que não for utilizada (pela inexistência de demanda) é perdida para sempre. Essa característica não teria maiores consequências se a demanda por serviços fosse constante. Infelizmente não é. Ao contrário, tipicamente apresenta comportamento cíclico com grande variação entre "picos e vales". A demanda por serviços pode variar bastante ao longo de um dia, ao longo de uma semana, ao longo de um mês e, também, ao longo de um ano. Essa característica impõe uma grande necessidade de flexibilidade para a variação de volume nos sistema de operações de serviços.

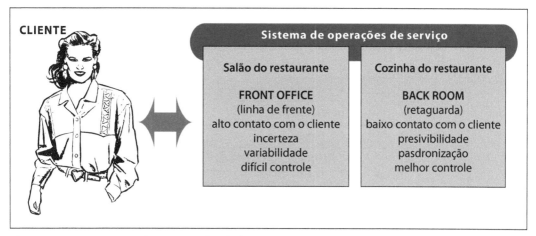

Figura 2 As operações de serviço divididas entre *front office* e *back room*.

A simultaneidade entre produção e consumo afeta, também, a gestão da qualidade, pois elimina a oportunidade da intervenção do controle de qualidade enquanto inspeção final. Outras formas devem ser encontradas para garantir a qualidade dos resultados das operações de serviços, como o controle e garantia da qualidade dos processos por exemplo.

Nos serviços intensivos em mão de obra, a qualidade é criada durante o momento de contato entre o cliente e o funcionário servidor. Isso faz com que o pessoal de contato com o cliente, geralmente funcionários de nível médio ou baixo e muitas vezes mal remunerados, como recepcionistas, balconistas e caixas de banco, tenha um pape-chave no sucesso global da empresa de serviços. Esse pessoal executa, com frequência, funções de gerência, operações e marketing, durante a execução do seu trabalho.

O conjunto de características analisadas fornece pistas de quando é que um determinado tipo de operação se caracteriza mais puramente como serviços, situação em que a gestão de operações tem de levar em conta com mais ênfase as especificidades apresentadas. O desenvolvimento de conceitos específicos de gestão de operações de serviços pode trazer contribuições importantes a empresas ditas de manufatura, as quais podem identificar que uma boa parcela do pacote que oferecem ao mercado constitui-se de serviços. Como exemplo podem ser citadas as empresas fabricantes de equipamentos para controle de processos, as quais fornecem, acima de tudo, um "sistema" de controle. Em geral a parcela mais importante do pacote produto/serviço é a tradução das necessidades dos clientes em especificações de projeto (atividade com características de serviço), enquanto a fabricação propriamente dita poderia até ser feita por terceiros, de acordo com as especificações fornecidas.

A tendência moderna é a de tratar a produção de produtos e a de serviços, ambas como operações. Produtos e serviços são, então, considerados como componentes de um pacote. Nesse pacote pode haver a predominância de produtos ou de serviços. Dessa forma, produtos e serviços puros seriam polos de um contínuo, o que é bem ilustrado pela Figura 3.

É interessante compreender a natureza das operações, mais ainda do que classificar com clareza um determinado sistema de operações como "de serviços" ou "de manufatura". A discussão a respeito das especificidades das operações de serviços e de suas diferenças em relação à manufatura objetiva apenas ajudar a formar um pano de fundo que permita analisar mais adequadamente sistemas de operações específicos.

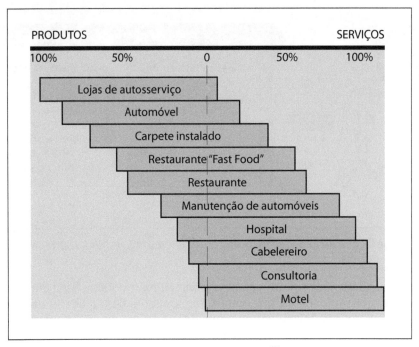

Figura 3 O contínuo entre produtos e serviços[1].

32.3 A avaliação da qualidade do serviço pelo cliente

Os serviços dificilmente podem ser avaliados antes da compra, dando-se a avaliação durante o processo de prestação do serviço ou, em alguns casos, somente após ser conhecido seu resultado. A avaliação que o cliente faz, durante ou após o término do processo, se dá por meio da comparação entre o que o cliente esperava do serviço e o que ele percebeu do serviço prestado. A Figura 4 mostra a avaliação do cliente como função de suas expectativas e de sua percepção do serviço.

Esse modelo da avaliação que o cliente faz do serviço é genérico e válido também para produtos; contudo, ele é mais significativo para os serviços em virtude da sua intangibilidade. Quando um consumidor vê um produto tangível, a imagem real é a principal responsável pela formação das expectativas do consumidor. Se um fabricante anuncia na mídia uma mala de viagem, enfatizando seu espaço interno e dizendo: "Nesta mala você vai poder acomodar **todas** as suas roupas!", dificilmente um consumidor que adquira o produto sentir-se-á frustrado por não conseguir acomodar efetivamente "todas" as suas roupas na mala. A imagem do produto tangível pesa mais na formação das expectativas do consumidor do que qualquer afirmativa exagerada do anunciante.

Por serem os serviços intangíveis, a formação das expectativas do cliente antes da compra não pode basear-se em uma imagem real, dependendo, entre outros fatores, da comunicação transmitida aos consumidores. Desse modo, uma afirmativa exagerada de uma empresa seguradora, do tipo: "Em caso de acidente você será ressarcido **imediatamente!**", pode realmente gerar expectativas que excedem aquelas que poderão ser atendidas pelo fornecedor do serviço.

Os clientes baseiam sua avaliação da qualidade do serviço prestado em critérios que, normalmente, são mais e mais complexos que os critérios de avaliação de produtos. Uma lista desses critérios encontra-se na Figura 5.

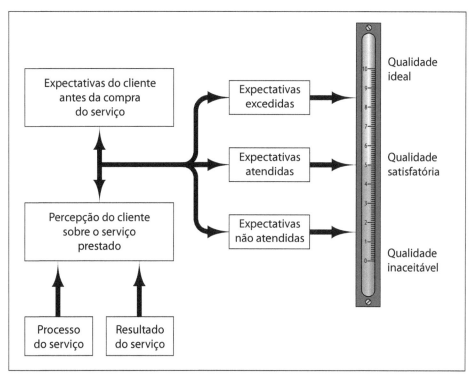

Figura 4 A avaliação da qualidade do serviço.

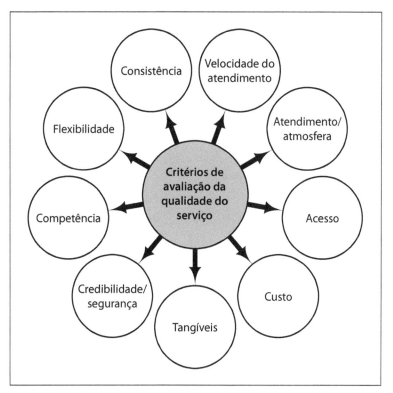

Figura 5 Os critérios de avaliação da qualidade do serviço.

O critério **tangíveis** refere-se à qualidade e/ou aparência de qualquer evidência física do serviço ou do sistema de operações, ou seja, bens facilitadores, equipamentos, instalações, pessoal ou, ainda, outros consumidores.

Consistência significa conformidade com experiência anterior, ausência de variabilidade no resultado ou no processo.

A **competência** refere-se à habilidade e conhecimento do fornecedor para executar o serviço, relacionando-se às necessidades "técnicas" dos consumidores.

A **velocidade de atendimento** é em geral um critério importante para a maioria dos consumidores de serviços, notadamente quando a presença do cliente é necessária. O tempo que o cliente tem que despender para receber o serviço é geralmente considerado um tempo perdido, a menos que o serviço envolva algum tipo de lazer para o cliente

O critério **atendimento/atmosfera** refere-se a quão agradável é a experiência que o cliente tem durante o processo de prestação do serviço. Contribui para a boa avaliação neste critério a atenção personalizada dispensada ao cliente, principalmente quando o cliente percebe que os funcionários do fornecedor do serviço o reconhecem. A cortesia dos funcionários também é um elemento importante para criar uma boa percepção.

Flexibilidade significa ser capaz de mudar e adaptar rapidamente a operação, em virtude de mudanças nas necessidades dos clientes, no processo ou no suprimento de recursos.

O cliente percebe um certo grau de risco ao comprar um serviço por não poder avaliá-lo antes da compra. Essa percepção do risco varia com a complexidade das necessidades do cliente e com o conhecimento que este tem do processo de prestação do serviço. O critério **credibilidade/segurança** refere-se, portanto, à indução de uma baixa percepção de risco no cliente e à habilidade de transmitir confiança.

O critério **acesso** avalia a facilidade que o cliente tem em entrar em contato com o fornecedor do serviço.

O **custo** de um serviço é o critério que avalia quanto o consumidor irá pagar, em moeda, por um determinado serviço.

Administrar eficazmente operações de serviços significa superar a concorrência em termos do desempenho nos critérios de avaliação que o grupo de clientes/nicho de mercado visado mais valoriza.[2]

Exercícios e questões para reflexão

1. Dê exemplos de operações de serviços como atividades de apoio a empresas de manufatura. Para cada exemplo, defina seus clientes internos e a forma como estes avaliam o serviço prestado.
2. Os bancos são operações de serviços que ultimamente têm se esforçado para "afastar os clientes da agência" utilizando para isso tecnologia de informação e comunicação. Discuta os pontos positivos e negativos desse tipo de iniciativa.
3. Liste as atividades de alto e baixo contato (normalmente executadas, respectivamente, no *front office* e no *back room*) nos sistemas de operações de serviços a seguir citados, deixando claro quais tipos de habilidades específicas são requeridas dos executores dessas atividades:

    a) vídeo locadora;
    b) empresa de consultoria;

c) empresa de manutenção de aparelhos de som;
   d) restaurante;
   e) departamento de uma escola de engenharia.

4. Discuta as dificuldades que você enxerga em identificar a qualidade percebida pelo cliente em uma empresa de serviços.

5. Em serviços, atividades de operações e de marketing são frequentemente bastante entrelaçadas, principalmente nas de alto contato. Dê exemplos dessas atividades exercidas pelos seguintes profissionais em seu dia a dia:

   a) garçon;
   b) gerente de banco;
   c) instrutor de auto-escola;
   d) atendente de videoclube;
   e) consultor gerencial.

6. Que tipo de dificuldades na gestão de capacidade produtiva o fato de os serviços serem gerados e consumidos simultaneamente traz? Discuta com exemplos.

Referências bibliográficas

ADAM JR., E. E.; EBERT, R. J. *Production and operations management*: concepts, models and behavior. 5. ed. Englewood Cliffs: Prentice-Hall, 1992.

ARMISTEAD, C. Introduction to service operations. In: *Operations management in service industries and the public sector*. 4. ed. Chichester: John Wiley & Sons, 1988. p. 1-13.

CHASE, R.; STEWART, D. M. *Failsafe services*. Artigo apresentado na 8. Annual Conference of The Operations Management Association – UK, Universidade de Warwick, Coventry, 1993.

DAVENPORT, T. H. *Reengenharia de processos*. São Paulo: Campus, 1994.

DAY, R. L.; LANDON Jr., L. E. Toward a theory of consumer complaining behavior. In: WOODSIDE, A.; SHETH, J. N.; BENNETT, P. D. (ed.) *Consumer and Industrial Buyer Behavior*. New York: Elsevier North-Holland, 1977,. p. 432.

FITZSIMMONS, J. A.; SULLIVAN, R. S. *Service operations management*. New York: McGrawHill, 1982.

GIANESI, L G. N.; CORRÊA, H. L. *Administração estratégica de serviços*. São Paulo: Atlas, 1994.

HESKETT, J. L., SASSER, Jr., W. E.; HART, C. W. L. *Serviços revolucionários*. São Paulo: Pioneira, 1994.

HESKETT, J. L. *Managing in the service economy*. Boston: Harvard Business School Press, 1986.

KOTLER, P. *Marketing management*: analysis, planning, implementation and control. 7. ed. Englewood Cliffs: Prentice-Hall, 1991.

LOVELOCK, C. H.; et all. Some organizational problems facing marketing in the service sector. In: LOVELOCK, Christopher (ed.). *Managing Services Marketing, Operations and Human Resources*. Englewood Cliffs: Prentice-Hall, 1988.

NORMANN, R. *Administração de serviços*: estratégia e liderança na empresa de serviços. São Paulo: Atlas, 1993.

SASSER, E. W.; OLSEN, R. P.; WYCKOFF, D. D. *Management of service operations*. Allyn and Bacon, 1978.

SCHONBERGER, R. J. *Construindo uma corrente de clientes*. São Paulo: Pioneira, 1992.

SILVESTRO, R.; et al. Towards a classification of service processes. *International Journal of Service Industry Management*, v. 3, n. 3, 1992. p. 62-75.

ZEITHAML, V. A; PARASURAMAN, A.; BERRY, L. L. *Delivering service quality balancing customers perceptions and expectations*. New York: Free Press, 1990.

QUARTA PARTE

ESPECIAL

Seção 12 CONSTRUÇÃO CIVIL

    Capítulo 33 Produtividade na construção civil.. 431
                     Sérgio P. Kehl

    Capítulo 34 Engenharia e análise de valor na manufatura
                     e na construção civil.. 447
                     Nelson Haguiara

    Capítulo 35 *Lean construction* – O caminho para a excelência
                     operacional na construção civil... 456
                     Antonio Sergio Itri Conte

Seção 13 EMPRESA COMPETITIVA

    Capítulo 36 Planejamento e gestão estratégica..................................... 469
                     Antonio Cantizani Filho

    Capítulo 37 A formação de preços e a administração da produção 490
                     Reinaldo Pacheco da Costa

    Capítulo 38 Qualidade total: estratégias, planos e implementação...... 500
                     Gregório Bouer

    Capítulo 39 Metaqualidade.. 522
                     Sérgio P. Kehl

CAPÍTULO 33

PRODUTIVIDADE NA CONSTRUÇÃO CIVIL

Sérgio P. Kehl

33.1 INTRODUÇÃO

A aplicação ampla dos princípios e práticas da Engenharia de Produção na construção civil é, talvez, a maior contribuição que pode ser feita à redução dos seus custos financeiros e sociais.

O desenvolvimento tecnológico na construção civil, que se vem manifestando no nosso país com intensidade crescente, embora ainda restrito a obras de maior responsabilidade, já responde por um significativo aumento da produtividade, mas ainda não atinge a construção, por métodos tradicionais, de miríades de obras menores e médias, particularmente no caso de moradias, edificações para o pequeno comércio, escolas etc.

A ilimitada variedade de situações e as vastas proporções dos problemas envolvidos na racionalização da construção não permitem que o presente capítulo esgote o assunto com a profundidade e o grau de detalhe necessários. Por esse motivo, os textos a seguir visam apenas apresentar, de forma sintética, algumas análises, recomendações e conceitos destinados a elevar os níveis de eficiência e produtividade da moderna Engenharia Civil.

Vale alertar entretanto que, tal como na fabricação de um produto, o sucesso da racionalização depende do desempenho global de um complexo sistema de elementos interdependentes, no qual se inserem a concepção e a forma de apresentação do projeto, os recursos disponíveis, o nível profissional do pessoal empregado, o ritmo da construção, o arranjo físico do canteiro e, especialmente, a eficiência do planejamento, da execução e do controle físico-financeiro da obra.

As propostas apresentadas no contexto deste capítulo têm como pressupostos as ideias de "edificação-produto" e "canteiro-fábrica". A partir desses conceitos paralelos, a ideia-chave é incentivar a produtividade na construção das edificações convencionais, que constituem o volume mais expressivo das necessidades do País, mediante a substituição dos métodos artesanais usualmente utilizados pelas eficientes práticas da engenharia de produção aplicadas à manufatura de produtos.

Esse objetivo deverá ser atingido, como já ocorre em outros países, pela pré-montagem de partes modulares da edificação, a partir de componentes padronizados disponíveis no mercado, e pela montagem final da edificação mediante utilização de gabaritos e moldes, sempre que possível, para assegurar a precisão dimensional e a intercambiabilidade daqueles componentes, à maneira industrial.

Com essa finalidade, este capítulo procura apresentar os princípios básicos da engenharia de produção que são aplicáveis à engenharia civil, incluindo considerações sobre três aspectos principais da atividade, cuja integração é essencial para o êxito da iniciativa:

a) a estrutura projetual do desenho técnico;
b) a análise dos processos de construção; e
c) os arranjos físicos do canteiro.

Não sendo possível esgotar num único capítulo um assunto tão diverso e abrangente, caberá ao leitor procurar adaptar, aos seus casos particulares, os métodos de análise e racionalização do trabalho em geral, já consagrados pela engenharia de produção, e que são apresentados nos demais capítulos deste livro.

33.2 A NATUREZA DA OBRA CIVIL

A obra civil tradicional caracteriza-se pela modelagem ou montagem final da edificação numa posição prefixada. As condições que caracterizam essa modalidade de construção ainda preponderam na maioria das aplicações, envolvendo principalmente moradias sob encomenda, edificações comerciais e industriais e outras de natureza semelhante. Os projetos são geralmente executados por encomenda, para uma única e peculiar aplicação, sujeitos às condições locais da implantação e, geralmente, executados de forma artesanal.

Em outra escala, e fora dos objetivos deste trabalho, encontram-se as obras rodoviárias e ferroviárias, as chamadas "obras de arte", como pontes e viadutos, as enormes barragens das hidroelétricas etc. E, em outro extremo, as edificações que já vêm da fábrica em partes pré-montadas, que são apenas unidas, no local da implantação, com parafusos, argamassas ou outros meios.

Alguns fatores vêm, aos poucos, alterando os processos de construção em obras de porte e complexidade reduzidos, até recentemente executadas exclusivamente por métodos tradicionais:

a) a urbanização do País, que amplia fortemente a demanda concentrada de moradias e de todos os demais tipos de edificações de apoio às atividades típicas das cidades modernas;

b) a oferta crescente de materiais e componentes com especificações e dimensões padronizadas, além de novos e eficientes equipamentos destinados a apoiar e acelerar a obra;

c) a necessidade de aumentar a produtividade dos processos tradicionais de construção, até aqui apoiados sobre uma oferta generalizada de mão de obra barata; e

d) o exemplo da eficiência dos processos industriais, que vêm estimulando a engenharia civil a executar um significativo esforço de racionalização.

De um modo geral, podemos dizer que as situações hoje existentes na construção civil envolvem três **modalidades principais** de projetos:

a) **edificações convencionais** (com modelagem predominante): projetadas por encomenda para atender necessidades específicas dos usuários e executadas artesanalmente ou com apoio de ferramental tradicional e alguns equipamentos mecanizados;

b) **edificações pré-fabricadas** (com montagem predominante): executadas com componentes padronizados, de porte significativo, produzidos industrialmente por terceiros e posteriormente montados no local da obra pelo fornecedor, com o apoio de equipamentos mecanizados;

c) **edificações industrializadas** (com pré-montagem predominante): executadas como produtos industriais, mediante a utilização de moldes e gabaritos, destinados a garantir a precisão dimensional na montagem e a intercambiabilidade dos componentes.

O mercado vem ampliando significativamente a demanda de edificações pré-fabricadas ou produzidas industrialmente no local da obra, com componentes normalizados e padronizados, especialmente no caso de grandes conjuntos de moradias populares, de edificações padronizadas de porte médio e de equipamentos urbanos, por exemplo, cujos processos construtivos oferecem condições favoráveis ao aumento da produtividade.

33.3 O PROJETO

33.3.1 Problemas com a informação técnica

Grande parte dos problemas que ocorrem na construção civil tradicional é proveniente de **deficiências estruturais da informação técnica**. Essas deficiências envolvem todos os aspectos da organização da obra, estendendo-se da especificação e quantificação de materiais até a fixação de importantes detalhes e sequências construtivas, e prejudicam até mesmo o arranjo físico correto do canteiro. Os problemas apresentados a seguir atingem a maioria dos casos da construção civil tradicional, executada artesanalmente, embora já estejam parcialmente superados em obras que envolvem pré-fabricação de componentes ou utilizam processos de industrialização no canteiro:

a) **método implícito**: o projeto mostra o que se pretende construir, mas não como construir. Excetuando-se alguns desenhos relativos à estrutura (em concreto ou aço), os processos e sequências da construção são considerados do conhecimento geral ou óbvios, de modo que geralmente só são apresentados conjuntos ou detalhes da edificação pronta. Exemplo: mesmo projetos importantes de instalações elétricas e hidráulicas costumam ser incompletos, indicando apenas as interligações ponto a ponto desejadas, e deixando aos executores a responsabilidade pela fixação dos trajetos dos canos e conduítes;

b) **tolerância dimensional**: os projetistas não especificam tolerâncias dimensionais, o que impede que muitos subconjuntos sejam premontados fora e ajustados corretamente em suas posições definitivas. Exemplificando: a locação da obra e os prumos, alinhamentos e ângulos são executados com instrumentos primitivos, que introduzem erros inevitáveis no alinhamento, na verticalidade e nos ângulos das estruturas e vedos. Por esse motivo, várias etapas da obra dependem de medidas que só podem ser confirmadas após o término das etapas anteriores. Torna-se difícil, se não impossível, encurtar os prazos realizando certas tarefas em paralelo, como, por exemplo, o corte prévio dos tubos e conduítes e a pré-montagem de *kits* hidráulicos e elétricos;

c) **necessidade de retrabalho**: por causa da imprecisão dimensional, cada profissional deixa imperfeições no seu trabalho, que têm que ser corrigidas nas operações seguintes, até o acabamento final. Outro exemplo: na impossibilidade de fixar dimensões precisas em cada etapa, é necessário deixar folgas na alvenaria para a colocação de portas, caixilhos e caixas; a montagem final das instalações elétricas e hidráulicas tem de ser executada no local e, em geral, depende da abertura de rasgos na alvenaria pronta. Em todos esses casos, é necessário enchimento posterior com argamassa, gerando imperfeições inaceitáveis que precisam ser corrigidas posteriormente;

d) **imprecisão quantitativa**: os projetos não são estruturados de forma a dividir o "sistema obra" nos seus subsistemas lógicos, e os desenhos não apresentam as listas dos materiais necessários para compor cada subsistema, como no caso de um produto manufaturado; assim, é difícil prever com acerto as necessidades efetivas, ajustar os prazos das compras com a cronologia da obra e controlar as quantidades de materiais consumidos em cada subsistema; e, mais difícil ainda, recalcular as quantidades quando é efetuada a modificação de um projeto já pronto, especialmente no decurso da obra.

Em resumo, o hábito implantado na construção civil de considerar o processo de construção conhecido pelos executores da obra torna impraticável a interação otimizante entre os projetos da edificação, dos processos construtivos e do arranjo físico do canteiro. Torna difícil o treinamento do pessoal não qualificado e a divisão dos trabalhos, gera perda de tempo e grande desperdício de materiais e, finalmente, frustra o esforço de coordenação e controle da obra.

33.3.2 Diretrizes para melhorar a informação técnica

A informação técnica, conforme exposto no item anterior, deve permitir uma compreensão plena da edificação **que se pretende construir** e, também, do **processo de construção**.

Na indústria manufatureira, os desenhos e especificações de um produto são geralmente elaborados pela engenharia de produtos com o propósito de permitir a compreensão clara de suas características e de seu funcionamento. Eles permitem aos interessados verificar se o produto atende às suas finalidades e apresentam, também, suas características construtivas e formais. São chamados **desenhos e informações funcionais**. Na construção civil, essa finalidade é cumprida pelos desenhos e especificações técnicas do projeto arquitetônico.

Ainda na indústria manufatureira, há uma série de outros desenhos, diagramas e especificações que apresentam a forma de execução do produto. Essas informações dividem o projeto segundo as etapas e setores responsáveis pela elaboração do produto e permitem à fábrica compreender o projeto e organizar o processo produtivo. Esse conjunto de informações estabelece as sequências de fabricação, os materiais, os equipamentos, e fixa os demais recursos necessários a cada fase, assim como o cronograma geral que integra todas essas atividades. É denominado conjunto dos **desenhos e informações de produção**. Nas obras civis de maior responsabilidade, já são utilizados alguns desses instrumentos de informação que, entretanto, praticamente inexistem no caso de edificações comuns.

Em resumo, as seguintes recomendações devem ser postas em prática pelos projetistas de obras civis no que concerne à **estrutura dos desenhos** e às **especificações técnicas**:

a) o projeto de qualquer obra civil deve incorporar, às informações arquitetônicas, um conjunto de desenhos, diagramas e especificações técnicas relativas aos processos de construção, apresentando os materiais necessários, a sequência de operações, os recursos e tempos relativos a cada fase, a evolução do arranjo físico do canteiro da obra e o cronograma físico-financeiro do empreendimento;

b) a estrutura dos desenhos técnicos e de toda a documentação relativa à obra tem de ser compatível com a estrutura das fases e processos da construção, assim como com a divisão dos trabalhos e a organização dos recursos físicos, humanos e financeiros empregados na construção;

c) em projetos de significativa complexidade logística (como, por exemplo, centenas de casas idênticas), recomenda-se que, desde a fase de concepção básica, o projeto de arquitetura seja acompanhado por engenheiros civis e de produção, especializados, respectivamente, em tecnologias dos processos de construção e no planejamento da logística de empreendimentos.

Enfim, somente o aperfeiçoamento da informação técnica permitirá o planejamento, a execução e o controle corretos da obra, cujas bases têm de apoiar-se, necessariamente, sobre quatro suportes operacionais:

a) a quantificação e a qualificação do pessoal indicado para cada especialidade;
b) o abastecimento dos materiais na qualidade, preço e prazo adequados;
c) a disponibilidade oportuna dos equipamentos de apoio à obra; e
d) a contratação adequada dos serviços de terceiros, quando necessário.

33.3.3 Diretrizes projetuais para aumentar a produtividade

Conceitualmente, os projetos de obras civis devem incorporar princípios pertinentes a qualquer outro tipo de produto, caso seja objetivo dos seus responsáveis a obtenção de altos níveis de produtividade. Entre esses princípios, podemos considerar:

a) **princípio da coordenação modular**: os projetos deverão considerar os padrões dimensionais dos componentes pré-fabricados que serão utilizados na obra, de forma a reduzir ao mínimo os cortes, adaptações e perdas de tempo e material;

b) **princípio da precisão dimensional**: os projetos deverão explicitar as tolerâncias dimensionais nos desenhos, e o uso de gabaritos deverá assegurar a precisão dos prumos, alinhamentos e ângulos na obra;

c) **princípio do trabalho em paralelo**: com o uso de gabaritos para assegurar a precisão dimensional, deverá ser incentivado o trabalho em paralelo e a pré-montagem de componentes e subconjuntos no canteiro ou mesmo fora dele, de forma a descongestionar e acelerar a obra;

d) **princípio do trabalho definitivo**: os ajustes mais finos decorrentes da precisão dimensional permitirão reduzir ou eliminar o retrabalho e reduzir o consumo elevado de materiais de acabamento;

e) **princípio da qualificação da mão de obra**: informação técnica mais completa e precisa permitirá estimular o treinamento e a qualificação da mão de obra, permitindo a elevação do nível profissional e salarial, paralelamente à redução dos custos da construção;

f) **princípio do sincronismo operacional**: a divisão adequada das etapas do trabalho, explicitada na estrutura da informação técnica, permitirá prefixar o ritmo das operações, balancear equilibradamente os recursos humanos, os equipamentos e os suprimentos, além de assegurar o sincronismo geral da obra;

g) **princípio da eficiência setorial**: os processos e recursos implantados deverão favorecer o estabelecimento de novos patamares de produtividade na construção civil, que transponham os limites de cada empresa e venham a constituir paradigmas de desempenho para a elevação da qualidade e rentabilidade de todo o setor de atividades;

h) **princípio da segurança e satisfação**: a organização racional da obra deverá reduzir a exposição do pessoal empregado às adversas condições geralmente presentes na construção civil, de forma a propiciar o seu ingresso mais rápido nos benefícios da nova sociedade industrial;

A Figura 1, procura apresentar esquematicamente a estrutura básica dos desenhos técnicos indispensáveis à construção de um conjunto de casas populares.

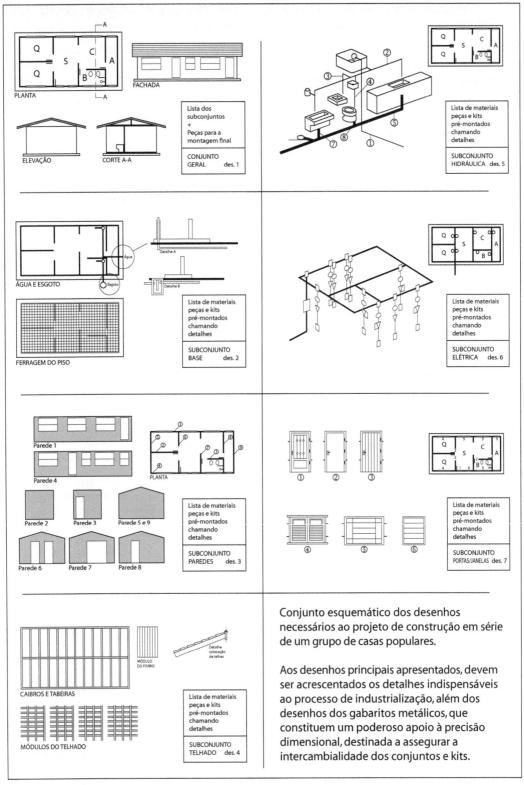

Figura 1 Conjunto esquemático dos desenhos necessários ao projeto de construção em série de um grupo de casas populares.

33.4 O PROCESSO

33.4.1 Diretrizes para a escolha do processo

De uma forma geral, o arranjo físico dos canteiros de obras civis pode ser classificado segundo três tipos principais, condicionados pelas características próprias do empreendimento, exposto na Seção 33.2 deste capítulo:

- obra convencional (com modelagem predominante);
- obra pré-fabricada (com montagem predominante); e
- obra industrializada (com pré-montagem predominante).

O texto a seguir procura demonstrar como a configuração dos projetos e os processos construtivos mais aconselháveis orientam o arranjo físico do canteiro. Os resultados, como é natural, só podem ser apresentados sob forma diagramática, em virtude da extrema diversidade dos projetos e das condições peculiares aos locais de implantação das obras.

a) Obra convencional (com modelagem predominante):

Incluem-se, nessa classe, projetos únicos, especiais ou sob encomenda, que podem abranger desde edificações monumentais até prédios de muitos pavimentos; ou mesmo conjuntos de casas populares, construídas segundo métodos tradicionais.

Caracteriza-se pela modelagem local a partir de matérias-primas (pedra, areia etc.), materiais básicos (cimento, ferro, tábuas etc.) e componentes manufaturados (portas e esquadrias, louça e metais sanitários, tubos e conduítes, azulejos, telhas etc.). Os equipamentos utilizados reduzem-se, em geral, a dispositivos simples para movimentação de materiais, preparo de concreto, escavação e nivelamento do terreno, ferramentas manuais etc. As atividades no canteiro e, por conseguinte, os arranjos físicos, alteram-se progressivamente com a evolução da obra.

Vantagens: essa modalidade representa a imensa maioria das iniciativas no campo da construção civil no nosso país, e já conta com ampla cobertura de profissionais qualificados, em todos os níveis. Respeitadas as caraterísticas e o porte das obras, não há necessidade de alterar significativamente as estruturas tecnológicas disponíveis.

Desvantagens: baixa eficiência operacional, perdas e sobras significativas de materiais, qualidade aleatória, falta de segurança no trabalho, alto nível de imprevistos e, finalmente, controle precário do desempenho e dos custos parciais e finais.

Em resumo, as dificuldades decorrem de deficiências das informações técnicas, que são aceitas com naturalidade pelos responsáveis e executores das obras, o que gera um círculo vicioso que torna difícil a superação dos problemas existentes.

b) Obra pré-fabricada (com montagem predominante):

Essa classe inclui obras de características formais uniformes e repetitivas, que são construídas pela combinação e justaposição de componentes padronizados. Prestam-se a edificações de uso universal, que aceitam variações limitadas na modulação e nas configurações finais.

A montagem é feita a partir de componentes industrializados fora do canteiro, que podem ser executados em aço, concreto, madeira, plásticos e outros materiais, com o apoio de equipamentos universais ou especiais de transporte e manuseio. O canteiro se reduz a uma área de depósito temporário de componentes, com pouca ou nenhuma atividade de preparação, a não ser fundações, concretagem de pisos, muros e outras partes que têm de ser modeladas no local.

Vantagens: a empresa que pré-fabrica e monta os componentes assume a responsabilidade pela qualidade da tecnologia utilizada, possui os equipamentos e as práticas adequadas à montagem, e tem maior probabilidade de cumprir os prazos compromissados.

Desvantagens: os investimentos necessários à instalação das indústrias de pré-fabricação são elevados, de modo que as usinas têm de ser localizadas próximo aos mercados, para que possam atingir uma economia de escala satisfatória. Por causa do peso e/ou volume dos componentes, que geram altos custos dos transportes, torna-se difícil servir regiões distantes.

O aspecto das edificações construídas por esse processo é característico de cada fornecedor, o que dificulta a personalização dos projetos. No caso de ampliação ou modificação nas edificações existentes, o cliente que quiser manter a uniformidade da concepção original do sistema fica comprometido com o primeiro fornecedor.

c) Obra industrializada (com pré-montagem predominante):

Presta-se à construção de uma quantidade significativa de edificações padronizadas, de preferência próximas, como grandes conjuntos habitacionais; ou ainda edificações grandes, com módulos repetitivos idênticos. O sistema pode ser comparado a uma linha de montagem às avessas: o produto final fica parado e os equipamentos e entregas de materiais vão sendo deslocados pelo canteiro segundo a sequência prefixada para a construção das unidades.

As edificações isoladas, ou os módulos de uma edificação maior, podem ser executados em série no local, por processos industrializados, com materiais convencionais ou não. São adotados moldes ou gabaritos para garantir a precisão dimensional e a intercambiabilidade de componentes e/ou *kits*, que podem ser preparados no canteiro.

Os procedimentos de preparação e montagem são estabelecidos em cartas de processo, com o rigor de uma atividade manufatureira. E o abastecimento de materiais, como numa linha de montagem, deve ser preparado de acordo com um esquema logístico preciso.

Vantagens: Residem, principalmente, na ausência quase completa de desperdícios e na rapidez com que as unidades vão sendo progressivamente liberadas para o uso, o que resulta na alta rentabilidade do processo, proporcionando economias de até 75% na mão de obra direta, e até 25% nos materiais.

A maioria das obras pode ser executada com materiais tradicionais disponíveis no mercado e, por isso, a obra terminada pode ter a mesma aparência de uma edificação construída pelos métodos convencionais. Pelos mesmos motivos, ampliações e reformas podem ser executadas posteriormente, sem qualquer alteração no aspecto da edificação. Como os materiais convencionais estão disponíveis em qualquer ponto do país, o ônus do transporte recai apenas sobre os gabaritos, que, por serem metálicos e desmontáveis, não necessitam de veículos especiais, além de poderem ser produzidos em qualquer oficina mecânica com recursos modestos de serralheria.

Desvantagens: Os custos dos gabaritos e da organização básica da obra devem ser amortizados em um volume apropriado de obras. O sistema exige planejamento cuidadoso, execução competente e controle rigoroso, nos moldes de uma atividade industrial típica. Exige, também, mudanças nos conceitos tradicionais de administração de obras que estão arraigados na maioria das empresas e profissionais da construção civil, o que dependerá de renovação e treinamento dos quadros técnicos e operacionais.

33.4.2 Exemplos para comparação entre processos

Para caracterizar as diferenças mais marcantes entre os processos construtivos citados nesta seção, são apresentadas a seguir as cartas de processo referentes à construção de uma casa de moradia, com as seguintes características: área de aproximadamente 50 m^2, com sala, dois quartos, banheiro, cozinha e área de serviço; construção térrea, erigida sobre *radier* de concreto; cobertura em duas águas, com telhas de barro sobre caibros e ripas de madeira; paredes de blocos de concreto, refilados e rejuntados com argamassa; instalações hidráulicas e elétricas embutidas; portas e janelas em aço ou madeira, com basculantes e vidro.

Trata-se, portanto, de uma "casa popular" típica, objeto de graves preocupações dos governos de países em desenvolvimento, como o nosso, cuja demanda atinge alguns milhões de unidades. Esse fato tem induzido inúmeras tentativas de redução de custos a partir de processos industriais de pré-fabricação, a partir de usinas centrais, envolvendo o transporte até o local da obra e a montagem final por equipes especializadas.

As cartas de processo, apresentadas a seguir, não contemplam as modalidades de pré-fabricação fora do canteiro, peculiares a cada particular sistema e extremamente diferentes em cada caso. Apresentam apenas uma modalidade não convencional, cuja única diferença reside no uso de gabaritos metálicos, destinados a garantir a precisão dimensional e a possibilidade de preparo antecipado dos componentes, particularmente daqueles que devem ser pré-formados e dimensionados com precisão a partir de materiais presentes nos mercados de todas as regiões do país.

Por isso, os leitores notarão que:

1. A casa é construída na sequência inversa do processo tradicional, isto é, sobre o gabarito montado é colocado em primeiro lugar o telhado, em módulos pré-montados e, a seguir, as instalações elétricas e hidráulicas, as portas e as janelas, já com os vidros; com a colocação das telhas, a obra fica protegida das intempéries quatro horas após o seu início e o piso pode ser concretado.

2. O assentamento dos blocos só utiliza blocos inteiros e meios blocos, sem cortes, porque as paredes são moduladas coerentemente com suas dimensões; as linhas de referência de nivelamento são presas aos gabaritos e contêm marcas que permitem assentar os blocos sem necessidade de calcular o espaçamento horizontal; o prumo, o esquadro e o alinhamento das paredes estão assegurados pelos gabaritos e não requerem pedreiros treinados.

3. Caixas elétricas e lugares de instalação de torneiras, sifões etc., são abertos previamente nos blocos; quando necessário, são feitos antecipadamente cortes para a passagem de canos; os blocos dos oitões são pré-cortados com ângulo correto.

4. Os blocos são preparados antes do assentamento para ajustarem-se às instalações elétricas e hidráulicas, janelas e portas pré-colocados; a argamassa é utilizada de uma só vez, cobrindo as juntas entre blocos, os rasgos abertos para as instalações e as folgas em torno dos batentes.

5. As telhas devem ser descarregadas diretamente sobre o telhado e, ato contínuo, colocadas nas posições definitivas; os blocos também devem ser descarregados de acordo com desenho que determina as posições de uso, sem necessidade de manuseio posterior.

6. As perdas de materiais são insignificantes, e uma casa com as características descritas pode ser montada em três turnos de oito horas, por seis operários com treinamento mínimo.

As Figuras 2 e 3 apresentam as cartas de processo com a sequência de operações utilizada na construção da casa especificada aqui, pelos processos tradicionais e mediante o uso de gabaritos metálicos e procedimentos próprios da engenharia de produção.

33.5 O CANTEIRO

33.5.1 Problemas com o canteiro de obras

Os problemas enfrentados na organização dos canteiros de obras decorrem de uma série de fatores inerentes à própria atividade da construção civil, entre os quais podemos citar:

a) problemas decorrentes do tipo de edificação que se pretende construir, cujas características podem variar segundo uma ilimitada gama de opções;

b) problemas resultantes das condições de implantação das edificações nos terrenos disponíveis, como a sua configuração plani-altimétrica, dimensões, acessos, taxa de ocupação, natureza do solo, legislação, tipo de vizinhança e outros fatores;

c) problemas decorrentes da diversidade das exigências que caracterizam as sucessivas fases da obra, que evoluem das atividades de preparo das fundações até o acabamento final;

d) problemas resultantes da precariedade das informações técnicas sobre a obra em si, e sobre a relativa imprevisibilidade quanto aos prazos de execução das etapas da construção e do recebimento dos materiais necessários;

e) problemas resultantes de alterações no ritmo da obra, ou de mudanças nas especificações técnicas do projeto, determinadas por motivos imprevistos.

Na obra civil, o canteiro se destina, na maior parte dos casos, a ser uma reserva de área para várias funções secundárias:

a) o recebimento, a armazenagem e a transferência dos materiais e componentes para seus locais de instalação;

b) a instalação de equipamentos auxiliares, como guindastes, elevadores, betoneiras, geradores e outros;

c) o preparo de armações para o concreto, para a montagem parcial de peças de estruturas metálicas e para a pré-moldagem de peças de concreto;

d) para a montagem de *kits* hidráulicos e elétricos, produção de módulos construtivos para telhados e forros, abertura de furos e rasgos em blocos, montagem de portas e janelas e colocação antecipada de vidros, quando for o caso de construção industrializada no canteiro;

e) a manobra de veículos auxiliares ou de transporte de materiais;

f) os alojamentos e facilidades para o pessoal; e, finalmente,

g) espaços para operações específicas em certos tipos de obras, que fogem ao escopo deste trabalho.

A organização do canteiro é, portanto, indispensável ao sucesso do esquema logístico da obra. A importância desse planejamento é essencial quando a área é restrita e especialmente em certos casos em que a única área disponível para a instalação do canteiro é aquela que será ocupada pela própria edificação.

PRODUTIVIDADE NA CONSTRUÇÃO CIVIL 441

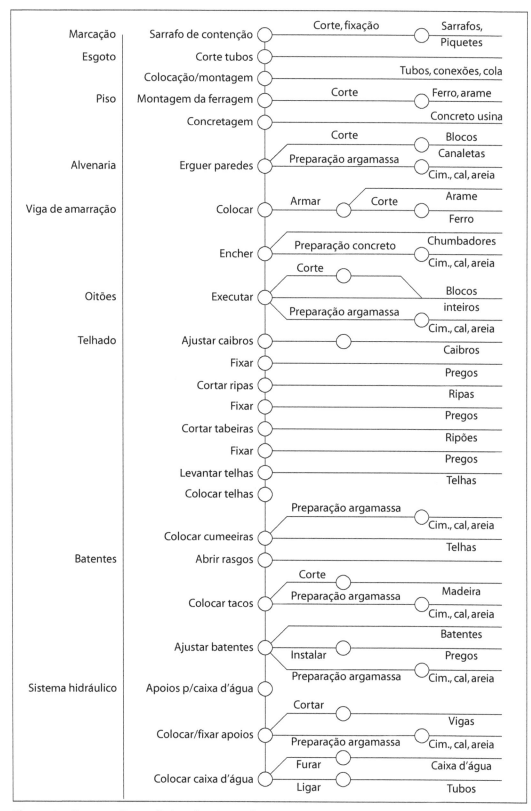

Figura 2a Construção tradicional – Carta de processo.

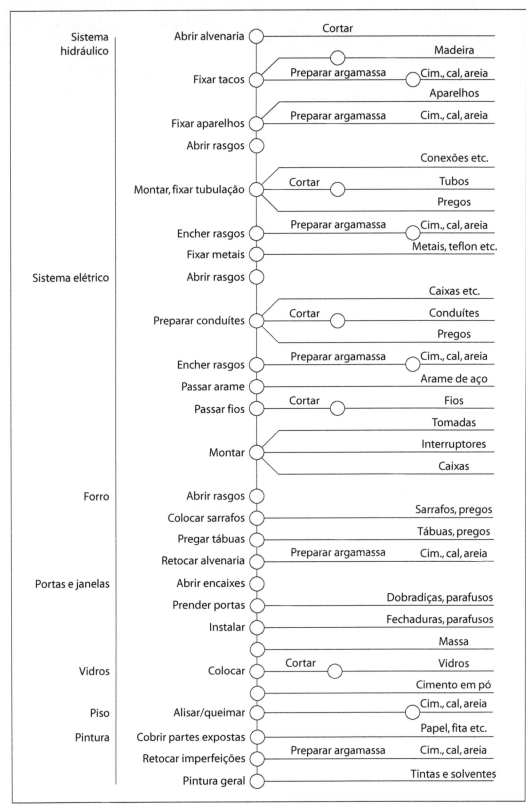

Figura 2b Construção tradicional – Carta de processo.

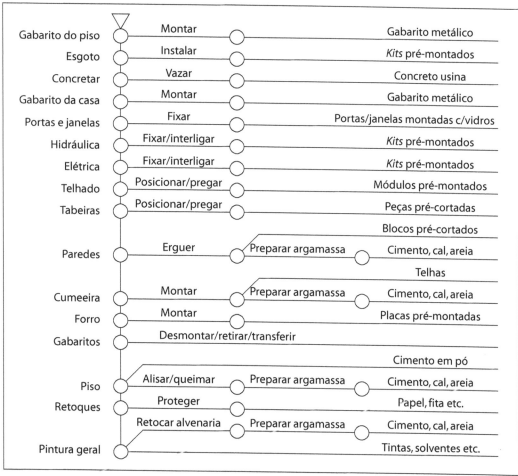

Figura 3 Construção industrializada – Carta de processo.

É tal a diversidade e a fluidez com que as condições de implantação se manifestam que, apesar de integrar uma atividade definida como "indústria da construção civil", a tentativa de estabelecer paradigmas universais para o arranjo físico dos canteiros de obras é quase impraticável.

A Figura 4, procura comparar, esquematicamente, os arranjos mais adequados às edificações tradicionais, pré-fabricadas e industrializadas, com o objetivo de orientar o leitor na seleção dos instrumentos de análise e das metodologias mais adequadas à solução dos problemas práticos, que são apresentadas em outros capítulos deste livro.

33.5.2 Diretrizes conceituais para o projeto do canteiro

São diretrizes válidas para a solução dos problemas de arranjo físico em geral, presentes em qualquer tipo de atividade industrial, incluindo a construção civil. Visam fornecer aos projetistas algumas referências para a orientação do processo criativo e a busca de soluções práticas na elaboração e seleção de propostas.

a) **Princípio da abordagem sistêmica:** um princípio universal para a solução de problemas complexos, que se torna particularmente importante no caso da construção civil, em virtude do caráter mutável das condições físicas que caracterizam as

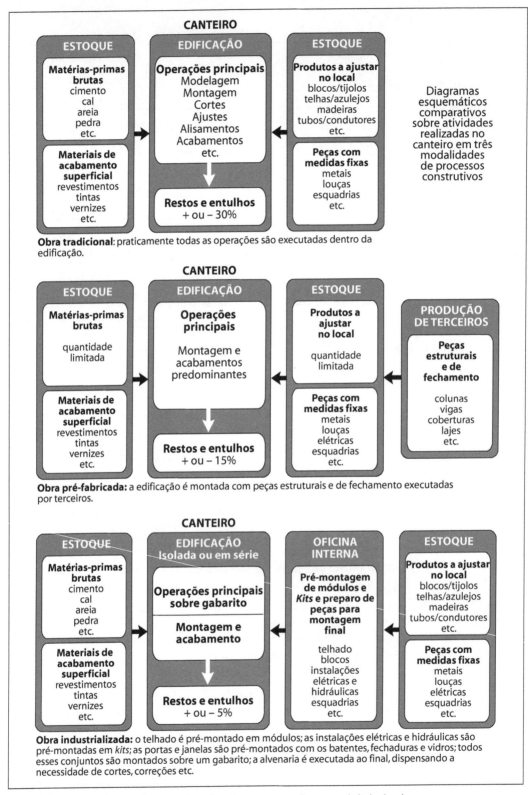

Figura 4 Arranjo físico do canteiro de obras, segundo a modalidade de processo construtivo.

diversas fases da obra. Esse princípio aconselha que o estudo do arranjo físico do canteiro deve considerar e conciliar, de maneira ponderada, a partir de uma visão prospectiva do sistema-obra, a evolução de todos os fatores envolvidos no projeto, ao longo do tempo. Exemplo: a concretagem prévia de uma pista no interior de uma obra comprida, pode permitir o acesso de caminhões e/ou o deslocamento de uma betoneira, possibilitando, assim, que as colunas, o piso e a montagem do telhado progridam simultaneamente, encurtando o prazo total da obra.

b) **Princípio da coerência**: a organização espacial do canteiro, nas diversas fases da obra, deve refletir a sequência tecnicamente mais adequada para as atividades de apoio à construção. Ou seja, sempre que possível, a disposição das áreas deve obedecer à sequência de operações na movimentação dos materiais, da chegada ao canteiro até sua aplicação final. Paralelamente, devem ser eliminados todos os manuseios que não sejam indispensáveis aos objetivos finais do trabalho a ser executado. Exemplos: as telhas para a cobertura de uma casa popular, trazidas pelo caminhão, devem ser descarregadas diretamente sobre o telhado onde já se encontram os encarregados da colocação; o recebimento dos blocos para a alvenaria deverá ser feito de acordo com um desenho que especifique as áreas mais próximas aos locais de utilização.

c) **Princípio da incerteza**: sempre que possível, a imprevisibilidade do futuro ou a perspectiva de mudanças aconselha que o arranjo físico do canteiro possa ser alterado e adaptado a novas condições operacionais, novos equipamentos, tecnologias ou, ainda, modificações no ritmo das obras. Exemplos: equipamentos pesados, sujeitos a reparos fora da obra, não devem ser colocados em posições de difícil acesso; as áreas para estoque devem ser dimensionadas com folgas para solicitações inesperadas.

d) **Princípio da economicidade**: o arranjo físico deve considerar as oportunidades oferecidas por condições peculiares do local ou recursos eventualmente disponíveis, buscando aproveitar desníveis, a terceira dimensão, instalações ou edificações já existentes etc. O projeto deve obedecer a esquemas simples, compreensíveis e que não envolvam compromissos com o uso de equipamentos onerosos e sistemas complexos, de difícil manutenção. Exemplo: um barranco ao lado de uma obra baixa pode permitir que o abastecimento de alguns materiais e a própria concretagem da obra sejam feitos por gravidade.

e) **Princípio da humanização**: o projeto do arranjo físico deve propiciar condições de higiene e segurança aos trabalhadores e, além disso, por meio de um processo de humanização do trabalho, colaborar para a redução de conflitos trabalhistas, absenteísmo, *turn over* excessivo, incorreções, mau uso de equipamentos, e todas as demais condições nocivas à produtividade e à qualidade de vida.

Referências bibliográficas

Nota do autor

Os conceitos e ideias expostos neste capítulo são fruto de pesquisas efetuadas pelo autor desde 1983, a partir de uma solicitação do então presidente da Cia. Siderúrgica Paulista – Cosipa, eng. Plínio Assmann, para que a empresa consultora GAPP – Grupo Associado de Pesquisa e Planejamento Ltda. desenvolvesse um processo que utilizasse o aço na construção de casas populares.

Naquela ocasião, em virtude do caráter social da iniciativa, foram obtidas inestimáveis contribuições do eng. Celestino Bourroul, ex-presidente da Cohab de São Paulo, que nos enriqueceu com sua experiência na construção de mais de cem mil unidades habitacionais; e da arquiteta Marlene Picarelli, professora titular da cadeira de Tecnologia de Construção na FAU/USP, cujo acervo de conhecimentos técnicos, posto à nossa disposição, envolvia mais de uma centena de processos de construção utilizados no Brasil e em outros países.

As conclusões dos estudos efetuados pela empresa consultora foram também calcadas nos resultados de uma pesquisa desenvolvida pela ONU, segundo a qual: "a redução dos custos da construção civil em países em desenvolvimento só poderia ser conseguida pela racionalização dos trabalhos no canteiro de obras, devido ao baixo preço e abundância dos materiais primários utilizados".

O trabalho da empresa consultora resultou no projeto de um sistema de gabaritos metálicos, capaz de reduzir a 20% o tempo gasto na construção de uma casa popular, e a 70% os custos, mantidas as especificações originais. Posteriormente, o processo foi estendido à construção de escolas, centros comunitários e outras edificações de maior porte, com resultados semelhantes.

A observação prática em inúmeras iniciativas permitiu concluir que a introdução do sistema de gabaritos transfere as dificuldades, inerentes ao artesanato primitivo dos métodos atuais, para a organização logística das empresas responsáveis pela obra que, na grande maioria dos casos, não dispõem de apoio técnico de engenheiros de produção e administradores.

Os conceitos expostos pelo autor deste capítulo, portanto, não dispõem de uma bibliografia específica, além da que pode ser encontrada no restante desta obra. E constitui, apenas, um incitamento aos engenheiros civis para que busquem, na engenharia de produção, os preceitos para a racionalização da construção, como os demais engenheiros já o fazem, em outros campos da produção industrial.

CAPÍTULO 34

ENGENHARIA E ANÁLISE DO VALOR NA MANUFATURA E NA CONSTRUÇÃO CIVIL

Nelson Haguiara

34.1 REGENERAÇÃO CELULAR DA ORGANIZAÇÃO

Com a acelerada evolução tecnológica, com o aparecimento da filosofia do produto mundial e a valorização do consumidor, os agentes produtivos, em todo o mundo, tiveram de submeter-se a novos conceitos de qualidade, produtividade, relações comerciais e participação do colaborador nas tomadas de decisão, visando atingir a plena satisfação do cliente interno e, principalmente, do externo.

Para tanto, inúmeras técnicas administrativas e produtivas vêm sendo disseminadas em todas as organizações, tanto no primeiro mundo como nos países em desenvolvimento.

Desde o advento do MRP, CCQ, JIT, *kanban*, CEP, TQC, engenharia simultânea, QFD, reengenharia, *downsizing*, *benchmarking*, *kaizen* etc., uma grande revolução vem ocorrendo em todos os campos do conhecimento humano, acelerando o processo evolutivo, em termos tecnológicos e administrativos.

Porém, por observações de grandes especialistas, chegamos à conclusão de que as organizações devem tomar os seguintes cuidados ao adotar todas essas técnicas:

- proceder a profundas e radicais mudanças de ordem comportamental, que devem permear a organização, a partir da direção até os menores escalões, visando criar um ambiente de harmonia, cooperação, espírito de equipe e, principalmente, o da difusão de um forte espírito positivista;
- estabelecer a filosofia de mudanças na organização, por meio de melhorias contínuas, porém com uma forte visão sistêmica;
- implementar essas técnicas de forma racional, planejada, organizada e fundamentalmente priorizada e encadeada; e
- implantar cada técnica como "processo" e não como programa.

Como programa, corre-se um grande risco de solução de continuidade, função direta de reações, antagonismos, criação de feudos etc. Como processo, as técnicas se enraízam efetivamente, pois não têm donos, promovendo, estimulando e valorizando o trabalho em equipe, com resultados rápidos e efetivos.

Em resumo, com objetivos bem definidos, com planejamento estratégico conscientemente elaborado e implementado, com forte espírito de união, espírito positivista, ações efetivas de melhorias contínuas e com o uso adequado de todas as técnicas já mencionadas, os resultados serão garantidamente positivos.

Enfatizando a filosofia da Qualidade Total, fica claro que todas as áreas de responsabilidade da organização devem envidar esforços para a melhoria contínua.

Todas, enfim, são responsáveis por parte das ações e consequentemente dos resultados. De nada adianta um esforço hercúleo para a melhoria da qualidade do produto, do processo de fabricação, se esse esforço não ocorrer nas áreas administrativas, econômico-financeiras, de RH, de logística, de assistência técnica, de atendimento ao cliente, pós-venda etc. Para tanto, além da mudança comportamental, condição vital para a evolução e renovação da organização, algumas técnicas específicas devem ser implantadas, técnicas essas de largo espectro.

Entre elas, podemos considerar a Engenharia e Análise do Valor como aquela que atende plenamente aos preceitos em questão.

A Análise do Valor, e mais precisamente a **Análise do Valor Simultânea – AVS**, é um instrumental de grande poder de fogo para aplicação, como processo, na busca de melhorias contínuas em todas as células da empresa. O enfoque sistêmico, ponto forte deste processo, permite que as mudanças em qualquer área de responsabilidade sejam conseguidas, rapidamente, com resultados altamente positivos.

A **Engenharia do Valor Simultânea – EVS**, por seu lado, também aplicada como processo natural, faz com que saltos maiores sejam efetivados, dentro da filosofia de reengenharia, com Qualidade Total, amplo-empresarial, visando atender os anseios dos consumidores ou clientes, com sua plena satisfação.

Na construção civil, com a adoção da **Arquitetura e Engenharia do Valor Simultâneas – ARQ – EVS**, aplicada desde a fase de concepção do projeto arquitetônico, abordando simultaneamente os projetos complementares e os processos construtivos, conseguimos racionalizar os projetos e processos, agregando o maior valor para a maior satisfação do cliente.

O processo, simples, objetivo, efetivo, organizado, sistematizado, radical das AVS, EVS e ARQ-EVS, permitirá a obtenção de ótimos resultados, no produto, no serviço, na construção civil, nos sistemas, métodos e processos, ou seja: obtenção do **melhor desempenho**, a um custo **o mais compatível possível**, portanto do **maior valor**.

34.2 ENGENHARIA E ANÁLISE DO VALOR – EAV

34.2.1 Origem, definição e objetivo

A Engenharia e Análise do Valor é um método de trabalho racional e organizado, criado em 1947 pelo engenheiro Lawrence Delos Miles na General Electric, Estados Unidos. Embasada no tripé **função**, **valor** e **criatividade**, por meio de um forte trabalho em equipe multidisciplinar, com enfoque sistêmico, a EAV tem como **objetivo** identificar e remover custos desnecessários de um produto, serviço ou construção, sem prejuízo do seu desempenho, ou seja, obter ou agregar o maior valor possível ao objeto em análise, para a plena satisfação do cliente ou do mercado.

Ainda, conforme definição de Juran, em *A qualidade desde o projeto*, a EAV é um processo para a avaliação das relações entre as funções desempenhadas pelas características e/ou componentes do produto e seus custos associados. Segundo Juran, os objetivos da EAV são:

- prover o cliente com as funções essenciais do produto;
- otimizar o custo da provisão dessas funções essenciais; e
- identificar e eliminar as características marginais do produto, sem prejuízo do seu desempenho.

34.2.2 Função

Função, segundo o nosso "Aurélio", é ação própria ou natural de um órgão, aparelho ou máquina, com utilidade, uso ou serventia. Em EAV, função é a tarefa ou atividade que um produto, serviço ou sistema executa para que se atinja um determinado objetivo. Em resumo, é o **por que** ou **para que** das coisas.

1. Classificação funcional

A função, em EAV, é classificada basicamente em duas categorias distintas, a saber:

1. **Função técnica** (T) – **de uso** – que expressa a tarefa técnica ou básica de um produto, serviço ou sistema; e
2. **Função mercadológica** (M) – **de estima** – que expressa a tarefa econômica de venda ou compra para adorno, estética ou prestígio.

Essas duas categorias funcionais são subdivididas em:

a) **principal** ou **básica**, que expressa a finalidade primordial do objeto em estudo; e

b) **secundária** ou **auxiliar**, que existe para apoiar a principal.

Uma função é expressa por um verbo transitivo direto, no infinitivo, e um substantivo associado. Tanto nas funções técnicas, como nas mercadológicas, existe somente **uma** função principal, mas muitas secundárias (ver exemplo no quadro adiante).

2. Valor funcional

Valor, em EAV, é a correlação custo × desempenho. É o referencial pelo qual se mede o grau de aceitação, por parte do cliente, do objeto analisado.

Com a EAV, busca-se produzir um bem pelo melhor desempenho (técnico/mercadológico) a um custo compatível. Quanto melhor for essa relação, maior será o valor para o cliente.

3. Análise estruturada de funções

O processo de análise funcional é mais efetivo quando a abordagem é sistêmica. Para uma perfeita visualização do inter-relacionamento funcional, num produto, serviço ou construção, utiliza-se uma forma diagramática denominada Fast – *Function Analisys System Technics*[1].

Exemplo de classificação funcional em um televisor	
T – Função técnica (de uso) principal	reproduzir imagens à distância
T – Função técnica (de uso) secundária	reproduzir áudio à distância
M – Função mercadológica (de estima) principal	prover entretenimento
M – Função mercadológica (de estima) secundária	compor o ambiente

O Fast representa, de forma estruturada, os seguintes aspectos:

- caminho crítico funcional;
- atividades funcionais; e
- custos de função e atividade.

Onde:

- **caminho crítico funcional** é o conjunto de funções integradas e ordenadas em sequência de operação, do início do processo à sua conclusão, ou seja, quando ocorre o efeito funcional;
- **atividade funcional** é o conjunto de funções com mesmas características que, de forma integrada, produzem um efeito similar;
- **custo de função** é conjunto de itens de custo ($MO + MAT + PROC$) relativo à parcela física do componente analisado que exerce a função; e
- **custo de atividade funcional** é o conjunto de custos das funções com mesmas características funcionais.

4. Modalidades e aplicações

A metodologia do valor pode ser aplicada como:

- **análise do valor – AV** – na racionalização e otimização de um produto, serviço, sistema, método ou processo já existentes. É uma forma prática de se adotar a filosofia *kaizen*, de melhoria contínua;
- **engenharia do valor – EV** – no desenvolvimento de novos produtos, serviços, sistemas, métodos ou processos, a partir da fase de concepção da ideia, ou seja, das necessidades funcionais. Neste caso, o objeto da análise ainda não existe. É nesse modelo que são obtidos os melhores resultados em termos de inovação e valor total;
- **gerenciamento do valor – GV** – na reavaliação e regeneração, a nível tático/estratégico, de todo e qualquer processo gerencial;
- **engenharia e análise do valor simultâneas – EVS** – num processo de reavaliação ou inovação do projeto e do processo correspondente;
- **arquitetura e engenharia do valor simultâneas – ARQ – EVS** – num processo de desenvolvimento simultâneo do projeto arquitetônico, dos projetos construtivos ou complementares e dos respectivos processos construtivos. Os benefícios desse modelo são significativos, tanto para o cliente como para o construtor, em virtude do maior valor agregado.

5. Benefícios obtidos com a metodologia do valor

Com a aplicação da metodologia do valor, podem-se obter, entre outros, os seguintes benefícios:

- otimização de custos do produto;
- melhoria da qualidade do produto;
- melhoria do desempenho do produto;
- maior velocidade da produção;
- inovação;
- melhoria dos processos produtivos;
- melhoria dos processos administrativos;
- plena compatibilização de projetos;
- eliminação de desperdícios;
- maior valor agregado
- plena satisfação do cliente; e
- maior adequação do produto ao nicho do mercado.

34.2.3 Plano de trabalho – ARQ-EVS

Plano de trabalho é um conjunto organizado de atividades que orienta a aplicação da prática dos conceitos do valor, de forma efetiva e produtiva.

O plano de trabalho apresentado a seguir é baseado no modelo alemão de EAV, normalizado pela Associação Alemã de Engenheiros – VDI, pela norma DIN 69 910, adaptado às necessidades da construção civil no Brasil e denominado *Arquitetura e Engenharia do Valor Simultâneas na Construção Civil – ARQ – EVS*. Deve ser aplicado, sistematicamente, de forma integrada e simultânea nos seguintes estágios de um empreendimento:

- anteprojeto e projeto arquitetônico;
- projetos construtivos ou complementares;
- processos construtivos; e
- processos administrativos.

I – Fase de pré-estudo

Etapa n.º 1 – De coordenação do projeto

- formar a equipe do projeto, que deve ser multidisciplinar;
- estabelecer a programação, ou o cronograma de atividades;
- delinear o modelo de estrutura de custos;
- delinear o modelo de orçamento para a apresentação do projeto.

Etapa n.º 2 – De preparação do pré-estudo

- identificar as necessidades funcionais do cliente ou do mercado;
- coletar dados do projeto;
- distribuir os dados para os membros da equipe do projeto;
- identificar tecnologias, processos construtivos e materiais;
- avaliar os dados de custos;
- delinear o modelo de restrições de projeto (normas técnicas e legais);
- familiarizar os membros da equipe do projeto com os dados levantados;
- nivelar conhecimento.

Etapa n.º 3 – De definição do modelo de custo

- distribuir custos por processo construtivo;
- distribuir custos por unidade de negócio;
- construir o gráfico do modelo de custos;
- delinear as áreas de altos custos.

II – Fase de desenvolvimento do estudo do projeto

Etapa n.º 1 – De preparação

- apresentação da proposta do empreendimento pelo coordenador do projeto;
- orientação sobre a forma de atuação;
- apresentação do projeto e respectivo detalhamento, pelo arquiteto.

Etapa n.º 2 – De informação

- analisar as funções – necessidades do cliente;
- analisar os custos funcionais do projeto;
- identificar o caminho crítico funcional;
- estruturar a árvore funcional;
- identificar o IVA (Índice de Valor Agregado)[2];
- identificar as áreas com maiores custos;
- analisar a relação custo × IVA

Etapa n.º 3 – De crítica

- validar todas as informações.

Etapa n.º 4 – De criação

Com a participação de representantes de todas as áreas envolvidas e com suporte nas informações levantadas, desenvolver o processo criativo, usando lista de verificação ou indutores à criação, e adotando:

- *Brainstorming* aberto[3];
- *Brainstorming* sobre a árvore funcional[4];
- *Benchmarking*[5].

Etapa n.º 5 – De julgamento

- avaliar as ideias: por viabilidade técnica; por viabilidade econômica; por viabilidade comercial;
- classificar as ideias, agrupando-as por modelo específico;
- selecionar os melhores conjuntos integrados de ideias, com maior valor agregado.

Nessa etapa, a equipe deve buscar a maior harmonia entre o projeto arquitetônico, projetos construtivos ou complementares e os respectivos processos construtivos, levando em conta o ciclo de vida do produto.

Etapa n.º 6 – De desenvolvimento

- desenvolver as melhores ideias em nível de projeto;
- preparar as alternativas finais;
- preparar as estimativas de custos e prazos;
- identificar o custo do ciclo de vida.

Etapa n.º 7 – De implementação

- sumarizar as decisões;
- apresentar e discuti-las com o cliente/empreendedor;
- determinar e congelar os pontos aceitos.

III – Procedimentos finais – Conclusão

Etapa n.º 1 – Relatório conclusivo

- preparar o relatório final;

Etapa n.º 2 – Aprovação

- submeter o relatório final, com as devidas correções, ao cliente ou empreendedor.

Etapa n.º 3 – Execução

- planejar e programar;
- executar;
- controlar;
- avaliar.

Observação: Este plano de trabalho aborda, de forma sistêmica, desde o projeto arquitetônico e projetos complementares até o respectivo processo construtivo.

34.2.4 Fatores que determinam o maior valor

1. Custo inicial;
2. Desempenho funcional;
3. Confiabilidade;
4. Viabilidade;
5. Conservabilidade;
6. Qualidade
7. Vendabilidade
8. Atenção para a estética e o meio ambiente;
9. Necessidade do cliente, do mercado;
10. Baixo custo final do ciclo de vida.

34.2.5 Razões da ocorrência de baixos valores

1. Tempo (deficiência do uso);
2. Deficiência de informação;
3. Deficiência (falta) de criatividade;
4. Desvios de conceito ético;
5. Situações temporárias que se tornam permanentes;
6. Hábitos;
7. Atitudes;
8. Falta de fé;
9. Políticas;
10. Inexperiência.

34.3 POR QUE ADOTAR A ARQ-EVS NA CONSTRUÇÃO CIVIL

34.3.1 Diagnóstico de problemas no campo

Por meio de diagnóstico desenvolvido com participantes do curso de EAV no Programa de Capacitação em Engenharia de Produção para a Construção Civil, nas 32 fases do empreendimento, foram identificados inúmeros pontos críticos no macro processo da construção civil, conforme segue:

1. Falta de uma plena identificação das necessidades funcionais do cliente por nicho específico de mercado;
2. Falta de compatibilização entre os projetos arquitetônico, construtivos ou complementares e processos construtivos;
3. Inexistência ou deficiência de processos construtivos normalizados;
4. Deficiência de comunicação entre as áreas envolvidas com o empreendimento x postura comportamental;
5. Deficiência dos sistemas de suprimentos e/ou logística;
6. Baixa qualidade dos materiais e serviços;
7. Falta de projetos em tempo oportuno (atraso);
8. Falta de planejamento integrado;
9. Deficiência dos bancos de dados: tecnologia, material, processo, custo etc.;
10. Baixo nível de pré-industriálização;
11. Equipamentos e dispositivos inadequados;
12. Alteração de projeto durante a obra;
13. Desperdício de material, MO.

Ficou evidente, pelo volume de problemas levantados neste diagnóstico, que o ponto nevrálgico do processo é a falta de integração e racionalização de projetos, que pode ser resolvida com a adoção da Arquitetura e Engenharia do Valor Simultâneas – ARQ-EVS.

34.4 ASPECTOS ÉTICOS

O conflito de interesses em qualquer atividade humana é uma realidade, que varia somente de intensidade. Na construção civil não poderia ser diferente.

Uma mudança de postura de todos os participantes de um empreendimento, com a criação de um verdadeiro espírito de equipe, com ações e reações proativas, com espírito construtivo e positivista, reduzirá todos os desvios de caráter ético, para a busca do melhor resultado.

Aqui valeria a expressão: *Se estamos todos no mesmo barco vamos remar na mesma direção...*

34.5 CONCLUSÃO

Pelas experiências observadas em todas as organizações que vêm utilizando esse processo, podemos assegurar que suas vantagens compensam em muito o esforço e o investimento para a sua implementação. O caminho, portanto, é aprender e aplicar, de forma progressiva, num processo de aprendizado contínuo a ARQ-EVS. O **maior valor** será a recompensa.

Questões para reflexão

1. Considerando que o trabalho em equipe é um dos pontos mais importantes dos processos de EAV/ARQ-EVS, qual é a mudança mais crítica a ser efetivada numa organização, para a implementação dessas técnicas?
2. A partir da premissa de que o ataque pontual a um problema nem sempre proporciona os melhores resultados, qual é o tipo de abordagem mais adequado a ser utilizado num processo de EAV/ARQ-EVS?
3. O que devemos buscar com a EAV/ARQ-EVS, quando desenvolvemos um determinado projeto?
4. A análise de funções e seus custos associados é o ponto-chave da EAV/ARQ-EVS. Qual é o caminho mais adequado para a busca das melhores alternativas, a fim de agregar o maior valor possível ao objeto em análise?
5. A criatividade é um instrumento de capital importância para a EAV/ARQ-EVS. Qual a forma mais efetiva de aplicá-la?

Referências bibliográficas

CSILLAG, J. M. *Análise do valor*. São Paulo: Atlas.

DE BONO, E., *A revolução positiva*. Rio de Janeiro: Record.

DELL'ISOLA, A. J. *Value engineering in the construction industry*. Construction Publishing Co. Book Van Nostrand Reïnhold Co.

DUALIB, R. *Criatividade & marketing*. São Paulo: McGraw-Hill.

FOSTER, R. *Inovação do atacante*. Rio de Janeiro: Best Seller.

HAGUIARA, N. *De como aumentar o valor de um produto, serviço, sistema, método ou processo*. FCAV/CEAI – Apost.

_____. *Análise do valor para métodos e processos*. FCAV/CEAI – Apost.

JURAN, J. M. *A qualidade desde o projeto*. São Paulo: Pioneira.

KAY, J. *Fundamentos do sucesso empresarial*. Rio de Janeiro: Campus.

KIRK, S. J. Preparing a life cycle design to cost model. *Save Proceeding*, v. XIV, n. 79.

LITAUDON, M.; REFABERT, A. *Analisis del valor para la mejora de productos*. Ediciones Gestion 2000 S.A.

MAJARO, S. *Criatividade um passo para o sucesso*. Publicação Europa-América.

MARAMALDO, D. *Análise de valores*. Intercultural.

MILLES, L. D. *Techniques of value analysis and engineering*. New York: McGraw-Hill, Book Company.

MUDGE, A. E. *Value engineering*: a systematic approach.

PEREIRA FILHO, R. R. *Análise do valor*: processo de melhoria contínua. São Paulo: Nobel.

WATERMAN Jr., R. H. *O fator renovação*. São Paulo: Harbra.

WOHLSCHEID, D. C. Stretching our construction with proper management of value engineering. Arthur Beard Engineers, Inc. Save *Proceedings*, v. XIV, n. 79.

CAPÍTULO 35

LEAN CONSTRUCTION – O CAMINHO PARA A EXCELÊNCIA OPERACIONAL NA CONSTRUÇÃO CIVIL

Antonio Sergio Itri Conte

Este capítulo discute a importância e o impacto da introdução de um novo modelo de organização do trabalho e gestão operacional em empreendimentos ligados à indústria da Construção Civil, baseado em experiências desenvolvidas em outros tipos de indústria, especialmente na indústria de manufatura.

Esse novo modelo – cuja denominação original, *Lean Construction*, foi traduzida para o português como Construção sem Perdas – tem como fundamento a adoção de metodologias que viabilizam a obtenção de resultados favoráveis quanto à geração de valor agregado ao produto produzido, sem que isso implique o aumento de custos, prazos ou a perda da qualidade, entendida aqui por meio de sua definição mais ampla.

Enquanto as consequências mais imediatas de sua aplicação podem ser resumidas como; redução sistemática de perdas e desperdícios, redução de custos operacionais e busca do comprometimento e da capacitação das equipes de trabalho; espera-se que as organizações que venham a utilizá-lo otimizem sua capacidade gerencial a médio prazo, diminuindo as incertezas ligadas aos processos de tomada de decisão em todos os níveis hierárquicos envolvidos. Administrando seus empreendimentos de maneira interativa, a empresa **aprende** a cada etapa do trabalho executado e passa a utilizar como vantagem competitiva, em seu mercado de atuação, essa nova cultura interna gerada.

35.1 A *LEAN CONSTRUCTION* COMO BASE PARA MODELOS DE GESTÃO DA PRODUÇÃO NA CONSTRUÇÃO CIVIL

A natureza da competição do século XXI será caracterizada pela presença de empresas enxutas, com grande eficácia e eficiência na geração de valores agregados aos produtos por elas produzidos. O conceito de cliente será expandido, cobrindo, além de seus consumidores, a comunidade em que a empresa se insere e os colaboradores participantes de seu processo produtivo. As empresas vencedoras no futuro serão aquelas que tiverem mais agilidade em perceber a importância do enobrecimento de atividades humanas, visando a sustentação prática dessa situação (Tsukamoto, 1996).

Nesse cenário, as organizações deverão desenvolver novos modelos de gestão, em que mudanças de ambiente no decorrer dos processos sejam rapidamente assimiladas e suas eventuais interferências nos resultados planejados sejam minimizadas por meio da otimização do processo decisório, fruto imediato da redução da incerteza nos seus diversos níveis de gestão.

Mais especificamente, a indústria da construção civil passa por situações que exigem a cada instante melhores resultados a curto e médio prazos, sob pena de que as empresas participantes de sua cadeia produtiva, caso não alcancem o sucesso desejado, passem a ter dificuldades crescentes para manter a viabilização de seu negócio e mesmo a própria continuidade de suas atividades.

A pressão crescente sofrida por essas empresas, traduzida na necessidade de se obter melhor desempenho em menor tempo, sob condições de incerteza e sem implicar o sacrifício da qualidade, dos custos e da conformidade em relação às necessidades dos clientes, tem sido o grande desafio gerencial dos últimos anos (Laufer, 1996).

É comum nos depararmos com estudos que espelham os níveis de desperdício obtidos em diversas obras analisadas, sendo que, na maioria das vezes, é despendida maior energia para justificar os números alcançados do que para buscar soluções viáveis para previnir a incidência de tão importante problema.

É preciso mudar o paradigma de gestão de empreendimentos na indústria da construção civil, onde o sucesso é alcançado na medida em que a obra é executada no prazo e em conformidade com as necessidades básicas de seus clientes. Atualmente, a vantagem competitiva de cada empresa surge com maior intensidade, não somente na definição do preço de venda ou da forma de pagamento da unidade executada, mas sim, na habilidade para gerenciar o dia a dia do empreendimento tendo em vista a garantia do desempenho operacional planejado, em face dos diversos imprevistos ocorridos.

Assim, cada empresa terá maior sucesso à medida que utilizar todo o seu conhecimento acumulado na busca das melhores soluções para a obra, a cada instante de sua execução. Em outras palavras, o processo crítico não é a tecnologia de execução aplicada, mas o modelo de gestão utilizado para que se alcancem os resultados esperados.

Koskela, em 1992, definiu um modelo de gestão e organização do trabalho para a indústria da contrução civil, denominado *Lean Construction*, o qual é baseado nos conceitos da *Lean Production* – mais conhecida como o modelo japonês de Qualidade (Sringo, 1988 e Orno, 1988) – e tem como fundamento considerar simultaneamente os seguintes aspectos da produção:

conversão   caracterizado pelo processamento de insumos com o objetivo de se alcançar o produto final esperado;

fluxos   definidos pela logística de insumos e informações durante a execução do empreendimento;

valor agregado   caracterizado pelo esforço sistemático em agregar valor ao produto entregue, sem que isso implique o aumento do respectivo custo de produção.

Nesse modelo, a produção é entendida como uma série de processos e fluxos voltados para a conversão de materiais e de mão de obra em produtos acabados. Cada processo principal é subdividido em processos menores, os quais são também caracterizados por conversões e fluxos.

O mecanismo de orçamentação de obras, no qual o custo total é o resultado da soma de custos de componentes individuais é um exemplo de aplicação do modelo tradicional. Um outro exemplo é a utilização de redes de precedência na programação de obras, tais como o CPM ou o PERT, onde a execução das atividades depende do término das que as antecedem, e as dificuldades de logística nem sempre são levadas em consideração.

Analisando o modelo tradicional por meio dessa nova abordagem, percebe-se que o mesmo ignora o fluxo dos insumos e informações para que as atividades a serem executadas tenham seu ritmo e desempenho ocorrendo conforme o planejado. Se levarmos em consideração o fato de que atividades características de fluxos de insumos (movimentar, esperar, inspecionar) geralmente não agregam valor ao produto final, e sim agregam custos, uma eventual análise a respeito da redução das perdas no processo e as maneiras para que essa redução possa ser viabilizada fica incompleta neste modelo.

Uma evidência desse fato é o número excessivo de serventes alocados a um canteiro de obras, dimensionados muitas vezes sem critério ou por meio de índices de consumo de composições de preço unitário que não levam em consideração o fato de que os serventes, basicamente, preparam e transportam insumos pelas diversas frentes de serviço, não devendo ser alocados a atividades específicas.

Um outro problema associado a esse modelo e o fato de que ele não leva em consideração a interdependência de resultados entre as atividades previstas. Como, por exemplo, o impacto do retrabalho e variabilidade de resultados nas atividades sucessoras de um determinado evento.

As empresas normalmente utilizam esse modelo focando o controle em atividades isoladas, perdendo muitas vezes o foco no impacto que esse modelo tem no empreendimento como um todo. Assim, do ponto de vista gerencial, essas empresas acabam por gerar mais atividades de controle, que por sua vez aumentam ainda mais o conjunto de atividades que não agregam valor ao produto final.

O modelo da *Lean Construction* apresentado por Koskela (1992) permite uma gestão voltada para a redução de prazos e custos e para a redução das perdas e desperdícios, em um ambiente baseado na melhoria contínua e na otimização da flexibilidade, quer seja analisada pela característica intrínseca do produto produzido ou mesmo pela agilidade na percepção das mudanças das variáveis de gestão ao longo do processo produtivo. Nesse modelo, atividades que agregam valor devem ser analisadas e otimizadas, buscando a redução de suas perdas, enquanto atividades que não agregam valor devem, na medida do possível, ser eliminadas.

O paradigma em que a *Lean Construction* se apoia pode ser definido por:

> A produção consiste de fluxos geradores de valor agregado ao produto final, os quais são caracterizados por custo, prazo e valor intrínseco.

KaLkonen (1994) definiu os princípios que norteiam a *Lean Construction*:

- Melhorar a eficiência das atividades geradoras de valor;
- Reduzir a importância das atividades que não geram valor;
- Aumentar o valor agregado, por meio de uma boa percepção das necessidades do cliente;
- Reduzir o desperdício;
- Reduzir as perdas de valor nos processos;
- Otimizar a capacidade de gestão das operações;
- Reduzir a variabilidade
- Comprimir prazos, reduzir tempos de ciclo;
- Simplificar processos;
- Melhorar a flexibilidade dos processos;

Melles, em 1994, caracteriza as metodologias e ferramentas básicas da *Lean Construction*:

Engenharia simultânea

Integrar os esforços de projeto e execução com o objetivo de racionalizar o processo produtivo, tendo como consequências imediatas a diminuição das incertezas ligadas ao processo produtivo, por meio da otimização do planejamento do empreendimento. Além disso, permite buscar a redução do prazo global de execução, sem que isso implique aumento de custos.

Orientação para o cliente

Basear todos os esforços tendo como foco o cliente. Relações entre cliente e fornecedor, tanto internos quanto externos, garantem agilidade e transparência na gestão de um empreendimento.

Kaizen ou melhoria contínua

Utilizar técnicas de comprometimento e participação das equipes de trabalho, em todos os níveis hierárquicos, com o objetivo sistemático de otimizar processos e melhorar desempenhos. Deve ser notado que o comprometimento de todos é de grande importância, visto que em um ambiente voltado para a qualidade e a produtividade, cada pessoa deve ser responsável pelo resultado de seu trabalho, buscando sempre que possível a redução de perdas e desperdícios, e também a diminuição da variabilidade de resultados.

Grupos multiabilitados na execução de tarefas

Buscar sistematicamente a otimização das equipes de trabalho alocadas a um empreendimento, capacitando-as para que funcionem como grupos semiautônomos de trabalho, tomando decisões e garantindo o resultado dos serviços executados com o mínimo tempo de supervisão possível. Utilizar o conceito de equipes multifuncionais, as quais garantem maior domínio sobre os resultados alcançados pelo grupo, além de permitir a redução do número de elementos da equipe a valores adequados ao ritmo e ao custo estabelecidos para o serviço.

Just-in-Time ou domínio da logística de insumos

Garantir a alimentação de insumos nas frentes de serviço, com as quantidades efetivamente necessárias para tal. Essa política implica também a racionalização das instalações de canteiro, tendo em vista o recebimento, a movimentação, o armazenamento e a disponibilização de insumos.

Comakership ou relação produtiva com fornecedores

Desenvolver relacionamento com os fornecedores, viabilizando uma relação na qual todos ganhem. Isso significa buscar a mútua transferência de tecnologia, transparência, suporte às operações comuns, diminuição de estoques e, principalmente, divisão de riscos e lucros.

Infraestrutura de informações e comunicação

Garantir infraestrutura de comunicação e sistemas de informação compatíveis com os objetivos estratégicos da organização, minimizando a incerteza relativa aos processos de tomada de decisão.

Nota-se que não existe nenhuma ferramenta inovadora nesse modelo. Apenas fica claro que os objetivos de gestão passam a ser perseguidos utilizando-se técnicas e ferramentas já conhecidas por grande número de empresas e profissionais, porém sincronizadas com objetivos globais que garantam à organização os resultados inicialmente planejados, dentro de horizontes baseados em qualidade, produtividade, custos, prazos, segurança e qualidade de vida, quer seja para seus funcionários, seus acionistas ou mesmo para a comunidade em que o empreendimento se insere.

35.2 A ORGANIZAÇÃO DO TRABALHO NO CONTEXTO DA *LEAN CONSTRUCTION*

Segundo Bowers (1996), as abordagens tradicionais para gerenciamento de empreendimentos tendem a admitir que, se cada elemento for entendido, o empreendimento como um todo pode ser controlado. Entretanto, a experiência sugere que a interrelação entre componentes é mais complexa do que pressupõem as técnicas de gestão tradicionais. É preciso uma nova abordagem, em que os esforços sejam dirigidos para as interrelações causadoras de atrasos e excessos de custo.

As pessoas envolvidas com a gestão dos processos devem estar preparadas para essa nova realidade. As empresas, por sua vez, devem redefinir seu desenho organizacional contemplando o fato de que a qualidade do trabalho executado e a redução das perdas e desperdícios decorrem das decisões tomadas pelas pessoas que executam as tarefas a cada instante. A interação entre as pessoas gera sinergia. E a sinergia gerada implica um aumento do valor das partes componentes de um sistema, viabilizando uma situação em que as partes conseguem fazer juntas o que não podem fazer isoladamente (Tsukamoto, 1996).

A evolução dos modelos gerenciais das organizações nos tem mostrado claramente que a ênfase em determinados componentes da estrutura pode representar a visão que a empresa tem a respeito de temas como qualidade, produtividade e enobrecimento de funções.

Laufer (1996) descreve essa evolução por meio de quatro modelos básicos, conforme mostra o quadro mostrado adiante.

Na década de 1960 o enfoque era baseado na produção em massa, sendo as estruturas organizacionais extremamente centralizadas e com baixos níveis de delegação. Naquela época, a qualidade era obtida por meio de grandes esforços voltados para a correção dos problemas de produção. A estrutura organizacional admitia inclusive a existência de funções dedicadas ao controle e à inspeção como forma de manter o ritmo e diminuir as incertezas do cotidiano.

Época	Conceito central	Aspectos principais das atividades	Princípios
1960	Programação (controle)	Simples, certas	Coordenação
1970	Trabalho em equipe (integração)	Complexas, incertas	Cooperação entre participantes
1980	Redução da incerteza (flexibilidade)	Complexas, incertas	Decisões estáveis
1990	Simultaneidade (dinamismo)	Complexas, incertas, rápidas	Gestão de conflitos

Na década de 1970 ressaltou-se a importância do comprometimento das equipes, como forma de atingir a melhoria da eficiência dos processos e resultados. O centro de gravidade do processo decisório desceu aos níveis operacionais das organizações, aumentando a incerteza ligada a cada decisão tomada, e consequentemente dificultando seu monitoramento. Nesse modelo, as estruturas começaram a ficar mais leves e enxutas, na busca de agilidade na percepção de desvios e turbulências. Os níveis de centralização eram baixos, e a ênfase recaía na busca da prevenção dos problemas de qualidade, mediante capacitação das equipes e comprometimento destas com os objetivos globais.

Na década de 1980, a informação passou a ser a célula básica das organizações, na medida em que a flexibilidade no atendimento às necessidades instantâneas do mercado e na percepção para operar mudanças de conduta operacional eram fatores fundamentais de sobrevivência. As estruturas organizacionais adaptaram-se a essa nova realidade, investindo na otimização dos sistemas de comunicação, tendo em vista incrementar a qualidade de seus processos decisórios.

O final da década de 1990 nos mostra um cenário no qual, além de incertezas incorporadas à gestão do cotidiano, as empresas têm como importante desafio diminuir o tempo de ciclo, sem prejuízo das estratégias globais de qualidade e custos. As peças-chave nesse processo passam a ser as chefias, que já não têm mais simplesmente a função de controladoras, mas sim de facilitadoras em relação à capacitação e às condições operacionais de suas equipes. Monitorar é mais importante do que controlar. Educar passa a ser a meta do processo de capacitação, ao invés de somente ensinar. Assim, através de seus mecanismos de liderança formal e informal, as chefias passam a atuar com grande amplitude, porém dentro desse novo enfoque.

No futuro próximo, as empresas deverão implantar mecanismos e posturas que viabilizem a sustentação dessa situação. Grandes empreendimentos serão desenvolvidos com base em equipes interdisciplinares, as quais, por meio da alocação matricial de seus membros, contarão com suporte de todas as áreas funcionais da empresa e de seus fornecedores-parceiros externos. Espera-se, com essa atitude, que problemas de desenvolvimento e implementação sejam identificados o mais cedo possível, aumentado-se a chance de colocar um produto maduro no mercado logo nas primeiras tentativas, diminuindo assim o custo de retrabalho e perdas de processo. A gestão dos conflitos inerentes a esse processo passa a ser o foco principal das empresas, na busca da agilidade para a administração de seus negócios.

Esse procedimento, que Laufer (1996) chamou de *Simultaneous Management* (Gestão Simultânea), adota como princípios:

- A gestão deve ir além da programação clássica, trabalhos em equipe e engenharia simultânea. A administração dos conflitos e o monitoramento de resultados são tão importantes quanto os recursos e as tecnologias de processo;
- Deve haver técnicas e ferramentas adequadas para a condução de um empreendimento em ambiente de incerteza e turbulência;
- Devem ser formadas equipes multidisciplinares;
- Devem ser sobrepostas as atividades de projeto e execução;
- Devem ser implementados sistemas de informação e comunicação compatíveis com os objetivos almejados.

Independentemente da estratégia adotada, as organizações flexíveis em seus processos de produção e em seus mecanismos de gestão devem buscar não somente o desenvolvimento de equipes de trabalho comprometidas e capacitadas, mas também, e primordialmente, preparar sua média e alta gerências para um alto padrão de desempenho em cenários de incerteza e grande competição. As decisões e o controle devem ser exercidos por quem executa a tarefa, com plena monitoração e suporte de seus níveis hierárquicos superiores.

Certamente, as empresas atuantes no setor da construção civil necessitam repensar seu desenho organizacional com base nas abordagens aqui definidas. Suas posturas terão como consequência os resultados a serem obtidos ao longo do tempo.

35.3 UM MODELO INTEGRADO PARA A GESTÃO DE OBRAS

35.3.1 O planejamento como vantagem competitiva

A definição do que vem a ser um empreendimento bem executado é o primeiro passo para a adoção de um novo paradigma na gestão de empreendimentos na construção civil. Nossa melhor definição é:

> Um bom empreendimento é aquele executado em conformidade com seu planejamento executivo.

Por sua vez, um bom planejamento é aquele que é eficaz na medida em que as atividades planejadas são realmente passíveis de execução no instante previsto. Ou seja, um planejamento adequado é aquele que reflete com precisão a sequência de trabalhos que efetivamente podem ser realizados nos períodos seguintes, levando-se em consideração as restrições de insumos e técnicas de execução a que a obra se vê submetida a cada etapa.

O planejamento executivo de um empreendimento não é um único documento, mas sim um conjunto de documentos, que tem a missão de identificar plenamente os resultados esperados dos trabalhos a serem realizados. Ele compreende:

Especificação da obra a ser executada
- Memoriais descritivos
- Especificações técnicas
- Normas técnicas de referência
- Métodos construtivos a serem utilizados
- Projetos Custos
- Valores previstos para a execução dos serviços
- Diretrizes de negociação com fornecedores

Prazos
- Programação de execução dos serviços

Logística de insumos
- Arranjo físico de canteiro
- Equipamentos e ferramentas de apoio
- Procedimentos para recebimento, movimentação, armazenagem e disponibilização de insumos.

Logística de informações
- Equipe administrativa de apoio
- Organograma
- Definição de funções
- Procedimentos para acompanhamento do andamento dos trabalhos realizados e avaliação do desempenho alcançado.

Ao admitir que um bom empreendimento é aquele executado conforme o planejado, podemos definir então com clareza os objetivos a serem buscados pelos componentes das equipes de trabalho no canteiro de obras e fora dele. O planejamento executivo passa a ser a fonte de referência básica para qualquer decisão a ser tomada durante a execução da obra, sendo que o seu gerenciamento deve orientar-se pela percepção de eventuais desvios em relação ao planejado, a cada etapa dessa execução.

Ballard e Howell (1994) caracterizam esssa etapa inicial como sendo a geração de um escudo (*shield*) que protege a execução de cada atividade dos impactos das variações ou incertezas localizadas nas atividades anteriores (*upstream*) do processo. Como consequência da redução dessas incertezas, a busca do incremento do desempenho operacional efetua-se por meio da gestão otimizada de fluxos, enquanto a redução dos desperdícios ocorre em função da minimização da variabilidade dos insumos na alimentação de cada frente de trabalho.

Sendo assim, deverão ser despendidos todos os esforços possíveis para que a qualidade do planejamento executivo gerado contribua efetivamente para a diminuição das incertezas durante o andamento da obra, devendo haver comprometimento de todos com as determinações ali constantes. Esse comprometimento só pode ser viabilizado em função da real participação de todos os envolvidos, dentro e fora da organização, e do perfeito entendimento do que vêm a ser as metas a serem atingidas a cada instante.

Pode-se observar que à medida que vários componentes das equipes de trabalho se comprometem com o planejamento executivo gerado, a empresa viabiliza a utilização de todo o seu conhecimento acumulado durante obras anteriores e durante a preparação desses documentos, como vantagem competitiva em relação aos seus concorrentes no empreendimento atual. Daí a afirmação de que o grande desafio não é a utilização de determinada tecnologia de processos ou insumos, mas sim a forma de geri-los durante a execução da obra.

35.3.2 Definição do modelo de planejamento e acompanhamento de obras

A gestão de obras em andamento tem como base o planejamento executivo gerado no início de suas atividades e mantido como referência de apoio até o final dos trabalhos. Uma vez admitido que a incerteza faz parte do cotidiano das atividades em um canteiro de obras, e que os mecanismos tradicionais de planejamento não levam em consideração aspectos ligados às restrições logísticas, no que diz respeito a insumos e informações, será preciso encontrar a maneira de viabilizar um novo modelo que garanta agilidade nas mudanças de rumo e na redefinição de metas a cada período analisado.

Podemos definir um novo modelo dedicado à gestão de obras por meio de seus principais componentes:

Planejamento

- Atividade baseada na utilização de toda a cultura organizacional e competência de parceiros na definição prévia dos parâmetros de desempenho esperados para o empreendimento em questão. São definidos nessa etapa:
  - Projetos e especificações técnicas
  - Métodos construtivos e tecnologias de produtos e serviços
  - Arranjo físico do canteiro de obras e equipamentos de suporte à produção
  - Custos para os serviços previstos
  - Programação básica para execução dos serviços
  - Dimensionamento de equipes

Suprimentos

- Atividade de apoio centrada nas estratégias de alimentação das frentes de trabalho com os insumos previstos, na quantidade esperada, no momento adequado, dentro das especificações técnicas recomendadas e ao menor custo possível.
- As diretrizes para negociação e parcerias com fornecedores são fatores importantes que influenciam tanto aspectos operacionais como financeiros para o empreendimento como um todo.

Apontamento de dados no canteiro

- Execução das rotinas de levantamento dos dados reais observados na execução de cada atividade na obra, tendo em vista a possibilidade de comparação entre o previsto e o realizado, viabilizando o cálculo de indicadores de desempenho operacional, ferramentas básicas a serem adotadas no modelo de gestão.

  São executadas rotinas independentes para acompanhamento de:
  - Materiais
  - Mão de obra e tarefeiros
  - Empreiteiros
  - Equipamentos
  - Despesas diversas
  - Andamento físico dos serviços

A frequência de controle e seu nível de detalhamento são definidos em função da duração prevista para o empreendimento e da estrutura organizacional de apoio administrativo adotada para a obra.

35.3.3 Cálculo dos indicadores de desempenho operacional (KPI – *Key Performance Indicators*)

São calculados dois tipos de indicadores de desempenho:

- Aqueles voltados para a medição da eficácia do sistema de planejamento e capacidade de produção adotado. Neste caso, o PPC (*Percentage of Planned Completed Activities*) definido por Ballard e Howell (1994) fornece importantes informações sobre perdas potenciais de desempenho geradas por falhas na alocação de recursos durante a execução dos trabalhos.

  É calculado com base na divisão entre o número de atividades planejadas que conseguiram ser executadas conforme o planejado, e o número total de atividades planejadas para o período de análise.

  Como o PPC pode ser calculado com base no planejamento executivo inicial e nas revisões semanais desenvolvidas pelas equipes de trabalho, esse indicador de desempenho mede também a agilidade na percepção de mudanças de variáveis e de ambiente, e na tomada das ações necessárias para minimizar seus efeitos nos resultados globais do empreendimento.

- Aqueles que buscam a identificação detalhada dos motivos para as perdas de desempenho observadas, com base na comparação entre previsto e realizado, para consumo e gastos ligados a insumos em cada atividade, e as respectivas quantidades de serviço executadas no período analisado.

Assim, o indicador de desempenho operacional para uma determinada atividade em um empreendimento pode ser definido pelo resultado dos cálculos a seguir:

Definindo:

% Custo = (Custo Real Incorrido)/(Custo Previsto)

% Andamento Físico = (Quantidade Real Executada)/(Quantidade Prevista)

Calcula-se:

Indicador de Desempenho = (% Custo)/(% Andamento Físico)

Pode-se notar que o indicador de desempenho das atividades representa com precisão os esforços das equipes da obra durante o período analisado e os resultados reais obtidos com tais atitudes.

Caso os cálculos sejam realizados com dados acumulados do início dos trabalhos até o período analisado, pode-se obter uma posição da tendência de desempenho da atividade analisada projetada para a data de seu término.

Com o cálculo do desempenho das atividades de uma obra, pode-se determinar o indicador de desempenho da obra como um todo, por meio de uma média ponderada dos indicadores de desempenho das atividades, em que o peso seria representado pelo valor orçado para cada serviço.

Seguindo a mesma linha de raciocínio, determinam-se os indicadores de desempenho para os insumos incluídos na atividade em questão. Nesse nível de detalheamento, a % Custo representa a variação entre o preço unitário real pago pelo insumo e o seu valor previsto, enquanto a % Execução Física representa a variação entre o índice de consumo real para o referido insumo na atividade e o valor previsto nas composições de preço unitário utilizadas nas etapas de planejamento da execução.

Com essa estrutura de indicadores de desempenho definida, a análise da posição da obra a qualquer instante é imediata e passível de entendimento e redefinição de posicionamentos por qualquer elemento da equipe de profissionais alocada, inclusive aqueles responsáveis pela execução das tarefas.

35.3.4 Replanejamento e reprogramação de atividades

Utilizando-se os dois tipos de indicadores de desempenho acima definidos, deve ser buscado então um reposicionamento para a execução dos serviços nos próximos períodos, o qual deve ser definido com base em:

Deveria O que deveria ter sido feito (planejamento inicial e também o último replanejamento periódico realizado)

Fiz O que foi efetivamente realizado

Posso O que pode ser realizado face às restrições de insumos

Farei O que deveremos realizar para retomar ou garantir os níveis de desempenho esperados (resultado final da operação de reprogramação)

Como definido anteriormente, as empresas mais ágeis na administração dos graus de incerteza acima citados terão muito mais chances de sucesso em suas operações.

Uma outra técnica passível de utilização para reprogramação de atividades é a adoção de linhas de balanceamento para fases da obra que tenham frentes de trabalho repetitivas. Nesse caso, a reprogramação poderia ser feita com base na mudança da velocidade de avanço das frentes de trabalho analisadas, corrigindo assim eventuais desvios de desempenho.

Deve ser frisado que a adoção de linhas de balanceamento como ferramenta de apoio à reprogramação de atividades em uma obra viabiliza a utilização de outras técnicas mais avançadas de organização do processo produtivo, como por exemplo a adoção do conceito de células de manufatura para as equipes de trabalho alocadas a cada uma dessas atividades.

35.4 CONCLUSÕES

A construção civil é uma indústria nômade, na qual cada unidade produzida é diferente das anteriores, sendo baseada na utilização intensiva de mão de obra e equipamentos, apoiando seus mecanismos de gestão em organizações temporárias e geralmente voláteis. Diante de tais níveis de incerteza, é de fundamental importância a busca consciente da flexibilização em seus processos de produção, tendo em vista atingir patamares elevados de desempenho em suas operações.

Os sistemas convencionais de planejamento, programação e controle de empreendimentos deixam a desejar na medida em que não levam em consideração a interrelação entre atividades a serem executadas e as variáveis logísticas de cada fase do processo produtivo.

Nesse cenário, acreditamos que o modelo proposto por Koskela traz novos horizontes ao desafio de gerenciar empreendimentos complexos, onde não somente as tecnologias de execução e insumos devam ser dominadas, mas também mecanismos de gestão que permitam monitorar o andamento das tarefas ao longo do tempo. Fluxos passam a ser tão importantes quanto processos, e o valor agregado a cada produto propicia a diferenciação entre a empresa e seus concorrentes. Abordagens voltadas para a otimização da logística de insumos e seus respectivos fluxos na operação garantem não somente o êxito na execução de tarefas como geram a base da vantagem competitiva de cada empresa.

É preciso admitir a mudança para o paradigma da *Lean Construction*, lastreado principalmente:

- no foco nas necessidades do cliente, por meio da clara identificação do que vem a ser o conceito de "valor" para o cliente, e também na gestão das atividades de cada processo produtivo que efetivamente proporcionam essa adição de valor;
- na plena capacitação dos profissionais da empresa em tomar decisões com sinergia em relação aos seus objetivos globais;
- na utilização de toda a competência existente (cultura interna e fornecedores-parceiros) para a elaboração dos documentos de suporte ao planejamento, à programação e à execução dos trabalhos;
- na flexibilidade em gerenciar insumos e informações buscando agilidade para viabilizar o ritmo previsto para cada serviço, replanejando esforços com base nas restrições observadas e nas metas a atingir;
- na competência em diminuir os tempos de ciclo, dominando os projetos e os métodos construtivos.

Do ponto de vista da implantação de modelos de gestão baseados nos conceitos da *Lean Construction*, mecanismos de gerenciamento adequados para cada obra executada proporcionam a oportunidade de uma busca consistente dos resultados previstos para o empreendimento como um todo, viabilizando situações onde a obra aprende com seus erros e a empresa acumula conhecimentos para obras futuras. Nesse sentido, a função "planejamento" deve ser utilizada como responsável pela disseminação dos conhecimentos adquiridos em experiências passadas a todas as pessoas envolvidas nos processos ligados a empreendimentos e suas respectivas obras.

As ferramentas e técnicas aqui apresentadas podem propiciar a base necessária para que as empresas atuantes no setor da Construção Civil possam efetivamente dirigir seus passos para ganhos de mercado a médio e longo prazos, por meio de estratégias baseadas em competitividade e flexibilidade.

Sob esse novo paradigma, a redução das perdas e dos desperdícios passa a ocorrer dentro de um contexto maior, onde cada avanço observado implica alterações nos cenários das atividades sucessoras, afetando assim o êxito do empreendimento como um todo. Nesse instante, poderemos afirmar que a obra bem executada não é aquela executada no prazo, mas sim aquela que seguiu com precisão os caminhos definidos em seu planejamento executivo.

Questões para reflexão

1. Como definir o conceito de "valor" dentro de um determinado processo produtivo? Como o "valor" é formado dentro da empresa? Como implementar mecanismos de gestão para que os produtos gerados mantenham sempre um alto nível de "valor" perante seus clientes?

2. Conceitue a função "Planejamento" em uma empresa atuante no setor da construção civil, discutindo inclusive seu posicionamento na estrutura organizacional e sua atuação no processo de obtenção de novas obras, acompanhamento das obras em andamento e desenvolvimento e pesquisa de novas tecnologias em processos e matéria-prima.

3. Quais os cuidados a serem tomados no desenvolvimento de um estudo para o arranjo físico de um canteiro de obras, sob a ótica da *Lean Construction*?

4. O modelo da *Lean Construction*, tal como definido por Koskela em 1992, pressupõe o abandono das técnicas convencionais de programação de obras tais como o PERT/CPM, pelo fato de que as mesmas geralmente não incorporam dificuldades ligadas ao fluxo de insumos e informações. Existem formas de adequar essas técnicas ao novo modelo? Como operacionalizar essa transição?

5. O modelo apresentado propicia a oportunidade para a revisão de diversas rotinas e procedimentos operacionais importantes, tais como a própria formação do preço de venda do produto acabado. Nesse novo contexto, qual a função do BDI (Bonificação para Despesas Indiretas)?

6. Quais os procedimentos operacionais a serem implementados tendo em vista o apontamento dos dados reais obtidos no canteiro, quando da execução de cada serviço ou atividade da obra?

Referências bibliográficas

BALLARD, G.; HOWELL, G. *Implementing lean construction*: stabilizing work flow. 2. ed. Chile: IGLC Meeting Proceedings, 1994.

_____. *Implementing lean construction*: improving downstream performance. 2. ed. Chile: IGLC Meeting Proceedings, 1994.

BOWERS, J. The role of system dynamics in project management. *Internacional Journal of Project Management*. v. 14, n. 4, p. 213-220.

CONTE, A. *Lean construction*: a construção sem perdas. Seminário Gerenciamento *versus* Desperdício. Instituto de Engenharia, 1996.

_____. *Lean construction*: an approach for a sustainable growth. 3. ed. Novo México, USA: IGLC Meeting Proceedings, 1995.

FORRESTER, J. *Industrial dynamics*. MIT Press, USA, 1961.

HOWELL, G.; BALLARD, G. *Lean production theory*: moving beyond CAN-DO. 2. ed. Chile: IGLC Meeting Proceedings, 1994.

_____. *Implementing lean construction*: reducing inflow variation. 2. ed. Chile: IGLC Meeting Proceedures, 1994.

KAHKONEN, K. *What do we mean by lean production in construction?* 2. ed. Chile: IGLC Meeting Proceedings, 1994.

KARTAM, S.; BALLARD, G.; HOWELL, G. *Construction models*: a new integrated approach. 2. ed. Chile: IGLC Meeting Procedures, 1994

KOSKELA, L. Application of the new production philosophy to construction. *Technical Report*. n. 72, Center for Facility Enginnering, Stanford University, 1992.

LAUFER, A. *Simultaneous management*: the key to excellence in capital projects. Internacional Journal of Project Management. v. 14, n. 4, p. 189-199.

MELLES, B. *What do we mean by lean production in construction?* 2. ed. Chile: IGLC Meeting Procedures, 1994.

TSUKAMOTO, Y. *Infraestrutura e competitividade no século XXI*. Seminário sobre Competitividade na Infraestrutura para o Século XXI. Instituto de Engenharia, São Paulo, 1996.

WOMACK, J.; JONES, D.; ROOS, D. *A máquina que mudou o mundo*. Rio de Janeiro: Campus, 1990.

CAPÍTULO 36

PLANEJAMENTO E GESTÃO ESTRATÉGICA

Antonio Cantizani Filho

36.1 INTRODUÇÃO

Este capítulo é parte da seção que analisa a empresa competitiva. Competitiva no sentido de ser competente para competir. Mas competir em que contexto, em quais mercados? É notório que a partir da "abertura" da economia brasileira, pouco antes de 1990, muitas empresas industriais instaladas no Brasil – que por mais de 40 anos prosperaram num mercado interno protegido de concorrentes estrangeiros – passaram a demonstrar incapacidade de ajustar-se ao novo contexto competitivo e estão mudando de ramo ou encerrando suas atividades.

Assim, o escopo deste capítulo é apresentar conceitos fundamentais de planejamento e de gestão estratégica que auxiliem a empresa industrial instalada no Brasil a competir numa economia crescentemente globalizada. Ou melhor, mais do que "apenas" numa economia crescentemente globalizada: competir num contexto de sociedades em processo de globalização que transcende a órbita financeira (mobilidade internacional dos capitais) e a comercial (progressiva redução das barreiras tarifárias e não tarifárias ao comércio internacional). Ou seja, competir planetariamente, num contexto em processo de globalização, cujos efeitos sobre as sociedades e seus respectivos sistemas econômicos nacionais vão além da esfera puramente financeira/comercial, afetando desde estruturas produtivas até relações institucionais e contratos entre indivíduos e/ou empresas.

Aos leitores interessados em aprofundar-se no assunto globalização *lato sensu*, na linha do descrito nos dois parágrafos anteriores, recomendamos uma consulta à última seção deste capítulo: "Leitura recomendada".

Por paradoxal que possa parecer, quanto maior a incerteza, maior a necessidade e utilidade – de exercitar-se o planejamento estratégico das empresas, das carreiras, da guerra (onde originalmente surgiu a palavra **estratégia**) etc.; como no caso das incertezas geradas pela ação (ou inação) dos governos, argumento muito utilizado pelos empresários, principalmente no Brasil, para descartar a possibilidade de planejar a longo prazo.

Mas, "na prática", considerando-se a globalização, **como escolher os ramos de atividades ou negócios**? Convém pois esclarecer o que geralmente se entende por negócio em termos estratégicos.

36.2 DEFINIÇÃO DE NEGÓCIOS

Do ponto de vista estratégico, os **negócios** são definidos como a conjunção (o par) das famílias de produtos/serviços **com** os segmentos de mercado nos quais eles são comercializados e, portanto, **onde a competição é sentida pela empresa**. Daí que na caracterização do negócio, além dos produtos/serviços, é indispensável que a empresa seja capaz de identificar claramente os seus clientes (atuais e potenciais) e os competidores que disputam tais clientes com ela.

Como existem muitas dimensões em que se pode segmentar tanto as linhas de produtos/serviços como os clientes (geograficamente, por classe de renda, pelos critérios com que eles atribuem valor aos produtos/serviços etc.), há uma tendência natural de segmentar-se em inúmeros "negócios" a atuação da empresa. Contudo, ao definir-se um negócio do ponto de vista estratégico, a ele corresponde uma **Unidade Estratégica de Negócio** (UEN), definida como a **menor** subdivisão de uma empresa que *compensa* administrar separadamente, com estratégias básicas e funcionais (marketing/vendas, produção, finanças, P&D etc.) próprias. Daí que se deve encontrar uma situação de compromisso entre o desejo de segmentar pormenorizadamente os negócios e a viabilidade de administrá-los individualmente, por causa das inevitáveis deseconomias de escala. Geralmente tratam-se de duas ou três UENs, no máximo, por empresa não "corporativa" (*holding*).

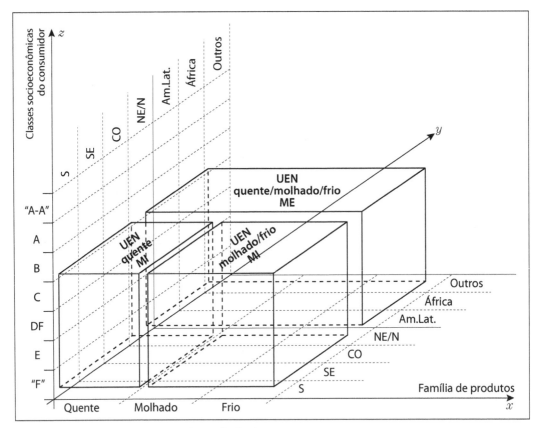

Figura 1 Possíveis UENs atuando na linha branca.

Exemplificando graficamente as **dimensões** em que se pode segmentar os mercados e as linhas de produtos, para definir os negócios, notem, na Figura 1, que os mercados resultaram da segmentação de dois eixos, y e z. Adotou-se o critério geográfico no eixo dos y: Regiões brasileiras no mercado interno (MI) e América Latina, África e outros no mercado externo (ME). O eixo dos z, também dedicado à caracterização do mercado, foi segmentado segundo a classe de renda familiar do consumidor. No eixo dos x segmentaram-se as famílias de produtos, que representam o outro elemento do par que caracteriza os negócios, dividindo-se a linha branca de eletrodomésticos em **quente**, **molhado** e **frio**, ou seja, **quente** = fogões, fornos e fogareiros, a gás ou elétricos (resistências ou microondas) e depuradores de ar; **molhado** = lavadoras e secadoras de roupas e de louças; **frio** = refrigeradores, *freezers*, aparelhos domésticos para condicionamento de ar.

Notem que das inúmeras possibilidades existentes para se **combinar** espacialmente os segmentos desses três eixos, **escolheu-se** dividir a gestão estratégica do fabricante de **linha branca** em apenas três VENs, que são mostradas nos paralelepípedos da Figura 1.

Uma das primeiras tarefas da gestão estratégica empresarial é essa definição-escolha das VENs em que se pensará – e administrará – a empresa. Isso porque é nesses negócios que a competição se dá, onde devemos comparar nossos pontos fortes e fracos *vis-à-vis* os dos concorrentes atuais e futuros, desistindo-se de certos produtos e/ou segmentos de mercado onde nosso posicionamento competitivo é ou será insustentável, ou, pelo contrário, lançando novos produtos e/ou entrando em novos segmentos de mercado nos quais nos julgamos capazes de conquistar e sustentar vantagens competitivas.

36.3 COMPETITIVIDADE DAS NAÇÕES

Assim, diante da questão – **como escolher os ramos de atividades ou negócios**? trata-se de procurar entrar em negócios nos quais o Brasil é e/ou será competitivo. **Mas, como definir a competitividade brasileira, ou a de qualquer nação**? vocês devem estar se perguntando.

Esta é mais uma das inúmeras questões controversas que cercam o tema estratégia: Krugman[1] argumenta que o conceito de competitividade ao nível das nações e, por ser indefinível, **inútil**. Um sintoma disso, segundo ele, é que em seis livros-texto clássicos sobre economia internacional da sua estante a palavra **competitividade** não aparece **nenhuma** vez.

Ou seja, para fazer sentido, o conceito de competitividade tem de ser aplicado no nível das empresas e dos negócios em que elas atuam e, na linha de M. Porter, devemos procurar entender a competitividade internacional buscando respostas à seguinte pergunta: Por que determinadas nações ou regiões são sede de negócios competitivos internacionalmente?

Na sua obra *A vantagem competitiva das nações*, Porter mostra que a indagação original: "Por que algumas nações tem êxito e outras fracassam na competição internacional?" é muito **genérica**, **abrangente**, para que se consiga explicá-la. Mostra também que, pelo outro lado, as tentativas de resposta têm sido muito parciais uma vez que, em sua opinião, **um conjunto de forças mais amplo e complexo parece atuar**.

Assim, às tentativas passadas (Adam Smith, David Ricardo, Heckscher e Ohlin, Vernon etc.) e atuais (*WEF/IMD* etc.) de responder a uma questão genérica com modelos focalizados, Porter contrapôs o seu paradigma para responder a uma questão mais específica "Por que uma nação se torna base para competidores internacionais bem-sucedidos num dado negócio?" com um modelo mais abrangente e sistêmico, ilustrado na Figura 2 a seguir. Notem que o modelo proposto por M. Porter é denominado **diamante** da competitividade nacional ⇒ internacional – por ser composto por quatro classes de fatores determinantes (pontas) interligadas sistemicamente entre si, como se fossem as arestas de um diamante lapidado. Além dessas quatro classes de fatores, no modelo de Porter há duas classes de fatores subsidiários: o **acaso** e o **governo**.

Notem que o **acaso** e o **governo** são classes de fatores subsidiários (linhas pontilhadas) ao entendimento da competitividade nacional ⇒ internacional. As classes básicas e mais determinantes são:

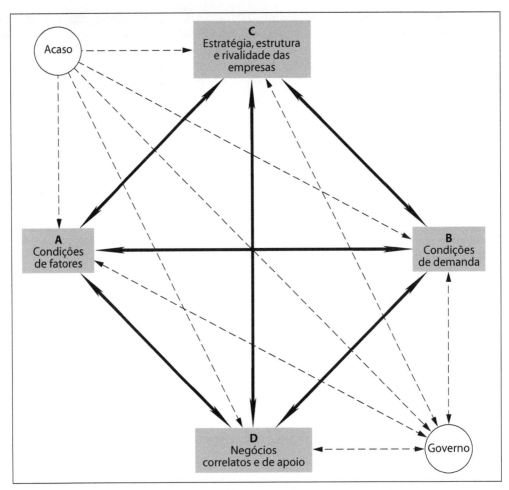

Figura 2 O diamante da competitividade nacional ⇒ internacional.

a) **Condições dos fatores de produção**, tais como: disponibilidade e níveis de qualificação e especialização da mão de obra; infraestrutura (transportes, energia, comunicações, educação e P&D etc.) disponível nacional e regionalmente; recursos naturais (solo, clima, minérios, potencial para hidroeletricidade etc.); mercados de capital e financeiro para giro e investimento.

b) **Condições da demanda do mercado nacional**, ou seja, não apenas o tamanho do mercado e o ritmo das variações desse tamanho, como o nível de sofisticação das exigências dos compradores e a dinâmica das modificações dessas exigências. Além disso, é fundamental que essas exigências sejam pioneiras em termos de evolução da demanda em outras nações.

c) **Estratégia e estrutura das empresas e rivalidade** *entre elas no mercado nacional*. Ou seja, o referencial institucional e cultural em que são criadas, organizadas e administradas as empresas, e a natureza da rivalidade entre as firmas que competem nos diversos segmentos de mercado.

d) **Negócios correlatos e de apoio**, uma vez que raramente um negócio setorial é bem-sucedido isoladamente; ou seja, quase sempre o sucesso internacional em um dado setor depende da existência de setores correlatos e de apoio competitivos internacionalmente. Assim, o sucesso internacional de um dado negócio em um país e/ou região depende do sucesso do **agrupamento** (*cluster*) de negócios ao qual ele pertence.

Cada uma das quatro classes de fatores (A, B, C e D) influencia a competitividade e todas se **reforçam** (ou **enfraquecem**) mutuamente. Ou seja, trata-se de um sistema em que existe sinergia positiva ou negativa entre os componentes, isto é, o conjunto das partes pode ser maior ou menor que a soma aritmética dessas partes. Toda vantagem competitiva baseada em uma só classe de fatores, ou em duas, geralmente mostra-se não sustentável ao longo do tempo, pois os competidores acabam conseguindo superá-la.

Contudo, não é necessário, para a permanência da vantagem competitiva no tempo, estar-se em posição vantajosa em todas as classes de fatores determinantes. Isso porque a sinergia positiva entre as classes em que se possui vantagem permite obter benefícios difíceis de serem ultrapassados pelos competidores estrangeiros.

Além das classes determinantes A, B, C e D descritas, o **acaso** (a natureza probabilística de muitas ocorrências) bem como o **governo**, com seu poder de regulamentar e influir na economia de mercado, também participam na competitividade internacional de um dado negócio baseado em uma nação específica.

O **acaso** está fora do controle das empresas em qualquer negócio e inclui coisas do tipo: grandes avanços ou descobertas científicas, *breakthroughs*[2] tecnológicos, a influência de conflitos sociais (revoluções, guerras etc.), o efeito de desastres naturais (terremotos, furacões etc.), e as grandes mudanças no comportamento dos consumidores, por exemplo, crescente preferência por restaurantes tipo *fast food*, abolição do consumo de detergentes (e de outros produtos) não biodegradáveis etc.

O **governo** pode influir nas diversas classes de fatores determinantes por meio do seu poder de intervenção na economia de mercado via regulamentação, via atuação como "empresário", via investimento em infraestrutura, via utilização de **instrumentos** de **política monetária** (taxas de juro, liquidez, condições de crédito), de **política fiscal** tais como orçamentos públicos equilibrados ou endividamento público para investimento ou custeio, de **política cambial** etc.

No estudo feito durante quatro anos em dez países[3], focado na análise dos negócios nacionais bem-sucedidos internacionalmente, coordenado por Michael E. Porter, constatou-se que houve um denominador comum na história de todos os sucessos: atos de inovação (novas tecnologias e/ou novos modos de fazer as coisas), ou seja, inovação tecnológica e/ou inovação na gestão.

36.4 COMPETITIVIDADE DAS EMPRESAS

Segundo Porter, a lucratividade de uma empresa específica, atuando num dado negócio, depende da **atratividade** do negócio, indicada pela Figura 3, e do **posicionamento competitivo** da empresa nesse negócio. Desse modo, mesmo num negócio pouco atrativo, uma empresa bem posicionada, isto é, que conseguiu conquistar e sustentar vantagens competitivas, pode desfrutar de uma boa lucratividade por estar bem acima da lucratividade média do negócio, que é um indicador de sua atratividade. O inverso também é válido, ou seja, de pouco adianta estar atuando em negócio muito atrativo se o posicionamento competitivo é precário.

Assim, acompanhando-se pela Figura 3, quanto maior a rivalidade entre as empresas que já disputam um dado negócio (força 1), mais a situação se aproxima da competição "pura" da microeconomia e, consequentemente, cai a lucratividade média. O mesmo ocorre, por exemplo, quando frente à simples ameaça (força 2) ou a importações iniciais de certos produtos industrializados, que vêm disputar o mercado interno, diminuem rapidamente os preços nele praticados, e, portanto, as margens de contribuição utilizadas na formação dos preços e a correspondente lucratividade média no negócio.

Analogamente, diminuem a atratividade de um negócio acréscimos no poder de negociação tanto de fornecedores (força 3) como de compradores (força 4). Geralmente, o que provoca a "morte" de um dado negócio, pela "morte" dos seus produtos, são produtos/serviços que substituem com vantagem (do ponto de vista dos consumidores) os existentes. Tais substitutos geralmente provêm de outros negócios ou, ao menos, de empreendedores estranhos ao negócio "moribundo" (por exemplo, o negócio dos *main-frames* substituídos pelos microcomputadores, ou dos relógios legados de pai-para-filho pelos relógios "descartáveis" digitais).

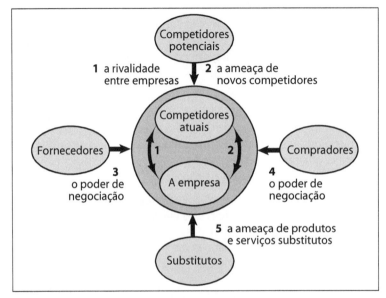

Figura 3 A atratividade setorial, segundo M. Porter. As cinco forças competitivas.

36.5 CICLO DE VIDA DOS PRODUTOS E DOS NEGÓCIOS

A curva da Figura 4, a seguir, mostra o efeito da entrada de um produto substituto no negócio dos adoçantes nos Estados Unidos. Trata-se dos xaropes de glicose-frutose derivados do milho, que substituíram o açúcar de cana e de beterraba.

A forma da curva da Figura 4 é característica do **ciclo de vida** dos negócios, muito semelhante à conhecida curva do **ciclo de vida** dos produtos. Semelhança essa fácil de se entender ao definir-se um negócio como o **par** produto/mercado. Assim, em locais (e mercados) diferentes, o mesmo produto podem estar em diferentes fases do ciclo de vida dos respectivos negócios, uma vez que podem tratar-se de mercados diferentes. Isso fica claro ao repararmos nas curvas dos negócios com xaropes de glicose-frutose em outros países, que não os Estados Unidos, mostradas na parte inferior direita da Figura 4.

Embora em termos agregados os conceitos de **atratividade de um negócio** e de **posicionamento competitivo** sejam as duas bases capazes de explicar a lucratividade das empresas, existem outros conceitos que ajudam a explicá-la. Um deles é o de **ciclo de vida dos produtos e dos negócios**.

Os produtos/serviços são concebidos, desenvolvidos, fabricados e comercializados em escala introdutória, uma vez que os compradores potenciais ainda não os conhecem.

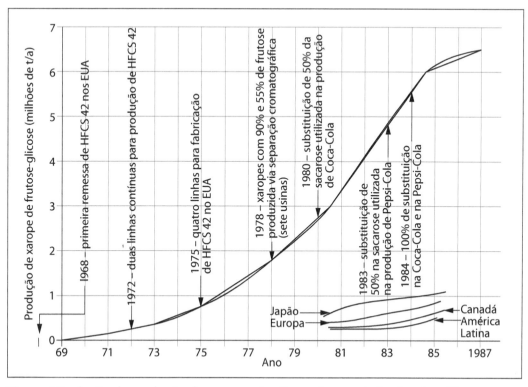

Figura 4 Evolução da produção de xaropes de glicose-frutose derivados do milho.

Dependendo do caso, essa escala de produção cresce rapidamente até se estabilizar e, decorrido o tempo necessário (que pode ir de meses a anos), como se pode ver no diagrama da atratividade, da Figura 3, acabam surgindo produtos/serviços substitutos que, gradativa ou rapidamente, substituem os produtos/serviços originais. Ou seja, há um nascimento, um crescimento, uma fase adulta de estabilidade e um declínio, geralmente seguido do desaparecimento (morte). Isto é, há um ciclo de vida que se desenrola ao longo do tempo, como no caso dos seres vivos que criaram tais produtos/serviços. Uma representação gráfica disso está na Figura 5.

Quando se é pioneiro na criação/lançamento de um novo produto/serviço, pode-se estar em negócio bastante atrativo. Em caso de sucesso na introdução mercadológica do novo produto, crescem rapidamente a atratividade do negócio por ele criado, o volume comercializado e os lucros. O que atrai fortemente a entrada de imitadores na disputa pelo mercado explorado pioneiramente pelo inovador. Todavia, na maior parte dos casos a inovação pode ser imitada, intensificando-se rapidamente a rivalidade entre os concorrentes que produzem o novo produto e, embora aumentando o volume total comercializado, os lucros unitários de cada um dos concorrentes tende a cair, pois se está passando da fase de competição por diferenciação para competição via custos.

Essa situação fica exacerbada na fase de maturidade, na qual os que não escolhem[4] liderar via minimização de custos procuram fazê-lo via diferenciação, identificando nichos de mercado ainda não explorados e/ou mau explorados, aproveitando-os por meio de versões do produto básico mais bem ajustadas aos desejos dos clientes potenciais. Em outros casos, a diferenciação se dá por meio de novas práticas comerciais no ramo específico; por exemplo, o caso das pequenas copiadoras eletrostáticas japonesas que passaram pioneiramente a ser vendidas em lugar de alugadas (algo que a *Xerox* só começou a fazer recentemente).

A fase de desenvolvimento do produto e do processo produtivo, que pode ser denominada de PeDeEs, fase da Pesquisa Aplicada, do Desenvolvimento Experimental e das Engenharias, é o Processo de criação e desenvolvimento de uma ideia, na forma do par produto/serviço. Durante o desenvolvimento do produto/serviço não há vendas e se acumulam os custos de investimento (que pode ou não ser rentável) da empresa.

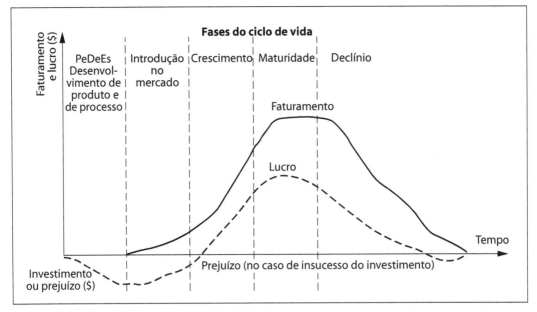

Figura 5 Ciclo de vida dos produtos.

Na segunda fase, a de introdução do produto/serviço no segmento de mercado considerado mais viável, as vendas geralmente crescem lentamente. Daí que os lucros não existem nessa fase, como mostrado no diagrama, e, apesar de haver faturamento, os custos o superam. Em parte, isso é consequência dos custos de estabelecimento dos canais de distribuição, de políticas de preços promocionais etc.

Durante a fase de crescimento, o faturamento é crescente e também os lucros, uma vez que a empresa que correu pioneiramente os riscos do desenvolvimento e da introdução mercadológica ocupa uma posição de oferta monopolística e pode praticar preços bastante vantajosos.

Na fase de maturidade, tendo o produto sido aceito pela maioria dos compradores potenciais, as vendas se estabilizam e, no caso dos bens de consumo duráveis como os automóveis e refrigeradores, passa a predominar a demanda de reposição em lugar da de expansão. Nessa fase, intensifica-se a competição entre todos os que conseguiram entrar no negócio criado pelo novo produto/serviço e, consequentemente, diminui a atratividade do negócio e, na média, caem os lucros unitários dos participantes, embora caiam menos os daqueles que conseguiram posicionar-se vantajosamente ou em termos de liderança via custos ou liderança via diferenciação.

Na fase de declínio, produtos/serviços substitutos começam a diminuir a demanda total e, portanto, cai o faturamento agregado de todos os concorrentes que ofertam o produto/serviço em declínio. Consequentemente, caem os lucros unitários médios e alguns concorrentes em posição mais desvantajosa começam a ter prejuízo, o que os força a abandonar o produto/serviço ou tentar revitalizá-lo, introduzindo melhorias significativas. Quando tais melhorias não são viáveis, o produto/serviço tende a ser totalmente substituído e desaparece do mercado.

Normalmente os lucros aumentam significativamente na fase de crescimento, pois os custos de promoção e distribuição são rateados por um volume crescentemente maior. A qualidade do produto é aprimorada com a experiência e os preços da versão inicial desse produto podem diminuir; mesmo porque, com os ganhos da **curva de aprendizagem**[5] os custos tendem a cair.

Figura 6 As três estratégias fundamentais, segundo Porter.

36.6 ESCOLHA DA ESTRATÉGIA COMPETITIVA BÁSICA

Outro conceito a ser apresentado é o da escolha da estratégica competitiva básica, mostrado na Figura 6.

Essa figura, também derivada de M. Porter, mostra as três **estratégias competitivas básicas** entre as quais se pode/deve escolher competir:

1. **Liderança via custos**, atuando em âmbito amplo (muitos produtos e/ou segmentos de mercado);
2. No mesmo âmbito, procurar **liderar via diferenciação** (qualidade, desempenho, prazo de entrega, rapidez no lançamento de novos modelos, marca, imagem etc.);

   Já quando o âmbito é reduzido, isto é, quando a empresa escolhe especializar-se em poucos produtos e/ou segmentos de mercado, há duas subalternativas:
   a) **Focalização nos custos** e
   b) **Focalização na diferenciação**.

É importante observar que geralmente só se consegue trabalhar eficazmente em uma dessas escolhas, ou seja, não é recomendável procurar administrar mais de uma estratégia básica na mesma **Unidade Estratégica de Negócio** (UEN).

Em diferenciação, há que se escolher cuidadosamente o parâmetro diferenciador. Por exemplo, como país em "vias de desenvolvimento" ou "emergente" estamos, nacionalmente, em desvantagem nos fatores de produção[6] **tecnologia e capacidade empresarial**; daí ser muito difícil liderar (frente aos produtores do 1º Mundo) na qualidade, no desempenho tipo estado da arte, no ciclo de vida dos produtos, na eficácia gerencial, por exemplo, em marketing etc.

Em essência, os parâmetros diferenciadores que podem ser vantajosos para os produtores nacionais são as peculiaridades dos nossos fatores de produção, bem como sua disponibilidade relativa, quando comparados aos concorrentes de países desenvolvidos. Além disso, não só por se estar no Brasil, mas sendo brasileiro, tem-se uma vantagem cultural no setor de serviços. E, segundo o dr. Per Lind – um consultor sueco que conheci quando ele prestava serviços em nome da Unido[7] no Brasil – o componente serviços que naturalmente acompanha os produtos tende a crescer, como mostra o gráfico da Figura 7.

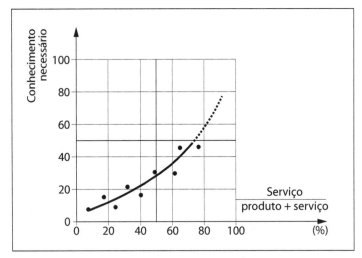

Figura 7 Evolução da importância do componente serviços.

36.7 O PROCESSO DA INOVAÇÃO TECNOLÓGICA

Mas, afinal, o que se deve entender com a palavra **tecnologia**? Alguns dos leitores devem estar se perguntando e pensando: Ela é empregada em contextos tão diversos e certamente significa coisas diferentes, dependendo do contexto e do interlocutor.

O diagrama da Figura 8 ilustra uma abordagem idealmente sistêmica dos tipos de atividade envolvidos na geração de uma inovação tecnológica ambiciosa, isto é, o caso geral em que a pesquisa aplicada está envolvida. Por se tratar do caso geral, inovações tecnológicas mais simples, bem como outros tipos de inovação ou mudança, por exemplo gerenciais, estão contidos no mesmo diagrama.

Notem que a Figura 8 é uma expansão da conhecida expressão P&D, ou seja, atividades de Pesquisa e Desenvolvimento, oriunda de R&D (*Research and Development*), nessa ordem, ou seja, cronologicamente, por meio do P[8] investiga-se o desconhecido, visando uma dada aplicação prática e, a seguir, por intermédio do D, desenvolve-se experimentalmente essa aplicação. Daí o P e o D, nessa ordem, do P&D na língua portuguesa.

Contudo, para melhor caracterizar a geração das inovações tecnológicas faz-se necessária a caracterização de outras fases presentes à sua criação, empregando-se outras letras: o C de concepção, o Es de engenharias e o M de mercadologia. Embora o núcleo do processo de criação das inovações tecnológicas seja a atividade em P&D, essas outras letras estão sempre presentes, de modo mais ou menos explícito e estruturado.

Assim, do mesmo modo que cronologicamente as atividades de pesquisa vêm antes das de desenvolvimento, ter-se-ia, nessa descrição ampliada do processo de inovação tecnológica:

Concepção ⇒ Pesquisa aplicada ⇒

⇒ Desenvolvimento experimental ⇒

⇒ Engenharias ⇒ Mercadologia

Mas, como costuma acontecer, e nota-se na Figura 8, a realidade não é tão linear assim. Antes de ilustrá-la, é necessário qualificar as Es e o M. Nas Es estariam todas as engenharias, inclusive a engenharia econômica, ou economia da engenharia. No M estariam não só atividades típicas de marketing, mas também análises que dependem de conhecimentos de microeconomia, macroeconomia, política econômica, história e geografia econômica, direito, sociologia, psicologia social do consumidor etc. Ou seja, em M estariam concentradas as atividades que dependem de conhecimentos das ciências sociais relevantes para o sucesso de uma inovação tecnológica. Por sinal, cumpre lembrar que uma inovação tecnológica só existe de fato quando o produto, processo ou serviço são efetivamente utilizados; ou seja, por maior que seja a excelência técnica do produto/processo/serviço, sem utilização comercial pode-se dizer que a tentativa de inovação tecnológica fracassou.

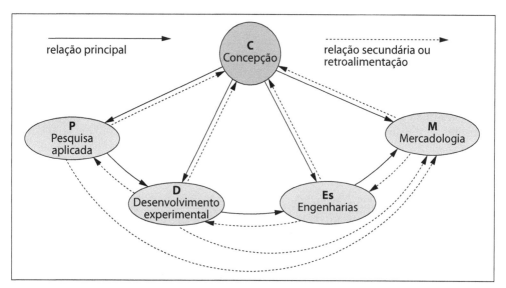

Figura 8 O processo da inovação tecnológica.

36.8 O FLUXO BÁSICO DA GESTÃO ESTRATÉGICA

Notem, que no fluxograma da Figura 9, proposto por Serge Widmer, tudo começa com três tipos de informações a serem coletadas: primeiro, sobre o entorno, ou seja, o ambiente no qual o negócio ocorre; segundo, sobre a escala de valores dos sócios gestores no caso de empresas médias ou pequenas, ou, no caso de empresas grandes, do conselho de acionistas, misturada com a escala de valores dos executivos profissionais da alta direção e terceiro, informações da UEN (unidade estratégica de negócios), no caso da empresa atuar em mais de uma UEN.

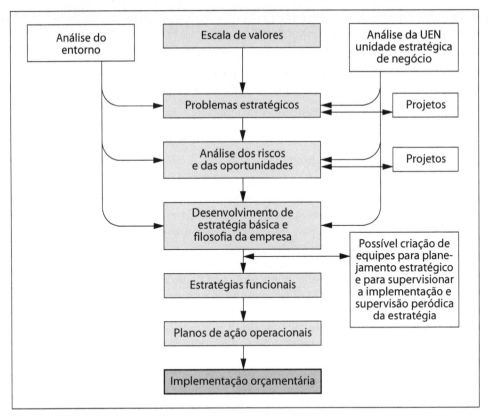

Figura 9 O fluxo básico da gestão estratégica.

As análises dos problemas, oportunidades e riscos estratégicos, como mostrado pelas flechas com duas pontas do fluxograma, podem ser feitas "fora" da linha hierárquica normal da empresa, **administrando-se por projeto** os esforços necessários, ou seja, com uma equipe formada sob medida, com elementos da empresa (atuando geralmente em tempo parcial, portanto **matricialmente**), eventuais consultores externos etc.; equipe essa gerenciada por um elemento da empresa, preferencialmente em tempo integral.

Dessas análises, conduzidas e gerenciadas por projeto ou dentro da hierarquia normal da empresa, decorre a definição da estratégia básica da UEN – a escolha competitiva entre as três estratégias fundamentais (ver Figura 6) – e os objetivos visados, por exemplo em termos de metas de rentabilidade, crescimento, participação no mercado (*market share*) etc. E decorre, também, a redação da filosofia da empresa, centrada no que a empresa considera como a sua **missão**[9], – um documento sucinto para "consumo" externo (clientes, fornecedores etc.), em linguagem acessível a tal público. Em contraponto a esse documento para "consumo" externo, a outra parte da estratégia básica – a escolha competitiva e principalmente as metas – é um documento interno para uso da diretoria.

Notem, no fluxograma anterior, que a análise dos problemas e a dos riscos e oportunidades são pontos-chave. Quanto aos problemas estratégicos não há muito o que falar: trata-se de problemas do tipo perda de participação no mercado; entrada de competidor coreano ou chinês com preços "incríveis"; ou de competidor com produtos que apresentam uma nova geração tecnológica, com desempenho e/ou qualidade muito diferenciados em relação à geração anterior etc. No caso dos problemas, cumpre alertar que normalmente o caminho para a solução de um problema passa pela identificação de uma oportunidade a ser explorada.

Quanto aos riscos, incluem-se nessa categoria as eventuais retaliações da concorrência em resposta à ações de nossa parte, ou seja, como em um jogo de xadrez, antes de empreender ações temos de considerar todas as possíveis respostas dos opositores.

No caso das oportunidades, cabe discorrer um pouco mais, lembrando M. Porter[10]: as oportunidades que podem resultar em novas maneiras de competir **surgem**, geralmente, **de alguma descontinuidade ou mudança na estrutura do negócio**. É comum as oportunidades latentes nessas mudanças estruturais passarem despercebidas durante muito tempo às firmas estabelecidas no ramo, principalmente às líderes de mercado, até que surge um empreendedor "de fora" do ramo com coragem e persistência suficientes para, correndo os riscos de toda atitude nova, **inovar**, introduzindo modificações nos produtos, mudanças de processos produtivos, novas abordagens na comercialização, novas formas de distribuição e novas concepções de âmbito competitivo (ver Figura 6).

A influência das inovações na vantagem competitiva ocorre, como salienta Porter, quando os rivais não se dão conta da nova maneira de competir tornada possível pelas mudanças na estrutura do negócio, ou quando, embora dando-se conta, não querem ou são incapazes de reagir. Isso pode ser fruto de muitas causas: a complacência, a inércia, bens de capital (de ativo fixo em geral) inflexíveis, muito especializados, ou uma combinação dessas causas.

As origens típicas de oportunidades decorrentes de descontinuidades na estrutura dos negócios – capazes de influir nas vantagens competitivas – são as seguintes, no entendimento de M. Porter:

a) novas tecnologias;
b) novas ou renovadas necessidades do comprador;
c) aparecimento de novo segmento no negócio;
d) variações nos custos ou na disponibilidade dos insumos;
e) mudanças governamentais na regulamentação do negócio.

Na sequência do fluxograma da gestão estratégica da Figura 9, a fase seguinte é a dos **planos de ação operacionais**. Em alguns casos, trata-se da elaboração e análise de um projeto de investimento industrial, que é normalmente desdobrada em etapas ligadas aos diversos aspectos estruturais das tarefas a realizar, embora seja intensa a interação entre essas etapas, como mostra a Figura 10, baseada em Woiler e Mathias[11].

A etapa #1 aborda aspectos **econômicos**, como mercado, localização e escala produtiva. A #2 dedica-se aos aspectos **técnicos** do projeto, tais como: seleção entre processos produtivos alternativos; engenharia do projeto (preliminar, básico ou de contrato, e executivo ou final); arranjo físico dos equipamentos; seleção de fornecedores dos equipamentos; seleção, contratação e gerenciamento da construção, instalações, montagem e colocação em marcha. A #3 trata dos aspectos **financeiros**: composição do capital, financiamentos, capital de giro, indicadores retrospectivos e prospectivos (por exemplo, VPL – valor presente líquido, TIR – taxa interna de retorno), análise de risco etc. A etapa #4 cuida de aspectos **administrativos**: estruturas organizacionais nas fases de implantação e operação, necessidades de treinamento etc.; principalmente para que se possa orçar custos. A #5 analisa e formata os aspectos **jurídicos e legais** do empreendimento. A #6 aborda os aspectos **contábeis**. A #7 analisa a interação do empreendimento com o meio ambiente: economias e deseconomias externas; regulamentação *versus* análise de benefício/custo para interiorizar deseconomias externas (por exemplo, produção limpa).

Notem, pelo fluxograma, que se prevê a realização de ciclos, voltando-se a uma etapa, para aprofundar o seu detalhamento, após haver passado por outras que a sucedem. É como se o projeto seguisse uma espiral, em que, a cada volta, se aprofunda a análise de todos ou de alguns de seus aspectos.

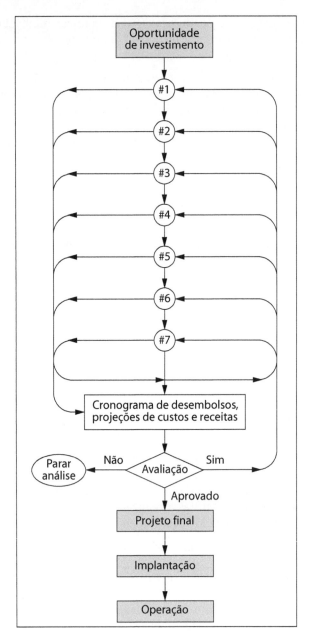

Figura 10 As etapas de um projeto de investimento e seu relacionamento.

Uma vez analisadas e selecionadas alternativas, e sendo **aprovada** a viabilidade econômico-financeira do projeto por meio de critérios de **avaliação** tipo TIR (taxa interna de retorno) e/ou VPL (valor presente líquido), passa-se à etapa do projeto final, ou executivo, que permite a implantação da fábrica, seguida de sua colocação em marcha e operação.

36.9 ESTRATÉGIA

Para uns, seguindo a origem etimológica (bélica) da palavra, a estratégia cuidaria dos aspectos mais gerais (abrangentes) e mais *críticos* das decisões envolvendo conflitos de interesse; por exemplo, produtor *versus* produtor, ou produtor *versus* consumidor, ou produtor *versus* consumidor *versus* produtor.

Para outros, o que caracteriza a estratégia é o seu contraponto com a tática: enquanto a primeira se ocupa do longo prazo, a segunda restringe-se ao médio e curto prazos.

Todavia, para muitos, o que interessa na estratégia é a análise da posição competitiva de nossa empresa – seus pontos fortes e fracos *vis-à-vis* os pontos fortes e fracos dos concorrentes no mesmo negócio (**produto/serviço-segmento de mercado**), e a maximização/minimização respectivamente de nossos pontos fortes/fracos visando maior participação no mercado (*market share*) e, consequentemente[12], maior rentabilidade.

Pois bem, estratégia é tudo isso ao mesmo tempo, ou seja, cada uma dessas interpretações explica uma parte do conteúdo semântico geralmente associado à palavra **estratégia**. Por exemplo, embora ela normalmente envolva o médio/longo prazo, uma decisão envolvendo o curto prazo que seja realmente crítica para a lucratividade ou a sobrevivência da empresa, mesmo que muito específica, também é estratégica.

Todas as interpretações apresentadas sobre o que é **ser estratégico** estão bastante associadas ao conceito de **escolha de rumo**: uma vez constatado onde se está, decide-se aonde se quer chegar. Ou seja, todas as interpretações relacionam-se, direta ou indiretamente, com a noção de planejamento.

Talvez seja por isso que durante muito tempo estratégia empresarial foi sinônimo de planejamento estratégico – focalizando-se as atividades estratégicas na elaboração de um **Plano Estratégico** de médio/longo prazo, geralmente feito por um comitê específico, que passou a ser permanente para **garantir** a implementação do plano, para que o plano **saísse do papel**. A subsequente ênfase exagerada nos aspectos formais do plano e dos procedimentos para elaborá-lo, e, principalmente, o caráter de panaceia universal para todos os males empresariais com que ele passou a ser visto, particularmente no Brasil, fizeram com que rápida e radicalmente ficasse desmerecido o assunto **planejamento estratégico** e, por decorrência, o tema estratégia em geral.

Ou seja, do mesmo tamanho das expectativas geradas pela panaceia universal foi a decepção, e estratégia **saiu de moda** na administração das empresas, particularmente das brasileiras. Passado o exagero, o crescimento anormal das expectativas e a correspondente decepção, atualmente fala-se em **Gestão Estratégica** para compensar a "ressaca" com o Planejamento Estratégico e para se enfatizar a sua natureza de atividade sistêmica e permanente, como indicado na Figura 9, recomendando-se que o lado perverso (rotinas que tendem à mediocridade) do "permanente" seja aliviado **administrando-se** as partes mais críticas das atividades de gestão estratégica **por projeto**, por meio de equipes compostas **matricialmente**, por mais conflitiva que possa ser esta estrutura (matricial) na qual existem, inevitavelmente, subordinações a duas chefias.

Assim, **apoiar decisões sobre redirecionamento estratégico** não é tarefa fácil de ser empreendida: em primeiro lugar por depender de dois assuntos controversos – **estratégia e competição** – e, em segundo, porém não menos importante, porque a experiência deste autor em consultoria sobre gestão ou planejamento estratégico tem mostrado o quão difícil é obter eficácia na ação de "apoiar" que consta do início deste parágrafo.

Um ponto a ser considerado – nas dificuldades para efetivamente apoiar decisões estratégicas – é o argumento padrão utilizado para justificar a ausência de planejamento em geral, e particularmente de planejamento de longo prazo (estratégico) nas empresas brasileiras: alega-se que no Brasil, principalmente devido à inação (ou a ações erradas) do governo, a conjuntura econômica é muito incerta e imprevisível no curtíssimo prazo. Daí a inconsequência, a inutilidade de se tentar planejar o longo prazo!

Ao acompanhar o dr. Serge Widmer[13] em visitas a empresários brasileiros, tive a oportunidade de vê-lo responder a esse tipo de argumento: na Suíça, e em outros países europeus, também é comum esse tipo de assertiva em relação à incerteza da conjuntura e ao papel negativo do governo. Todavia, o planejamento estratégico deve existir **a despeito** do governo, das incertezas por ele geradas e das incertezas em geral; ou seja, por paradoxal que possa parecer, o melhor modo de enfrentar as incertezas é planejar para diferentes contingências; só assim podemos preparar-nos, antecipada, consciente e metodicamente para bem enfrentá-las, quer elas resultem em conjunturas favoráveis, quando existem oportunidades a serem aproveitadas, quer elas resultem em problemas a serem enfrentados. Afinal, "a palavra estratégia significa, literalmente, 'a arte do general', derivando-se da palavra grega 'strategos', que significa general"[14] – e um bom general sempre considera cenários alternativos, passíveis de resultar da arte do general adversário, do moral das tropas, da logística, do acaso (por exemplo, uma tempestade) etc. Cada cenário alternativo provável implica contingências estratégicas distintas, a serem enfrentadas com táticas distintas na ocasião da batalha.

36.10 A MISSÃO DA EMPRESA

Durante a época da ênfase no plano estratégico, a explicitação da **missão da empresa** foi considerada um dos passos-chave do planejamento estratégico. Na minha opinião, a supervalorização desse passo foi indevida, por duas razões:

a) é muito difícil condensar numa frase curta um conceito de tantas dimensões como o da **missão** de uma empresa; e,

b) para complicar a razão anterior, trata-se de uma frase para "consumo externo", ou seja, para divulgação ampla, e por isso existe uma incompatibilidade intrínseca entre o que se **deveria** e o que se **pode** divulgar.

Entretanto, uma explicitação da **missão empresarial** é importante, pois ela significa uma definição de rumo no processo de planejamento, como esquematizado na Figura 11, no verso desta página.

Notem que a Figura 11 procura representar um negócio no qual a empresa atua em três situações – passado, presente e futuro – sendo diferentes os conjuntos de competidores da empresa X nessas três situações: no passado a empresa X competia com as empresas A, B, C, D e E, enquanto no presente, só restaram A, B e C, das antigas, e entraram duas novas na rivalidade direta entre as empresas que disputam os segmentos de mercado desse negócio: as empresas F e G. Quanto ao futuro, prevê-se que sobreviverão apenas as empresas A e B originais, às quais juntar-se-ão três novas: H, I e J, na disputa pelos segmentos de mercado. A figura indica também, através de flechas, a influência do entorno externo ao negócio.

É a seguinte a essência do ato de planejar: tomando-se consciência de onde se está (presente) e aprendendo com o passado **como** e **por que** se chegou ali, especula-se sobre os possíveis futuros e decide-se, **hoje**, **aonde** se deseja e se pode chegar em cada um desses futuros alternativos (cenários). A **missão**, como está indicado no diagrama, define o **rumo** a ser seguido para se chegar **aonde** se deseja.

Pela natureza probabilística dos futuros cenários alternativos, é natural que a **missão** defina apenas o **rumo**, sendo que o **caminho** a ser percorrido estará entre as duas linhas tracejadas, variando-se a direção e a velocidade de percurso segundo as variações da conjuntura do negócio e do entorno externo a ele.

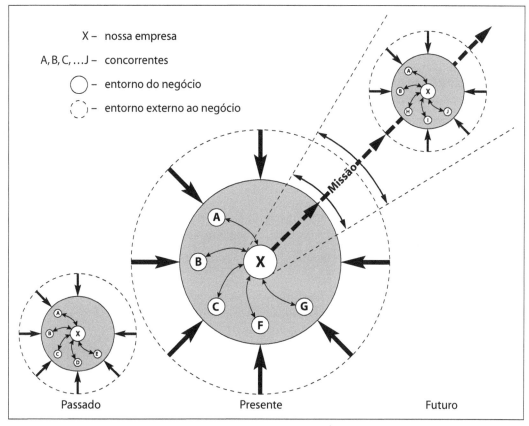

Figura 11 O papel da missão no processo de planejamento.

Questões para Reflexão

O conjunto de questões apresentado a seguir destina-se a:

a) auxiliar os leitores na autoavaliação do que foi absorvido no estudo deste capítulo;

b) suscitar a utilização dos conceitos apresentados em questões mais abertas e, às vezes, controversas, exercitando a habilidade de **pensar por escrito**;

c) sugerir temas para avaliação do aprendizado dos alunos em gestão estratégica.

1. O que tem a ver a **abertura** da economia brasileira, e sua consentânea desregulamentação, com a necessidade de redirecionamento estratégico das indústrias de transformação brasileiras?

2. O que é mais relevante nesta nova situação: a competitividade internacional ou apenas a nacional da indústria instalada no Brasil? Por quê?

3. Descreva as dimensões em que se está procurando entender o processo de globalização em curso. Será que a ênfase que tem sido dada a esse assunto não é apenas mais um "modismo", uma vez que maiores ou menores graus de internacionalismo sempre existiram, como argumenta Paulo Nogueira Batista Jr., da FGV? Ou será que o papel das nações estado começa a ser radical e definitivamente diminuído?

4. Será que Luciano G. Coutinho tem razão, ao dar o título *A fragilidade do Brasil em face da globalização* à parte de sua autoria no livro editado por Renato Baumann? Por quê?

5. Será que é inócuo falar sobre administração da empresa industrial instalada no Brasil desconsiderando o contexto da globalização? Por quê?

6. O que é, afinal, um **negócio**, do ponto de vista estratégico? Qual é o relacionamento dos **negócios** em que atua uma empresa e a definição de UEN – **unidade estratégica de negócio**? Por que, em termos de gestão estratégica, há restrições à quantidade de UENs em que convém dividir uma empresa?

7. Descreva o exercício, ilustrado na Figura 1, para definição/escolha de UENs num fabricante de eletrodomésticos da **linha branca**.

8. Na disputa entre P. Krugman e J. Sachs sobre a competitividade das nações, de que lado você fica? E Michael E. Porter, como se posiciona nesse assunto?

9. Como foi divulgada a metodologia de Porter relativa à competitividade internacional? No que essa metodologia difere das que a antecederam? Sugestão: explicação específica para questão genérica *versus* entendimento sistêmico de questão específica.

10. Descreva sucintamente alguns entendimentos da competitividade internacional anteriores ao de Porter:
    - vantagem absoluta (A. Smith);
    - vantagem comparativa (D. Ricardo);
    - vantagens comparativas (Heckscher e Ohlin);
    - "imperfeições" do mercado: economias de escala de produção; diferenciação de produto etc.;
    - papel da tecnologia e da capacidade empresarial;
    - globalização da economia e papel das empresas transnacionais.

11. Como o **diamante** de Porter explicaria a difícil situação atual do negócio da construção naval sediado no Brasil? Ou, em outros termos: será que o Brasil possui condições potenciais para sediar estaleiros competitivos internacionalmente, como a Coreia do Sul? O que seria necessário para realização desse potencial?

12. Idem, quanto ao negócio de calçados e artefatos de couro.

13. Por que, no Brasil, atribuímos tanta importância ao governo, se no **diamante** de Porter ele aparece como uma **classe subsidiária** na determinação da competitividade nacional ⇒ internacional?

14. Descreva sucintamente as cinco forças ilustradas na Figura 3 e que, segundo Porter, determinam a **atratividade** de um negócio. O que pode ser utilizado como **indicador** da atratividade de um negócio?

15. Correlacione as fases do **ciclo de vida** de um produto com a **atratividade** do negócio em que ele é comercializado.

16. Por que os lucros unitários dos produtores que suprem um dado negócio tendem a diminuir a partir da metade da fase de crescimento do ciclo de vida de um produto, particularmente daqueles não passíveis de proteção da propriedade industrial, via patentes, pela empresa pioneira?

17. Em termos de posicionamento competitivo, uma decisão-chave é a **escolha competitiva básica**. Descreva a opinião de Porter sobre as alternativas para essa escolha básica, ilustrada na Figura 6.

18. Sabendo que a obtenção de maiores margens unitárias de contribuição passa, necessariamente, pela diferenciação como estratégia competitiva, que fatores dife-

renciadores são mais viáveis para as empresas brasileiras? Por que, de um modo geral, estamos em desvantagem competitiva em itens-chave cada vez mais importantes, principalmente para diferenciação: tecnologia e capacidade empresarial?

19. Descreva a modelagem do processo da inovação tecnológica ilustrada na Figura 8. Por que, nesse modelo, separaram-se as atividades em C das atividades classificadas nas outras letras? Será que a existência de fatores inibidores das manifestações de criatividade teria algo a ver com isso?

20. Sucintamente, descreva o modelo proposto por Serge Widmer para o processo da **gestão estratégica** ilustrado na Figura 9.

21. Seguindo M. Porter, descreva sucintamente os cinco tipos de origem das **descontinuidades estruturais** nos negócios. O que têm as **oportunidades** do fluxograma da Figura 9 a ver com tais origens?

22. Comente e emita sua opinião sobre as seguintes ideias:
    - a vantagem competitiva é função do **valor** que a empresa cria para seus clientes e, necessariamente, tal valor deve ser superior aos custos incorridos pela empresa ao criá-lo;
    - um valor superior aos dos concorrentes implica preços mais baixos para benefícios equivalentes **ou** benefícios únicos que compensem preços mais altos.

23. Qual a essência do ato de planejar? Por que o planejamento estratégico caiu em descrédito particularmente no Brasil? Qual a relação entre planejamento estratégico e gestão estratégica?

24. Defina o conceito de **missão** empresarial. Por que tal conceito continua importante, a despeito da diminuição dessa importância com o relativo ocaso dos planos estratégicos?

25. Por que a explicitação da **missão** empresarial não pode restringir-se aos produtos/serviços a que nossa empresa se dedica hoje, simplesmente extrapolados para o futuro?

Leitura recomendada

Aos leitores interessados em aprofundar-se no assunto globalização *lato sensu*, é recomendável a coletânea organizada por Renato Baumann: *O Brasil e a economia global*[15], que, começando com uma abordagem sociológica do tema (Relações Norte-Sul no contexto atual: uma nova dependência?, por F. H. Cardoso), passa pela nova perspectiva das relações internacionais (Os frágeis pilares da nova ordem, Celso Amorim) antes de chegar à abordagem econômica, que ainda predomina no que se tem pesquisado/publicado sobre o tema **globalização**.

Do lado econômico, o livro editado por R. Baumann apresenta três textos genéricos[16], três artigos sobre a política cambial brasileira, variável-chave na definição das trocas internacionais de produtos/capital/serviços[17], e três textos sobre o posicionamento competitivo do setor industrial brasileiro na globalização[18].

Finalizando a coletânea, há dois artigos sobre as incógnitas que cercam o futuro papel dos governos nacionais no ambiente globalizado.[19]

Aos leitores interessados no assunto **globalização**, focalizado nos aspectos econômicos e competitivos do setor industrial instalado no Brasil, recomenda-se, nesta ordem: 1º) *Made in Brazil – desafios competitivos para a indústria*[20] e 2º) *Estudo da competiti-*

vidade da indústria brasileira[21], ambos fortemente baseados nas evidências empíricas levantadas em extensa pesquisa de campo.

Já uma visão cosmopolita do lado estratégico da **globalização**, com diversos relatos de casos, pode ser encontrada em *The evolving global economy*: Making Sense of the New World Order[22], editado por Kenichi Ohmae, que selecionou 16 artigos originalmente publicados na *Harvard Business Review*, classificando-os nos seguintes temas:

a) Capitalismos alternativos (cinco artigos);
b) A economia sem fronteiras (três artigos);
c) As novas realidades do comércio (quatro artigos); e
d) A agenda da gestão (quatro artigos).

Na parte c) do livro de Ohmae, existem dois artigos de Robert B. Reich – professor de Harvard e ex-Secretário (Ministro) do Trabalho norte-americano – que levantaram muita polêmica quando originalmente publicados[23]. São os artigos "Who is Us?" e de "Who is Them?", que representam o cerne das ideias expostas no livro *The work of nations*: preparing ourselves for the 21st century capitalism, publicado em 1991 nos Estados Unidos e, apenas em 1994, traduzido e publicado pela Editora Educator, no Brasil, como *O trabalho das nações*: preparando-nos para o capitalismo do século 21.

No que concerne ao trabalho no próximo século, segundo R. Reich, o que interessa às nações/regiões, mais do que a nacionalidade dos controladores das empresas, é atrair para seus territórios as categorias de trabalho mais bem remuneradas das empresas de alto valor agregado (do ponto de vista dos consumidores). Existirão três categorias de tipos de trabalho, ou de perfis profissionais: (1.ª) trabalhadores de produção rotineira (têxtil, confecções, sapatos, metalurgia etc.); (2.ª) trabalhadores de serviços (pessoais) rotineiros (comerciários, barbeiros, garçons, enfermeiros etc.); (3.ª) **analistas simbólicos** – e, na opiníão de R. Reich, aos Estados Unidos não interessa a primeira categoria, destinada competitivamente ao terceiro mundo; quanto à segunda categoria, embora também não seja interessante (nível médio das remunerações), ela é inevitável, pela impossibilidade de importar serviços pessoais. A categoria que interessa atrair para os Estados Unidos é a terceira, dos analistas simbólicos, que tendem a trabalhar em teias empresariais globais: os identificadores de problemas e/ou oportunidades (marketing), os **solucionadores** de problemas (pesquisa aplicada, desenvolvimento experimental e engenharias), e os **intermediadores/coordenadores** estratégicos (aspectos financeiros, legais, de localização ótima, alianças etc.).

Um bom exemplo do nível de controvérsia sobre a competitividade internacional é o debate entre os professores Paul Krugman, do MIT e Jeffrey Sachs, de Harvard, publicado pela World Link (out./95). A *World Link* é uma revista do *World Economic Forum* – WEF e da *Swiss Management School* – IMD, responsáveis por uma pesquisa anual que posiciona as nações em termos de competitividade.

O *World Economic Report* de responsabilidade conjunta WEF/IMD estabelece, anualmente, a posição relativa de 48 nações em termos de competitividade[24] das respectivas economias nacionais, baseada em indicador agregado, calculado a partir dos seguintes indicadores temáticos: 1. *Domestic Economic Strength*; 2. *Internationalization*; 3. *Government*; 4. *Finance*; 5. *Infrastructure*; 6. *Management*; 7. *Science and Technology*; e 8. *People*.

Além do livro de Michael E. Porter, *A vantagem competitiva das nações*, citado várias vezes ao longo do capítulo, há dois outros desse autor publicados no Brasil pela mesma editora: *Estratégia competitiva*: técnicas para análise de indústrias (negócios) e da concorrência (2ª edição, 2004), e *Vantagem competitiva*: criando e sustentando um desempenho superior (27ª edição, 1989).

Aos que desejam treinar sua proficiência na língua inglesa, recomendamos a coletânea de artigos da *Harvard Business Review* editada por Cynthia A. Montgomery e Michael E. Porter sob o título: *Strategy*: seeking and securing competitive advantage[25], coleção de 23 artigos publicados originalmente entre 1979 e 1991 e organizados em seis partes: I. "Business strategy"; II. "Linking competitive strategy and functional strategy"; III. "Evolving nature of international competition"; IV. "Corporate strategy and firm scope"; V. "The process of making strategy"; e VI. "Corporate governance".

CAPÍTULO 37

A FORMAÇÃO DOS PREÇOS E A ADMINISTRAÇÃO DA PRODUÇÃO

Reinaldo Pacheco da Costa

37.1 INTRODUÇÃO

Preço é informação que deve ser considerada em função dos objetivos a serem atingidos. Preço de custo, de venda, preço de produção, preço de serviço e preço de mercado. Preço quando a capacidade está saturada e quando a capacidade está ociosa. Preço para penetrar em mercados e preços de produtos diferenciados; preços públicos, preços de importação etc. São muitos os sentidos, e isso vale também de forma crítica, pois o preço pode ser entendido como o epifenômeno que encobre relações de produção, desigualdades sociais e também *imperfeições* do sistema de concorrência.

Atualmente é lugar comum considerar que o preço é dado pelo mercado, restando à empresa saber se os custos permitem a negociação, ou nas palavras de Drucker (1995): "Estamos vivendo a passagem da formação de preços por meio dos custos para a formação dos custos por meio dos preços". Há, como se vê, dois lados da moeda: saber quais os preços que o mercado arbitra; e verificar quais os nossos custos, e se estes suportam o negócio em questão.

Em termos históricos, a discussão sobre a formação de preços em ambiente de economia de mercado é antiga, e cada geração encara os problemas de seu tempo de uma forma peculiar. Como estamos vivenciando hoje de forma intensa a competição generalizada, é sobre esse ponto que nos concentramos a seguir, procurando demonstrar sua relação com a administração dos preços de uma empresa industrial.

Em termos conceituais, a discussão sobre a *rationale* da formação dos preços é vasta e transcende uma determinada área do conhecimento, possuindo abordagens específicas pelo menos nas áreas de Economia, Contabilidade de Custos e Marketing; daí a necessidade de se abordar, mesmo que de forma elementar, como os três campos do conhecimento tratam a questão. E mais, como articular esses conceitos tendo em conta o momento atual pelo qual estamos passando no Brasil, onde a estabilidade de preços e a competição generalizada causam profundas modificações nos sistemas de produção, criando e exigindo novas tecnologias também no campo da gestão empresarial, como é o caso de sistemas de informações gerenciais de custos moldando-se a sistemas de administração da produção – casos do *Just-in-time* (JIT), *Flexible Manufacturing Systems* (FMS), *Management Resources Planning* (MRP), entre outros (Kaplan, 1991).

Para efeito do presente trabalho procuramos manter o foco no problema de como uma firma industrial deve encarar a sua específica formação de preços; um problema fundamental que, também no caso empresarial, se reflete de forma múltipla, envolvendo as funções financeira, comercial e de produção, mas sempre com o entorno da economia geral, pela qual devemos começar.

37.2 A TEORIA ECONÔMICA

O conjunto das teorias explicativas sobre o funcionamento de uma economia de mercado, atualmente aceito de forma consensual, é de fundamento chamado **neoclássico**[1], entendido este como um dos ramos do tronco principal da ciência econômica – a **economia clássica**. A diferença fundamental entre as doutrinas assinaladas estaria na mudança de foco das questões básicas: o período **clássico** se preocupou com a ótica da produção, destacando o problema da distribuição da renda entre as classes sociais participantes do processo produtivo; a abordagem **neoclássica** deu ênfase à troca, priorizando a questão da circulação das mercadorias (Robinson, 1970).

A **doutrina neoclássica** procura explicar como uma economia de mercado desempenha as funções alocativas da maneira mais eficiente possível. Seu paradigma é um universo de pequenos produtores e consumidores, livres para maximizar suas preferências em condições de certeza. Destaque-se o termo **maximizar**, pois a decisão econômica das firmas e dos consumidores, nessa concepção, é um problema matemático de "ponto de máximo". Chamamos a atenção aqui para a importante ligação da economia **neoclássica** com a matemática – seu principal instrumento de análise.

Os fundadores dessa corrente do pensamento econômico consideravam o método utilizado para análise desenvolvido pelas ciências exatas e naturais (física e matemática) adequado aos estudos em Economia. Os economistas **neoclássicos** utilizaram vários conceitos e ideias, como maximização dos lucros, equilíbrio estático e dinâmico, e maximização da utilidade, possibilitando a teorização com modelos ricos em combinações e proposições. Os principais nomes dessa corrente são contemporâneos entre si, e, curiosamente, desenvolveram concepções semelhantes sobre a Economia em período quase simultâneo, sem conhecimento um do outro no final do século passado. Os principais nomes dessa corrente do pensamento econômico, sempre lembrados, são: William S. Jevons, na Inglaterra, Carl Menger, na Áustria, e Léon Walras, na França. Posteriormente, a consolidação da doutrina foi realizada por Alfred Marshall em 1890 com a obra *Princípios de economia*. O sistema de equilíbrio geral por eles formalizado, conhecido também por fluxo circular da economia **neoclássica**, pode ser assim resumido:

> No longo prazo, uma economia em que todas as indústrias[2] são perfeitamente competitivas encontra utilização plena e **ótima**[3] para todos os recursos produtivos disponíveis. Cada recurso é utilizado, no nível de cada firma, até o ponto em que sua produtividade é **máxima**. A renda distribuída entre os consumidores leva-os a exercer uma procura por bens e serviços que é sempre perfeitamente atendida pelas indústrias competitivas. Estas produzem de acordo com a escala de preferência (valores) manifestada pelos consumidores por meio do mercado, de modo que, no longo prazo, quando todos os ajustamentos de oferta e procura são possíveis, os consumidores obtêm a produção que desejam ao **menor** preço de mercado, que corresponde ao custo social (custo **marginal** de longo prazo) de sua obtenção. (...) Mercado é o lugar ou o contexto em que se encontram compradores e vendedores com a finalidade de estabelecer um preço comum, e uma quantidade de equilíbrio por unidade de tempo (Côrtes, 1978).

O que é produtividade, custos de produção, preços de mercado, oferta e procura são questões a serem investigadas em cada caso, e são parte do interesse da economia em sua função aplicada; mas existe um grande complicador nessa análise: o que é uma economia em que as indústrias ou firmas são competitivas?

Essa última questão – competição – chama a atenção para o entendimento das **imperfeições** dos mercados e do efeito que podem ter para a "plena e ótima utilização de recursos" na economia; daí a importância de sempre se considerarem as **estruturas de mercado** – monopólio, oligopólio e outras formas concorrenciais – na análise da formação dos preços.

Para ficarmos em enfoque o mais aplicado possível, e considerando a situação de competição acirrada que atualmente define o ambiente econômico geral do País e também internacional, propomo-nos discutir, a seguir, um roteiro básico para a consideração de alternativas existentes para a formação de preços, que, de maneira geral, passa pela discussão de dois pontos fundamentais:

- **Mercado** – Oferta e Demanda: Quais os efeitos da oferta e da procura de produtos e de fatores de produção?
- **Estruturas de mercado** – Condições da concorrência para consideração na formação de preços da firma.

Consideremos cada ponto separadamente.

37.3 A ANÁLISE DE MERCADO

A divisão da teoria econômica em **microeconomia** e **macroeconomia** obedeceu a uma necessidade prática de se diferenciar a análise quanto aos patamares de agregação desejados. A divisão é recente (aproximadamente 1930), sendo a microeconomia o campo da economia **neoclássica** no qual são construídos modelos com variáveis altamente desagregadas, como produtores e consumidores individuais, preço de um bem ou fator de produção etc., e também com conceitos teóricos (**construtos**), como utilidade, indiferença e outros. A literatura a respeito do assunto é imensa. Destacamos, para uma consulta introdutória, o *Manual de economia*, organizado por Pinho (1992).

A microeconomia é a área na qual se consideram as ações individuais dos agentes econômicos e está formalizada há muito tempo, e, pode-se dizer simplificadamente, divide sua preocupação em capítulos geralmente assim distribuídos: teoria da demanda, teoria da produção e dos custos, teoria da firma e teoria sobre as estruturas de mercado.

A questão da formação dos preços, sob o ponto de vista da firma individual em mercado setorizado, por ótica estritamente microeconômica, dá-se pela "maximização" de lucros por parte da firma ofertante, e pela "maximização" da utilidade pelo lado da procura dos consumidores.

O cálculo adequado dos lucros para a firma, e da utilidade para os consumidores, envolve, por um lado, o conhecimento dos custos de produção, e, por outro lado, o entendimento do comportamento de sua procura e de seus preços implícitos, que depende, fundamentalmente, do tipo de estrutura de mercado em que a firma atua: monopólio, oligopólio, concorrência perfeita, "concorrência monopolística" etc.

Sendo a procura uma relação multivariada, isto é, determinada por vários fatores simultaneamente, a teoria da procura tem por objetivo determinar os vários fatores que a afetam. A teoria tradicional se concentrou em quatro determinantes básicos da quantidade procurada: preço da mercadoria, preços de bens substitutos e/ou complementares, rendas e gostos (Koutsoyiannis, 1976).

A teoria da oferta é formada pelas teorias da produção e dos custos, sendo importante iniciar qualquer análise pela divisão de curto e longo prazo. Na análise de curto prazo, os custos dividem-se em fixos e variáveis. Os custos fixos são custos de um período – geralmente calculados por mês; custos variáveis são associados ao volume de produção, e são derivados da **função produção**[4]. No longo prazo, todos os custos podem ser considerados variáveis, já que inclusive a capacidade da fábrica pode ser ampliada. Aqui existe farta polêmica sobre as demarcações limites desses prazos.

No curto prazo, a divisão dos custos em fixos e variáveis não é exata e geral, e depende da empresa, da indústria (ou setor), das condições legais das relações do trabalho etc. Típicos custos fixos são representados por aluguéis, *pro-labore*, custos de supervisão e de capital; custos variáveis são representados por materiais, mão de obra direta e energia. A microeconomia fornece modelos de análise com objetivo de verificar determinadas relações de causa e efeito: o que acontece com os custos totais quando se varia o volume de produção? Qual o efeito no custo total de se produzir uma unidade a mais? O que acontece ao custo médio com o aumento ou a diminuição da produção? Como calcular custos de produtos que competem pelos mesmos fatores de produção?

Sob o ponto de vista da firma – centrado agora na teoria da firma, o preço, na situação hipotética de concorrência perfeita, é dado pelo mercado, ficando a firma com a decisão do volume de produção; na situação ideal, a firma regularia a produção no nível em que a receita marginal obtida se igualasse ao custo marginal de produção. Nesse caso estaria havendo "maximização" dos lucros da firma.

A equação fundamental de maximização dos lucros é assim demonstrada:

$$LT = RT - CT \qquad (1)$$

onde LT = lucro total, RT = receita total e CT = custo total.

Para encontrar o ponto de máximo faz-se:

$$\frac{\partial LT}{\partial Q} = \frac{\partial RT}{\partial Q} - \frac{\partial CT}{\partial Q} = 0 \qquad (2)$$

onde $\frac{\partial RT}{\partial Q}$ = receita marginal e $\frac{\partial CT}{\partial Q}$ = custo marginal.

Portanto,

$$\frac{\partial RT}{\partial Q} = \frac{\partial CT}{\partial Q} \qquad (3)$$

Ou seja, no ponto em que a receita marginal é igual ao custo marginal tem-se máximo lucro.

Essa conclusão também pode ser demonstrada de forma gráfica. Em termos bidimensionais há duas alternativas para consideração do conhecido e bastante utilizado diagrama que mostra para a firma o **ponto de equilíbrio** e o **ponto de lucro máximo** em função do volume de produção. Pode-se colocar em abcissa tanto o volume de produção de um só item, quanto o volume de receita obtido pela empresa – que pode representar a produção de mais de um item.

A construção do diagrama envolve três passos principais:

1. Separar os custos que variam diretamente com o volume de produção (materiais, energia, comissões e impostos sobre vendas etc.), dos custos fixos (aluguéis, depreciações, custo de capital etc.);

2. **Plotar** os custos segregados *versus* quantidades ou receitas obtidas pela comercialização dos produtos em questão;

3. **Plotar** receita total (preços *versus* quantidades).

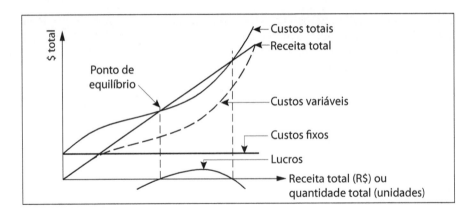

Observe-se que a curva de lucros, como projeção de **receitas** menos **custos** totais, apresenta um "ponto de máximo". Outro ponto a ser destacado é o comportamento da curva de custos variáveis, em forma de S. Isso se deve ao efeito de economias de escala, devido à função produção (ver Koutsoyiannis, 1976).

O cálculo do "ponto de equilíbrio" é uma das técnicas mais destacadas para verificar a situação de lucratividade da empresa; é um teste de seu mercado (preços) em confronto com sua estrutura (custos). Essa é uma forma usual e simples de se mostrar a interação de preços e custos de uma determinada empresa.

Quando se considera apenas um produto, a análise é bastante simplificada, pois tem-se a visualização do efeito de variações de volume no lucro total da empresa. Essa técnica é também chamada de análise **custo – volume – lucro** (CVL). O problema aparece quando são vários os produtos da empresa; daí o uso de análise em função não do volume, mas em função da receita total; isto é, qual o "ponto de equilíbrio" em relação ao faturamento da empresa. Observe-se que, nesse caso, todos os produtos estão considerados no cálculo. Nesse caso, não temos o "ponto de equilíbrio" da receita em função da variação de quantidades de um produto, mas sim, efeito da variação da rentabilidade (lucros) em função do faturamento total. A consideração de mais de um produto levaria à existência de um número equivalente de "eixos" num diagrama n-dimensional, impossível de se representar no plano, mas que já sinaliza a dificuldade básica da contabilidade, qual seja, a de como "ratear" os custos fixos para muitos produtos.

37.4 AS ESTRUTURAS DE MERCADO

O diagrama na página seguinte mostra, segundo Stackelberg, as **estruturas de mercado** em função do número de compradores e vendedores.

Pelo lado da procura, há que se considerar empiricamente setores dentro da economia de forma separada, quando se visa a identificação dos preços de mercado de produtos ou serviços; daí o uso do conceito de **indústria**, setor, ou, mais desagregadamente, conjunto dos concorrentes. A dificuldade do conceito de indústcia, ou agregado qualquer, surge na medida em que produtos não são inteiramente homogêneos, à exceção de quando se traçam certos pressupostos para simplificação e análise, como é o caso do estudo dentro de uma estrutura de concorrência "perfeita". Nesse tipo de estrutura de mercado, o produto é considerado homogêneo, com a possibilidade de perfeita substituição entre produtos concorrentes, o que leva à fixação de um único preço para o produto – o preço de mercado em situação hipotética de equilíbrio de oferta e procura.

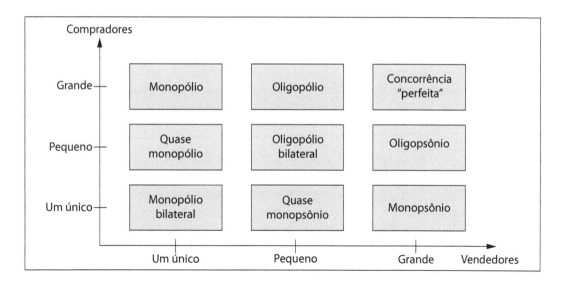

Outro caso de homogeneidade de produtos seria o de situação de monopólio. Como nesse caso o produto seria oferecido por apenas um produtor, não haveria dúvidas quanto à homogeneidade em questão. O que acontece na prática é que os produtos possuem, em maior ou menor grau, diferenças entre si, o que acarreta dificuldades de comparação e análise entre produtos; ou seja, como agrupar em "indústrias", para efeito de estudos econômicos, produtos que não são similares?

Chamberlin (*apud* Lerner, 1974), em 1933, sugeriu que a procura por um produto não seria função somente de seu preço, mas também do estilo do produto, da localização dos concorrentes e dos consumidores, dos serviços associados a sua oferta e também das atividades de venda dos produtos. Isso modernamente poderia ser chamado de "composto mercadológico".

Essa introdução de variáveis faz com que a diferenciação dos produtos leve as firmas a terem seu próprio mercado e algum grau de monopólio na determinação dos preços. Tal situação faz com que existam elementos de concorrência perfeita – já que existe algum grau de similaridade entre produtos concorrentes, e de monopólio; daí a proposta de Chamberlin de "concorrência monopolística", o que modernamente poderia ser chamado de "mercado de produtos diferenciados".

Como produtos heterogêneos não podem receber o mesmo tratamento analítico de oferta e procura que produtos homogêneos, pois a diferenciação cria dificuldades na conceituação de indústria, Chamberlin propôs, então, o uso do conceito de "grupos de produtos", grupos estes que incluem produtos que são, de alguma maneira, substituíveis. Grupos com grande número de produtores–vendedores levariam a uma situação característica de **concorrência monopolística**, enquanto grupos com pequeno número de produtores–vendedores levariam a uma situação de **oligopólio**.

A microeconomia trabalha com a evidência empírica dos preços e de seu comportamento frente a uma série de variáveis, pelos estudos estatísticos que têm, inclusive, denominação própria: a **econometria**[5]. Esses estudos devem enfocar, portanto, um certo "agrupamento", como se viu, pois os preços, na maior parte dos casos, são dados em determinados mercados setoriais.

Uma análise prática do mercado para fins de entendimento de seus preços passa, portanto, pela investigação do número e da qualidade dos concorrentes e fornecedores, de seu *market-share*[6], dos próprios preços e dos preços de seus concorrentes, das localizações, do *mix*[7] e das quantidades de produtos, da cadeia de distribuição disponível etc. Dessa forma, constata-se a importância para a administração de uma empresa, do entendimento dos fundamentos básicos da análise de mercado. As técnicas geralmente utilizadas para a previsão de mercado (oferta e procura), envolvem métodos quantitativos – geralmente estatísticos, como, por exemplo, séries temporais ou *cross-section* – e métodos qualitativos, do tipo pesquisa de mercado, entre outros. Ver inventário de métodos em (Makridakis, 1985).

Para a efetiva quantificação de custos de produção sob o ponto de vista da firma, quando se pretende análise para a tomada de decisões – caso da formação dos preços – a microeconomia não oferece solução pontual, pois lida com modelos gerais de firma, e não de uma firma específica; mas os modelos são de fundamento microeconômico, e, principalmente, o entendimento da lógica dos preços é formalizado nessa disciplina (Naylor,1983).

Essa pesquisa com respeito a **mercado** (oferta, procura e estruturas de mercado) de produtos e de fornecedores (preços e quantidades), poderia ajudar-nos a responder a questões fundamentais sobre mercado: quem, por que, para que, para quem, como, quanto, quando e onde produzir?

A relação de competitividade econômica preço/custo nos indicaria o conjunto de alternativas de *políticas* comerciais para cada negócio[8]. A questão ainda está incompleta, como se vê, pois como abordar a questão dos custos da firma?

Passar da análise geral para a específica significa passar do campo da microeconomia para os campos do *marketing* e da contabilidade de custos.

37.5 A FUNÇÃO CUSTOS

Pragmaticamente, preço é fruto de uma decisão gerencial. Os preços são determinados, em parte, em função do mercado e da concorrência, e, em parte, em função dos custos. Preço é uma variável sobre a qual a firma deve ter uma política.

Existe uma técnica histórica e mundialmente adotada de se calcular preços aplicando-se um fator sobre os custos diretos ou sob o preço de venda final. O primeiro caso é o chamado *mark-up* sobre custos, e o segundo de *mark-up* sob preços (ou sobre vendas). O cálculo do custo direto é que é o problema. Por que custos diretos? Porque, por definição, os custos diretos são identificáveis por produto ou serviço, o que possibilita identificar o sacrifício incorrido na produção de um item específico. Essa questão nos traz um problema fundamental da contabilidade de custos: quais os custos diretos dos produtos?

O *mark-up* sobre custos caracteriza-se por ser uma margem sobre o total de custos diretos, implicando uma parcela para cobrir os custos indiretos e/ou fixos da empresa. A empresa demonstra poder de mercado se conseguir impor um preço de venda, mesmo que formado a partir de seus custos. Trata-se de um *price-maker*.

O *mark-up* sob preços (ou sobre vendas) é a aplicação de uma margem sobre o preço final (incluindo as despesas variáveis de venda – comissões, impostos etc.). O valor restante, residual, é uma parcela limite existente para cobrir os outros custos. Como o preço em mercado concorrencial é dado pelo próprio mercado, a empresa tem visibilidade de sua rentabilidade ou prejuízo. Essas empresas são conhecidas como *price-takers*.

Desta maneira

> o *mark-up* é, portanto, não apenas uma expressão numérica ou uma taxa, mas um mecanismo que reflete toda uma situação vivida pela empresa em uma dada economia. Na origem do *mark-up* se encontram as condições institucionais da economia, as forças que imperam sobre o mercado e seus agentes, o grau de interferência estatal, o grau de monopólio ou oligopólio, as condições tecnológicas e, até mesmo, a forma e as condições em que se dão as disputas de classe por parcelas da renda nacional (Menezes, 1994).

A questão fundamental que atravessa a discussão sobre a aplicação de um *mark-up* sobre os custos diretos, é a de identificar o que é custo direto e variável[9]. Para grande parte das empresas, os únicos custos realmente variáveis são as matérias-primas. Mas geralmente um tratamento "especial" é dado à questão do custo da mão de obra direta, para que ela possa ser considerada um custo variável[10]. Isso porque, quando existe mais de um produto, sobressai a questão de como fazer análise de **ponto de equilíbrio**, quando os custos indiretos e/ou fixos da firma não forem identificáveis por produto.

No caso de indústria em que é significativa a participação da mão de obra direta no custo final, o tratamento da mão de obra direta como um custo variável tem vantagens, pois permite visualizar melhor o custo de um produto – no caso o custo direto – pois a mão de obra direta pode ser rateada pelos tempos operacionais efetivos, dado um volume de produção. Como a mão de obra direta, no curto prazo, é geralmente um custo fixo, mas direta sobre produto, existe tradicionalmente o rateio desta em função dos tempos operacionais incorridos nos produtos. E esses tempos têm servido, também, como base de rateio para os custos indiretos e fixos, conhecidos na literatura americana como custos de *overhead*, nada mais sendo do que o tradicional custeio por absorção.

Argumento importante contra este rateio, que na história da contabilidade de custos é considerado ortodoxo, é a necessidade de apontamentos "extremamente caros, o que poderia ser incompatível com o grau de utilidade da informação obtida, principalmente onde a mão de obra não é um custo dos mais relevantes"[11].

37.6 A ADMINISTRAÇÃO DA PRODUÇÃO E OS CUSTOS

Tanto para as pequenas e/ou tradicionais indústrias que são, na maioria das vezes, mão de obra intensiva, quanto para empresas nas quais o custo indireto é mais importante, os apontamentos ditos "caros" podem não estar levando em conta uma análise de necessidades da administração da produção, que exige informações sobre tempos das mais diversas maneiras, inclusive tempos de cada operação em cada produto. Além de não ser hoje algo difícil de se conseguir (a informática é facilitadora), essas informações sobre **tempos** têm várias outras utilidades, afora custos, tais como, planejamento, programação e controle de produção (PPCPE), cálculo de índices de produtividade, além de servir para avaliações diversas, como, por exemplo, decisões *make-or-buy*, análise de valor, análise de investimentos e custos de estoques.

Isso obriga a firma industrial a realizar levantamentos e documentações fundamentais para sua gestão, não só em termos de custos, mas também com outras utilidades essenciais. Especificamente para calcular o custo direto por produto é preciso documentar:

- as estruturas (árvores) dos produtos, isto é: quais subconjuntos e materiais pertencem a quais produtos, dentro de uma codificação estruturada e integrada com o resto do sistema de informação; e,

- o processo de fabricação dos produtos e dos subconjuntos, com levantamento das operações e tempos pertinentes, que exigem estudos detalhados de tempos e métodos.

Existem diversos critérios e métodos para a formação de preços industriais, mas sempre se exige o conhecimento dos custos de produção, que são consequência, antes de tudo, da existência de informações geradas funcionalmente pela área de produção: o estado da produção (capacidade saturada ou não), a carta de processos (múltipla e individual), a árvore dos produtos e subconjuntos, conforme já mencionado, e os tempos produtivos relevantes, como os de mão de obra direta e de máquinas e equipamentos na fabricação dos produtos. Essa documentação é fundamental e de utilização geral pela empresa. Vale dizer que informações de custos não são *inputs* da produção, mas sim que existe relação **biunívoca** entre custos e o sistema de produção.

37.7 CONCLUSÕES

Os objetivos de uma empresa são, na maioria das vezes, conflitantes. Enquanto a produção objetiva principalmente menor custo, a área de comercialização procura máxima venda; a direção geral, por sua vez, além dos objetivos setoriais, tem sempre como meta a sobrevivência a longo prazo da empresa. Um elemento que catalisa, por assim dizer, todos esses objetivos é o preço. A política de preços afeta todos os objetivos simultaneamente. Dependendo da estratégia mercadológica, a empresa possui várias alternativas, não excludentes, de formação de seus preços.

A administração da produção irá lidar com uma área sensível para qualquer empresa industrial, que são as decisões sobre o que, como e quanto produzir; essas são as questões fundamentais também sob o ponto de vista econômico-financeiro. Novos métodos de administração da produção têm exigido integração entre as áreas, principalmente mercado e manufatura. Um paradigma atual dos novos sistemas de produção é o ajustamento da manufatura às necessidades dos mercados. Isso exige gestão integrada antes de tudo. Mais que explicar o funcionamento da economia, a formulação de modelos de interpretação e de avaliação de custos e preços é valiosa para a tomada de decisão na empresa industrial.

Questões para reflexão

1. O que é uma economia de mercado?
2. Quais são, de forma resumida, as estruturas de mercado, e por que representam também **imperfeições**?
3. Por que é importante estudar as estruturas de mercado na formação dos preços de uma firma industrial?
4. Independentemente das estruturas de mercado em que se encontram inseridas, as firmas se defrontam com custos semelhantes quanto aos seus conceitos e comportamento de curto prazo. Explique a lógica dos seguintes custos (utilize o **diagrama de ponto de equilíbrio** para ilustrar os conceitos): custo fixo total, custo variável total, custo total, receita total e lucro total.
5. Construa um gráfico representando os seguintes valores, em termos unitários, dadas mudanças no volume de produção: custo fixo médio, custo variável médio, custo total médio e receita média.

Referências bibliográficas

BERLINER, C.; BRINSON, J. A. *Gerenciamento de custos em indústrias avançadas*. São Paulo: TA. Queiroz Editor, 1992.

CÔRTES, J. G. P. *História do pensamento econômico*. Rio de Janeiro: COPPE – Universidade Federal do 1979 (mimeóg.).

DRUCKER, P. *Administrando em tempos de grandes mudanças*. São Paulo: Pioneira, 1995.

KAPLAN, R. *The design of cost management systems*. Prentice-Hall International Editions, 1991.

KOUTSOYIANNIS, A. *Modem microeconomics*. London: McMillan, 1976.

LERNER, A.P. The concept of monopoly and the measurement of monopoly power. In: *Readings in microeconomics*. 1974.

MAKRIDAKIS & WHEELWRIGHT *The handbook of forecasting*. 2. ed. Wiley & Sons, 1985.

MARTINS, E. *Contabilidade de custos*. São Paulo: Atlas, 1985.

MENEZES, S. *Modelos de "mark-up"*. Apostila do curso de Economia de Empresas da Fundação Carlos Alberto Vanzolini, São Paulo, 1994.

NAYLOR, T. H. *Managerial economics*: corporations economics and strategy. McGrawHill, 1983.

ROBINSON, J. *Liberdade e necessidade*: uma introdução ao estudo da sociedade. São Paulo: Abril Cultural, 1976. Coleção Os Pensadores.

PINHO, D.; VASCONCELLOS, M. A. S. (Orgs). *Manual de economia*. São Paulo: Saraiva/Edusp, 1992.

CAPÍTULO 38

QUALIDADE TOTAL: ESTRATÉGIAS, PLANOS E IMPLEMENTAÇÃO

Gregório Bouer

38.1 QUALIDADE COMPETITIVA: TQM

Qualidade competitiva é a expressão mais apropriada para designar as abordagens modernas da qualidade. Segundo Tito Conti[1], a competição se dá em dois campos: em qualidade e por meio da qualidade. Competição em qualidade significa competição em valor percebido pelo cliente. Competição por meio da qualidade significa utilizar a qualidade para reduzir custos, tempo de ciclo, capacidade de resposta, ou seja, os aspectos de maior valor para a empresa.

Total Quality Management (TQM) é o nome dado, nos últimos anos, a uma combinação de estratégias, sistemas de gerenciamento, métodos e ferramentas da qualidade para tornar a empresa apta a competir em qualidade e por meio da qualidade. O principal ingrediente dessa combinação é a contínua melhoria do desempenho, é a conquista e manutenção da vantagem competitiva.

Para entender melhor a multiplicidade de interpretações sobre o TQM, com as quais convivemos na atualidade, é interessante analisar o que vem ocorrendo nos últimos cinquenta anos (ver Quadro 1).

Em resposta aos cenários, as empresas foram desenvolvendo suas estratégias. Pode-se perceber que quanto mais intensa a competição, enfoques mais abrangentes foram sendo adotados (ver Quadro 2).

Como consequência, surgiram novas exigências para a qualidade (ver Quadro 3).

Segundo Giorgio Merli[2], nem todas as empresas foram obrigadas a se antecipar a situações ou mesmo reagir com rapidez a condições mais acirradas de competição. Convive-se, no momento atual, com uma multiplicidade de interpretações sobre o TQM. De fato, o conceito de qualidade é menos abrangente para as empresas que ainda possuem alguma vantagem no mercado em que operam, ou sustentam vantagens por meio de medidas protecionistas ou manobras para manutenção de monopólios e oligopólios.

38.2 AS ESTRATÉGIAS EMPRESARIAIS E A QUALIDADE

38.2.1 Importância das estratégias de qualidade

A abordagem para a qualidade de uma empresa é um fator crítico para um TQM bem-sucedido. Se o planejamento da qualidade é um processo ao qual se dá importância secundária, caso não se focalizem os principais processos de negócio em busca das fraquezas fundamentais da empresa, os resultados com o TQM podem ser desapontadores.

Quadro 1 Cenários

Período				
Ano 1950	Ano 1960	Ano 1970	Ano 1980	Ano 1990
Credo (O negócio se faz)				
com o produto e/ou tecnologia	trazendo para casa oportunidades disponíveis no mercado	com a plena satisfação do cliente	introduzindo produtos personalizados com rapidez	explorando as vantagens competitivas de empresas e nações
Mercado				
Mercado insaturado (oferta menor que a procura)	Mercado saturarado, mas ainda não maduro (o cliente ainda não sabe o que quer)	Mercado maduro, no qual o cliente sabe apreciar a qualidade do produto	Mercado maduro saturado, globalizado	Grupos disputando cadeias produtivas e mercados consumidores
Liderança operacional				
Tecnólogos decidem necessidades do mercado e o valor da função do produto vendido	Força de vendas e marketing	Responsáveis por processos diretamente vinculados ao alcance da satisfação dos clientes	Dirigentes empreendedores (decisões e ações tomadas a tempo)	Área financeira
Realização do negócio				
Criar um produto e lançá-lo no mercado	Produzir o que o mercado quer	Adequação ao uso e custos monitorados e melhorados continuamente	Criação e lançamento de produtos atraentes rapidamente colocados no mercado	Criação e manutenção de vantagens competitivas

Quadro 2 Estratégias

Período				
Ano 1950	Ano 1960	Ano 1970	Ano 1980	Ano 1990
Maximização dos volumes de produção	Explicitação dos objetivos de faturamento e lucro para todas famílias de produtos	Controle e melhoria contínua da capacidade do processo	Lucro a médio e longo prazo sustentado pelos resultados a curto prazo	Aquisições, fusões e incorporações
Maximização da eficiência produtiva	Ênfase nas pesquisas de mercado para escolha de famílias de produtos	Forte integração dos processos produtivos (*just-in-time*)	Integração com os fornecedores e clientes internos e externos	Configurações logísticas integradas
Investimentos em inovação tecnológica e dos produtos	Caracterização de linhas de produtos e unidades de negócios	Aproveitamento máximo das instalações (TPM)	Investimentos em inovação tecnológica e dos produtos	Investimentos em inovação tecnológica e dos produtos

Muitos fracassos das empresas com o TQM são devidos a planos da qualidade aos quais não se deu a devida atenção. Por outro lado, uma empresa pode trabalhar sobre problemas relevantes, estratégicos, porém superestimando sua capacidade de mobilização para a qualidade, arriscando-se a falhas e frustração. Um processo de planejamento da qualidade é um pré-requisito para um TQM bem-sucedido. Deve ser orientado para resultados, garantindo uma perfeita integração com as estratégias empresariais (ver Figura 1).

Quadro 3 Novas exigências da qualidade				
Período				
Ano 1950	Ano 1960	Ano 1970	Ano 1980	Ano 1990
Padronização Controle da qualidade do produto, com ponto de vista do produtor	Padronização Controle da qualidade do produto, com ponto de vista do cliente	Controle dos processos Melhoria contínua	Atendimento das necessidades latentes Garantia de qualidade	Planos da qualidade orientados pelas avaliações das necessidades internas e exigências dos clientes

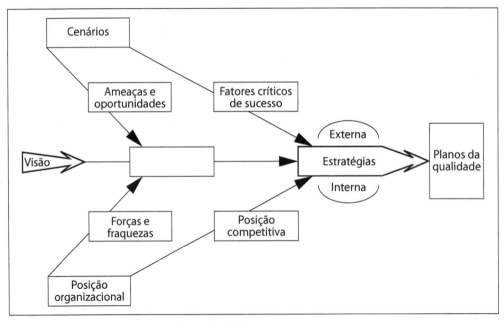

Figura 1 Estratégias e planos da qualidade.

38.2.2 Principais estratégias da qualidade

Focalizar os esforços para a melhoria da qualidade é uma questão estratégica. As empresas interessadas em criar uma estratégia da qualidade têm procurado no mercado técnicas desenvolvidas e popularizadas por "especialistas" em qualidade. A maior parte das organizações tem escolhido suas abordagens para melhoria por meio de tentativa e erro, frequentemente desperdiçando tempo e dinheiro antes de descobrir as técnicas apropriadas às suas condições.

As estratégias da qualidade podem ser agrupadas por meio das respostas a duas perguntas, a saber:

- que oportunidades conduzirão a melhorias mais significativas em qualidade?
- como agir para obter essas melhorias?

As oportunidades de melhoria podem ser subdivididas em internas e externas. A eliminação de desperdícios e de retrabalho, por exemplo, está relacionada com a perspectiva interna para a melhoria da qualidade. A satisfação do cliente e a excelência em serviços, por outro lado, estão relacionadas com a perspectiva externa da qualidade. Ambas as visões estão corretas e uma não elimina a outra. Empresas podem adotar as duas perspectivas desde que dosadas de acordo com suas necessidades e posição competitiva.

Os modos de agir podem ser subdivididos em defensivos e agressivos. A eliminação dos pontos em que potencialmente podem ocorrer perdas é uma postura defensiva. A criação de flexibilidade para permitir mudanças rápidas nos produtos e serviços é uma postura agressiva. Cada empresa deve decidir sobre que posturas adotar de acordo com as condições que encontra.

Portanto, não se pode falar nas principais estratégias da qualidade sem considerar o contexto das estratégias da empresa. Há pelo menos quatro estratégias principais da qualidade (ver Quadro 4).

Quadro 4 Principais estratégias da qualidade

	Interna	Externa
Agressiva	**Aumento de flexibilidade:** *Área de Maior Aplicação* Desenvolvimento de Produto, Engenharia *Foco* Construir capacidade adaptável *Indicador Principal* Time to Market *Tempo de Ciclo Focalizado* Ciclo de localização e solução de problemas *Principal Diferencial Estratégico* Diferenciação nas características	**Expansão de mercados:** *Área de Maior Aplicação* Marketing, Desenvolvimento de Negócios *Foco* Inovar *Indicador Principal* Número de ideias concretizadas *Tempo de Ciclo Focalizado* Ciclo de decisão *Principal Diferencial Estratégico* Liderança em inovação
Defensiva	**Prevenção de perdas** *Área de Maior Aplicação* Produção *Foco* Reduzir variações *Indicador Principal* Custo da não conformidade *Tempo de Ciclo Focalizado* Ciclo de produção *Principal Diferencial Estratégico* Produtor de baixo custo	**Manutenção de clientes** *Área de Maior Aplicação* Vendas, serviços de entrega *Foco* Melhorar o atendimento aos clientes *Indicador Principal* Grau de satisfação do cliente *Tempo de Ciclo Focalizado* Ciclo de prestação de serviços *Principal Diferencial Estratégico* Serviço diferenciado

38.2.3 Estratégias e planos da qualidade

No passado a qualidade estava voltada principalmente para aspectos internos às empresas. Prevalecia sua característica defensiva, o combate às falhas. A orientação para as ações advinha dos problemas a resolver. Para enfrentá-los foram usados sucessivamente a inspeção, o controle da qualidade e a garantia da qualidade.

A busca de oportunidades competitivas trouxe à tona a "administração estratégica da qualidade". A qualidade passou a ser definida segundo o ponto de vista do cliente. Suas ligações com a rentabilidade, por meio de orientação para o mercado, e para a empresa, por meio dos custos, ganharam destaque. Por consequência, a qualidade passou a ser vista como uma arma competitiva fortemente ligada ao processo de definição de estratégias.

O processo de definição de estratégias, por meio dos resultados que produz, possibilita estabelecer o rumo a ser seguido pela empresa. Torna possível a formulação de objetivos.

1. Quando e quanto atuar: planos e microplanos

A frequência da revisão dos planos de médio e longo prazo é imposta pela velocidade de mudança do cenário encontrado pelas empresas. Por outro lado, dentro do ciclo anual de gestão, fazem-se continuamente microplanos, ou seja, planos para os diferentes níveis hierárquicos e áreas das empresas (ver Figura 2).

A revisão é baseada em análises sobre situação e tendências históricas, desvios em relação a objetivos preestabelecidos e suas causas. Para a preparação dos planos são indispensáveis, também, análises sobre resultados e informações sobre concorrentes considerados como de referência. Análises comparativas com empresas, reconhecidas como as melhores, ainda que operando com outros mercados, porém com semelhantes fatores-chave de sucesso e processos, são também extremamente úteis para o planejamento.

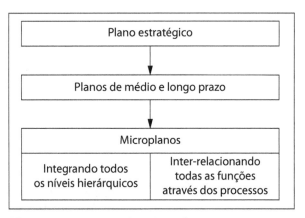

Figura 2 Montagem de microplanos.

2. Onde atuar: autodiagnóstico

O autodiagnóstico é feito para identificar os problemas de desempenho que podem fazer com que o mercado julgue a empresa não competitiva. Esse autodiagnóstico é conduzido pela direção, contemplando um horizonte de aproximadamente três anos. O autodiagnóstico conduz à detecção de processos de negócio ineficazes e ineficientes.

O autodiagnóstico, para ser completo, deve basear-se em avaliações conduzidas em duas frentes: a análise interna do desempenho dos processos e a análise do nível de satisfação do mercado/clientes.

Para realizar a análise interna do desempenho dos processos de negócios é preciso relacioná-los com os fatores críticos de sucesso, determinando sua importância frente a esses fatores e o desempenho que vem sendo por eles alcançado. Processos importantes com desempenho insatisfatório devem, prioritariamente, sofrer mudanças.

Para realizar a análise do nível de satisfação dos clientes é preciso dispor de uma sistemática para contínua monitoração do atendimento de suas necessidades. É indispensável conhecer o desempenho percebido pelo cliente e localizar as mudanças que permitirão ir ao encontro de sua satisfação (Quadro 5).

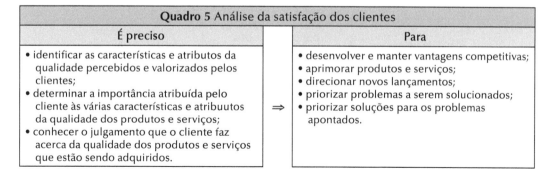

O plano da qualidade é orientado pelas direções para a qualidade (Figura 3).

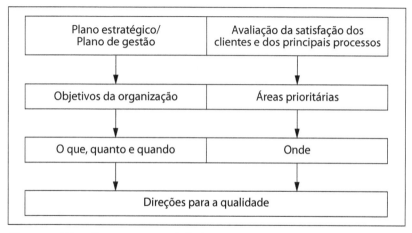

Figura 3 Direções para a qualidade.

3. Como atuar: o plano da qualidade

A seleção do conjunto de métodos e ações para alcançar os objetivos apontados pelas direções da qualidade deve ser balizada por linhas mestras apontadas pela alta administração (Figura 4).

Figura 4 Linhas mestras para a qualidade.

Juntando-se as direções e as linhas mestras podemos chegar ao que pode ser chamado de plano da qualidade (Figura 5).

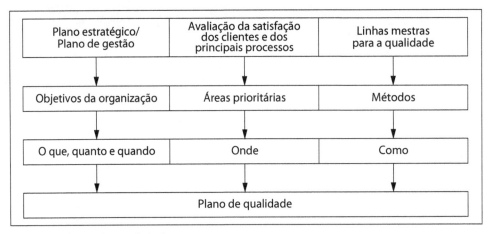

Figura 5 Plano da qualidade.

Para estabelecer linhas mestras é indispensável dispor de uma metodologia para avaliar o estágio em que a empresa se encontra em relação a qualidade e o estado que deseja alcançar.

38.3 UM MODELO DE REFERÊNCIA

38.3.1 O modelo europeu

Em seu livro *Eurochallenge*, Giorgio Merli[3] descreve um modelo europeu para o TQM, que prevê uma articulação da Qualidade Total em três sistemas básicos e em quatro fases de desenvolvimento (Quadro 6).

Quadro 6 Sistemas e fases de desenvolvimento	
Sistemas básicos	Fases de desenvolvimento
1. Conceito e valores	1. Abordagem tradicional
2. Gerenciamento da qualidade	2. Iniciação
3. Processos fundamentais	3. Integração
	4. TQM

Porém não é suficiente apenas saber quais são os ingredientes da Qualidade Total. O mais importante é como colocar em ação o TQM.

- em quanto tempo?
- em quantas fases?
- como gerenciá-lo?
- que técnicas devem ser usadas e em que sequência?

Um modelo de referência, para ser dinâmico, deve ser projetado em função das peculiaridades de cada empresa, levando em conta sua cultura, sua tecnologia, seu relacionamento com o mercado e as características específicas do negócio. Uma configuração muito utilizada prevê subsistemas agrupados em três blocos e quatro fases de desenvolvimento.

A título de ilustração, desdobraremos o modelo europeu em seus itens principais e definiremos o conteúdo de cada um desses itens ou subsistemas. Seguindo o Quadro 6, mostraremos as quatro fases de desenvolvimento e os sistemas básicos, decompostos em conceitos e valores, em gerenciamento da qualidade e em processos fundamentais.

38.3.2 Fases de desenvolvimento

As principais características das fases de desenvolvimento são:

1. Abordagem tradicional
   - orientação funcional
   - inspeção e correção
   - conflitos entre funções especialistas

2. Iniciação
   - interesse por melhorias em toda a organização
   - pesquisas e estudos sobre qualidade total
   - desenvolvimento da consciência da qualidade
   - ênfase na relação cliente × fornecedor
   - prevenção dos erros por meio do controle de processos
   - menor dependência de inspeções de recebimento de produtos e serviços

3. Integração
   - planos de melhoria preparados e projetos de melhoria conduzidos visando objetivos de longo prazo e efetivo controle dos processos
   - planos de melhoria diretamente vinculados aos objetivos do negócio
   - o objetivo do negócio se torna a excelência
   - melhorias orientadas pelo planejamento estratégico dos negócios

4. Verdadeiro TQM
   - excelência crescente por meio de constante renovação
   - cenários de negócios proativos

38.3.3 Conceito e valores

1. Conceito da qualidade

Cliente. A qualidade deve ser entendida por todos na organização como o grau de satisfação do cliente, seja ele externo ou interno. Assim, é preciso que as pessoas que ocupam posições em qualquer nível hierárquico da organização conheçam as relações entre suas tarefas e os fatores de satisfação de seus clientes. Sendo a satisfação do cliente uma prioridade estratégica da empresa, é preciso que a empresa esteja estruturada de maneira a propiciar e monitorar continuamente a satisfação do cliente.

Melhoria Contínua. Sendo a qualidade entendida como o grau de satisfação do cliente, é preciso que a empresa esteja voltada para a satisfação contínua do cliente, em níveis cada vez mais altos. Caso contrário, pode-se perder um cliente para outra empresa que ofereça um melhor produto ou serviço. Em suma, não basta satisfazer o cliente hoje, é preciso melhorar continuamente o atendimento às necessidades e exigências do cliente. Essa melhoria contínua deve ser buscada em todas as áreas/funções de uma empresa, inclusive na busca da satisfação dos clientes internos, o que acaba por afetar direta ou indiretamente a satisfação dos clientes externos. Assim, a "cultura da melhoria contínua" deve estar difundida em todos os níveis da organização, bem como os mecanismos e ferramentas que possibilitam a realização do processo de melhoria contínua.

Cultura do processo. A qualidade dos produtos e/ou serviços de uma empresa é resultado da qualidade de seus processos (entendidos como uma sequência de atividades que conduzem a um resultado desejado). Assim, é preciso que se controlem e aperfeiçoem continuamente os processos da organização. Para tanto, é necessário que se tenha a consciência da importância da administração por processos interfuncionais e que seja difundido na organização o *know-how* de controle e melhoria dos processos.

2. Papel da linha de comando

O aperfeiçoamento da qualidade deve começar com a elaboração e o lançamento de um plano amplo e abrangente. Deve-se, então, desdobrar esse plano global, de maneira articulada, em planos específicos para cada nível da organização (unidades, fábricas e departamentos). Ou seja, o plano deve ser estratégico, definindo metas e diretrizes da empresa, relacionando-os aos objetivos globais da empresa e, através de desdobramentos articulados, especificando os projetos e tarefas (atividades) para cada departamento ou função particular. Na elaboração desse plano destaca-se o papel da liderança da linha de comando da empresa, da qual deve partir a iniciativa. A direção da empresa deve estar totalmente envolvida na condução do plano e deve promover o envolvimento de todos os níveis da organização.

3. Mecanismos de gerenciamento

Para que um plano da qualidade seja implementado e conduzido com sucesso, a empresa deve cumprir requisitos básicos quanto aos seus mecanismos de gerenciamento. O requisito fundamental é o de que a organização da empresa seja fundamentada na lógica cliente–fornecedor. A partir desse requisito fundamental, implementam-se técnicas e mecanismos específicos de gerenciamento da organização (DRW, *Process Management*, *Policy Deployment* etc.) que permitirão sua integração em torno da qualidade e da melhoria contínua.

4. Gerenciamento dos recursos humanos

Envolvimento e estímulo. Utilizar os recursos humanos da melhor maneira possível é essencial para qualquer plano de melhoria da qualidade. A política de recursos humanos da organização deve tornar esses recursos proativos dentro do sistema. Assim, deve oferecer suporte aos objetivos de melhoria da qualidade por meio da criação de um ambiente propício, ou seja, um ambiente em que todos se sintam envolvidos e estimulados como, por exemplo, a implantação do *job enlargement*, ou seja, a ampliação das funções do pessoal operacional, que passa a realizar tarefas de diferente natureza e complexidade, permitindo também a redução dos níveis hierárquicos da organização. Esse ambiente em que os indivíduos se tornam proativos é alcançado por meio da sensibilização de todos para o plano da qualidade, da difusão da "cultura do cliente", da "cultura do processo" e da "cultura da melhoria contínua", do *know-how* associado a essas culturas e da criação de mecanismos de estímulo e incentivo que propiciem o crescimento e o bem-estar individuais.

Estrutura/Papéis. A estrutura da empresa deve ter poucos níveis hierárquicos e apresentar uma resposta rápida às modificações de mercado e do ambiente socioeconômico. Nesse sentido, é indispensável que cada colaborador esteja habilitado para cumprir um amplo conjunto de tarefas, em diferentes pontos da organização. Além disso, é preciso que cada um dos colaboradores esteja integrado em pelo menos um projeto de melhoria da qualidade.

Treinamento/Comunicação. Em uma organização, os sistemas de gerenciamento e comunicação devem permitir, a qualquer momento, a rápida transmissão dos dados, decisões e informações entre os diversos níveis hierárquicos. Para que seja possível esse sistema de gerenciamento e comunicação, é fundamental que estejam em funcionamento planos de formação e mecanismos de monitoração rápidos e precisos.

38.3.4 Gerenciamento da qualidade

1. Organização para a qualidade total

A utilização de técnicas de gerenciamento como o DRW, o *Process Management* e o *Policy Deployment*, aponta os problemas da organização e permite sua estruturação voltada para a qualidade e a melhoria contínua.

No entanto, é preciso que sejam definidas responsabilidades pela resolução de problemas e pela implantação das soluções encontradas. Em outras palavras, tendo sido identificado um problema, é fundamental estabelecer a responsabilidade pela sua solução. A responsabilidade deve ser atribuída a um indivíduo? A um círculo de controle de qualidade? A um grupo de projeto? Que formas organizacionais são adotadas na utilização das técnicas citadas acima?

2. Mobilização para a qualidade

Diz respeito ao grau de envolvimento dos diferentes níveis e funções na aplicação das técnicas de localização, diagnóstico e solução de problemas e de implantação de soluções definitivas para estes.

3. Sistema da qualidade e procedimentos

O sistema de garantia da qualidade é um requisito fundamental para a estruturação da empresa dentro da lógica da qualidade total. A organização do sistema de garantia da qualidade visa assegurar a qualidade dos *inputs* e *outputs* de todos os processos da cadeia cliente–fornecedor interno, bem como no relacionamento com fornecedores externos (por meio da autocertificação), visando reduzir significativamente as atividades de inspeção e os custos a ela associados.

A norma ISO 9000, juntamente com a série ISO 9001/9004, apresenta uma conjunto de recomendações para a organização do Sistema de Garantia da Qualidade, constituindo, assim, uma base de referência para exigências e procedimentos associados a um sistema de garantia da qualidade.

4. Metodologia básica

O primeiro passo a ser dado, após a definição de um plano da qualidade e a sensibilização dos indivíduos de todos os níveis da organização, é a divulgação do instrumental básico para a gestão da qualidade em todos os níveis da organização. Esse instrumental consiste num conjunto de técnicas e ferramentas necessárias para a gestão da qualidade.

38.3.5 Processos fundamentais

1. Gerenciamento dos materiais

Parcerias. O modelo de referência para o relacionamento com os fornecedores, dentro do contexto da qualidade total, é o modelo de *comakership*, no qual o fornecedor se torna um verdadeiro parceiro da empresa, havendo cooperação mútua não só quanto aos aspectos operacionais como também quanto aos estratégicos como, por exemplo, cooperação no projeto de novos produtos e tecnologias.

Programação de produção/fluxos. Para propiciar a satisfação dos clientes externos, é necessário fornecer produtos, serviços e informações que atendam às especificações dos clientes. Por outro lado, o fluxo de materiais deve ser estabelecido de modo a propiciar um completo domínio do nível de estoques de materiais em processo e produtos acabados. A gestão à vista do andamento da produção deve abranger todos os fluxos produtivos.

Fornecedores. A integração com os fornecedores é pré-requisito para uma boa gestão da qualidade. A existência e a correta utilização de um sistema de avaliação dos fornecedores, que permita o desenvolvimento de planos conjuntos de melhorias, é condição necessária para a referida integração.

2. Projeto dos produtos e processos

Tempo/Flexibilidade. Numa organização voltada para a qualidade, o projeto dos produtos/serviços e processos novos ou aperfeiçoados desempenha um papel fundamental. O tempo de desenvolvimento e de efetivação do projeto é também uma dimensão fundamental no estabelecimento de vantagens competitivas. Outro aspecto essencial a ser observado no projeto de produtos e processos refere-se à flexibilidade produtiva da fábrica, ou seja, à capacidade de produzir lotes pequenos, com uma troca bastante frequente e rápida de produtos em processo, e com tempos reduzidos de troca de ferramentas.

Utilização da tecnologia. A manutenção de padrões de resultados e processos é uma condição básica para garantir a qualidade de produtos e processos. A tecnologia da empresa, por essa razão, deve ser coberta por documentação técnica adequada. As modificações visando melhorias devem ser feitas de modo a permitir a rastreabilidade dos testes e das intervenções feitas.

3. Gestão da produção/manutenção

Estrutura da função de produção. A estrutura da função de produção numa organização, dentro do contexto da qualidade total, deve apresentar uma série de requisitos que visam propiciar a satisfação do cliente (direta ou indiretamente) e a melhoria contínua. Assim, por exemplo, todos os processos significativos devem atender à faixa de variação aceitável para dimensões e desempenho e estar sob controle estatístico, o que garantirá a qualidade e a consistência dos *outputs* gerados e, em última instância, a satisfação do cliente. Além disso, sistemas gerenciais como JIT/estoque zero e TPM afetam, de maneira indireta, a satisfação do cliente por meio da redução de custos e dos tempos de resposta.

Gerenciamento das operações. A competição por meio da qualidade exige a utilização inteligente de recursos. Os elementos tempo, níveis de estoques, nível de utilização de materiais, equipamentos e mão de obra devem ser corretamente aplicados. O gerenciamento desses elementos exige a monitoração frequente por meio de indicadores de desempenho precisos e ágeis, obtidos, praticamente, em tempo real. Em nome da flexibilidade produtiva, ao longo do fluxo de produção, é preciso contar com colaboradores polifuncionais e polivalentes.

Gerenciamento das melhorias. Busca-se a sincronização entre os diferentes níveis hierárquicos e funções da organização em torno dos objetivos de melhoria voltados à satisfação dos clientes. Procura-se saber como eles estão disseminados pela organização e o quanto se progrediu em termos de gestão à vista e formas de organização para melhorias.

Controle de processo. Em termos de qualidade na produção, é vital ter processos capazes de atender às variações permissíveis de dimensões e desempenho. É importante, portanto, conhecer quais os principais parâmetros dos processos e gerenciá-los adequadamente. Em relação às variáveis críticas do processo, deve-se instituir o autocontrole.

Instalações/Manutenção. A disponibilidade de equipamentos e instalações é peça-chave na eficácia e eficiência das operações de produção. É vital ter operacionalizada a organização da manutenção corretiva, preditiva e preventiva.

Confiabilidade/Produtividade. Deve-se manter sob controle a eficiência total das instalações. Instrumentos como o FMEA e o SMED devem ser corretamente utilizados para conferir maior confiabilidade ao sistema produtivo e aumentar a disponibilidade dos equipamentos.

Métodos de trabalho. A sistemática e contínua evolução dos métodos de trabalho é que permite reduções significativas no custo do produto. A revisão dos métodos de trabalho feita de modo participativo, integrando os níveis hierárquicos da produção e as diversas áreas de apoio, oferece uma eficaz comunicação e estabelece o ambiente para o autocontrole.

4. Relacionamento com o cliente/mercado

A responsabilidade principal pela satisfação do cliente (atendimento às suas necessidades e exigências) cabe às funções que atuam na interface com o cliente (distribuição e vendas, por exemplo). Entretanto, todos os departamentos e funções têm alguma responsabilidade por assegurar que as exigências do cliente sejam atendidas. Assim, a cultura do cliente deve estar amplamente difundida em toda a organização, a qual deve manter canais de comunicação que viabilizem uma monitoração contínua da satisfação dos clientes.

A organização deve ser capaz de identificar os fatores relacionados à satisfação do cliente (qualidade positiva) e enfatizar a importância desses fatores na condução do seu negócio.

38.3.6 Matriz de referência

Uma empresa pode situar-se, em relação a um modelo de referência, construindo uma matriz que permite visualizar facilmente em que fase de desenvolvimento do TQM se encontra, em cada um dos subsistemas (ver Figura 6).

A seguir, registra-se o estado de uma empresa que se está iniciando no TQM, tem uma gestão da qualidade apropriada para a fase de abordagem tradicional, porém possui processos fundamentais que sequer atendem às exigências de uma abordagem tradicional. Nessa empresa, a direção, aparentemente, apenas deu tímidos sinais de seu comprometimento com o TQM, e é possível suspeitar que não há objetivos harmoniosamente compartilhados para serem alcançados e que processos fundamentais apresentam deficiências (Figura 7).

Fases de desenvolvimento	1. Conceito e valores				2. Gestão da qualidade				3. Processos fundamentais			
	Subsistemas												
	1	2	3	4	5	6	7	8	9	10	11	12
1. Abordagem tradicional												
2. Iniciação												
3. Integração												
4. TQM												

Figura 6 Matriz de referência.

Fases de desenvolvimento	1. Conceito e valores				2. Gestão da qualidade				3. Processos fundamentais			
	Subsistemas											
	1	2	3	4	5	6	7	8	9	10	11	12
1. Abordagem tradicional	¤ ¤ ¤ ¤ ¤	¤ ¤ ¤ ¤ ¤	¤ ¤ ¤ ¤ ¤	¤ ¤ ¤ ¤ ¤	¤ ¤ ¤ ¤ ¤	¤ ¤ ¤ ¤ ¤	¤ ¤ ¤ ¤ ¤	¤ ¤ ¤ ¤ ¤	¤ ¤ ¤ ¤	¤ ¤ ¤	¤ ¤ ¤	¤ ¤
2. Iniciação	¤ ¤ ¤ ¤	¤ ¤ ¤	¤ ¤	¤	¤							
3. Integração												
4. Verdadeiro TQM												

Figura 7 Avaliação em matriz de referência.

Ao determinar a fase de desenvolvimento já alcançada, e tendo em vista o atingimento de um estado desejado, uma empresa pode estabelecer as fases adicionais a percorrer, as técnicas que devem ser utilizadas e os sistemas de gerenciamento a aplicar.

38.4 MODELO DE IMPLEMENTAÇÃO DE SHIBA

38.4.1 O modelo original

Conhecidos os ingredientes básicos do TQM, ganha importância dispor de um modelo para sua implementação.

Shoji Shiba, professor visitante do MIT, trabalhando em conjunto com outras universidades americanas e com dirigentes de empresas pioneiras na prática da qualidade total, propôs um modelo para o novo TQM americano (ver Figura 8).

No modelo de Shiba[4], podem ser reconhecidas três fases para sincronizar a prática do TQM e sete elementos de infraestrutua organizacional (ver Quadro 7).

O modelo, lastreado nas experiências japonesas e americanas, trata de estabeler como mobilizar a todos para a prática do TQM. Evidencia que compete à alta administração criar condições para colocar o TQM em ação (empurrar) e também estimular seu uso sistemático por meio da busca incessante dos resultados almejados (puxar).

38.4.2 Modelo de implementação modificado

Uma leitura distraída do modelo de Shiba pode induzir a conclusões apressadas e falsas partidas. O modelo tem como ponto alto o destaque dado à criação de mecanismos para criar am fluxo de atividades do TQM (empurrar e puxar).

Mantida a estrutura do modelo, pequenas alterações podem enfatizar dois pontos vitais: conferir maior importância ao plano da qualidade e ao sistema de gerenciamento da qualidade (ver Figura 9).

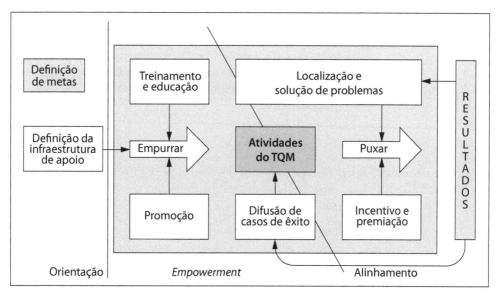

Figura 8 Modelo de Shiba.

Quadro 7 Fases e elementos do modelo de implementação	
Fases	Elementos
1. Orientação	1. Abordagem tradicional 2. Definição de infraestrutura de apoio
2. *Empowerment*	3. Treinamento e educação 4. Promoção 5. Difusão de casos de êxito
3. Alinhamento	6. Localização e solução de problemas 7. Incentivos e premiação

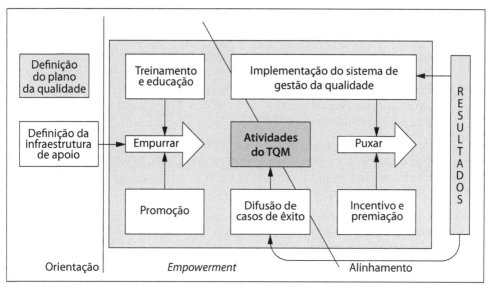

Figura 9 Modelo modificado.

38.5 GLOSSÁRIO

Aptidão do processo: (em inglês, *capability*, no sentido de se ter um processo capaz, apto, portanto pode ser entendido também como aptidão) é a relação entre a especificação e o comportamento natural das variáveis do processo. *Cp* e *Cpk*: são indicadores da capacidade do processo. *Cp* relaciona a variação natural do processo com a especificação

$$Cp = \frac{LSE - LIE}{6\sigma}$$

O processo é "capaz" se esse valor for igual ou superior a 1. *Cpk* verifica a centralização do processo em relação à especificação. Valor de *Cpk* próximo do de *Cp* indica processo centrado.

$$Cpk = \min(Cpu, Cpl)$$
$$Cpu = \frac{LSE - \bar{x}}{3\sigma}, \qquad Cpl = \frac{\bar{x} - LIE}{3\sigma}$$

LSE = limite superior de especificação
L/E = limite inferior de especificação
σ = desvio padrão do processo

Autocertificação: o cliente está garantido pelo controle efetuado pelo fornecedor. A sua certificação é suficiente para garantir a qualidade do produto fornecido.

Benchmarking: a maioria das metodologias existentes limita-se a comparar a empresa com os líderes do setor. O enfoque do *benchmarking* compara o produto/processos da empresa com os líderes mundiais, independentemente do setor de atuação. O objetivo é buscar o "melhor" absoluto e colocá-lo como referência do objetivo de um plano detalhado que permita, num tempo predeterminado, eliminar a diferença em relação aos líderes.

Capabilidade: Ver **Aptidão do processo**

Capacidade do processo: Ver **Aptidão do processo**

CEDAC: Diagrama de Causa e Efeito com Adição de Cartões. Método criado por Ryuji Fukuda para realizar ações de melhoria de maneira eficaz. Permite:

- concentrar-se sobre aspectos precisos de um problema importante a resolver;
- ter "à vista" as causas dos problemas e as ações para inibi-las;
- gerenciar a melhoria *in loco*, de modo contínuo;
- informar a todos, em tempo real, os objetivos de melhoria e os novos padrões de processo encontrados.

CEP: aplicação dos métodos estatísticos para análise dos dados, estudos e monitoração do desempenho de um processo. Por exemplo: gráficos de controle com os quais podemos determinar se um processo está sob controle, mantendo-o enquanto se trabalha para atingir um novo nível de desenvolvimento do processo.

Certificação: ato formal de reconhecimento de que a empresa realizou uma série de atividades planejadas e documentadas para garantir que os seus produtos/serviços sejam fabricados segundo certos padrões.

Cliente interno: qualquer pessoa, departamento ou divisão que recebe um produto ou serviço (geralmente peças ou suprimentos, mas também relatórios e documentos, ou ainda assessoria profissional) de outra pessoa ou departamento da mesma organização (fornecedor interno).

Comakership/partnership: é a estratégia dirigida ao envolvimento solidário dos fornecedores no complexo empresarial do cliente. Realiza-se através de *just-in-time* e *free pass*, podendo alcançar inclusive uma integração estratégica.

Confiabilidade: é a propriedade de um sistema, aparelho ou componente funcionar adequadamente durante um intervalo de tempo.

Controle de qualidade: técnicas e atividades operacionais utilizadas para atingir os requisitos de qualidade.

Controle de processo: conjunto de atividades a partir das quais se assegura que um dado processo gere os resultados de acordo com o objetivo.

Custo global: a avaliação a custo global refere-se ao fato de se avaliar os fornecedores, no que diz respeito aos aspectos econômicos, comparando-os operacionalmente, não com base no preço, mas com base no custo global que eles acarretam à empresa cliente. O custo global envolve:

- custos da qualidade
- custos de confiabilidade
- custos de tempo de resposta
- custos de lotes de reabastecimento
- custos de falta de aperfeiçoamento
- custos de obsolescência tecnológica
- preço

CWQC: *Company-Wide Quality Control* – termo usado, de maneira genérica, com o mesmo sentido de TQC – *Total Quality Control*. Estratégia que consiste em projetar, produzir e pôr à disposição dos clientes novos produtos e serviços que proporcionem sua plena satisfação a um nível de preço aceitável, por meio do envolvimento de todos da organização, dos fornecedores e dos canais de distribuição. Outros aspectos fundamentais dessa abordagem são a cultura do melhoramento contínuo e a cultura dos processos. Por meio desta estratégia, a empresa busca maior competitividade e a garantia de sua prosperidade e sobrevivência.

Delineamento de experimentos: é uma técnica utilizada para avaliar a influência de alguns parâmetros e respectivas interações no resultado, tendo-se estabelecido *a priori* valores experimentais realistas para os parâmetros.

Deployment: desdobramento articulado; passagem do geral para o particular de maneira articulada (integrada).

DOE: Ver **Delineamento de experimentos**

DRW (*Daily Routine Work*): aplicação diária do PDCA em todas as atividades de tipo repetitivo da empresa, a fim de satisfazer as necessidades e as expectativas do cliente (interno ou externo). A essência do DRW é a orientação de todos ao seu cliente. Constitui-se no instrumento gerencial para:

- melhoramento, a pequenos passos, das atividades que não estão na política anual;
- manutenção dos serviços de todas as unidades da empresa.

EDI (*Eletronic Data Interchange*): troca contínua de informações, através da rede de informação entre fornecedores e clientes, para obter vantagens do tipo:

- eliminação de pedidos escritos;
- transação em tempo real;
- faturamento automático;
- eliminação de documentos;
- sistema de planejamento/programação integrado e comum.

Eficiência global: é o resultado da multiplicação do grau de disponibilidade do equipamento × eficiência × percentual de produto bom. O conhecimento da eficiência global pressupõe uma coleta de dados da ineficiência existente, de acordo com as "Seis Grandes Perdas":

1. Paradas causadas por quebras não previstas
2. Tempo de *setup* e ajustes
3. Tempo não utilizado e pequenas paradas
4. Velocidade inferior à prevista
5. Perdas por sucata ou retrabalho
6. Perdas de início de produção

As duas primeiras perdas se referem ao grau de disponibilidade do equipamento, a terceira e a quarta à perda de velocidade (eficiência) e as duas últimas a perdas por defeitos (são ligadas à porcentagem de produto bom).

Fatores-chave de sucesso: Componentes/variáveis principais necessárias e suficientes que permitem à organização perseguir o alcance dos objetivos prioritários da organização.

Estratégia: Arte de aplicar os meios disponíveis ou explorar condições favoráveis com vista a objetivos específicos.

FMEA: Análise do modo e efeito das falhas. Análise realizada por um grupo de especialistas do produto ou do processo, que classifica os parâmetros segundo três critérios fundamentais.

a) nível de gravidade de um mau funcionamento do sistema, se o parâmetro X não estiver dentro das especificações;

b) nível de detecção do parâmetro X quando ele sair do valor especificado;

c) probabilidade de que o parâmetro X saia da especificação. Esse valor é baseado em dados históricos ou na melhor avaliação que os técnicos puderem fazer.

Multiplicando o fator a por b e por c obtém-se o "índice de risco".

FMECA: Análise do modo e criticidade do efeito das falhas - análise para previsão da criticidade da falha.

FIA: Análise da Árvore de Falhas – análise em árvore das falhas com o objetivo de determinar como a falha de um componente depende das falhas de seus subcomponentes ou de causas externas ou de uma combinação dos dois.

Gerenciamento por diretrizes: Ver Gerenciamento por políticas.

Gerenciamento por políticas: É o instrumento administrativo que:

- permite realizar a lógica gerencial de "administrar por prioridades", respeitando a curto prazo as políticas plurianuais da empresa;
- permite desenvolver o sistema gerencial, a organização e a cultura para realizar a estratégia CWCQ dentro da empresa;

As principais características do gerenciamento por políticas são:

- a ligação direta ao plano do negócio;
- a concentração em algumas prioridades fundamentais (1-3) (determinada por alguém da alta administração);
- união coerente de processos *bottom-up* e *top-down*;
- gerenciamento contínuo e sistemático do processo para perseguir os objetivos;
- rigorosa aplicação do método PDCA; e
- ênfase nas relações de causa–efeito.

Gerenciamento por processos: É o instrumento administrativo para melhoria contínua dos principais processos operacionais, segundo a lógica da matriz cliente–fornecedor interna.

Indicadores de desempenho (ID): São dados sobre medições de características de produtos ou parâmetros de processos criados para monitoração da conveniência da adoção de ações gerenciais.

Inspeção: Atividade de medição, exame ou prova de uma ou mais características do produto ou serviço em relação a algum requisito.

ISO 9000: Norma de referência para certificação do sistema da qualidade de uma empresa.

Just-in-time: Abordagem organizacional baseada em: produzir os produtos acabados no instante em que eles devam ser entregues, produzir os semielaborados e subcomponentes no instante da utilização/montagem e abastecer-se de matéria-prima no instante de sua utilização.

Lead time: É o tempo necessário para o produto completar toda a transformação (da matéria-prima ao produto acabado, por meio das diferentes fases). É utilizado para medir a rapidez do processo produtivo.

Market-in: Entrar em empatia com o cliente, "colocar-se na posição do cliente" para compreender melhor as necessidades e expectativas do cliente. Abertura da empresa ao mercado, ou seja, trazer a "voz do cliente" para dentro da empresa.

Melhoria contínua: Técnicas que garantem a melhoria contínua sistemática do processo/produto e das operações administrativas, por meio da utilização de metodologias para esse fim. PDCA aplicado aos processos nos quais se deseja melhoria.

Microplanos: Planos específicos para os diferentes níveis hierárquicos e áreas das empresas.

Plano: Conjunto de métodos e medidas para a execução de um empreendimento.

PDCA (*Plan-Do-Check-Act*): É conhecido também como ciclo de Deming. É a metodologia básica para a análise e solução de problemas para garantir à empresa a manutenção e o melhoramento.

Plan: planejar, programar;
Do: fazer, realizar;
Check: controlar, verificar;
Act: agir, padronizar.

Policy deployment: Processo organizacional que permite articular racionalmente uma política em relação a:

- área de ação;

- responsabilidade e recursos;
- tempo;
- modalidade.

Política: É uma direção a seguir, um objetivo a atingir (o que, quando e quanto) relacionado com as condições de contorno (restrições), linhas mestras e ações necessárias (como).

Problem finding: É destinado a dar suporte às atividades de melhoria concentradas em áreas predefinidas pela direção, por meio da utilização de metodologias baseadas na organização e análise dos dados verbais coletados de fontes internas ou externas à empresa. Com este objetivo, se utilizam as "Sete Novas Ferramentas" ou as "Sete Ferramentas Gerenciais":

- diagrama da afinidade – KJ;
- diagrama de relações;
- diagrama da árvore;
- diagrama da matriz;
- árvore de decisão (PDPC);
- diagrama de setas – PERT;
- análise da matriz de dados.

Problem solving: Atividade destinada, remover os obstáculos encontrados para chegar à solução de um problema. A análise de um problema é um processo baseado na coleta e elaboração de informações. Com esse objetivo, utilizam-se sete ferramentas:

- coleta de dados;
- estratificação;
- análise de Pareto;
- diagrama de causa–efeito;
- diagrama de correlação;
- histograma;
- gráficos de controle;

Process improvement: Melhoria sistemática dos processos operacionais tendo em vista os objetivos e as variações desses processos.

Process management: Gerenciamento por processos, das atividades da empresa ligadas aos fatores-chave do negócio, por meio da identificação, gerenciamento e melhoria contínua dos principais processos operacionais, segundo a lógica da matriz cliente-fornecedor interna.

Processo do negócio: Sequência de atividades fundamentais para o negócio. Elas transformam os *inputs* dos fornecedores em outputs para os clientes, com valor agregado pelos setores.

Processos prioritários: São os processos que têm maior impacto sobre os negócios e apresentam desempenho insatisfatório.

Qualidade assegurada: Conjunto de atividades planejadas e sistemáticas para garantir que um produto ou serviço satisfaça determinadas características de qualidade.

Qualidade negativa: Engloba todos os problemas de não atingimento dos padrões prefixados. É a parte da qualidade relacionada a produtos defeituosos, refugo, reclamação de clientes, parada de máquinas e atrasos.

Qualidade positiva: Refere-se a identificação e satisfação das necessidades, especificamente daquelas de que o cliente não se deu conta, por nunca terem sido identificadas de modo adequado.

Quality function deployment (**QFD**): Metodologia estruturada que tem o objetivo de transmitir "a voz do cliente" a todas as funções da empresa. Isso deve ser feito durante a fase de desenvolvimento do produto/serviço e não após a introdução do produto no mercado.

Para ser eficaz, o QFD deve ser aplicado sistematicamente e como base para o programa TQC.

SPC: Ver CEP

Sete novas ferramentas da qualidade: Ver *Problem Finding*.

Sete velhas ferramentas da qualidade: Ver *Problem Solving*.

Simultaneous engineering: É uma metodologia de desenvolvimento de produto através de:
- sincronização das atividades;
- colaboração interfuncional;
- integração dos recursos de projeto com os fornecedores (*codesign*).

Sistema de gestão à vista (VCS): Sistema em que as informações necessárias para o gerenciamento estão à vista (exemplos: quadros, painéis na fábrica, luzes indicando o status das atividades). Serve para promover a participação no melhoramento das atividades.

SMED (*Single Digit Minute Exchange of Dies*): Abordagem desenvolvida pelos japoneses para reduzir drasticamente o tempo de *setup*.

Start-up: É o intervalo de tempo entre o início da produção, após o *setup*, e a situação de regime, na qual são mantidas as condições que garantem a qualidade do produto.

Técnicas de confiabilidade: Técnica usada para definir a capacidade de um sistema/componente para desenvolver, ao longo do tempo, as funções para as quais foi projetado:
- definição objetiva de valores de confiabilidade;
- análise do modo e efeito das falhas;
- análise da árvore das falhas;
- projeto de confiabilidade;
- projeto de manutenibilidade;
- testes de confiabilidade;
- coleta de dados de desempenho em campo;
- análise de dados de confiabilidade;
- análise de falhas;
- avaliação da confiabilidade.

Time to market (**TTM**): É a abordagem específica que, no âmbito do *Time Based Organization*, considera o tempo necessário para o desenvolvimento de novos produtos como fator estratégico para a sobrevivência e/ou vantagem competitiva.

TPM (*Total Productive Maintenance*): É uma abordagem inovadora para atacar o problema da eficiência dos equipamentos. Suas características fundamentais são:
- considerar todo o fluxo logístico na definição das características técnicas e operacionais do equipamento;

- tratar a produtividade total considerando todo o ciclo de vida da instalação e respectivos custos;
- prever o envolvimento de todos os recursos que gerenciam os equipamentos.

TQM (*Total Quality Management*): É um modelo de gerenciamento que visa o sucesso a longo prazo por meio da satisfação do cliente. O TQM é baseado na participação de todos os membros da organização no melhoria de processos, produtos, serviços e na cultura da melhoria contínua. O TQM beneficia todos os membros da organização e da sociedade.

Vantagem competitiva: É qualquer elemento que garante ou pode garantir o sucesso de uma empresa no mercado, ou seja, que implica uma vantagem sobre a concorrência num determinado mercado. As vantagens competitivas estão relacionadas às quatro alternativas estratégicas fundamentais: custo, serviço, qualidade, inovação.

Questões para reflexão

1. Diferentes funções ou departamentos de uma empresa podem abordar o assunto da melhoria da qualidade sob diferentes perspectivas. Riscos e oportunidades podem ser avaliados de modo diverso. Qual o impacto que estes fatos podem produzir sobre a **estratégia da qualidade** e que resultados podem ser esperados, nessas condições, por meio das técnicas do TQM?

2. Que oportunidades de melhoria devem buscar, e de que modo devem agir, as empresas que concorrem em mercados próximos a *commodities* ou dirigidos por custos (mercados nos quais existe pouca diferenciação entre concorrentes)?

3. Que tipos de melhoria devem buscar, e como devem agir, as empresas que operam em mercados nos quais a moda e as características mudam rapidamente?

4. Que tipo de **estratégia para a qualidade** devem adotar as empresas novas e as divisões de negócios emergentes nas corporações?

5. Que **estratégia da qualidade** deve encaixar-se bem para os negócios nos quais é muito mais caro sair e obter novos clientes do que reter os antigos? Como se enquadram nesse tema as administradoras de cartões de crédito? E os bancos?

6. Como a matriz que explicita o **modelo de referência "europeu"** pode ajudar uma empresa que está considerando "fazer algo" em termos de Qualidade? E as que já estão "fazendo"? E as que pensam que "já fizeram"?

7. O **plano da qualidade** de uma empresa deve ser orientado para resultados, garantindo uma perfeita integração com as estratégias empresariais. Quem deve participar de sua elaboração? Quem deve comandar sua implementação? Quem deve remover obstáculos à sua execução? Como esses obstáculos devem ser removidos?

8. Como o modelo modificado de Shiba esclarece quem deve remover obstáculos à implementação do **plano da qualidade** e como devem ser eles removidos? O que isso tem a ver com a localização e a solução de problemas?

Referências bibliográficas

CONTI, T. *Self-assessment and strategic improvement planning*. In: Seminário Em buscada excelência. São Paulo, Fundação para o Prêmio Nacional da Qualidade, 15-16 mar. 1995. p. 2-3.

MERLI, G. *Comakership*: a nova estratégia para os suprimentos. Rio de Janeiro: Qualitymark, 1994. p.11-45.

_____. *Eurochallenge*: the TQM approach to capturing global markets. Oxford, UK: Information Press Ltd., 1993. p. 61-89.

SHIBA, S. *A new american TQM*: Four practical resolutions in management. Cambridge, Massachussets: Productivity Press, 1993. p. 338.

CAPÍTULO 39

METAQUALIDADE

Sérgio P. Kehl

39.1 INTRODUÇÃO

A metaqualidade não é um conceito novo. Existe, talvez, há séculos. Está contido em velhas queixas, em muitas apreensões, em legítimas aspirações disseminadas em toda a população do Planeta, principalmente naquelas partes do mundo habitadas pelas chamadas sociedades civilizadas, que os gregos denominavam "*oikouméni*".

É algo atávico, profundo, ligado diretamente à qualidade de vida e às perspectivas de sobrevivência. É algo que tem a ver com a moral dos indivíduos e com a ética das organizações. É algo que, aplicado, seria traduzido em bem-estar, em confiança recíproca, em perspectivas sadias para o progresso material, psicológico e espiritual das pessoas.

É uma utopia. Mas uma utopia que tem componentes operacionais praticáveis. É uma direção. Mais que uma meta ou um alvo que se encontra a uma distância definida, é uma direção voltada a um futuro ideal, que muda continuamente de aspecto, mas mantém a sua essência. É um comportamento para os homens, uma política para as empresas.

É a estratégia do possível, em cada momento. Uma estratégia para milhões de homens silenciosos que, nas suas pequenas e inumeráveis decisões, detêm o poder de dirigir os próprios destinos e os do mundo em que habitam. Mas que não sabem disso. E que, não sabendo, perdem-se nos movimentos erráticos do imediatismo e da incultura.

É principalmente, uma constatação simples, que pode ser transmitida a cada um de nossos companheiros de viagem neste sofrido planeta: **a qualidade das nossas vidas depende da qualidade do que nós fazemos.**

39.2 OS DESVIOS

39.2.1 As dimensões dos problemas mudaram a sua natureza

Se a competência técnica dos que engenham, engenheiros ou não, fosse utilizada com critério, as populações que habitam o nosso planeta poderiam ter atingido níveis excepcionais de bem-estar, apesar das diferenças continentais e mesmo regionais que caracterizam as oportunidades e os caminhos do desenvolvimento, em cada caso.

Equilíbrio e estabilidade social e familiar, oportunidades de realização profissional, segurança pessoal e patrimonial, confiança no futuro... são alguns dos anseios mais profundos da humanidade, manifestados ao longo de todo o processo civilizatório, em prosa e em verso, por filósofos e cientistas, governantes e poetas, homens ilustres e cidadãos comuns. Em resumo, qualidade de vida!

No entanto, a situação atual se mostra bem distante dessas expectativas. As soluções tradicionais, com o aumento exagerado das populações e das dimensões dos problemas, perderam a sua eficácia. A aceleração do progresso material tem desestabilizado as culturas tradicionais e vêm transformando o mundo num sistema hipercrítico, onde a falha de um único subsistema, mesmo sem importância significativa, pode pôr a sobrevivência coletiva em risco.

- Assim o esvaziamento do campo e suas consequências na superpopulação, no congestionamento, no desemprego, na violência e no favelamento das megacidades...
- Assim a elitização do consumo, a exacerbação dos desníveis sociais e a exclusão de uma imensa massa de indivíduos, incluindo povos inteiros, dos benefícios do progresso...
- Assim o incentivo desmedido ao consumo irresponsável, com suas consequências no esgotamento dos recursos e na degradação do ambiente natural...
- Assim o terrorismo como arma institucional dos que se sentem prejudicados pelas desigualdades, injustiças e opressões...
- Assim, a competição destrutiva e o sucateamento prematuro de recursos humanos, físicos e financeiros...
- Assim a corrupção perversa do cidadão comum, dos empresários e dos responsáveis pelo poder público, todos representados por personagens ávidos de conquistar rapidamente as "benesses" do progresso...
- Assim as drogas, como recurso dos desajustados para alienar-se do medo e da perplexidade...
- Assim as tentativas violentas e arbitrárias de governos autoritários, para dominar a seu modo e de acordo com seus interesses ou ideologias o comportamento dos povos, sob o poderio das armas ou do potencial econômico...

E mais, a despeito de todas as suas decantadas virtudes, e com poderoso efeito multiplicador, o incentivo subliminar da comunicação de massa ao comportamento antisocial, à permissividade, à estimulação das psicopatias latentes e à aceleração desequilibrada da formação da criança e do adolescente...

39.2.2 Agora, os riscos à sobrevivência têm dimensões planetárias

Como consequência do mau uso do seu engenho, os homens das sociedades ditas civilizadas, já são capazes de aniquilar-se. Por trás do fluxo de novas invenções para o conforto, a proteção e as oportunidades de progresso material dos mais afinados ao processo de desenvolvimento, está subjacente a consciência dos problemas cruciais que já atingem a humanidade como um todo.

Embora fascinada pelo progresso, a parcela dita civilizada parece tensa, angustiada, amedrontada, predisposta à violência e ao uso de mecanismos de alienação e fuga da realidade, quando assiste à degradação social e ambiental. A grande maioria dos cidadãos civilizados é refém de minorias inadaptadas à vida comunitária...

A que atribuir tantos desvios graves ocorridos nos rumos do desenvolvimento? Seria impraticável enumerar os culpados, pois a evolução das circunstâncias em que miríades de decisões foram tomadas, ao longo de séculos, não podem ser reconstituídas. Elas foram acertadas ou não, em função dos objetivos e das informações existentes na ocasião. E, também, dos conhecimentos, convicções, pressões e recursos disponíveis no momento da decisão.

Melhor, portanto, será partir da situação atual e, à luz da massa de conhecimentos disponíveis, mobilizar as forças existentes no presente para tentar, na medida do possível, optar por condutas futuras mais compatíveis com a desejada sobrevivência coletiva.

Quais são essas forças? E quais são essas condutas?

39.3 O TRABALHO

39.3.1 É preciso forjar uma nova cultura

As forças necessárias à correção dos desvios citados no item anterior estão contidas, como é natural, no próprio homem, célula fundamental do processo civilizatório. Infelizmente, o poder de transformação que o homem moderno tem em suas mãos tem sido aplicado por meio de medidas imediatistas, geralmente improvisadas, cujo escopo principal consiste, em última análise, em garantir a estabilidade dos sistemas atuais, que se apoiam exatamente sobre os problemas criados pelo processo de desenvolvimento.

As mudanças efetivamente necessárias exigem modificações progressivas nas diretrizes do desenvolvimento tecnológico, na estrutura da economia e nos sistemas físicos que apoiam a nossa sobrevivência e, por isso, têm de ser realizadas com a participação de todas as forças disponíveis no presente, voltadas a um programa de longo alcance. Exigem, portanto, modificações profundas nas convicções que hoje motivam os mecanismos sociais a agir ante os problemas práticos da conjuntura, nem sempre capazes de antecipar, no longo prazo, os reflexos das decisões presentes.

39.3.2 Nossa cultura é modelada sem cessar

Não nos parece que a ação unilateral dos dirigentes ou legisladores de plantão num governo democrático, como amostra representativa que são da sociedade, ou mesmo a ação coercitiva de governos autoritários, tenham a força necessária para corrigir os rumos do processo de desenvolvimento, pela ação unilateral de leis e regulamentos. Há três motivos para esta dúvida:

- Os governos são efêmeros demais, envolvidos demais no dia a dia dos seus problemas conjunturais, para que possam preocupar-se com coisas tão subjetivas como são as profundas e demoradas alterações culturais. Seu sucesso político, aliás, depende muito mais da exploração dos desequilíbrios resultantes dos vícios de comportamento vigentes, do que da defesa de ideais aparentemente utópicos;

- As modificações necessárias na imensurável massa de aparatos físicos, que suportam a cultura do homem, superam em muito a capacidade e até mesmo a duração de governos, democráticos ou não. Essa tarefa só terá sucesso se executada em caráter permanente, mediante o engajamento da coletividade como um todo, e de cada indivíduo, isoladamente.

- As motivações para uma melhora de comportamento que envolva toda a sociedade humana, não podem ser arbitrariamente impostas, mas, ao contrário, devem resultar de experiências amadurecidas por meio de um demorado processo de tentativa e erro, cujos objetivos e resultados são continuamente questionados e reformulados.

Ou seja, somente a sociedade como um todo, motivada por um novo contexto cultural, poderá criar os instrumentos físicos e as condições psicológicas necessárias para uma alteração do quadro atual, caracterizado pelos graves riscos impostos pelo progresso material, não obstante os enormes benefícios que lhe são legitimamente atribuídos. Essa mudança só pode ser lenta, como são lentas as mudanças culturais. Elas têm de ser induzidas, e não impostas, pois dependem de propostas motivadoras que terão de nascer da própria sociedade.

39.3.3 A força transformadora está no trabalho organizado

Em outros termos, as novas decisões terão de ser tomadas por bilhões de pessoas, isoladamente, mas também, e principalmente, por aquelas que são participantes ou responsáveis pelo principal instrumento de transformação da sociedade moderna: a **empresa**, definida como qualquer modalidade de trabalho organizado, voltado à satisfação de necessidades humanas.

Assim, denominamos **empresa** qualquer tipo de atividade que interage com a sociedade, permutando com ela a satisfação de necessidades recíprocas: indústria, comércio, universidade, escola, sindicato, igreja, jornal, rádio, televisão e, até mesmo, o serviço público.

Dentre essas, é fundamental o engajamento das organizações dotadas da capacidade de transmitir novos valores, convicções e motivações à sociedade e que incluem, particularmente, os dois grandes formadores de opinião presentes nas sociedades modernas:

- as escolas que, em todos os seus níveis, além de suas funções específicas, têm a responsabilidade ímpar de substituir parcialmente as funções da família na educação das crianças. Atualmente, as mães, em particular, estão cada vez mais limitadas no processo de transmissão dos padrões culturais aos filhos, devido à obrigação que possuem de prover as necessidades físicas do lar. Vale considerar que a escola, mediante métodos adequados de integração dos pais no processo pedagógico, pode causar, por intermédio dos filhos, um efeito de "retroaculturação", capaz de ampliar e acelerar a difusão de novos valores;

- os modernos instrumentos de comunicação de massa, que representam uma gigantesca instituição cultural à nossa disposição. Além de já disporem da competência e dos recursos físicos, humanos e financeiros necessários para a difusão dos novos padrões de valores, a colaboração das organizações responsáveis pela mídia é absolutamente indispensável para que o mundo civilizado seja induzido a corrigir os atuais rumos do desenvolvimento.

39.4 AS POLÍTICAS

39.4.1 Empresas são conjuntos de pessoas, e agem como pessoas

Como conjunto de pessoas, toda empresa obedece a determinados padrões característicos de conduta, que expressam, ao final, uma posição média, ponderada em função do poder de decisão dos seus membros. Quando esses padrões de conduta não são estabelecidos formalmente *a priori*, as sucessivas decisões, ao longo do tempo, acabam por conferir certa unidade às respostas que cada empresa dá às solicitações normais e, também, aos imprevistos enfrentados ao longo do tempo.

Esses padrões, que constituem a base conceitual, ideológica, quase dogmática, responsável pelas missões socioeconômicas e pelas formas de agir das empresas, são denominados **políticas**.

A importância desses padrões, que se mantêm subjacentes a todos os processos de decisão, é determinada pela natureza e pelo grau de abrangência dos assuntos a que se referem. Assim, eles acabam por orientar, desde a configuração da estrutura orgânica das empresas, a escolha dos seus mercados e produtos e o planejamento plurianual das suas atividades, até o projeto dos seus procedimentos técnicos e administrativos.

As políticas são, portanto, conjuntos de normas, explícitas ou implícitas, que se destinam a nortear as decisões mais importantes das empresas, a partir de princípios, valores, convicções, aspirações e conceitos dos detentores do poder. Elas constituem um sistema interdependente de preceitos e recomendações que permeiam toda a estrutura das empresas a partir do seu topo, até atingirem os níveis operacionais mais modestos.

39.4.2 Empresas não têm políticas; as pessoas é que têm políticas

Mesmo que não seja formalizado em textos escritos, é fundamental o compromisso tácito, consensual, em torno de um corpo unificado e coerente de políticas, para que as decisões assumidas pelos membros de uma empresa, em todos os níveis, sejam coerentes com os seus propósitos e eficazes na sua aplicação. Mudanças na composição do conjunto de membros influentes de uma empresa têm reflexos, muitas vezes significativos, nos seus padrões de comportamento.

Não existindo indivíduos idênticos quanto aos seus dotes, experiências e condições pessoais, empresas diferentes nunca assumem condutas idênticas, em circunstâncias idênticas. Cada empresa tem suas características próprias e seu comportamento reflete uma "personalidade" ímpar, determinada pela composição momentânea do seu grupo de membros influentes.

Traçar políticas é, em síntese, um exercício que visa harmonizar as expectativas pessoais dos membros influentes da empresa com as expectativas da sociedade em que ela desenvolve as suas atividades; e que, além disso, permita traçar os objetivos, planejar os recursos necessários e as demais formas de assegurar uma permuta mutuamente proveitosa com o meio–mercado.

Atingir esses objetivos exige que as políticas acordadas entre os mandatários de uma empresa, resultem de um consenso em que pesam dotes pessoais de inteligência, formação e caráter, experiências passadas e expectativas futuras, além de fatores como idade, condições de saúde física e mental e outras, que certamente antecedem à reunião desses homens em sequência do mesmo negócio.

39.4.3 Políticas são muitas vezes confundidas com estratégias

Não obstante sejam geralmente estabelecidas sem prazo definido de vigência, as políticas podem e devem adaptar-se a novas circunstâncias, principalmente quando há modificações significativas na composição do poder das empresas ou na conjuntura econômica, fiscal, tecnológica, mercadológica e social do ambiente em que elas se acham inseridas. Portanto, embora atemporais, as políticas devem, em seu conjunto, constituir um sistema aberto e dinâmico de padrões, objetivos e flexíveis.

Mas, ao passo que políticas são duradouras e voltadas a certos padrões comportamentais de caráter geral, estratégias são formas determinadas de ação, voltadas à consecução de objetivos específicos. Esses objetivos e formas de ação, adotados conjunturalmente, subordinam-se às diretrizes políticas de cada empresa, que são, portanto, superiores às estratégias em termos de hierarquia, duração e abrangência.

39.5 A METAQUALIDADE

39.5.1 Existe um conflito íntimo em cada um de nós

Infelizmente, o comportamento do homem civilizado, desde o fim do escambo e o advento do trabalho organizado, reflete um problema íntimo de dupla personalidade:

- de um lado, como empresário ou colaborador, deve buscar resultados para a empresa;
- de outro, como consumidor de produtos e serviços, luta para obter vantagens pessoais...

No nível do inconsciente, suas duas personalidades expressam interesses e posições antagônicas. Nessa disputa, só é viável o empate: ou ambas as personalidades convergem para objetivos mais salutares, e a sociedade é beneficiada, ou a ambiguidade continua e os prejuízos serão inevitavelmente crescentes. A unidade de propósitos, que traz consigo a qualidade de vida e a sobrevivência, só será instituída quando uma renovada consciência dos valores morais e éticos regulerem o convívio empresa–mercado, harmonizando o comportamento humano nos dois papéis que desempenha.

39.5.2 Há pelo menos quatro prejudicados pelo conflito

Só será possível motivar a sociedade, para que execute as transformações necessárias à retomada de um processo sadio de desenvolvimento, quando as decisões de cada indivíduo, nas duas condições citadas anteriormente, forem ditadas pela mesma convicção moral e ética de que o seu bem-estar e a sua sobrevivência dependem de todos, entre os quais ele se situa, solidariamente com seus descendentes.

Vale lembrar que a moral e a ética não são preceitos artitrariamente elaborados por idealistas ou místicos distanciados da realidade. Longe disso, elas são regras traçadas através da experiência milenar de todos os povos que, durante sua longa exposição a inumeráveis riscos e, em cada particular circunstância, foram descobrindo, por um processo de tentativa e erro, os procedimentos mais eficazes para a salvaguarda da coletividade.

Portanto, estabelecer políticas universais, válidas para qualquer empresa, é restabelecer, dentro da sociedade desenvolvida, valores abandonados pela ignorância e falta de consciência da realidade, pela comunicação enganosa, pela mediocridade, pela permuta fraudulenta, pela degradação do ambiente, pela ameaça nuclear, pela corrupção, pela massificação coletiva, pela competição predatória, pela desumanização, pela submissão ao imediatismo etc.

É, enfim, assumir uma visão basilar da missão transcendental da empresa na face da Terra, que consiste, em última análise, em retomar o conceito ancestral da permuta justa. que envolve, pelo menos, quatro participantes:

- a própria empresa, com seus empreendedores, executivos e trabalhadores;
- a parcela da sociedade que interage diretamente com a empresa;
- o nosso violentado, desprezado e explorado ecossistema;
- o resto da sociedade afetada, indiretamente, pela ação da empresa.

Os dois primeiros são protagonistas da luta fratricida que assola o mundo desenvolvido, entregue à euforia do consumismo descontrolado e da livre delinquência, travestida pomposamente de livre competição. Quanto à Mãe Terra, começa a ser timidamente cuidada pelas empresas, principalmente quando o prejuízo é das que correm o risco de sucumbir à mingua de recursos.

Quanto à sociedade humana como um todo... No mundo desenvolvido, a busca do progresso material rápido e a qualquer custo, tem privilegiado os imediatistas, cujas soluções se vêm transformando nos problemas insuperáveis do amanhã. A globalização elitiza o consumo nos países pobres e a comunicação de massa põe o contraste em evidência.

O custo fixo da manutenção dos privilegiados com o conforto supérfluo e o luxo desmedido é alto demais, e onera as economias dos países, particularmente dos subdesenvolvidos. O automóvel transforma-se no câncer das cidades e emperra o transporte coletivo. A sobrevivência dos cidadãos das grandes metrópoles exige investimentos vultosos em infra-estrutura e acarreta custos altíssimos em manutenção e energia.

A eficiência conseguida com a sofreguidão competitiva gera o desemprego. Manter e galgar posições é a palavra de ordem escravizante nas economias "liberais"... Aos cúpidos e ousados, os louros! Aos tímidos e moderados, a pecha do fracasso... A sociedade, como um todo, que se dane! A política do egoísmo cínico prevalece nas relações interpessoais, interempresariais e internacionais...

39.5.3 Só a volta da permuta justa garantirá a qualidade da vida

O pleno atendimento das necessidades legítimas desses quatro participantes da permuta universal, constitui a verdadeira política de qualidade que a empresa moderna tem necessariamente que adotar, porque essa é a qualidade que visa aperfeiçoar a qualidade da vida na Terra.

Esse objetivo só poderá ser conseguido por meio de uma política que amplie os novos conceitos de qualidade total, muitas vezes adotados sob uma visão egocêntrica por algumas empresas, apenas para permitir sua maior competitividade.

O novo conceito de **qualidade global** exige da empresa mais do que um produto ou serviço tecnicamente perfeito, uma manufatura ou serviço eficientes e um procedimento administrativo eficaz. Atingir a qualidade global impõe, como condição indispensável, a retribuição justa dos empreendedores e colaboradores da empresa. Pretende, também, que essa retribuição resulte da satisfação dos desejos legítimos, não só dos seus usuários e consumidores, como de todas aquelas entidades ou pessoas que contribuem para o seu desempenho.

Considera, além disso, que a atuação da empresa deve produzir efeitos benéficos sobre a qualidade de vida da sociedade, no seu âmbito de influência direta ou indireta, e na medida das suas possibilidades. E, finalmente, torna essencial a proteção ambiental, tanto do ecossistema, como das cidades e demais partes habitadas do planeta, o *oikouméni* dos antigos gregos.

39.5.4 Homens de bem! Uni-vos!

A "permuta proveitosa", atrás mencionada, envolve não só o atendimentos aos problemas objetivos de satisfação das necessidades tangíveis de sobrevivência, como a consideração e o respeito aos aspectos subjetivos que são inerentes aos padrões culturais e respectivas expectativas existenciais, além de outros fatores imateriais que matizam os povos da Terra com sua infinita diversidade.

Responder pelas enormes responsabilidades de uma empresa exige que seus mandatários tenham conhecimento desses aspectos e, mais do que isso, tenham consciência da importância da missão pela qual são responsáveis. Nesse sentido, as políticas da empresa são particularmente importantes quando utilizadas para orientar o planejamento estratégico, que visa fixar os objetivos, as iniciativas e as formas de ação da empresa a médio e longo prazo.

Nesse caso, é fundamental a atuação dos homens de empresa com mais ampla e profunda visão do futuro, possuidores de um tipo especial de sensibilidade, que ultrapassa os interesses e extravasa, como manifestação de respeito e amor ao próximo, a tudo o que preserva o ambiente em que vivemos.

A atuação solidária desses homens, disseminados por todos os níveis das empresas, constitui a principal esperança para a retomada de um tipo de desenvolvimento que não seja apenas sustentável – termo que sugere a forma de caminhar numa corda bamba – mas que também permita, a cada um de nós, olhar o futuro sem as incertezas atuais.

39.5.5 O interesse de todos se confunde com o interesse de cada um

Estando os homens que compõem as empresas entrelaçados/confundidos/ identificados com os homens que compõem os mercados, parece natural que a sobrevivência e o bem-estar dos primeiros só podem ser conseguidos com a sobrevivência e o bem-estar dos segundos.

Portanto, quando propomos uma nova política de qualidade global para as empresas, estamos propondo valores de qualidade para a sociedade, e vice-versa. Como a força do trabalho organizado reside nas empresas, é claro que a ação reformadora tem de partir delas, embora os alertas venham geralmente de indivíduos ou grupos de indivíduos que constituem a massa não caracterizada como empresa. Se essa massa como um todo for agraciada com uma qualidade de vida de alto nível, então seus componentes, dos quais as empresas são formadas, também gozarão do mesmo privilégio.

Em última análise, o conflito atual é um círculo vicioso, um *boomerang* letal, uma incongruência, que transfixa e suplanta o decantado chavão da luta de classes, porque manifestada permanentemente em todos os seus níveis, como uma epidemia interminável.

A sociedade conscientizada que compõe as empresas tem o poder necessário e a obrigação elementar de promover a sua autopreservação: diretamente, onde for possível, mas, principalmente, por meio do potencial de transformação representado pelas empresas. A essas novas diretrizes, que visam assegurar a sobrevivência e a qualidade de vida na Terra para todos, ou seja, a qualidade global, humanizada, social, denominamos METAQUALIDADE.

39.6 OS CAMINHOS

39.6.1 Antes de partir, é necessário traçar o rumo

Como formular diretrizes universais de forma a que venham a reunir, num conjunto completo, unificado e ordenado, o universo complexo de políticas de uma empresa, e mais, expressar esses conceitos abstratos, embora simples, em textos compreensíveis? Vejamos a que leva este exercício, num segundo estágio da tentativa já levada a efeito anteriormente pelo autor[1].

Como se pode deduzir de tudo o que foi dito, a **metaqualidade** não é um instrumento voltado exclusivamente para o fortalecimento da empresa, mas sim para o de toda a sociedade na qual ela se acha inserida. Nosso objetivo consiste, pois, em propor políticas básicas destinadas a preservar a sobrevivência da empresa, com a concomitante e indispensável sobrevivência e qualidade de vida da sociedade. Parece estar contida neste mote a primeira divisão desse universo conceitual, pois sobreviver é conservar vivo, atuante e produtivo o patrimônio da empresa que, em síntese, possui três componentes principais:

- Uma parte do patrimônio da empresa, que usualmente faz parte dos seus registros contábeis, é o **patrimônio físico**, constituído pelos seus ativos, facilmente reconhecíveis sob a forma de imóveis, equipamentos, estoques e valores monetários.

- Uma outra parte, de avaliação difícil, é representada pela sua competência técnica e gerencial, pela perspicácia em identificar e atender às necessidades e anseios do seu mercado e, mais do que isso, pela consciência do seu papel diante da sociedade. Este é o conteúdo do **patrimônio cultural** da empresa, contido na sua experiência e representado pelo seu saber.

- Finalmente, é também parte do patrimônio global da empresa algo que não lhe pertence, que não se encontra apenas dentro dos seus limites, mas possui valor incalculável. Algo intangível, facilmente evanescente, porque feito de ideias e conceitos sobre a empresa, contidos nas mentes das pessoas que constituem os seus públicos: clientes, fornecedores, concorrentes, governo, entidades financeiras e outros, além de seus próprios colaboradores. É o **patrimônio conceitual** da empresa.

Os três componentes do patrimônio total da empresa são igualmente vitais para a sua sobrevivência. Cada um, por sua vez, exige da empresa um tipo específico de qualidade humana:

- para a manutenção do patrimônio físico, é necessária **competência** técnica e administrativa, o que significa possuir informação pronta, capacidade criativa, projeto flexível e resposta rápida às surpresas da conjuntura;

- para a construção do patrimônio cultural, é necessária **consciência** abrangente dos contextos tecnológico, ecológico e psicossocial que envolvem a empresa;

- para a manutenção do patrimônio conceitual, é necessário **respeito** aos públicos da empresa, à sociedade como um todo, ao ecossistema e ao *oikouméni*.

Competência, **consciência** e **respeito** são, pois, os componentes da **metaqualidade** de uma empresa. Essas três palavras-chave podem ser utilizadas como sugestão para a proposta de um conjunto de diretrizes políticas de caráter universal, aplicável a qualquer tipo de empresa. Pela natureza moral do seu conteúdo, esses preceitos poderão ser estendidos a cada campo de atividade empresarial sob a forma de códigos de ética específicos.

39.6.2 Um exemplo objetivo ajuda a transformar a teoria em prática

Não seria possível construir *a priori* um completo quadro teórico de referência, capaz de esgotar o assunto. Esse é um exercício sem limites definidos, que só poderá ser completado aos poucos, no trato cotidiano dos problemas das suas respectivas organizações, por empresários dotados de dons naturais e de formação humanística particularmente favoráveis que, aliás, já evidenciem alguns indícios positivos de reação contra a irresponsabilidade que caracteriza os atuais rumos do desenvolvimento.

Por isso, para tornar a matéria mais consistente, as propostas foram elaboradas a partir de uma situação simulada, que os homens "práticos" certamente avaliarão com ceticismo, nas atuais circunstâncias que dominam o mundo oportunista dos negócios

Na nossa simulação, um grupo de empreendedores esclarecidos decide formular um conjunto de políticas renovadoras que, sem aderir a nenhuma das obsoletas ideologias do passado, busque encarar o futuro de maneira mais responsável, pela ampliação da consciência, do respeito e da competência na gestão das respectivas empresas. Entre estas, estão atividades industriais, comerciais, de comunicação de massa, de pesquisa tecnológica, de pesquisa de consumidor, entidades financeiras, instituições de ensino e outras.

Como testemunho explícito de suas intenções, o grupo de empresas autodenominou-se *Convívere*, nome derivado da palavra latina *convivere*, formada por *cum* (com, companhia, reunião, pluralidade, cooperação) e *vivere* (viver com outros, simultaneamente, conviver)...

Não há dúvida de que só uma extraordinária coincidência faria convergir, para tais objetivos, um grupo influente de empreendedores imbuídos de ideais análogos. Quem sabe, as ameaças à sobrevivência não venham a unir esses homens, que certamente existem, em sequência da nobre tarefa de preservar e melhorar a qualidade de vida sobre a Terra?

39.7 AS PROPOSTAS

39.7.1 Para alcançar o medíocre, vise o possível; para alcançar o possível, vise o impossível

O Grupo Convívere elaborou, de comum acordo, uma primeira série de políticas universais, cujo conteúdo é aplicável, indiscriminadamente, a qualquer ramo de atividades. Embora sejam aplicáveis às decisões operacionais, referem-se às convicções profundas dos seus mandatários e constituem, praticamente, uma questão de fé. Aliás, na língua inglesa, esse tipo de proposição é usualmente denominado *creed*, ou seja, crença. Afinal, um corpo de políticas sempre expressa a fé – boa ou má – dos empreendedores...

A partir dessas propostas, cada empresa deverá elaborar políticas específicas, de acordo com os seus ramos de atividade, tentando harmonizar o ideal teórico com as agruras da realidade prática.

A – Consciência

Responsabilidade

- O Grupo Convívere está cônscio de sua responsabilidade em participar do esforço de implantação de um novo modelo universal de desenvolvimento, não apenas sustentável, mas, também, capaz de restaurar e manter a integridade física, psicológica e espiritual do homem.

- Para isso, assume a responsabilidade de participar ativamente da concepção e divulgação de um novo produto, comum a todas as empresas, altamente rentável, que é a valorização dos comportamentos morais e éticos, tão reclamados pela sociedade contemporânea.

- O Grupo Convívere, por todos os seus membros, assume a responsabilidade de lutar contra o imediatismo e o comodismo que ampliam os problemas atuais e os propagam para o futuro; contra a cupidez e a corrupção, que degradam e desmoralizam a sociedade; e contra o preconceito e o medo, que mediocrizam as ações empresariais.

- Todos os participantes do Grupo que operam a comunicação de massa, utilizam seus serviços, ou são seus autores intelectuais, comprometem-se a resistir ao avanço destrutivo da subcultura, da incultura, ou da anticultura; a conscientizar a sociedade como um todo quanto às vantagens de atribuir à vida a qualidade que ela merece ter; e a reconhecer sua responsabilidade fundamental, insubstituível, de promover essa qualidade.

- As escolas participantes do Grupo Convívere, em particular, são convocadas a mobilizar o seu corpo docente para que promova esses novos valores junto aos alunos de todas as idades; e estimule os pais ou responsáveis, para que participem do esforço pedagógico, num verdadeiro processo de "retroaculturação".

- As organizações do Grupo Convívere voltadas ao desenvolvimento de novas tecnologias cuidarão para que o resultado de suas pesquisas não se transforme em instrumento pernicioso para a segurança do meio ambiente e para a tranquilidade coletiva.

Franqueza

- O Grupo Convívere considera indispensável eliminar das pesquisas de mercado a tendência maliciosa de identificar fraquezas facilmente exploráveis, e passar a investigar os anseios legítimos dos consumidores, tratando-os, portanto, como seres humanos cuja dignidade deve ser preservada.

- Por outro lado, as empresas do Grupo evitarão a propaganda enganosa, excitante, parcial, destinada apenas a ampliar o consumo de bens supérfluos ou nocivos, com a consequente redução da capacidade econômico-financeira dos consumidores em satisfazer suas necessidades fundamentais.

- As apresentações dos produtos e serviços prestados pelo Grupo Convívere deixarão transparecer seus méritos e limitações reais, sem artifícios enganadores, sem estímulos visuais ou outros destinados a iludir os consumidores e sem incentivar as compras impulsivas dos menos capazes de discernir suas qualidades efetivas.

- As empresas de comunicação de massa do Grupo evitarão aumentar artificialmente a tiragem ou a audiência com ardis indignos, e deixarão de considerar a incultura e a desinformação como um instrumento válido para aumentar sua competitividade e seus resultados.

Humanização

- O Grupo Convívere está consciente de que não há forma mais correta, digna e competente de garantir a eficácia de uma empresa, do que por meio de uma ação humanizadora, na qual cada produto ou serviço represente um instrumento para a aculturação, o aperfeiçoamento social e a paz.

- O Grupo está consciente também de que, em lugar de uma atitude passiva subordinada aos caprichos do mercado, deve assumir uma postura ativa, engajada num processo de humanização que conduza à redução das disparidades, dos conflitos e da violência entre indivíduos, estratos sociais, facções, etnias, nações, assim como de todos os tipos de comportamento anômalo dos desajustados em geral, causados pelo estímulo excessivo à competição e à conquista de *status* e poder.

- Assim, o Grupo agirá sempre no sentido da substituição dos administradores de formação estreita e especializada por colaboradores de formação humanística e eclética, com acentuadas qualidades pessoais como caráter, personalidade, inteligência, capacidade de comunicação e motivação.

B – Respeito

Reciprocidade

- O Grupo está voltado a estimular o equilíbrio, ou seja, a permuta justa entre cada empresa e seus colaboradores, seus mercados, a sociedade em geral e o ecossistema em que se acha inserida.

- O Grupo acredita que só por meio da permuta justa entre os envolvidos é possível conciliar a qualidade de vida, o consumo responsável, o pleno emprego e a proteção do meio ambiente, de onde provêm os recursos para a produção e a própria vida.

- O Grupo Convívere considera que as estratégias obsoletas do incentivo ao desperdício, à obsolescência prematura, ao produto irreparável e descartável, à competição sucateadora e ao consumismo devem ser substituídas por estratégias voltadas para a redução das imensas disparidades sociais e regionais, para a satisfação das tensões psicológicas resultantes da excitação do consumo e para os cuidados com o meio ambiente.

- Considera também inadmissíveis todas as práticas destinadas a provocar a escassez estimuladora da demanda, a combinação de preços artificiais entre competidores, a encampação de recursos escassos, com o objetivo de obter vantagens indevidas, e todos os demais procedimentos oligopolistas ou monopolistas capazes de prejudicar a livre manifestação das forças de um mercado saudável.

Viabilidade

- Além da viabilidade técnica e econômica, os membros do Grupo consideram indispensável a análise da viabilidade ecológica, energética e social dos seus produtos ou serviços.

- O Grupo Convívere considera que é necessário computar, nos seus custos internos, os eventuais prejuízos externos, direta ou indiretamente causados pela degradação do meio ambiente, pelo consumo de recursos críticos não renováveis e pelos danos à sociedade, em termos de qualidade de vida.

- O Grupo está seguro de que, embora ainda não estejam institucionalizados os mecanismos legais e administrativos para o cálculo desses custos, o respeito devido à sociedade e à Mãe Terra impõe o dever de minimizar as perdas decorrentes da alienação atual que constitui, virtualmente, uma apropriação indébita de bens indispensáveis à sobrevivência das gerações futuras.

- Os participantes do Grupo se comprometem a aperfeiçoar paulatinamente e a trabalhar para que o cômputo dos custos externos passe a ser uma prática corrente entre as empresas e se transforme num instrumento motivador para a ampliação da legitimidade dos seus resultados econômico-financeiros.

Solidariedade

- O Grupo Convívere considera imperioso refrear a competição predatória e a guerra entre empresas, que resultam no sucateamento prematuro de recursos humanos, físicos e financeiros, e estimular a convergência e a composição de forças segundo um comportamento orgânico, participativo e interdependente, entre empresas que atuam em mercados paralelos ou dependem dos mesmos recursos naturais.

- O Grupo promoverá a prática de obter economias escalares em unidades menores, como resultado da participação construtiva; de aperfeiçoar em conjunto melhores produtos e serviços para necessidades mais efetivas, sem recorrer a disputas; e, por conseguinte, de concentrar esforços para atingir níveis elevados de metaqualidade.

- É convicção do Grupo que, com a solidariedade em lugar da competição destrutiva, será possível alcançar melhores resultados com maior segurança, além de redução do consumo irresponsável, da degradação ambiental e da tensão neurotizante que resulta da urgência e da presença permanente do risco e da incerteza.

C – Competência

Legitimidade

- O Grupo não considerará sinal de competência atingir altos níveis de qualidade total apenas para mascarar a produção de bens supérfluos ou a prestação de serviços inúteis, excitantes do consumo e dos desequilíbrios sociais. Ou que causem incrementos nos custos, disputem espaço nos orçamentos limitados, e excluam dos benefícios reais do progresso uma parte considerável das populações mais pobres, principalmente nos países em desenvolvimento.

- Em vez disso, os participantes do Grupo estão convencidos de que é essencial saber se um determinado produto deveria ter sido feito ou se um serviço deveria ter sido prestado; se ambos estão cobrindo necessidades significativas, tangíveis ou não, e se a satisfação consequente não vai redundar em sacrifícios desproporcionais, tanto sociais quanto ecológicos.

Criatividade

- O Grupo Convívere considera que a amplitude planetária dos problemas atuais invalidou as soluções clássicas adotadas no passado. E que somente os homens que tiverem a mente aberta à prospecção e à formulação de soluções tecnologicamente inovadoras, socialmente sadias e ecologicamente restauradoras, terão a competência necessária para executar, sem tropeços, a transição necessária para um novo e original modelo de desenvolvimento.

- Os participantes do Grupo estão cientes de que ser competente é ser capaz de descobrir e trilhar rumos originais quando todos aceitam, mesmo a contragosto, as improvisações atuais; é ser ousado numa fase de covardia; é ser moderado numa época de exageros; é ser poupador quando todos desperdiçam; é ser previdente numa sociedade imediatista; é sustentar a espiritualidade e o humanismo nos domínios do materialismo; é manter o otimismo e a confiança num futuro mais digno para a humanidade, quando ela própria parece estar mergulhada na perplexidade e no desencontro consigo mesma.

- Ou seja, o Grupo está convicto de que ser competente não consiste em copiar ou aperfeiçoar os modelos materialmente bem-sucedidos do passado, mas, sim, em criar soluções empresarialmente compensadoras para os verdadeiros problemas que a humanidade tem e terá de sobrepujar.

Agilidade

- O Grupo Convívere buscará, pela cooperação construtiva, adotar estratégias voltadas à fragmentação, à dispersão, à modularidade e à agilidade das organizações, de forma a torná-las mais ecléticas, versáteis e tecnologicamente capazes de respostas mais rápidas e precisas no contexto imprevisível de um mundo em rápida mutação.

- E abandonará as estratégias do gigantismo, da concentração, da superespecialização e, consequentemente, da sujeição aos enormes compromissos econômico financeiros, frios e impiedosos, inerentes aos investimentos com essas características.

- Os participantes do Grupo deverão estar aptos para as mudanças com o mínimo de transtornos e perdas, mediante três providências:
    - um sistema eficiente de informações externas e internas, capaz de identificar a existência de novos problemas que possam afetar a empresa;

- uma organização apoiada sobre homens de formação multidisciplinar, mais adaptáveis a novos desafios e posições; e
- uma configuração física formada por unidades modulares de porte adequado, de fácil convertibilidade, que complemente a deficiência escalar com a eficiência da agilidade.
- A agilidade deve ser necessariamente complementada pela capacidade dos seus executivos em tomar decisões corretas e internamente coerentes, em cada nível da organização. Essa condição deverá ser assegurada pela existência de diretrizes políticas e planos estratégicos claros e precisos, formulados por todos os membros influentes da empresa, segundo esquemas participativos e coerentes. E que permitam a delegação de poder e, consequentemente, a autonomia operacional em todos os seus níveis hierárquicos.

Metaqualidade
- Finalmente, o Grupo Convívere reconhece que ao conceito tradicional de qualidade tem de ser acrescentada a ideia da metaqualidade, que incorpora os novos valores transcendentais da legitimidade, da originalidade, da pertinência e da viabilidade global dos produtos ou serviços oferecidos à coletividade.

Referências bibliográficas

Nota do Autor: a ideia da Metaqualidade nasceu e se desenvolveu através de um longo processo de amadurecimento, ao longo de mais de três décadas de atividades de ensino na Universidade de São Paulo (Poli e FEA). Portanto, além da contribuição recebida dos próprios alunos, torna-se difícil selecionar entre dezenas de autores, aqueles que mais contribuíram para a formulação deste conceito. A lista abaixo constitui, portanto, um reconhecimento modesto a alguns poucos pensadores que, entre inúmeros outros, são os verdadeiros pais das ideias expostas neste capítulo.

ACKOFF, R. L. *A concept of corporate planning*. Willey-Interscience, 1970.

BRONOWSKI, J. *A escalada do homem*. São Paulo: Martins Fontes/Editora Universidade de Brasília, 1983.

CAPRA, F. *O ponto de mutação*. São Paulo: Cultrix, 1983.

DRUCKER, P. F. *Uma era de descontinuidade*. Rio de Janeiro: Zahar Editores, 1974.

FROMM, E. *Psicanálise da sociedade contemporânea*. Rio de Janeiro: Zahar Editores, 1976.

GALBRAITH, J. K. *A era da incerteza*. São Paulo: Pioneira Editora, 1977.

MEADOWS, D. et al. (Clube de Roma). *Limites do crescimento*. São Paulo: Perspectiva, 1973.

MESAROVIC, M. (Clube de Roma). *Momento de decisão*. Livraria Agir Editora, 1975.

MONOT, J. *O acaso e a necessidade*. Rio de Janeiro: Vozes, 1972.

NASH, L. L. *Ética nas empresas*. São Paulo: Makron Books do Brasil Editora, 1993.

PETER, L. J. *Competência planejada*. Rio de Janeiro: Livraria José Olympio Editora, 1978.

SENGE, P. M. *A quinta disciplina*. Rio de Janeiro: Best Seller, 1993.

TOFFLER, A. *O choque do futuro*. São Paulo: Artenova, 1972.

WILSON, E. O. *Da natureza humana*. São Paulo: Edusp, 1981.

NOTAS

Capítulo 1 – Correntes do pensamento administrativo

1) Para mais detalhes sobre as proposições de Taylor, consulte Taylor, F. *Princípios de administração científica*. São Paulo: Atlas, 1966.

2) Esta citação de Taylor foi extraída de Fleury, A.C.C. e Vargas, N. *Organização do trabalho*. São Paulo: Atlas, 1983.

3) Para mais detalhes sobre as proposições de Fayol, consulte Fayol, H. *Administração geral e industrial*, São Paulo: Atlas, 1976. Um resumo conciso e objetivo pode ser encontrado em Chiavenato, I. *Teoria geral da administração*. São Paulo: McGraw-Hill do Brasil, 1979.

4) Este item tem como principal fonte o livro de Womack et al. *The machine that changed the world*. New York: First Harper Perennial, 1991, especialmente o capítulo 2.

5) Foram utilizados como fonte de referência os livros: Chanlat (1994), Chiavenato (1979), Motta (1991), Herzberg (1973), e McGregor (1973).

6) Essa situação foi muito bem retratada no filme *Tempos modernos*, de Charles Chaplin.

Capítulo 2 – A empresa moderna

1) *Taken for granted*, segundo Schein, E. *Organizational culture and leadership*, San Francisco: Jossey Bass, 1986.

2) Heskett, J.; Sasser, E.; Hart, C. *Service breakthrough*. New York: The Free Press, 1990.

Capítulo 3 – Campos e armas da competição

1) O termo indústria é utilizado para designar o conjunto de empresas que atuam num mesmo setor da economia.

2) Engenharia do Valor e Engenharia Concomitante ou Simultânea (*Concurrent Engineering*), tratadas no Capítulo 34 deste livro, são temas do Capítulo 7 do livro *Modelo para aumentar a competitividade industrial – A transição para a gestão participativa*.

3) As formas de diminuir o tamanho do lote de fabricação e aumentar a velocidade de manufatura são analisadas detalhadamente no Capítulo 13 do livro *Modelo para aumentar a competitividade industrial*: a transição para a gestão participativa.

4) O Capítulo 18 do livro *Modelo para aumentar a competitividade industrial*: a transição para a gestão participativa aborda detalhadamente esse tema.

Capítulo 4 – Gerenciamento por processos

1) Hammer, M.; Champy, J. *Reengenharia*: revolucionando a empresa em função dos clientes, da concorrência e da grandes mudanças da gerência. Rio de Janeiro: Campus, 1994.

2) Carr, D. K. et al. *Redesenhando o processo de negócio*: Ponto de Ruptura. Rio de Janeiro: Qualitymark, 1994.

3) Gonçalves, J. E. L.; Dreyfuss, C. *Reengenharia da empresa*: passando a limpo. São Paulo: Atlas, 1995.

4) Melan, E. *Process management*: methods for improving products and service. McGrawHill, 1993.

5) Gitlow, H. S. *Planejando a qualidade e a produtividade*. Rio de Janeiro: Qualitymark, 1993.

6) Slater, R. *Integrated process management*: a quality model. McGraw-Hill, 1991.

7) Harrington, H. J. *Business process improvement*: the breakthrough strategy for total quality, productivity and competitiveness. McGraw-Hill, 1991.

Capítulo 5 – Engenharia Econômica

1) Se os equipamentos forem usados em dois ou três turnos, a depreciação aceitável é respectivamente 15% e 20% para equipamentos fixos e respectivamente 20% e 40% para equipamentos móveis.

2) No presente exemplo, o custo anual total não precisou ser dividido pela produção da máquina nova ou da máquina velha, pois em ambos os casos serão fabricadas 50.000 peças por ano. Se a produção vendável das duas máquinas fosse diferente, seria necessário dividir o custo total anual de cada uma pela sua produção e comparar os custos unitários resultantes.

Capítulo 7 – Tecnologia da informação

1) McGee, J.; Prusak, L. *Gerenciamento estratégico da informação*. p. 23-24.

2) Burch, J.; Grudnitski, G. *Information systems*: theory and practice. p. 3-4.

3) Polloni, E. et al. *Management Information Systems*. p. 13.

4) _____. *Op. cit*. p. 14.

5) Walton, R. *Tecnologia de informação*. p. 29-31.

6) Burch, J.; Grudnitski, G. *Op. cit*. p. 14-17.

7) Pressman R. *Engenharia de software*. p. 31.

8) Martin, J. *Information engineering*. v. 1, p. 1.

9) Walton, R. *Op. cit*. Notas

10) _____. *Op. cit.*, p. 60.

11) Feliciano N. A. et al. *Engenharia de informação*. p. 1-27.

12) Martin, J. *Op. cit.* v. 1, p. 12-14.

13) Finkelstein, C. *An introduction to information engineering.* p. 303.

Capítulo 9 – Produtividade

1) Estudo de métodos de trabalho é o tema do Capítulo 11.

2) Os livros sobre controle de qualidade mostram as curvas que relacionam o nível de qualidade aos custos e receitas, conceito totalmente contrário ao princípio do melhoramento contínuo da Qualidade Total.

3) O Capítulo 3, "Campos e armas da competição", mostra que a empresa com baixa produtividade pode ser competitiva, desde que escolha adequadamente o campo onde irá competir.

4) O livro *Modelo para aumentar a competitividade industrial* (Blucher, 1996), do mesmo autor deste capítulo, expõe detalhadamente quais os recursos produtivos que precisam ser mais bem capacitados para cada uma das 15 vantagens competitivas que podem ser almejadas pela empresa.

5) Ver Capítulo 4, "Gerenciamento por processo".

Capítulo 10 – Estudo de tempos

1) Barnes, R. M. *Estudo de movimentos e de tempos:* projeto e medida do trabalho. São Paulo, Blucher, 1977.

2) Idem, Ibidem.

3) Idem, Ibidem.

Capítulo 11 – Projeto de métodos

1) Barnes, R. M. *Estudo de movimentos e de tempos*: projeto e medida do trabalho. São Paulo: Blucher, 1977.

2) Idem, Ibidem.

3) McCormick, E. J. *Human engineering.* New York: McGraw-Hill, 1957.

4) Barnes, *op. cit.*

5) Idem, Ibidem.

6) Idem, Ibidem.

7) Idem, Ibidem.

8) Idem, Ibidem.

9) Monden, Y. Idem, Ibidem. São Paulo: Imam, 1986.

Capítulo 12 – Arranjo físico

1) Muther, R. *Planejamento do lay-out*: sistema SLP. São Paulo: Blucher, 1978.

2) Muther. *Op. cit.*

3) Idem, Ibidem.

4) Sério, 1990.

Capítulo 16 – As formas japonesas de gerenciamento da produção e de organização do trabalho

1) Para mais detalhes sobre *just-in-time* e *kanban*, ver capítulos: 19, "Programação e controle da produção para indústria intermitente", e 21, "Sistemas de planejamento e controle da produção".

Capítulo 19 – Programação e controle da produção para indústria intermitente

1) O sistema de planejamento e controle da produção é objeto do Capítulo 21, "Sistemas de planejamento e controle da produção".

2) Sobre Taylorismo ou Administração Científica, ver Capítulo 1, "Correntes do pensamento administrativo".

3) Sobre *just-in-time*, ver Capítulo 16, "As formas japonesas de gerenciamento da produção e de organização do trabalho", e Capítulo 21, "Sistemas de planejamento e controle da produção", nos quais também se tecem alguns comentários sobre o sistema kanban.

4) O Capítulo 13 do livro *Modelo para aumentar a competitividade industrial*, de José Celso Contador (Blucher, 1996), mostra como reduzir o estoque em processo e como aumentar a velocidade de manufatura.

Capítulo 21 – Sistemas de planejamento e controle da produção

1) Para mais detalhes sobre os sistemas MRPII, ver Corrêa et al. (1997).

2) *Setup* significa a preparação de uma máquina para que esta produza determinado produto.

3) Para mais detalhes, ver Corêa et al. (1997).

Capítulo 22 – Estratégia de operações

1) Devida ao inglês Terry Hill.

Capítulo 24 – Introdução à contabilidade geral

1) Existem diversos outros itens utilizados em contabilidade. Neste texto, estão sendo utilizados apenas os mais importantes, por razões didáticas.

2) Um hábito comum entre empresas é a venda faturada, ou seja, venda para pagamento a prazo, por exemplo, 30 ou 60 dias. A fatura é, portanto, um documento de discriminação de uma venda realizada e que apresenta as condições exatas do negócio, como valores e datas de pagamento. A irmã da fatura é a duplicata, um documento com os mesmos dados da fatura, que representa, para o vendedor, um documento comprobatório da dívida. A fatura, normalmente, é entregue junto com a mercadoria e a nota fiscal. A duplicata fica em posse do fornecedor. Quando o comprador realiza o pagamento, o fornecedor entrega a duplicata quitada. Quitar é assinar no verso e datar, formalizando o encerramento da dívida.

3) Ver Campiglia, A. O. *Contabilidade básica*.

4) Ver Capítulo 18, "Gestão de estoque".

Capítulo 25 – Administração financeira

1) Em geral, faz-se a média aritmética simples entre o patrimônio líquido no início e no fim do ano, embora se deva levar em conta que em alguns casos – como, por exemplo, o de um grande aporte de investimentos (capital) mais para o início ou mais para o final do ano – esse cálculo pode levar a distorções.

2) Como no caso anterior, o denominador é a média anual.

Capítulo 27 – Movimentação e armazenagem de materiais

1) A arrumação poderá ser embricada como o assentamento de tijolos, onde um tijolo estabiliza o outro. Quando a arrumação das mercadorias é feita em pilhas não interligadas, chanamos essa superfície de separação entre pilhas de plano de clivagem.

2) FIFO (*First in first out*): Sistema que garante que se utilizam primeiramente as mercadorias armazenadas a mais tempo.

Capítulo30 – Marketing industrial

1) Siqueira, A. C. B. *Marketing industrial*: fundamentos para a ação business to business. São Paulo: Atlas, 1992. p. 364.

2) Buell, V. (coord.). *Handbook of modem marketing*. New York: McGraw-Hill, 1970. p. 1-28.

3) Industrial Marketing Comittee Review Board. Fundamental differences between industrial and consumer marketing. *Journal of Marketing*, n. 19, p. 153, out. 1954.

4) Kotler, P. *Administração de marketing*: análise, planejamento e controle. São Paulo: Atlas, 1980. 3 vol. p. 1156.

5) Haas, R. *Industrial marketing management*. New York: Petrocelli/Charter, 1977. p. 296.

6) Enis, B. M. *Princípios de marketing*. São Paulo: Atlas, 1983. p. 445.

Capítulo 31 – Gestão da logística

1) O livro *Logística aplicada*, dos mesmos autores, aborda com riqueza de detalhes o tema custos de transporte, considerando o caso de frota própria e o da negociação de frete.

2) Sobre sistemas de custos, Ver Capítulo 26, "Custos industriais".

3) O livro *Logística aplicada* apresenta um método prático para determinar o número de posições necessárias para acostagem dos caminhões junto à plataforma, apoiado na chamada Teoria das Filas, que trata de modelos probabilísticos voltados para a solução de problemas de congestionamento e espera.

Capítulo 32 – Serviços

1) Sasser, E. W.; Olsen, R. P.; Wyckoff, D. D. *Management of service operations*. Boston: Allyn and Bacon, 1978.

2) Para um tratamento detalhado sobre administração estratégica de serviços, ver Gianesi e Corrêa, 1994.

Capítulo 34 – Engenharia e análise do valor na manufatura e na construção civil

1) O FAST é um modelo diagramático que, com enfoque sistêmico, proporciona uma clara visualização do inter-relacionamento das funções e seus custos associados, evidenciando oportunidades de otimização da relação custo × importância funcional.

2) IVA – Índice do Valor Agregado é o valor de referência (de 0 a 10), que representa o "quanto" uma função contribui para o atendimento das necessidades funcionais do usuário ou cliente, em relação ao objeto da análise.

3) *Brainstorming* aberto – um processo de criação livre, no qual os membros de uma equipe de EAV procuram o maior número de alternativas para a melhoria do objeto em análise.

4) *Brainstorming* sobre árvore funcional (FAST) é um processo de criação no qual a equipe de EAV procura alternativas para a otimização de cada função constante do FAST, de forma objetiva.

5) *Benchmarking* é um processo utilizado para complementar os dois anteriores, por meio de observação do que existe de mais atual no mercado, visando agregar o maior valor possível ao objeto em análise.

Capítulo 36 – Planejamento e gestão estratégica

1) Ver referências sobre debate Krugman *versus* Sachs na Seção "Leitura Recomendada", ao final desse capítulo.

2) Ou seja, invenções revolucionárias do tipo: a falange, na arte da guerra, do pai de Alexandre o Grande, Filipe II da Macedônia; a penicilina, de Fleming; o voô do "mais pesado que o ar", de A. S. Dumont ou dos irmãos Wright, dependendo do ponto de vista; as vacinas, de L. Pasteur ou de Jenner; a lâmpada incandescente, de T. A. Edison; o motor a vapor, de Watt; a produção em massa, de Taylor e/ou de Ford etc.

3) Alemanha (então ocidental), Cingapura, Coreia (do Sul), Dinamarca, Estados Unidos (da América), Itália, Japão, Reino Unido, Suécia e Suíça.

4) Ver Figura 6, um pouco mais à frente, no capítulo.

5) Como o próprio nome diz, as pessoas e a organização aprendem a executar as tarefas de modo mais eficiente, e, consequentemente, consome-se menos para produzir o mesmo.

6) Tradicionalmente, em economia, reconheciam-se três fatores de produção – *Terra* (recursos naturais em geral), *Trabalho* e *Capital* – mas, contemporaneamente, destacaram-se do interior dos fatores *Trabalho* e *Capital*, dois outros fatores de produção, indispensáveis ao entendimento dos fenômenos econômicos: o fator *Tecnologia* e o fator *Capacidade Empresarial* (no qual se inclui a eficácia/eficiência da gestão).

7) *United Nations Industrial Development Organization*, um órgão das Nações Unidas especializado no desenvolvimento industrial.

8) "P" de Pesquisa Aplicada. O que mais diferença a pesquisa aplicada da pesquisa pura – ou básica, ou "científica" – é a motivação do pesquisador: enquanto o primeiro busca

o conhecimento visando uma aplicação prática, econômica, o segundo busca o conhecimento pelo conhecimento em si.

9) Ver Seção 36.10, "A Missão da Empresa", mais à frente.

10) Porter, M. *A vantagem competitiva das nações*, p. 56-61.

11) Woiller, S.; Mathias, W. F. *Projetos*: planejamento, elaboração e análise, São Paulo: Atlas, 1991, p. 39.

12) Ver correlações entre *market share* e rentabilidade, constatadas pelas estatísticas do banco de dados descrito em Buzzell, R. D. e Bradley, T. G. *Pims*: profit impact of market strategy [O impacto das estratégias de mercado no resultado das empresas]. São Paulo: Livraria Pioneira Editora, 1991.

13) O consultor suíço que me iniciou nesse ramo da consultoria, quando fui o suporte nacional desse especialista internacional em um programa da Unido (*United Nations Industrial Development Organization*).

14) Oliveira, D. P. R. *Planejamento estratégico*: conceito, metodologia e práticas. 8. ed., São Paulo: Atlas, 1994, 172 p.

15) Editora Campus Ltda., 1996.

16) Baumann, R. *Uma visão econômica da globalização*; Dias, V. V. *O Brasil entre o poder da força e a força do poder*; e Araújo Jr., J. T. *Concorrência, competitividade e política econômica*.

17) Freitas, C. E. *Liberdade cambial no Brasil*; Zini Jr., A. A. *Política cambial com liberdade ao câmbio*; e Gonçalves, R. *Globalização financeira, liberalização cambial e vulnerabilidade externa da economia brasileira*.

18) Bielschowski, R.; Stuimpo G. A *Internacionalização da indústria brasileira*: números e reflexões depois de alguns anos de abertura; Haguenauer, L.; Ferraz, J. C. e Kupfer, D. S. *Competição e internacionalização da indústria brasileira*; e Coutinho, L. G. *A fragilidade do Brasil em face da globalização*.

19) Lerda, J. C. *Globalização da economia e perda de autonomia das autoridades fiscais, bancárias e monetárias*, e Ohana, E. F. *Anotações sobre preço transferência e observações sobre o caso brasileiro*.

20) Haguenauer, L.; Ferras, J. C.; Kupfer, D. S. Rio de Janeiro: Campus, 1995.

21) Coutinho, L. G.; Ferraz, J. C. Campinas: Editora Papirus e Editora da Unicamp, 1995.

22) Harvard Business School Press, 1995.

23) Harvard Business Review, jan.-fev. e mar.-abr. 1990.

24) No qual o Brasil, no *Report* de 1995, subindo, atingiu a 38.º posição enquanto os Estados Unidos ocupavam a 1.º e o Japão a 4.º, posição inversa da que ocorreu durante muitos anos; já no Report de 1996, o Brasil subiu para 37.º e os Estados Unidos e o Japão mantiveram as posições que haviam atingido no ano anterior. Por sua vez, o Chile, que estava em 20.º em 1995 passou para o 13.º lugar em 1996.

25) Harvard Business School Press, 1991.

Capítulo 37 – A formação dos preços e a administração da produção

1) Não confundir com o termo **neoliberal**, uma categoria analítica de Ciência Política.

2) Entenda-se setores econômicos ou conjunto de competidores, no sentido usado nos países anglo-saxões.

3) As palavras grifadas, **ótima, máxima, menor, marginal**, mostram a preocupação com categorias matemáticas. O último termo, **marginal**, tem o sentido de cálculo incremental utilizado para verificar variações **na margem**. Outro rótulo para os economistas dessa escola do pensamento bastante utilizado é o de **marginalistas**.

4) *Relação que mostra qual a quantidade obtida do produto, a partir da quantidade utilizada dos fatores de produção.* Pinho (1993), p. 137.

5) Ver capítulo "Metodologia Quantitativa da Análise Econômica" em Pinho et al. (1992).

6) *market share* é a participação no mercado de cada um dos competidores.

7) *mix* é o conjunto de produtos fabricados/comercializados.

8) Um "negócio" pode ser definido como o par produto–segmento. Um mesmo produto vendido em segmentos diferentes implicaria diferentes "negócios".

9) Sobre *custeio direto*, Martins (1985), p. 194, observa: "É muito mais conhecido por *custeio direto*, mas preferimos *custeio variável*, porque esse método significa apropriação de todos os *custos variáveis*, quer diretos quer indiretos.

10) Essa é questão grandemente discutida na literatura especializada. Ver Martins (1985).

11) idem, ibidem, p. 248.

Capítulo 38 – Qualidade total: estratégias, planos e implementação

1) Conti, T. *Self-assessment and strategic improvement planning*. In: Seminário Em busca da excelência. São Paulo: Fundação para o Prêmio Nacional da Qualidade, 15-16 mar. 1995. p. 2-3.

2) Merli, G. *Comakership*: A nova estratégia para os suprimentos. Rio de Janeiro: Qualitymark, 1994. p. 11-45.

3) _____. *Eurochallenge*: the TQM approach to capturing global markets. Oxford, UK: Information Press Ltd., 1993. p. 61-89.

4) Shiba, S. *A new american TQM*: four practical resolutions in management. Cambridge, Massachussets: Productivity Press, 1993. p. 338.

Capítulo 39 – Metaqualidade

1) Kehl, S. *Apesar dos pesares, adoro empresas*. São Paulo: Blucher, 1995.